Leidenschaft: Stärke der Armen – Stärke Gottes

Hadwig Müller

Leidenschaft: Stärke der Armen – Stärke Gottes

Theologische Überlegungen zu Erfahrungen in Brasilien

Matthias-Grünewald-Verlag · Mainz

*Meinen Freundinnen und Freunden
in Brasilien*

 Der Matthias-Grünewald-Verlag ist Mitglied
der Verlagsgruppe engagement

Die Deutsche Bibliothek – CIP-Einheitsaufnahme

Müller, Hadwig:
Leidenschaft: Stärke der Armen – Stärke Gottes : theologische
Überlegungen zu Erfahrungen in Brasilien / Hadwig Müller. – Mainz :
Matthias-Grünewald-Verl., 1998
ISBN 3-7867-2073-8

© 1998 Matthias-Grünewald-Verlag, Mainz
Das Werk einschließlich aller seiner Teile ist urheberrechtlich geschützt. Jede Verwertung
außerhalb der engen Grenzen des Urheberrechtsgesetzes ist ohne Zustimmung des Verlags
unzulässig und strafbar. Das gilt insbesondere für Vervielfältigungen, Übersetzungen, Mi-
kroverfilmungen und die Einspeicherung und Verarbeitung in elektronischen Systemen.

Umschlag: Kirsch & Buckel Grafik-Design GmbH, Wiesbaden
Druck und Bindung: Präzis-Druck, Karlsruhe

ISBN 3-7867-2073-8

Inhalt

Vorwort 11
Erstes Kapitel
**Versuch eines theologischen Nachdenkens
im Ausgang von Erfahrungen** 13
  1.1 Schreiben im Ausgang von Erfahrungen 15
    1.1.1 Erfahrungen mit den Armen 15
        1.1.1.1 Bereicherung durch das Leben an der Seite
                der Armen in Brasilien 15
        1.1.1.2 Belebung durch die Begegnung mit der Fremdheit
                der Armen und mit meiner eigenen Fremdheit 16
    1.1.2 Erfahrungen mit dem Schreiben. 17
        1.1.2.1 Bewegung durch das Nach-denken meiner
                Fremdheitserfahrung 17
        1.1.2.2 Lähmung durch die Distanzierung im Schreiben 18
        1.1.2.3 Veränderungen durch das Leiden des Wartens 19
  1.2 Theologisches Nachdenken im Gespräch mit eigener Erfahrung . 20
    1.2.1 Zur inhaltlichen Seite des vorliegenden Versuchs 20
        1.2.1.1 Für und Wider einer Rede von „den Armen" 20
        1.2.1.2 Erhellung des Aufbaus 22
    1.2.2 Zur methodischen Seite des vorliegenden Versuchs 23
        1.2.2.1 „Subjektivität" und Angreifbarkeit
                der Akzentsetzungen 23
        1.2.2.2 Unabgeschlossenheit: Einladung zum Weitersprechen . 26

ERSTER TEIL
LEIDEN UND BEZIEHUNGSFÄHIGKEIT
DER ARMEN 28

Zweites Kapitel
**Sprechen von den Armen in der Beziehung
zu ihnen** 28
  **2.1 Bedeutung eines Sprechens von den Armen
  in der Beziehung zu ihnen** 28
    2.1.1 Ausgang von Fremdheitserfahrungen 29
        2.1.1.1 Gefahren 30
        2.1.1.2 Chancen 31
    2.1.2 Gespräch zwischen den Armen und mir/uns 32
        2.1.2.1 „Die Armen": einzelne mit Namen und Gesichtern ... 33
        2.1.2.2 Rechtlosigkeit als Merkmal der Armen 36
        2.1.2.3 Abhängigkeit als Merkmal der Armen 43
        2.1.2.4 „Arm" und „reich" – „die Armen" und „wir" 49

2.2 Meine Beziehung zu den Armen in Brasilien 51
   2.2.1 Bewegung auf den anderen zu 51
      2.2.1.1 Weggehen von meiner „anderen Kultur" 51
      2.2.1.2 Ankommen bei den Armen 54
   2.2.2 Bewegung mit dem anderen 58
      2.2.2.1 Langsames Gehen an der Seite der Müden 58
      2.2.2.2 Vertrauensvolles Gehen an der Seite der Unbekannten . 60
   2.2.3 Bewegung durch den anderen 63
      2.2.3.1 Anstoß der Armen an meinen Fragen und Ansprüchen . 64
      2.2.3.2 Mein Anstoß an der Fraglosigkeit und
             Anspruchslosigkeit der Armen 66
      2.2.3.3 Bedingungen für das Anstoßnehmen
             an der Fremdheit des anderen 69

Drittes Kapitel
Beziehung der Armen zu sich selbst, zum anderen und zu Gott 73
3.1 Beziehung der Armen zu sich selbst 73
   3.1.1 Kollektive Prägung des Selbstbewußtseins 74
      3.1.1.1 Selbstbewußtsein als „Volk" 74
      3.1.1.2 Selbstbewußtsein der Abhängigen 78
   3.1.2 Selbst-Relativierung 81
      3.1.2.1 Selbst-Relativierung der Mittellosen 81
      3.1.2.2 Selbst-Relativierung der Beschenkten 84
3.2 Beziehung der Armen zum anderen 86
   3.2.1 Vorrang des Beziehungsaspekts beim Sprechen 86
      3.2.1.1 Kultur des Schweigens 88
      3.2.1.2 Kultur des Sprechens 90
   3.2.2 Leichtigkeit des Zugehens auf eine(n) Reiche(n) 93
      3.2.2.1 Wissen einer geheimen Verwandtschaft 93
      3.2.2.2 Weitersehen als die sichtbare Verschiedenheit 95
   3.2.3 Leichtigkeit der Güte einem Armen gegenüber 97
      3.2.3.1 Begegnung auf gleicher Ebene 98
      3.2.3.2 Güte im Vorübergehen 100
   3.2.4 Bereitschaft, sich stören zu lassen 101
      3.2.4.1 Vorrang der Störung durch den nahen Hilferuf 102
      3.2.4.2 Unentbehrlichkeit und Verläßlichkeit 106
3.3 Beziehung der Armen zu Gott 109
   3.3.1 Sicherheit des Wissens von Gott 109
      3.3.1.1 Theologische Autorität der Leidenden 110
      3.3.1.2 Vertrauen der Machtlosen 113
   3.3.2 Gott als Vertrauter 116
      3.3.2.1 Vertraute Ähnlichkeit Gottes 116
      3.3.2.2 Vertraute Unähnlichkeit Gottes 119

Viertes Kapitel
Leiden der Armen: Stärke in ihren Beziehungen ... 122

- **4.1 Er-leiden des anderen** ... 123
  - *4.1.1 Verbundenheit in einem gegebenen Lebenszusammenhang* ... 123
    - 4.1.1.1 Mit-fühlen mit anderen Empfängern des Lebens ... 124
    - 4.1.1.2 Freude am Geber des Lebens ... 126
  - *4.1.2 Gebundenheit der Abhängigen* ... 128
    - 4.1.2.1 Sich unempfindlich machen ... 128
    - 4.1.2.2 Sich dem Schmerz aussetzen ... 130
- **4.2 Er-leiden von Schmerzen** ... 133
  - *4.2.1 Empfinden und Mitteilen* ... 134
    - 4.2.1.1 Sich verbergen ... 134
    - 4.2.1.2 Anklagen ... 137
    - 4.2.1.3 Verfluchen ... 139
  - *4.2.2 Standhalten* ... 144
    - 4.2.2.1 Nicht aufgeben ... 145
    - 4.2.2.2 Kämpfen ... 146
    - 4.2.2.3 Stark werden ... 152
    - 4.2.2.4 Hoffen ... 158
- **4.3 Leiden und Beziehungsfähigkeit** ... 162
  - *4.3.1 Erleiden des anderen als Stärke in Beziehungen* ... 164
    - 4.3.1.1 Verfeinerte Wahrnehmung durch Mit-fühlen ... 164
    - 4.3.1.2 Vermehrte Achtung voreinander durch die Empfindlichkeit für die eigene und fremde Freiheit ... 165
  - *4.3.2 Erleiden von Schmerzen als Stärke in Beziehungen* ... 168
    - 4.3.2.1 Sprechenlernen im Mitteilen von Leid ... 169
    - 4.3.2.2 Befähigung zum Weitergehen durch Bleiben ... 172

ZWEITER TEIL
LEIDEN UND BEFREIENDES MITSEIN GOTTES ... 175

Fünftes Kapitel
Sprechen von Gott in der Beziehung zu ihm ... 175

- **5.1 Ortsbestimmung des Sprechens von Gott** ... 175
  - *5.1.1 Ein doppelter Bezug als vorgegebener Ort* ... 176
    - 5.1.1.1 Bezug zur Realität ... 176
    - 5.1.1.2 Bezug zum Wort Gottes ... 178
  - *5.1.2 Beziehung zu Gott als zu entscheidender Ort* ... 180
    - 5.1.2.1 Sprechen von Gott außerhalb der Beziehung zu ihm ... 180
    - 5.1.2.2 Sprechen von Gott in der Beziehung zu ihm ... 183

5.2 Hören als Ort des Sprechens 186
   5.2.1 „Hören" in der Beziehung zum anderen Menschen 186
      5.2.1.1 Qualitäten des Hörens 186
      5.2.1.2 Prozeß des Hörens 187
   5.2.2 „Hören" in der Beziehung zu Gott 189
      5.2.2.1 Begegnung mit dem Hören Gottes 189
      5.2.2.2 „Hören" und „leiden" 191

Sechstes Kapitel
Gott als Beziehung 194

6.1 Gottes Beziehung zum Menschen 194
   6.1.1 Gottes Ja zur Beziehung 194
      6.1.1.1 Ja zum Nicht-alles-sein 195
      6.1.1.2 Ja zum Nicht-können 197
      6.1.1.3 Ja zum Nicht-wissen 199
   6.1.2 Gott als „Ich-bin-mit-dir" im Zeugnis der Väter 201
      6.1.2.1 Mitsein Gottes im Sehen und Hören 201
      6.1.2.2 Mitsein Gottes im Sprechen 203
   6.1.3 Menschwerden des „Ich-bin-mit-dir" in Jesus 206
      6.1.3.1 Mitsein mit den Menschen als Unterschied
            zwischen Johannes und Jesus 207
      6.1.3.2 Mitsein des Sohnes mit dem Vater im Geist 209
6.2 Zur Beziehung in Gott 213
   6.2.1 Hinweise zum Sprechen von der Beziehung in Gott 213
      6.2.1.1 Biblischer Hintergrund 213
      6.2.1.2 Differenz der Sprachen, ihre Einseitigkeit und
            Ergänzungsbedürftigkeit 216
      6.2.1.3 Hintergrund und Sprache bei meinem Versuch 218
   6.2.2 Hinweise zur Beziehung in Gott 220
      6.2.2.1 Paulus' Erfahrung von Gespaltenheit: Hinweise
            auf das Zusammenwirken von Vater, Sohn und Geist
            am Menschwerden des Menschen 220
      6.2.2.2 Liebe, die Gespräch wird: Gleichnis für
            die Beziehungen zwischen Vater, Sohn und Geist ... 227

Siebtes Kapitel
Leidenschaft und Leiden Gottes:
Stärke seiner Liebe 232

7.1 Gottes Mitsein mit den Menschen
    als dreifache Selbstbegrenzung 233
   7.1.1 Begrenzung aufs Mitsein als Dasein 233
      7.1.1.1 Gottes Tun im Dienst seines Mitseins 234
      7.1.1.2 Jesu Handeln im Dienst des Mitseins 237

    7.1.2 Begrenzung aufs Mitsein in Verborgenheit 240
        7.1.2.1 Verborgenheit als Treue zu sich selbst 240
        7.1.2.2 Widerstand um der Treue zu sich selbst willen 243
        7.1.2.3 Ganzheitlichkeit des Mitseins in Treue zu sich selbst . 246
    7.1.3 Begrenzung aufs Mitsein als Werden 248
        7.1.3.1 Werden des Mitseins Gottes 248
        7.1.3.2 Gottes Dasein beim Werden des Menschen 249
**7.2 Bedeutung der Selbstbegrenzung Gottes im Blick
auf die Frage nach seinem Leiden** 255
    *7.2.1 Leidenschaft und Leiden: Selbstbegrenzung in Gott und
in seiner Beziehung zum Menschen* 256
        7.2.1.1 Leidenschaft der schöpferischen Liebe in Gott 256
        7.2.1.2 Leiden der ohnmächtigen Liebe zum Menschen 258
    *7.2.2 Schwäche und Stärke des Leidens Gottes:
die Figur des Gekreuzigten* 260
        7.2.2.1 Verfügbarkeit des Wartenden: seine Schwäche 260
        7.2.2.2 Unverfügbarkeit des Bleibenden: seine Stärke 261
    7.2.3 Befreiende Macht der leidenden Liebe Gottes 262
        7.2.3.1 Befreiung des Menschen zum Ich-werden 263
        7.2.3.2 Befreiung des Menschen zum Mitsein 265

SCHLUSS
LEIDEN UND VORLIEBE 269

Achtes Kapitel
Leiden der Armen – Leiden Gottes 269
8.1 Ähnlichkeit zwischen den Armen und Gott 269
    8.1.1 Passivität der Armen – Passivität Gottes 270
        8.1.1.1 Passivität im Sinne verletzbarer Offenheit 271
        8.1.1.2 Passivität im Sinne widerständiger Offenheit 274
    8.1.2 Passion der Armen – Passion Gottes 276
        8.1.2.1 Passion im Sinne von Leidenschaft 276
        8.1.2.2 Passion im Sinne von Leidensgeschichte 278
8.2 Ähnlichkeit der Armen und Vorliebe Gottes für die Armen 281
    8.2.1 Zu den Begriffen „Ähnlichkeit" und „Vorliebe" 282
        8.2.1.1 „Ähnlichkeit": Gemeinsamkeit und Unterschied 281
        8.2.1.2 „Vorliebe": Aussonderung, Option, Bewegung 284
    8.2.2 Gottes Vorliebe für die Armen im Licht ihrer Ähnlichkeit 285
        8.2.2.1 Unverständlichkeit und „Ungerechtigkeit"
            der Vorliebe Gottes 285
        8.2.2.2 Ähnlichkeit der Armen als Verstehenshilfe
            für die Vorliebe Gottes 289
        8.2.2.3 Ähnlichwerden der Armen mit Gott als
            Gerechtigkeit seiner Vorliebe 292

Neuntes Kapitel
Menschliche Praxis einer Vorliebe für die Armen .. 294

9.1 Verständliche und gerechte Vorliebe:
Beginn eines Menschwerdens 294
   9.1.1 Die privilegierte Beziehung zu Armen und die Beziehung
   zu sich selbst 294
      9.1.1.1 Empfangen der eigenen Schwäche 295
      9.1.1.2 Empfangen der Stärke in der Schwäche 296
   9.1.2 Die privilegierte Beziehung zu Armen und
   die Beziehung zu anderen 298
      9.1.2.1 Berührungen und Unverträglichkeiten 298
      9.1.2.2 Beginn eines Kirche-werdens 299
   9.1.3 Die privilegierte Beziehung zu Armen und
   die Beziehung zu Gott 301
      9.1.3.1 Anders vertraut werden mit Gott 301
      9.1.3.2 Vertrauen auf die Schwäche Gottes 303

9.2 Angreifbare und eingreifende Vorliebe:
Beginn einer Geschichte 304
   9.2.1 Geschichte mit einzelnen und Geschichte von vielen 304
      9.2.1.1 Vorliebe für Arme: Erzählen der
                Geschichten einzelner 305
      9.2.1.2 Vorliebe für Arme: Eintritt in eine besondere
                Geschichte 306
   9.2.2 Unterdrückungs- und Befreiungsgeschichte 308
      9.2.2.1 Eintritt in die Anklage der Unterdrücker 308
      9.2.2.2 Eintritt in die Hoffnung auf die
                Herrschaft der Freiheit 310
      9.2.2.3 Konsequenzen für eine pastorale Praxis 317

LITERATURVERZEICHNIS 320

Vorwort

Daß Gott das Schwache und Unansehnliche erwählt und gerade ihm seine bevorzugte Liebe gilt, ist eine Wahrheit, mit der wir Christen in wohlhabenden Gesellschaften scheinbar Mühe haben. Das hängt nicht nur mit unserem gesellschaftlichen Standort und seiner „Konstruktion der Wirklichkeit" zusammen, von dem aus wir vielleicht mehr die Sonnenseiten des Lebens wahrzunehmen und zu genießen gewohnt waren und – in der überwiegenden Mehrheit – noch immer sind. Auch unser christliches Denken selbst bekundet Mühe, im Nichtseßhaften, in der Jugendlichen in der Bahnhofspassage, im Asylbewerber ... das Antlitz Christi zu erblicken. Diese Realitäten unseres Alltags werden so lange wie nur möglich ausgeblendet und verdrängt, und dort, wo sie übermächtig zu werden beginnen, an dafür zuständige Stellen und Institutionen abgeschoben: Sozialhilfe, Caritas ... Die Armen wollen nicht in unser „Weltbild" passen, und wir haben unsere Abwehrstrategien entwickelt, um sie uns fern zu halten. Die sich in diesem Verhalten manifestierende „Berührungsangst" schlägt sich nicht zuletzt theologisch nieder und wirkt sich auf das eigene Theologietreiben aus.

Was es dagegen heißen kann, von den Erfahrungen im Zusammenleben mit kleinen Leuten her theologisch zu denken und zu schreiben, zeigt Hadwig Ana M. Müller in ihrer Studie. Die Autorin entschied sich 1983, über die AGEH (Arbeitsgemeinschaft für Entwicklungshilfe) nach Brasilien auszureisen, um in einer Stadtrandpfarrei von São Paulo im Aufbau kleiner Gemeinden und in der Aus- und Weiterbildung der in solchen Gemeinden verantwortlichen Laien mitzuarbeiten. Nach siebenjähriger Tätigkeit in dieser städtischen Situation ging sie für drei Jahre an einen winzigen Ort im Landesinnern des Nordostens, wo sie zusammen mit dortigen Lehrerinnen Zentren für Alphabetisierungsarbeit im Sinne von Paulo Freire aufbaute.

Von ihrem Zusammenleben mit den Armen in Brasilien und den damit gemachten Erfahrungen berichtete die Autorin, die nebst der Gabe der genauen Beobachtung noch jene der sprachlichen Formulierung besitzt, schon bald in verschiedenen Rundbriefen ihren Freunden und Angehörigen in Deutschland. In diesen Briefen finden sich bereits erste Überlegungen zu Erfahrungen mit der Kultur der jeweils Ärmeren. Im Verlauf der Zeit, insbesondere kurz vor der Rückkehr nach Deutschland, verstärkte sich der Wunsch, die zehn Jahre des Brasilienaufenthaltes zu reflektieren, auszuwerten und theologisch zu verarbeiten. Von den MitarbeiterInnen des Instituts für Missionswissenschaft in Münster ließ sie sich darin ermutigen und begleiten. Das Ergebnis ihres Reflexionsprozesses liegt nun in dieser Studie vor, deren Titel „Leiden*schaft*: Stärke der Armen – Stärke Gottes" sowohl ihre eigenen Erfahrungen mit und unter den Armen Brasiliens als auch die theologische Bedeutung dieser Erfahrungen für uns auf den Begriff bringen will. Dabei beschreitet sie methodisch und inhaltlich einen Weg theologischen Arbeitens, den sie sich weitgehend selber bahnen mußte.

Die Autorin spricht auf den folgenden Seiten nicht von geborgten, sondern von ihren Erfahrungen, die sie mit Menschen in Brasilien machte. Sie spricht von ihrem eigenen Lernprozeß und gibt ihr Unverständnis offen zu – nicht aber um dabei stehen zu bleiben, sondern um den Gründen des Nichtverstehen-könnens nachzugehen und der Wahrheit des Lebens auf die Spur zu kommen. Dadurch unterscheidet sich ihre Arbeit von vielem, was in ähnlichen Rundbriefen und auf dem entsprechenden Buchmarkt erscheint. Von einer vereinnahmenden Beschäftigung mit Erfahrungen und Reflexionen aus der „Dritten Welt", wie sie heute in der Theologie nicht selten ist, setzt sich das Buch ab. Gängige Klischees von den Armen und von der Befreiungstheologie beispielsweise, die ein tieferes Verstehen eher verhindern und einem daraus erwachsenden Verhalten im Wege stehen, werden hier vermieden. Statt dessen eröffnen sich der Autorin im Festhalten an den eigenen Erfahrungen und damit zugleich in der Treue zur Wirklichkeit der Armen Dimensionen, die zu verstehen und zu akzeptieren nicht allein ihr schwer fallen. Weil sie sich dieser Wirklichkeit auszuliefern wagte und geduldig nach einem Verstehen suchte, ist ihre Arbeit glaubwürdig und kostbar. In ihrem Bemühen um eine Theologie, die sich gerade von der Fremdheit der Gotteserfahrungen der Armen inspirieren läßt, mutet uns ihr Buch zu, uns theologisch auf neue Wege führen zu lassen.

Eine mächtige Denktradition, für die Gott nicht mit dem Schwachen, Leidvollen und Unansehnlichen in Verbindung gebracht werden kann, zeigt ihre Aus- und Nachwirkungen auch im christlichen Glaubensdenken: Gott muß groß und stark sein – sonst ist er keiner. Die Wahrheit des Glaubens – so macht uns die Autorin hier aufgrund eines anderen Erfahrungshorizontes deutlich – folgt jedoch einer anderen Logik. Im Verachteten und Gemiedenen leuchtet das Antlitz Gottes auf (vgl. Jes 53,3). Ein solcher Satz ist freilich leichter zitiert als in seinem Gehalt erfaßt. Es sind vor allem unsere Glaubensgeschwister in der „Dritten Welt", selbst gezwungen, die Not der Armut zu leben, die uns an den Preis dieser Wahrheit erinnern und gleichzeitig zeigen, welche Konsequenzen sich daraus für theologisches Arbeiten ergeben. Damit wir dies aber wirklich *von ihnen* lernen, braucht es Menschen, die mit ihnen zusammengelebt und uns das, was sie zu lernen gelernt haben, auch nahe bringen.

Münster, Oktober 1997

Giancarlo Collet

Erstes Kapitel
Versuch eines theologischen Nachdenkens im Ausgang von Erfahrungen

Ist es nicht selbstverständlich, im Ausgang von Erfahrungen ein „theologisches Nachdenken" zu versuchen? Warum muß in einem ersten Kapitel darauf hingewiesen werden, daß es sich im folgenden um einen solchen Versuch handelt? Zur Beantwortung sei mir ein Umweg gestattet, mit dem ich gleich bei dem bin, um was es mir geht.

Als ich nach zehn Jahren in Brasilien in „mein Land" zurückkehrte[1], wußte ich, daß mich das Zusammenleben mit den kleinen Leuten[2] dort vieles gelehrt hatte, dessen Weitergabe für unseren Glauben, unsere Hoffnung, unsere Liebe hier wichtig ist; und ich wußte, daß ich es mitteilen wollte. Dabei wurde mir klar, daß ich es nur in der Weise mitteilen konnte, wie es mich die mir vertraut gewordenen kleinen Leute in Brasilien gelehrt hatten: indem ich meinen Erfahrungen mit ihnen in Sorgfalt und Treue folgen würde. Das bedeutete, daß ich ein eigenes theologisches Sprechen suchen würde. Es kam mir so vor, als ob für diejenigen, die mit dem Sprechen von Gott beruflich befaßt sind, solches Sprechen wie ein Ort ist, an dem sie sich so gut auskennen, daß sie sich blind zurechtfinden. Dagegen würde ich suchen müssen, welche Worte dem entsprechen, was ich gesehen und gehört habe; ich würde den Gebrauch der Worte, auf die ich angewiesen war – wenn ich allein an Begriffe wie „die Armen" und „Gott" denke – neu erkunden müssen. Theologisches Nachdenken im Ausgang von Erfahrungen hat mit einem solchen „anderen Sprechen" zu tun[3]; deswegen ist es nicht so selbstverständlich, wie es zunächst den Anschein hat.

Der Grund jedoch, warum ich in diesem ersten Kapitel um Aufmerksamkeit dafür bitte, wie ich von den Armen und von Gott sprechen werde, ist ein anderer. Der Ausgang von Erfahrungen kann jene, die von daher zu sprechen und zu denken versuchen, autoritär wirken lassen, ohne daß dies in ihrer Absicht liegt. Die Erfahrung des einen kann den anderen zum „Unerfahrenen" machen, der

---

[1] „Minha terra" ist in Brasilien ein wichtiges Wort und eine noch wichtigere Wirklichkeit. „Mein Land" – das haben mich die Brasilianer erst wirklich gelehrt – ist Deutschland, wo ich jetzt bin; und in diesem Sinn spreche ich von „hier". Aber nach einer Weile „dort", in Brasilien, und auch jetzt hier, in Deutschland, habe ich noch manchmal die Schwierigkeit, nicht sicher zu sein, welches „mein Land" ist.

[2] Es handelt sich um „die Armen", die in Brasilien zu meinen Freundinnen und Freunden geworden sind. Weiter unten (S. 20f) werde ich zunächst auf das „Für und Wider einer Rede von den Armen" eingehen. Jetzt spreche ich von den „kleinen Leuten", um auf die – mit hiesigen kleinen Leuten durchaus vergleichbare – Unscheinbarkeit und Bedeutungslosigkeit derer anzuspielen, unter denen ich lebte.

[3] Siehe unten 6.2.1.2: „Differenz der Sprachen, ihre Einseitigkeit und Ergänzungsbedürftigkeit".

nicht mitreden kann. Bei meinem Versuch, im Ausgang von meinen Erfahrungen in Brasilien theologisch nachzudenken, möchte ich nicht nur ausschließen, daß „Erfahrung" in diesem Sinn wirkt, sondern es geht mir darum, das Gegenteil zu bewirken. Es geht mir darum, zum Gespräch mit eigener Erfahrung Mut zu machen. Denn erst das Gespräch mit eigener Erfahrung kann uns für Fremdes in einer Weise öffnen, daß dieses eine Chance bekommt, uns innerlich zu bewegen. Im Gespräch mit eigener Erfahrung zu sein, meint, auf sich selber zu hören und das dabei Vernommene auszusprechen. Gerade solch ein Bei-sich-sein stellt die Brücke her, die uns mit dem, was von anderen gesagt werden kann, in innere Berührung bringt, so daß sie für uns nicht in unnahbarer Äußerlichkeit bleiben. Und es ist – nach meiner Erfahrung – lebensnotwendig für uns, daß uns ihre Fremdheit nicht äußerlich bleibt: weder die Fremdheit irgendeines anderen noch die Fremdheit der Armen.

Warum halte ich es für notwendig, zum Gespräch mit eigener Erfahrung Mut zu machen? Weil dieses Nach-denken und -sprechen eigener Erfahrung ein bereicherndes, aber auch ein schwieriges und verunsicherndes Unterfangen ist. Die „Erfahrung" bleibt nicht gehorsam im klar umgrenzten Bereich dessen, „wovon man ausgeht", sondern sie geschieht weiterhin. Sie geschieht während des Nachdenkens und -sprechens, während des Schreibens, und sie verbindet sich mit dem Nach-denken und -sprechen, mit dem Schreiben selber.
Erfahrung ist Leiden und Tun zugleich, und zwar in doppeltem Sinn: sie ist Leiden, das sich mit einem Tun – und Tun, das sich mit einem Leiden verbindet. Erfahrung ist „Leiden" – etwas geschieht mit mir – das erst in Verbindung mit einem Tun, mit einer Verstehens- und Deutungstätigkeit, zur „Erfahrung" wird[4]. Erfahrung ist anscheinend immer erst „hinterher" eine „Erfahrung". Zugleich geschieht aber bei einem solchen Erheben einer Erfahrung etwas mit mir; solches Tun selber wird zu einem „Leiden", zu einer neuen Erfahrung.

So erging es mir mit dem theologischen Nachdenken im Gespräch mit eigener Erfahrung. Ich mußte mir Rechenschaft darüber ablegen, daß der Ausgang von eigener Erfahrung bedeutet, niemals etwas Abgeschlossenes und Fertiges mitteilen zu können. Das theologische Nachdenken und -schreiben von Erfahrungen bleibt unabgeschlossen und angreifbar – und diese Merkmale können abschrecken. Mein Versuch hat mich selber allerdings mehr und mehr davon überzeugt, daß er gerade in der Theologie fruchtbar und wichtig ist. Sehr danke ich allen, die mich darin bestärkt haben.
Es gibt so etwas wie geistige Orte, von denen ich herkomme und die mir diese Arbeit überhaupt ermöglichten. Das ist die den Glauben vertiefende und weitende Religionsphilosophie Bernhard Weltes und Bernhard Caspers. Das ist das kritische Weitersprechen und -denken der Freudschen Psychoanalyse durch Jacques Lacan, mit dem ich mich in einem geduldigen Prozeß des Nach-denkens im Zusammenhang meiner Doktorarbeit in Theologie vertraut machte. Und das ist die gelebte und reflektierte Spiritualität der Mönche von La Pierre qui vire.

---

[4] Vg. E. SCHILLEBEECKX: Christus und die Christen. Die Geschichte einer neuen Lebenspraxis, Freiburg/Basel/Wien 1977, 25-30: „Erfahrung ist stets interpretierte Erfahrung."

Mit meiner Verwurzelung an diesen Orten hängen auch einige vielleicht ungewohnte Begriffe und Instrumente der Analyse zusammen, die mir bei meiner theologischen Suche geholfen haben[5].

1.1 Schreiben im Ausgang von Erfahrungen

Es ist nichts Ungewöhnliches, daß Beziehungen zum Schreiben bewegen. So hat mich die Beziehung zu vielen in Deutschland gebliebenen Freunden dazu bewogen, in Rundbriefen kleine Geschichten aus dem Alltag der Armen in Brasilien aufzuschreiben. So war auch die Beziehung zu denen, mit denen ich in Brasilien eine längere Zeit gelebt – und die ich wieder verlassen hatte, einer der Gründe, weswegen ich mir nach meiner Rückkehr hier in Deutschland Zeit zum Schreiben nahm.

Weniger offenkundig scheint mir zu sein, daß das von Beziehungen und ihren Erfahrungen bewegte Schreiben zu Veränderungen und zu Erfahrungen führt, die ihrerseits auf das Schreiben Einfluß nehmen. So erging es mir, als ich im Ausgang von meinen Erfahrungen mit den Armen zu schreiben begonnen hatte.

1.1.1 Erfahrungen mit den Armen

Das Nachdenken dieser Erfahrungen kreist um die Bereicherung und Belebung, die ich in der Begegnung mit der Fremdheit der Armen – und darin mit meiner eigenen Fremdheit – erfuhr.

1.1.1.1 Bereicherung durch das Leben an der Seite der Armen in Brasilien

Mitte 1983 ging ich nach Brasilien[6] und lebte dort bis Ende 1993 an der Seite der verarmten Bevölkerung: die erste längere Zeit am östlichen Stadtrand von São Paulo, die letzte Zeit in Poranga, einem verlassenen Nest in einer der trokkensten Zonen des Nordostens im Bundesstaat Ceará. Was ich dort tat, läßt sich in Stichworten kurz vorstellen: in São Paulo Mitarbeit bei der Bildung von kleinen Gruppen und „Basisgemeinden" in einer Pfarrei von 120.000 in ihrer Mehrzahl katholischen Einwohnern, Mitarbeit bei der Ausbildung von Laien-Führungskräften innerhalb der Gemeinden und Mitarbeit bei der Organisation der Landlosenbewegung in der Stadt; in Poranga und den angrenzenden Landgemeinden der Diözese Crateús Aufbau von Erwachsenen-Schulen, die im Sinne von Paulo Freire arbeiten. Aber das, was ich dort tat, ist für mich jetzt weniger wichtig als die Art und Weise, wie ich es tun konnte: immer stand das Mit-Leben, das Teilen des Alltags im Vordergrund, und die konkreten Tätigkeiten

---

[5] Dazu gehören der „Mangel", das Nicht-alles-sein, im Menschen und in Gott, und die Unterscheidung zwischen dem Sprechen bzw. dem sprechenden Subjekt und dem, was gesprochen wird.

[6] Den dafür notwendigen institutionellen Rückhalt fand ich in der Arbeitsgemeinschaft für Entwicklungshilfe (AGEH): als durch sie vorbereitete, vertraglich versicherte und begleitete Fachkraft reiste ich aus.

ergaben sich im Aufeinanderhören in Equipen und Gruppen, nicht aus der im vorhinein verfaßten Definition eines Projekts.

Tatsächlich hatte ich mein Leben und Arbeiten in Brasilien ohne ein solches Projekt begonnen – und das nicht etwa, weil ich solche Offenheit angestrebt und mich deswegen nicht hätte festlegen wollen, sondern weil ein Besuch zu meiner Entscheidung geführt hatte, am Stadtrand von São Paulo zu bleiben. Damals waren andere Ausreisende im Besitz einer genauen Aufgabenbeschreibung, und ich beneidete sie darum. Erst im nachhinein wurde mir deutlich, welche Chance diese Abwesenheit eines schon festgelegten Projekts für mein Leben in Brasilien bedeutete. Ich hatte teil am Alltag der Armen in seiner Bedeutungslosigkeit und in allem, was ihn für mich bedeutsam machte, an seiner Enge und Bedrücktheit und an seiner Freundlichkeit und Weite. Durch die Dauer wuchs diese Teilhabe zur wechselseitigen Anteilnahme. Im Mit-leben entstand eine Verbundenheit durch gemeinsam bewohnte Zeiten und Räume, durch gemeinsames Arbeiten und Feiern, gemeinsam durchlittene Schwierigkeiten und gemeinsam gewagte kleine Schritte des Auszugs aus bedrückenden Situationen. Bald wurde mir deutlich, daß es gerade diese anspruchslose Weise des Mit-lebens mit den Armen in Brasilien war, die mich bereicherte und belebte.

1.1.1.2 Belebung durch die Begegnung mit der Fremdheit der Armen und mit meiner eigenen Fremdheit

Am Anfang gab es Dinge, Menschen, Gespräche, die ich entbehrte. Ich mußte die von niemandem zu beantwortende Frage aushalten, ob es dies war, was ich gesucht hatte. Es nützte niemandem, daß ich da war; das Gefühl, überflüssig zu sein, bedrängte mich manchmal. Auch Enttäuschungen, Mißverständnisse, Unsicherheiten gab es. Aber ich erinnere mich, daß etwas anderes stärker war, was mich schnell aus dem Kreis meiner Zweifel herausholte. Befreiend wirkten die alltäglichen überraschenden Begegnungen mit allem, was mir neu war. Dazu gehörte nicht nur das, was mir an den Armen, in deren Umgebung ich lebte, als fremd auffiel, sondern auch das, worüber sie ihrerseits bei mir stolperten, und das, was ich selber an mir erst in dieser fremden Umgebung als fremd wahrnahm.

Diese alltäglichen Begegnungen mit der Fremdheit weckten meine Neugier, machten jeden Tag zu einer Verheißung neuer Entdeckungen; sie hatten etwas Belebendes. Es war mir klar, daß die an den Rand der brasilianischen Gesellschaft gedrängten oder schon zu den Ausgeschlossenen dieser Gesellschaft gehörenden Armen, an deren Seite ich lebte, das meiste von dem, was ich bisher selbstverständlich in Anspruch nahm, nicht besitzen. Zugleich zeigte sich nun, daß ihnen eine Art und Weise des Lebens, des Fühlens und Handelns, des Sich-Ausdrückens und Denkens eigen ist, die mir abgeht; und diese Unterschiedlichkeit war es, die mir in all den Jahren unmerklich lebenswichtig wurde. Die bereichernde Qualität meiner Fremdheitserfahrung mit den Armen hing gerade damit zusammen, daß sie sich bei mir im Bewußtsein eines Mangels, eines Fehlens niederschlug. Diese Erfahrung war durch das Leben in alltäglicher Nachbarschaft mit den Armen möglich geworden. In diesem Zusammenleben zeigte sich mir ihre Fremdheit deutlicher; zugleich erwies sich ihre immer vielfältiger erfahrene Fremdheit als wesentliches Element für die Qualität unseres Zusammenlebens.

1.1.2 Erfahrungen mit dem Schreiben

Mein Sprechen bzw. Schreiben von den Armen kam „in Gang", weil ich Material und Motivation dazu hatte. Aber nach einer Weile merkte ich, daß es mich wegbewegte von dem, was mir in Brasilien wichtig geworden war, weil es mich von meinem eigenen Erleben in der Gegenwart hier entfernt hatte. Ich mußte einen neuen Aufbruch im Gespräch mit meiner gegenwärtigen Erfahrung suchen.

1.1.2.1 Bewegung durch das Nach-denken meiner Fremdheitserfahrungen

Die Belebung, die ich durch die Begegnung mit der Fremdheit der Armen erfahren hatte, drängte darauf, reflektiert und mitgeteilt zu werden. Auf der einen Seite ist sie für Menschen hier in Deutschland bzw. Europa schwer zu verstehen – wie mir Freunde immer wieder sagten –, und auf der anderen Seite wünsche ich auch für andere die von mir erfahrene Bereicherung und Belebung.

Ich hatte den Eindruck, im Zusammenleben mit den Armen und der Begegnung mit ihrer Fremdheit einen Schatz gefunden zu haben. Wer auf einen Schatz stößt, mag zwischen Erschrecken und Verwunderung schwanken; er wird überprüfen, ob er nicht einer Täuschung erlegen ist. Er wird den Schatz behutsam bergen, um den Fund aus der Nähe zu betrachten; er wird Freunden davon erzählen, um Staunen und Freude mit ihnen zu teilen und zu sehen, wie sie den Wert des Fundes schätzen. Er wird sich schließlich fragen, was er mit dem Schatz machen möchte – der unerwartet gefundene Schatz wird eine Reihe von Veränderungen mit sich bringen.

Ähnlich bewegte mich meine Erfahrung mit den Armen dazu, ihre Fremdheit aus der Nähe zu betrachten, ihre Verschiedenheit in Beispielen des Fühlens, Handelns, Sprechens und Denkens konkret deutlich werden zu lassen, und dabei ihre Eigenart als etwas zu erkunden, was sie positiv kennzeichnet, während es mir, die ich nicht zu den Armen gehöre, nicht gegeben ist. Ich würde die Fremdheit der Armen im Verhältnis zu dem, was mir von mir her vertraut ist, bedenken und mir zugleich meine eigene Wirklichkeit fremd werden lassen, indem ich sie neu, nämlich im Licht der Verschiedenheit der Armen, sehe.

Material, um meine Erfahrungen mit den Armen zugänglich zu machen, stand mir zur Verfügung. In Brasilien hatte ich in Abständen von einem halben bis zu einem Jahr Rundbriefe an Freunde in Deutschland geschrieben, deren Inhalt hauptsächlich kleine Geschichten waren, aufgesammelt wie Steine am Weg, bei denen man eigentlich nicht weiß, warum man sie aufgelesen hat. Diese

Geschichten geben keine Antwort auf entsprechende vorgängige Fragen. Als ich sie aufschrieb, ahnte ich nichts von meiner späteren Arbeit damit. Sie halten Beobachtungen und Erlebnisse fest, mit Angaben zu Ort und Zeit und den Namen der Personen. Es sind Bruchstücke aus meinem Alltag an der Seite der Armen, die Hinweise auf das Ganze geben.

Mit dem Material der unterwegs aufgehobenen Geschichten und der Motivation, meine Bereicherung durch die Armen mitzuteilen, begann ein gründlicher Prozeß des Nach-denkens und Nach-schreibens des in Brasilien Erfahrenen. Dabei verschob sich der Blick vom fremd Gewesenen und vertraut Gewordenen dort auf das, was nun (dort) in seiner Fremdheit anders erkannt wurde; und dabei verschob sich auch der Blick vom vertraut Gewesenen und fremd Gewordenen hier auf das, was nun (hier) anders wieder vertraut wurde. Entdeckungen, Fragen und Anfragen befruchteten sich wechselseitig. Die Belebung durch die Armen setzte sich im Schreiben von ihnen fort. Sie war derart darin wirksam, daß ich sie nicht zur Sprache bringen konnte, ohne dies selber wiederum als schöpferischen Prozeß zu erleben. Zugleich war ich allerdings in dieser Dynamik der mein Denken und Sprechen belebenden Erfahrung mit den Armen wie gefangen. Dem Grund dieser Belebung in mir selber kam ich nicht näher.

1.1.2.2 Lähmung durch die Distanzierung im Schreiben

Warum empfand ich in dem, was das Leben, Fühlen, Denken und Sich-Ausdrücken der Armen von dem meinen unterschied, einen Mangel auf meiner Seite? Und warum bedeutete dieser Mangel, daß ich mich durch die Eigenart der Armen bereichert fühlte? Es gab in mir die Möglichkeit, diesen Mangel zu empfinden – und ihn als belebend zu empfinden. Aber ich hatte keinen Zugang zu dieser inneren Möglichkeit. Ich hatte die Verschiedenheit meiner Freundinnen in der Weise ihres Verhaltens zu sich selbst, zum anderen, zu Gott, zu ihren Lebensumständen sorgfältig beschrieben und hatte mich dabei leiten lassen von meinem Erleben ihrer Fremdheit. Nun kam es mir so vor, als hätte mich das Schreiben von mir selber distanziert. Ich merkte es erst an der schmerzlichen Entdeckung, daß ich dabei war, mich auch von den Armen zu distanzieren. Die Erfahrung, den Weg und vielleicht auch das Ziel verloren zu haben, zwang mich anzuhalten, zu warten. Aber noch gestand ich mir das nicht zu.

Ich ging den Weg zurück, der mich von den Erfahrungen mit den Armen zum Schreiben bewegt hatte, um herauszufinden, wo ich ihn verloren hatte. Ich las und suchte Hinweise bei denen, die das Leben in der Nähe der Armen in Lateinamerika in der Weise verändert hatte, daß sie sich auch in ihrer theologischen Arbeit davon antasten und bestimmen ließen. Bei einem von ihnen fand ich in aller Einfachheit und Klarheit das ausgesprochen, was ich suchte: „die Welt der Armen ist der privilegierte Ort der Gegenwart und Offenbarung Gottes ... Gott erscheint (hier) mit anderem Gesicht und ruft uns mit einem anderen Wort ..."[7]

---

[7] P. RICHARD: Leitura popular da Bíblia na América Latina, in: Ribla Nr.1 (1988), vgl. ders.: Die Theologie in der Theologie der Befreiung, in: Mysterium Liberationis I, Luzern 1995, 189.

Ich wußte, daß das in diesem Zitat Ausgedrückte stimmte. Es traf in die Mitte meiner Erfahrung mit den Armen – dennoch konnte ich diese Mitte bisher nicht mit solchen Worten beschreiben. Wer von der Gegenwart und Offenbarung Gottes in der Welt der Armen spricht, muß nicht nur einen Zugang zu seiner Erfahrung mit den Armen, sondern auch einen Zugang zu seiner Erfahrung mit Gott haben. Diesen Zugang hatte ich noch nicht gesucht. Ich mußte ins Gespräch mit einer „Erfahrung" kommen, die ich bislang für unzugänglich oder unaussprechlich gehalten und um deren klare, sichere und vertrauensvolle Mitteilung ich die Armen beneidet hatte. Gerade das Nicht-mehr-weiter-wissen mit dem Schreiben, seine Lähmung eben durch das Schreiben, die bedeutete, daß mir keine andere Wahl blieb, als anzuhalten und zu warten, ermöglichte es mir, aufmerksam zu werden für meine Beziehung zu Gott; und es ermöglichte mir zugleich einen neuen Aufbruch im Schreiben.

1.1.2.3 Veränderungen durch das Leiden des Wartens

Meine Hilflosigkeit in dieser Situation des Nicht-mehr-weiter-wissens brachte die Infragestellung meines Vorhabens mit sich und warf ihren Schatten über viele damit zusammenhängende Entscheidungen und damit über mich selbst und meine Geschichte. Unsicherheit und Zweifel quälten mich; mein „Leiden" bestand vor allem darin, daß ich selber nicht aktiv werden konnte, um mir zu helfen. Im erzwungenen Anhalten und Aushalten einer leeren Zeit geschah etwas, unmerklich. Die Passivität des Wartens wandelte sich zur Bereitschaft des Hörens. In meinem Hören begegnete ich der unsichtbaren Gegenwart eines Sprechenden, der selber in erster Linie hörend da war; in meinem Warten begegnete ich der unsichtbaren Gegenwart eines Kommenden, der in erster Linie wartend da war; in meiner Bedrückung begegnete ich der unsichtbaren Gegenwart eines Aufrichtenden, der in erster Linie leidend da war. Gott war hörend, wartend, leidend da. Mir fiel ein, daß die Armen – mit der ganzen Autorität ihrer eigenen Erfahrung – wußten, daß Gott unter denen ist, „die am meisten leiden"[8]. Ich hatte mir die Sicherheit ihres Wissens aus der mit ihrer Leiderfahrung zusammenhängenden Empfindungs- und Wahrnehmungsfähigkeit erklärt; jetzt kam mir die Idee, daß ihre Sensibilität für die Nähe Gottes bei ihnen, „die am meisten leiden", zugleich das Leiden Gottes, sein Warten, seine Ohnmacht, seine Passivität erfaßt.

Den zentralen verbindenden Punkt entdeckte ich im Leiden. Es stand bei den Armen in einem Zusammenhang von Schwäche, Angewiesenheit, Ohnmacht und Unterdrückung, und doch war in ihrem Leiden eine geheimnisvolle Stärke verborgen; auch in Gott war es mit Schwäche, Angewiesenheit und Ohnmacht verbunden und hatte doch – und gerade darin – eine befreiende Kraft. Auf das Leiden Gottes hatten die Armen einen Hinweis gegeben, indem sie – in aller Selbstverständlichkeit – annahmen, daß Gott „demütig" ist[9]; und auch diesen

---

[8] Siehe unten: 3.3.1.1: „Theologische Autorität der Leidenden".

[9] Siehe unten: 3.3.2.1: „Vertraute Ähnlichkeit Gottes".

Hinweis entdeckte ich jetzt – in meiner eigenen Situation des Wartens – neu. Gottes Leiden war nicht nur das Leiden des abgelehnten, gefolterten und getöteten Sohnes, sondern es war auch das Leiden des demütig wartenden und hörenden Geistes Gottes. Das Leiden Gottes meinte auch sein Nicht-wissen, sein Nicht-können, sein Nicht-alles-sein um der Beziehung zum Menschen willen.

Mit diesem Gedanken eröffnete sich mir der Zugang, um – am Ort der eigenen Beziehung zu ihm – von Gott zu sprechen. Damit zeigte sich auch der Weg, auf dem ich schreibend aufbrechen konnte. Ich hatte entdeckt, was mich in der Unterschiedlichkeit der Armen bereichert und belebt hatte: es war ihre eigentümliche Stärke – ihnen gerade in der Dunkelheit ihres Leidens zugewachsen –, und ich hatte entdeckt, was der Grund für diese Wahrnehmung in mir war: es war die neu „wahrgenommene" Verbundenheit des Leidens mit der schöpferischen und befreienden Liebe in Gott. Dieser Aufbruch brachte mich zu mir selber zurück, sofern ich – am Ort meiner Beziehung zu ihm – von Gott sprechen würde. Dieser Aufbruch brachte mich zu den Armen zurück, sofern ich von ihrem Leiden schreiben würde, jener Dimension ihrer Fremdheit, zu der ich bisher keinen eigenen Zugang gesucht hatte.

1.2 Theologisches Nachdenken im Gespräch mit eigener Erfahrung

Zu dem vorliegenden Versuch theologischen Nachdenkens im Gespräch mit eigener Erfahrung möchte ich nun Hinweise geben, die seine inhaltliche und methodische Seite betreffen.

1.2.1 Zur inhaltlichen Seite des vorliegenden Versuchs

Die Erfahrung, der ich nach-denke, ist in erster Linie eine Fremdheitserfahrung mit den Armen – und mit mir selber, begründet in der alltäglichen, freundschaftlichen Nähe, die mir „die Armen" gewähren. Sie sind mein erster und immer wiederkehrender Bezugspunkt. Bevor ich „die Armen" näherhin vorstellen werde[10], halte ich es an dieser Stelle für angebracht, meine Rede von „den Armen" als solche zu diskutieren. Anschließend werde ich einen Überblick darüber geben, wie die folgenden Überlegungen aufgebaut sind.

1.2.1.1 Für und Wider einer Rede von „den Armen"

Wer sind die Armen? Aus dem im ersten Abschnitt dieses Kapitels Gesagten ist eine Antwort schon klar. Einzelne, die in Brasilien zu meinen Freundinnen geworden sind, stehen mir mit Namen und Gesichtern vor Augen. Hierzu gibt es kritische Anfragen: sind die einzelnen, zu denen ich eine wechselseitige freundschaftliche Beziehung habe, überhaupt „Arme"? Warum spreche ich noch von „den Armen", wenn ich konkrete Personen und Personengruppen vor Augen habe?

---

[10] Siehe unten 2.1.2: „Gespräch zwischen den Armen und mir/uns".

Die erste Gruppe von Anfragen hat die Meinung zum Hintergrund, daß Arme Bedürftige sind und daß Bedürftigkeit nicht sein soll. Eine Beziehung zu Bedürftigen hat daher den Sinn, sie aus der Bedürftigkeit herauszuholen, aber nicht, sie als Bedürftige zu Freunden zu haben. Diese Meinung äußerte sich in den folgenden Fragen mir gegenüber: Freundschaft mit einzelnen – ist das nicht ungerecht anderen Armen gegenüber, die zufällig nicht deine Freunde sind? Was gibt dir das Recht zu dieser Auswahl? Was nützt das für die Veränderung des Ganzen dieser himmelschreienden Unrechtssituation? Sind die einzelnen, mit denen du Freundschaft hast, überhaupt noch „Arme"? Läufst du nicht Gefahr, über dem menschlichen Wert dieser Freundschaften die Unmenschlichkeit der Verhältnisse zu vergessen, in denen die meisten leben?

Auf diese Fragen gibt es keine Antworten, welche die angemeldeten Zweifel auszuräumen vermöchten. Aber ich möchte auf das hinweisen, was in diesen Fragen ausgeblendet wird. Das mannigfache millionengesichtige Elend im Auge zu behalten, kann den Wunsch lähmen, sich für das Leben anderer einzusetzen. Zugleich ist die Maßlosigkeit der ungerechten Armut so vieler, die einen zu erdrücken vermag, nicht realer als das Maß, in dem diese Armut ein einzelnes Menschenleben bedrückt und seine Geschichte bestimmt. Schließlich hinterläßt in einer solchen individuellen Geschichte nicht nur die ungerechte Armut, sondern auch ein gewisser Charakter seine Spuren. Es ist vielleicht sogar beschämend für die Armen, wenn wir uns von dem, was sie negativ „definiert", so sehr betreffen lassen, daß wir nichts anderes mehr sehen. Sie möchten, daß wir sie in ihrer positiven Eigenart sehen, ohne von ihrer bedrückenden Armut abzusehen. Das ist nur möglich in der Beziehung zu einzelnen. Nur in einer solchen konkreten Beziehung der Freundschaft ist es möglich, sowohl die Ohnmacht und das Aufbegehren der Armen zu teilen als auch sich durch ihren Witz, ihre Geduld, ihre winzigen Siege Mut zusprechen zu lassen.

Die Anfrage, warum ich überhaupt noch von „den Armen" spreche, wenn ich doch konkrete Personen vor Augen habe, ist ihrerseits eine doppelte. Sie stellt sich von außen, aus der Perspektive der Nicht-Armen; und sie stellt sich auch von innen, aus der Perspektive derer, die den mit „den Armen" gemeinten Menschen nahe stehen.
Von „außen" stellt sich die Frage, welche Bedeutung das Wort „Arme" hat, und ob die Menschen, die ich „Arme" nenne, dieser Bedeutung entsprechen. Diese Frage ist um so kritischer, als „Arme" zunächst ein Kollektiv bezeichnet, während ich von einzelnen spreche.
Von „innen" stellt sich die Frage, ob sich die vielen einzelnen, die in Brasilien zu meinen Freundinnen und Freunden geworden sind, überhaupt selber als „Arme" erkennen, oder ob sie sich nicht primär durch andere Zugehörigkeiten definieren. Da diese Frage öfter von Lateinamerikanern an mich gerichtet wurde, ist sie mir besonders kostbar.

Beide Male mündet die Infragestellung der Rede von „den Armen" in die Ablehnung einer solchen Rede. Beide Male würden es die Kritiker vorziehen, wenn ich die Menschen, von denen ich spreche, beispielsweise durch ihre Zugehörig-

keit zu Indio- oder Afro-Völkern und -Kulturen oder durch andere Zugehörigkeiten charakterisierte. Der Hintergrund ist dabei denkbar unterschiedlich.
Bei vielen der Nicht-Armen, die gegen eine Rede von „den Armen" sind, besteht die Neigung, die Existenz der Armen zu leugnen. Jene, die den Armen nahestehen, bestimmt das entgegengesetzte Anliegen: aus ihrer intimen Kenntnis und Wertschätzung der Armen heraus wissen sie, daß dieses Wort der positiven Eigenart, den vielfachen Stärken dieser Menschen nicht gerecht wird.

Auf die Frage nach der Bedeutung, in der ich von „Armen" spreche, antworte ich im nächsten Kapitel (2.1.2.4).
Auf die Frage nach dem Recht meiner Rede von den Armen angesichts einer Vielfalt und positiven Eigenart von Menschen, die einen solchen einheitlichen Begriff nicht zu erlauben scheinen, möchte ich jetzt mit wenigen Bemerkungen antworten. Tatsächlich bilden gerade die positive Eigenarten, die vielfältigen Stärken all der kleinen Leute in Brasilien, die zu meinen Freunden geworden sind, den Ausgangspunkt für meine Überlegungen. Es wäre also sinnvoll, wenn ich auf die Rede von „den Armen" verzichtete. Zugleich gibt es Gründe dafür, diese Rede dennoch für sinnvoll zu halten.

Ein Grund hat gerade mit der Schwierigkeit zu tun, die Nicht-Arme mit dem Wort „Arme" haben. Diese Schwierigkeit ist ein Stein des Anstoßes, der als solcher wichtig ist. Nicht von Armen zu sprechen, würde es denen zu leicht machen, die sich gerne über die Existenz von Armen hinwegtäuschten.
Der andere Grund hat damit zu tun, daß meinen Freundinnen und Freunden bei aller Ausgeprägtheit ihrer Eigenarten aufgrund unterschiedlicher kultureller Zugehörigkeiten das Leiden gemeinsam ist, das sie als „Arme" erkennen läßt: das Leiden unter Verachtung und Ausschluß, Unterdrückung und Ausbeutung, unter Rechtlosigkeit und einer grenzenlosen Abhängigkeit. Da sie dieses Leiden mit allen Armen teilen, halte ich es für gerechtfertigt, von „den" Armen zu sprechen.
Einen letzten Grund für meine Rede von den Armen finde ich bei diesen selber. Ihre Identifizierung als Arme bringt zwar Schmerzen mit sich, denen viele auszuweichen versuchen, ist aber auf der anderen Seite auch ein notwendiger Prozeß, in dem viele erst lernen, von ihren Stärken als „Arme" einen Gebrauch zu machen, der ihre Situation auf die Dauer verändern kann.

1.2.1.2 Erhellung des Aufbaus

Das verbindende Thema der Untersuchung meiner Erfahrungen mit den Armen und des Nachdenkens der Erfahrungen mit Gott, so wie sie in der Bibel bezeugt sind und wie ich sie in meiner Beziehung zu Gott beschreiben kann, ist – dahin führte mich die in diesem ersten Kapitel angesprochene Schreibgeschichte – das Leiden, und zwar jenes Leiden, in dem eine offensichtliche Schwäche, die kaum größer zu denken ist, eine noch größere Stärke verbirgt.
Entsprechend gliedert sich meine Arbeit – abgesehen von dem einführenden und den beiden Schlußkapiteln – in zwei große Teile: der erste spricht vom

Leiden und der darin verborgenen Stärke der Armen – ich finde sie in ihrer „Beziehungsfähigkeit"; der zweite spricht vom Leiden und der darin verborgenen Stärke Gottes – die ich in seinem „befreienden Mitsein" sehe. Um ihrer engen Verbindung willen habe ich diesen beiden Teilen eine parallele Struktur gegeben. Sie enthalten jeweils drei Kapitel.

Das in beiden Teilen erste Kapitel erkundet den Ort eines Sprechens von den Armen (zweites Kapitel) und von Gott (fünftes Kapitel), der vor einer objektivierenden Rede „über" die Armen und „über" Gott bewahrt.

Das in beiden Teilen zweite Kapitel beschreibt die Beziehungen, so wie sie von den Armen gelebt werden (drittes Kapitel) und wie sie zwischen Gott und Menschen und in Gott selber (sechstes Kapitel) existieren.

Das in beiden Teilen dritte Kapitel konzentriert sich auf den Zusammenhang von „Leiden" und „Stärke", nämlich auf das Leiden der Armen und ihre im Leiden verborgene Stärke, die eine „Stärke in Beziehungen" ist (viertes Kapitel), und auf Leiden – und Leidenschaft – Gottes und die darin verborgene „Stärke seiner Liebe" (siebtes Kapitel).

Aus dieser Struktur des Hauptteils ergibt sich als eine Aufgabe für den Schlußteil die Zusammensicht des vom Leiden der Armen und vom Leiden Gottes Gesagten (achtes Kapitel). Die andere im letzten Kapitel angegangene Aufgabe des Schlußteiles ist es, Konsequenzen für uns zu ziehen, die ich als Praxis einer Vorliebe für die Armen beschreiben werde (neuntes Kapitel).

1.2.2 Zur methodischen Seite des vorliegenden Versuchs

Theologisches Nachdenken im Gespräch mit eigener Erfahrung tritt aus dem Schutz des Allgemeinen heraus. Es ist ungeschützt. Das hat mit der Besonderheit und „Subjektivität" seiner Akzentsetzungen zu tun. Deren Angreifbarkeit ziehe ich allerdings der Ungreifbarkeit einer im allgemeinen verbleibenden Reflexion vor. Die Schwäche eines theologischen Nachdenkens im Gespräch mit eigener Erfahrungen kann auch – das ist meine These – ihre Stärke sein. Wenn sich jedenfalls durch meine Akzentsetzungen Nachfragen und auch Widerspruch ergeben, möchte ich dazu einladen, sie zu äußern. Theologisches Nachdenken ist notwendigerweise unabgeschlossen. Seine Unabgeschlossenheit möchte ich als Einladung zum Weitersprechen verstanden wissen.

1.2.2.1 „Subjektivität" und Angreifbarkeit der Akzentsetzungen

Wer im Gespräch mit eigener Erfahrung nachdenkt, geht immer auch „subjektiv" vor, hört auf einzelne und geht von einzelnem aus. Wenn ich meine – winzigen und zufälligen – Erfahrungen im Zusammenleben mit Armen in Brasilien zu Wort kommen lasse, ergeben sich Akzentsetzungen in der Art und Weise, in der ich von den Armen spreche und in der ich von Gott spreche – Akzentsetzungen, die angreifbar sind.

Von den Armen werde ich wie eine Freundin sprechen, die sie soweit kennengelernt hat, daß sie von dem bewegt wird, was sie an ihnen nicht kennt und viel-

leicht nie kennen wird, und die ihr Interesse und ihre Faszination nicht leugnen kann. Bei diesem Ansatz werden allgemeine historische, sozio-ökonomische oder auch psychologische Analysen, die der objektiven Erkenntnisgewinnung über „die" Armen dienen, vernachlässigt – sowie auch theologische Beträge, die sich mit „den" Armen befassen. Diese Beiträge und Untersuchungen werden nicht deshalb vernachlässigt, weil ich sie nicht kenne oder für unwichtig halte, sondern weil das Hören auf eigene Erfahrung ein gewisses Nicht-wissen voraussetzt. Meine eigene Erfahrung ist positiv. Arme Frauen in Brasilien mit den Augen einer Freundin zu sehen, ist keine neutrale Sicht. Sie entbehrt jener Distanz, in der einem Dinge und Menschen gleich-gültig sind; sie hat die Stärke – und auch die Schwäche – einer Sicht aus der Nähe.
Die Sicht aus der Nähe kann eine Verzerrung bedeuten; das ist der Preis dafür, daß Einzelheiten deutlich werden. Die Distanz hat den Vorzug des Überblicks, der sich jedoch kaum von der lebendigen Wirklichkeit überraschen lassen kann. In der Nähe, in der ich zu den politisch, wirtschaftlich und sozial „Schwachen" in Brasilien gelebt habe, wurde ich von ihrer Stärke überrascht – und zwar von ihrer Stärke im Durch-leiden ihrer Ohnmacht. Ich entdeckte, daß gerade mit ihrer „Passivität" eine Begabung zu Beziehungen verbunden ist.

Wenn ich in dieser Weise meiner Erfahrung mit den Armen nach-denke, ergeben sich Akzentsetzungen für mein Sprechen von Gott – und zwar das „Wie" und das „Was" betreffend.

Für das „Wie" meines Sprechens von Gott ist bestimmend, daß ich versuche, auf seine Nähe zu hören – nicht nur in meiner eigenen Geschichte, sondern vor allem auch in jener, die als Geschichte Gottes mit Israel und mit den Menschen in den Büchern der Bibel bezeugt wird. Das impliziert eine Art und Weise des Umgangs mit den Schriften der Bibel, die „subjektiv" genannt werden kann. Ich werde biblische Texte in ähnlich subjektiver Weise lesen wie die Armen.

Die Armen lesen biblische Texte „subjektiv", sofern diese für sie zur Einladung werden, in ein Gespräch mit Gott einzutreten. In dieses Gespräch bringen sie, in aller Selbstverständlichkeit, ihre „subjektive" – gemeinsame und je einzigartige – Situation mit hinein; so identifizierbar gesellen sie sich zugleich ganz nah zu jenen handelnden und sprechenden Subjekten, von denen der biblische Text eine Beziehung zu Gott erzählt – seien dies Abraham, Moses, Israel, sei dies das „ich" der Psalmen, sei dies Jesus oder einer, eine aus der Menge, die ihn sucht. In deren Gottesbeziehung lassen sie sich hineinnehmen.
Wenn die Armen biblischen Texte in dem Glauben lesen, der in den Schriften das lebendige Wort Gottes erkennt, so ist das nicht gleichbedeutend damit, daß sie dabei auf den Gebrauch ihrer kritischen Vernunft verzichten. Vielmehr ist es gleichbedeutend damit, daß sie ihre Vernunft für das Hören und Verstehen der Schriften öffnen lassen – vom Geist dessen, der den aus Jerusalem weggehenden Jüngern die Schriften erschließt (Lk 24,27)[11].

---

[11] Ein Beispiel für die kreative Intelligenz ihres Bibellesens: In einer Gemeinde von Fischern kam auf die Frage: Warum suchte Jesus einen Fischer wie Petrus aus, um die Leitung der Kirche anzuvertrauen? folgende Antwort: „Wer sich zu Land bewegt, bahnt sich zunächst einen Weg,

Das „subjektive" Bibellesen der Armen kann mit der Lectio Divina verglichen werden. Die Lectio ist ein Lesen der biblischen Schriften als Wort Gottes, der in diesem Wort zu Menschen spricht und in der Vergangenheit und Gegenwart zu Menschen in Beziehung tritt. Sie nimmt ernst, daß die Bibel als Einladung zum Eintritt ins Gespräch geschrieben ist[12]. Ähnliches gilt für die Weise, in der die Armen die Bibel lesen. Sie lassen sich als Lesende einladen, „den Text als Eröffnung eines Gesprächs zu empfangen, in dem Gott spricht und dem Menschen die Worte seines antwortenden Sprechens gibt, wenn dieser ihnen wie einer Gnade zustimmen kann."[13]

Diese „subjektive" Weise des Bibellesens der Armen, von der ich mich in den Jahren des Zusammenseins mit ihnen habe prägen lassen, geht der wissenschaftlich objektiven Weise exegetischer Forschung voraus[14], es sei denn, diese analysiert die Bibel allein als historisches Dokument. Die Beziehung zu den biblischen Schriften im Glauben und im Geist gibt einer Exegese, die die Bibel in ihrer Bedeutung für die Glaubensgemeinschaft berücksichtigt, grundlegende Orientierung. Die Exegese schützt die Fremdheit des Textes vor einem allzu schnellen, vereinnahmenden „Verstehen" und dient so dem Verstehen, bei dem das Wort als Wort eines anderen gehört wird. Wenn aber das Engagement des Lesers für dieses Hören fehlt, so kann das historisch-kritische Vorgehen, das die Distanz zwischen Text und Leser vertieft, zum Selbstzweck werden. Grundlegend ist daher das Lesen der Bibel als einer Mitteilung, die zum Eintritt ins Gespräch einlädt.

Auch für das „Was" meines Sprechens von Gott, für seinen Inhalt, hat der Ausgang von meinen Erfahrungen mit den kleinen Leuten in Brasilien eine Akzentsetzung zur Folge. Ich werde nicht nur von der Macht – sondern besonders von der Ohnmacht der Liebe Gottes sprechen, die bedeutet, daß er „eine Schwäche" für Menschen hat, die auf dem mühsamen Weg des Menschwerdens unterwegs sind. Ich werde von der Passivität, von der Schwäche und der Stärke des Wartens Gottes sprechen, in dem sich seine Liebe konkretisiert.

Vom Nicht-alles-sein, vom Nicht-können und Nicht-wissen Gottes zu sprechen – das klingt anstößig. Die Angreifbarkeit dieser Akzentsetzung liegt auf der Hand: Die Andersheit Gottes kann nur als ein Mehr gedacht werden, das die vom Menschen her vorstellbare Macht, Güte, Weisheit überschreitet – sonst scheint es nicht „Gott" zu sein, von dem gesprochen wird. Die Logik dieser Argumentation ist unangreifbar, weil sie aus dem reinen Denken kommt.

---

dann baut er eine Straße und asphaltiert sie. Dann wird er immer diesen Weg benützen, die Straße ist ja dazu gebaut. Ein Fischer hingegen, der sich zu Wasser bewegt, baut dort keine Straßen, die er asphaltieren kann, sondern er sucht die Fische jeweils dort, wo sie sind. Deshalb wiederholt er nicht seinen Weg von gestern, sondern er sucht jeden Tag einen neuen. Ihm kommt es darauf an, die Fische ausfindig zu machen. Es kann ja sein, daß der Weg von gestern nicht zu den Fischen von heute führt. ..." Zitiert in: D. BADER, Aber Gott ist gut, missio-Aachen 1995, 20.

[12] Vgl. A.-M. PELLETIER: Propos sur la „Lectio Divina", in: Écoute 381 (1996), 12-27.

[13] A.-M. PELLETIER, a.a.O., 17.

[14] Siehe unten S. 185.

Anders verhält es sich mit dem theologischen Nachdenken im Gespräch mit eigener Erfahrung. So „wissen" die Armen aus ihrer Erfahrung, daß Gott „demütig" – und gerade deswegen „größer" ist[15]. Sie haben die Autorität jener, die sich im Leiden auskennen. Es handelt sich in erster Linie um arme Frauen am Stadtrand und auf den Straßen der Innenstadt von São Paulo und im vergessenen Landesinnern des Nordostens. Sie stehen für „die" Armen in Brasilien, weil ich diese in ihnen kennengelernt habe.

Was sie sagen, wie sie sich ausdrücken, wie sie handeln, fühlen und denken, muß jedoch nicht von allen Armen geteilt werden. Von anderen Armen kann hier oder dort Widerspruch eingelegt werden, Leserinnen und Leser, die im Leben in der Nähe zu Armen ihre Erfahrungen sammelten, können Gegenbeispiele anführen. Die Autorität dieser vorrangigen Teilnehmerinnen in meinem „Gespräch mit eigener Erfahrung" schließt nicht aus, daß andere Arme – die nicht zu diesen Gesprächsteilnehmern gehören – die Autorität haben, etwas anderes zu sagen. Entscheidend ist, daß sie die Autorität der Leidenden haben.

1.2.2.2 Unabgeschlossenheit: Einladung zum Weitersprechen

Theologisches Nachdenken im Gespräch mit eigener Erfahrung scheint einen Nachteil zu haben: Es läßt sich nicht abschließen; denn die Erfahrung, von der man schreibend ausgeht, bleibt nicht „am Ausgang", sondern begleitet das Schreiben und mischt sich laufend in das Nachdenken ein. Diesen Nachteil sehe ich nicht als etwas, was in Kauf zu nehmen ist, sondern als eine Chance, der ich den Vorzug gebe. Wenn die Abgeschlossenheit einer Reflexion zur Folge hat, daß sich der Eindruck des Wissens einstellt und „keine Fragen mehr sind", so ziehe ich das Nicht-wissen und die Unruhe des Fragens vor. Und wenn die Abgeschlossenheit einer Reflexion zur Folge hat, daß „das letzte Wort" gesprochen wurde und die Leser aus ihrer Beziehung zum Schreiber entlassen sind, so ziehe ich ein „offenes Ende" vor, das Leserinnen und Leser dazu ermutigt, im Gespräch mit ihrer eigenen Erfahrung und im Gespräch mit dem Text und mit der Schreiberin weiterzugehen.

Was ich von den Armen mitteilen möchte, sind Hinweise auf Haltungen und Verhaltensweisen, die mehr Fragen aufwerfen, als sie beantworten. Sie ergeben gerade kein Wissen, sondern sie eröffnen ein Nicht-wissen. Staunen und aufmerksame Beobachtung, Suchen und Hören, Interesse und Interpretation sind keine Weisen des Wissens, und sie sind auch nicht auf Wissen aus; sondern sie sind die vorrangige Weise, eine Beziehung zum anderen herzustellen, zu pflegen und zu leben.

Etwas Ähnliches gilt für das, was ich von Gott sagen werde. Auch hier geht es nicht um ein Wissen. Der Grund liegt nicht darin, daß es von Gott kein „Wissen" mitzuteilen gäbe – die Armen beeindrucken mich durch die Sicherheit ihres „Wissens" von Gott[16]. Der Grund liegt vielmehr darin, daß für mich auch hier

---

[15] Siehe unten 3.3.2.2: „Vertraute Unähnlichkeit Gottes".

[16] Siehe unten 3.3.1: „Sicherheit des Wissens von Gott".

gerade die Suche, das Entdecken und Nachgehen entdeckter Spuren zu einer lebendigen Beziehung gehören. Diese halte ich für das Entscheidende. Wissen im Sinne des Beherrschens einer fremden Materie und des Sich-auskennens in der anderen Person kann oder muß sogar ein Hindernis für die Beziehung sein. Die Sicherheit der Armen zeigt, daß ihr Wissen ein anderes ist: es ist Teil des Sich-verbunden-wissens mit dem anderen, Frucht der sich im Mit-fühlen verwirklichenden Beziehung zum anderen.

Das Wissen, das sich in der Beziehung im Gespräch bildet und wächst, ohne je fertig vorhanden und verfügbar zu sein, ist Mit-wissen; und „Mit-wissen" ist die wörtliche Übersetzung des lateinischen „conscientia", das in romanischen Sprachen „Bewußtsein" bedeutet. Bewußtsein kommt zustande in dem nicht abzuschließenden Prozeß, in dem von vielen ein insgesamt wiederum unvollständiges Wissen zusammengetragen wird. Das Nicht-wissen im Sinne des Verzichts auf beherrschendes Wissen steht im Dienst des Mit-wissens mit anderen; und das heißt, es steht im Dienst des Gesprächs und der sich in ihm verwirklichenden Beziehung. Um solcher Beziehung willen möchte ich gerade zum Nicht-wissen und Fragen ermutigen.

ERSTER TEIL
LEIDEN UND BEZIEHUNGSFÄHIGKEIT DER ARMEN

Was ich an den Armen in Brasilien kennengelernt habe, war vielfältig und hat mich in unterschiedlicher Weise angesprochen. Ich brauchte einige Jahre, bis sich die verschiedenen Mosaiksteinchen immer deutlicher zu einem Ganzen fügten. Bestimmendes Merkmal dieses Ganzen waren für mich die Demütigungen und Schmerzen, die Not und Ausweglosigkeit, die meine Freundinnen erlebt hatten, ohne daran zugrunde zu gehen, ohne sich zu verhärten oder bitter zu werden. Im Gegenteil: ihre Bereitschaft zum Empfinden – und zur Wahrnehmung des anderen durch das Fühlen hindurch hatte sich umso mehr verfeinert. Darin wurzelte ihre Begabung zu Beziehungen; und diese Begabung war ein weiteres bestimmendes Merkmal des Bildes, das ich von meinen Freundinnen gewann.

Dieses Bild versuche ich nachzuzeichnen, indem ich zunächst die Beziehungen der Armen zu sich selbst, zum anderen und zu Gott beschreibe, um dann zu zeigen, daß die ihnen eigene Stärke in ihren Beziehungen mit ihrem Leiden zu tun hat. Zuvor möchte ich aber Klarheit über den Ort meines Sprechens herstellen.

Zweites Kapitel
Sprechen von den Armen in der Beziehung zu ihnen

Der Ort meines Sprechens von den Armen ist meine Beziehung zu ihnen und ist ihre Beziehung zu mir. Unsere engagierte Beziehung, die man „Freundschaft" nennen kann, erlaubt eine differenzierte Kenntnis des anderen und der eigenen Person, die ein bleibendes Kennen-lernen einschließt. Da die „Subjektivität" meines Sprechens nicht selbstverständlich ist, möchte ich zunächst darauf eingehen, was es bedeutet, daß ich von den Armen in der Beziehung zu ihnen spreche; dann werde ich diese Beziehung selber vorstellen.

2.1 Bedeutung eines Sprechens von den Armen in der Beziehung zu ihnen

Was mein Sprechen von den Armen charakterisiert, sofern es in der Beziehung zu ihnen stattfindet, läßt sich in zwei Punkten angeben: Es ist ein Sprechen aus Erfahrung – um seine Gefahren und Chancen geht es im ersten Abschnitt. Es ist kein Sprechen-über, das dem anderen seine eigene Möglichkeit zu sprechen nimmt, sondern ein Gespräch zwischen den Armen und mir bzw. uns – diese am Gespräch Beteiligten werde ich im zweiten Abschnitt vorstellen.

2.1.1 Ausgang von Fremdheitserfahrungen

Ich gehe von meiner Erfahrung mit den Armen aus – genauer: ich gehe von dem aus, was ich in der Beziehung zu den Armen an ihnen – und an mir – beobachtet und erlebt habe. Das ist vor allem die Infragestellung meiner eigenen Gewohnheiten, meines Lebensstils, kurz: meines „Soseins". Diese Infragestellung drückte sich oft in einem spontanen inneren Ausruf aus: „So könnte ich nicht leben! So würde ich nicht handeln, nicht sprechen, nicht denken – so würde ich nicht fühlen können!" Bestimmend für mich – in der Beziehung zu den Armen – ist die Erfahrung ihrer – bzw. meiner Verschiedenheit. Untrennbar von der erfahrenen Fremdheit der Armen ist die Erfahrung meiner eigenen Fremdheit; deswegen spreche ich allgemein von „Fremdheitserfahrungen". Was es bedeutet, von Fremdheitserfahrungen auszugehen, wird vielleicht klarer, wenn man sieht, daß es auch einen anderen Ausgangspunkt gibt.

In verschiedener Weise läßt sich von anderen Menschen sprechen. Das Sprechen vom anderen kann mehr an dem interessiert sein, was ihn äußerlich vom Sprechenden unterscheidet, oder es kann sich mehr auf das Erheben und Erkunden des inneren Unterschieds richten. Bei den Armen können die unterscheidenden oder sogar unvergleichlichen Lebensbedingungen im Vordergrund stehen, die zur Konsequenz haben, daß die Armen in der brasilianischen Gesellschaft, obwohl sie die erdrückende Mehrheit sind, zum „Rest" gehören und die Masse der Ausgeschlossenen bilden; oder es kann im Vordergrund stehen, wie sie sich zu diesen Lebensbedingungen verhalten. Wohlgemerkt: es geht um den Ausgangspunkt, es geht darum, was im Vordergrund steht; es geht nicht um einander ausschließende Alternativen. Wenn ich die äußeren Lebensbedingungen zu beschreiben versuche, die mich von „Armen" sprechen lassen, kann ich auch dahin kommen, zu schreiben, wie sich die Armen zu diesen Bedingungen verhalten. Wenn ich davon spreche, wie sich die Armen zu ihren Lebensbedingungen verhalten, muß ich auch diese Bedingungen selbst beim Namen nennen.

In dieser Frage, ob ich von der „Außenseite" oder von der „Innenseite" der Armut ausgehe, habe ich keine Wahl. Ich kann von der Nähe, in der ich zu den Armen gelebt habe, nicht abstrahieren. Meine Fremdheitserfahrung liegt gerade auf der Ebene des subjektiven Verhältnisses zu den Lebensbedingungen – und nicht nur zu den Lebensbedingungen. Wie die Armen sich zu sich selbst, zum andern und zu Gott verhalten, begründete bei mir das Erleben, das sich in jene spontane innere Ausrufe kleidete, wie: „So würde ich mich selber nicht sehen, so könnte ich mit einem anderen nicht umgehen, so würde ich niemals von Gott sprechen ...!" Durch die Gemeinsamkeit dieser Bezüge kam es für mich erst zur Verwunderung über unsere Unterschiede. Die Treue zu dieser Erfahrung verlangt, von ihr auszugehen. Die Beziehung zu den Armen ist mir in einer Weise gegeben, daß ich nur *in ihr* von den Armen sprechen kann. Das macht es aber nicht überflüssig, die mit diesem Sprechen verbundenen Gefahren zu sehen und auch seine Chancen zu benennen.

2.1.1.1 Gefahren

Die Fragen und Einwände, denen ich hier nachgehe, danke ich dem engagierten Mit-denken einer Runde von Interessierten, denen ich meinen Ansatz vorstellte. Daran entzündete sich eine lebhafte Diskussion. „Wie kannst du die Armen nur so beschreiben, wie du es erfahren hast? Welche Rolle spielen die konkreten äußeren Bedingungen ihrer und deiner Verschiedenheit? Abstrahierst du von ihnen? Wenn du von deiner Befremdungserfahrung ausgehst, reduzierst du dann nicht die Unterschiedenheit der Armen von dir auf anthropologische Differenzen, die unabhängig von gesellschaftlichen, wirtschaflichen, politischen Bedingungen wären? Du könntest damit selber zu jener relativierenden Sicht der Situation der Armen beitragen, die du sicher nicht willst: in der nämlich diese Situation in gewissem Sinn als normal, und nicht als anzuklagendes Unrecht und unbedingt zu verändernder Mißstand betrachtet wird!"

Wenn ich den inneren Unterschied zwischen den Armen und mir stärker berücksichtige als den äußeren Unterschied, so besteht die erste Gefahr in der Relativierung. Der skandalöse äußere Unterschied zwischen den Armen und mir, der zur Stellungnahme herausfordert, wird zu einem Unterschied, dem gegenüber man neutral bleiben kann. Der Unterschied, der als unerträglicher zum Eingreifen und zu seiner Beseitigung drängt, wird zu einem meditierten Unterschied, den eine aufmerksame Betrachtung sogar als positiv erschließen kann. Die Gefahr, daß die Armut auf mich keine beunruhigende und verunsichernde Wirkung ausübt, daß ich nicht Partei ergreife zugunsten der Benachteiligten und mich nicht für sie engagiere, möchte ich deutlich genug sehen, um sie fürchten und vermeiden zu können.

Mit dieser Gefahr verbunden ist die einer Reduktion. Es geht mir nicht in erster Linie um die Armen, die als Ausgeschlossene verschieden sind von mir, der das meiste von dem, wovon sie ausgeschlossen sind, selbstverständlich ist; sondern es geht mir in erster Linie um Menschen, vor allem um Frauen, die ich in ihrer Beziehung zu sich selbst, zum anderen, zu Gott verschieden von mir erlebe – wobei diese Erfahrung damit zu tun hat, daß sie zu den Verachteten und an den Rand Gedrängten gehören, und ich nicht. Ich gehe aber nicht hiervon, vom Besonderen und Unvergleichlichen aus, sondern von dem, was ihnen und mir gemeinsam ist. Dabei laufe ich Gefahr, die Armen auf „die Anderen" zu reduzieren[17]. Wenn ich die Armen in ihren wesentlichen Bezügen kennenlernen kann, weil ich auch mich in diesen Bezügen kennenlerne, so kann ich darüber vergessen, was mir unzugänglich und unkenntlich am Armen bleibt, weil ich in

---

[17] Die Beziehung zu den Armen ist so unvergleichbar mit anderen Beziehungen, daß ich es für eine fragwürdige Abstraktion halte, nicht mehr von den Armen, und statt dessen von „den Anderen" zu sprechen. Die Beziehung zu den Armen ist nicht in dem Sinn unvergleichlich, in dem jede Beziehung als konkret gelebte unvergleichlich mit anderen konkreten Beziehungen ist. Vielmehr ist die Beziehung zu den Armen unvergleichlich, weil das Unerträgliche und Skandalöse am Unterschied zwischen Armen und Reichen nicht vergleichbar mit dem allgemeinen Anderssein eines jeden ist. Wenn die Rede von der Beziehung zu „den Anderen" an die Stelle der Beziehung zu den Armen tritt, wird das Skandalöse am Unterschied zwischen Armen und Reichen verschwiegen.

meiner „anderen Kultur"[18] dafür keine Vergleichsmöglichkeit habe: das ist ihr Leiden selbst als Verachtete, Unterdrückte, Ausgebeutete und um ihre Rechte Betrogene.

Ich will in den angesprochenen Gefahren noch einen Schritt weiter gehen. Wenn ich über dem Kennenlernen der Armen in ihrer Verschiedenheit die Armut selber vergesse, die sich meinem Kennenlernen verschließt, laufe ich Gefahr, die Armen zu vereinnahmen. Weil mich die Müdigkeit der ihrer Kräfte Beraubten nicht schwächt, weil mir die Bitterkeit der um ihre Rechte Betrogenen den Geschmack am Leben nicht verdirbt, weil mich die Unsicherheit der Abhängigen nicht verängstigt, laufe ich Gefahr zu meinen, daß das, was ich an den Armen kennenlerne, alles ist. Dieses Kennenlernen ist eine Annäherung, bei der die Distanz dessen, was fremd bleibt, die Bewegung des Kennenlernens weiterbringen kann. Aber gerade deswegen kann der Schrecken über den Abgrund von Verletztheit, der die Armen von uns trennt, in Vergessenheit geraten. Das würde bedeuten, daß ich die Armen dessen enteigne, was in all seiner für uns unmöglichen Negativität ihr Eigentum ist. Und das wäre die Vollendung des Unrechts: ihnen nicht nur die Lebensmöglichkeiten zu rauben, ihnen nicht nur das Bewußtsein zu nehmen, Beraubte zu sein, sondern auch ihr Leiden zu enteignen. Nach der Relativierung und Reduktion der „Außenseite" der Armen käme dies ihrer Eliminierung gleich: was außerhalb meiner Erfahrungsmöglichkeiten liegt, hat für mich keine Wirklichkeit.

2.1.1.2 Chancen

Welche Chance kann es rechtfertigen, daß ich die Gefahr in Kauf nehme, die Armen letzten Endes ihres Leidens zu enteignen? Die grundlegende Chance ist die Beziehung zu den Armen.
Sie ist in dem Maß möglich, in dem Unterschiede und Gemeinsamkeiten zugleich im anderen entdeckt werden können. Wenn ich so fasziniert oder erschreckt bin von dem Andersartigen, daß ich nichts wiederzuerkennen vermag, was mir von mir selber her vertraut ist, kommt keine Beziehung zustande. Das Verhältnis zu einem anderen, dessen Verschiedenheit alles an mir negiert, kann nur in der Negation meiner selbst oder in der Negation des anderen gelebt werden. Wie lähmend diese Alternativen sind, läßt sich konkret an dem Verhältnis zu den Armen sehen, bei dem die Unmöglichkeit ihres Lebens, der Abgrund des Elends, der sie von uns trennt, im Vordergrund stehen: Da kann die radikale Selbstkritik und in diesem Sinn Unterordnung unter die Armen bestimmend sein, oder auch eine Sicht der Armen, in der diese als absolut hilflos und auf uns angewiesen erscheinen und wir uns selber in einer übergeordneten Stellung wiederfinden. Oft trifft man auf ein Schwanken zwischen beiden Extremen. Daß es dabei nicht zu einer Beziehung kommt, macht die eigentümliche Auswegslosigkeit und das Unbefriedigende dieses Engagements für die Armen aus, das oft in Resignation endet oder sogar in eine aggressive Einstellung zu dem eigenen Engagement und dem anderer umschlägt.

---

[18] Siehe unten S. 50.

Wenn ich von der Unvergleichlichkeit der Lebensbedingungen absehe, die einen unüberbrückbaren Unterschied zwischen den Armen und mir errichten, wenn ich Arme als einzelne kennenlerne, die mich befremden, indem ich Gemeinsamkeiten und Unterschiede entdecke, kommen Beziehungen zustande. Das ist die grundlegende Chance, wenn ich die Armen zunächst als Frauen und Männer sehe, mit denen mich grundlegende Bezüge verbinden und die mich aufgrund dieser Gemeinsamkeit in ihrer Verschiedenheit schockieren.

Die Chance der Beziehung zu den Armen ist zugleich die Chance einer Bewegung, in der ich mich anstoßen lasse von ihrem erstaunlichen So-sein, das mein eigenes Fühlen, Handeln, Sprechen und Denken in Frage stellt.
Da ist in São Paulo beispielsweise die Begegnung mit den „sofredores de rua", jenen Leidensgestalten, die aus der Straße ihr Zuhause gemacht haben und in Brasilien „Leidende der Straße" genannt werden. Diese Letzten der an den Rand Gedrängten gehen in Natürlichkeit auf mich zu und sprechen mit mir, als gäbe es den trennenden Abgrund des Unglücks zwischen uns nicht. Sie machen mir erst bewußt, daß ich angesichts des Abgrunds zwischen uns, den ich mit Schrecken, Verlegenheit und Scham empfinde, eine „normale" Begegnung gar nicht für möglich halte.
Eine solche „Normalität" ist den Armen selber wichtig. Sie interessieren sich mehr für meine sozialen Bezüge und kaum für meine materiellen Lebensbedingungen oder für das Unrecht der maßlos ungleichen Chancen, die damit verbunden sind. Für sie ist es wichtig, daß ich mich zuerst für ihre Normalität interessiere, an ihrem Alltag teilhabe und das soziale Gefüge, das ihn ordnet, kennenlerne, bevor ich mich von der A-normalität ihrer Situation beeindrucken lasse, in der es ihnen an allem fehlt. Eine Beziehung, in der Staunen und Befremdung möglich sind, weil gemeinsame Gegebenheiten unterstellt werden, hinter die Unterschiede zunächst zurücktreten, entspricht dem Interesse der Armen. Das ist die entscheidende Chance eines Sprechens von den Armen in der Beziehung zu ihnen.

2.1.2 Gespräch zwischen den Armen und mir/uns

Von den Armen in der Beziehung zu ihnen zu sprechen, bedeutet ein Gespräch, bei dem die Beteiligten vorzustellen sind.
Wer sind die Armen? Ich möchte zuerst das zu Anfang Gesagte aufnehmen, daß ich an viele einzelne denke, die in Brasilien zu meinen Freundinnen geworden sind, und auch an Gruppen, die ich besucht und begleitet habe. Dann werde ich auf zwei Merkmale zu sprechen kommen, die für all diese Menschen gelten und die sie – wie kein anderes – als „Arme" erkennen lassen: sie leben in einer Situation von Rechtlosigkeit und Abhängigkeit.
Ich kann die Armen in Brasilien aber nicht durch die Rechtlosigkeit und die Abhängigkeit ihrer Situation vorstellen, ohne darauf hinzuweisen, daß ich mich außerhalb dieser Situation befinde. Dieses „außerhalb" hat zur Folge, daß ich mich genötigt sehe, von „arm" und „reich" zu sprechen und zu sagen, wer „wir" im Verhältnis zu „den Armen" sind.

2.1.2.1 „Die Armen": einzelne mit Namen und Gesichtern

Ein brasilianischer Theologe, dem ich einige Seiten dieser Arbeit zeigte, bemerkte als Kritik, in den Alltagsgeschichten meiner Rundbriefe würden die Armen mit ihren Namen und Gesichtern nicht genügend deutlich. Der Eindruck kann dadurch zustandekommen, daß es mir in diesen Geschichten selten in erster Linie um die beteiligten Personen als solche geht, sondern um Beobachtungen ihrer Verhaltensweisen in bestimmten Situationen, wobei diese Beobachtungen jeweils bruchstückhaft sind. Für mich jedoch haben alle Armen, deren Persönlichkeit sich für Leser der Rundbrief-Geschichten manchmal nur in dem Teilaspekt einer Situation oder Beziehung andeutet, Namen und Gesichter. Ich würde gern eine oder zwei Seiten mit ihren Namen bedecken – die zu allergrößtem Teil Namen von Frauen sind. Aber ich habe Angst, irgendeinen Namen zu vergessen. An der Stelle der vielen möchte ich eine hier vorstellen, die ich in einem Rundbrief – nach meinem Umzug von São Paulo in den Nordosten, nach Poranga, und nach meinem Umzug aus dem Pfarrhaus von Poranga in das Haus ihrer Familie – als meine neue Hausfrau und Freundin beschrieb.

30.12.1991, Poranga. An Maria, meiner Hausfrau und Freundin, wird mir wieder einmal klar, daß es die Frauen sind, deretwegen es sich in Poranga und in São Paulo und in Brasilien überhaupt noch leben läßt.
Maria,
älteste Tochter eines stattlichen Mannes, der sich sein Leben lang um die Viehherden anderer kümmert,
nach dem Tod ihrer Mutter bei der Geburt der jüngsten Schwester diejenige, die mit ihren 12 Jahren für ihre sechs Geschwister sorgt wie die Mutter,
zugleich die wildeste von ihren Schwestern und Brüdern, die sich selber vor nichts fürchtet und den anderen entsetzliche Streiche spielt,
die das Sorgen an die Stiefmutter abgibt, als der Vater wieder heiratet, und das Sorgen wieder aufnimmt, als es der Stiefmutter bei den weiteren Geburten gar nicht gut geht ...
Sie hat ihrer Mutter das Schneidern abgesehen und möchte es richtig lernen, um einen Beruf zu haben; aber dafür ist kein Geld da. Später heiratet sie Cícero, ihren eher stillen, bedächtigen Mann, von dessen Vorfahren einige der fünf Söhne ihr indianisches Aussehen haben. Er ist zäh und mager wie das Land, das er eine Tagesreise weit entfernt bearbeitet.
Sie verzeiht ihrem geliebten Vater nicht, daß er einen Nachbarn, der arm ist wie sie, im Landkonflikt mit einem Reichen, auf dessen Drängen hin, mit seiner Aussage vor Gericht zu Fall gebracht hat. Sie hat ihre geistige Unabhängigkeit gewahrt im Schatten der alles beherrschenden Familie Pinho, auf deren Grundstück wir wohnen – eine einzigartige Unabhängigkeit in Poranga: sie denkt selber und handelt selber entsprechend ihrem Gerechtigkeitssinn.
Zum Beispiel übernimmt sie die Patenschaft für das Kind einer ledigen Mutter, dessen Vater, verheirateter Apotheker und Gemeinderat, nicht

nur jegliche Sorgepflicht ablehnt, sondern auch Mutter und Kind durch Verachtung und Isolation bestrafen will; oder sie stellt „nicht ehrbaren" genauso wie „ehrbaren" Frauen ihre Nähmaschine zur Verfügung, und antwortet auf die erstaunte Frage einer Nachbarin, ob sie etwa nicht wisse, daß sie einer Prostituierten helfe, die sei deswegen auch nicht schlechter als sie beide.

Maria teilt unter den Kindern, dem Mann und mir und unter den immer wieder überraschend und zahlreich auftauchenden Gästen das Essen, häuft mittags und abends auf einen Teller nach dem anderen Reis, Bohnen und was es als Beilage noch geben mag – und bedenkt sich selbst nicht eher, als bis der letzte Essen hat, dies in einer völlig natürlichen Selbstvergessenheit, die sie auch beim Arbeiten fröhlich macht: sie singt dabei – wie Angelita in São Paulo.

Diese „meine" Maria lernt seit September ('91) lesen und schreiben – und das Lesen ist nun ihre Leidenschaft, abends spät auf meiner Strohmatte ausgestreckt. Sie liebt das Lernen: wie man Möhren, Kartoffeln, Rote Beete zubereiten kann, lernt sie genauso gern wie das freie Sprechen vor der Gottesdienstversammlung. Ich bin stolz darauf, ihre Freundin zu sein.

In diesem „gesprochenen Bild"[20] einer meiner Freundinnen taucht schon der Name jener Frau auf, die mich in São Paulo aufgenommen hatte – ähnlich wie Maria später in Poranga: das ist Angelita. Die Weise, in der sie mich in São Paulo aufnahm, hatte für mich besondere Bedeutung, weil meine Hilflosigkeit dort ungleich größer war. Noch manche Namen werden auftauchen. Aber weil dieses Auftauchen zufällig bleibt, möchte ich an dieser Stelle noch so etwas wie eine Landkarte der Orte und der Lebens- und Arbeitsbereiche skizzieren, zu denen für mich Namen und Gesichter von Armen gehören.

Da sind die kleinen, mühsam mit umgerechnet hundert Mark im Monat[21] ums Auskommen kämpfenden Leute in der nächsten Nachbarschaft am östlichen Stadtrand von São Paulo, wo ich sieben Jahre lang gewohnt und gelebt habe; da sind die um Infrastruktur und Legalisierung ihrer prekären Wohnverhältnisse, um Arbeit, um medizinische Versorgung, um Schulen und Transporte kämpfenden Armen der näheren und weiteren Ränder des Viertels, mit denen wir Gruppen und Gemeinden aufbauten; da sind die Armen der Landlosenbewegung in der Stadt, Beteiligte an mehreren Landbesetzungen und an vielen Gemeinschaftsbauplätzen, die Bewohner einiger mittlerweile schon „etablierter" Siedlungen, in denen es an allem fehlt; da sind die Armen im Stadtzentrum von São Paulo, die für alle Bereiche ihres Lebens nur die Öffentlichkeit der Straßen und Plätze zur Verfügung haben; da sind die Armen, besonders unter den Schwarzen

---

[20] „Retrato falado" ist im Brasilianischen ein stehender Ausdruck, den man mit „Steckbrief" übersetzen kann.

[21] Die Kaufkraft dieser Summe, die damals einem Mindestlohn entsprach und heute etwa ein Drittel des Mindestlohns ausmacht, ist seit der Einführung des „Real" durchaus vergleichbar mit der hiesigen; denn seitdem sind die Lebenshaltungskosten in Brasilien im Durchschnitt so hoch wie hier.

in den Gemeinden des Stadtrands von São Paulo und im Nordosten, die für den Abbau der inneren und äußeren Diskriminierung kämpfen; da sind die Armen unter den Landlosen, die ich im Süden und im Norden in Zelten an den Rändern des begehrten Bodens siedeln sah, für den sie kämpfen; da sind die Armen im Landesinnern des Nordostens: die allermeisten Bewohner Porangas und der noch weiter abgelegenen winzigen Landgemeinden, die in der Abhängigkeit von zwei oder drei das Land besizenden Familien leben; und da sind die Armen ohne Schulbildung, ohne Zutrauen zum eigenen Urteil und Wort, die an der von uns 1991 begonnenen und sich immer weiter ausbreitenden Erwachsenen-Alphabetisierungsbewegung im tiefsten Innern des Ceará teilnehmen.

Beim Gedanken an diese Orte, Lebens- und Arbeitsbereiche tauchen für mich einzelne Arme auf, die sie mit ihren Gesichtern, Geschichten und Namen unverwechselbar prägen. Mit ihnen wurde ich vertraut, weil ich in ihrer Nähe lebte und mich mit anderen – Schwestern, Pfarrern, Freunden aus Deutschland – an ihren Kämpfen beteiligte. Ich lernte, daß es dabei immer um Rechte ging.

> *Mai 1988, São Paulo. Das ist mir in der letzten Zeit immer klarer geworden: das gemeinsame wesentliche Element all der unterschiedlichen Erscheinungsformen der Armut ist die Situation einer umfassenden Rechtlosigkeit. – Das ist auch der Grund, warum es gerade hier in São Paulo in so vielen Gruppen um die Menschenrechte geht. – Wer ein Bauer ist, hat kein Recht auf ein Stück Land; wer vom Land in die Stadt geht, hat kein Recht auf Arbeit; wer arbeitet, hat kein Recht auf einen angemessenen Lohn; wer die gesetzliche Krankenversicherung zahlt, hat kein Recht auf angemessene Behandlung; wer in die Rentenversicherung einzahlt, hat kein Recht auf seine Rente; die Kinder, deren Eltern keine Privatschule zahlen können, haben kein Recht auf einen ordentlichen Unterricht an öffentlichen Schulen; wer als Maurer, Klempner, Elektriker, Dachdecker oder auch als ungelernter Arbeiter seine Arbeitskraft an die Bauunternehmen von São Paulo verkauft, hat kein Recht darauf, in São Paulo zu wohnen; wer an den Rändern der Riesenstadt „auf eigene Gefahr" haust, hat kein Recht darauf, am sozialen, politischen Leben der Stadt teilzunehmen.*

Diese Situation der Rechtlosigkeit, die hiermit nur beschrieben, und noch keineswegs näherhin analysiert ist, verschärft die der Abhängigkeit, in der die Armen leben. Ich denke an die Abhängigkeit von den Mächtigen – vom Lastwagenbesitzer, vom Bürgermeister, vom Großgrundbesitzer – deren Unentrinnbarkeit ich im Nordosten auf dem Land mit großer Mühe akzeptieren lernen mußte, oder an die damit verbundene, vielleicht noch schwerer erträgliche Abhängigkeit von den „Autoritäten", die das Denken und Urteilen der Leute bestimmen und „ihren Kopf machen".
Die keine Rechte haben oder denen ihre Rechte genommen werden, sind auf Gunsterweise angewiesen. Umgekehrt gilt: die es gewohnt sind, daß ihr Leben von Gunsterweisen abhängig ist, haben weder ein Bewußtsein von ihren Rechten noch von dem Unrecht, das ihnen mit der Verweigerung ihrer Rechte angetan

wird. Sie verwechseln meistens Rechte und Pflichten und tragen dadurch selber zur Erhaltung der Rechtlosigkeit bei.

2.1.2.2 Rechtlosigkeit als Merkmal der Armen

Von allen Rechten auf ein menschenwürdiges Leben, die den Armen in Brasilien genommen werden, halte ich den Raub des Landes für grundlegend. Das geraubte Recht auf Land zieht den Raub aller anderen Rechte nach sich und zementiert die entsprechenden Abhängigkeiten. Aufgrund meiner langjährigen Begleitung der Landlosenbewegung in der Stadt São Paulo liegt es nahe, daß ich die Rechtlosigkeit der Armen in Brasilien an diesem konkreten Beispiel klar mache.

> *„Nossos direitos vêm, nossos direitos vêm,*
> *se não vêm nossos direitos o Brasil perde também."*[22]

Der Liedrefrain – einer von vielen, die zu den Versammlungen der Landlosenbewegung in São Paulo gehörten – zeigt, daß in der konkreten Realität der Betroffenen drei Dinge nicht voneinander zu trennen sind: das Faktum, daß Arme keinen Zugang zu einem Grundstück oder einem Stück Ackerland haben; das Bewußtsein der vom Grundbesitz Ausgeschlossenen, daß der Zugang zum Boden ein ihnen zustehendes Recht ist; und die Prophezeiung der für ihr Recht Kämpfenden, daß bei der weiteren Vorenthaltung dieses Rechtes nicht nur die Armen verlieren, sondern ganz Brasilien. Auf jede dieser drei Dinge: Vorenthaltung des Landes, Vorenthaltung des Rechts auf Land, Folgen dieser Ent-Rechtung, möchte ich kurz eingehen.

1986 stand die Fastenaktion oder „Kampagne der Geschwisterlichkeit" in Brasilien unter dem Thema: „Terra de Deus, terra de irmãos" – „Erde Gottes, Erde von Geschwistern"[23]. In der von der Brasilianischen Bischofskonferenz herausgegebenen Arbeitsgrundlage sind Angaben über die Konzentration des Landbesitzes enthalten, die sich inzwischen noch verschärft hat. Ich stütze mich weitgehend auf diese Angaben, weil sie ein Beispiel für den Mut und die Klarheit sind, mit denen die brasilianischen Bischöfe die Realität ihres Landes sehen. „Brasilien gehört zu den Ländern mit der größten Grundbesitzkonzentration der Welt. 1,2% des großen Landbesitzes (mit 1.000 ha und mehr) nimmt 45,8% der landwirtschaftlichen Nutzfläche ein, während 50,4% der landwirtschaftlichen Betriebe mit weniger als 10 ha nur 2,4% der landwirtschaftlichen Nutzfläche entsprechen."[24] Der Konzentration landwirtschaftlicher Nutzfläche in den Händen weniger entspricht das atemberaubende Tempo, mit dem die Riesenstädte wachsen. In São Paulo nimmt die Einwohnerzahl jedes Jahr um die Größe

---

[22] „Unsere Rechte kommen, unsere Rechte kommen. Wenn unsere Rechte nicht kommen, wird ganz Brasilien Verlierer sein." Diese und alle folgenden Übersetzungen aus portugiesischen und französischen Texten stammen von mir, soweit nicht anders angegeben.

[23] Diese Übersetzung ziehe ich der von Misereor herausgegebenen Übersetzung „Land Gottes, Land der Brüder" vor.

[24] Campanha da Fraternidade 1986, nº 33; im folgenden abgekürzt CF.

der mittleren Großstadt zu, in der ich jetzt wohne (350.000). Wie sieht die Grundstücksverteilung in diesen urbanen Ballungsgebieten aus? „Es gibt einen schreienden Kontrast zwischen dichtestens besiedelten städtischen Gebieten und den unbebauten Flächen, die solange ungenützt bleiben, wie ihr Verkaufswert steigt. Fast die Hälfte der bebaubaren Flächen in brasilianischen Städten bestehen heute aus leeren Grundstücken, die Spekulationsobjekte sind ... 1975 hatte z.B. Paris 800 Einwohner pro Hektar, London 300, während São Paulo nicht einmal auf 80 Einwohner je Hektar kam ... Auf der einen Seite verteidigen bestimmte Sektoren der Gesellschaft das absolute Recht auf Eigentum, für das es keine Höchstgrenze gibt. Auf der anderen Seite haben zahllose Arbeiter keinen Zugang zum Eigentum; sie warten und geben ihre Hoffnung nicht auf, eines Tages noch Eigentümer einer kleinen menschenwürdigen Wohnung zu werden."[25]

Die Erde ist Gabe Gottes zum Leben für alle – in diesem Satz darf vielleicht die indianische und auch die afrikanische Weisheit, die das Verhältnis der brasilianischen Landbevölkerung zur Erde prägt, zusammengefaßt werden[26]. Ihr widerspricht die christliche Weisheit nicht – das zeigt der für die Fastenaktion 1986 gewählte Slogan „Erde Gottes, Erde von Geschwistern"; und entsprechend erklärt im selben Jahr der „Prinzipien-Brief" der Landpastoral, eigentlich „Grundstück-Pastoral", am Ostrand von São Paulo in der Region São Miguel Paulista:

„1. Die Erde gehört Gott. Er gibt sie all seinen Söhnen und Töchtern, damit sie sie bewirtschaften und bewohnen: die Erde gehört Gott – das bedeutet, die Erde gehört dem Volk!
2. Jede Familie hat Recht auf Land, auf Wohnung. Wir verteidigen mit aller Kraft das Recht auf Eigentum für alle, und nicht nur für wenige. Papst Paul VI. sagt in dem Brief Populorum Progressio („Über den Fortschritt der Völker") in der Nr. 23: ‚Die Erde ist für alle da, nicht nur für die Reichen. (Zitat von Ambrosius) Das Privateigentum ist also für niemand ein unbedingtes und unumschränktes Recht. Niemand kann guten Grunds seinen Überfluß ausschließlich für sich gebrauchen, wo andern das Notwendigste fehlt. Mit einem Wort: das Eigentumsrecht darf nach der herkömmlichen Lehre der Kirchenväter und der großen Theologen niemals zum Schaden des Gemeinwohls genutzt werden.'
3. Im Evangelium haben wir unseren großen Prinzipien-Brief. In ihm lernen wir, daß Gott unser Vater ist, daß wir Geschwister sind und daß also auch das Brot unseres ist. ...
4. Wir wissen, daß Land für alle da ist. Wenige jedoch haben sich seiner bemächtigt, zum Schaden und auf Kosten der Mehrheit.

---

[25] CF 1986, nº 73,74,75.

[26] Vgl. M. DE BARROS SOUZA / J. L. CARAVIAS: Teologia da Terra, Petrópolis 1988, 76-128.

5. Nur einig und organisiert können wir die Situation von Ungerechtigkeit und Mangel an Geschwisterlichkeit, die hier vorliegt, ändern...[27]

Beim Recht auf Land geht es um gerechte Landverteilung, und dieses Recht gerät in Konflikt mit dem Recht auf Eigentum, das die Großgrundbesitzer für sich in Anspruch nehmen. Land- oder Agrarreform meint zunächst eine Bodenumverteilung, welche die extreme Ungleichheit des Landbesitzes korrigiert. Um eine Vorstellung von dieser Ungleichheit zu gewinnen, hilft ein schneller Blick in die Geschichte.

Zu Beginn des ungleichen Landbesitzes in Brasilien stehen die Vergabe der Kolonie – als Erbherrschaften („capitanias hereditárias") und zu bewirtschaftende Territorien („sesmarias") – und die Tatsache, daß diese Ländereien von enormer Größe – es wurden „sesmarias" von 400.000 ha vergeben – nur durch Sklaven gehalten und bewirtschaftet werden konnten[28]. 1850 werden diese Eigentumsverhältnisse in dem ersten Landgesetz („Lei da Terra") festgelegt. Wenn zuvor noch jemand scheinbar herrenlose Landstücke bewirtschaften oder mindestens einzäunen und auf seinen Namen eintragen lassen konnte, so kann von jetzt ab Land nur durch Erbschaft, Schenkung oder Kauf in Besitz genommen werden[29].

Am Ende des letzten Jahrhunderts waren dann jene Teile der Bevölkerung Brasiliens, die zuvor Eigentum eines Herrn oder einer Herrin gewesen waren, „frei" – und zugleich waren sie ohne Rechte: sie waren ohne irgendeine Entschädigung in diese „Freiheit" entlassen worden, ohne Kenntnisse im Lesen und Schreiben, ohne die geringsten Voraussetzungen, um in den vom kapitalistischen System vorgesehenen Wettbewerb einzutreten, ohne Haus und ohne Land[30]. Daraus erklärt sich die Situation all jener in Brasilien, die „posseiros" heißen, die Land bewirtschaften, für das sie keinen Besitztitel haben. Ihnen wurde im brasilianischen Zivilrecht 1926 die Möglichkeit eingeräumt, durch eine bestimmte Zeit der Bewirtschaftung Eigentumstitel zu erwerben. Dieses Gesetz des „usucapião" gilt bis heute: jeder Brasilianer, der ein Stück Land unangefochten fünf Jahre lang bewirtschaftet und/oder bewohnt, kann einen Eigentumstitel darauf erwerben. Zugleich ist jedoch dieses Gesetz, das den Landlosen ein bedingtes Recht auf Land einräumt, Grund für die ständige Bedrohung der „posseiros" durch professionelle Landspekulanten („grileiros"), die Haus und Acker der posseiros zerstören, wenn diese sie ihnen nicht zuvor überlassen, die widerstehende Bauern umbringen lassen und mit gefälschten

---

[27] Associação dos Sem Terra da Zona Leste – Região São Miguel: Memória de uma caminhada – Terra e Moradia, São Paulo 1992, 12f.

[28] Ausführlich hierzu und auch zum folgenden: M. BRÖCKELMANN-SIMON: Landlose in Brasilien, Mettingen 1994, besonders 19-29 und 81-97.

[29] Vgl. CF 1986, nº 58.

[30] „Die Sklavenbefreiung macht triumphale Fortschritte. Wir müssen jedoch den Schwarzen Land geben. Es ist unsere Pflicht darzulegen, daß die Landlordschaft ein größeres Verbrechen ist als das Sklavenhaltertum." 1887 hat das André Reboucas geschrieben. Zitiert bei W. HEES: Landkonflikte in Brasilien, in: Ch. Stehr (Hg), Brasilien – Gesichter eines Landes, Sankt Ottilien 1994, 135.

Titeln ihren Anspruch auf das Land vor Gericht rechtskräftig machen. Das Recht auf einen durch Nutzung zu erwerbenden Landbesitz ist also unvollständig ohne das Recht auf wirksamen Schutz vor den Landspekulanten, zu denen besonders die in der UDR („União Democrática Ruralista") organisierten Großgrundbesitzer gehören.

Ähnlich wie schon die Aufhebung der Sklaverei durch dasselbe System, das sie in Lateinamerika eingeführt hatte, betrieben wurde, damit der beginnenden Industrialisierung Arbeitskräfte zur Verfügung stünden, ähnlich waren es nicht nur die Bauernzusammenschlüsse, die „Ligas Camponesas", die Mitte der fünfziger Jahre die Agrarreform forderten, sondern auch die Industrie, die sich davon einen Anstieg der Kaufkraft und wirtschaftliches Wachstum versprach. So trat ausgerechnet unter den Militärs, am 30.11.1964, das „Landstatut" („Estatuto da Terra") in Kraft, das die Enteignung aus sozialem Interesse gegen Entschädigung vorsah. Aber es diente hauptsächlich äußerst ungünstigen Siedlungsprojekten in „wenig erschlossenen" bzw. von den Ureinwohnern beanspruchten Gebieten des Nordwestens Brasiliens; und es wurde nur ein Bruchteil des zur Umverteilung verfügbaren Landes genutzt[31]. Nach der Rückkehr zur Demokratie war es Präsident Sarney, der 1985 den Ersten Nationalen Plan der Agrarreform (PNRA) unterschrieb. Bis 1989 war die Ansiedlung von 1,4 Millionen Familien vorgesehen. Aber nur „ungenutztes Land, zunächst nur solches aus Staatsbesitz, (durfte) verteilt werden. Enteignungen sollten vermieden, und jede Durchführung von Reformplänen mußte vom Präsidenten per Dekret verfügt werden. Da dieser vor der Unterzeichnung die Zustimmung der Gouverneure verlangte, war eine Umsetzung frühzeitig in Frage gestellt. Am Ende der Amtszeit Sarneys waren 43.000 Familien zu Eigentümern geworden."[32] Von den 500.000 Familien, die der 1989 gewählte Präsident Collor anzusiedeln versprach, wurden acht angesiedelt. Die am 05.10.1988 in Kraft getretene Verfassung ist hinsichtlich der Agrarreform restriktiver als das frühere Gesetz; da Landenteignungen nahezu unmöglich werden, scheinen die bestehenden Besitzverhältnisse endgültig festgeschrieben zu sein. „Zwar konnten Kleinbauern und Landlose bei der Revision der Verfassung einige rechtliche Erfolge erzielen, die die Durchführung der Agrarreform möglich machen, aber bislang fehlt die Umsetzung dieser Bestimmungen."[33] Das Recht auf Land im Sinn einer weniger ungleichen Bodenverteilung – kann man abschließend zusammenfassen – ist entweder im Gesetz nicht vorgesehen, oder es wird, soweit es vorgesehen ist; nicht durchgeführt[34]; als Propagandaparole kommt die Agrarreform eher wiederum den Viel- und Meistbesitzenden zugute als jenen, die von diesen ihres Rechtes auf Land weiterhin beraubt werden.

---

[31] Vgl. CF 1986, n° 60.

[32] W. HEES, a.a.O, 148; vgl. CF 1986, n° 61.

[33] W. HEES, ebd.

[34] Vgl. M. BRÖCKELMANN-SIMON, a.a.O., 97; der Tabelle 8 mit dem Soll-Ist-Vergleich der Ergebnisse des Nationalen Planes der Agrarreform kann man entnehmen, daß im Durchschnitt 10% der zu enteignenden Landfläche tatsächlich enteignet und dadurch durchschnittlich 3% der zu begünstigenden Familien tatsächlich begünstigt wurden.

„Wenn wir unsere Rechte nicht bekommen, wird ganz Brasilien Verlierer sein": die das singen, haben nicht nur ein Bewußtsein der ihnen vorenthaltenen Rechte, sondern auch Klarheit über die weitreichenden Folgen des Unrechts, das sie erleiden. Ihr Bewußtsein zeigt sich im Handeln. Ein statistischer Überblick über die Landkonflikte der letzten zehn Jahre ergibt mindestens 500 gewaltsame Auseinandersetzungen in jedem Jahr, bei denen in jedem Jahr an die 100 Landarbeiter und Landarbeiterinnen ermordet wurden. Von den Landkonflikten waren 1993 mehr als 250.000 Menschen betroffen[35]. Das ist aber nur ein Bruchteil all jener, die kein Land oder so wenig haben, daß sie unmöglich davon leben können[36].

Was ist mit der großen Masse der Landlosen? Mit der Masse jener, die sich als Saisonarbeiter auf den Zuckerrohr- und Kaffeeplantagen und als Viehhirten für die gepflegten Rinderherden der Großgrundbesitzer verdingen? Mit der Masse jener, die sich für Zwangsarbeit in Sklaverei abwerben lassen[37]? Mit der Masse jener, die als Goldwäscher davon träumen, mit einem Schlag ihre alltägliche Misere zu beenden? Mit jenen, die weiterhin das Unmögliche versuchen und als Besitzer winziger Felder, als Pächter oder abhängige Ansässige auf dem Boden von Großgrundbesitzern den Lebensunterhalt für ihre Familien bestreiten? Mit der Masse jener, die Tausende von Kilometern in die großen Städte auf Arbeitssuche ziehen? All diese besetzen kein Land, um es zu bewirtschaften und der Vertreibung zu widerstehen, sie fordern und verteidigen ihr Recht nicht[38] – denn es ist schwierig für sie, sich des ihnen geschehenen Unrechts bewußt zu werden. Mit dieser Aussage stütze ich mich nicht auf eine der Theorien, die besagen, daß Bauern nur begrenzt zu politischem Bewußtsein und zu Veränderungen fähig sind[39]; sondern ich stütze mich auf meine Erfahrungen im Landesinnern des Nordostens von Brasilien.

Im verarmten Nordosten machen die Kleinbauern ungefähr 80% der Landarbeiterschaft aus, aber ihnen gehören nur 20% des Bodens[40]. Sie dürfen kleine

---

[35] Vgl. W. HEES, a.a.O., 146.

[36] Wenn man die Landlosen auf mindestens 12 Millionen schätzt – das 1985 von Sarney unterzeichnete Dekret ging von knapp 11 Millionen aus – sind es ungefähr zwei Prozent. Nimmt man nur die Zahlen der an Landbesetzungen beteiligten Familien, die 1992 in Personen etwa 100.000 ergeben, so reduziert sich der Bruchteil noch einmal. Die Armen, die ihr Recht auf Land verteidigen oder erkämpfen, sind ein verschwindend geringer Anteil der Masse derer, denen dieses Recht vorenthalten wird. Vgl. M. BRÖCKELMANN-SIMON, a.a.O., 94. Vgl. ebd., 266, Tabelle 29.

[37] Vgl. W. HEES, a.a.O., 146: das waren 1993 knapp 20.000 Personen.

[38] „Besetzen, widerstehen, bewirtschaften" – „ocupar, resistir, produzir": das ist das Motto der Landlosenbewegung – Movimento dos Trabalhadores Rurais Sem Terra (MST). Vgl. auch: W. GABBERT / U. SCHÜREN (Hg): Land und Freiheit, Bad Honnef 1997.

[39] Vgl. M. BRÖCKELMANN-SIMON, a.a.O., 192ff. Der Autor gibt hier eine gründliche Übersicht über die Ergebnisse sozialwissenschaftlicher Studien zur Dynamik bäuerlichen Widerstands; interessant wäre gewesen, die herausgearbeiteten Aspekte daraufhin zu untersuchen, inwieweit sie für eine bestimmte bäuerliche Bevölkerung – z.B. im Süden oder Nordosten Brasiliens – unterschiedlich zutreffen. In diesem Zusammenhang ist das zu Abhängigkeits- und Herrschaftsverhältnissen Bemerkte (ebd., 126) besonders aufschlußreich.

[40] Commissão Pastoral da Terra (CPT): Pela vida do nordeste, Goiânia 1984, 34.

Teile des Bodens von Großgrundbesitzern urbar machen und bewirtschaften, wenn sie Anteile am Ernteertrag abgeben. Ich sage „dürfen", denn diese Art Pacht ist eine Gunst, auf die die Landlosen angewiesen und für die sie dankbar sind. Dieses Verhältnis zwischen den landlosen Bauern und den Großgrundbesitzern ist vielleicht für den Nordosten in ähnlicher Weise charakteristisch wie die wenigen ausladenden Bäume, die in der weiten, entwaldeten Landschaft auffallen. Die Großgrundbesitzer sind wie solche markanten Bäume, in deren Schatten nichts wächst. Sie gelten, soweit sie noch am Ort wohnen, als Väter für die gesamte Ortschaft, die keines ihrer „Kinder" in der Not verlassen, es sei denn, ein solches Kind wäre undankbar: es würde wagen, eine eigene Meinung zu haben, Kritik zu üben, Forderungen zu stellen, es würde andere mit der eigenen Unzufriedenheit anstecken, Versammlungen abhalten, um aus Dankbaren Undankbare zu machen, es würde – so ist es in Poranga geschehen – wagen, öffentlich daran zu zweifeln, daß die örtliche Landarbeitergewerkschaft dem Bürgermeister zu unterstehen hat, und es würde seine Stimme einem anderen politischen Kandidaten geben. Einem „Kind" gegenüber, das in dieser Weise seine Undankbarkeit zeigt, wäre der „Vater" nicht mehr zu Schutz verpflichtet; die Folgen für den „Undankbaren" sind verheerend, wenn er nicht andere mächtige „Verwandte" auf seiner Seite hat. Es genügt nicht, diese Verhältnisse als feudale Verhältnisse abzutun; sie bilden die Basis eines Bundesstaates in Brasilien, der politisch womöglich als der fortschrittlichste gilt. Die feudalen Verhältnisse werden in einer modernen Gesellschaft mit modernen Mitteln aufrechterhalten; und zu diesen modernen Mitteln gehört der zynische Mißbrauch der Kategorie der Dankbarkeit, die für das Verhältnis der Armen zur Natur, zu Gott und zum Nächsten grundlegend ist. Dadurch wird den Armen nicht nur das Land geraubt, sondern auch das Bewußtsein, Beraubte zu sein.

Wenn sie dennoch dieses Bewußtsein in sich nicht ganz zum Schweigen bringen lassen, wenn sie den Mut zur Undankbarkeit aufbringen und ihr Recht einklagen, dann beginnt eine Verfolgung, deren Grausamkeit offenkundig macht, wie zynisch das Bild vom „Vater" ist. Die Verfolgung der Undankbaren bedient sich jener Gewalt, die zahlenmäßig erfaßt wird, wenn sie zu Morden an Landarbeitern führt, die aber verborgen bleibt, solange sie in unzähligen sozialen Schikanen und psychologischen Repressalien erfolgt.
Diese Gewalt hat eine besondere Qualität. Die Arbeitsgrundlage der brasilianischen Bischöfe zur Fastenaktion 1986 kennzeichnet sie in aller Deutlichkeit. „Es ist eine strategisch geführte Gewalttätigkeit. ... Es ist eine politische Gewalt, denn sie wird eingesetzt, um das Landbesitzmonopol einer immer kleineren Interessengruppe zu festigen ..."[41]. Diese politische Gewalt vermischt sich in den großen Städten mit der aus einem aggressiven Überlebenskampf stammenden Bedrohung und Verunsicherung, die sich für die vom Land Vertriebenen oft wie ein Strudel wachsender Gewalttätigkeit auswirkt. Aber es ist auch hier politische Gewalt, der Landlose zum Opfer fallen, wenn sie darum kämpfen, unbebaute Grundstücke und leerstehende Wohnungen ihrem sozialen Nutzen zuzuführen.

---

[41] CF 1986, Nr. 52 und 53, in: MISEREOR (Hg.), Land Gottes, Land der Brüder, Aachen 1986, 23.

Bezeichnend für die Gewalt, mit der gegen die ihr Recht reklamierenden Landlosen vorgegangen wird, ist ein Dreifaches: sie wird im Vertrauen auf Straffreiheit gezielt öffentlichkeitswirksam eingesetzt; sie richtet sich in systematischer Weise selektiv gegen Führungskräfte; sie wird mehrheitlich nicht von Einzeltätern, sondern von organisierten Gruppen verübt[42]. Die Botschaft dieser Gewalt besagt nichts anderes, als daß die um ihr Recht auf Land Betrogenen nicht einmal ein Recht auf das Bewußtsein des Unrechts haben.

Wer verliert, sind an erster Stelle die ihrer Rechte auf Land und Leben beraubten Armen; und doch haben sie Grund zu singen: „ganz Brasilien wird Verlierer sein:" Ganz Brasilien richtet sich mit der Vorenthaltung der Rechte der Armen zugrunde.
Auf die Frage nach den Ursachen dafür, daß in Brasilien, das die doppelte Anzahl seiner derzeitigen Einwohner ernähren könnte, fast ein Viertel seiner Bevölkerung hungert, meint Herbert de Souza, genannt Betinho, der eine ganz Brasilien erfassende „Bürgerrechtsaktion gegen den Hunger, das Elend, und für das Leben" angezettelt hat, „Suicindia" könnte ein Name für Brasilien sein, weil Brasilien die Realität der Schweiz (Suiça) – für eine Minderheit – und die Indiens – für die große Mehrheit – vereint und sich so selbst zerstört (suicidarse)[43]. Es ist Weltmeister in der Zerissenheit durch Gegensätze, verletzt von der daraus resultierenden Gewalt, geschwächt durch die damit zusammenhängende Demoralisierung und Passivität. Deshalb geht es bei der von Betinho angestoßenen Bürgerrechtsaktion darum, gegen die Gleichgültigkeit der Menschen und gegen das Elend zu kämpfen, um für die Demokratie zu streiten[44]. Denn: welche Demokratie und welchen Begriff von Recht gibt es in einem Land, in dem 80% seiner Bewohner kein Recht auf Land und kein Recht darauf haben, Bürger dieser Gesellschaft zu sein? Das ganze Land ist in diesem Fall infiziert!

Hier zeigen sich zwei Dimensionen, in denen Rechtlosigkeit als Kennzeichen der Armut nicht nur die Armen, sondern die gesamte brasilianische Gesellschaft – und auch uns außerhalb dieser Gesellschaft – angeht.

Wenn es die Rechte auf Arbeit, gerechten Lohn und menschenwürdige Arbeitsbedingungen, auf soziale Sicherheit und einen „angemessenen" Lebensstandard, körperliche und geistige Gesundheit und auf Bildung sind, die den Armen in Brasilien fehlen, so handelt es sich hierbei um „soziale Menschenrechte"[45]. Da

---

[42] Vgl. M. BRÖCKELMANN-SIMON, a.a.O., 243.

[43] Vgl. CH. STEHR: Interview mit Herbert de Souza, in: Ders. (Hg.), Brasilien – Gesichter eines Landes, a.a.O., 102.

[44] Vgl. ebd.; vgl. auch H. DE SOUZA: O Pão nosso – Unser Brot, in: CH. STEHR, a.a.O., 124.

[45] Vgl. F. NUSCHELER: Menschenrechte und Entwicklung – Recht auf Entwicklung, in: D. NOHLEN, F. NUSCHELER (Hg.), Handbuch der Dritten Welt (1), Bonn ³1992, 276/277. Sie lassen sich als „zweite Generation" der Menschenrechte von der „ersten Generation" der politischen Freiheitsrechte und von der „dritten Generation" kollektiver Volksrechte auf Entwicklung, gesunde Umwelt, Selbstbestimmung u.a. unterscheiden (a.a.O., 274). Sie begründen Ansprüche an den Staat; als solche wurden sie in dem 1966 von der UN-Vollversammlung verabschiedeten sogenannten „Sozialpaket" anerkannt (a.a.O., 276).

diese sozialen Menschenrechte den Armen in Brasilien nicht aufgrund eines die gesamte Bevölkerung betreffenden Mangels fehlen, sondern aufgrund der ungleichen Verteilung von Gütern und Dienstleistungen vorenthalten werden, fehlt damit zugleich der brasilianischen Demokratie ihre Rechtfertigungsgrundlage. Zum Kernbestand einer Demokratie gehört die Verbindung von Freiheit und Gleichheit. Wenn der demokratisch verfaßte Staat der Mehrheit der Bevölkerung kein menschenwürdiges Leben ermöglicht, verletzt er das Prinzip der Gleichheit; die sozialen Rechte, die dem Prinzip der Gleichheit entsprechen, haben aber keinen minderen Rang als die allgemein anerkannten Freiheitsrechte. „Verhungern in Freiheit ist eine menschenrechtliche contradictio in adjecto"[46]. Die geringe Verwirklichung der sozialen Menschenrechte gerade in den Ländern, die als „Demokratien" die politischen Rechte weitgehend respektieren, wirft Fragen an die Industrieländer in ihrer Rolle als Kreditgeber auf. Ihr Schuldenmanagement erreicht „das Gegenteil von Wohlstand und Freiheit: Es verschärft die Massenverelendung und gefährdet die Ansätze zu Demokratisierungsprozessen."[47]

Die andere Dimension der Rechtlosigkeit, in der sie nicht nur die Armen, sondern gerade auch die Reichen – sowohl in Brasilien als auch hier – angeht, hat mit der Begründung dieser sozialen Menschenrechte zu tun. Ihre Grundlage ist nichts anderes als das „universale Konzept der menschlichen Würde"[48]. Menschenwürde bedeutet, daß der Mensch als solcher Träger von Rechten ist; damit zeigt sich das Mensch-sein der Armen als Quelle ihrer Rechte[49]. In einer Gesellschaft, die soziale Ungleichheit nicht nur zuläßt, indem sie sie nicht bekämpft, sondern in der diese Ungleichheit immer weiter zunimmt, wie es in Brasilien der Fall ist, gelten aber offensichtlich Besitz und Macht bzw. Reichtum als Quelle der Rechte, und nicht das Mensch-sein als solches.

Damit werden nicht nur den Armen ihre Rechte genommen, sondern das Recht selber wird verdreht: Das, was die Reichen aufgrund ihres Besitzes beanspruchen, sind keine Rechte – auch keine „Vorrechte", sondern sie reklamieren das Unrecht selber, das Unrecht der Ungleichheit vor dem Gesetz etwa, das Unrecht der Straffreiheit, als Recht. Das radikalisiert die Bedeutung von „Rechtlosigkeit": nicht nur die sozialen Menschenrechte fehlen, sondern der Begriff von Recht und Gerechtigkeit selbst ist pervertiert.

2.1.2.3 Abhängigkeit als Merkmal der Armen

Ich werde mich auf zwei Aspekte der Abhängigkeitsstrukturen innerhalb Brasiliens, genauer des Nordostens, beschränken. Und zwar werde ich besonders auf den Aspekt der Generalisierung der Abhängigkeit eingehen und auf den Aspekt ihrer Kollektivität, der eigentümlicherweise eine Tendenz zur Individualisierung

---

[46] Vgl. ebd.
[47] A.a.O., 277.
[48] Vgl. a.a.O., 278 und 271.
[49] Vgl. R. DE ALMEIDA: Art. Armut – B. Aus der Sicht der Theologie der Befreiung, in: P. Eicher (Hg), Neues Handbuch theologischer Grundbegriffe I, München 1984, 55.

zur Folge hat. In diesen beiden Aspekten ist mir die hermetische Verschlossenheit des Gefängnisses sichtbar geworden, das die Abhängigkeit bedeutet.

Rechtlosigkeit bedeutet Abhängigkeit. In allen Lebensbereichen sind die Landlosen von denen abhängig, die das Land und die Macht besitzen. In vielfacher Weise sind Arbeiten und Wohnen für sie ein „Dürfen", das sie den Besitzenden zu danken haben; und auch in bezug auf Transport, Bildung und Ausbildung und Gesundheit sind sie auf die Gunst ihrer „Väter" angewiesen. Diese werfen auf die religiöse – und erst recht auf die politische Praxis der Landlosen ihre Schatten. Von dem, was öffentlich gelebt wird, bleibt kein Bereich von der Abhängigkeit ausgenommen; und diese Totalität der Abhängigkeit ist es, die zur Folge hat, daß oft auch das, was privat gelebt wird in familiären und nachbarschaftlichen Beziehungen und im Bewußtsein der einzelnen, von denen bestimmt wird, die das Land und die Macht besitzen.

Wenn die Landlosen Arbeit haben, ist es ein Zugeständnis, ein Gunsterweis. So hängt die Grundlage für alles andere, die Feldarbeit, davon ab, ob und welches Pachtverhältnis ein Großgrundbesitzer mit einem Landlosen vereinbart. Im Nordosten gilt oft die Regel, daß einer von vier Ernteanteilen dem Landbesitzer gehört, selbst wenn der landlose Arbeiter das Feld noch roden und einzäunen muß.
In seinen Beobachtungen über eine „Igreja Popular" macht Clodovis Boff aus seinem Unverständnis für das Leben in solcher Abhängigkeit keinen Hehl. Er zitiert einen Landarbeiter: „Ich gebe einen von vier Ernteanteilen ab und bin's zufrieden. Einen von vier. So wird's gehen, bis ich sterbe. Wenn der Arbeiter aufmuckt, vertreibt ihn der Besitzer von seinem Land." Clodovis Boff gesteht, daß er bei abendlichen Gesprächen mit den Landarbeitern seine Ungeduld nicht mehr beherrschen kann; er legt los – so schreibt er – verkündet die schreiende Ungerechtigkeit der Situation, weist darauf hin, daß es Arbeitsgesetze gibt, daß es nötig ist, sich zusammenzutun und gemeinsam zu reagieren ... und muß mit ansehen, daß die Landarbeiter im gegebenen Moment sich erheben, um Erlaubnis bitten, ihre Strohhüte aufzusetzen, sich mit irgendwelchen Verpflichtungen entschuldigen und ihn auf dem Höhepunkt seiner empörten Rede allein lassen[50]. Die Abhängigkeit von den wenigen, die sich das Land angeeignet haben, von dessen Bearbeitung viele leben müssen, ist so groß, daß schon die unausgesprochene und erst recht die ausgesprochene Vorstellung eines Rüttelns an den Verhältnissen gefährlich ist, weil man dann auch das ungerecht Wenige, das einem noch zugestanden wird, verlieren kann. Zu diesem Wenigen gehören noch andere, noch beschämendere Zugeständnisse. Wenn die harte Feldarbeit vergeblich war, weil nicht genug Regen fiel, wenn die Regierung offiziell den Ernteausfall in Prozentzahlen pro Region anerkennt und entsprechende Gelder für Notbeschäftigungsmaßnahmen freigibt, dann ist es wiederum eine Gunst der ortsansässigen Mächtigen, ob ein Landloser ohne jedes Einkommen in einer „Arbeitsfront" beschäftigt wird – und ob er auch „Lohn" für seine Arbeit erhält.

---

[50] Vgl. C. BOFF: Uma igreja popular, in: Diocese de Crateús (Hg): Testemunho de Amigos II (3), Crateús 1989, 29/30.

So wie die Arbeit, so ist auch das Wohnen der Landlosen eine Gunst. Zwei Drittel der Einwohner von Poranga, dessen mächtigste Familie schon lange die städtische Emanzipation des winzigen Ortes erreicht hatte, wohnen in „überlassenen" Häusern (casas cedidas) und auf „überlassenen" Grundstücken (terrenos cedidos). Sie schätzen sich glücklich, denn sie dürfen auf einem Grundstück wohnen, für das sie keine Abgaben zahlen, sie dürfen in Häusern wohnen, ohne Miete zu zahlen, aber auch ohne die geringste Sicherheit in Anspruch nehmen zu können und ohne durch die Übernahme gewisser Pflichten auch in den Genuß von Rechten zu kommen. Die einzige stillschweigende Auflage besteht darin, die Mitglieder jener Familie immer wieder in die Ämter der Stadtverwaltung hineinzuwählen.

Wenn schließlich einer diesen Verhältnissen zu entkommen versucht, indem er – immer mehr sind es auch Frauen – seine oder ihre Arbeitskraft in São Paulo, Brasília oder Rio de Janeiro verkauft, wo der Preis niedrig, aber immer noch unvergleichlich höher ist als im Nordosten auf dem Land, so hängt auch dieser Schritt, der aus der persönlichen Abhängigkeit hinausführt, noch einmal von der Gunst des vermögenden „Vaters" ab, der nicht jedem und jeder das Geld für die Fahrkarte zu einträglichen Schuldzinsen leiht.

Nun gibt es auf dem Land auch noch die unverhältnismäßig hohe Zahl derjenigen, die im öffentlichen Dienst angestellt sind. Ihre Stelle bzw. deren Bezahlung ist noch viel deutlicher ein Gunsterweis, den man sich durch politische Konformität verdient. So wurden zahllose Lehrerinnen in Poranga und umliegenden Landgemeinden bei dem leisesten Verdacht selbständigen Denkens nicht etwa aus dem Schuldienst entlassen – das wäre sehr schwierig – sondern einfach nicht mehr bezahlt. Der öffentliche Dienst ist kein „öffentlicher", sondern ein von Privatpersonen mit einem politischen Mandat kontrollierter Dienst.

Dagegen sind die öffentlichen Verkehrsmittel tatsächlich öffentlich – aber unzureichend. Viele Straßen und Wege werden nur von privaten Kleinlastwagen befahren, die Personen befördern; und ihre Beförderung – teurer als die vergleichbare Leistung in öffentlichen Bussen – ist wiederum eine Gunst. Wer auf sie angewiesen ist, weil er oder sie nicht Zeit und Kraft zu tagelangen Fußmärschen hat, wird sich gut stellen mit den Autobesitzern, die identisch sind mit den Land- und Machtbesitzenden.

Auch für den schulischen Unterricht der Kinder müssen die Landlosen den politischen Machthabern, deren Namen die kleinen gelbgestrichenen Gebäude schmücken, danken. Ihre Abhängigkeit wird dort besonders deutlich, wo Schulen geschlossen werden, weil Lehrerinnen und Eltern für eine Bezahlung der Lehrerinnen kämpfen. Noch spürbarer wird die Abhängigkeit, wenn es um einen der ganz wenigen Ausbildungsplätze in einer Werkstatt geht. Söhne und Töchter der Landlosen haben ganz allgemein keine Möglichkeit einer Ausbildung, weil es an ihrem Ort fast keine Betriebe, Werkstätten oder Firmen und noch weniger berufsvorbereitende Schulen gibt; je geringer die Chance einer Ausbildung ist, um so mehr wird sie zu einer Gunst.

Endlich ist da noch die Gesundheit, genauer gesagt; die dringende Notwendigkeit eines ärztlichen Eingriffs bei einem Problem, bei dem es um Leben oder Tod geht; hier kann die Abhängigkeit von denen, die nicht nur über das Land, sondern auch über die örtliche Verwaltung – Schule und Krankenstation – verfügen, tödliche Wirkung haben. Wer Schmerzen hat, die immer unerträglicher werden, weil die örtlichen Fachleute sie betäuben, ohne nach ihrer Ursache zu forschen, wer operiert werden muß, wenn er oder sie überleben will, wer in das größere Kreiskrankenhaus zu komplizierteren Untersuchungen und Behandlungen eingeliefert werden muß, weil sich sein oder ihr Zustand zusehends verschlechtert, der und die müssen warten, auf die Heilkräfte ihres eigenen Körpers und auf ihre mitleidende Familie und anteilnehmende Nachbarn vertrauen. Denn die dringend notwendige Untersuchung, Diagnose und Behandlung sind eine Gunst, sie werden nicht jedem und jeder zuteil; die Angehörigen müssen mit allen Mitteln um die ärztliche Versorgung des oder der Kranken kämpfen, wobei die Drohung mit einer größeren Öffentlichkeit manchmal wirksam ist.

Auch der öffentliche Ausdruck religiöser und politischer Überzeugung steht im Schatten der Abhängigkeit. Will ein Dorf ein Grundstück erwerben und darauf Räume für Gottesdienst und Katechese erbauen, so sind der Erwerb des Grundstücks und die Finanzierung des Baus entweder ein Geschenk derer, die das Land und die politische Macht besitzen, oder sie werden nicht genehmigt. Der finanzielle Erfolg religiöser Feste, die immer auch dazu dienen, daß die Gemeinden über die besonders bei den Landlosen sehr schwierige freiwillige Selbstbesteuerung hinaus Einnahmen haben, hängt vor allem von den Besitzenden ab. Es tut weh zu sehen, wie bei der traditionellen Versteigerung in einer Pfarrei, die eine unabhängige Landarbeitergewerkschaft unterstützt, Geschäftsleute lachend die Früchte der mühseligen Arbeit, die ein Landarbeiter hergegeben hat, unter ihrem Kaufwert ersteigern, um sie später teuer zu verkaufen.

Was nun den Ausdruck politischer Überzeugung angeht, der in geheimen Wahlen öffentlich wird, so ist auch er sehr wenig frei. Es wird ein ungeheurer Druck auf das Wahlverhalten ausgeübt, so daß die Wahl oft nur theoretisch als eine freie Entscheidung angesehen werden kann. Außerdem ist oft die Möglichkeit dieser Entscheidung noch eine Gunst; denn es kommt vor, daß in Ortschaften, in denen Stimmverluste für die im Besitz der Macht Befindlichen zu erwarten sind, Wahllokale vorzeitig geschlossen werden oder Wahlurnen verlorengehen.

Diese Totalität der Abhängigkeit, die für die Situation der Landlosen im Nordosten Brasiliens kennzeichnend ist, trifft aber – so wird man bei der spontanen Suche nach einem Ausblick gleich einwerfen – nur für diese Landlosen zu. Bei den Landlosen im Süden Brasiliens sind vielleicht doch einzelne Lebensbereiche ausgenommen; und vor allem gibt es doch die ständig wachsende städtische Bevölkerung: für sie gilt diese Totalität der Abhängigkeit nicht. Das stimmt – aber es ist so wenig ein Einwand wie die relative Zufriedenheit europäischer Arbeiter mit ihren Löhnen dagegen spricht, daß die Löhne ihrer brasilianischen Kollegen deren Recht auf ein menschenwürdiges Leben verletzen. Außerdem nehmen in den großen Städten die Zahl der Land- bzw. Wohnungslosen und damit die Verarmung, Verunsicherung und Verwahrlosung von Innen- und Außenstadtvierteln ständig zu – gerade weil die Städte die einzige Möglichkeit zu bieten scheinen, um der Totalität der Abhängigkeit auf dem Land zu entkommen. Darum ist es berechtigt, diese Abhängigkeit als grundlegendes Kennzeichen der Armut in Brasilien zu betrachten; von ihr sind nicht einzelne oder verschwindend kleine Gruppen, sondern Massen betroffen.

Man könnte meinen, daß die Kollektivität es erleichtert, eine so unentrinnbare Abhängigkeit zu ertragen; aber bei näherem Hinsehen entdeckt man, daß die Kollektivität sie in bestimmter Weise noch verstärkt.

Die Kollektivität stellt – zusätzlich zur Totalität der Abhängigkeit – ein großes Hindernis für die Befreiung aus der Abhängigkeit dar. In seiner ungeduldigen Rede vor den Landarbeitern, mit der Clodovis Boff seiner Empörung Luft macht, weist er auf einen Schritt hin, der im Nordosten ein erster Schritt aus der Abhängigkeit heraus sein könnte: Verringerung bis hin zur Verweigerung der Ernteabgaben; und er weist zugleich auf die Bedingung für diesen Schritt hin: die Landlosen müssen sich zusammenschließen. Die Einheit der vielen, die als einzelne schwach sind, macht ihre Stärke aus. Wenn die Landlosen es nicht vorgezogen hätten, sich aus dem, was noch gar kein Gespräch war, zurückzuziehen, wäre von ihrer Seite vielleicht der Hinweis darauf gekommen, daß der vorgeschlagene Schritt ihnen selbst schaden würde. Denn mit Leichtigkeit könnten die Landbesitzer andere Landlose finden, die auf ihre Pachtbedingungen eingehen; ihre Einheit würde in ihrem Fall erst dann ihre Stärke ausmachen, wenn es die Einheit aller wäre – und wenn es unter den Armen nicht immer auch die noch Ärmeren gäbe. Die Kollektivität der Abhängigkeit schließt nicht aus, daß die Armen in unterschiedlicher Weise von der Abhängigkeit betroffen sind. Gerade in diesem Sinn wirkt sie lähmend.

Die Kollektivität der Abhängigkeit lähmt den Mut zum Anfangen, den – wie es der Logik des Anfangens entspricht – immer nur einige aufbringen, die sich in kleinen Gruppen stärken und organisieren. Weil sie nur ein Teil sind, können sie nur einen geringen oder keinen Druck ausüben und die Strukturen kaum ins Wanken bringen; dafür werden sie selber um so deutlicher die Sanktionen spüren. Es scheint ein Widerspruch zu sein, aber gerade angesichts der Kollektivität der Abhängigkeit büßt das Prinzip der Stärke im Zusammenschluß vieler seine Überzeugungskraft ein. Es sind zu viele, die einen solchen Zusammenschluß nicht mittragen; die Einheit vieler, die nicht die Einheit aller ist, kann aber angesichts der Gemeinsamkeit der Abhängigkeit, von der alle betroffen sind, gerade als Zeichen der Uneinigkeit, der Teilung und der Schwäche gesehen werden. Jedenfalls sind die Besitzer des Landes und der Macht begabt darin, solche Zeichen zu entdecken oder vielmehr schon die Möglichkeit einer sich noch kaum zeigenden Uneinigkeit wahrzunehmen, bevor sie Wirklichkeit geworden ist; denn nichts kommt ihren Interessen mehr entgegen. Allzu gut kennen sie sich darin aus, durch Spaltung der Beherrschten die Herrschaft zu festigen.

Die Kollektivität der Abhängigkeit bedeutet nicht Gleichheit. Zum System des Angewiesenseins auf Gunsterweise in allen Lebensbereichen gehört, daß die Begünstigung ein individuelles, auf den einzelnen Landlosen abgestimmtes Verhalten ist. Die Möglichkeiten, die der Landbesitzer dem einen einräumt oder verweigert, gewährt oder versagt er dem anderen unter ähnlichen Bedingungen nicht in gleicher Weise. Das kann so weit gehen, daß, während der eine seine Seele verkauft, um arbeiten, wohnen und überleben zu können, ein anderer bisweilen dieselben Gunsterweise trotz seiner bekanntermaßen eher kritischen Einstellung erhält. Was einem manchmal sogar als Achtung vor einem unbeugsamen Charakter, meistens aber als Willkür erscheint, ist mehr noch eine gezielt ungleiche Behandlung der Abhängigen, die dazu dient, unter ihnen Verunsicherung, Mißtrauen, Mißgunst, Zwietracht oder zumindest Abstandhalten der einzelnen zueinander zu säen. Wenn nun Gruppen aus der Gesamtheit der Landlosen ihre Rechte geltend machen, brauchen diejenigen, die ihnen ihre Rechte vorenthalten, nur an der durch ihre Maßnahmen zuvor schon geschaffenen Vereinzelung und Verunsicherung unter den Landlosen anzuknüpfen sowie latent vorhandene Feindseligkeit zu schüren, damit die Uneinigkeit zwischen den um ihre Rechte Kämpfenden und den nur noch Schlimmeres befürchtenden Landlosen den Sieg davonträgt – was bedeutet, daß der Teil der kämpfenden Landlosen sich selbst isoliert und Resignation und Mutlosigkeit, die sich jetzt bei allen ausbreiten, lähmender sind als zuvor.

Die Kollektivität der Abhängigkeit begünstigt also gerade die Individualisierung der Abhängigen, was ihre Überlebensstrategien angeht. Die Mehrheit der Landlosen erkennt eine größere Chance für den Erfolg ihres Überlebenskampfes darin, als einzelne ein günstiges Verhältnis zu den Land- und Machtbesitzenden herzustellen, als gemeinsam sich gegen die wenigen, die sie in der Hand haben, zu organisieren. Man kann eine leise Selbstironie heraushören, wenn sie sagen, daß es gut ist, einen Stamm zu haben, an den man sich anlehnen kann, bzw. einen Schatten, der einen vor der allgegenwärtigen Sonne schützt. Stütze und Schutz sind für den einzelnen Landlosen diejenigen, die das Land und die Macht besitzen und deren Gunst die Ausbeutung weniger schmerzhaft empfinden läßt[51]. Wenn andere es vorziehen, in den Süden und die großen Städte – oder in den Norden fortzugehen und das Heer der Goldwäscher zu vergrößern, so sind auch dies typisch individuelle „Lösungen"[52], die oft die Situation der Familie noch verschlechtern und dazu beitragen, die Abhängigkeit auf dem Land aufrechtzuerhalten.

Vor allem diejenigen, die in São Paulo, Rio oder Brasília Arbeit und ein noch so geringes, aber regelmäßiges Einkommen finden, bestreiten nun weitgehend den Unterhalt ihrer Familien im Nordosten. Dort sind es viele Ortschaften und ganze

---

[51] Das Vorgehen der Großgrundbesitzer und Mächtigen machte ein Mitglied der CPT bei einer Landarbeiterversammlung sehr anschaulich dadurch deutlich, daß er an die Vampir-Fledermäuse erinnerte, die über den Rindern erst hin- und herflattern und ihnen so Kühlung verschaffen, bevor sie ihr Blut saugen.

[52] Je schwieriger die Situation wird, desto eher suchen die am härtesten Betroffenen individuelle Auswege. Zu dieser Feststellung kommt die Studie: „Nordeste e nordestinos na conjuntura da recessão", Cadernos do Nordeste 4 (1992), 44-45.

Regionen, die ihre Existenz fast ausschließlich den Teilen der einheimischen Bevölkerung verdanken, die im Süden arbeiten. Durch den individuellen Ausweg, der ihnen in der Kollektivität der Abhängigkeit als einziger zu bleiben scheint, machen sie das Leben in dieser Abhängigkeit möglich und tragen dazu bei, diese zu erhalten.

2.1.2.4 „Arm" und „reich" – „die Armen" und „wir"

Rechtlosigkeit und Abhängigkeit habe ich als wesentliche Merkmale der Armut in Brasilien erst gefunden, als ich schon länger in der Nähe zu „den Armen" lebte. Diese Nähe und die Entdeckung der Fremdheit, die erst in der Nähe möglich wurde, sind ausschlaggebend dafür, in welchem Sinn ich jene, die mir in Brasilien vertraut geworden sind, „Arme" nenne.

Ich bestimme sie als Arme in Relation zu mir, die ich nicht zu den Armen gehöre; in dieser Relation bestimme ich sie durch ihr Ausgeschlossensein von dem, was für mich selbstverständlich ist.
Ich will nur einige Beispiele aufzählen. Für mich ist es selbstverständlich, wahrgenommen zu werden, wohin ich auch komme – die Armen werden normalerweise nicht wahrgenommen. Ich gehe davon aus, als gleichberechtigt behandelt zu werden – die Armen sind es gewohnt, keine Rechte zu haben bzw. ihre Rechte nicht zu bekommen und statt dessen auf eine Gunst angewiesen zu sein. Von mir wird erwartet, daß ich meine Fähigkeiten entfalte – die Armen werden systematisch daran gehindert, selbständig zu denken, zu sprechen und zu handeln. Mir wird der Anspruch auf einen ehrlichen Dialog zugestanden – bei ihnen hält man das für überflüssig, sie werden betrogen und getäuscht. Ich werde für meine Arbeit bezahlt – ihnen wird nicht einmal in Rechnung gestellt, daß sie wohnen und essen müssen, daß sie eine Versicherung für Alter und Krankheit und daß sie ärztliche Versorgung brauchen. Mir steht Erholung zu – ihre Arbeitskraft wird restlos ausgebeutet und weggeworfen, wenn sie nichts mehr taugt.

Wenn ich meine Freundinnen und Freunde in Brasilien in Relation zu mir durch ihr Ausgeschlossensein von dem, was für mich selbstverständlich ist, als Arme definiere, gilt dann Entsprechendes auch für mich? Kann ich mich in Relation zu den Armen durch die selbstverständliche Inanspruchnahme dessen, wovon sie ausgeschlossen sind, als „Reiche" definieren? Die Möglichkeit ist unbestreitbar. Tatsächlich entscheide ich mich dafür, „arm" und „reich" als Relationsbegriffe zu behandeln. Eine solche Definition ist subjektiv, sofern ich keine objektiven Daten zur Bestimmung eines Diesseits und Jenseits der Armutsgrenze heranziehe; sie ist nicht subjektiv, sofern sie sich auf die schon angedeuteten realen Lebensbedingungen der Mehrheit in Brasilien bezieht, die für die Mehrheit der Bevölkerung in Europa nicht gegeben sind. Sie ermöglicht eine Identifizierung der Armen und der Reichen, die an den Unterschied – in Wirklichkeit an den Abgrund – zwischen den einen und den anderen gebunden ist.

Wenn ich „arm" und „reich" als Relationsbegriffe behandle, so deswegen gerade nicht als relative Begriffe. „Arm" und „reich" wären relative Begriffe, wenn man sagen würde: die Armen sind im Grunde reich – an bestimmten menschlichen Werten, während die Reichen im Grunde arm sind – an eben diesen menschlichen Werten. Diese Relativierung halte ich für das gefährlichste Mißverständnis auch meines Ansatzes hier. Wenn diese Relativierung gilt, dann gilt weder der eine noch der andere Begriff, und mit ihnen wird der unerträgliche und – dadurch, daß er doch geduldet und erhalten und noch vergrößert wird – skandalöse Unterschied, der mit „arm" und „reich" benannt wird, verdeckt. Dieser Unterschied ist jedoch konstitutiv, wenn ich „arm" und „reich" als Relationsbegriffe definiere.

Nun stellt sich die Frage: Wen meine ich, wenn ich „wir" sage? Wenn ich „wir" sage, drücke ich in erster Linie meine Verbundenheit mit denen aus, zu denen ich hier, in Deutschland bzw. Europa, gehöre. Ihnen gegenüber empfinde ich allerdings zugleich, aufgrund meiner Nähe zu den Armen in Brasilien, eine gewisse Distanzierung; deswegen ist das „wir" manchmal vieldeutig. Wenn ich dennoch „wir" sage, so nicht, um dem, was nur ich sagen kann, ein allgemeines Subjekt zu unterstellen, das nicht existiert, sondern weil ich die Möglichkeit meiner Erfahrung mit den Armen auch anderen hier verdanke, die ich daher einbeziehen muß. Ich sage „wir" und denke an Beziehungen, die zu meinem Hintergrund dafür gehören, daß ich mich von den Armen in Brasilien befremden lasse. Die Fremdheit der Armen und meine eigene Fremdheit, die ich in der Differenz des „so bin ich nicht" erfahre, hat damit zu tun, daß ich – im Verhältnis zu den Armen – zu den Reichen gehöre. Diese Charakterisierung des „wir", das ich unsichtbar mitbringe, trifft aber nur einen Aspekt, neben dem viele andere auch wichtig sind.

Die Armen selber, mit denen ich in Brasilien zusammenlebte, haben die Unterschiede, auf die sie bei mir stießen, selten oder eigentlich nie damit in Verbindung gebracht, daß ich zu den Reichen gehöre; sie fanden ein anderes Wort, um ihre Differenzerfahrungen mit mir auf einen Nenner zu bringen, der es ermöglichte, die Verschiedenheit einfach zuzulassen, ohne sie beurteilen, befragen oder rechtfertigen zu wollen. „Das ist deine andere Kultur – sua outra cultura", höre ich noch den jungen brasilianischen Pfarrer in der riesigen Stadtrandpfarrei von São Paulo mit freundlichem Spott sagen.
Ich werde diesen gemeinsamen Nenner für die Verschiedenheit, die die Armen in Brasilien an mir und meinen Besuchern aus Europa wahrnahmen, übernehmen. Das Wort von meiner „anderen Kultur" ist mir aufgrund seiner Offenheit sowohl für kritisches Nachfragen als auch für wohlwollendes Akzeptieren willkommen. Dabei geht es mir weder darum, die von den Armen und mir empfundene Verschiedenheit zum Bestandteil unserer Kultur zu erklären, noch geht es mir überhaupt um unsere Kultur oder um die Frage, ob der Kulturbegriff hier angebracht ist. An dem Wort von meiner „anderen Kultur" ist mir in diesem Zusammenhang lediglich wichtig, daß es meine Zugehörigkeit zu einem „wir" ins Spiel bringt und zugleich einen Hinweis auf dieses „wir" impliziert. „Wir" – das sind diejenigen, die zu meiner „anderen Kultur" gehören.

2.2 Meine Beziehung zu den Armen in Brasilien

Ich habe schon darauf hingewiesen, daß gerade in der mir geschenkten Nähe zu den Armen die Erfahrung ihrer und meiner Fremdheit möglich wurde. Hinzuzufügen ist jetzt, daß diese Fremdheitserfahrung unsere Beziehung bis heute in Bewegung hält. Diese Bewegung ist es, der ich hier nachgehen möchte. Um sie zu beschreiben, kann man mehr auf ihre Etappen oder mehr auf ihre Wechselseitigkeit achten.

Wenn ich von „Beziehung" spreche, denke ich an die Bewegung eines Interesses, das vom Wunder des ersten Verstehens über das schmerzliche Nichtverstehen zum allmählichen Andersverstehen fortschreitet. Zugleich gilt, daß wowohl am Wunder des ersten Verstehens als auch am schmerzlichen Nichtverstehen und am allmählichen Andersverstehen beide Seiten beteiligt sind.

Um dieser Wechselseitigkeit Rechnung zu tragen, möchte ich meine Beziehung zu den Armen in drei Momenten beschreiben: als Bewegung auf den anderen zu, als Bewegung mit dem anderen, und als Bewegung durch den anderen – wobei mit dem „anderen" wechselseitig sowohl die Armen im Verhältnis zu mir als auch ich im Verhältnis zu den Armen gemeint sind.

2.2.1 Bewegung auf den anderen zu

Von einer Beziehung zu sprechen, bedeutet, mit einer Seite anzufangen. Dabei ist dieses Anfangen ein Zugeständnis an die Unmöglichkeit, anders zu sprechen als „der Reihe nach" – was aber nicht unbedingt der Wirklichkeit entspricht. So habe ich anscheinend mit dem Weggehen aus meiner „anderen Kultur" den Beginn einer Bewegung auf die Armen zu gesetzt – während es auch wahr ist, daß die Möglichkeit dieses Beginns mir voraus liegt, und teilweise auch bei den Armen, die sich auf mich zubewegten, indem sie mich ankommen ließen.

2.2.1.1 Weggehen von meiner „anderen Kultur"

In Brasilien war es für die Armen, die dort meine Freunde wurden, immer wieder – vor allem am Anfang – unverständlich und verwunderlich, daß ich aus meinen Verhältnissen weggegangen war. Die Familie zu verlassen und allein in die Ferne zu gehen, ist für sie ein schmerzlicher Schritt, den bei ihnen selber der Zwang zum Überleben begründet. Einen solchen Schritt freiwillig zu tun und zugleich ein Leben in wirtschaftlichen und sozialen Verhältnissen aufzugeben, von denen sie ausgeschlossen sind, war für sie entweder die schwer nachvollziehbare Leistung, die einen Missionar oder eine Missionarin ausmacht; oder – und diese Meinung verband sich oft mit der ersten – es war für sie schlicht verrückt. Freundinnen in Brasilien sagten manchmal unverblümt, daß sie das nicht täten; eine brasilianische Redewendung warnt vor der Annäherung an den Armen, weil man dann unversehens in dessen Situation gerät. Sich freiwillig zu verschlechtern und in Gefahr zu bringen, ist unmöglich, es sei denn, man ist durch eine ethische und religiöse Forderung motiviert, an deren Sinn man glaubt; mit anderen Worten: man ist ein „Missionar", eine „Missionarin".

Mich belastete dieses Wort. Die damit verbundene Meinung, ich hätte etwas Besonderes getan, als ich von Deutschland wegging, war für mich ein Mißverständnis. Ich selber erkannte mein Weggehen immer deutlicher als eine Möglichkeit, die mir geschenkt worden war, und nicht als eine Forderung, der ich gefolgt wäre. Erst allmählich kam ich dazu, anzuerkennen, daß mit der mir geschenkten und mich befreienden Möglichkeit eine anspruchsvolle Arbeit verbunden war. Durch die enge Mitarbeit mit jenen Ordensfrauen, die sich in Brasilien „inseridas", „Eingepflanzte" im Milieu der Armen, nennen, lernte ich das Weggehen aus einem relativ geschützten Milieu und das Hineingehen in die Ungeschütztheit der Armen als eine Antwort auf das Evangelium kennen, die Mühe und Verzicht kostet und in diesem Sinn eine „Leistung" ist. Die „Benediktregel", die Ordensfrauen entsprechend ihrer Arbeit mit den „sofredores de rua" in São Paulo[53] neu geschrieben haben, kann verdeutlichen, was ein Leben an der Seite der Armen verlangt.

> *25.11.89 São Paulo. Ich übersetze aus der Regel der „Oblatas de São Bento": „Mein Sohn, meine Tochter, komm! Höre und vernimm die Zeichen Gottes heute, höre den Klageschrei des Volkes, das in alle Richtungen auswandert, das einen Ort sucht, um seine Wohnstatt zu errichten, das Hunger leidet, das einsam in den Städten herumirrt, das seine Geschichte und seinen Namen unterwegs verloren hat, das keinen Ort hat, wo es seine Krankheiten heilen – und auch keinen Ort hat, wo es seine Kinder ausbilden könnte. Entdecke in deinen Liedern von Lob, Vergebung und Erbarmen den Klageschrei deines Volkes, ohne Schutz und Verteidigung. Und wenn du heute diesen Schrei hörst, verschließ dein Herz nicht! ... Wer du auch sein magst – der Herr lädt dich ein, in eine Schule einzutreten: du wirst deine Werte neu schaffen, ausgehend vom Volk, wirst seine Bedürfnisse fühlen, wirst immer neue Lösungen suchen, wirst an den Leiden des armen und gekreuzigten Christus teilnehmen. Suche in der Menge deine Freunde, schließe niemanden aus, alle sind Söhne und Töchter Gottes, errichte eine Gemeinde inmitten deines Volkes. Eine Gemeinde, die alle aufnimmt, die eher durch Handeln belehrt als durch Reden, die alles teilt, damit niemand traurig wird im Haus Gottes. Wenn dieser Weg anspruchsvoll, anstrengend und schwer wird ... lauf nicht gleich weg. Regeln von Gleichheit, Solidarität, Gerechtigkeit aufstellen, kann Angst machen. Aber halte durch, und du wirst sehen, wie dein Herz sich weitet, während du unterwegs bist zum Aufbau von einem neuen Himmel und einer neuen Erde. Gott hat seinem Volk den Sieg versprochen."*

Viel vom Leben der Schwestern, die sich in das Milieu der Armen eingefügt haben, erkenne ich in diesem Text wieder; und ein wenig von dem in der neu gelesenen Benediktregel Gesagten erkenne ich nachträglich auch in meiner eigenen Erfahrung mit den Armen in Brasilien wieder. Die Einladung zum

---

[53] Siehe oben S. 32.

Lernen und zur Veränderung, ausgehend vom Mit-leben mit dem „Volk", das in Brasilien die Mehrheit der Ausgeschlossenen bezeichnet, kann ich jetzt meinerseits aussprechen; und ich kann jetzt bezeugen, daß das Versprechen eines inneren Weit-werdens kein leeres Wort ist. Aber als ich nach Brasilien ging, ahnte ich davon kaum etwas. Was ich mit größerer Klarheit wußte, war etwas anderes.

Ich wollte mich für eine Weile aus der Welt der Forderungen und entsprechenden Leistungen – ich wollte mich aus meiner eigenen gelingenden Anpassung an Erwartungen davonschleichen; ich wollte mich für eine Weile nicht zu den Tüchtigen, Angesehenen und Gefragten gezählt wissen, sondern den Unbedeutenden und Kleinen in einem fernen Land anvertrauen. Wenn dies der Beginn einer Geste war, die anderen zeigte, daß ich „mein Herz nicht verschloß" – wie es in der neu gelesenen Benediktregel heißt – so war das für mich nicht das Ausschlaggebende. Wenn das, worauf ich mich durch mein Weggehen einließ, ein anspruchsvoller, anstrengender und schwerer Weg sein würde, so war mir das weder ein Hindernis noch eine Herausforderung. Wichtiger war für mich die Idee, daß ich durch dieses Weggehen meinem Bedürfnis nach einem anderen Wachstum, einer anderen Entfaltung, wenn sie auch völlig ungewiß wären, treu sein könnte; die Idee, daß es sich lohnen würde, auf diese Ungewißheit zu setzen; die Idee, daß ich, wenn ich mich dem anderen in seiner radikalen Figur des sehr Fernen und Unbekannten ausliefern würde, sterben – aber auch anders leben könnte.

Ich kann mein Weggehen nicht als Leistung identifizieren, es mir nicht als Verwirklichung einer Forderung anrechnen lassen. Aber auch die verschiedenen Engpässe und Öffnungen meiner Geschichte begründen die Möglichkeit meines Weggehens nicht ausreichend. Völlig unerwartet fand ich mich vor dieser Möglichkeit; meine eigene Entschlußfähigkeit überraschte mich. Ich erinnere mich an die Zweifel, die mir selber blieben, und an das Unbehagen, kein starkes, mich selber überzeugendes Motiv in mir zu wissen, keine große Begeisterung, die auch andere überzeugen konnte, in mir zu spüren. Ich erinnere mich an Ungewißheiten und Angst – zusammen mit der merkwürdigen Sicherheit, daß die Ungewißheit über mein Leben in Brasilien zum Weggehen dazugehörte und daß dieses Weggehen gut und richtig war. Dieses Vertrauen ist sicher eine der wichtigen Voraussetzungen, die mir das Weggehen möglich machten. Es ist mir zugewachsen, weil andere mir das Weggehen zutrauten und mich darin in verschiedenster Weise unterstützten.

Mein Weggehenkönnen zeigt sich damit grundlegend als Geschenk. Es ist Geschenk der Freunde, die ich verließ und die mich, durch ihr Vertrauen, zum Weggehen befähigten; und es ist Geschenk der Armen – derer, von denen ich noch nicht wußte, daß sie zu meinen Freunden würden, deren Gesichter mich aber bei einigen vorausgegangenen Begegnungen angezogen hatten. Ihre Gesichter enthielten für mich ein Versprechen, das mich zum Weggehen lockte, mit keiner anderen als der Vorstellung, daß es gut sein müßte, für eine Weile in ihrer Nähe zu leben und ihre Gesichter aus der Nähe zu entdecken – einer Vorstellung übrigens, die nicht gerade den Anforderungen an ein die Ausreise rechtfertigendes Projekt technischer Zusammenarbeit entsprach. Aus meinem Leben in der Nähe der Armen, aus meinem allmählichen Entdecken ihrer Gesichter und Geschichten erwuchsen Veränderungen, die das, was ich eingebracht habe, bei weitem übertreffen. Das ist der stärkste Grund für mich, mein Weggehen als Geschenk anzuerkennen, und nicht als Leistung zu sehen.

2.2.1.2 Ankommen bei den Armen

Daß ich bei den Armen ankommen konnte, verdanke ich in erster Linie ihnen. Sie ließen mich ankommen, indem sie mir ein Leben in selbstverständlicher Nachbarschaftlichkeit anboten. Vor allem am Stadtrand von São Paulo, aber auch sieben Jahre später, in Poranga, nahmen die Armen mich, die Unbekannte und Fremde, so auf, wie sie einen vertrauten Gast, einen entfernten Verwandten etwa, aufnehmen. Sie öffneten ihre Türen für mich, verschwendeten Stunden und Tage auf meine Begleitung, bis ich begann, mich zurechtzufinden, und hörten nie auf, Abschied und neues Willkommen zu einem Fest zu machen. Sie achteten meine Freiheit, meinen Wunsch nach Distanz; und genauso waren sie aufmerksam für mein Bedürfnis nach Nähe. Die Armen in Brasilien, für die ihre Familienbeziehungen trotz aller Zerbrechlichkeit die eigentlich tragenden und zuverlässigen sind, boten mir nicht nur Gastfreundschaft an, sondern luden mich ein, teilzuhaben am Leben ihrer Familien und mich zu ihren Familien als zugehörig zu betrachten. So durfte ich mich als Tochter von Angelita angenommen wissen; und Maria, in deren Familie ich die letzten zwei Jahre im Nordosten wohnte, schrieb mir zum Abschied, daß ihr meine Anwesenheit wie die der Mutter war, die sie verloren hatte, als sie noch sehr jung war. Als Basis für ein enges Zusammenleben in Freiheit lehrten sie mich die Kunst der Nichteinmischung. Darin war – und ist – vor allem Angelita Expertin, deren Anwesenheit mich in São Paulo so diskret umgab, daß sie ausdrücklich nur in einem Text jener Jahre vorkommt, den ich den „Königinnen" widmete – so hatte ein Gast meine Freundinnen genannt.

> *Juni 1986, São Paulo.*
> *Angelita, Schwester, Freundin, Mutter,*
> *Königin der Freien, die singend arbeiten;*
> *umsichtige Güte, geduldiger*
> *Kampf um das, was gerecht ist,*
> *sind ihre Gaben an Familie und Gemeinde.*

Wer mich, die fremde Frau, aufnahm unter den Armen, waren immer wieder die Frauen – und indem sie mich in ihre Familien aufnahmen, ließen sie mich auch in ihrer eigenen Art und Weise des Zusammenseins als Frauen ankommen, nämlich dazukommen. Wenn sie sich unbeabsichtigt zusammenfanden, beieinander niederließen und miteinander flüsterten, lachten, klagten und erzählten, wenn sie einander um Rat fragten und Rat weitergaben, einander beistanden, trösteten und einander die Geheimnisse ihrer Schmerzen und Siege und ihren funkelnden Witz anvertrauten, durfte ich dabeisein, zuhören, mitlachen oder auch nachdenklich bleiben. Sie ließen mir Zeit. Lange brauchte ich, bis ich ahnte, worum es geht: ihnen ist das Leben anvertraut, und damit untrennbar verbunden das Wort; sie verteidigen und stärken und schaffen das Leben neu durch das ihnen anvertraute Wort.

Mein Beitrag zum Ankommenkönnen bei den Armen war es, ihre Einladung anzunehmen. Ich war bedürftig genug. Meinem Bedürfnis nach alltäglicher Nähe, nach der freundlichen, manchmal auch störenden, in jedem Fall Sicherheit gebenden Verbundenheit mit den Nächsten in meiner Nachbarschaft, hatten die Armen, die mich in São Paulo aufnahmen – Angelita und ihre Familie vor allem – entsprochen, bevor es mir selber bewußt geworden war. Erst in Poranga kam ich dazu, die alltägliche Nähe zu den Familien zu vermissen, als ich während des ersten Jahres dort im Pfarrhaus wohnte.

30.12.1991, Poranga. Umzug aus dem Pfarrhaus in ein winziges Zimmer im Haus von Maria und Cícero, getrennt und verbunden mit der achtköpfigen Familie durch die Tür, die mein Zimmer vom Haus abteilt und fast immer zur Hälfte offensteht. Die Türen sind hier nie aus einem Teil, entweder ganz geschlossen oder ganz geöffnet; sie haben meistens eine untere und eine obere Hälfte, so daß die untere durch einen Riegel geschlossen und die obere wie ein Fenster offenstehen kann – so ist die Tür zwischen meinem Zimmer und dem übrigen Haus; oder sie haben eine kleine Tür in der oberen Hälfte, die eigens geöffnet wird und sonst die ganze Tür noch einmal verschließt – so ist meine Tür zur Straße; selbstverständlich steht die kleine Tür in der Haustür tagsüber offen, wenn die Bewohner da sind.
Es ist nicht nur die halbe Tür, die mich mit „meiner" Familie – und auch nicht nur die offenstehende kleine Tür, die mich mit der Straße und der Nachbarschaft verbindet ... aber sie sind Symbole für die Durchlässigkeit, die vielfältigen Nuancen und Übergänge in der alltäglichen Nähe des Miteinanderlebens, die mir gut tut – und die ich im Pfarrhaus vermißt hatte.
Nähe des Miteinanderlebens? Sinnenhafte Verbindung schaffen Geräusche, der ewige Wind, der alles mit einer feinen Sandschicht bedeckt – überraschender Gegenspieler der Enge des Ortes, dem man morgens richtig vergnügt die Stirn bietet, und die vielfältigen, immer gegenwärtigen Lebensgeräusche, die durch alle Ritzen eindringen. Verbindungen schaffen die Kinder: Nachbarskinder, die erst begehrlich ihre Köpfe hereinstrecken und dann ganz zum Spielen hereinkommen, verschwitzt und verstaubt von der kleinen Straße, wie sie sind; ein wenig zurückhaltender Marias und Cíceros fünf Jungen, die meine Trommel oder ein Spiel ausleihen; und besonders Marias Jüngster, der mich mit seinen anderthalb Jahren gezähmt und gelehrt hat, Zeit zu verlieren, so oft er will. Verbindungen schaffen die häuslichen Verrichtungen, bei denen wir uns begegnen und das Gespräch aufnehmen, vom ersten Kaffeetrinken bis zum abendlichen Scheuern der leer gekratzten alten Töpfe.

Manchen meiner Besucher wäre es auf Dauer ein wenig zu viel der alltäglichen Nähe gewesen. Kann ich sagen, was mir diese Nähe bedeutet?
Wenn ich aufzähle, was mir daran gut tut, komme ich an kein Ende damit: mich beim Arbeiten anregen lassen vom Spielen der Kinder auf der Strohmatte; mich unterbrechen lassen beim Schreiben von den vergnügten Einfällen eines Zweijährigen; an einem fleißigen stillen Morgen überrascht werden von Maria, die mit einer frischen Frucht aus ihrem winzigen Garten kommt; bei neuen Ideen in der Küche eine Freundin finden, die interessiert mitüberlegt; Briefe bekommen und Freude und Sorgen mitteilen können; von Besuchen zurückkommen und erwartet werden, erzählen können; von anstrengenden mehrtägigen Wanderungen, Fahrten und Treffen in der Umgegend heimkommen und mit Anteilnahme empfangen werden; begleitet werden beim Gehen und Kommen; um eine Anwesenheit, eine Mithilfe, um Rat oder um Begleitung gebeten werden; am späten Abend, wenn schon mehrere Schläfer in ihren Hängematten schaukeln, von Maria besucht werden, die noch etwas zu nähen hat, zu fragen oder zu erzählen oder auch zu lesen.
Diese und andere Zeichen eines einfachen Vertrautseins miteinander sind mir um so wichtiger, als es neben diesen Momenten andere des Fremdseins gibt, die es auszuhalten gilt.

> *Dezember 1991, Poranga. Manchmal habe ich das Gefühl, wirklich am Leben der Bevölkerung dieses winzigen verachteten Ortes teilzunehmen. Manchmal ertappe ich mich aber auch bei der Vorstellung, in Poranga in einen Roman eingetreten zu sein, der den Titel „Hundert Jahre Einsamkeit" verdienen würde. Distanz und Unmittelbarkeit, Einsamkeit und Zugehörigkeit – es ist beides da. Obwohl ich mit vielen Dingen und Menschen schon vertraut geworden bin, kommen sie mir zeitweilig wieder fremd und unwirklich vor, bzw. ich selber fühle mich ihnen gegenüber fremd. Allerdings ist dies keineswegs nur negativ: In den Momenten, in denen ich in Poranga das Fremdsein intensiver aushalten muß als in São Paulo, wächst auch die Bereitschaft, mehr Anfragen und Zweifel zuzulassen, besonders was unsere Rolle angeht – sowohl als Fremde in diesem Land, als auch als Mitglieder einer Kirche, die vor 500 Jahren als Fremde in dieses Land kam.*

Die Spannung zwischen den Erfahrungen von Zugehörigkeit und bleibender Fremdheit kann nur ausgehalten – nicht abgebaut werden. So wie das Vertrautsein mit den einen wächst, so nimmt auch die Empfindlichkeit für die Unzugänglichkeit anderer zu. Umgekehrt gilt auch: je schockierender manchmal die grelle Hitze und Öde der langen Sandwege, die finstere Schäbigkeit gewisser Behausungen oder auch die Verschlossenheit der Bewohner sind, desto mehr freut man sich an den Gesichtern, die freundlich lachen, weil sie einen kennen; die fröhliche Bewegung der einen, in ihren erfinderischen Gesten der Gastfreundschaft, läßt das stumme Abwarten der anderen zu einer Herausforderung werden. Die Aufmerksamkeit für die Verschiedenheit der Armen und für meine eigene Verschiedenheit verstärkt mein Interesse am Kennenlernen.

Diese zustimmende Sicht auch der Dinge, die mir in Brasilien Schwierigkeiten machten, hatte ich mir zu einem bestimmten Zeitpunkt nach den ersten Monaten in São Paulo vorgenommen, weil mir klar wurde, daß sie eine grundlegende Voraussetzung wäre, um mich durch meine neuen Erfahrungen bereichern zu lassen. In einem Schlüsselmoment, in dem Enttäuschung, die Frage nach dem Sinn meines Abenteuers und das Bewußtsein des Alleinseins mit dieser Frage zusammenkamen, erkannte ich, daß ich mich, wenn ich bleiben wollte, zur uneingeschränkten Zustimmung zu dem, was auf mich zukommen würde, entschließen müßte. Diese Grundentscheidung erleichterte es mir nach und nach, nicht nur das, was mir fremd war, mehr zu akzeptieren, sondern manchmal auch die Sicht der Armen in bezug auf das, was ihnen an mir fremd war, zu übernehmen.
Bei Unstimmigkeiten in den Gemeinden beispielsweise war es meine Tendenz, dem Konflikt auf den Grund gehen zu wollen – womit ich auf Widerstand stieß; die Ablehnung eines solchen um aufrichtige Klärung bemühten Verhaltens war mir fremd, aber ich akzeptierte sie nach und nach. Schwerer fiel es mir, die Sicht meiner Freundinnen mir zu eigen zu machen, als ich merkte, daß sie ein planmäßiges Vorgehen, ohne Umwege zu erlauben, ohne abwarten zu können und Störungen zuzulassen, an mir als aggressiv oder zumindest als sehr unhöflich wahrnahmen.
Meine Entscheidung für die Zustimmung ermöglichte mir die Teilhabe an einem Leben der Armen in Brasilien, das selber von Zustimmung geprägt ist; das entdeckte ich zehn Jahre später.

> *20.03.1993, Poranga. In der Ebene vor dem Haus, in dem Nenem und ihre Tante noch schlafen, warte ich auf den frühmorgendlichen Bus nach Crateús. Wie schön ist das Warten auf den erst ganz zart, dann immer selbstbewußter leuchtenden Morgen! Der Morgen, so entdecke ich, ist etwas, was er-wartet wird – der Abend kommt umsonst ... und die innere Verwandlung beim Zuschauen des Hellwerdens ist es wert, so früh wach zu sein. Beim späteren Fahren im Bus halte ich unwillkürlich Ausschau nach den verschwindenden Zeichen des Zaubers der Morgendämmerung wie nach Mitwissern eines Geheimnisses, von dem der angebrochene Tag, der so wie jeder ist, ein rechter Alltag also, keine Ahnung hat, das mich jedoch eben diesen armseligen Alltag auch anders sehen läßt. Während ich versuche, herauszubekommen, was anders geworden ist an meinem Blick aus dem Fenster des fahrenden Busses, und während ich merke, daß ich alles, was ich sehe, schön finde wie etwas, was man mit all seinen Schwächen kennt und unwiderruflich gern hat, fällt mir ein Satz ein: in Brasilien lebt man mehr die Zustimmung.*

Merkwürdigerweise spielten für mein Ankommen bei den Armen auch das Weggehen von ihnen und das Zurückkommen zu ihnen eine wichtige Rolle. Erst dadurch bekam mein Ankommen den Charakter des Bleibens. Dieses Bleiben war weniger durch die Jahre andauernde Nähe gesichert, in der ich zu den Armen lebte, als dadurch, daß ich häufiger wegging und immer wieder zurückkam.

Daß sie sich auf mich verlassen konnten – und später nicht nur auf mich, sondern auf einzelne Besucher, die häufiger kamen und zu ihren Freunden wurden, war für sie anfangs fast ein Wunder. Die ersten Male, wenn ich nach Europa wegging, gab es bei einigen so etwas wie ein nachsichtiges Lachen angesichts meines Versprechens, zurückzukommen – wie wenn sie mir signalisieren wollten, daß ich mir keine Sorgen zu machen brauchte mit einer Zusage, die ich hinterher doch nicht einhalten könnte. Wenn ich ohne Aufhebens zurückkam, war das Staunen entsprechend groß, und die Rückkehr wurde jedes Mal in verschiedenster Weise Grund zu einem Fest.

Das Zurückkommen nach dem Weggehen gibt Beziehungen Beständigkeit. Diese ist den Armen kostbar; aber ihre Erfahrungen haben sie gelehrt, daß Beständigkeit das wohlgehütete Geschenk weniger familiärer und nachbarschaftlicher Beziehungen ist. Gerade in den Beziehungen zu denen, die zu den Reichen – ihrer eigenen oder einer anderen Gesellschaft – gehören, rechnen sie nicht mit Dauerhaftigkeit. Mit dem Weggehen derer, die in ihren Lebensbereich hineingekommen sind, ohne vorher schon dazugehört zu haben, rechnen sie als einer Selbstverständlichkeit: Wer kommt, wird auch wieder gehen – in bezug auf Politiker und Machthaber ist das eine tröstliche Gewißheit. Das Weggehen des Reichen hebt die durch sein Kommen geschaffene Ungleichheit der Erwartungen und Abhängigkeiten wieder auf. Das galt auch ein wenig für mich. Mein Zurückkommen änderte alles daran. Ich erinnere mich deutlich an die Qualität des Staunens über meine erste Rückkehr: Wenn ich zurückkam, dann war völlig überraschenderweise ich es, die sie brauchte, der am Zusammensein mit ihnen etwas lag – sonst wäre ich nicht zurückgekommen. Wenn ich sie brauchte, war ich bedürftig – anders, und doch ähnlich wie sie; dann war ich auf sie angewiesen – anders, und doch ähnlich, wie sie auf mich angewiesen waren. Die Dauerhaftigkeit unserer Beziehungen, die den Armen mein freiwilliges Zurückkommen bewies, sicherte nun die Wechselseitigkeit – und die Absichtslosigkeit unserer Freundschaft.

2.2.2 Bewegung mit dem anderen

Es geht um meine Bewegung mit den Armen und um ihre Bewegung mit mir. Wechselseitiges Begleiten: ich lernte – manchmal mit einiger Mühe – ein Gehen an der Seite der Armen, das sie in ihrer Müdigkeit achtete. Und die Armen zögerten nicht, mit mir zu gehen, auch als sie den Kontext, aus dem ich herkam, noch nicht genügend kannten, um durch ihn mich selber zu kennen.

2.2.2.1 Langsames Gehen an der Seite der Müden

Im Rückblick auf die ersten Jahre in Brasilien wurde mir bewußt, daß es Phasen im Ankommen bei den Armen gab, die sich wie in einer Wellenbewegung ablösten: Nach einer kurzen, anfänglich ein wenig harten, dann immer leichter werdenden Eingewöhnungszeit war eine Phase des überraschten Schon-wie-zu-Hause-seins gekommen, in der es schien, als könne mir kaum mehr etwas Neues begegnen; diese Phase wechselte aber nach nicht allzu langer Zeit in die andere, in der ich – ebenso überrascht und auch irritiert – feststellte, daß ich mich nicht mehr auskannte mit den Leuten, daß Pläne sich nicht so einfach realisieren ließen, daß es unbekannte und unverständliche Schwierigkeiten gab; mir wurde klar, daß meine Person nicht mehr neu und in diesem Sinn nicht interessanter war als andere. Erst in dieser Phase begann das wirkliche Kennenlernen, das Dauer braucht. Ich spürte die Erleichterungen, die ein eingespielter Rhythmus und das Verbundensein in Gewohntem mit sich brachten, und zugleich so etwas wie die geheime Enttäuschung eines Bedürfnisses nach Neuem, nach Veränderung. Eine Weile brauchte ich, um in der kaum eingestandenen Frage: „War das schon alles?" den Hinweis auf eine mir noch verborgene Welt von Bedrückung und Widerstand zu entdecken.

Juni 1986, São Paulo. Trotz des Wachstums der kleinen Gemeinde von Nossa Senhora Aparecida wird in der Gemeindeversammlung die schwache Teilnahme kritisiert. Was sich in dieser Gemeinde lähmend bemerkbar macht, sind die Sorgen um das tägliche Brot, die Erniedrigungen im Arbeitsleben, schmerzhafte Gebrechen, das Fehlen von Behandlungschancen, Verunsicherung durch jugendliche Kriminelle. Vor allem die wirtschaftliche Situation schnürt den Entfaltungswillen und die Hoffnungen der einzelnen in immer spürbareren Fesseln ein. Die Gehälter sind seit April „eingefroren", aber die Lebenshaltungskosten sind gestiegen; die durch den Gewaltakt des „congelamento" niedrig gehaltene Inflation, die aber schon wieder 20% im Monat übersteigt, bezahlen die Ärmsten; und die Produzenten und Unternehmer entkommen dem Druck der Tabellenpreise, indem sie in Brasilien nichts mehr verkaufen: Es gibt keine Milch, kein Fleisch und keine Eier mehr, auch Kaffee, Zucker, Reis sollen knapp werden. Da sind viele versucht aufzugeben, nicht mehr zu kämpfen, nicht mehr an die Kraft der Schwachen, die sich zusammentun, nicht mehr an den langen und mühsamen Weg der kleinen Schritte zu glauben und nichts mehr von jenem Gott zu wissen, der den Schrei seines unterdrückten Volkes hört und es in die Freiheit führt. Manchmal gehe ich nach Besuchen und Treffen wie unter einer erdrückenden Last von Mutlosigkeit zurück. Da möchte man müde werden; die Macht all dessen, was unterdrückt, ist zu groß. Aber beim langsameren Gehen an der Seite der Müden kräftigt sich unmerklich die Geduld, die Fatalismus sein kann, die aber auch weiser Realismus ist. Und plötzlich erhebt sich das so zerbrechliche Leben und äußert sich in einem überraschenden Bekenntnis zur Hoffnung, im Aufbruch zu neuen Formen der Solidarität, im Willen zu feiern, im Wachstum der Gemeinde. Das bestärkt mich darin, mich noch stärker von der Dauer, den „Mühen der Ebenen"[54] herausfordern zu lassen ...

---

[54] „Als ich wiederkehrte / war mein Haar noch nicht grau / Da war ich froh. / Die Mühen der Gebirge liegen hinter uns. / Vor uns liegen die Mühen der Ebenen." B. BRECHT: „Wahrnehmung" (1949), in: Ders.: Ausgewählte Gedichte. Nachwort von W. Jens, Frankfurt [5]1970, 68.

Diese Herausforderung war für mich der Grund, bei der Arbeitsgemeinschaft für Entwicklungshilfe (AGEH)[55] das erste Mal um die Verlängerung meines Vertrags zu bitten. Das langsame Gehen an der Seite der Müden – so schwer es mir fiel – war vielleicht ein noch wichtigeres Element für die sich stabilisierende Beziehung zu den Armen als unser Zusammenarbeiten und -feiern. Erst beim Versuch, meinen Schritt dem manchmal sehr langsamen Schritt der vielfach Belasteten und immer wieder Zurückgeworfenen anzupassen, kam mir die Vorstellung, wie verrückt die Idee war, die wir oft in Liedern sangen und als Zuspruch gegen die Entmutigung, gegen das Aufgeben des Kämpfens und gegen die Isolierung der Armen in einer trostlosen Gleichgültigkeit aussprachen: daß sich nur, wo viele Kleine sich zusammentun und zusammenhalten, etwas verändern, Unrecht abgebaut und Gerechtigkeit hergestellt werden kann. Dies sei eine törichte und fälschliche Annahme, daß ausgerechnet von den Schwachen, den Ungebildeten und Machtlosen, eine gesellschaftliche Veränderung ausgehen kann: so entgegneten Arme selber, besonders Männer, nicht selten; denn für eine solche Veränderung brauche man die Macht des Geldes und des Wissens. Die Versuchung, ihnen Recht zu geben, war immer wieder da, vor allem bei den vielfältigen Hindernissen und Rückfällen auf unserem mühsamen Weg. Daß wir dennoch dickköpfig genug waren, um uns unsere verrückte Idee nicht austreiben zu lassen, erschien mir dann eines Tages als die Verrücktheit des Glaubens selber.

> *06.10.1987, São Paulo. In Widerständen wächst unmerklich etwas, wofür ich im Augenblick nur diesen Namen habe: mein Glaube an dieses verachtete, manchmal sich selbst verachtende Volk, an diese müden, fast mutlos werdenden und doch wieder Kraft schöpfenden, hoffenden und noch einmal weitergehenden Leute; und ich bin immer sicherer, daß der Glaube an Gott und der Glaube an die verändernde Kraft der Armen, der Weinenden, der Hungernden und Dürstenden, der Erniedrigten und Verfolgten, ein und derselbe Glaube ist.*

Der Glaube an die verändernde Kraft der Schwachen war für mich etwas Konkretes. Ich dachte dabei vor allem an die Frauen: ohne eigene Einkünfte, ohne Rechte manchmal in der eigenen Familie, ohne Gesundheit, ohne Schulbildung; in ihren Geschichten, ihren Kämpfen und Ängsten, lernte ich immer mehr ihre durchhaltende Widerstandskraft kennen. Sie ließen mich im Glauben an die Kraft der Machtlosen niemals so schwach werden, daß ich ihn aufgegeben hätte.

2.2.2.2 Vertrauensvolles Gehen an der Seite der Unbekannten

Zwischen den Armen und mir festigten sich Beziehungen und wurden zu tragenden Freundschaften. Wir gründeten neue Zugehörigkeiten. Was das eigentlich bedeutete, wurde mir erst sehr viel später klar. Je mehr sich Zugehörigkeiten zwischen den Armen und mir etablierten, desto mehr begann ich, die Bedeutung ihrer Beziehungen zu anderen – vor allem zu ihrer Familie und Herkunftsfamilie

---

[55] Siehe oben Anmerkung 5 (S. 15).

– zu entdecken, durch die sie sich mir auch immer wieder entzogen. Erst nachdem ich nach Deutschland zurückgekehrt war und nachdem gerade mit meinem Weggang und meiner Rückkehr aus Brasilien so etwas wie eine selbstverständliche Gegenseitigkeit in einzelne Beziehungen hineinkam, begann ich zu ahnen, welche Herausforderung ich als Unbekannte für meine späteren Freundinnen dargestellt hatte. Die wechselseitige Anerkennung, die uns leben läßt, bezieht sich bei den Armen weniger auf den einzelnen als auf die Gruppe, zu der er oder sie gehört. Das ist besonders auf dem Land die Familie oder Sippe. Die Selbstverständlichkeit, mit der ein einzelner durch ein „wir" definiert wird, ist mir erst bei meinem letzten Besuch in Brasilien in aller Deutlichkeit aufgefallen.

15.02. und 23.02.1995, zurück in Poranga. In der ersten Woche bin ich mit Toinha, der erfahrenen Monitorin aus Poranga, in dem auf der Höhe gelegenen Dorf Santa Rita zu Besuch – dort ist seit einem knappen Jahr eine Erwachsenenschule – und eine Woche später bin ich mit Maria in der heißen Macambira unterwegs, zu Besuch bei ihrer Familie und ihren Verwandten. Früher habe ich allein Besuche gemacht, nach meiner Art und Weise, diesmal lasse ich mich von Toinha und Maria mitnehmen und leiten.

In Santa Rita besuchen Toinha, die junge Monitorin und ich, alle zwanzig Teilnehmerinnen und Teilnehmer der Erwachsenenschule in ihren Häusern; keines wird ausgelassen. Bei den Gesprächen geht es nun – das fällt mir auf – erst in zweiter Linie um die Schwierigkeiten und Freuden des Lernens, – das ist mein Thema; Toinha geht es vielmehr zunächst um die verwandtschaftlichen Zuordnungen zu Familien, deren Namen und Mitglieder sie kennt. So wird der eine freudig als Manoel, Neffe des alten Antônio, zur Familie der Albuquerque in Poranga gehörig, erkannt, und die andere, ebenso freudig, als Luzia, Enkelin des verstorbenen Chico und Cousine von Manoel ... Nach kurzer Zeit verwirren sich bei mir Namen, Verwandtschaftsbezeichnungen und Familienzugehörigkeiten, während sich Toinha über das Erkennen und Zuordnen freut. Sie weiß von den Familien, und das Zuordnen der Neffen, Töchter, Schwiegertöchter, Vettern verschiedenen Grades mit ihren Namen gehört für sie zum selbstverständlichen Prozeß der Orientierung in einem Sozialgebilde. Sie kennen sich mit Namen, zugehörig zu dieser oder jener Familie; ich lerne sie mit ihrem Namen als einzelne kennen, mit denen ich dann einzelne Beobachtungen, Geschichten oder Fragen verbinde.

Als ich mit Maria zwei Tage bei ihrer Familie bin in einem Dorf, in dem ich einige Familien von früheren Besuchen im Rahmen der Pfarraktivitäten kenne, werde ich noch einmal von dieser Einsicht überrascht: sie kennen sich mit dem Namen, mit dem sich die Zugehörigkeit zu dieser oder jener Familie verbindet. Maria lädt mich abends ein, sie zum Besuch beim alten Antônio Pedro, Stiefvater von João, dem Vater von Manoel, zu begleiten. Da ich Maria zuvor meinen Wunsch nach dem Besuch in einer Familie gesagt hatte, an die ich mich von früher her erinnere, deren Namen ich aber nicht mehr mit Sicherheit weiß – es ist möglich, daß der Vater der reizenden kleinen Mädchen, die ich wiedersehen möchte, Manoel heißt – denke ich, bei Marias Einladung handle es sich um diese Familie. Das Haus, zu dem wir gehen, uns im Dunkeln unter dem Sternenhimmel den matt leuchtenden Sandweg suchend, ist mir aber fremd. Die Türen stehen auf; es quillt über von Menschen, wie bei der Wache in der Nähe eines Sterbenden. Vor den vielen unbekannten Gesichtern weiche ich ein wenig zurück und zögere. Dann bleibt mir nichts übrig, als Maria zu folgen; für sie ist es klar, daß ich mich in den Familienzugehörigkeiten auskenne wie sie. Ich unterdrücke alle Fragen und konzentriere mich aufs Sehen. In der hintersten Kammer liegt ein sehr alter, schwach werdender, aber keineswegs sterbender Mann in der Hängematte: Antônio Pedro ... Nachdem wir mit ihm gesprochen haben und wieder hinausgehen, atme ich auf und mache meiner Verwirrung Luft: „Ich dachte, wir gehen zu Manoel, an den ich mich erinnere – statt dessen schleppst du mich zu diesem Alten und seiner mir gänzlich unbekannten Sippe; darauf hättest du mich doch vorbereiten müssen!" Maria lacht mich ein wenig aus: „Aber ich habe dich doch gefragt, ob du zum alten Antônio Pedro, Sohn des verstorbenen Pedro, Stiefvater von João, dem Vater von Manoel, mitkommen willst!" Meine aufgeregte Ratlosigkeit begütigend fährt sie fort: „Weißt du, er ist der Onkel vom blinden Sebastião, dem Ziehharmonikaspieler in Cachoeiras, und Vetter vom alten José Pedro, der auch schon gestorben ist; ihm gehörte das Grundstück hier, das Vater von Dona Cândida gekauft hat ..." Ich werde nachdenklich: jeder hier hat seinen Ort im Netz der Bezüge, in die er hineingeboren ist, und wer er ist, definieren zunächst dieser Ort und diese Bezüge.

Einander in der Zugehörigkeit zu diesen Bezügen zu erkennen, ist den Armen sehr wichtig. Erst als mir das klar war, konnte ich, im nachhinein, ermessen, was es bedeutete, daß ich, von der sie keine solchen Bezüge kannten, von ihnen aufgenommen worden war. Sie kannten nicht nur mich nicht, sondern sie kannten vor allem diejenigen nicht, zu denen ich in Deutschland gehörte. Erst meine Zugehörigkeiten in Deutschland hätten mich für sie eigentlich so erkennbar machen können, daß sie Grund zu Vertrauen oder Mißtrauen mir gegenüber hatten. Ich merkte, daß es ihnen lange Zeit unbegreiflich, wenn nicht sogar unheimlich war, daß ich als einzelne – und als einzelne Frau – von meinem Zuhause weggegangen und bei ihnen angekommen war – und dies nicht nur wegen der damit verbundenen Aufgabe von Sicherheiten, sondern weil ich als einzelne eigentlich niemand war. Obwohl sie mich also durch keine Gruppe, zu der ich gehörte, „definieren" konnten, ließen sie zu, daß ich an ihrer Seite ging; und sie gingen an meiner Seite. Das Vertrauen, das ihre Öffnung für mich bedeutete, war nicht selbstverständlich.

Das lernte ich erst allmählich verstehen. Als ich begann, in den Beziehungen zu ihnen für sie sozusagen Konturen anzunehmen, konnte ihnen das nicht genügen. Je vertrauter ich ihnen wurde, desto wichtiger war es für sie zu wissen, daß ich nicht nur zu ihnen, sondern auch zu anderen gehörte; denn aufgrund dieser Zugehörigkeit konnte ich die sein, die jetzt auch zu ihnen gehörte. In diesem Zusammenhang lernte ich auch, was es bedeutete, daß mich sowohl Angelita und ihre Familie in São Paulo als auch Maria und ihre Familie in Poranga mit der Möglichkeit beschenkt hatten, bei ihnen zu wohnen und zu leben. Sie hatten mir damit auch eine Zugehörigkeit, ein „wir" gewissermaßen geliehen, durch das ich mich in ihrem Lebenszusammenhang definieren konnte. Sie hatten offensichtlich von meinen für sie unsichtbaren Zugehörigkeiten eine Ahnung, ohne daß sie gefragt hatten und bevor ich ihnen davon erzählt hatte. Daß ich Briefe bekam und Briefe schrieb, muß für sie ein kostbarer Hinweis gewesen sein. Als dann die ersten mit mir befreundeten Deutschen zu Besuch kamen, ging die Freude meiner brasilianischen Familien über ihre gewöhnliche Bereitschaft, Gäste zu empfangen, hinaus. Meine Besucherinnen und Besucher waren für sie etwas Besonderes. Indem sie „meine Leute" kennenlernten, konnten sie mich kennenlernen.Umgekehrt hatte ihre Aufmerksamkeit für meinen Beziehungshintergrund die Wirkung, daß sie in mir den Sinn für meine Zugehörigkeit zu Freunden und Verwandten in Europa erst weckte und stärkte.

2.2.3 Bewegung durch den anderen

Es handelt sich um das dritte Moment jener Bewegung – von wechselseitigem Zugehen aufeinander, von Miteinandergehen und von wechselseitigem In-Gang-gebracht-werden – die zum Beziehungsgeschehen gehört: Ich lasse mich durch den anderen bewegen und verändern – und auch beim anderen gibt es eine Bewegung, die ich bewirke. Diese kommt dadurch zustande, daß ich die Fremdheit des anderen wahrnehme – und dieser meiner Fremdheit begegnet.
Allerdings bewirkt unsere Fremdheit diese uns wechselseitig verändernde Bewegung keineswegs in allen Fällen. Auf die Bedingungen, die das – positive – Anstoßnehmen an der Fremdheit des anderen erleichtern, gehe ich zuletzt ein (2.2.3.3). Zunächst geht es mir darum, die stattfindende Veränderung selber zu beschreiben.

Wenn ich den anderen als fremd, als „nicht so" im Verhältnis zu mir wahrnehme, so kann damit verbunden sein, daß ich nach mir selber frage, daß ich mich selber als „nicht so" im Verhältnis zum „so" des anderen wahrnehme. Während meines Mit-Lebens mit den Armen habe ich mich oft bei dem Gedanken ertappt: „so könnte ich nicht sprechen, so würde ich nicht denken, nicht handeln, so könnte ich nicht leben ..." Ich habe damit nicht nur die Armen, sondern auch mich selber als anders entdeckt. Angesichts der wahrgenommenen Verschiedenheit der Armen empfand ich teilweise Erleichterung – das beruhigende Gefühl: „gottseidank, das bleibt mir erspart" – und teilweise auch Bedauern – das beunruhigende Gefühl eines Mangels: „schade, das entgeht mir". Die Fremdheit der Armen machte mich für mich selber fremd.

Besonders diese Beunruhigung über das, was mir fehlt, aber auch das erleichterte Empfinden von Dankbarkeit für das, was zu mir gehört, brachten in mir eine

Veränderung in Gang. In dieser war ich zunächst eher passiv, leidend – und dann auch aktiv: lernend beteiligt. Es gibt Anzeichen, die darauf hindeuten, daß sich die Armen durch das, was ihnen an mir fremd war, in eine ähnliche Bewegung hineinnehmen ließen.

Ein Beispiel: Sie nahmen Anstoß an meinen Fragen und Ansprüchen, ähnlich wie ich Anstoß nahm an ihrer Anspruchslosigkeit und Fraglosigkeit. Die teilweise auch schmerzlich verlaufende Begegnung mit unserer Fremdheit stieß in uns wechselseitig eine Veränderung an, die „Lernen" genannt werden kann und für die ein Moment aktiver Annahme der Verschiedenheit konstitutiv ist.

2.2.3.1 Anstoß der Armen an meinen Fragen und Ansprüchen

Eine konkrete Art und Weise, in der Beziehung zum anderen aktiv zu sein, besteht darin zu fragen. Für mich war Fragen anfangs der normale Weg, um meine neue Umwelt kennenzulernen; ich bat immer wieder um Erklärungen. Aber Fragen waren und sind nicht der Weg der Armen, um zu lernen. Sie boten mir das Mitgehen und Mitleben als die Art und Weise an, mit ihnen vertraut zu werden; so wie sie würde ich allein durchs Zusehen und Zuhören erfahren werden. Ein Umwege abkürzendes, Erfahrungen ersparendes Fragen war für sie so etwas wie das gewaltsame Vorgehen eines Eindringlings.

> *14.11.1991, Cajá dos Jorges, Poranga. Nach vielen Besuchen in dem fast wohlhabend zu nennenden Dorf mit etwa 60 Familien, unten am Berghang, bittet die Katechetin abends um ein Treffen vor allem mit den Jugendlichen, die sich auf die Firmung vorbereiten. Zwischen den Frauen, Kindern und wenigen Männern sitzen die Jugendlichen dann stumm und unbewegt. Ich versuche, sie auf jede Weise aus der Reserve zu holen, versuche, mindestens eine mimische Reaktion auf ihren Gesichtern zu entdecken – vergeblich! Als ich ein wenig verzweifelt nach dem Grund ihrer Versteinerung frage, meinen zwei Mütter: „Das ist bei uns so. Leute vom Land, die nichts gelernt haben, sagen nichts mehr, wenn jemand Studiertes dazukommt ..."*

> *Am anderen Abend lese ich in einem Heft vom CEBI (Centro Ecumênico de Estudos Bíblicos), das zu Ehren von Carlos Mesters' 60. Geburtstag zusammengestellt worden ist. Da schreibt eine alte Frau nach einem Bibelkurs mit „Frei Carlos": „Die Bibel ist mir wie Honig eingegangen. Nicht jedem Bibelgelehrten gelingt das. Im allgemeinen ersticken sie einen mit schwierigen Worten und schwierigen Ideen. Da merkt man, daß die Bibel nicht für uns ist. Mit Frei Carlos ist es anders. Bei ihm vergißt man sogar, daß er gelehrt ist. Durch seinen Mund kommt das Wort Gottes bei den Armen wie etwas Liebevolles an, so daß man wirklich glaubt, daß Gott mit uns unterwegs ist."*

Carlos Mesters hat es so weit gebracht, daß die Armen vergessen, wie gebildet er ist. Gebildetsein, Gelehrtsein äußern sich darin, durch schwierige Worte und

Ideen eine trennende Mauer aufzubauen, durch welche sich die Armen ausgeschlossen fühlen und welche sie auch in ihrem Glauben an Gott, der mit ihnen unterwegs ist, schwach macht. Eine ähnliche Mauer wie viele „Studierte" schien ich aufzubauen. Wenn die schwierigen Worte bei den Armen kein Vertrauen zu sich selber aufkommen ließen, so schienen es meine Fragen unmöglich zu machen, daß sie Vertrauen zu mir faßten. Die Verunsicherung, die ich auf Seiten der Armen bewirkte, so daß sie sich gegen mich zur Wehr setzten, war für mich selber eine schmerzliche Erfahrung. Hatte meine Gewohnheit, durch Fragen weiterkommen zu wollen, damit zu tun, daß ich studiert hatte? Diejenigen unter den Brasilianern, die mir etwas dazu sagen konnten, bescheinigten mir, daß mein Geprägtsein durch Fragen, Neugier, Studium, Lesen, durch das Aneignen bestimmter Maßstäbe und entsprechendes Vergleichen und Urteilen tatsächlich zu meiner „anderen Kultur" gehörte. Dadurch wurde mir allmählich klar, daß jenes Wissen, zu dem ich durch Fragen kommen würde, ein Wissen-über, ein Herrschaftswissen ist. Ich begann, Fragen nicht mehr für den selbstverständlichen Weg des Lernens zu halten. Aber noch lange fühlte ich mich durch meine „andere Kultur" behindert.

Einfach dabei zu sein und den Alltag der Armen zu teilen, gelang mir erst in dem Maß, in dem die Armen sich nicht mehr daran stießen, daß ich doch immer wieder Fragen stellen und meine Meinung äußern mußte, und in dem sie in der Lage waren, mich in meiner Verschiedenheit kennen zu wollen. Das gab mir die Freiheit, auch ihre Unzugänglichkeit anders zu sehen: positiv – in einer Weise, wie ich sie später bei Carlos Mesters ausgedrückt fand.

Als Carlos Mesters den Eindruck hat, in seinen Gesprächen mit den Armen nicht wirklich an sie heranzukommen, sucht er einen Vergleich: Es ist, wie wenn er an eine starke Schale rührt, hinter der die Armen etwas Kostbares verbergen und schützen, so wie die Kokosnuß ihr durstlöschendes Wasser vor der Hitze der Sonne durch eine starke Schale bewahrt. Und er fragt sich: „Ist es möglich, daß einer von uns da nach innen vordringt? Einer von uns, der nicht da drinnen geboren ist?" Hinter jener Schutzmauer aus Stummheit, aus verständnislosem Lachen oder auch aus höflicher Bestätigung unserer Fragen und Meinungen vermutet Carlos Mesters einen inneren Reichtum: „Wasser, das den Durst der Menschheit stillen kann"[56].

Nun sind Fragen nicht nur ein Vorgehen des Lernens, von dessen Direktheit sich die Armen angegriffen fühlen können, sondern Fragen verunsichern auch, weil in ihnen Ansprüche mitschwingen. Daß meine Vorstellungen Ansprüche enthalten, daß ich anspruchsvoll bin, das habe ich in Brasilien oft als etwas erfahren, was mich in der Wahrnehmung der Armen von ihnen unterscheidet, und zwar in einer Weise unterscheidet, die sie als unangenehm und auch als unerzogen bewerten. Es gilt als unschicklich, anspruchsvoll zu sein, dem eigenen Willen, eigenen Forderungen treu zu bleiben, wenn nötig, mit einer gewissen Hartnäckigkeit oder gar Dickköpfigkeit – die mir meine Freunde in Brasilien nur deswe-

---

[56] C. MESTERS: Seis dias nos porões da humanidade, Petrópolis ²1985, 47f.

gen nicht übelnahmen, weil sie darüber als etwas, was zu meiner „anderen Kultur" gehört, lächeln konnten.

Ich spürte bald, daß es einer Unbotmäßigkeit, einem Aufbegehren der Armen gleichkommt, wenn sie Ansprüche haben – und noch schlimmer: wenn sie ihren Ansprüchen treu bleiben und sie nicht aufgeben. Damit beweisen sie, daß sie ihren eigenen Vorstellungen zutrauen, richtig und berechtigt zu sein, und daß sie Zutrauen zu sich selbst, zu ihren eigenen Entscheidungen und zu dem haben, was sie selber wollen. Dies wiederum ist für jene, die sie beherrschen und ausbeuten, unerträglich. Sie haben in jahrhundertelanger Formung des Bewußtseins der Armen erreicht, daß bei diesen die negative Bewertung einer Haltung, in der einer sich nicht sofort zufrieden gibt, sondern Forderungen stellt und anspruchsvoll wird, tief verwurzelt ist.

2.2.3.2 Mein Anstoß an der Fraglosigkeit und Anspruchslosigkeit der Armen

Charakteristisch für die Armen schien oft zu sein, daß sie ihre Zugehörigkeit zu den Ausgeschlossenen fraglos akzeptierten. Sie scheinen keine Fragen zu haben, erst recht keine kritischen Fragen und auch keine Gegenmeinung zur herrschenden Meinung, von der sie unterdrückt werden; sie scheinen kein Aufbegehren zu kennen und für ihr eigenes Begehren – das sie unserer Meinung nach als Beraubte, als Unterdrückte und Ausgeschlossene haben müßten – keine Worte zu haben. Besonders im Nordosten stieß ich mich an der Fraglosigkeit ihrer Unterwerfung.

> *Dezember 1990, Poranga. Ich unterhalte mich mit Francisca, einer dunklen Wäscherin in Poranga, die mich erstaunt, nicht nur mit ihrem Fleiß und ihrer Arbeitskraft, sondern auch mit ihrem Lachen, ihrer einfältigen Freude daran, gesund zu sein und arbeiten zu können. Ich frage sie danach, wie ihre Herrinnen sie bezahlen, und finde es – ähnlich wie Maria, der Francisca Salat von ihrem winzigen Gemüsebeet verkauft – zu wenig, zumal diese Herrinnen oft genug erst später zahlen, wenn das Geld schon wieder an Wert verloren hat, oder das Zahlen gar ganz vergessen. Ich frage Francisca weiter nach ihren Kolleginnen und danach, wie diese bezahlt werden und was sie davon halten. Francisca lacht, diesmal ein wenig verständnislos. „Das ist in Ordnung! Es war ja schon immer so! Gott sei Dank kann ich arbeiten, und die Arbeit hilft mir. Ich werde ja bezahlt. Die Kinder bekommen etwas zu essen oder sogar ab und zu ein Kleidungsstück, und wir überleben ..." Als ich meine, daß ihre Herrinnen doch auf sie und die anderen Wäscherinnen angewiesen sind und daß sie zusammen einen Preis pro Gewicht oder Zahl der Wäschestücke ausmachen könnten, den die anderen zu zahlen – und zwar pünktlich zu zahlen – gezwungen wären, weil sonst keiner mehr für sie waschen würde, schaut Francisca noch verständnisloser und lacht dann völlig belustigt. Ihre Antwort bleibt das Lachen; sie schaut mich an und lacht um so mehr, je verständnisloser ich sie nun ansehe. Schließlich*

> *erklärt sie mir, daß das Wichtigste ihre Arbeitskraft ist, das größte Geschenk, das sie empfangen hat, daß ihre Herrinnen oft nicht über Geld verfügen und ihr geben, was sie haben, daß es ihr selber nur schaden würde, dieses Wenige oder auch die Möglichkeit, dafür zu arbeiten, abzulehnen – „und außerdem", fügt sie fast entschuldigend hinzu, „ist unsere Zunge angebunden – wir können nicht reden."*

Francisca ist gerade für ihre Schlagfertigkeit, um nicht zu sagen für ihr loses Mundwerk bekannt. Ausgerechnet sie sagt: „Unsere Zunge ist angebunden ..."! Sie kann sprechen, sie kann auch bitten, wenn sie etwas für ihre Kinder braucht; vor allem kann sie mögliche Arbeitgeberinnen aufsuchen, Dienste anbieten, Arbeit gegen Nahrungsmittel eintauschen. Sie kann – und ihr Mund, ihre Hände und Füße helfen ihr dabei – für ihr Überleben und das ihrer Kinder kämpfen. Sie ist keineswegs „passiv". Warum sagt sie: „Unsere Zunge ist angebunden ..."? Sie kann nicht von Recht und Unrecht sprechen. Sie hat keine Worte dafür, so wie sie etwa Glück und Unglück, Krankheit und Gesundheit, Dummheit und Intelligenz, Reichtum und Armut benennen oder beschreiben und unterscheiden kann. Diese und eine viel größere von ihr beschreibbare Vielfalt gehören zu der Wirklichkeit, in der sie lebt und sich auskennt. Das Unrecht dieser Wirklichkeit, die eigenen Rechte und die Tatsache, daß sie ihr verweigert werden, zu erkennen und auszusprechen, würde bedeuten, daß sie sich selber außerhalb dieser Wirklichkeit stellt und zu ihr Stellung bezieht, indem sie über sie urteilt. Das ist ihr unmöglich – nicht weil sie unfähig dazu wäre, sondern in erster Linie, weil hierin eine Gefahr für sie liegt.
Carlos Mesters schrieb: „Wer vor den anderen aufwacht, wird verrückt, weil er keinen Ausweg sieht."[57]

Wer aufwacht, wechselt von einem Bewußtseinszustand zu einem anderen. Auch eine Francisca, die das Unrecht der Lebensbedingungen erkennt und bekämpft und ihre Rechte – wie einen gerechten Lohn für ihre Arbeit – einklagt, würde von einem Bewußtseinszustand zu einem anderen wechseln. Ihr erster Bewußtseinszustand ist wie ein von ihrem Leiden und Begehren ungetrübter Spiegel der Wirklichkeit, die sie kennt. Diese ist voller Last und Mühsal für sie und ihresgleichen und voll leichter Genüsse für die Reichen – aber auf diese Weise zugleich geordnet. Sie hat einen Platz in dieser Ordnung; mag es auch einer der schlechtesten Plätze sein, aber er befindet sich doch innerhalb einer Ordnung, zu der auch sie gehört. In dem anderen Bewußtseinszustand sähe sich Francisca auch innerhalb dieser Ordnung, und zugleich außerhalb, weil ihr Leiden sie aufbegehren ließe. Von außen nun nähme sie die Ordnung als Unordnung wahr, die es zu beseitigen gilt; auch ihr Platz wäre bedroht. Wenn sie da nicht Sicherheit in festen Beziehungen zu anderen fände, die ihrerseits auch die Ordnung als Unordnung ansehen, wäre sie tatsächlich in Gefahr, verrückt zu werden. Besser ist es, nicht aufzuwachen, das eigene Begehren nicht wissen zu wollen und nicht zu fragen.

---

[57] Vgl. C. MESTERS, a.a.O., 82.

Durch die fehlende Bereitschaft, ihre Ansprüche zu verteidigen, und das schnelle Aufgeben der eigenen berechtigten Forderungen tragen die Armen aber selber zu ihrer Ausbeutung und Unterdrückung bei. Eine Veränderung ihrer Situation muß bei ihnen ansetzen, die Einsicht drängt sich mir auf. Die Armen müssen mühsam lernen, daß es ihre Rechte sind, um die sie betrogen werden, und sie müssen das Selbstbewußtsein entwickeln, für ihre Rechte eintreten und in ihrem Erkämpfen beharren zu wollen; sie müssen lernen, sich selber wichtig zu nehmen!

Festzubleiben bei der Verteidigung der eigenen Forderungen kann bedeuten, unzählige Male abgewiesen werden, ohne aufzugeben. Eine solche Hartnäckigkeit bringen die Armen vor allem dann auf, wenn sie als Gruppe um ein gemeinsames Recht kämpfen und wenn sie dabei kontinuierlich unterstützt und ermutigt werden. Da sind beispielsweise diejenigen, die von der Unmöglichkeit eines menschenwürdigen Wohnens in São Paulo getrieben und von dem damaligen Regionalbischof, Dom Angélico, ermutigt, bei der Stadt um Grundstücke und Baumaterial für ihre winzigen Häuser kämpften und bis heute damit fortfahren. Sie waren aufgewacht, um eines ihrer Rechte einzufordern. Sie gingen mit bei den Fragen, die wir – einige Schwestern und Pfarrer und ich, die sie begleiteten – ihnen stellten; sie merkten, daß es bei diesen Fragen viel zu lernen gab; sie selber stellten nun die Fragen! Wir hatten ihnen die kritische Kraft unserer Fragen und Forderungen zur Verfügung gestellt, und sie hatten sich anstoßen und in Bewegung bringen lassen.

Jetzt waren es nicht mehr die Fraglosigkeit und Anspruchslosigkeit der Armen, an denen ich mich stieß; aber da war etwas in ihren Fragen und Forderungen, was mir fremd war und wovon ich ahnte, daß es mir fehlte. Die Armen taten sich leichter damit, Abhängigkeiten mit einem gewissen Realismus anzuerkennen; sie taten sich leichter damit, der Vergeblichkeit einer Anstrengung zuzustimmen; in der Art und Weise, wie sie an ihren Ansprüchen festhielten, war mehr Gelassenheit. Sie ermüdeten nicht so schnell wie ich auf dem mühsamen Weg des Kämpfens um das Recht auf Leben und Wohnen, weil sie sich nicht nur auf das Fordern, sondern auch auf das Empfangen verstanden. Sie teilten die dankbare Grundhaltung von Francisca, für die ihr Leben allem voraus zunächst Geschenk ist. Über ihren berechtigten Ansprüchen verloren sie nicht den Blick für die vorrangige Tatsache ihres „unberechtigten" Beschenktseins. Vielleicht gehört diese Haltung des Sich-beschenkt-wissens zu jenem verborgenen Reichtum der Armen, den Carlos Mesters hinter ihrer Unzugänglichkeit ahnt und in dem er ein durstlöschendes Wasser für unsere ausgetrocknete Kultur vermutet[58].

Ähnlich jedenfalls wie die Armen mit der Zeit in der Lage waren, mir mein aktives Fragen zu vergeben, weil sie es als Bestandteil meiner „anderen Kultur" zuordneten, ähnlich gelang es mir, ihnen eine gewisse Anspruchs- und Fraglosigkeit zu vergeben, als ich diese „Schwäche" im Zusammenhang mit ihrer „Kultur des Empfangens" zu sehen begann.

---

[58] Siehe oben S. 65, Anmerkung 56.

2.2.3.3 Bedingungen für das Anstoßnehmen an der Fremdheit des anderen

Damit uns unsere Fremdheit – die Fremdheit, der ich im anderen, und der dieser in mir begegnet – wechselseitig verändert, müssen gewisse Bedingungen gegeben sein. Vier möchte ich an dieser Stelle zusammenfassend nennen:
die Bereitschaft, sich durch den anderen in Frage stellen zu lassen,
die Offenheit dafür, im anderen nicht nur Unterschiede, sondern auch Gemeinsamkeiten anzutreffen;
das wechselseitige aktive Annehmen in der jeweiligen Verschiedenheit und
das Eingeständnis der Veränderung, die man beim anderen bewirken möchte.

Die Bereitschaft, sich durch den anderen in Frage stellen zu lassen und durch das bei ihm wahrgenommene „so" zur Verwunderung über das eigene „nicht so" zu gelangen, ist nicht selbstverständlich. Es gibt zwei Arten von Umständen, unter denen es nicht zu dieser Verwunderung kommt. Die eine ist die unbefangene Annahme der Übereinstimmung der anderen mit mir selber. Die andere besteht in gewissen Vorannahmen hinsichtlich der Unterschiede zwischen mir und den anderen.

Ich kann in einer so selbstverständlichen Erwartung leben, daß die anderen wie ich sind, daß ich nicht in der Lage bin, ihre Eigenart wahrzunehmen. Dann begegne ich ihrer Fremdheit nicht in dem Sinn, daß ich staune oder erschrecke. Diese Verwunderung und dieser Schrecken angesichts des „so" der anderen, die sich spontan in die Wahrnehmung des „nicht so" bei mir selber übersetzen, würden ihrerseits voraussetzen, daß ich andere und anderes überhaupt, nämlich in ihrer eigenen Positivität, wahrzunehmen imstande bin. In meiner selbstverständlichen Erwartung, daß alle so sind wie ich, gibt es aber keinen Raum für die Wahrnehmung des „so" der anderen; vielmehr werden die anderen von vornherein als „nicht so" im Verhältnis zu mir wahrgenommen. Dies ist keine „Ent-täuschung" meiner Erwartung, daß die anderen so sind wie ich. Das Täuschende meiner Erwartung wird nicht weggenommen, sondern noch bestärkt – in dem Sinn, daß ich sagen kann: „Schade für die anderen, daß sie nicht so sind wie ich – es wäre für sie gut, wenn sie so wären, wie ich bin!"

Es gibt auch eine entgegengesetzte Erwartung, die verhindert, daß ich mich durch die Fremdheit der Armen in Frage stellen, bewegen und letztlich verändern lasse. Das ist die Erwartung, daß die Armen „ganz anders" sind. Diese Vorstellung stammt manchmal aus einer Vorbereitung auf den ersten Kontakt mit den Armen, durch die eine realistische Einstellung geschaffen und Enttäuschungen vermieden werden sollten. In dieser Vorstellung ist man auf das Schlimmste gefaßt.
Wenige Male kamen Besucherinnen aus Deutschland mit dieser inneren Einstellung. Sie hatten gelernt, daß Armut in Brasilien für die große Mehrheit der Bevölkerung in einem oft absoluten Fehlen am Allernotwendigsten besteht. Armut, die sie nicht als düster und bedrückend empfinden und von der sie nicht abgestoßen würden, wäre keine Armut. Als sie in den Bussen der Vorstadt von São Paulo die Masse der sich drängenden sorgfältig angezogenen, gepflegten, ja

duftenden Menschen sahen, waren diese für sie keine Armen. Als sie in den Gemeinden Armen begegneten, die geradezu schick aus ihren winzigen Behausungen treten, die es fertigbringen, über Lehmwege zu gehen, ohne sich die Füße schmutzig zu machen, die Geschmack an Schönem haben, die singen und vergnügt sein können und das Zusammensein anziehend machen, waren sie in gewisser Weise enttäuscht. Die Zeichen dafür, daß es einen Austausch, ein wechselseitiges Voneinander-lernen, ein gegenseitiges Sich-ernstnehmen, Trösten und Stärken zwischen den Armen und mir gab, überzeugte sie davon, daß ich nicht mit den „wirklich Armen" zusammenlebte. Die „wirklich Armen" waren in ihrer Vorstellung „ganz anders", nämlich so fremd, daß es kein Vertrautwerden miteinander geben könnte. Die Armen, unter denen ich lebte, erschienen ihnen auf dem Hintergrund ihrer Fremdheitserwartung als uns so ähnlich, daß sie sie nicht in ihrer Verschiedenheit als Arme anerkennen und sich kaum von ihrer wirklichen Fremdheit in Frage stellen lassen konnten.

Die Bereitschaft, sich durch den anderen in Frage stellen zu lassen, verlangt also eine kritische Distanz sowohl zur vereinnahmenden Erwartung einer gewissen Selbigkeit zwischen dem anderen und mir als auch die kritische Distanz zu einem Vorwissen über die zwischen uns herrschenden Unterschiede. Hiermit hängt das nächste eng zusammen: Eine weitere Bedingung dafür, die Fremdheit der Armen überhaupt wahrzunehmen und sich von ihr in Frage stellen zu lassen, ist die Offenheit dafür, in den Armen sowohl einem Abgrund an Unterschieden als auch Gemeinsamkeiten, die uns verbinden, zu begegnen.

Das Anderssein eines jeden anderen ist Differenz: weder Selbigkeit, noch Kehrseite der Selbigkeit – für die es bezeichnenderweise keinen Ausdruck gibt; die Rede vom „ganz" oder „schlechthin" Anderen ist ein Zeichen für diese Verlegenheit. Differenz dagegen meint „Unterschied", „Verschiedenheit"; es ist ein kritischer Begriff, der Trennung auf der Basis der Verbundenheit versteht. Es gibt zwischen Menschen etwas, was sie (unter)scheidet, und etwas, was sie (ver)bindet; und es gibt immer nur beides zugleich. Erst das Zugleich von Verschiedenheit und Gemeinsamkeit ermöglicht die Begegnung mit der Fremdheit des anderen. Diese setzt voraus, daß es eine andere Erwartung gab. Ich kann mich nur durch jemanden befremden lassen, dem gegenüber ich die Erwartung des Vertrautseins hatte. Diese stützt sich auf den Eindruck grundlegender Gemeinsamkeiten. – So etwas können wir bei einem kleinen Kind beobachten: es beginnt genau in dem Moment, sich durch andere be-fremden zu lassen, in dem es ein besonderes Vertrautsein mit seiner Mutter entwickelt hat; in diesem Vertrautsein mit der Mutter erwartet und erkennt es zunächst die Gemeinsamkeit des anderen mit der Mutter, und dann plötzlich, um so erschreckender, die Verschiedenheit. – Die Armen sind verschieden von mir und von uns, die wir nicht zu den Armen gehören, aber sie haben Grundlegendes mit uns gemeinsam. Auch sie verhalten sich in bestimmter Weise zu sich selbst, zum anderen, zu Gott und zur Welt. Deswegen kann ich an ihrer Fremdheit Anstoß nehmen. Erst aufgrund ihrer Gemeinsamkeit kann ihre Verschiedenheit zu einer Möglichkeit in mir selber werden und mich als solche ängstigen oder mir wünschenswert erscheinen.

Die Aussicht auf eine Veränderung in mir, dadurch daß ich Verschiedenem und Verbindendem zugleich im anderen begegne, verunsichert mich. Auch wenn ich die Veränderung wünsche – die damit einhergehende Verunsicherung wünsche ich mir nicht. Es fällt uns schwer, im Anderssein des anderen die Spannung von Verschiedenheit und Gemeinsamkeit auszuhalten. Leichter ist es, sie zu einem Pol hin aufzulösen, entweder nur die Unterschiede zu sehen oder nur die Gleichheit. Nur die Gleichheit zu sehen, hilft, die Befremdung überhaupt zu vermeiden, die mit Staunen oder Schrecken beginnt. Wenn dagegen das Anderssein als total angesehen wird, so daß es alles an mir negiert, wird das zu extremen Alternativen im Verhalten führen. Ich gleiche mich dem anderen an oder zwinge ihn, mir gleich zu werden. In diesen Alternativen der Unterwerfung des anderen oder der Unterwerfung unter den anderen, der Bewunderung oder des Abscheus, kommt es zu keiner Beziehung, denn ein Partner wird jeweils ausgelöscht. Erst durch das Eingeständnis der Befremdung, durch das Erheben von Gemeinsamkeit und Verschiedenheit, kann es zu einer Beziehung kommen, die eine wechselseitige Veränderung einschließt.

Eine dritte Bedingung dafür, daß mich die Fremdheit des anderen verändern kann, ist das wechselseitige aktive Annehmen in der Verschiedenheit. Auf dieses möchte ich aufmerksam machen, indem ich es als „Vergebung" beschreibe. Ich muß dem anderen sein „so-sein" vergeben und mir von ihm mein „nicht-so-sein" vergeben lassen.

Was meint in diesem Zusammenhang das Wort „Vergebung"? In der Verschiedenheit des anderen – und in meiner Verschiedenheit – liegt doch nichts Schuldhaftes, das als solches der Vergebung bedürfte!
Allerdings kann der andere allein dadurch, wie er, wie sie ist, eine Herausforderung für mich bedeuten, oder sogar eine Verletzung; und das Entsprechende kann für meine Wirkung auf andere gelten. So gab ich den Armen durch meine aktive und kritische Weise des Zugehens Anstoß, und ihre abwartende und beobachtende Haltung war eine Herausforderung für mich. In bezug auf eine solche Wirkung der Verschiedenheit meint „Vergebung" zunächst nichts weiter als ein wechselseitiges „Zu-geben" und Zulassen dieser Unterschiede. Das gelingt uns leichter, wenn wir sie in einem Zusammenhang erkennen können, in dem sie verständlicher werden und ihr Recht bekommen. Im Verlauf eines solchen besseren Kennenlernens kommen wir dazu, daß wir einander wechselseitig „erlauben", so zu sein, wie wir sind.
Der Anstoß, der in unserer Verschiedenheit liegt, kann dann zu einem positiven Anstoß werden, uns selber zu verändern. Die Armen begannen, sich etwas von meiner „Kultur des Fragens und der Ansprüche" anzueignen; und ich entdeckte, daß wir von ihrer „Kultur der Dankbarkeit und des Abwartens" lernen können.
– Zugleich verbindet sich allerdings mit der eigenen Verschiedenheit immer auch der Wunsch, entsprechend auf den anderen Einfluß zu nehmen. Die wechselseitige Vergebung schließt auch dies ein: daß wir einander erlauben, uns in unserer Unterschiedlichkeit wechselseitig in Bewegung bringen und zur Veränderung anstoßen zu wollen.

Um an der Fremdheit des anderen Anstoß nehmen zu können und sich durch sie bewegen zu lassen, ist es unerläßlich, sich einzugestehen, in welcher Weise man verändernd auf den anderen einwirken möchte. Dies ist die vierte – und letzte – Bedingung dafür, Fremdheit so zu erfahren, daß sie einen Prozeß wechselseitiger Veränderung anstößt. Respekt vor der Verschiedenheit des anderen schließt nicht aus, bei ihr oder ihm eine Veränderung anstoßen zu wollen. Der Respekt vor dem So-sein des anderen bedeutet allerdings, ihn oder sie und sich selber über diese Wünsche nicht zu täuschen. Ich hatte Wünsche – beispielsweise in bezug auf die bereits erwähnte Frag- und Anspruchslosigkeit der Armen. Diese Wünsche begann ich deutlicher zu erkennen, als mein Leben in der Nähe der Armen nach den ersten Jahren durch die Dauer eine andere Qualität bekommen hatte – wie sich überhaupt die Zeit in ihrer Dimension der Dauer in jedem Moment der Beziehung zwischen den Armen und mir als ausschlaggebend zeigte. Wollte ich bei den Armen selber, nicht nur in ihrer Lebenssituation, auf Veränderungen hinwirken? Interesse an anderen Menschen zu haben, schließt immer auch ein, mit ihnen etwas vorzuhaben. Was hatte ich mit meinen Freundinnen vor? Besuche wurden zum Anlaß, über diese Fragen nachzudenken.

Juli 1986, São Paulo. In diesem Jahr sind viele Besucher aus Europa bei mir gewesen und haben Fragen hinterlassen. „Dein Leben – das sind also die Armen ... aber wie lebst du das? Du kommst aus einer anderen Gesellschaft, einer anderen Schicht, einer anderen Kultur und hast eine andere Geschichte – wie lebst du auf Dauer unter den Armen? Wie lebst du Reflexion, Austausch, Vertiefung, Gemeinschaft?" Der Gast, der mir diese Fragen stellte, bezeichnete die Armen, meine Freundinnen als „Königinnen". Das regte mich zur Antwort an. Ich entdecke und beschreibe nun die „Königinnen" und frage meinerseits: „Wer erforscht eure Gesichter, wer liest eure Geschichten, wer will euer Begehren wissen und spricht eure Fragen aus?"

Das ist mein Interesse: die Armen in ihrem Anderssein – sei es als Königinnen – immer mehr zu entdecken, ihr Begehren zu erkennen und auszusprechen, ihre Geschichten zu lesen und zu erzählen. Diese Art und Weise des Anstoßnehmens an der Fremdheit der Armen erklärt, wie ich auf Dauer unter ihnen leben konnte; sie schafft Verbindung. Die Geschichten der Armen zu lesen, bedeutet, sie als in den Gesichtern eingeschriebene, in Lachen und Weinen rätselhaft bleibende und in der Banalität des Alltags sich verlierende Geschichten zu rekonstruieren.
Den Armen sind ihre Geschichten schon bekannt. Für sie wiederholen sich darin die Geschichten der Ausgeschlossenen. Ich dagegen, die ich nicht zu den Ausgeschlossenen gehöre, habe Interesse an den Geschichten der Armen als Geschichten einzelner. Dieses Interesse gehört zu meiner „anderen Kultur".
Auf ihrem Hintergrund lese und verstehe ich die Geschichten der Armen vielfach anders als sie selber. Und es ist mir unmöglich, die Geschichten der Armen anders zu lesen, ohne zugleich zu wünschen, daß sie selber anders sein mögen – nämlich: daß auch sie selber Interesse und Wertschätzung für sich als einzelne entwickeln und in ihrem Selbst-Bewußtsein in diesem Sinn wachsen mögen.

Drittes Kapitel
Beziehung der Armen zu sich selbst, zum anderen und zu Gott

Nachdem mit meiner Beziehung zu den Armen der Ort und das Wie meines Sprechens von ihnen deutlich geworden sind, geht es nun darum, nachzudenken und -zuschreiben, was ich in der Nähe zu den Armen von ihnen erfahren habe. Es geht um jene Fremdheitserfahrungen, die erst in zweiter Linie mit den (fremden) Lebensbedingungen zu tun haben und die in erster Linie damit zu tun haben, wie (fremdartig) sich die Armen zu ihren Lebensbedingungen – und wie (fremdartig) sie sich zu sich selber, zum anderen und zu Gott verhalten: nämlich so, wie ich es von mir und meiner „anderen Kultur" her nicht erwarten würde.

Die Beziehung der Armen zu ihren Lebensbedingungen ist die eines passiven und aktiven Erleidens, was Thema des nächsten Kapitels sein wird. Jetzt werde ich zunächst von den Beziehungen der Armen zu sich selbst, zum anderen und zu Gott sprechen.
Die Logik dieser Reihenfolge liegt auf der Ebene des Verstehens. Die Beziehung der Armen zu sich selbst oder das Selbst-Bewußtsein der Armen ist grundlegend, um zu verstehen, wie sich die Armen zum anderen verhalten; und die Beziehung der Armen zu Gott wird erst auf dem Hintergrund der anderen beiden Bezüge verständlich.
Die Logik der gewählten Reihenfolge liegt damit allerdings nicht auf der Ebene des Sich-zeigens. Auf dieser Ebene nimmt die Beziehung zum anderen eine vorrangige Stellung ein; sie ist gewissermaßen der Ort, an dem die Beziehung zu sich selbst – und an dem auch die Beziehung zu Gott sichtbar gelebt wird und verifiziert werden kann.
Deswegen werde ich im nächsten Kapitel von der Beziehung der Armen zum anderen ausgehen, während ich jetzt zuerst von ihrer Beziehung zu sich selbst sprechen werde.

3.1 Beziehung der Armen zu sich selbst

Aufgrund des mir zur Verfügung stehenden Materials geht es hier besonders um zwei Aspekte: Als wen wissen sich die Armen, welches Selbstbewußtsein haben sie? Welchen Wert geben sie sich selber?
Geschichten und Beobachtungen in meinen Rundbriefen zeigen, daß das Selbstbewußtsein der Armen in erster Linie von ihrer Zugehörigkeit zur Mehrheit der Ausgeschlossenen und Abhängigen geprägt ist. In diesem Sinn spreche ich von einer „kollektiven Prägung des Selbstbewußtseins".
Außerdem sind die Armen leicht bereit, den Wert, den sie sich selbst geben, zu relativieren. Ihre Selbst-Relativierung ist der andere Aspekt ihrer Beziehung zu sich selbst, dem ich nachgehen werde.

3.1.1 Kollektive Prägung des Selbstbewußtseins

Es geht hier um ein prägendes Merkmal des Selbstbewußtseins, das andere Merkmale nicht ausschließt, diese jedoch weniger bedeutsam erscheinen läßt. Während sich mein Selbstbewußtsein vor allem durch den Blick auf meine individuelle Geschichte, meine gegenwärtigen Beziehungen und meine persönliche Zukunft her konstituiert, ist das Selbstbewußtsein der Armen in erster Linie nicht individuell geprägt.
Ihr Selbstbewußtsein wurde für mich in einem bestimmten Moment als das Bewußtsein greifbar, „Volk" zu sein. Diese Dimension der kollektiven Prägung des Selbstbewußtseins der Armen war – und blieb – mir fremd; ihnen selber ist sie vertraut, aber zugleich ist es nicht leicht für sie, sich als „Volk" und damit als Abhängige zu wissen.

3.1.1.1 Selbstbewußtsein als „Volk"

Was die Armen in Brasilien von der Mehrheit wissen, zu der sie sich zugehörig fühlen, und was damit wichtiger Bestandteil ihres eigenen Selbstbewußtseins ist, zeigt sich deutlich in dem längeren Abschnitt eines Rundbriefs aus dem Nordosten, in dem es um die Alphabetisierungsarbeit mit Erwachsenen geht, die eine Gruppe von jungen Frauen aus Poranga in Zusammenarbeit mit mir im September 1991 aufzubauen begonnen hatten.

> *05.11.1992. Crateús. Bei der Arbeit mit dem Schlüsselwort, das den Unterricht ungefähr einen Monat lang bestimmt – sowohl bei der direkten Alphabetisierungsarbeit als auch bei der begleitenden Studienarbeit mit den Monitorinnen (so nennen wir die Verantwortlichen für die Erwachsenenschulen) – machen wir Entdeckungen, die es rechtfertigen, daß wir vom Schlüsselwort als der „palavra geradora", dem „zeugenden Wort" sprechen. Es zeugt Diskussionen, kreative Arbeiten und Darstellungen, es zeugt das Studium von Lauteinheiten, mit denen neue Wörter konstruiert werden können, die Bildung von Wörtern, Sätzen und Texten – und es trägt mit all dem zum Erzeugen eines anderen Bewußtseins und einer anderen Praxis bei. Diesmal ist das „zeugende Wort" das Wort „povo" – „Volk".*
>
> *Im August, als ich in Deutschland war, hatte die ältere Gruppe der Monitorinnen das Wort „povo" in mehrfacher Hinsicht studiert. Sie hatten folgende Fragen zur eigenen Vertiefung vorbereitet: „Wie lebt das Volk? Wie muß das Volk behandelt werden? Welche Rechte hat das Volk? Hat das Volk Weisheit? Was ist seine Weisheit? Wer ist das Volk? Was bedeutet es, für das Volk zu arbeiten? Was bedeutet es, mit dem Volk zu arbeiten?"*
> *Dann waren in den Erwachsenenschulen kleine Texte erarbeitet worden, die ich im September aufschreiben konnte.*

das Volk arbeitet und bekommt keinen gerechten Lohn
das Volk leidet Hunger
das Volk wird vergessen
das Volk wird getäuscht
das Volk wird unterdrückt
das Volk wird zugrunde gerichtet
das Volk tut sich zusammen
das Volk kämpft
das Volk kämpft für das Leben
das Volk kämpft in der Gemeinde
das Volk gibt seine Stimme ab bei den Wahlen
ist seine Stimme frei
seine Stimme kann das Leben verändern

Wer ist „das Volk"? Das ist sicher die Schlüsselfrage. Es sind nicht einfach alle, es ist nicht das brasilianische Volk im Sinne von allen Brasilianern. Wenn man vom „povo" spricht, sagen die wenigsten „wir", die meisten sagen normalerweise „es" oder „sie". Wer „povo" sagt, denkt an Armut, Hunger, Leiden – und an Wahlstimmen. „Povo" – das sind die anderen. Sie sind in der überwältigenden Mehrheit, aber wer möchte dazugehören? Sicher gehören die Lehrerinnen und Monitorinnen der Erwachsenenschulen zu dieser Mehrheit der Armen. Auch sie arbeiten und bekommen nur ein Almosen; auch sie werden getäuscht und unterdrückt. Aber diese Situation wird als so negativ bewertet, daß sie sich fast automatisch davon distanzieren.

Das wird mir bei der Studienarbeit mit der jüngeren Monitorinnengruppe in Crateús deutlich. Ich habe die von den anderen erarbeiteten Fragen übernommen und zum individuellen Kommentieren verteilt: jede der acht Teilnehmerinnen übernimmt eine Frage. Bei den teilweise sehr inhaltsreichen Antworten verblüfft mich, daß fast alle über „das Volk" schreiben, ohne sich selber dazuzuzählen; nur eine Monitorin wechselt bei ihrer Antwort spontan in die Wir-Form. Es ist die einzige in dieser Gruppe, die keine Lehrerin ist, sondern Landarbeiterin ... Zu der Frage: „Wie muß das Volk behandelt werden?" schreibt sie: „Mit Respekt, und indem man ihm gibt, was es verdient: Aufmerksamkeit und zärtliche Zuwendung; indem man die eigene Art und Weise eines jeden achtet; indem man uns anhört und an unseren Kenntnissen teilhaben möchte. Das Volk verdient besondere Hingabe, besonders wir, das arme und leidende Volk."

Auch wenn „das Volk" in Brasilien nicht einfach alle Brasilianer meint, so bezeichnet es doch die Mehrheit; und obwohl es sich auf die Mehrheit bezieht, besagt es zugleich, daß es sich bei dieser Mehrheit um die Ausgeschlossenen handelt, nämlich um jene, die von einer Minderheit ausgebeutet, getäuscht und unterdrückt werden. Über diese Mehrheit, die „das Volk" genannt wird, wissen die Armen, in diesem Fall die Frauen und Männer vom Land, die nicht die

Gelegenheit hatten, lesen und schreiben zu lernen, und nun an einer Erwachsenenschule teilnehmen, und die Frauen, die bereit sind, gemeinsam mit ihnen mehr zu lernen als Lesen und Schreiben, bestens Bescheid. Ihr Wissen über diese Mehrheit ist so sicher wie das Wissen, das sie von sich selber haben. In ihrem Wissen über „das Volk" drückt sich aus, was sie von sich selbst wissen.

Wenn ich mich an unsere Gespräche darüber, wer „das Volk" ist, erinnere, wird mir auch wieder der Abstand gegenwärtig, den ich bei der Gelegenheit zwischen uns spürte. Meine Freundinnen definieren ihr Selbstbewußtsein in erster Linie nicht als einzelne, sondern als Teil jener riesigen Menge Benachteiligter, zu der in Brasilien mehr als zwei Drittel der Bevölkerung gehören. Zusammen mit der kollektiven Prägung des Selbstbewußtseins der Armen fand ich die Dimension des Leidens erdrückend, die zu diesem Selbstbewußtsein gehört. Angesichts der kompakten kurzen Aussagen, die es beschreiben, ertappte ich mich dabei, mir individuelle Differenzierungen zu wünschen. In den Sätzen, die das Selbstbewußtsein der Armen als „Volk" wiedergeben waren für mich die Negativität des Leidens und auch die Dimension des Kämpfens allzu allgemein ausgesprochen. An meinem Wunsch danach, Ich-Aussagen zu hören, merkte ich, wie schwer es mir fiel, Zugang zu diesem kollektiven Subjekt „Volk" zu finden, das für viele meiner Freundinnen Motiv zu wachsender persönlicher Engagiertheit war. Zugleich wurde mir klar, daß auch die Armen selber Schwierigkeiten mit ihrem Selbstbewußtsein als „Volk" haben.

„Das Volk", die Armen – das sind „die anderen" für jene, die die Verantwortung für diese Definition, für das Ausgrenzen der Mehrheit tragen; aber „das Volk", die Armen, sind teilweise auch für die Armen selber „die anderen"; sie sprechen vom Volk und sagen „es". Das Selbstbewußtsein der Armen ist in erster Linie ein kollektives Bewußtsein; aber dieses Bewußtsein der Zugehörigkeit zur Mehrheit der Ausgeschlossenen ist so schmerzlich, daß es selten persönlich, als „wir", definiert wird. Es ist schwer, die Zugehörigkeit zum Volk für sich selber wahrhaben zu wollen; sie fordert Veränderungsbereitschaft: Kampf, Einigkeit, Mut zur eigenen politischen Entscheidung. Es ist manchmal einfacher, denjenigen zu folgen, die in Brasilien die Macht der Definition haben, und wie sie das Volk als „es", und nicht als „wir" – und die Armen als „sie" und als „die anderen" zu definieren. Das Selbstbewußtsein der Armen, zu den Ausgeschlossenen zu gehören, ist ein schmerzliches, schwieriges Bewußtsein – das sich vielleicht nur mit einer guten Portion Selbstironie aushalten läßt.

23.11.1992. In einem Dorf in der Nähe von Poranga besuche ich die Teilnehmer einer der kleinen Erwachsenenschulen zusammen mit der aus dem Ort stammenden Frau, die die Erwachsenen unterrichtet. Als wir um die Mittagszeit aus ihrem Haus in die blendende Helle hinaustreten, werde ich mir meiner Sinne bewußt: mein Gesicht verspannt sich, ich nehme die Düfte wahr – der erhitzten Haut, der glühenden Pflanzen, des mit Asche der abgebrannten Erde vermischten Staubes, den die Sandalen aufwirbeln ... In dem Häuschen des ältesten Teilnehmers der Erwachsenenschule kommen wir auf die Wahlen zu sprechen, die vor wenigen

Wochen stattgefunden haben. Noch einmal kommen die Sinne zu Wort, als der Alte ausdrückt, wie er und seinesgleichen von den Politikern angesehen werden: „Vor den Wahlen finden sie einen köstlich und duftend – danach bitter schmeckend und übel riechend ..."

Der Alte geht von denjenigen aus, die die Macht der Definition haben: in diesem Fall die Gemeinde-Politiker, sie definieren „einen" – das ist die unpersönliche Form von „wir", die die eigene Distanz dazu ein wenig bewahrt – in Abhängigkeit von den Wahlen: vorher als duftend, nachher als übel riechend. Der Alte gibt die Fremddefinition des „wir", zu dem er gehört, mit einer so treffenden Ironie wieder, daß man daraus zweierlei schließen kann: Er weiß, daß er zu denen gehört, die solchen Manövern ausgesetzt sind; aber er kostet auch eine gewisse Überlegenheit aus, insofern er die Täuschung durchschaut und die Fremddefinition nicht einfach schluckt.

Auch beim Aufschreiben dieser Geschichte war in mir mehr Schrecken als Staunen angesichts dessen, was die Armen von mir trennt: Schrecken über die Verstümmelung eines Selbstbewußtseins, das von anderen definiert wird und bei dem gar nicht an ein Subjekt gedacht wird, sondern an die angenehme oder unangenehme Wirkung, die von einer Sache ausgeht; Schrecken über die Bitterkeit, die mit einem solchen Selbstbewußtsein verbunden sein muß, erschrockene Überraschung auch angesichts der Kraft zur Selbstironie und zum Witz. Dabei ist diese Kraft auch die eigentlich positive wiederständige Stärke des Selbstbewußtseins als „Volk".

Als unübertroffenes Beispiel für diese Kraft kann das Lied des in Brasilien beliebtesten und berühmtesten Sängers des Nordostens, Luis Gonzaga, gelten: die „Apologie des Esels", die Würdigung des Esels, der „unser Bruder" und der „gut ist"; mit dem Esel ist niemand anders gemeint als das Volk. Der Esel ist der größte Entwicklungshilfe-Künstler des Landesinnern und Brasiliens überhaupt, er trägt die Lasten, um Wasserreservoirs und Straßen zu bauen – dafür bekommt er Schläge; wenn er liegen bleibt, wird er auf jede Weise gequält; „der Esel ist gut, der Esel ist heilig; (er hat unseren Herrn getragen) ...". Das Lied besingt voll Lust die Spitznamen, die der Esel bekommt, die Tricks, mit denen er den Bauern überlistet, und endet mit der Liebeserklärung: „Aber ich hab' ihn gerne, weil er so erstaunlich nützlich ist. Heiliges Tier. Esel, mein Bruder. Ich erkenne deinen Wert. Du kämpfst fürs Vaterland. Du bist ein großer Brasilianer. Hier bin ich, Esel, um dich zu würdigen. ..."[59]

Obwohl ich viele kenne, die zu ihrem Selbstbewußtsein als Ausgeschlossene stehen und daraus die Dynamik ihres Handelns, die Heftigkeit und Kreativität ihres Kämpfens beziehen, frage ich mich zugleich, wie viele Arme die der Fremddefinition durch ihre Bedrücker innewohnende Verachtung auch dann übernehmen, wenn sie sich nicht als zugehörig zu den Armen und zum „Volk"

---

[59] L. GONZAGA / J. CLEMENTINO: Apologia do Jumento (Canto popular do nordeste, gravado em RCA – „Disco de Ouro").

betrachten[60]. Sie versuchen entweder, die Frage des Selbstbewußtseins auszuklammern oder sich über ihr Volk-sein zu täuschen, indem sie es aus der Sicht ihres Unterdrückers definieren, sei dies der Politiker, der dem Volk Versprechungen macht, oder der Arbeitgeber, der seine Leistungen für das Volk aufzählt; und damit gehören sie um so mehr und unausweichlicher zum getäuschten Volk!

3.1.1.2 Selbstbewußtsein der Abhängigen

Das Bewußtsein, „Volk" zu sein, ist ein schmerzliches Bewußtsein, weil es zugleich bedeutet, sich abhängig zu wissen; und diese Abhängigkeit ist nicht nur die eines einzelnen, sondern die der Masse der Bevölkerung, vor allem auf dem Land[61]. Diese Abhängigkeit, lebenslang spürbar im Joch der ungerechten Bedingungen, die ein Feldarbeiter ohne eigenes Land akzeptieren muß, wenn er Bohnen und Mais für seine Familie anbauen will, bedeutet einen Abgrund an Verschiedenheit zwischen den Armen und mir, den zu akzeptieren ich große Schwierigkeiten hatte.

> *19.10.1991. Diesmal bin ich für einige Tage in Pitombeira, einem der ärmsten Dörfer im Hinterland von Poranga. Auf einem der Wege vom Nachbardorf zurück gehe ich das letzte Stück zusammen mit Gonçalo, in dessen Haus ich übernachte, und seiner Tochter. Unterwegs ergibt es sich, daß ich den beiden von einer Deutschen erzähle, die im nahen Pedro Segundo arbeitet und dabei ihre Erfahrungen als jemand einbringt, die auf dem Land aufgewachsen ist. Ungläubiges Staunen bei der jungen Frau an meiner Seite: „Ihr habt noch Landarbeit in Deutschland und Leute, die auf dem Feld schuften? Ich habe immer gedacht, ihr seid so reich – bei euch braucht niemand mehr zu arbeiten!" Ich spüre, wie mir diese Bemerkung den Boden der Gemeinsamkeit, der mir wichtig ist, unter den Füßen wegzieht. Ein Abgrund trennt uns, das ist die Wirklichkeit. Meine Einbildung ist gekränkt. Ich hatte mir eingebildet, das Teilen derselben Lebensbedingungen hätte den Unterschied in unserer Herkunft und unseren Möglichkeiten unwesentlich gemacht.*

Was gehörte zum Reichtum meines Landes, was einen so schmerzlich empfundenen Unterschied begründete? Erst später fand ich zur richtigen Vorstellung von diesem Reichtum: Wir sind so reich, daß wir nicht in der Abhängigkeit arbeiten und leben müssen, die für die erdrückende Mehrheit der Nordostbrasilianer auf dem Land normal ist. Unsere Freiheit und Unabhängigkeit können für die Abhängigen verletzend sein – und doch sind sie mir kostbar.

---

[60] Siehe unten 4.1.2.1: „Sich unempfindlich machen". Sie eignen sich die Fremddefinition selber an, um den mit ihr verbundenen Schmerz nicht zu empfinden: S. 129f.

[61] Ich habe oben schon die „Abhängigkeit als Merkmal der Armen" (2.1.2.3) beschrieben – hier geht es darum, wie meine Freundinnen ihre Abhängigkeit wahrnehmen und wie ich sie dabei erlebe.

02.11.1992, Poranga. Bei meinem abendlichen Gang zum Pfarrhaus sehe ich den noch auf Passagiere wartenden Bus, der gleich nach Fortaleza fahren wird. Hier ist es der Bus – im Stadtrandviertel von São Paulo war es der Vorstadtzug: ihr Hinweis auf ein Anderswo und auf die Möglichkeit des Ortswechsels fasziniert mich. Die „Lust am Unterwegssein" ist Lust an der Freiheit, die das Unterwegssein bedeutet. Ökonomische Freiheit im doppelten Sinn: das Geld zum Reisen haben, und Geld haben, das erlaubt, in der Zeit des Reisens nicht arbeiten zu müssen – und die „moralische Freiheit", nichts tun zu können, folglich nichts tun zu müssen ...

Freiheit zu reisen, Freiheit, zu Hause zu bleiben ... Die Freiheiten, die ich im einzelnen nicht alle aufzählen kann, sind Verwirklichungen jener Unabhängigkeit, die es mir ermöglicht hat, freiwillig das Leben in einer bestimmten Abhängigkeit und Angewiesenheit aufeinander zu suchen. Diese Unabhängigkeit hat damit zu tun, daß ich zu den Reichen gehöre. Dank unserer Mittel[62] ist unsere Freiheit zunächst die eines jeden einzelnen, verwirklicht in Entscheidungen, in denen wir, entsprechend unseren besonderen Bedürfnissen und Begabungen, unsere individuelle Eigenart entfalten. Wir suchen Gegenstände, Menschen, Orte, Tätigkeiten in größtmöglicher Übereinstimmung mit uns selbst. Von den Beziehungen, in denen wir leben, sind uns nicht mehr nur jene wichtig, in die wir hineingeboren sind, sondern vielmehr auch jene, die wir selber gesucht, aufgebaut und gepflegt haben. Mit der von uns selber hergestellten Nähe und Distanz zu Menschen, Orten, Gegenständen schaffen wir unseren eigenen Raum. Dieser hat seinen Preis.

Um auf andere zuzugehen, müssen wir „aus uns herausgehen" und die Abgeschlossenheit unseres von uns selbst bestimmten Lebensraums für andere öffnen. Eingeschlossen in meine Freiheit, öffne ich die Tür zur Freiheit des anderen. Eingeschlossen in meine Unabhängigkeit, kann ich mich aber auch in ihr verschließen. Das geringe Maß an Abhängigkeit vom anderen kann zu einer selbstgenügsamen Vereinzelung führen, durch die immer größere Abstände zwischen den Menschen errichtet werden.

In Brasilien ist es eine sehr schwerwiegende kritische Qualifizierung, wenn man von jemandem sagt, er genüge sich selbst, sie sei „autosuficiente". Das fehlende Bewußtsein der Angewiesenheit auf den anderen und das Nicht-berücksichtigen der Abhängigkeiten vom anderen im eigenen Lebensstil zeigen, daß jemand die Bedingung des Menschseins selber nicht akzeptiert, und offenbaren in diesem Sinn eine gewisse Unmenschlichkeit. Dennoch halte ich die Möglichkeit, als einzelne in gewisser Unabhängigkeit zu leben, für einen Fortschritt gegenüber der Angewiesenheit, in der diejenigen leben, die zu den Armen und Ausge-

---

[62] Unter den Reichen im oben (2.1.2.4: „Arm" und „reich" – „die Armen" und „wir") allgemein angegebenen Sinne jener, die selbstverständlich in Anspruch nehmen, wovon die Armen ausgeschlossen sind, verfügen jedoch auch in Deutschland – dessen bin ich mir bewußt – viele (ich denke beispielsweise an arbeitslose Jugendliche) in immer geringerem Maß über die Mittel, die es erlauben, Freiheit als individuelle Freiheit zu verwirklichen.

schlossenen gehören. Den stärksten Eindruck von der Unerträglichkeit ihrer Abhängigkeit gewann ich im Nordosten.

> *27.03.1990, in Tamboril, Ceará. Ich sitze mit Sebastiana, einer auch durch ihre Mitarbeit in der Diözese selbstbewußter und selbständiger gewordenen schwarzen Jugendlichen, auf dem Lastwagen, zusammen mit vielen Frauen, einigen kleinen Kindern und etlichen Männern, um Sebastianas Dorf zu besuchen, 36 km von Tamboril entfernt. Zwei Stunden lang bleiben wir unter der brennenden Mittagssonne auf der Ladefläche des Lastwagens sitzen, ohne daß es losgeht. Wir warten auf einen einzigen Mann, der es sich leisten kann, alle anderen warten zu lassen, weil sie an anderen Tagen auf ihn angewiesen sind, wenn er mit seinem Lastwagen unterwegs ist. Es gibt nur die beiden privaten Lastwagen als Verkehrsmittel. Als mir der absolute Gleichmut der wartenden Leute fast noch mehr zu schaffen macht als das Warten selber und ich Sebastiana darüber befrage, wieso sich in einer solchen Situation denn niemand beschwert und sein Recht fordert, erzählt sie mir als Antwort von ihrer eigenen Erfahrung. Zweimal war sie vom Lastwagen einfach nicht mitgenommen worden, weil sie wegen ihrer kämpferischen Einstellung und Arbeit – sowohl in den Basisgemeinden als auch in der neugegründeten Vereinigung der Lehrerinnen vom Innern des Staates Ceará – bekannt ist. Sie mußte am nächsten Tag 36 km zu Fuß laufen.*
> *Ich kann meinen spontanen Fluchtwunsch, meine Vorstellung, daß São Paulo in diesem Zusammenhang „Freiheit" bedeutet, nicht für mich behalten. Sebastiana nickt dazu und meint, daß ich schon etwas von ihren Problemen begriffen hätte ... Die Tatsache, daß sie zu den von den Landgemeinden angestellten Lehrerinnen gehört, die um den ihnen laut Verfassung zustehenden Mindestlohn kämpfen – von dem sie bisher 5 % empfangen – bezahlt nicht nur Sebastiana selbst mit einem hohen Preis: In ihrem abgelegenen Dorf verweigert der Bürgermeister die Einschreibung der schulpflichtigen Kinder, die damit auch von einer anderen dem Lohnstreit noch nicht beigetretenen Lehrerin keinen Unterricht bekommen können. Sebastiana sagt, daß sie Zweifel hat, ob sie auch unter diesen Umständen in ihren Forderungen fest bleiben soll ...*

Noch einmal herrscht bei mir der Schrecken: In dieser Abhängigkeit könnte ich nicht leben! Ich bekomme einen anderen Blick auf die Probleme des Nordostens. Angesichts der verheerenden Rückständigkeit gerade auch im politischen Sinn – sofern dort immer noch die Feudalherren herrschen, auch wenn sie heute „Abgeordnete des Volkes" heißen – hatte ich nie verstanden, warum die Bevölkerung selber keinen Schritt zur Veränderung unternahm. Anfanghaft begriff ich nun: Das System der Abhängigkeit ist lückenlos, es hält alles in eisernem Griff! Die Möglichkeiten, Kopf und Stimme zu erheben und den aufrechten Gang zu erproben, können nur von einzelnen und von winzigen Gruppen ergriffen werden, die dafür einen so hohen Preis zahlen, wie ich selber ihn zu zahlen wahrscheinlich nicht bereit wäre. Eher würde ich fliehen und allein mein Heil in São Paulo versuchen – eben dies tun immer noch die meisten im Nordosten.

3.1.2 Selbst-Relativierung

Mit dem Wort „Selbst-Relativierung" möchte ich ausdrücken, daß all die Erwartungen und Wünsche, die zu einem „selbst" gehören, bei den Armen einen Stellenwert haben, der mindestens beweglicher, wenn nicht durchweg niedriger ist als bei mir. Welchen Stellenwert meine Vorstellungen und Ansprüche haben, zeigt sich daran, wie leicht ich mich von ihnen verabschieden kann oder wie abhängig ich von ihnen bin. Die Armen können sich leicht von ihnen lösen und sich selbst, ihre Vorstellungen und Pläne, relativieren. Darin habe ich ein Stück Fremdheit bei ihnen – und bei mir – erlebt, was ihnen manchmal Grund zum Lachen gab, während es mich eher aufregte.

3.1.2.1 Selbst-Relativierung der Mittellosen

Was die Armen dazu zwingt, ihre Erwartungen an das Leben zu relativieren, ist ihre Armut. In Relation zu ihr haben Verluste für die Armen nicht die Bedeutung, die sie für uns hätten.

> *25.01.1987. São Paulo. Am Vorabend des heutigen Feiertages – Namens- und Geburtstag der Stadt São Paulo – hat es ungewöhnlich starke Regenfälle gegeben, die das Stadtinnere binnen kurzem unter Wasser gesetzt hatten. Im Gedanken an die Leute, die am unteren Rand unseres Viertels am Ufer eines stinkenden kleinen Gewässers ohne Genehmigung ihre Hütten gebaut hatten, laufe ich bergauf, bergab durch die Vila Progresso. Schon von weitem sehe ich oberhalb der Einbiegung in die unterste Straße, die am Abwasserfluß entlang verläuft, aufgeworfene Haufen von Lehm. Die Wirklichkeit ist weit schlimmer als meine Befürchtungen. Der Abwasserfluß war schnell angeschwollen und sein Wasser zu Schlamm geworden, der mit unwiderstehlicher Gewalt in die Häuser bis hin zur anderen Straßenseite eingedrungen war. An Mauern und Wänden sind noch bis zu einem Meter Höhe seine Spuren zu sehen. Voller Schrecken denke ich daran, wie viele Familien gestern Nacht von den Schlamm-Massen überrascht wurden und in ihnen gekämpft haben, um ihre Kinder und wenigstens ein bißchen von ihrem Hab und Gut in Sicherheit zu bringen. Der Schlamm mit seiner Gewalt und seinen Giften verdirbt alles noch viel schneller und unausweichlicher als Wasser. Mein Eindruck von der Straße ist der eines Flüchtlingslagers: Die Türen der Häuser stehen offen, schließen nicht mehr; davor lehmverkrustete Matratzen und Bettgestelle; Wäsche hängt über Zäunen und Drähten ausgebreitet, unter einem feinen Dauerregen; die Bewohner tragen Essen hin und her. Die Überschwemmung hat breite Teile des Uferstreifens zum Abrutschen gebracht und mit der Erde zusammen die darauf gebauten Hütten oder Teile von Hütten. Ich höre, daß niemand zu Schaden gekommen ist – aber ihr Hab und Gut? Ich schlucke noch an der sachlichen Antwort der Leute: „Wir haben nicht viel verloren. Wir hatten ja nicht viel..."*

Diese realistische Einschätzung ihrer Armut und die damit verbundene Fähigkeit, angesichts der erlittenen Verluste nicht verzweifelt zu reagieren, gehen mir nahe. In meinem Staunen ist vor allem Betroffenheit. Meine Freundinnen hatten nichts Kostbares außer ihrem Leben und dem Leben ihrer Kinder, und das konnten sie in Sicherheit bringen. Sie hatten die Aufregung, das Kämpfen gegen den Schlamm, sie haben nun die mühsame Arbeit des Saubermachens, Desinfizierens und Ausbesserns und des Wiederaufrichtens ihrer zerstörten Behausungen; aber darüber klagen sie wenig – sie sind ja mit dem Leben davongekommen. Die sachliche Gelassenheit, mit der sie ihren Verlusten begegnen, macht mich nachdenklich. Sie fehlt mir.

> *23.02.1993. Poranga. Gestern hat der Bus, mit dem ich aus Fortaleza gekommen bin, vor dem schlechtesten Straßenstück, das auf unsere Höhe hinaufführt, mitten in der Nacht den Geist aufgegeben. Müde und sehnsüchtig nach meinem kleinen Zimmer und meiner Hängematte kann ich mich nicht beherrschen und mache meinem Ärger lauthals Luft. Nun muß ich mich daran erinnern lassen, daß die Leute hier nicht so reagieren; freundlich belustigt sagt einer meiner Mitreisenden zu mir: „Sei dankbar, daß du heil und unbeschadet bis hierher gekommen bist – du bist doch schon ganz nah am Ziel!"*

Zu nächtlicher Stunde am Straßenrand neben dem Bus, dem nicht mehr zu helfen ist, fiel es mir schwer, mich von diesem Trost überzeugen zu lassen; wenn ich jetzt über ihn nachdenke, kann ich ihm nur zustimmen. In den vielen Jahren in Brasilien habe ich es selten geschafft, mich nicht zu ärgern, wenn mich die Zerbrechlichkeit der öffentlichen Verkehrsmittel auf dem Land zwangen, meine Zeitpläne zu ändern und mich mit unvorhergesehenen Situationen abzufinden. Normalerweise reagieren die von demselben Übel betroffenen Brasilianer anders: geduldig, meistens mit Verständnis, manchmal mit Humor. Sie halten sich an Prioritäten, die mir in gelassenen Zeiten durchaus einleuchten. Wichtiger als der Zeitpunkt ist die Tatsache des Ankommens; wichtiger, als daß meine Pläne durchkreuzt wurden, ist, daß ich selber nicht zu Schaden gekommen bin; wichtiger als einzelne Forderungen an das Wie des Lebens ist die grundlegende Dankbarkeit für das Leben selber. Mit diesen Prioritäten haben sie recht. Das verblüfft mich. Man kann diesen Prioritäten unmöglich widersprechen; und obwohl man nichts gegen sie einwenden kann, haben sie doch keinen Einfluß auf mein Verhalten oder auch auf das Verhalten anderer, die nicht zu den Armen gehören.

Es geht nicht darum, daß ich meine Vorstellungen, Pläne, Ansprüche und Forderungen aufgebe. Es geht nur darum, sie in Relation zu anderem zu wissen, was vielleicht wichtiger ist. Dieses andere – in meinem Fall das Reisen und Ankommen an sich, unabhängig vom Zeitpunkt, und das Nicht-zu-Schaden-Kommen beim Unterwegssein – ist für die Armen keineswegs selbstverständlich. Deswegen bestimmt sie die Dankbarkeit hierfür, und nicht das Bedürfnis, sich über die Enttäuschung einzelner Erwartungen zu beschweren. Für mich jedoch, die ich nicht zu den Armen gehöre, sind das Leben an sich und auch das Reisen und das Nicht-zu-Schaden-Kommen dabei selbstverständlich, – kein Grund jedenfalls zu einer Dankbarkeit, die meine Beanstandungen in einem Maße überwiegen würde, daß diese hinfällig werden. Eben solche Dankbarkeit ist bei den Armen bestimmend.

> *05.11.1992, Poranga. Eine ältere Frau fiel mir bisher nur in der Kirche dadurch auf, daß sie mich immer laut lachend fest in den Arm nahm als ihre „comadre". Heute nachmittag kam ich dort vorbei, wo sie wohnt, es war schon dabei, dunkel zu werden. Sie lebt völlig allein in einem „geliehenen Haus" ohne Licht, und spricht nur lachend. Sicher ist sie ein wenig verrückt – aber mit einem Mal berührt mich tief die Kraft ihres bloßen Lebens in Dankbarkeit – für was um Gottes willen?*

Mein Staunen angesichts der Fähigkeit zur Selbst-Relativierung bei meinen Freunden ist mehr als Verblüffung. Ihre Verhaltensweise hat verschiedene positive Seiten, um die ich sie beneide. In Momenten, in denen ich weniger besessen bin von dem mir vorgestellten Wie des Ablaufs meiner Zeit, kann ich mir in Ruhe klar machen, daß die Relativierung meiner selbst – wenn sie mir gelänge – einen wohltuenden Realismus mit sich brächte. So ist es bei den Armen: insofern sie weniger im Bann ihrer eigenen Erwartungen und Forderungen stehen, sind sie offener für die Realität und können ihr besser gerecht werden. Der Abstand, den sie zu sich selbst haben, äußert sich oft im Humor, mit dem sie in verfahrene Situationen, in denen nichts mehr zu gehen scheint, Offenheit hineinbringen und der Möglichkeit einer ungeahnten Lösung – dem Wunder – eine Chance geben. Die Fähigkeit zur Relativierung der eigenen Erwartungen hat auch eine beträchtliche Flexibilität zur Folge. Die Armen geben ihren eigenen Vorstellungen und Plänen nicht so viel Bedeutung, daß sie sich nicht auch relativ leicht von ihnen verabschieden und die überraschend anders daherkommende Wirklichkeit begrüßen können.

Realismus – Humor – Flexibilität: wie sollte ich mir diese Haltungen gegenüber den Ereignissen nicht wünschen? Auf der anderen Seite beschämt mich die Gelassenheit der Armen nicht nur – manchmal macht sie mich auch noch ärgerlicher. Sie nimmt unseren Ansprüchen ihre Kraft; diese sind aber berechtigt. Ich habe schließlich ein Recht, und auch sie haben – als Bürger Brasiliens noch mehr als ich – Rechte, z. B. das Recht auf pünktliche Beförderung. Sie täten besser daran, auf ihrem Recht zu bestehen – wie ich; sonst werden sie immer wieder darum betrogen. Wie oft habe ich mich in solchen Situationen nicht schon vor mich hin schimpfen hören: „So wird sich in diesem Land ja nie etwas ändern!"

Kritik setzt eigene Vorstellungen, Erwartungen und auch Pläne voraus. Die Ausgeschlossenheit der Armen vom Besitz ist auch ihre Ausgeschlossenheit von den Mitteln, die ein Planen erst möglich machen, und bezieht sich damit geradewegs auf ihre Zukunftsperspektive. Ihre Mittellosigkeit kann ihnen wohl zum Grund werden, an ihre Zukunft, und vor allem an die Zukunft ihrer Kinder zu

denken. Entbehrung, Not und Unrecht können sie zu einem Schrei bewegen. Aber mit diesem Aufschrei sind nicht das Voraussehen von Konsequenzen und das Planen und Organisieren von Folgehandlungen verbunden; darum läßt er sich so leicht zum Verstummen bringen. Wenn sich die Armen Vorstellungen von der Zukunft, vor allem von der Zukunft ihrer Kinder, machen, so meinen sie doch nicht, daß sich ihre Vorstellungen so und nicht anders erfüllen müssen. Auch das liegt an ihrer Armut.
Wer gewohnt ist zu planen, weil er die Mittel hat, um seine Pläne zu verwirklichen, ist es gewohnt, die Initiative vor anderen zu ergreifen, Einfluß zu nehmen, Entscheidungen zu treffen, bestimmend zu sein für andere, die von den Planenden, Voraussehenden abhängig sind. Wer gewohnt ist zu planen und zu bestimmen, meint letzten Endes, daß die Wirklichkeit seinen Plänen zu gehorchen hat.
Aufgrund ihrer Abhängigkeit rechnen die Armen damit, daß ihre Vorstellungen und Pläne auch nicht in Erfüllung gehen können. Letzten Endes gehorcht die Wirklichkeit ihren Vorstellungen nur, wenn Gott das so will. Dieser Bedingungssatz gehört so fest zu ihrem alltäglichen Sprachgebrauch, daß man annehmen darf, er werde nicht immer im vollen Bewußtsein seiner Bedeutung gesagt. Aber er bleibt doch ein Zeichen dafür, daß diejenigen, die ihn so häufig aussprechen, im Hinblick auf einen anderen Willen von dem ihren absehen. Das gibt ihnen eine eigentümliche Freiheit.

3.1.2.2 Selbst-Relativierung der Beschenkten

Eine Geschichte zu erzählen, die mir die Freiheit der Armen veranschaulicht hat, ist kühn. Denn angesichts ihrer grausamen Unfreiheit und Abhängigkeit an Freiheit überhaupt zu denken, kann leicht mißverstanden werden. Zwei irrtümliche Annahmen möchte ich von vornherein ausschließen: Es geht nicht um ein Auseinander-dividieren von materieller Unfreiheit und geistiger Freiheit; und es geht auch nicht darum, daß die Freiheit der Armen, die mir in einer bestimmten Situation aufgeleuchtet ist, ihre bedrückende Gefangenschaft in der Rechtlosigkeit bedeutungslos machen oder gar ins Positive wenden könnte.

> *25.06.1989, São Paulo. Es ist Sonntagnachmittag – Junifest der „Sofredores de rua", der „Leidenden der Straße", wie man in Brasilien die Menschen nennt, die auf der Straße zu leben gezwungen sind. Sie sind zu großem Teil wieder unter jener Autobrücke versammelt, die einem Riesenwurm ähnelt, unter dem dröhnenden Betondach, unter dem sie mittwochs ihre Suppe aus den Marktresten bereiten. Ein Spiel ist im Gange, bei dem ein bunt verzierter Tontopf, mit Sägemehl und ein paar Bonbons gefüllt, der an einem Seil hin- und herschwingt, von einer „blinden Kuh" getroffen und zerschlagen werden soll. Die Leidenden der Straße, Männer, wenige Frauen und ein paar Kinder, sind so intensiv mit Leib und Seele am Spielen, als ob es um ihr Leben ginge – und in einem gewissen Sinn geht es dabei wohl um ihr Leben. Weder den Fischgestank scheinen sie zu bemerken noch die schwärzliche Drecksbrühe auf dem Boden, die*

ihnen beim begeisterten, zeitweilig fast wütenden Herumspringen an den Beinen hochspritzt und aus der sie die Bonbons herauslesen müssen, als der Topf endlich, unter großem Jubel, zerbricht. Wie in einem Blitzlicht wird mir klar, was mich an den Leidenden der Straße so anzieht: Es ist die Freiheit derer, die nichts zu verlieren haben, das vorweggenommene Fest derer, denen das Reich Gottes gehört – ein Fest, eine Freiheit allerdings, die wohl nur am äußersten Rand des Abgrunds von Verachtung und Elend gelebt werden können.

Die „Leidenden der Straße" sind teilweise Verrückte, verrückt von der Nacktheit und Ausgesetztheit, in der sie leben – und nur deswegen zu leben vermögen, weil sie sich mit Alkohol betäuben, der sie noch verrückter macht. Kann mich die Freiheit von Verrückten positiv beeindrucken? Die hier zusammen spielen, sind nicht Betrunkene. Der Alkohol hilft, damit sie die Kälte und Einsamkeit der Nächte vergessen, und er macht einsam. Gemeinschaft hingegen läßt die Einsamkeit nicht vergessen, sie unterbricht sie nur. Die „Leidenden der Straße" sind Verrückte, nicht so sehr, weil der Alkohol sie um ihren Verstand gebracht hat, sondern weil sie noch nicht aufgegeben haben, leben zu wollen. „Die Freiheit derer, die nichts zu verlieren haben" – das ist eine negative Bestimmung. Diese Freiheit scheint nicht attraktiv zu sein – wie kann ich mich von ihr anziehen lassen?

Statt „die nichts zu verlieren haben", hätte ich schreiben sollen: die alles verlieren können, weil ihnen das Wichtigste immer wieder geschenkt wird. Nichts verlieren können nicht nur diejenigen, die nichts haben, sondern auch diejenigen, die im Empfangen des Wichtigsten leben. Das genau ist die Freiheit der „Leidenden der Straße". Sie haben nichts außer ihrem Körper, ihren Beinen, die sie immer noch aufrecht tragen, ihren Armen, ihren Rücken, die dem Gewicht des Papierabfalls, den sie sammeln, standhalten, ihren oft unkenntlichen und manchmal, im Verborgenen, sich zu erkennen gebenden Gesichtern. Sie haben nichts außer ihrem nackten Leben, und das empfangen sie an jedem Leidenstag von neuem, ein oft sehr müde oder auch mit Bitterkeit und Aufruhr empfangenes Wunder, immer wieder jedoch empfangen. Sie haben nichts – keinen Raum, kein Essen oder Trinken, keine Kleider, keine unterhaltende Musik oder Darbietung, nichts als eine selbstgemachte Vorrichtung zum Spielen und ein paar Bonbons; sie haben nur ihr eigenes Zusammensein, um daraus Vergnügen zu schöpfen. Sie besitzen nichts. Das Lebendigsein, das sie da verausgaben, empfangen sie voneinander im Augenblick. Die Leere ihrer Hände, die nichts festhalten, macht sie frei dafür, sich an der Hand zu fassen.

Warum zieht mich diese Freiheit im Empfangen des Lebens so an? Weil sie verbindet, weil sie gemeinschaftliche Freiheit ist. Es ist die Gemeinschaftsdimension ihrer Freiheit, die mich fasziniert. Obwohl ich ahne, daß ihr Preis sehr hoch ist, bleibt diese Freiheit eine Möglichkeit, die mich herausfordert. Vielleicht gibt es in unserer Realität derer, die nicht zu den Ausgeschlossenen gehören, eine annähernd ähnliche Freiheit bei Ordensleuten, wenn sie der Dimension der Freude über ihr Beschenktsein durch Gott die Priorität geben und ihr Leben weniger von ihren individuellen Ansprüchen bestimmen lassen, und mehr von der grundlegenden Gemeinsamkeit, die darin besteht, daß sie sich als Empfangende erkennen. In gewissem Sinn sind solche Ordensleute „verrückt" wie die Habenichtse, die auf der Straße leben und einen Augenblick lang mit Nichts ein Fest zu feiern vermögen.

3.2 Beziehung der Armen zum anderen

Das Material, das mir in den Rundbriefen zur Verfügung steht, gibt die Möglichkeit, die Beziehung der Armen zum anderen in vier Aspekten zu beschreiben. Es wird um das Verhalten der Armen zu einem spezifischen anderen gehen, der einmal der oder die offensichtlich Reiche – und ein anderes Mal der oder die andere Arme ist; es wird um die Bereitschaft der Armen gehen, sich durch einen anderen stören zu lassen; und es wird um die Bedeutung gehen, die für die Armen das Sprechen hat.
Sprechen ist wechselseitige Zuwendung der Sprechenden zueinander und ist Zuwendung zur Sache. Beide Aspekte lassen sich nicht voneinander trennen. Aber einem Aspekt kann der Vorrang gegeben werden. Das ist bei den Armen der Beziehungsaspekt.

3.2.1 *Vorrang des Beziehungsaspekts beim Sprechen*

In São Paulo war ich mit den Leuten leicht ins Gespräch gekommen. Ihre Fragelust, was meine Person betraf – nicht nur weil ich unbekannt war, sondern auch weil meine Rolle und meine Motivation in keine der vorhandenen Kategorien hineinpaßten –, ihr offenes Erzählen von ihrem eigenen Leben und ihre einfühlsame Art und Weise des Hörens und Verstehens gaben unserem Sprechen miteinander eine solche Bedeutung, daß es zur wesentlichen Grundlage meiner pastoralen Arbeit wurde. Ein aus Süddeutschland stammender Besucher drückte seinen freundlichen Spott und seine Anerkennung für diese Weise des Arbeitens mit dem Wort „Schwatzel-Pastoral" aus. Darin klingt an, unter welchem Aspekt uns das Sprechen wichtig war: Die ausgetauschten Inhalte waren oft nur Vehikel dafür, daß wir uns dessen versichern konnten, wer wir füreinander waren. Die Bedeutung unseres Sprechens lag im wechselseitigen Zuspruch, nicht so sehr im Reden-über. Erst der freundlich-kritische Kommentar von außen weckte Fragen in mir. War die sachliche Seite des Sprechens früher nicht auch mir wichtiger gewesen als die persönliche? Warum konnte ich es mir jetzt „leisten", mit anderen Frauen zu „schwatzen" und mir Zeit zu nehmen zu einem relativ gegenstandslosen Sprechen, das aber um so mehr von unserer eigenen Beziehung erfüllt war? Waren mir Beziehungen jetzt wichtiger als früher?

> *09.10.1989, São Paulo. Beim abendlichen Heimgehen vom Spieltag mit den Kindern – es ist der vorgezogene Feiertag vom 12.10. (Tag der Patronin Brasiliens, Nossa Senhora Aparecida, und Tag der Kinder) – kommt mir zu Bewußtsein, wie sehr wir hier alle voneinander leben, von der Anwesenheit der anderen. Die Leute haben normalerweise nichts,*

was die Kostbarkeit des Nächsten in den Schatten stellen könnte. Die freundschaftliche Anwesenheit anderer, das Interesse füreinander, Beziehungen überhaupt, haben hier ungleich größere Bedeutung als bei uns, scheint mir.

Ein Gespür für die Kostbarkeit des Nächsten und die Wahrnehmung, daß ich selber zu diesen Nächsten gehöre und daß die Leute auch von meiner Anwesenheit leben, bekam ich in dieser Deutlichkeit erst bei meinem Weggang aus São Paulo. Da wurde mir klar, wie später bei meinem Weggang von Poranga, daß auch ich selber von den anderen lebe. Wir – jetzt zähle ich mich noch einmal zu den Armen in Brasilien – leben voneinander: Das geschieht vorwiegend in unserem Sprechen, in dem wir einander gegenseitig zusagen, wer wir für den anderen sein wollen, in dem wir einander gegenseitig bitten, als die erkannt zu werden, als die wir uns dem anderen zusagen, und in dem wir einander gegenseitig als Bittende und Zusagende anerkennen. Es geht uns bei unserem Sprechen in erster Linie um den Beziehungsaspekt.

Diese Qualität unseres Sprechens war mir allerdings in São Paulo nie als etwas aufgefallen, was die Armen von mir unterscheidet. Nur wenn Freunde ihre Zweifel daran anmeldeten, ob ich eine Kommunikation mit den Armen haben könne, die meine persönlichen Ansprüche und auch meine intellektuellen Bedürfnisse befriedige, erinnere ich mich, die eigentümliche Begabung zur Kommunikation hervorgehoben zu haben, die ich bei den Armen voll Staunen erfahren hatte.
Über eine meiner Freundinnen, die ein Gast „Königinnen" genannt hatte, schrieb ich im Juli 1986 in São Paulo:

*„Mecé, Sklavenenkelin mit der schimmernden Haut
und dem schwingenden Schritt, dunkle Frau,
die eigenwillig kämpft und betet,
ihr Erzählen erneuert das Leben.
Königin des lebendigen Sprechens!"*

Ihr Erzählen erneuert das Leben. Wahrhaftig! Die bedächtige leise Stimme ihres Erinnerns streicht so zart über das, was weh tut, daß der Schmerz ertragen werden kann – von ihr selber und von den anderen, die ihr zuhören. Der an- und abschwellende Donner ihrer zornigen Klage läßt den Mut wachsen – bei ihr und auch bei den anderen, die sie hören. Das lustvolle Kichern und ungezähmte Lachen über den Wandel in ihrem Leben verstärken das Zutrauen in die Zukunft – bei ihr selber und auch bei den anderen, die mit ihr sprechen. Zu diesen anderen im Verhältnis zu Mecé gehöre ich.
Ich habe selber von ihrem Sprechen gelebt. Darum kam ich gar nicht dazu, über diese innige Verbindung zwischen Sprechen und Leben bei ihr zu staunen und darin die Verschiedenheit, ja die Überlegenheit der Armen im Verhältnis zu mir zu bemerken.

3.2.1.1 Kultur des Schweigens

Anders wurde das dort, wo es nicht so leicht ist, mit den Armen ins Gespräch zu kommen. In dem Rundbrief, den ich nach der ersten Zeit der Annäherung an die Menschen im abgelegenen Poranga und seiner noch einsameren Umgebung schrieb, beschäftigte ich mich gleich mehrere Male mit der Stummheit der Leute, an der ich mich stoße.

> *05.10.1990, Poranga. Morgens besuche ich mit Odete einige Leute in einem Viertel, das nicht als das allerärmste gilt. Mir vergeht ein bißchen der Mut in den armseligen Häuschen, in denen es an allem fehlt. Der ersten Anwandlung folgend, möchte ich schnell wieder heraus aus der Dunkelheit, in der mich mehrere Augenpaare still mustern, – in der auch Odete erst einmal stumm bei den Stummen bleibt, bis ein kleiner belangloser Wortwechsel Beziehungen herstellt. Ich meditiere dann die Gesichter der Älteren, zerfurchte Landschaften, die kaum aus dem Dunkel herausleuchten, und versuche, einen Gegenstand in der Unterhaltung zu entdecken, der uns alle stärker engagieren könnte. Denn die Leute – auch wir – bleiben irgendwie ohne größere Anteilnahme, innerlich stumm, obwohl Worte fallen.*

Dieses Stummbleiben der Leute tief im Landesinnern des Nordostens ist mir zunächst als sehr negativ aufgefallen. Ich finde es schwierig, stumm beieinander zu sitzen. Die größte Schwierigkeit für mich ist dabei das Empfinden, Zeit zu verlieren: stumm bei stummen Menschen zu sitzen – welchen Sinn soll das haben? Ich habe doch etwas zu fragen, will die Leute kennenlernen, mit ihnen ins Gespräch kommen, Anteil nehmen an ihrem Leben – wie in São Paulo. Ich will die unausgesprochenen Fragen der Leute, die mich betreffen, hören, um etwas dazu sagen zu können. Ich will wissen, was dieses Verharren in Stummheit zu bedeuten hat. Ich will wissen, wer wann mit dem Sprechen beginnen kann. Ich muß warten lernen – mehr noch, ich muß mich darin üben, meine erwartungsvolle Haltung abzulegen und die innere Ungeduld und den nagenden Ärger über das Zeitverlieren zu vergessen, um schließlich genauso beiläufig und freundlich gelassen, wenn auch weiterhin stumm, wie die Leute dazusitzen. Ich kann mich damit beschäftigen, meine Wahrnehmung zu verfeinern und erkennen zu lernen, welche kleinen Gesten oder Veränderungen im gemeinsamen Blickfeld zum Anlaß einer ausgesprochenen Bemerkung werden können – die eigentlich nur eine Fortsetzung des Beieinandersitzens in Stille ist. Ich muß lernen, dieses Warten nicht für Zeitverlieren zu halten.

Wie machen das die Armen? Vor dem gleichmäßig frühen Einbruch der Nacht läßt sich ein Mann – so ist es ihre Gepflogenheit auf dem Land – zunächst vor seinem Haus nieder. Das ist wie eine Einladung: nach einer Weile hat sich eine kleinere oder größere Runde still dasitzender Menschen – meistens sind es Männer – dazugesellt. Sie verbringen längere Zeit schweigend als redend. Sie sitzen in Stille beieinander. Das Hinzutreten eines anderen, das Zusammenrükken und Platz-anbieten, das Dazusetzen, das gemeinsame Zeit-verstreichenlassen, das Ansetzen zum Sprechen, die Pausen und das neuerliche Sprechen – all diese sprachlichen und unsprachlichen Gesten sind Bestandteile einer Stille, die ihrerseits spricht. Sie spricht vom Zueinander der Menschen, die da beieinandersitzen. Ihr Schweigen verbindet sie. Ihr Schweigen deutet nicht auf innere Stummheit und fehlende Anteilnahme hin, wie ich zuerst meinte. Es ist nicht die „Kultur des Schweigens", von der Paulo Freire spricht, wenn er die Gewohnheit des Stummbleibens bei denen meint, die vom Mitsprechen und Fragen und vom Einbringen ihrer Kritik und ihrer Ansprüche ausgeschlossen sind[63]. Deswegen habe ich die Überschrift dieses Abschnitts nicht in Anführungszeichen gesetzt. Die Zeiten des schweigenden Wartens bei den still Dasitzenden sind eine wirkliche Kultur, eine Gepflogenheit, durch die sich die Menschen ihrer Verbundenheit versichern. Wenn das Wort manchmal hin- und hergeht in diesen kleinen Nachbar-Runden, dann ist es – genauso wie die winzigen Körperbewegungen und das Schweigen – Teil einer Stille, die ausdrückt, daß es hier in erster Linie um die wechselseitige Vergewisserung des Daseins miteinander geht, nicht so sehr um den Austausch von Neuigkeiten. Deswegen kommt ihr Sprechen mit weniger Worten aus. Ihr Schweigen selber ist ein Schauen und Horchen auf den anderen – und auf die vergehende Zeit, in der sie miteinander verbunden sind.

Meine Sorge, bei diesem stillen Beieinandersitzen Zeit zu verlieren, kommt daher, daß die Zeit für mich wie ein langsam und sich unmerklich erschöpfender Vorrat ist, über den ich verfüge, um zu leben, und den ich möglichst gut nutzen muß, um möglichst viel zu leben. Für das Sprechen bedeutet das, daß es für mich um so wertvoller ist, je mehr Aufschluß es über Dinge und Sachverhalte, über Menschen und Beziehungen gibt, die ich zum Leben brauche. Je mehr Gehalt ein Sprechen hat, desto besser scheint mir der zur Verfügung stehende Zeitvorrat genützt zu sein.

Die Armen dagegen verhalten sich zur Zeit wie zu einem unbeeinflußbaren Rhythmus, in dem die einen weggehen und die anderen ankommen, in dem aber die Verbundenheit derer, die dem Gesetz des Gehens und Kommens unterworfen sind, bleibt. Für das Sprechen bedeutet dies, daß es in der langen Stille des bloßen Beieinandersitzens geschieht. Das Schweigen ist ein Zur-Kenntnis-Nehmen des anderen und ein wechselseitiges Einander-gewähren von Zeit, ein schweigendes Einander-zusprechen von Zeit – und insofern ein Sprechen. Gerade dieses Schweigen, das als eine Weise des Zeitschenkens und Dabeibleibens beim anderen ausgefüllt wird, zeigt, daß das Sprechen hier vor allem unter dem Aspekt der Beziehung zwischen den Sprechenden Bedeutung hat. Auch das hin- und hergehende Wort, das nicht viel mehr sagt als die wechselseitige Anerkennung der Sprechenden, dient der Stärkung ihrer Verbundenheit und damit der Stärkung dessen, was das Gehen und Kommen in der Zeit trägt.

---

[63] So schreibt E. Lange in seiner Einführung zur „Pädagogik der Unterdrückten" von Paulo Freire: „Am Anfang seiner Pädagogik steht ein Schock: die Entdeckung der Kultur des Schweigens." (P. FREIRE: Pädagogik der Unterdrückten, Hamburg 1973, 10) Während ich bei den Armen im Nordosten Brasiliens ein gewissermaßen dialogisches Schweigen entdeckte, kann die „Kultur des Schweigens" nur im Dialog überwunden werden, so wie ihn Paulo Freire als Wesen einer Bildung beschreibt, die Praxis der Freiheit ist: vgl. besonders a.a.O., 71ff.

An diesem Sprechen im Sinne der wechselseitigen Vergewisserung des Daseins miteinander in der Zeit nehmen diejenigen, die von außen kommen, weniger durch Worte teil als durch ihre Art und Weise des Dabeibleibens. Mir bereitet es Mühe, an diesem Sprechen teilzunehmen; mein Widerstand gegen das achtungsvolle Vergehenlassen der Zeit ist zu groß. Das schweigende Einander-zusprechen von Zeit ist mir soweit vertraut geworden, daß ich seine Bedeutung erkennen und respektieren kann – aber es ist mir zu fremd, um mich von ihm bereichern zu lassen. Es scheint, als markiere diese Bedeutung des Sprechens nicht nur die Fremdheit der Armen im Verhältnis zu mir mit meiner „anderen Kultur", sondern auch ihre Verschiedenheit untereinander als Bewohner der Straßen und Ränder der Städte und als Bewohner des unwegsamen Innern des Landes. Und doch ist das schweigende Einander-zusprechen von Zeit nicht so verschieden vom Sprechen als wechselseitige Anerkennung in der Angewiesenheit aufeinander, wie ich es in São Paulo erfahren habe. Jedesmal geht es darum, daß einer dem anderen Leben zuspricht.

3.2.1.2 Kultur des Sprechens

Diese Bedeutung des Sprechens ist mir besonders klar geworden beim Kennenlernen der Totenwachen. Zum Teilnehmen habe ich mich immer erst durch die mir nächststehenden Familien, bei denen ich wohnte, verleiten lassen und dabei gestaunt, wie gern meine Freundinnen das taten! Wie gern ließen sie sich solches Miteinander-wachen lange Stunden oder ganze Nächte kosten – und dies gleichermaßen in der Stadt wie auf dem Land! Auch bei diesen Wachen mit den Angehörigen geht es um ein Dabeibleiben! Niemand geht nur kurz hin, etwa um seine Neugier zu befriedigen oder um sagen zu können, daß er auch dabei war. Vielmehr geht es um ein gemeinsames Ertragen der vergehenden Zeit und um ein wechselseitiges Sich-tragen im Angetastetsein durch die vergehende Zeit.

> *27.04.93, Poranga. Gestern war ich abends mit Maria ein zweites Mal beim sterbenden alten Antonio Quelé. Diesmal waren noch mehr Frauen und Männer, auch Jüngere und Kinder, zur Gesellschaft dort als vorgestern: das ist ein heiliger Brauch, einen Sterbenden in seinen letzten Tagen und Stunden – und auch seine Familie in dieser anstrengenden Zeit – nicht allein zu lassen. Während der Alte, sichtbar schwächer werdend, sich, genauso sichtbar, unaufhaltsam von uns entfernt – und doch zugleich, mit hilflos suchenden Händen unsere Hände zu begehren scheint, verharren die vielen Frauen und Männer, die ihn begleiten, in keineswegs ehrfürchtigem – oder schläfrigem – Schweigen. Zunächst beobachtete ich nur die markanten Gesichter und gebe noch nicht acht auf die leisen und dann auch lebhafter werdenden Gespräche; aber als das Wort immer mehr unsichtbare Fäden zwischen den Mit-Wartenden knüpft, lasse ich mich auch verwickeln und horche, um das teilweise getuschelte, sich verschluckende, in Räuspern, Lachen oder Staunensrufen untergehende Sprechen zu verstehen.*

*Da lösen sich Geschichten von Krankheit und Tod ab, Geschichten von Toten, die keine Ruhe finden, von Lebenden, die Angst vor Toten haben – oder die ihnen furchtlos die letzten Dienste erweisen – oder die auch die Angst der anderen ausnützen und sie erschrecken, teilweise zum Lachen nötigende Geschichten, die ergänzen, was auf den Gesichtern an Lebens- und Sterbenserinnerungen eingegraben ist. Das Sterben wird in diesen Geschichten zu einem so vertrauten Geschehen wie das Geborenwerden. Angst haben vor dem Sterben? Aus dem zerfurchten dunklen Frauengesicht mir gegenüber kommen schwer verständliche Worte zu mir hin: „Arme können sich keine Angst vor dem Sterben leisten, sie verdienen ja nicht einmal zu leben, sie leben nur aus Eigensinn ..."
Angesichts dieser Worte, die ein freundlicher Blick zu mir begleitet, weiß ich, daß sie recht hat und daß ich nie wissen werde, was sie weiß – und doch bleibt auf meinem Gesicht die Frage stehen, die Maria dann auch ungläubig ausspricht: „Keine Angst vor dem Sterben haben?" Der freundlich lächelnde Blick aus dem dunklen Gesicht mir gegenüber macht das Verstehen der leisen Worte leichter: „Ja doch, Angst vor dem Sterben haben wir schon, es ist die Angst vor dem Unbekannten, wir wissen ja nicht, wo wir hingehen ..." Nun leuchtet in Marias Augen wieder das Lachen auf: „Ich habe einmal vom Himmel geträumt. Ich wollte hinein, aber da waren lauter Heilige, die stumm mit dem Kopf geschüttelt haben, wie wenn sie sagen wollten: Du gehörst nicht hier herein ..." Während diese Wortfäden mit zärtlichem Humor und mit Anteilnahme an den schweren Erinnerungen des einen oder anderen weitergeknüpft werden, wandern die Blicke auch immer wieder zu dem sich entfernenden Sterbenden mit seinen unruhigen, hilflos suchenden Händen.*

Selten habe ich den Umgang der Armen mit dem Wort als so verschieden von mir erfahren. Ihr gemeinsames Aushaltenkönnen der vergehenden Zeit im Schweigen war mir fremd. – Aber nun, da ich auf ehrfürchtiges oder auch auf hilfloses Schweigen gefaßt war, weil ich dachte, daß die Anwesenheit eines Sterbenden das Sprechen hemmt, staune ich; denn das Gegenteil ist der Fall. Gerade die Anwesenheit des Sterbenden scheint dieses Sprechen wie ein emsiges Fädenknüpfen in Bewegung zu halten. Bei diesem Sprechen geht es nicht um besonders passende Inhalte. Es geht um das Ganze, das vielfache, vielfältige Verknüpftsein, das Leben ist: Da werden auch belanglose oder unpassende Geschichten, schwache und merkwürdige Fäden hineinverwebt. Zusprechen von Leben ist jetzt nicht schweigendes Gewähren von Zeit, denn diese ist für einen Menschen an ihr Ende gekomen. Zusprechen von Leben bedeutet jetzt, Nähe zwischen den Lebenden zu schaffen, das lebenspendende Spiel der Beziehungen auch um den herum in Bewegung zu halten, der dabei ist, wegzugehen. Zusprechen von Leben ist jetzt das beredte Weben des Beziehungsstoffes, aus dem das Leben gemacht ist.

Ich bewundere die Fähigkeit der Armen, mit dem Sprechen so umzugehen, daß alle daran mitarbeiten können, daß kein Faden verworfen wird. Alle werden gebraucht, um das eine lebendige Netz der Beziehungen zu knüpfen, das den Gehenden überdauert und den Kommenden trägt. Warum gehört das Knüpfen von Erzählfäden, die uns miteinander in lockeren und festen, fernen und nahen Beziehungen verbinden – warum gehört das inhaltlich bedeutungsarme, uns aber unserer Beziehungen vergewissernde Sprechen nicht so zu unserer Kultur wie zu der der Armen? Warum lassen wir das bloß um Anerkennung bittende und Anerkennung zusagende Sprechen kaum zu Wort kommen? Ist nicht unsere Kultur des schnellen gezielten Wortes, der möglichst objektiven Rede, vielleicht eher eine „Kultur des Schweigens" – nicht im Sinne des unterdrückten, sondern des leeren Sprechens[64] – als das bedächtige Schweigen der Armen, die vor ihren Häusern beisammensitzen? Wie beim Beieinandersitzen in der Stille der hereinbrechenden Nacht geht es den Armen auch beim gesprächigen Beieinandersitzen in einer Nachtwache um das wechselseitige Sich-tragen im Angetastetsein durch die vergehende Zeit. Das nenne ich „Kultur des Sprechens". Hier geht es nicht um eine kultivierte Rede, in der ausgewählte Worte besonderen Inhalten entsprechen, sondern um das Sprechen als solches. Es geht um ein Sprechen, das mit der wechselseitigen Anerkennung als Menschen, die in der Zeit sind, Anerkennung der Zeit selber ist: Zeit, die wir brauchen, um beieinander zu sein, Zeit, die wir einander zum Ankommen schenken, Zeit, die wir zu verlieren bereit sind, weil wir nicht bleiben, sondern weitergehen. Bevor sich das Sprechen auf eine Sache bezieht, ist es Beziehung zwischen Sprechenden, die in der Zeit sind und die voneinander leben. Vor dem Inhaltsaspekt des Sprechens steht also sein Beziehungsaspekt.

Aber das Sprechen, an dem uns vor allem sein Inhalt interessiert, hat eine wichtige Chance. Um die Chance des an seinem Inhalt interessierten Sprechens zu verdeutlichen, möchte ich an die anfangs berichtete Erfahrung mit Mecé, der „Königin des lebendigen Sprechens", anknüpfen. Erst als ich von ihrem schwierigen, ganz allmählich immer stärker werdenden Leben erzählte, habe ich ihr Sprechen als die Stärke dieses sich befreienden Lebens entdeckt. Als ich das Besondere ihres Sprechens weitersagen wollte, habe ich erst ihr Sprechen als Quelle ihres Lebens erkannt, aus der auch andere, auch ich selber, Leben schöpften. Solange ich selber von ihrem Sprechen lebte, kam ich gar nicht dazu, diese innige Verbindung zwischen Sprechen und Leben bei ihr wahrzunehmen. Erst als ich mich von der unmittelbaren Beziehung zu den Armen distanzierte und mich aus dem Gespräch mit ihnen entfernte, um über dieses Sprechen nachzudenken, hat sich mir die widerständige Kraft dieses Sprechens gezeigt.

Wenn wir in meiner „anderen Kultur" verstärkt zum sachlichen Sprechen tendieren, so haben wir damit auch die Chance, die Sache des Sprechens selber zu bedenken. Aber damit unser Sprechen über das Sprechen seine Chance nützt und sinnvoll ist, muß es eine Bedingung erfüllen: Es muß im Dienst des Sprechens stehen, das zuerst Zuwendung zum anderen ist. Wenn es dieses Sprechen deutlicher zu erkennen gibt, so muß es zugleich zu erkennen geben, daß dieses Sprechen im Sinne des Zuspruchs von Leben nicht vollends begreiflich und zu

---

[64] Vgl. a.a.O., 71

erklären – und damit auch nicht beherrschbar und machbar – ist. Unser Sprechen über das Sprechen muß sich damit begnügen, ein Erkennen zu vermitteln, das auch noch ein fast ungläubiges Staunen enthält. Zugleich muß es die Lust darauf wecken, sich auf dieses Sprechen einzulassen, das zuerst Angewiesenheit auf den anderen ist. Wenn es in dieser Weise der vorrangigen Sache des Sprechens, die das Leben in Beziehungen ist, dient, hat unser Sprechen über das Sprechen seine Chance genützt.

3.2.2 Leichtigkeit des Zugehens auf eine(n) Reiche(n)

Ich fühlte mich jedesmal nicht wohl, wenn mir klar wurde, daß ich von denen, deren sehr karge Lebensumstände ich teilen durfte, schlicht als glücklich betrachtet wurde. Erstens entsprach das oft nicht meinem inneren Empfinden; zweitens spürte ich dabei den Abgrund, der mich von den Armen trennte und der mich in meinem Bewußtsein der Nähe zu ihnen verunsicherte. Um so überraschender berührte mich dann wieder die Selbstverständlichkeit, mit der meine Freundinnen an den nicht materiellen Umständen meines Lebens Anteil nahmen: Da wurden Freude und Leid von Beziehungen, in denen wir uns ähnlich waren, wichtiger als die Lebensbedingungen, die uns trennten. Oft habe ich gestaunt über die Hellsichtigkeit und das feine Gespür meiner Freundinnen für Verunsicherungen in meinem Leben. Dessen äußere ungleich größere Sicherheit hinderte sie nicht daran, sich von seinen Verletzungen berühren zu lassen; und in dieser Berührung überwanden sie trennende Unterschiede. Diese Begabung der Armen, auch auf jene zuzugehen, die das Glück der Umstände meilenweit von ihnen entfernt ist, ist mir bei den „Unglücklichen der Straße" besonders aufgefallen.

3.2.2.1 Wissen einer geheimen Verwandtschaft

08.02.1989, São Paulo. Eine der ältesten Gemeinschaftsaktivitäten der „Leidenden der Straße" ist die „Suppe" an jedem Mittwoch, unter einer langgezogenen Brückenschleife im Zentrum von São Paulo, wo auch einige ihre Schlupflöcher zum Schlafen haben. Einmal will ich zu dieser Suppe dazukommen, zusammen mit Maria, unserer uns regelmäßig in Brasilien besuchenden Freundin aus Deutschland. Wir haben mit Ivete und Regina, die seit Jahren die „Leidenden der Straße" begleiten, den Aschermittwoch ausgemacht. Als wir uns unter der dröhnenden Autostraße umsehen, stehen schon ein paar Kisten herum, leere zum Draufsitzen und andere mit Resten vom nahegelegenen Markt. Einige Papiersammler, vom Leben auf der Straße gestempelte Gestalten, helfen bei den Vorbereitungen für die Suppe. Selbstbewußt kommen sie mir vor in ihrer Tätigkeit des Organisierens. Wir werden freundlich begrüßt und so selbstverständlich zur Arbeit eingeteilt, als ob wir schon immer dazugehörten. „Da könnt ihr euch setzen. – Wollt Ihr mithelfen? – Hier sind Küchenmesser." Neben uns werden Kisten halbfauler Tomaten in einen Topf geschüttet, aus dem wir sie herausfischen, das Verwertbare herausschneiden und in den nebenstehenden Topf mit Wasser befördern. Bald bekommen wir Nachbarn zu allen Seiten, die Ähnliches tun wie wir oder losziehen und nicht verkaufbare Reste von den Marktständen erbitten, Brennholz suchen, Feuer machen, Wasser holen, Abfälle wegwerfen – und uns, die wir einfältig zum Essen gekommen waren, wird klar, daß „Suppe" zunächst langes geduldiges Zusammenarbeiten bedeutet. Unmerklich schafft das Bereiten der Suppe Verbindung zwischen allen, die schälen, schneiden und schnippeln, Feuer und Töpfe bewachen, die immer noch Genießbares herbeischaffen oder einfach dahocken und zusehen, die in sich gekehrt bei der Arbeit sind und die miteinander laut erzählen, die eine ergatterte Frucht schon mit Andacht essen und die es vorziehen zu warten, die gezeichnet sind von unvorstellbaren Geschichten und die wie wir ihre Gesichter unversehrt bewahrt haben. Als dann am Nachmittag die Suppe duftet und blitzblanke Dosen und Löffel zum Essen ausgeteilt werden, können Maria und ich nicht mehr bleiben. Beim Weggehen sehe ich noch einmal zurück auf die Runde: alle – auch die, die bis zuletzt noch einzeln herumhockten wie zerzauste traurige Vögel mit hängenden Flügeln, sind nun zu einer einzigen andächtig löffelnden Menschengruppe geworden.

Das Bild, das dieser Blick zurück an jenem Mittwoch festhielt, trage ich in meinem Innern als Illustration zu dem Verständnis, das mir in jenem Augenblick aufleuchtete: „... die Armen, die Weinenden, die Hungernden und Dürstenden ... ihrer ist das Reich Gottes ..." „Reich Gottes" ist das Wunder der Gemeinschaft, in der die Unterschiede kein Grund zu Schmerz, Aufbegehren und Kampf sind. Die Unglücklichen der Straße sind entstellt durch das Leben auf der Straße, sichtbar gibt es nichts, was sie füreinander anziehend macht. Vereinsamt in der Öffentlichkeit ihres Elends sehen manche von ihnen so aus, als säße da nur die Hülle, als hätte sich ihr inneres Leben verkrochen und die letzte Tür hinter sich zugeschlagen. Dennoch finden sie zueinander in einem vorsichtigen, meistens wortkargen Miteinander der verschiedensten Weisen von Anwesenheit. Ihre Entbehrungen und die Heftigkeit ihrer ungehörten Bitten und Bedürfnisse könnten sie gegeneinander aufbringen – statt dessen lassen sie einander Zeit, um mit ihren Entstellungen, ihrer Einsamkeit und ihrem Hunger anzukommen. Ihre Verbundenheit drückt sich im bedächtigen gemeinsamen Tun und mehr noch im gleichberechtigten Zusammensein der Tätigen und Untätigen aus.

Ich spüre in meinem Gesicht, in meiner Körperhaltung und Kleidung, in meinen Bewegungen meine Verschiedenheit von den Leidenden der Straße wie eine Behinderung. Ich bin vor dem bewahrt worden, was sie erfahren haben, ich bin vom Unglück nicht angetastet. Das müßte eine Kränkung für sie sein. Daß ich ihre Einsamkeit, ihre Angst, ihren Hunger nach einem anderen Leben nicht am eigenen Leib kenne, müßte sie gegen mich aufbringen. Aber bei ihnen empfinde ich weder Bitterkeit noch Groll oder auch nur Mißtrauen mir gegenüber. Im Gegenteil: sie nehmen mich und andere, die offensichtlich nicht zu den Leidenden der Straße gehören, mit geradezu königlicher Gastfreundschaft und Zuvorkommenheit auf. Zu keiner anderen Gruppe von Armen kann ich befreundete

Besucher so leicht mitbringen, ohne Angst zu haben, daß wir stören. Wenn wir uns zu ihren Gemeinschaftsaktivitäten dazugesellen, kommen sie uns entgegen und nehmen uns bei der Hand; sie interessieren sich dafür, woher wir kommen und wohin wir gehen, und laden uns ein, bei ihnen zu bleiben. Unsere Unversehrtheit scheint sie nicht zu schmerzen; sie scheinen sie gar nicht wahrzunehmen oder zumindest als Unterschied nicht für wichtig zu halten.

Aufgrund ihrer Erfahrungen haben die Unglücklichen der Straße ein vertrautes Verhältnis zur Zerbrechlichkeit des Lebens. Wir wurden vor dem bewahrt, was sie erfahren haben. Unsere Verschiedenheit ist für sie jedoch kein Hinderungsgrund, uns für eine Weile zu ihnen gehören zu lassen. Das liegt an ihrer Vertrautheit mit der Zerbrechlichkeit des Lebens. Ihr Leben ist zerbrochen – unseres wird vielleicht nie zerbrechen, aber dieses „vielleicht" beherrschen wir nicht. Das ist unsere geheime Verwandtschaft. Auch sie haben ein anderes Leben gekannt, sie waren einmal stattlich, stolz im Besitz ihrer Kräfte; manchmal erwischt man den Faden einer unglaublichen Geschichte, der zwischen ihnen und ihren Familien durchschnitten worden ist. Darum können sie uns unsere Gesundheit, Gesättigtheit und die Gepflegtheit unserer Kleidung wie mit einem Lächeln vergeben. Auch unser Leben kann sich in ein gescheitertes, entstelltes, in ein unmögliches Leben verwandeln.

3.2.2.2 Weitersehen als die sichtbare Verschiedenheit

Wenn uns die Unglücklichen der Straße an der Hand nehmen und einladen, mit ihnen zu kommen, scheinen sie den abstoßenden Schmutz, die Abfälle und die schreckliche Trostlosigkeit, in denen sie leben, gar nicht zu bemerken. Vor allem gehen sie wie selbstverständlich davon aus, daß wir all dieses Elend, das uns doch ins Auge springt, nicht sehen oder daß wir uns zumindest davon nicht so sehr beeindrucken lassen, daß wir uns für nichts anderes mehr interessierten. Wir sollen uns für ihre Freuden, ihre Künste und ihre Zukunft – ja: auch sie haben Pläne! – interessieren. Das ist für sie wichtig; und davon sollen uns ihr Zustand und ihre Lebensbedingungen nicht abhalten! Sie lassen sich ja auch nicht von der Oberfläche unseres gelungenen, geschützten Lebens abhalten, sich für unsere Vorstellungen z.B. von der Straße zu interessieren. Meine sichtbare Verschiedenheit, die mich verlegen macht, mein Gesicht, in dem hilfloses Erschrecken steht, das ich gern verbergen würde, übersehen die Elendsgestalten, so wie besonders hoch gestellte Personen über den faux pas eines Menschen, der nicht zu ihnen gehört, hinwegsehen können. Das ist die selbstverständliche Annahme, die in der entgegenkommenden Geste ihrer Gastfreundschaft liegt: daß wir uns so wenig wie sie von den sichtbaren Unterschieden zwischen uns aufhalten lassen, daß wir ähnlich wie sie das Wissen der geheimen Verwandtschaft zwischen uns als gleichermaßen verletzbare Menschen geltend machen.

Ich bin verblüfft von ihrem scheinbar mühelosen Hinwegspringen über den Abgrund von Elend, der uns trennt; aber ich kann es ihnen nicht nachtun – ich habe Angst hineinzufallen. Die Annahme, die in der Geste ihrer Gastfreundschaft liegt, berührt mich vor allem deswegen, weil sie für mich nicht zutrifft. Für mich gilt nicht das gleiche wie für sie. Bei ihrer Umarmung spüre ich, wie weit ich von ihnen entfernt bin. Ich würde kaum die Initiative zu dieser Geste ergreifen. Sie zuzulassen, kostet mich Überwindung. Vor der Offenheit der Unglücklichen weiche ich innerlich zurück. Ich habe Zweifel, ob ein normales Gespräch zwischen uns möglich ist. Die äußeren Unterschiede sind für mich zu groß. Gesundheit und Reichtum prägen mich – sagt mir mein Gefühl – so unerbittlich wie sie ihr Elend. Weder die an mir sichtbare Verschiedenheit des Menschen, der nicht angetastet wurde vom Unglück, kann ich vergessen, noch kann ich über ihre Not hinwegsehen, um mich mit ihnen dem zuzuwenden, was ihnen an ihrem Leben positiv wichtig ist. Im Grunde bemühe ich mich, den Unglücklichen nicht so nahe zu kommen – und das gilt nicht nur für mich, sondern auch für andere, die wie ich nicht zu den Armen gehören.

Vielleicht wehren wir uns gerade gegen das, was uns über einen Abgrund von Elend hinweg zu Geschwistern macht. Insgeheim wollen wir, daß der trennende Abgrund uns schützt. Wir haben etwas zu bewahren.
Eines mag die Unversehrtheit sein, die wir uns bisher erhalten haben. Wenn wir auch Leid erfuhren, so hat uns das Leid doch bisher nicht verunstaltet. Was auch immer hinter unserer Oberfläche ist, es hat in ihr nicht jene Spuren hinterlassen, die in Brasilien zu einem oft gebrauchten Ausdruck bei der Beschreibung gewisser Gesichter führen: „sofrido" – durchlitten, leidgeprägt. Es ist uns gelungen, unser Leben vor dem verletzenden Zugriff der unbekannten Gewalten zu bewahren, die den Leidenden der Straße zum Verhängnis geworden sind. Zu unseren Gesichtern höre ich noch den anerkennenden Kommentar meiner Freundinnen in São Paulo: „bem conservado" – „unverbraucht, gut erhalten ..."
Mit unserer Unversehrtheit haben wir noch etwas zu bewahren: unsere Unwissenheit, und in gewissem Sinn unsere Unschuld. Wir haben keine Erfahrungen mit dem gemacht, was die Leidenden der Straße zugerichtet hat. Wir sind davon verschont geblieben, und das heißt auch: in Unkenntnis; was wir von unserer geheimen Verwandtschaft als zerbrechliche Menschen ahnen, ist theoretisch. Wir wissen nicht, was sie wissen.

Mich beschämt das Gefühl, zu den Unwissenden, zu den verschont Gebliebenen zu gehören. Ich fühle mich angeklagt von der Glätte, der Wohlerhaltenheit meines Gesichts; und ich wünsche mir, daß Schmerzen und Leiden, von denen ich in meiner Geschichte weiß, Spuren hinterlassen hätten, die mich weniger weit von den Unglücklichen entfernen würden. Ich schäme mich, zu den allem Anschein nach Glücklichen zu gehören – das bedeutet nicht, daß ich mich nach den Leiderfahrungen der Unglücklichen sehne, wohl aber, daß ich den Wunsch nach einem Mal der Verletztheit habe. Ich selber sehe ein solches Mal nicht, aber merkwürdigerweise wird es von denen erkannt, die ein größeres Vertrautsein mit dem Leid haben als ich. Gerade die Unglücklichen der Straße, von denen ich mich durch einen Abgrund getrennt weiß, erkennen meine Zerbrechlichkeit und in ihr eine verbindende Brücke, eine geheime Verwandtschaft. Das empfinde ich letzten Endes als tröstend: Wenn mir selber auch meine unversehrte Oberfläche im Wege steht – die vom Leid Entstellten lassen sich nicht von ihr abhalten, meine Behinderung zu wissen. Das ist ein Trost und befreiend zugleich, daß die Unglücklichen weiter zu sehen vermögen als ich. Sie eröffnen mir einen Zugang zu meiner Schwäche und erlauben mir, sie einzugestehen.

3.2.3 Leichtigkeit der Güte einem Armen gegenüber

Güte gegenüber den Armen ist mit dem Wort „Barmherzigkeit" gemeint; barmherzig ist, wer ein Herz für Arme hat[65]. Leicht denkt man beim Wort „Barmherzigkeit" aber auch an eine großzügige Geste: Da macht jemand nicht von seinem Recht Gebrauch und fordert nicht, was ihm zusteht. Großzügige Absicht und Herablassung beschweren oft unsere Güte gegenüber den Armen. Um so mehr überrascht mich bei diesen die Leichtigkeit ihrer Güte einem anderen Armen gegenüber.

> *20.05.1987. São Paulo. Gegen 5 Uhr nachmittags gehe ich über die Praça da Sé, den zentralen Platz vor der Kathedrale in São Paulo. Die Kirchentreppen dieser Kathedrale sind immer ein Treffpunkt der Rechtlosen – derer, die von hier aus zusammen weggehen, um ihre Rechte einzufordern, und derer, die aufgegeben haben zu kämpfen, und auch der Kinder, die auf ihre Weise kämpfen, beispielsweise indem sie Passanten Heiligenbildchen aufdrängen. Einmal hatte ich wieder das hartnäckig entgegengestreckte Heiligenbildchen abgelehnt, da wurde ich Zeuge, wie ein Armer einem anderen Armen begegnet. Ein älterer Mann lehnt umständlich seine Tüten an die Treppenstufen, um die Hände frei zu haben und das entgegengestreckte Bildchen zu betrachten. Man sieht, daß er sich an ihm freut; er gibt es zurück zum Halten, während er sich niederbeugt und in den Tüten kramt, mit langsamen Bewegungen. Er sucht einen dem Heiligenbildchen ebenbürtigen Gegenwert. Schließlich holt er einen, und dann noch einen Geldschein hervor, glättet die Scheine mit Bedacht, bevor er sie dem Jungen reicht, der ihm das Bildchen gibt und davonspringt. Unvergeßlich das Strahlen, mit dem mir der Mann den erworbenen Schatz zeigt, bevor er ihn sorgfältig unterbringt und mit seinen Tüten davonzieht.*

Die Szene ist mir in Erinnerung geblieben, nicht nur weil der alte Mann etwas tut, was ich zuvor nicht getan habe. Ich habe dem Jungen kein Almosen gegeben – aber auch der alte Mann, der in den Tüten wahrscheinlich all seine Habseligkeiten mit sich herumschleppt, hat dem Jungen kein Almosen gegeben, sondern weitaus mehr. Diese Szene ist nicht vergleichbar mit einer Szene, in der ich dem Jungen etwas für sein Bildchen gegeben hätte.
Es stimmt, daß ich dem Jungen in dem Augenblick einfach gar nicht begegnen wollte. Aber all das, was gerade zu meiner Person gehört – finanzielle Sorglosigkeit, Beschäftigung mit anderen Dingen, die mir wichtiger sind als hingehaltene Heiligenbildchen, und Ärger über den Kitsch und die, die ihn produzieren –

---

[65] Vgl. F. KLUGE: Etymologisches Wörterbuch der deutschen Sprache, Berlin [20]1967, 53.

schließt mich auch von der Möglichkeit aus, dem jungen Armen so zu begegnen, wie es der ältere Arme tut. Ich kann mich an dem Bildchen nicht freuen; es ist mir nichts wert. Wenn ich dem Jungen etwas geben würde, so nicht als Gegenwert zu seinem Bildchen. Was ich dem Jungen geben würde, hätte für mich keinen Wert. Ich weiß nicht, in welcher Weise ich dem Jungen gerecht werden kann, darum versuche ich es erst gar nicht.

Bei dem alten Mann ist das viel einfacher. Die Verschiedenheit des Armen darin, wie er sich einem anderen Armen gegenüber verhalten kann, springt mir unübersehbar in die Augen; und ich frage mich, ob dieses Verhalten nur ihm als Armen möglich ist oder ob sich in seinem Verhalten eine Möglichkeit zeigt, die auch mir, trotz meiner Zugehörigkeit zu den Reichen, offensteht. Meine Unsicherheit darüber, wie ich einem Armen gerecht werden kann, wächst. Wenn das Verhalten des Alten gegenüber dem Jungen Güte ist, was zeichnet dann solche Güte aus?

3.2.3.1 Begegnung auf gleicher Ebene

Ist der alte Mann gut zu dem Jungen? Das wüßte er selber sicher nicht zu sagen. Darauf kommt es ihm auch gar nicht an. Der gerechte Güteraustausch zwischen dem Jungen und ihm ist ihm wichtig. Ist das die Güte gegenüber einem Armen? Ist das der Unterschied zu mir? Als ich die Geste des Alten beobachtete, war mir ein anderer Unterschied aufgefallen: Der Alte hatte den Jungen für wichtig genug gehalten, um einen Güteraustausch mit ihm in Erwägung zu ziehen. Mir scheint, die Güte des Armen zu einem anderen Armen ist eben das: den anderen Armen nicht zu übersehen, nicht für unwichtig oder für lästig zu halten, sich auf sein Angebot einzulassen, Schönheit in seinem Angebot zu entdecken, es zu begehren und sich seine Annahme etwas kosten zu lassen. Was die Güte des Armen zu einem anderen Armen auszeichnet, ist eigentlich nichts anderes als das Verhalten zweier Menschen, die sich auf gleicher Ebene begegnen.

Der Alte kann dem Jungen auf gleicher Ebene begegnen, weil er arm ist; aber die Begründung ist mir zu einfach. Der alte Mann befindet sich wahrscheinlich in einer ähnlich armseligen Situation wie der Junge – dennoch könnte er ihn übersehen oder für unwichtig und lästig halten, wie ich es getan hatte. Statt dessen schenkt er ihm so viel Beachtung, daß er stehenbleibt und sein Gepäck abstellt. Allerdings kostet ihn das auch nicht viel; er hat wahrscheinlich nichts vor, was er für wichtiger halten könnte. Daß er dem Jungen Beachtung schenkt, hängt also doch mit seiner Armut zusammen, die auch Armut an Arbeit, Beschäftigung und Verpflichtungen ist.
Die Aufmerksamkeit, die er dem Jungen schenkt, gilt nun eigentlich weniger der Person des Jungen als dem Gegenstand, den dieser ihm entgegenhält. Dem Alten geht es aller Wahrscheinlichkeit gar nicht so sehr um den abgerissenen Straßenjungen – der sein Mitleid wecken könnte, so wie er vielleicht mein Mitleid weckt, wenn ich hinsehen würde – vielmehr geht es ihm um sein Objekt. Auch diese Objektivität trägt dazu bei, daß er dem Jungen auf gleicher Ebene begeg-

net. Und auch diese Objektivität hängt mit seiner Armut zusammen; nur einem Armen kann ein Heiligenbildchen wie das angebotene so viel bedeuten, daß er stehenbleibt, um es genauer anzusehen.

Wenn der alte Mann gut zu dem Jungen ist, dann braucht er dazu keine größeren subjektiven Anstrengungen zu unternehmen. Das ist das Erstaunliche an der Güte der Armen gegenüber einem anderen Armen: Diese Güte ist ein Ergebnis ihres objektiven Verhältnisses; das macht ihre Leichtigkeit aus. Wenn es bei mir einen Augenblick der Güte zu einem Armen gibt, werde ich mich darum bemühen müssen, ihm auf gleicher Ebene zu begegnen. Dieses Mühen, der Zweifel daran, ob mir eine Barmherzigkeit ohne Herablassung gelingt, und das Interesse an dieser Güte gegenüber dem Armen sind gerade ein Hindernis dabei. Dem alten Mann ist sein eigenes Verhalten sicher keinen Augenblick des Nachdenkens oder gar der Frage wert, ob es gut war. Seine Güte interessiert ihn nicht – so wenig wie vielleicht die Not des Jungen. Und auch dieses Desinteresse trägt dazu bei, daß er dem Jungen auf gleicher Ebene begegnet.

Wenn ich versuchen würde, in ähnlicher Weise zu einem Armen gut zu sein, dann müßte ich „gegen den Strich denken". Ich müßte versuchen, meine „gute Absicht" – den Wunsch, meine Güte zu sehen – in diesem Augenblick zurückzustellen; ich müßte versuchen, hinzusehen zu dem Armen, ohne mich vom Bedürfnis, einzugreifen, ablenken zu lassen; ich müßte versuchen, zu jenem verletzlichen Menschen hinzusehen, der mir ähnlich ist und der auch ich sein könnte. Von dieser geheimen Verwandtschaft zwischen den Armen und mir ausgehend, hätte ich die Möglichkeit, in dem Bedürftigen einen Menschen zu erkennen, der mir etwas geben kann, und in mir einen Menschen, der selber die Hand ausstrecken möchte, um etwas zu empfangen. Dann könnten wir uns auf gleicher Ebene begegnen.

Allerdings komme ich nicht daran vorbei: aufgrund meiner „anderen Kultur" wird meine Güte zu einem Armen nie die Objektivität und Absichtslosigkeit haben wie die Barmherzigkeit der Armen, die ihren Alltag kaum unterbricht. Unsere Güte zu einem Armen ist immer etwas Besonderes, Nicht-Alltägliches, ein Verhalten, das von unserer Subjektivität, unserer Entscheidung, Initiative und Anstrengung, unseren Zweifeln, Fragen und guten Absichten beschwert ist – und dabei vielleicht am meisten belastet wird von der Sorge, wie wir unsere Güte gegenüber einem Armen von all jenen Absichten reinigen können, die sie verfälschen.
Aber können wir unser Herz nicht vereinfachen? Können wir nicht von den Armen lernen, pragmatischer und bescheidener zu werden? Vielleicht sehen die Armen selber unsere Güte anders. Wahrscheinlich sehen sie unseren Prozeß der Absichtenklärung mit einer Spur von Unverständnis und Bedauern, vielleicht auch mit Ungeduld. Sie mögen befürchten, daß unser Nachdenken über die für uns schwierige Barmherzigkeit nichts anderes erleichtert als die gedankenlose Unbarmherzigkeit. Vielleicht würden sie uns gern beibringen, mit einer Geste der Güte einen Anfang zu machen, ohne absehen zu müssen, was sich aus diesem Anfang entwickelt. Aber das würden sie nicht tun, ohne uns zugleich

lächelnd darauf hinzuweisen, daß dies gerade unsere Stärke ist: das Absehen eines größeren Zeitraums, das langfristige Planen und die dafür nötige Erinnerungsarbeit.

3.2.3.2 Güte im Vorübergehen

Ich möchte, daß es nicht bei dem Augenblick der Güte zum Armen bleibt, sondern daß unsere Begegnung Konsequenzen hat. Ich möchte etwas dafür tun, daß daraus eine Beziehung wird, nicht eine Beziehung einseitiger Abhängigkeit, sondern eine Beziehung des gegenseitigen Interesses und Austauschs in Freundschaft. Mein Wunsch beschwert mich nicht. Aber er verhindert doch eine gewisse Leichtigkeit der Güte im Vorübergehen, über die ich bei den Armen staune.

> *01.02.1992. São Paulo. Seit zehn Tagen bin ich, aus Poranga kommend, zu Besuch in São Paulo und an diesem Nachmittag bei Regina und Ivete und der Gemeinde der „sofredores de rua". In ihrem Gemeinschaftszentrum gibt es eine Erzählrunde mit denen, die bei der Wallfahrt nach Juazeiro im Ceará, zu den Städten von Padre Cícero dabei waren; andere duschen, ruhen sich ein wenig aus; und einer hat es übernommen, anderen, die das wünschen, die Haare zu schneiden. Es ist ein irgendwie gepflegt wirkender junger Mann, dem ich sein Leben auf der Straße kaum glauben kann. Ich sehe ihm ein zu, wie er einem Kollegen die Haare schneidet. Er begradigt vorsichtig in vielen neuen Runden die immer zarter zwischen seinen Fingern liegenden Haarbüschel. Es ist schon der zweite Kunde, und immer noch hat er keinen Blick für das, was um ihn herum vorgeht. Seine ganze Aufmerksamkeit gilt der sanften Verwandlung der Köpfe seiner Genossen von der Straße. Als es schließlich Zeit ist, das Gemeinschaftszentrum zu schließen, macht er sich mit wenigen Handgriffen zum Weggehen fertig und ist schon fort auf der Straße, als ich ihm nachsehe. Seine selbstvergessene Hingabe an die Haarpflege seiner Genossen war ein Moment, den er anscheinend mit derselben Leichtigkeit hinter sich läßt, mit der er ihn ausgefüllt hat.*

Ich vergesse diesen Augenblick selbstvergessener Güte, dessen Zeuge ich wurde, nicht; für mich ist er etwas Besonderes. Für den Armen gehört er so selbstverständlich zu seinem Leben wie das Schultern des Bündels zum Weitergehen. So wie er für sich selbst und seine Umgebung keine Aufmerksamkeit hatte, als er sich darauf konzentrierte, die Köpfe seiner Leidensgenossen denen glücklicherer Bewohner von São Paulo ähnlich zu machen, so hat er für diesen Moment auch nachträglich keine Aufmerksamkeit mehr. Es sieht nicht so aus, als wäre er deswegen selbstzufriedener oder hätte nun andere Pläne als bisher. Seine Güte geschieht mit der Leichtigkeit eines so selbstverständlichen Verhaltens, daß es ihm nicht in Erinnerung bleibt. Offensichtlich gibt der Arme sich selber kein Gewicht in seiner Güte zu einem anderen Armen. Ob sein Tun im gegebenen Augenblick seinen Zweck erfüllt, darauf kommt es an. Er selber wird dadurch weder wichtiger noch besser.

In meiner Güte zu einem Armen – und hier füge ich bezeichnenderweise gleich hinzu: wenn sie gelingt – wiege ich selbst mit: meine Gefühle, meine Anstrengung, meine Zweifel, meine Genugtuung, meine Erwartung an die Dankbarkeit des anderen. Mit diesem Gewicht gehe ich nicht so schnell weiter, sondern schaue mich um, warte auf die Reaktion des anderen, lasse mich vielleicht für länger vom Weitergehen abbringen.

Die Armen achten nicht auf die Dankbarkeit eines Armen, dem gegenüber sie gut waren. Und es ist ihnen auch selber nicht wichtig, Dankbarkeit für die Güte eines anderen zu zeigen. Auch darüber staune ich. Denn sie leben in grundlegender Dankbarkeit für das Leben. Wieso ist ihnen Dankbarkeit untereinander dann nicht wichtiger? Dankbarkeit, mit der ich einem anderen zeige, was mir sein Verhalten bedeutet, und Zeichen der Dankbarkeit, die ich von einem anderen erwarte, setzen voraus, daß ein Verhalten bewertet und als wichtig und gut befunden wurde. Eben diese Bewertung ist den Armen fremd. Ihre grundlegende Dankbarkeit für das Leben bedeutet, daß sie nicht nur das Gute auswählen, sondern ausdrücklich auch für das Schwere dankbar sind. Daher halten sie sich nicht damit auf, Dank für etwas zu erwarten, was sie Gutes tun konnten, noch halten sie an, um selber zu danken. Sie lassen sich nicht vom Weitergehen abbringen.

Sie sind Zugvögel, die Armen – sagt die „Dichterin der Gosse"[66]; sie werden geboren und sterben, ohne auf der Erde Spuren zu hinterlassen. Ihre Güte ändert daran nichts – auch wenn sie Spuren in meinem Staunen und Nachdenken hinterläßt. Fragen bleiben. Die Leichtigkeit und Flüchtigkeit ihrer Güte scheint Raum für einen anderen zu lassen; ihre Barmherzigkeit wie im Vorübergehen, frei von Plan und Erinnerung, scheint damit zu rechnen, daß ein anderer sie vollendet. Solche absichtslose Güte ist mir fremd. Ich versuche abzusehen, was den Armen und mir gut tut ... Es liegt allerdings auch an dieser „guten Absicht", daß aus vielen meiner Begegnungen mit den Ausgeschlossenen in Brasilien dauerhafte Beziehungen geworden sind – wobei im Maß des Andauerns unserer Beziehungen unser Interesse füreinander absichtslos und immer stärker von Gegenseitigkeit geprägt wurde.

3.2.4 Bereitschaft, sich stören zu lassen

In den ersten Monaten in São Paulo hatte ich das Glück, meine Hausfrau auf ihren verschiedenen Wegen im verwirrenden Stadtrand mit seinen die Hügel auf- und absteigenden ewig unfertigen Wohngebieten zu begleiten. Durch sie lernte ich die Wucherungen der monströsen Stadt so kennen, daß ich von Anfang an Vertrauen zu ihnen faßte. Angelita brachte damals täglich ihrem arbeitslosen Mann, der an einer Ecke Süßigkeiten verkaufte, warmes Essen oder hatte Verabredungen und Treffen im Zusammenhang mit ihrer langjährigen Mitarbeit in der Menschenrechtsgruppe der Pfarrei.

---

[66] M. E. LIMA MOT · Poetisa da sargeta, in: Dies.: Poesia, CEM São Paulo 1986, 20; die Übersetzung des ganzen Gedichts findet sich unten auf S. 135.

Zu einer meiner frühesten Erinnerungen an unsere gemeinsamen Wege gehört ein Vorgang, der sich in Abwandlungen wiederholte. Ich sehe mich zum Weggehen bereit, die Tür des Häuschens abschließen, das Angelita und ihr Mann nach vorn ihrem Haus angebaut hatten, um den verheirateten Söhnen ein erstes Dach für ihre zu gründende Familie anzubieten. Zwischen den ältesten Söhnen, die schon ausgezogen sind, und dem jüngsten, der sich mit dem Heiraten noch Zeit läßt, wohne ich hier. Auch Angelita versorgt schon den Schlüssel zu ihrem kleinen Haus. Sie nimmt ihre Verabredungen ernst und ist gern pünktlich – wofür ich ihr dankbar bin.

Da kommt ihre Nachbarin. In deren Familie gab es einen schlimmen Streit zwischen Vater und Stieftochter. Sie bittet um Rat, um Zuflucht für ihre Tochter. Angelita schließt das Haus wieder auf, setzt sich, hört zu, spricht, die Aufregung läßt nach, die Nachbarin findet Mut, wieder nach Haus zu gehen. Angelita hat mit keiner Silbe ihre Verpflichtung erwähnt oder sich damit entschuldigt, daß sie in Eile ist. Derweilen warte ich und kämpfe ziemlich erfolglos mit meinem Ärger darüber, daß wir zu dem Treffen zu spät kommen werden.

Dann, schon unterwegs auf der Straße, lacht Angelita mich freundlich aus; unsere Verspätung wird unerheblich sein ... Ich konnte mich aber nicht an diese Art und Weise des Sich-stören-lassens gewöhnen. Wenn wir später gemeinsam zu Verpflichtungen aufbrachen, bei denen nun auch ich eine Aufgabe übernommen hatte, kamen wir überein, daß es besser war, daß ich nicht auf sie wartete, wenn wieder etwas dazwischenkam. Mit demselben freundlichen Lachen schickte sie mich auf den Weg, wenn sie noch aufgehalten wurde. Ich ließ mich nicht aufhalten – und sie ließ sich aufhalten. Für die Armen hat die Störung Vorrang.

3.2.4.1 Vorrang der Störung durch den nahen Hilferuf

05.11.1991, Poranga. Der Alltag der Frauen nimmt mir den Mut. Ich würde den Kampf einfach aufgeben in den kleinen dunklen Häusern mit den brüchigen Lehmwänden und den vielen Ritzen und Löchern in den Ziegeln, durch die der ewige Wind Sand und Erde hereintreibt, mit den vielen in Staub und Schmutz herumkrabbelnden nackten Kinderchen und den primitiven Bedingungen, die für kleine Verrichtungen große Anstrengungen erforderlich machen: das Herdfeuer zu entfachen und zu blasen, bis die Holzkohle nicht mehr qualmt, sondern brennt, um dann in einer schwarz verrußten Büchse Kaffee zu kochen, mehrere Wege zu gehen, um in schweren Eimern auf dem Kopf Wasser zu holen, das höchstens den Trink- und Kochbedarf deckt ... Ich kann nur schreiben vom Lebensmut dieser Frauen, die angesichts all dessen, was zu fegen, aufzuräumen, zu waschen, zu tun und herbeizuschaffen ist, nicht verzweifeln, sondern sich in Ruhe die Priorität von ihrem jüngsten Kind diktieren lassen, das gerade weint.

Bei Besuchen in anderen Familien und auch in dem Haushalt, zu dem ich mich dazuzählen durfte, habe ich oft diese Erfahrung der Verschiedenheit gemacht. Schon der alltägliche Mangel an allem bringt mich zur Verzweiflung. Das merke ich daran, daß ich zehn Hände haben möchte zum Anpacken und zehn Füße, um in alle Richtungen zu laufen und herbeizuschaffen, was fehlt. Aber ich weiß, daß ich nichts ausrichten würde, und spüre um so heftiger die Aussichtslosigkeit der Situation. Wenn dann auch noch das kleinste Kind schreiend nach seiner Mutter verlangt oder ein unerwarteter Gast in der Tür erscheint oder eine um Rat bittende Nachbarin hereinspaziert – dann ist es um meine innere Fassung geschehen, und es gelingt mir kaum mehr, freundlich und geduldig zumindest zu erscheinen. Genau in diesem Augenblick des Gestörtwerdens in einer an sich schon sehr angespannten Situation sehe ich voller Staunen meine brasilianischen Freundinnen sich entspannen, ihr Kind auf den Arm nehmen und mit ihm spielen, wie wenn sie nichts anderes zu tun hätten, den Gast hereinbitten, als hätten sie sich schon lange gewünscht, ihn zu sehen, sich auf den Schwatz mit der Nachbarin einlassen, als wäre das gerade die wichtigste Beschäftigung. Ich sehe voll Staunen, daß sie sich nicht – wie ich – mit äußerster Anstrengung um Geduld und Anstand bemühen müssen, sondern daß es für sie selbstverständlich ist, sich von demjenigen unterbrechen zu lassen, der auf sie angewiesen ist. Offensichtlich wird das Lästige von ihnen nicht nur als Last empfunden.

Was ihre Arbeit unterbricht, scheint sie manchmal in einem gewissen Sinn zu befreien – die Entscheidung darüber, was das Nächstliegende in ihrer allzu vielen Arbeit ist, wird ihnen abgenommen. Wenn das weinende Kind die Priorität des Handelns diktiert, so wirkt das im Augenblick wie eine Beruhigung im Ansturm des vielen, was zu tun ist. Der Gast bringt Neuigkeiten; von ihm her ergibt sich eine Reihe von Veränderungen, die bewerkstelligt werden müssen – aber er ist es, der dazu bewegt. Diese von außen angestoßene Dynamik scheint für meine Freundinnen etwas Erfrischendes zu haben. Auch durch das Hilfegesuch der Nachbarin, das nun wirklich als lästig empfunden werden könnte, kommt etwas Entlastendes von außen in diesen alltäglichen Kampf mit dem Mangel. Ob es die Einsicht ist, daß andere es noch schwerer haben, oder auch das einfache Gefühl des Nicht-Alleinseins: beides tröstet und vergrößert zugleich die Kräfte.

Ich erlebe nur von außen, daß sie sich von dem abhalten lassen, was sie eigentlich vorhaben. Daher bleibt mir der Zweifel am Sinn einer solchen Störbarkeit. Sie ist für mich ermüdend, manchmal nahezu unerträglich. Wenn sich die Armen von dem Menschen anrühren und in Bewegung setzen lassen, der gerade jetzt und hier ihre Hilfe braucht, tun sie nach meinem Ermessen oft etwas Unmögliches. Gerade wenn ihnen das Wasser bis zum Hals steht, wenn sie allen Grund hätten zu sagen: „Schluß, ich kann nicht mehr, ich muß mich erst darum kümmern, wie ich mit dem fertig werde, was ich schon an Schwierigkeiten habe ..." – gerade dann sagen sie „ja" zu einem neuen Hilferuf.

Und zwar gilt ihre Bereitschaft, sich unterbrechen zu lassen, gerade für den leisen Hilferuf, den man nur in der Nähe hört. Langfristige Verpflichtungen, auch wenn sie dem weit gesteckten Ziel einer gerechteren Gesellschaft dienen, müssen da zurückstehen. Das habe ich häufiger mit Verblüffung miterlebt. Der Bericht von einem Tag, den ich mit Nenem an ihrem Ort im Innern des Bundesstaates Ceará verbracht habe, kann zur Veranschaulichung dienen. Nenem ist eine junge Lehrerin, die mit mir die Erwachsenenalphabetisierung aufgebaut hat. Ihr Hunger und Durst nach Gerechtigkeit sind bestimmend in ihrem Leben.

21.05.1993, Poranga. Nach einem Gespräch am Vorabend mit zwei jungen Lehrerinnen, die Alphabetisierungs- und Basisbildungsarbeit mit Erwachsenen beginnen wollen, komme ich frühmorgens zu Nenem in das Haus, das auch Sitz der Lehrerinnengewerkschaft und Anlaufstelle für Ratsuchende ist. Wir haben verschiedene Arbeiten miteinander verabredet. Beim Kaffee erfahre ich Neuigkeiten und erzähle; die meisten Nachrichten betreffen Lehrerinnen, die entlassen worden sind, aber auch Eltern, die Mut bekommen, für einen besseren Unterricht ihrer Kinder zu kämpfen. Nenem hat in diesem Monat nicht ihr „Gehalt" bekommen – ein Zehntel des Mindestlohns. Da sie schon seit längerem auf der Liste derer steht, von denen sich der frühere und auch der jetzige Bürgermeister befreien möchte, glaubt sie, nun auch entlassen worden zu sein. Ein erster Gang heute morgen soll also zur Gemeindeverwaltung führen. Dort warten wir; eine Freundin schaut herein, und wir tauschen weitere Neuigkeiten aus. Schließlich kann Nenem mit dem fürs Personal zuständigen Bürgermeistersekretär sprechen, der sich herausredet. Sie sei nicht entlassen – nur für diesen Monat könne ihr der Lohn nicht ausgezahlt werden, weil sie ihr Attest nicht gleich an dem Tag eingereicht habe, an dem sie aus Krankheitsgründen nicht unterrichten konnte. Nenem erklärt mir, daß man versucht, Entlassungen nicht als solche vorzunehmen, weil sie ungesetzlich seien und einer entsprechenden Klage vor Gericht stattgegeben werden müsse. Jetzt sind es zwanzig entlassene Lehrerinnen, und zehn, die ihre Rechte in einem ordentlichen Prozeß einklagen. In diesen Fällen bemüht sich Nenem um einen jungen Rechtsanwalt, der in Arbeiterfragen klar und engagiert berät und verteidigt, aber hoffnungslos überlastet und auch hoffnungslos vergeßlich ist und sich nicht an Vereinbarungen hält. Sie kennt sich schon in der bürokratischen Seite der Einleitung dieser Prozesse aus. Mittlerweile bezahlt sie die Kanzleikosten aus ihrer und unserer Alphabetisierungskasse. Die so hoffnungsvolle Lehrerinnengewerkschaft blutet aus, weil die aktivsten Lehrerinnen entlassen werden und von da an nicht mehr zur Gewerkschaftsarbeit beitragen.

Auf der Straße und im Haus ihrer Tante merke ich: Es sind nicht nur die Lehrerinnen, die Nenem suchen – es sind genauso die Arbeiter der Landarbeitergewerkschaft. Diesmal geht es um die Situation in ihrem Heimatort, hoch und abgelegen in den Bergen. 25% der Familien sind weggezogen, 80% der Jugendlichen sind im Süden auf der Suche nach Arbeit, der Hunger ist groß, viele Familien essen nur einmal am Tag Reis, pro Woche sterben drei kleine Kinder, Grippe mit hohem Fieber und Durchfallerkrankungen herrschen in fast allen Häusern. Die Bewohner haben eine Unterschriftenaktion organisiert, in der sie den Ausbau der Straße hinauf in ihre bisher schwer erreichbare Anhöhe fordern – was sowohl Arbeit und Unterhalt für viele Familienväter garantiert als auch unentbehrlich ist für die Entwicklung des abgelegenen Ortes. Mit dieser Unterschriftenaktion wollen sie – Vertreter ihres Ortes, begleitet von Nenem – zur heutigen Stadtratssitzung gehen. Darum wird Nenems Alphabetisierungsarbeit mit Heranwachsenden, die ich kennenlernen wollte, heute ausfallen.

Kaum sind wir wieder zu Haus – ziemlich spät für das Mittagessen, das wir erst noch kochen müssen – hält auch schon ein Wagen vor dem Haus, der von ihrem Heimatort gekommen ist; fröhlich stürmt eine ganze Reihe junger Leute ins Haus und nimmt von ihm lautstark Besitz. Aus unseren Plänen wird wieder nichts – jetzt will auch vor allem erst mal zu Mittag gegessen werden. Danach versuchen wir, Lücken im Nachmittag für zumindest eine gemeinsame Arbeit zu finden: Eine Zusammenstellung der wichtigsten Daten der Situation, in der sich die Lehrerinnen – und Eltern und Kinder – befinden, halte ich wichtig, um Lehrerinnen in Deutschland zu informieren und zu interessieren, vielleicht, für eine noch zu erfindende Form konkreter Solidarität. Aber da kommt schon ein Vertreter ihrer Ortschaft, um mit ihr zur Stadtratssitzung zu gehen. Er setzt sich und wartet mit jener stillen zähen Geduld, in der sich die in Abhängigkeit lebenden Arbeiter den Autoritäten gegenüber üben. Und es kommt ein Stadtabgeordneter der winzigen Opposition, der an eine entlassene und nun verwitwete Lehrerin erinnert, die ihre für die Rechtsberatung einbehaltenen Dokumente braucht, um ihre Pension zu beantragen. Auch eine Frau, die noch ihren vierzehnjährigen Jungen für die Alphabetisierung anmelden will, setzt sich dazu. Nenem sucht in einem beachtlichen Haufen von Papieren und Ordnern die Dokumente der Witwe, und dann leert sich das Haus.
Ich gehe nicht zur Stadtratssitzung, weil ich todmüde bin. Es war ein chaotischer Tag für mich, einer von vielen dieser Art für Nenem und ein typischer für viele jugendliche Brasilianer, die sich von den Rückschlägen und immer neuen Anläufen und den vielen fast gleichzeitigen Beanspruchungen in ihren Mühen um ein besseres Leben nicht unterkriegen lassen, während mir die tausenderlei Unterbrechungen, Umorientierungen und Vergeblichkeiten dieses Tages Kopfschmerzen machen.

Ich könnte so nicht leben. Muß man nicht auch „nein" sagen können? Die Armen sagen so gut wie nie „nein". Allerdings habe ich oft erlebt, wie sie ausweichend reagieren, wenn es um eine langfristige Beteiligung an bestimmten Arbeiten und um regelmäßige Verpflichtungen oder auch um die Bitte zu einer Mitarbeit geht, in der sie offensichtlich keinen Hilferuf vernehmen können. Bei einem leisen, ganz nahen Hilferuf ist das anders. Da sagen sie ohne zu zögern „ja". Es ist, wie wenn die Balanceakte ihrer Überlebenskunst noch nicht halsbrecherisch genug wären: Nun beladen sie sich beim Balancieren auch noch mit der einen oder anderen fremden Last. Mein Staunen gleicht hier einem atemlosen Zuschauen: Wie lang geht das gut? Niemals habe ich jemanden abstürzen sehen.

Störungen und Umwege und das Sich-aufbürden neuer, fremder Sorgen haben bei meinen Freundinnen eine überraschende Wirkung. Die Störungen machen auf geheimnisvolle Weise ein eigenes inneres Bedürfnis zugänglich. Die Umwege, auf die sie sich von anderen führen lassen, erweisen sich nach einer Weile als ungeahnte Abkürzungen, die einen dem eigenen Ziel schneller entgegenbringen. Die Mehrbelastung wirkt stabilisierend. Das Hören des nahen Hilferufs weckt neue Kräfte zum Helfen. Aufschub und Verspätung können Gelegenheit dafür geben, daß andere aktiv werden, und so überraschend schöpferisch wirken.

Obwohl mein Staunen voller Unverständnis und Zweifel bleibt, muß ich anerkennen, wenn auch immer noch ungläubig, daß es ein guter Weg sein kann, sich vom Weg abbringen zu lassen. Ich selber bin weit entfernt von dem Vertrauen und der Freiheit, die sich in der Störbarkeit der Armen zeigen. Die Störung verändert den bisher vorgesehenen Ablauf der Dinge; und die Armen haben die Freiheit, sich auf diese unvorhergesehene Veränderung einzulassen, und das Vertrauen, daß sie gut ist. Ich weiß nicht, woher sie dieses Vertrauen und diese Freiheit haben. Als Störung erlebe ich alles, was mich davon abhält, ein bestimmtes Ziel zu erreichen, eine bestimmte Absicht zu verwirklichen. Da ich dabei den Blick eher auf mein Ziel und damit in die Ferne gerichtet halte, bin ich behindert in meiner Aufmerksamkeit für das, was mich in der Nähe anruft und aufhalten könnte. Vielleicht nehme ich den leisen Hilferuf deswegen gar nicht wahr. Wenn ich ihn wahrnehme, kann ich nicht auf ihn eingehen. Meine Bezogenheit auf mein Ziel oder meine Aufgabe wirkt sich in einer inneren Unruhe aus, die mich unfrei macht. Mich verfolgt die Vorstellung: ich muß dieser Verpflichtung oder Verabredung nachkommen, denn nur ich kann ihr nachkommen; ich bin unentbehrlich. Ist das ein Bestandteil meiner „anderen Kultur"?

3.2.4.2 Unentbehrlichkeit und Verläßlichkeit

Ich gehe einmal davon aus, daß „wir" – diesmal sind wir, die zu meiner „anderen Kultur" gehören, zusammen mit den Armen gemeint – ein gemeinsames Ziel haben, das uns bewegt – ähnlich wie Jericho das gemeinsame Reiseziel für jene verschiedenen Menschen war, von denen es in der Bibel heißt, daß sie unterwegs von Jerusalem nach Jericho waren. Unsere Art und Weise, uns von unserem Ziel bestimmen zu lassen, unterscheidet uns vielleicht ähnlich wie den Leviten und den Samariter.
Meine brasilianischen Freundinnen schaffen es, sich immer wieder vom Weg abbringen zu lassen, wie der Samariter, der wahrscheinlich auch zu spät oder gar nicht mehr in Jericho angekommen ist.
Wir in meiner „anderen Kultur" ähneln eher dem Leviten, für den es unmöglich war, sich aufhalten zu lassen; die gerechte Sache, deretwegen er nach Jericho eilte, litt keinen Aufschub. Nicht, daß er kein Mitleid gehabt hätte mit dem Ausgeraubten und Verletzten am Wegrand; aber die Aufgabe, die er in Jericho hatte, war wichtiger. Er selber war wichtiger. Auch für den Samariter war es wichtig, nach Jericho zu kommen; auch er hatte dort eine Aufgabe, Menschen, die auf ihn warteten. Aber er selber war nicht so wichtig. Was dort zu tun war,

würde sich auch ohne ihn oder auch später mit ihm erledigen. Der Levit hingegen hatte das Bewußtsein, für seine Aufgabe unentbehrlich zu sein.

Darin erkenne ich mich wieder und uns, die zu meiner „anderen Kultur" gehören. Ohne daß wir uns richtig darüber klar werden, verschiebt sich das, was wichtig ist, von der Sache auf uns selber. Das Ziel, für das wir uns einsetzen, gibt uns Bedeutung; und um dieser unserer eigenen Bedeutung willen können wir uns nicht stören und aufhalten lassen in unserem Bemühen, das Ziel zu erreichen. Unversehens verbindet sich die Bedeutung, die wir unserer Verpflichtung geben, mit der Illusion, daß von uns allein das Erreichen des Ziels abhängt. Wir rechnen nicht damit, daß uns jemand hilft, und lehnen lieber dankend ab, wenn uns jemand helfen möchte. Wir ertragen nur schwer, wenn uns jemand „dazwischen kommt", und würden die Idee für verrückt halten, daß es gerade dieses Dazwischenkommen eines anderen ist, das uns weiterbringt.

Einer der Punkte, bei denen unsere Auswertungsgespräche als Pfarrequipe in São Paulo kritisch wurden, war die Frage, inwieweit einer von uns – gerade auch ich – sich für unentbehrlich hielt; und wiederholt erinnerten wir uns gegenseitig daran, daß wir zu lernen hatten, uns nicht für unentbehrlich zu halten. Ich spürte bei dieser Kritik, daß sie einen wunden Punkt traf; aber nicht nur weil es mir schwer fiel, sie zu akzeptieren, hätte ich mich gern gründlicher mit ihr auseinandergesetzt. Denn eine Einsicht traf zu: Es war befreiend, sich selber nicht für unentbehrlich zu halten – aber konnte man damit die eigene wirkliche Bedeutung – in dem Prozeß des zunehmenden Erstarkens der kleinen Gemeinden z.B. – nicht auch leicht herunterspielen? Konnte man damit Verspätungen und Abwesenheiten nicht auch vorschnell rechtfertigen? Gab es nicht eine echte Unentbehrlichkeit? Was war ihr Kriterium? Die Armen hätten in diesen Fragen vielleicht etwas zu sagen. Für meine Meinung, daß sie uns hier einen Schritt voraus sind, habe ich Anhaltspunkte.

Ich werde nicht vergessen, daß Angelita, wenn sie meiner Sorge wegen unseres Zuspätkommens etwas entgegnen wollte, zwei Perspektiven anzubieten hatte, in denen ich beide Male unser Verhältnis zu unserem Ziel gelassener sehen konnte, obwohl die eine Perspektive die andere ausschloß. Zwei Sätze, gegensätzlich im Sinn und unterschiedlich fast nur in der Betonung: „Sie können ohne uns gar nicht anfangen." – „Sie können auch einmal ohne uns anfangen." Die Perspektive des letzten Satzes enthält mehr als die bekannte Erinnerung daran, daß es gut ist, sich nicht für unentbehrlich zu halten. Sie richtet den Blick darauf, warum es gut ist: Das eigene Fehlen eröffnet eine Chance für die anderen. Zugleich interessiert in dieser Perspektive gar nicht so sehr das Feststellen unserer Entbehrlichkeit oder Unentbehrlichkeit, sondern die Möglichkeit der anderen; sie sind das entscheidende Kriterium.

Die anderen entscheiden, wo meine Anwesenheit unentbehrlich – und wo meine Abwesenheit nötig ist. Wenn die anderen durch meine Abwesenheit die Möglichkeit bekommen, die Initiative zu ergreifen, ist es gerade meine Abwesenheit, die unentbehrlich ist. Wenn das Aktivwerden der anderen an meine Anwesenheit gebunden ist, aus welchen Gründen auch immer, bin ich tatsächlich unentbehrlich. Diesen Fall zeigt die Perspektive des ersten Satzes: „Sie können ohne uns gar nicht anfangen." Dieser Satz bedeutet, daß die Armen eine echte Unentbehrlichkeit kennen; aber diese ist dann durch die anderen, gewissermaßen objektiv, gegeben, so daß ich sie mir nicht beweisen muß durch meine Unaufhaltsamkeit. Gerade diese wirkliche Unentbehrlichkeit kann mir das Vertrauen geben, das nötig ist, um mich aufhalten zu lassen.

Dieses Vertrauen habe ich auch deswegen nicht, weil andere mit mir rechnen. Ich will ihr Vertrauen nicht enttäuschen. Die Tatsache, daß sie mir vertrauen, gibt mir Verantwortung. Das ist ein Wort, das in den Zusammenhang der fehlenden Bereitschaft, sich aufhalten zu lassen, hineingehört. Die Armen, die sich aufhalten lassen vom leisesten Hilferuf: handeln sie, sofern sie andere Verpflichtungen damit vernachlässigen, nicht unverantwortlich? Tatsächlich ist dies für sie einer der Vorwürfe – vielleicht der Vorwurf, von dem sie sich am härtesten getroffen fühlen. Die Zuverlässigkeit in menschlichen Beziehungen, auf die dieser Vorwurf anspielt, ist für sie ein hoher Wert. Aber dem widerspricht gerade nicht, sich aufhalten zu lassen. Wenn die Armen bei einer Verabredung warten müssen, ist dies für sie noch kein Grund, an der Verläßlichkeit des anderen zu zweifeln. Vielmehr ließ er sich vielleicht aufhalten, weil ihn jemand brauchte; und eben das zeigt, daß er verläßlich ist: Einen Menschen, der ihn gerade brauchte, hat er nicht verlassen.

Zwischen einem, der mit seinem Hilferuf stört, und einem anderen, der sich durch ihn stören läßt, besteht dieselbe Verbundenheit wie zwischen zwei Menschen, die sich lieben, und wie zwischen allem Lebendigen. Das drücken für mich folgende Zeilen von Brecht aus:

> „Wisse, Frau, wer einen Hilferuf nicht hört
> Sondern vorbeigeht, verstörten Ohrs: nie mehr
> Wird der hören den leisen Ruf des Liebsten noch
> Im Morgengrauen die Amsel oder den wohligen
> Seufzer der erschöpften Weinpflücker beim Angelus."[67]

Unvorhergesehene Veränderungen, die ihnen ein anderer auferlegt, haben für die Armen Vorrang, weil sie sich mit ihm in einer gemeinsamen Wirklichkeit verbunden wissen. Das Eindringen des anderen in die eigene Zeit und den eigenen Raum, das Umwege und Verspätungen verursacht, gehört zu einer Beziehung, die nicht nur in der eigenen Vorstellung, sondern in der Wirklichkeit gelebt wird; denn diese ist eben auch die des anderen. In diesem Sinn kann die Störung als Testfall für die Echtheit einer Beziehung gelten. Für die Armen gehört die Verbundenheit mit dem anderen so sehr zu ihrer Wirklichkeit, daß sie ihn auf keinen Fall verlassen können, wenn seine Angewiesenheit sie auffordert, sich aufhalten zu lassen.

---

[67] B. BRECHT: Der Kaukasische Kreidekreis, Berlin und Frankfurt 1962, 38.

Damit tragen die Armen in mehrfacher Weise zur Bereicherung von Beziehungen bei. Wenn sie den anderen zu ihrem Nächsten werden lassen, indem sie der durch ihn verursachten Störung den Vorrang geben, definieren sie den Nächsten als den störenden anderen. Zugleich machen sie den störenden anderen zu dem, der ihre Zuverlässigkeit definiert. Schließlich lassen sie mich damit erkennen, daß im anderen die Chance meines Wirklichkeitsbezuges liegt.

3.3 Beziehung der Armen zu Gott

Nicht selten ist mir in den Jahren in Brasilien aufgefallen, wie meine Freundinnen von Gott sprechen und was sie von ihm sagen. Darin äußert sich ein Wissen von Gott, das mich erstaunt – und zwar sowohl hinsichtlich seiner Qualität als auch hinsichtlich seines Inhalts. Gott ist für die Armen ein Vertrauter; und dieses Wissen der Armen von Gott ist ein positives Wissen, das aus eigener Erfahrung stammt, das keine Argumente kennt, und dennoch glaubwürdig ist; besonders in seiner wehrlosen Sicherheit war es mir fremd.

Mir war bis dahin die Unsicherheit meines Wissens von Gott positiv wichtig als eine Form von intellektueller Redlichkeit. Um Gott denkend zu entsprechen, meinte ich, können wir nur Suchende sein und uns um immer neue Annäherungen bemühen, müssen wir an Identifizierungen Gottes immer wieder Zweifel und Kritik anmelden und positives Wissen hinterfragen und dürfen wir nur ein der unendlichen Andersheit Gottes sich öffnendes Nicht-wissen akzeptieren.

Erst als ich in Gesprächen mit den Armen ihr Unverständnis für die von mir gepflegte Unsicherheit zu spüren bekam – ein Unverständnis übrigens, das vom Nichtwahrhabenwollen und Überhören meiner angemeldeten Zweifel über ihre ein wenig achselzuckende Einordnung als zugehörig zu meiner „anderen Kultur" bis hin zur besorgten Frage nach meinem Glauben reichte – fragte ich mich, ob mir meine Unsicherheit nicht auch als Schutz wichtig war. Sichere fordern zur Kritik heraus – Unsichere bieten kaum Angriffsfläche, Unsicherheit selber ist unangreifbar. Sie sichert eine geheime Überlegenheit. Ich habe Fragen, Zweifel, Argumente – auch wenn sie vielleicht nicht meine eigenen sind, aber ich kenne sie. Indem ich sie benutze, bevor sie gegen mich gerichtet werden, bin ich stärker als diejenigen, die nur ihre eigene Erfahrung haben. Meine Erfahrung mit Gott gebe ich nicht preis; vielleicht kenne ich sie gar nicht – so wirkungsvoll schütze ich mich durch meine Unsicherheit davor, mir selber nahe zu kommen. Die wehrlose Sicherheit der Armen entwaffnete mich.

3.3.1 Sicherheit des Wissens von Gott

Die Sicherheit ihres Wissens von Gott, die mir in manchen Gesprächen mit den Armen aufgefallen ist, hat damit zu tun, daß sie im Leid erfahren sind. Ihre Leiderfahrenheit gibt dem Wissen der Armen jene Sicherheit, die mich von „theologischer Autorität" sprechen läßt.

3.3.1.1 Theologische Autorität der Leidenden

> *04.05.1993, Poranga. In seiner Predigt fragt der Pfarrer: „Wo ist Gott, wo begegnen wir ihm?" Unter den Frauen in der Kirche von Poranga antwortet Tereza, eine Wäscherin, als erste: „Er ist in unserer Mitte", und als der Pfarrer weiterfragt: „Wie begegnen wir Gott, in welcher Gestalt?" spricht Tereza ohne Zögern weiter: „In denen, die am meisten zu leiden haben ..." Ein solcher Dialog ist in Deutschland schwer vorstellbar – und nicht etwa, weil in Brasilien mehr gelitten würde oder die Leute frömmer wären. Er gehört für mich nach Brasilien, weil hier der Respekt vor denen, die leiden, anders ausgeprägt ist. Dieser Respekt ist eine oft völlig folgenlose Haltung; aber als Respekt vor einem Geheimnis existiert er auch dort in Brasilien, wo niemand so sprechen würde wie Tereza. Er ist Respekt vor dem mit dem Leiden verbundenen Wissen. Für dieses Wissen ist Tereza selbst das beste Beispiel. Nur die, die leiden, wissen ... haben die Autorität von Wissenden.*

Ich hatte manches Mal Gelegenheit zu beobachten, welch eigentümlich widersprüchliche Haltung Reiche in Brasilien denen gegenüber einnehmen, die zu den Ausgeschlossenen und Unberührbaren gehören. Sie mögen ihnen gegenüber Verachtung oder sogar Abscheu hegen, aber das zeigen sie ihnen nicht durch ein entsprechendes Verhalten. Im Gegenteil, sie gewähren einem sofredor so etwas wie einen Schutzraum für sein elendes Leben – an dessen Ende sie ihm dort, wo er zum Stadtbild gehörte und allen bekannt war, wie „o Fogo" in Poranga, sogar das Totengeleit einer bedeutenden Persönlichkeit geben. Zugleich gehört zu diesem Schutz eines „Leidensraums", daß die Reichen nichts zur Veränderung der Situation unternehmen, unter der die Armen leiden.
In ihrem „Respekt" ist Angst vor den sichtbar Leidenden, wie wenn diese eine Möglichkeit leben, die nur zufällig nicht die der anderen ist und wie wenn es nicht nur eine bedrohliche Möglichkeit ist, in der Haut des Armen zu stecken, sondern auch eine Möglichkeit, mit der sich eine geheime Macht verbindet. Es mag die Macht eines Wissens sein, das den Reichen immer unzugänglich bleibt, und es mag auch – so kam es mir manchmal vor – die Macht des Richtens über die Reichen sein, die vom Leben nicht zugerichtet werden.

Von Terezas Leidensgeschichte kenne ich ihren Alltag als Wäscherin. Sie steht – wie viele Frauen in Poranga – schon in den ersten, noch kalten Morgenstunden bis zu den Hüften in einem Wassergraben am Rand der kleinen Straße, welche die von einem nie versiegenden Wasserauge getränkte grüne Niederung durchquert. Wenn sie nach vielen Stunden Seifen, Schlagen, Bleichen, Spülen, Wringen den riesigen Berg Wäsche zusammenpackt und wieder zu einem jetzt sauberen und vor Nässe ungleich schwereren Ballen verknüpft, den sie scheinbar mit Leichtigkeit auf dem Kopf zum Haus seiner Besitzerin balanciert, bekommt sie im Tausch dafür nicht einmal ein Kilo Reis.
Was Terezas Religiosität angeht, so zehrt ihr Glaube mehr vom Erleben bei der Wallfahrt – einmal im Jahr – zum Heiligtum des heiligen Franziskus mit den Wundmalen als vom alltäglichen Gemeindeleben.

Als der Pfarrer nach dem Ort der Gottesbegegnung fragt, antwortet Tereza, als hätte er jenen formelhaften Dialog zwischen Priester und Gemeinde mit dem Gruß begonnen: „Der Herr sei mit euch!" Denn die Antwort lautet in Brasilien nicht: „Und mit deinem Geist" – sondern: „Er ist in unserer Mitte." Es mag aus diesem Grund sein, daß der Pfarrer nicht auf ihre Antwort eingeht, sondern noch einmal fragt: „Wenn er unter uns ist: wie, in welcher Gestalt begegnen wir ihm dann?" Und nun kommt Terezas Antwort mit einer Schnelligkeit, die zeigt, daß auch die selbstverständliche Schnelligkeit der ersten Antwort nichts damit zu tun hat, daß hier eine Formel zur Verfügung stand, sondern daß sie der Sicherheit ihres Wissens entspricht. Ohne Zögern, ohne Nachdenken weiß Tereza, daß Gott unter „uns" gegenwärtig ist, weil es in unserer Mitte immer auch solche gibt, die leiden, und weil Gott gerade bei denen ist, die am meisten leiden. Sie hat das Dasein Gottes in ihrem Leiden erfahren; sie weiß, wovon sie spricht. Ich weiß es nur von außen. Ich bin von Terezas Leiden verschont geblieben und meine, wenn ich vom Leiden spreche, eher das Leiden anderer. Ähnlich wie mir geht es allen, die nicht zu den Armen und Ausgeschlossenen gehören.

Für uns ist es das Leiden, das uns an Gott zweifeln läßt; es wird uns zum Anklagepunkt gegen Gott und zum Argument gegen seine Gegenwart. Dagegen entnehmen die Armen gerade dem Leiden ihre Sicherheit über die Gegenwart Gottes. Ich merke in mir so etwas wie ein intensives Warten auf Erklärung. Ist es das Wunder, das die Psalmen immer wieder ansprechen: ich war krank, kannte Schmerzen, wurde verleumdet, ausgeschlossen aus dem Kreis der Freunde, ich wurde verfolgt, die Leiden schlugen über mir zusammen ... aber ich wurde nicht zuschanden? Ist es die Erfahrung des Gehaltenwerdens im Leiden, die Unausrottbarkeit der Hoffnung, die Erfahrung der Widerständigkeit, der Auferstehung des Lebens mitten im Tod? Ich empfinde Scheu davor, nachzufragen. Eine Erklärung, ein Argument haben sie nicht, die Armen, nur die Autorität ihres Wissens, das aus eigenem Leiden stammt. Diese Sicherheit der Leidenden hinterläßt bei mir so etwas wie ein achtungsvolles Aushalten meiner Unerfahrenheit.

Ich gebe in mir der Unsicherheit angesichts fremden Leidens Raum; sie ist zugleich eine schweigende Unsicherheit in bezug auf Gott. Die Armen lassen mich eine Dimension der Unsicherheit über Gott entdecken, die Respekt ist vor der Unzugänglichkeit, der Unbegreiflichkeit, der undurchdringlichen Fremdheit des Leidens – die es sowohl für diejenige hat, die es nicht von innen kennt und am eigenen Leib erfahren hat, als auch für die Leiderfahrenen selber. Die Armen, die mir in ihrer Leiderfahrung überlegen sind, haben Sicherheit über die Nähe Gottes im Leiden – aber ihr Leiden wird ihnen deswegen nicht begreiflich. Meine Unsicherheit über Gott wahrt – für die Armen mit – den Fremdheitscharakter ihres Leidens, in dem es sich dem Zugriff des Begreifens entzieht.
In dieser Unsicherheit gibt es eine positive Bewertung des Zweifels, nicht um über die wehrlos Sicheren überlegen zu sein, sondern um nicht bei einer vorschnellen Sicherheit stehenzubleiben. Dieser Zweifel wird den Glauben an die Gegenwart Gottes im Leiden nicht in Frage zu stellen, sondern er wird ihn stärken, indem er dazu antreibt, ihn zu reflektieren. Dieser Zweifel wird das Bild

vom leidenden – und uns gerade im Leiden ähnlichen – Gott nicht antasten; er wird es vielmehr offen halten für das Bild von Gott, der sich für die Befreiung seines unterdrückten Volkes engagiert.

Das Überzeugtsein der Armen von Gottes Dasein in den Leidenden stützt sich auf ihren Glauben, der wiederum – das zeigt sich auch an Tereza – vor allem von der persönlichen Beziehung zu denen lebt, die gelitten haben und im Leid von Gott stark gemacht wurden: zu ihnen gehören der Gekreuzigte und auch – allen anderen voran – der heilige Franziskus mit den Wundmalen. Ich mußte mich in Poranga erst daran gewöhnen, daß die Leute in Franz von Assisi ihren Heiligen nicht wiedererkannten. Ihre ganze intensive Verehrung gilt dem von seinem Leiden körperlich gezeichneten Franziskus. Nicht „Francisco de Assis", sondern „Francisco das chagas", der von den Wundmalen gezeichnete Franziskus, ist der Heilige des Volkes[68]. Er gehört zum Erbe der portugiesischen Einwanderer und der missionierenden Franziskaner; aber mehr noch entspricht er dem geistigen Erbe der früheren indianischen Bevölkerung. Dank deren Religiosität ist das Gedenken der Toten stark in der Bevölkerung des Ceará verankert; und auch darum nimmt in ihrer Frömmigkeit Franziskus mit den Wundmalen einen herausragenden Platz ein.

Die Bedeutung für die Verstorbenen, die Franziskus seit jeher zugeschrieben wird, bezeugen die „Fioretti". Dort spricht Christus zum stigmatisierten Franziskus: „So wie ich am Tag meines Todes in die Unterwelt hinabstieg und alle Seelen, die ich dort antraf, kraft meiner Wundmale befreite und zum Paradies führte, so gebe ich dir die Vollmacht ..., daß du nach deinem Tod jedes Jahr an deinem Todestag ins Fegefeuer gehst und von dort alle Seelen ... befreist und kraft deiner Wundmale, die ich dir gegeben habe, zum Paradies führst."[69] Die Bedeutung, die der stigmatisierte Franziskus für die Verstorbenen hat, wird ihm wegen seiner Christus-Ähnlichkeit zugeschrieben; und aufgrund seiner Christus-Ähnlichkeit ist Franziskus mit den Wundmalen auch der Heilige der Lebenden, besonders unter den Ärmsten im Nordosten. Ihm vor allem gelten Novenen, Wallfahrten – nach Canindé, dem nach Assisi meistbesuchten Franziskus-Wallfahrtsort der Welt – und eine Verehrung, wie sie dem leidenden und gekreuzigten Jesus selbst entgegengebracht wird. Die Wundmale des Gekreuzigten, die Franziskus empfangen hat, rücken ihn in unmittelbare Nähe zu Jesus. Es ist, wie wenn in seiner Person dem Leiden des Gekreuzigten mehr Zeit gegeben würde, um durchlebt zu werden, und wie wenn so den Leidenden für die Dauer ihres Lebens ein Freund beigegeben würde, der sich auskennt im Leiden. Jesus-der-Schmerzensmann, Maria-die-Schmerzensmutter und der Schmerzensbruder Franziskus bilden so etwas wie die Dreieinigkeit im Credo der Armen des Nordostens.

---

[68] Die in diesem Abschnitt zusammengetragenen Beobachtungen und Gedanken zur Franziskus-Frömmigkeit im Ceará habe ich einem Artikel von D. BADER entnommen: „Franziskus, der Schmerzensmann", in: D. BADER: „Aber Gott ist gut" (missio-Reihe 12), Aachen 1995, 51-55.

[69] A.a.O., 54f.

Seine Wundmale machen Franziskus zum lebenden Bild des Gekreuzigten, so wie der Gekreuzigte das Bild des leidend anwesenden Gottes ist. Leiden und Anwesenheit Gottes gehören so eng und untrennbar zusammen wie Leiden und sicheres Wissen von dieser Anwesenheit Gottes. Wissen hat hier den Sinn von Erkennen und Wiedererkennen und von Identifizieren. Solches Wissen wird durch das Leiden ermöglicht, weil es Spuren hinterläßt – Verletzungen, Male, Wundmale. Zugleich ist es das Leiden, das Zugehörigkeit und Verbindung schafft zwischen Jesus und den Armen, zwischen den Armen und Franziskus. Gott selber wissen die Armen als zu sich gehörig, weil er leidet; und weil Gott leidet – im Gekreuzigten, in dem Mann mit den Wundmalen und in ihnen selber, die von Hunger, ungerecht harter Arbeit, von Krankheit und Verachtung gezeichnet sind – ist er für die Armen erkennbar.

Ich spüre in mir Scheu und Befremden, aber manchmal auch so etwas wie Widerwillen und Zorn angesichts der Zärtlichkeit, mit der die Armen gerade die vom Leiden entstellten Züge derer, die Gott sichtbar machen, betrachten und berühren: Wie können sie eine solche Liebe gerade zu dem vom Schmerz gequälten Gesicht Gottes haben? Akzeptieren sie damit ihr eigenes Leiden nicht in einer Weise, die es unmöglich macht, gegen das Unrecht des Leidens zu kämpfen? Werden sie je fragen, warum Gott es zuläßt, oder warum er eine Welt und Menschen zuläßt, die ihr Leiden verursachen? Werden sie sich je gegen Erklärungen wenden, die das Leiden als gottgewollt hinstellen?
Bevor sie Gott nach dem Grund und Sinn ihres Leidens fragen, haben sie Gott schon als den erkannt, der wie sie vom Leiden angetastet ist. Diese Fähigkeit der Armen, Gott als einen der ihren wiederzuerkennen aufgrund der Spuren, die das Leiden an Gottes nächsten Freunden hinterlassen hat, macht es ihnen möglich, die Gegenwart Gottes im Leiden anders zu verstehen: Es verherrlicht das Leiden nicht, daß Gott es für sich selber akzeptiert hat; vielmehr ist es für die Armen ein Trost, daß Gott, der Herr, gelitten hat wie sie. Ihnen ist die Entstellung des Herrn durch das Leiden, das ihn den Verachteten ähnlich macht, das kostbarste Geschenk, das jedoch nicht eine Verherrlichung der Entstellten bedeutet. Die Zugehörigkeit Gottes zu denen, die die Male eines ungerechten, schmerzenden Leidens an sich tragen, das den Körper zerstört, den Geist unendlich ermüdet und die gesellschaftliche Bedeutung der Person ruiniert: vor allem diese Zugehörigkeit, ja Ähnlichkeit Gottes scheint es mir zu sein, welche die theologische Autorität der Leidenden begründet. Sie ist der Grund für ihr Vertrauen.

3.3.1.2 Vertrauen der Machtlosen

17.08.1986, Juazeiro da Bahia. Mit Mecé unterwegs in ihrer Heimat Bahia. Versammlung der Stadtrandgemeinden von Juazeiro, einer schnell wachsenden kleinen Stadt im Landesinnern. Nach der Analyse der derzeitigen wirtschaftlichen, sozialen und politischen Situation in Form von Dramatisierungen sieht die Arbeitsgrundlage des Treffens, das auf die im November stattfindenden Wahlen vorbereiten soll, Gruppenarbeit zu zwei Fragen vor: „In wen können wir angesichts dieser Situa-

tion das Vertrauen haben, daß er unsere Rechte verteidigt?" In unserer Gruppe kommt als Antwort: „Wir können nur einem vertrauen, der arm ist, von Not und Hunger gezeichnet wie wir ..." Die zweite Frage gilt der neuen Verfassung, die von einem Teil der im November gewählten Abgeordneten erarbeitet werden wird: „Was soll in das Gesetz eingehen, um die Rechte des Arbeiters zu verteidigen?" Da meint eine Frau bedächtig: „Ein Herz, das Leiden kennt ..."

Die legitime Frage danach, wer und was der Verteidigung der Rechte der Armen förderlich ist, wird im Text der Arbeitsgrundlage mit der Frage nach dem Vertrauen verbunden. Es geht darum, in welchen von den politischen Kandidaten die Armen das Vertrauen haben können, daß er ihre Rechte verteidigt. Die Antwort ist klar: „Wir können nur einem vertrauen, der arm ist."

Vielleicht wäre die Antwort anders ausgefallen, wenn die Frage gelautet hätte: „In wen können wir das Vertrauen setzen, daß er unsere wirtschaftliche Situation verbessert?" Denn dafür kann ihrer Meinung nach eigentlich nur jemand sorgen, der selber wirtschaftliche Macht hat. Die Mehrheit der Armen ist es wahrscheinlich nicht, die – im Zusammenhang der wirtschaftlichen Verbesserung – dem anderen Armen mehr vertraut als dem Reichen und Mächtigen; aber der Zusammenhang der Verteidigung der Rechte ist ein anderer. Vertrauen, daß er oder sie ihre Rechte verteidigt, können die Armen nur in den Menschen setzen, der von Armut und Leiden gezeichnet ist, weil er ihnen darin ähnlich ist.

24.08.1986, auf einem Dorf in der Bahia. Ein Bauer, der zu einer Veranstaltung der PT (Partido dos Trabalhadores/Arbeiterpartei) unterwegs ist, erklärt mir: „Ich schenke den Mächtigen schon lange kein Vertrauen mehr – ich nicht, und auch mein Vater, mein Onkel und meine ganze Familie nicht ..."

Hier wird in einer negativen Formulierung das bestätigt, was eben noch positiv hieß: „Wir können nur einem vertrauen, der arm ist und von Not und Hunger gezeichnet ist wie wir." Interessant ist, daß sich in dieser positiven Formulierung als Subjekt ein „wir" bekennt, während in der ausdrücklichen Aufkündigung des Vertrauens zu den Mächtigen ein einzelner als „ich" Stellung bezieht und seine Stellungnahme dann durch die Familie und durch diejenigen, die in ihr die Autoritäten sind, verstärkt. Was heißt das nun: den Mächtigen kein Vertrauen mehr schenken? In diesem kurzen Gespräch wird es als politische Entscheidung deutlich: Der Bauer geht zu einer Veranstaltung derer, die nicht die Macht haben; ihnen schenkt er Vertrauen, durch sein Interesse, durch seine Teilnahme und seine Stimme.

Kann die Aufkündigung des Vertrauens in die Mächtigen als Hinweis auf eine religiöse Haltung verstanden werden? Dann heißt dieser einfache Satz, daß auch das Vertrauen in Gott ihm nicht in erster Linie deswegen gilt, weil er der Mächtige ist. Ich denke an die Kraft spendende, Hoffnung stärkende Gegenwart Gottes im Leiden: Handelt es sich bei dieser Erfahrung Gottes nicht auch um die

Erfahrung eines Mächtigen? Für meine Begriffe ist das fast notwendig so – für viele Arme ist es anders: Da ist es nicht der Stärkere, der mich stark macht, sondern der, der genauso schwach ist wie ich.
Die Gemeinsamkeit in der Schwäche vermittelt eine andere Erfahrung von Stärke als die Anlehnung des Schwachen an den Stärkeren. Der Stärkere kann dem Ohnmächtigen seine Macht gewissermaßen leihen, aber der Schwache wird dadurch nicht selber stärker. Im Gegenteil: es vergrößert die Macht des Stärkeren, daß er sie dem Schwächeren zu dessen Unterstützung zur Verfügung stellen kann, und es vergrößert auch die Schwäche des Machtlosen, daß er auf einen Mächtigeren angewiesen ist. Der Machtunterschied wirkt sich im Grunde immer zugunsten des Mächtigeren und zuungunsten des Schwächeren aus. In der Gemeinsamkeit der Ohnmacht hingegen liegt ein gegenseitiges Erkennen und Anerkennen der Machtlosen, durch das sie selber stärker werden.

Aber was ist mit der Mehrheit der Armen und Ausgeschlossenen, die doch wieder die wirtschaftlichen Machthaber wählen? Tun sie das, weil sie ihnen Vertrauen schenken? Muß dann auch Gott nicht doch für sie der Mächtige sein, um ihr Vertrauen zu bekommen? Der Akt des Wählens hat in seiner Bedeutung kaum etwas mit einer Vertrauenskundgebung zu tun. Vielmehr geht es um einen Handel: die Stimme eines Machtlosen gegen den Gunsterweis eines Mächtigen. Dieser Handel bestimmt oft auch das Verhältnis zu Gott. Er bedeutet jedoch weder auf politischer noch auf religiöser Ebene, daß der Machtlose dem Mächtigen Vertrauen schenkt – im Gegenteil! Er ist eher ein Beweis für Mißtrauen und Furcht: Die eigene Gabe soll die Gegengabe des Mächtigen sichern. Das Vertrauen der Armen jedoch gilt jenem, der wie sie machtlos und schwach ist. Dabei kann das Bewußtsein der Verbundenheit in der Unterdrückung eine Stärkung bedeuten.

> *11.04.1987, São Paulo, Samstagnachmittag. Unterricht in der „Schule der Dienste" (escola dos ministérios). Ich beginne, mit einer Gruppe von ungefähr zwanzig Frauen und Männern zu arbeiten, die später mit der Vorbereitung auf die Taufe und der Durchführung der Tauffeiern beauftragt werden.*
> *Thema der ersten Stunde ist die Geschichte der Kirche. Auf die Frage, wie die Kirche entstanden sei, kommt spontan und überzeugt die überraschende Antwort: „Aus dem Leiden, der Not der Unterdrückten..."*

Jene, die sich hier auf die Übernahme spezifischer Dienste in den Gemeinden vorbereiten, haben das Bewußtsein, daß die Armen die Unterdrückten sind, weil das auch ihr Selbstbewußtsein ist. Ihr eigenes Leiden würden sie als durch Unterdrückung verursachte Not beschreiben. Diese durch Unterdrückung verursachte Not benennen sie – wieder mit der zweifelsfreien Sicherheit der Wissenden – als Grund für das Entstehen der Kirche. Diesmal verblüfft mich nicht nur diese Sicherheit, sondern auch ihr Gegenstand.
Ich habe nach dem Entstehen der Kirche gefragt und erwarte ein Zurückgehen auf das biblische Zeugnis, beispielsweise ein Anknüpfen an Abschnitte aus der Apostelgeschichte. Statt dessen wird etwas für mich völlig anderes genannt, was

mich meine Frage für mich selber noch einmal neu und anders stellen läßt: Was hat die Not der Unterdrückten mit dem Entstehen der Kirche zu tun?

Von den Teilnehmern an unserer theologischen Schule kenne ich viele als in ihren Gemeinden engagierte Laien. Sie haben offensichtlich nicht zuerst eine allgemeine Vorstellung im Sinn, wenn sie von Kirche sprechen; im Unterschied zu mir denken sie dabei spontan ganz konkret an sich selber. In welcher Weise sind sie Kirche?

Sie kommen zu Gebet und Bibellesung zusammen, zum Singen und zum Gespräch miteinander, zum Feiern und zum Teilen ihres Lebens und dessen, was sie zum Leben haben. „Partilha" ist in Brasilien ein zentraler Begriff, dessen existentielle Dimension in unserem Wort „teilen" nicht mitschwingt. Er findet am ehesten eine Entsprechung in der für uns nicht leicht nachvollziehbaren Zeile der Apostelgeschichte, in der es heißt: „sie hatten alles gemeinsam". Die zur „partilha" zusammenkommen, betrachten sich als Kirche. Daß die Armen zur „partilha" zusammenkommen, hat mit der Not zu tun, die sie als Unterdrückte leiden. In ihrer Not brauchen sie einander, brauchen sie das Zusammenkommen, das Einander-anhören, Trösten und Hoffnungmachen. Sie wissen, gerade als Unterdrückte, daß Gott – in Jesus – zu ihnen gehört und daß sie sich durch ihr Leiden in seiner Nähe befinden. Sie nehmen ihr Leben als ein ständig neues Wunder aus der Hand eines guten Vaters entgegen, den sie dafür loben. Sie erkennen in ihrer äußerlich durch nichts gerechtfertigten Hoffnung das Werk des Geistes, den sie den Himmlischen nennen – „o Divino" ist der volkstümliche Ausdruck für den heiligen Geist. Als Unterdrückte erfahren sie in ihrem Zusammenleben in Geschwisterlichkeit eine andere Freiheit – eine Freiheit, die vielleicht mit dem Begriff „Reich Gottes" gemeint ist.

Wenn ein solches Leben in der geheimnisvollen Nähe des Reiches Gottes, eine solche Beziehung zum Sohn, zum Vater und zum Heiligen Geist wesentliche Merkmale von Kirche sind, dann ist die Not der Unterdrückten ein kirchenbildendes Motiv. Das wissen die Armen mit zweifelsfreier Sicherheit.

3.3.2 Gott als Vertrauter

Die Sicherheit des Wissens, das die Armen von Gott haben, gründet sich darauf, daß sie ihn im Leiden als einen der ihren erkennen. Damit ist schon deutlich geworden, daß Gott für die Armen ein Vertrauter ist. Mehrfach habe ich hierin die Verschiedenheit der Armen erfahren: Gott ist ihnen ein Vertrauter – in seiner Andersheit und erst recht in seiner Ähnlichkeit.

3.3.2.1 Vertraute Ähnlichkeit Gottes

14.02.1985, São Paulo. Ich gehe – wie jeden Donnerstag – zur Erwachsenenschule in der Straße, die überschwemmt wurde. Die „kleine Schule" ist, nachdem sich das Wasser ein wenig abgelaufen ist, Feuchtigkeit, Schimmelgeruch und Ratten verschwunden sind und der Flußspiegel wieder gesunken ist, in Mecés Hütte eingezogen, bis zum Fertigwerden des Gemeinderaumes in der höhergelegenen Parallelstraße. Als wir vor einer Woche, am 7. Februar, wieder anfingen und uns daran erinnerten, was wir eigentlich in unserer kleinen Schule lernen, kamen überraschende Beiträge: „Wir lernen, was das ist: eine Zusammenkunft, eine Gruppe, Kommunikation, daß es einen Wert hat, sich auszutauschen, zusammen für etwas zu kämpfen ..." Heute regnet es, und ich rechne fest damit, daß niemand erscheint, aber um halb neun sind doch einige beisammen. Rosalina und Quitéria formen Worte und Sätze mit Silbenfamilien von „fa-mi-li-a"; Damião bemüht sich noch, die Silbenfamilien wiederzuerkennen; Edite, die mit dem Lesen weniger Schwierigkeiten hat, möchte ihre Schrift verbessern und übt Kaligraphie; Tita, die geistig behindert ist und über das Imitieren und Auswendiglernen von Schriftzügen nicht hinauskommt, schreibt einen Satz ab, den sie interessant findet; Mecé liest langsam aus einem Buch vor „Deus Negro", und im Lesen fragt sie: „Wie ist das eigentlich: ist Gott nun wirklich schwarz/Neger?" Edite stellt sich Gott braun vor („moreno") aber Rosalina findet: „Ja, er muß wohl schwarz sein, denn er ist demütig („humilde")."

Sooft ich mich an diese Bemerkung erinnere, erstaunt mich das in ihr geäußerte Wissen von Gott immer von neuem, seine umwerfende Sicherheit und sein Inhalt. Da geht es um zwei Aussagen über Gott: „Er ist demütig" und „Er ist schwarz, denn er ist demütig". Was die Aussage „Gott ist demütig" beinhaltet, wird deutlicher, wenn man weiß, wie die Armen das Wort „demütig"/ „humilde" sonst gebrauchen. Es gehört nicht – wie bei uns – zu einer religiösen oder altertümlichen Sprache, sondern zum alltäglichen, oft gebrauchten Wortschatz. Nicht nur bei den Armen, sondern allgemein ist das Wort „demütig", ein beliebtes Wort. Es beschreibt Menschen, die nicht viel zu wissen oder zu können meinen, die ihren Mitmenschen nicht das Gefühl geben, ihnen unterlegen zu sein, die nichts tun, um Beachtung zu finden und sich Achtung zu verschaffen. Besonders die Armen nennen sich selber demütig; und sie sind es. Sie sind mittellos, ohne Macht, in ihrer Vorstellungskraft auf das Jetzt beschränkt. Daher meinen sie nicht, viel zu wissen oder zu können. Sie sind sich ihrer Bedeutungslosigkeit bewußt und immer bereit zu warten. Ihre gleichbleibende Freundlichkeit ist ihre einzige Verteidigung. „Gott ist mittellos, schwach, langsam, anspruchslos, freundlich, scheu, unscheinbar ..." das alles steckt in der Aussage „Gott ist demütig"! Meine Reaktion des Befremdens ist eindeutig: So würde ich spontan von Gott weder denken noch sprechen.

Für mich hat das, was die Armen mit „demütig" meinen, einen eher negativen Beigeschmack: Wenn sie sich selber, dem eigenen Hoffnungswissen und der eigenen Fähigkeit des Widerstehens, keine Bedeutung geben, wenn sie immer mit dem letzten Platz vorliebnehmen, wenn es ihnen nicht wichtig ist, sich Achtung zu verschaffen, dann machen sich die Armen selber noch ärmer; dagegen wehre ich mich. Für die Armen jedoch gibt es nichts Positiveres. Die höchste Auszeichnung, die sie für einen Menschen haben, ist es, ihn demütig zu nennen. Das bedeutet, er ist ihnen ähnlich, er ist ihnen nah, er vermehrt nicht ihr Leiden, er teilt es mit ihnen und erleichtert ihre Last; und das ist es, was sie von

Gott wissen. Er ist ihnen ähnlich – darum wissen sie, daß Gott demütig ist. Dieses Wissen ist für die Armen so unzweifelhaft sicher, daß sie es zur Begründung eines noch nicht so selbstverständlichen, sondern erst neu entdeckten Wissens heranziehen: „Gott muß wohl schwarz sein, denn er ist demütig."

Diese Vorstellung von Gott ist neu; sie muß besprochen werden. Es sieht nicht so aus, als käme ihnen die neue Vorstellung gewagt vor. Sie ist ungewohnt – sonst würde Mecé ihr langsames Lesen vom „Schwarzen Gott" nicht stirnrunzelnd unterbrechen. Zugleich ist es ihr, der Negerin[70], wichtig, Sicherheit in bezug auf diese Vorstellung zu bekommen, sonst würde sie nicht fragen. Die anderen Teilnehmerinnen der Erwachsenenschule finden es nicht unmöglich, über diese Frage nachzudenken. Sie nennen die Vorstellung eines „weißen Gottes" nicht – vielleicht gerade deswegen, weil es die herrschende Idee ist. Aber diese Idee verbietet es nicht, eine andere Vorstellung in Betracht zu ziehen; und sie wird auch nicht ausdrücklich dadurch ausgeschlossen, daß eine Teilnehmerin – übrigens die hellhäutigste in der kleinen Gruppe – sich dafür entscheidet, daß Gott wohl schwarz sein muß. Diese Entscheidung ist völlig inoffensiv. Sie stützt sich einfach auf das sichere Wissen „Gott ist demütig" und auf die weit verbreitete Erfahrung, daß von allen Armen und Ausgeschlossenen die Neger diejenigen sind, die mit der größten Wahrscheinlichkeit demütig sind.

Über die Neger gibt es in Brasilien so viele offen diskriminierende Sprichwörter und subtil verächtliche Sprachwendungen, die gerade die Armen häufig brauchen, und eine so durchgängige – oft auch von ihnen selbst geteilte – schlechte Meinung, daß ich überrascht war, als ich hörte, wie diese Beziehung „demütig – also schwarz, Neger" hergestellt wurde. Denn „demütig" ist für die Armen zutiefst positiv. „Demütig" hat immer auch den Sinn, eine alle Armen verbindende grundlegende Ähnlichkeit zwischen ihnen festzustellen. Wenn Neger als diejenigen unter den Armen gelten, die mit so großer Häufigkeit und Eindeutigkeit demütig sind, daß bei der Eigenschaft „demütig" zunächst an Neger gedacht wird, sind Neger anscheinend auch diejenigen unter den Armen und Ausgeschlossenen, in denen diese sich selbst wiedererkennen. Das bedeutet, daß auch in der Aussage „Gott muß wohl schwarz sein" die Armen die grundlegende Ähnlichkeit Gottes mit ihnen und mit sich feststellen.

Das Wissen der Ähnlichkeit Gottes mit den Armen ist auch die Frucht von Erfahrung. Die Armen machen die Erfahrung, daß Gott ihnen nahe ist, so nahe und in seiner Nähe so treu wie niemand sonst. Und diese Gewißheit, daß Gott in ununterbrochener treuer Nähe nicht von ihrer Seite weicht, begründet ihre Vertrautheit mit Gott, der mit ihnen zusammen unterlegen, ungebildet, hungrig, krank, ausgeschlossen ist und der es ihnen dadurch leichter macht, dies alles auszuhalten.

---

[70] In Brasilien benutzen die ihrer Geschichte und Kultur bewußten Schwarzen, die dieses Bewußtsein pflegen, und die ihrer Bewegung nahestehenden Weißen – zu ihnen zähle ich mich selber – lieber das Wort „Neger" (negro) als das Wort „Schwarze" (preto), weil letzteres nur die Hautfarbe benennt, während ersteres auf alle Aspekte ihrer kulturellen Eigenart anspielt und in diesem Sinn positiv verstanden wird. Siehe unten S. 148.

Gott als den Armen ähnlich und als ihren Vertrauten, als demütig und daher auch als schwarz zu wissen – an diesem Wissen erstaunt mich seine Sicherheit im Sinne der Kühnheit, mit der einfache Worte der Alltagssprache zur Beschreibung Gottes verwendet werden, ohne zu erklären, daß man diese Worte im Grunde nicht verwenden kann, weil Gott ähnlich, aber zugleich ganz anders ist, ohne sie zu rechtfertigen und allen möglichen Gegenreden zu wehren. Das Wissen der Armen von Gott kommt wehrlos daher, ohne sich zu verteidigen und auch ohne anzugreifen. Gerade so läßt es Raum für ein Nicht-wissen.

Diese Weise, von Gott zu wissen, prägt auch die Art und Weise, wie die Armen sich selber wissen. Sie verfügen über kein geschlossenes Wissen von sich. Wenn die Armen als Demütige den demütigen Gott anwesend machen, so öffnet sich dadurch ein wesentlicher Bereich des Nicht-wissens in ihrer Vorstellung von sich selber. Ihr Nicht-wissen hält sie offen dafür, daß Gott selber, unerwartet, unvorhergesehen, unvorstellbar, tätig wird. Das meint die Vorstellung vom „größeren" Gott. Seine Unähnlichkeit als „größerer" Gott ist den Armen so vertraut wie seine Ähnlichkeit.

3.3.2.2 Vertraute Unähnlichkeit Gottes

> *08.06.1985, São Paulo. Samstagmorgen in Itaquera. Die Familien, die an dem „movimento dos sem terra"[71] teilnehmen und darum kämpfen, ein Grundstück mit Baumaterial erwerben zu können, auf dem sie in Gemeinschaftsarbeit ihr Haus bauen werden, erneuern ihre Angaben über ihre soziale und wirtschaftliche Situation.*
> *Besonders unter den 130 an der Bewegung teilnehmenden Familien unseres Viertels – Vila Progresso – sind viele, die kein geregeltes Einkommen haben und mit weniger als einem Mindestlohn ihren Lebensunterhalt bestreiten müssen. Als wiederum eine Frau solche Angaben macht, rutscht mir schließlich die Frage heraus: „Aber wie lebt ihr denn von diesem bißchen?" Sie blickt mich an und antwortet ohne zu zögern mit dem einen Satz: „Deus é maior" – „Gott ist größer."*

Ich war dabei, die kurzen und sehr ähnlichen Angaben der Leute über ihre Einnahmen und Ausgaben aufzuschreiben, hatte Zahlen vor mir auf dem Papier, Gesichter vor mir auf der anderen Seite des Tisches – und wollte mir gern vorstellen können, was diese Zahlen im Alltag der Leute bedeuteten. So konkret hatte ich die Unmöglichkeit ihres alltäglichen Lebens noch nicht belegt gesehen. Was erwartete ich bei meiner Frage? Vielleicht, daß mir die Frau eine geheime Einnahmequelle anvertrauen würde, woraufhin ich dann erleichtert mein Verstehen bekunden könnte.
Statt mir nun etwas zu erzählen, was für mich eine Erklärung gewesen wäre, statt z.B. von irgendeiner Stelle zu sprechen, bei der sie bisweilen Kleidung oder Nahrungsmittel oder Medikamente bekommt, sagt mir die Frau: „Gott ist größer". Das ist ein Satz, der mich geradezu erschreckt, weil ich ihn nicht

---

[71] Siehe oben S. 36f.

erwartet hatte, der mich noch ratloser macht, als ich schon war, und der für den Bruchteil von Sekunden die Erinnerung an mein Theologiestudium heraufbeschwört.

Das Seminar über Anselm von Canterbury, bei dem mich die Auseinandersetzung mit seinem „aliquid quo maius cogitari non potest" gefesselt hatte, lag lang und weit zurück. Mich hatte die Herausforderung fasziniert, Gott – lebendiges Gegenüber des zu ihm sprechenden Beters – im Sprechen des Denkenden zum Sein zu bringen. „Gott ist größer", dieser Satz ohne Einleitung, ohne Ergänzung oder Erklärung, kam mir jetzt so vor, als gehörte er in das Gespräch Anselms mit dem Uneinsichtigen – eher als in das meinige mit der Frau am Stadtrand von São Paulo. Zugleich widersteht die Einfachheit des Satzes gerade einer theologischen Diskussion und macht ihn eigentümlich unzugänglich und kraftvoll. Angesichts seiner Kraft verblaßt sowohl meine theologische Suche als auch meine Suche nach einer Antwort, wie denn die Armen überhaupt zu leben vermögen.

Den Szenenwechsel in meinem Kopf hätte die Frau nicht nachvollziehen können, noch weniger hätte sie den Zusammenhang verstanden, in dem ich ihren Satz hörte. Sie hat in drei Worten das Wichtigste gesagt – nicht nur das Wichtigste, was sie wußte, sondern vor allem das Wichtigste für ihr Leben. Der Satz der Frau ist ihr Glaubensbekenntnis, das sie mit Ruhe und Mut an einer für sie öffentlichen Stelle abgelegt hat. Er gebietet, für eine kleine Weile still zu bleiben, bevor man weiterfragt, weil man nichts verstanden hat. Ich kann nicht mehr fragen – auch weil es zu viele Fragen sind, über die zu sprechen wir beide in diesem Augenblick weder Zeit noch Ruhe, geschweige denn das nötige Vertrautsein miteinander haben. Mein Gespräch geht in mir allein weiter.

Ich spreche vom Leben der Frau, das mir unmöglich erscheint, und sie spricht mir von Gott: Ist er es, der sie leben läßt, der aus der Unmöglichkeit immer wieder eine Möglichkeit macht? – Ich denke, die Frau weiß nur, daß sich bisher immer wieder ein Ausweg gezeigt hat, eine Möglichkeit, wie es weitergehen konnte. Das ist wie ein Wunder; darum sagt sie: Gott ist größer. – Aber was meint sie damit? Daß Gott größer ist als unsere Meinung über das, was man zum Leben braucht? Daß er die Meinung derjenigen teilt, die finden, daß die Armen mit noch weniger auskommen können zum Leben? Daß er größer ist als was? – Ich denke, die Frau würde ihren Satz vielleicht einfach wiederholen. Sie kann ihn nicht ergänzen. Das würde ihm die Rätselhaftigkeit, die Unzugänglichkeit nehmen, in der er stimmt. Gott ist größer als unsere Vorstellung von dem, was ihr Leben möglich oder unmöglich macht.
Aber der Satz „Gott ist größer" sagt weit mehr. Er sagt vor allem, daß Gott größer ist als unser Fragen und unser Verstehen – und Nichtverstehenkönnen. Deswegen antwortet die Frau auf meine Frage mit diesem Satz. – Wenn die Frau sagt: Gott ist größer, meint sie also vor allem, daß er anders ist; aber ist er den Armen nicht ähnlich, demütig wie sie? Wie verhalten sich die beiden Aussagen zueinander? – Die Frau hätte wahrscheinlich keine Schwierigkeit, diese Frage zu beantworten, und würde lächelnd sagen, daß Gott größer ist, gerade indem er schwach und unbedeutend an der Seite der Armen und Ausgeschlossenen ist und

sich vom Fühlen ihres Schmerzes und vom Hören ihres Schreis bestimmen läßt, und daß er anders ist, gerade indem er sich von den Leidenden wiedererkennen läßt, weil er ihnen ähnlich ist.

Wenn die Frau sagt: Gott ist größer, so scheint sich mir dieser Satz nicht nur auf ihre Erfahrung mit ihrem vergangenen Leben zu beziehen, sondern er drückt auch aus, wovon sie jetzt lebt. Ihr Leben hat eine Zukunft, die nicht schon in seiner Vergangenheit und Gegenwart eingeschlossen ist, sondern die von einem anderen, einem Größeren herkommt. – Wenn die Frau nun mich fragen würde: Welche Frage könnte sie haben? Ich stelle mir vor, sie könnte mich fragen, wie ich zu leben vermag, mit allen oder zumindest vielen Möglichkeiten und zugleich im Wissen von ihrem unmöglichen Leben. Was würde ich antworten? Vielleicht, daß es mir nicht schwerfällt, mich an meinen Möglichkeiten zu freuen, aber daß ich dennoch die Nähe zu dem unmöglichen Leben der Armen entbehre. Ich würde jedoch kaum von Gott sprechen.

Viertes Kapitel
Leiden der Armen: Stärke in ihren Beziehungen

In diesem Kapitel geht es um das, was an den eben beschriebenen Beziehungen der Armen zu sich selbst, zum anderen und zu Gott als gemeinsames Merkmal auffällt. Bei der Suche danach möchte ich jetzt – wie oben angekündigt[72] – von der Beziehung zum anderen ausgehen.
Die Beziehung zum anderen ist bei den Armen davon bestimmt, daß für sie die Beziehung als solche den einzelnen vorausgeht und damit auch der andere als solcher Vorrang hat. Das zeigt sich beispielsweise darin, daß für sie die Störung durch einen nahen Hilferuf und der Beziehungsaspekt beim Sprechen Vorrang haben. An ihrer Kultur des Sprechens fiel auf, wie sehr es ihnen um das beredte oder auch schweigende Knüpfen des Beziehungsnetzes geht. Die einzelnen bestehen dank ihres Verbundenseins mit anderen; nichts geht über die Kostbarkeit des Nächsten. Dieser wird in seiner eigenen Wirklichkeit ernstgenommen, wenn er gerade in dem mich überraschenden und störenden anderen erkannt wird.
Wenn es nichts gibt, was die Kostbarkeit des anderen in den Schatten stellt, wenn der oder die andere mir voraus da ist und mich leben läßt, so ist damit zugleich gesagt, daß für die Armen das Empfangen vor dem Geben, das Warten auf den anderen vor dem eigenen Hingehen, das Er-fühlen des anderen vor dem Einwirken auf ihn, das Leiden vor dem Tun kommt.

„Leiden" verstehe ich zunächst in diesem grundlegenden Sinn als „Er-leiden des anderen". Die Armen zeigen sich mir als Leidende im Sinne von Wartenden – und dies um so deutlicher, als für mich das eingreifende Tun spontan an erster Stelle kommt. Die Armen wissen sich in erster Linie als diejenigen, an denen etwas geschieht; sie sind Erfahrene im Sinne des Zulassens – nicht des „Machens" und Provozierens – von Erfahrung. Ihre grundlegende Erfahrung ist die, daß ihnen das Leben geschenkt wird, an jedem Tag aufs neue, und ohne daß sie etwas dazu getan hätten. Weil sie wissen, daß es ihnen umsonst gegeben wurde, können sie Vergeblichkeit zulassen und können sich von dem leisen Hilferuf in ihrer Nähe berühren lassen. Für das Leiden der Armen im Sinne des Zulassens von Erfahrung und Veränderung – und sei diese eine Störung – ist die Empfänglichkeit entscheidend, die sie für den anderen haben. Ihr Er-leiden des anderen ist in erster Linie Offenheit für ihn im Wissen, daß er – daß sie – schon immer vor ihnen da ist als der oder die, auf die sie warten und von dem oder der sie beschenkt werden und sich stören lassen.

Da es hier zunächst um ein Geprägtsein von der Vorgegebenheit des anderen, und nicht schon um ein Gekränktsein durch den anderen geht, stellt sich die Frage, ob die Rede von „Leiden" in diesem Zusammenhang überhaupt angemessen ist. Sie gehört in den spezifischen Kontext von Hunger, Krankheit, Entbehrungen, Not, Unrecht ... der sich nahelegt, wenn man an Arme denkt.

---

[72] Einleitung zum dritten Kapitel (S.73).

In diesem Kontext werde ich von Leiden als „Er-leiden von Schmerzen" sprechen. Damit meine ich alles, was einen Angriff auf das Leben bis hin zu seinem Verlust meint.
Dieses engere Verständnis von Leiden wird dem zweiten Abschnitt zugrunde liegen, während im ersten Abschnitt das Verständnis von „Leiden" in jenem Sinn bestimmend ist, den es aus der Gegenüberstellung zum Tun gewinnt[73]; und in einem dritten Abschnitt möchte ich schließlich auf den Zusammenhang von Leidensfähigkeit und Beziehungsfähigkeit bei den Armen eingehen.

4.1 Er-leiden des anderen

Vom Er-leiden des anderen auszugehen, nämlich vom Geprägtsein durch die Vorgegebenheit des anderen, darf nicht vergessen lassen, daß dieses Geprägtsein nicht neutral ist, sondern auch eine negative Komponente von schmerzlicher Beeinträchtigung hat. Diese ist darin deutlich, daß sich die Armen als zugehörig zur Masse der Ausgeschlossenen wissen, die „Volk" genannt wird. Das Erleiden des anderen zeigt sich hier als Erleiden einer von Ungleichheit und Unterdrückung gezeichneten sozialen Struktur, in der sich die Armen als Rechtlose und Abhängige erfahren.
Das Erleiden des anderen in der Gebundenheit als Abhängige möchte ich jedoch erst an zweiter Stelle bedenken. An erster Stelle möchte ich auf das Erleiden des anderen in dem umfassenden Sinn eingehen, in dem es bedeutet, daß sich die Armen mit dem anderen in einem gegebenen Lebenszusammenhang verbunden wissen. In dieser Verbundenheit ist die wirtschaftliche, politische, soziale Abhängigkeit nicht ausgeschlossen; in ihr ist aber zugleich Abhängigkeit in einem weiteren Sinn eingeschlossen, nämlich als gemeinsames Unterworfensein unter die Gesetze des Lebens – wovon auch diejenigen betroffen sind, die die Armen in Abhängigkeit halten.

4.1.1 Verbundenheit in einem gegebenen Lebenszusammenhang

Besonders auf dem Land, im Nordosten Brasiliens, ist mir aufgefallen, wie sehr die Armen davon bestimmt sind, daß sie sich als Teil eines Lebenszusammenhangs wissen. Dieser Lebenszusammenhang ist ihnen keineswegs selbstverständlich wie ein fragloser Besitz, vielmehr empfangen sie seine Existenz wie ein Geschenk, in dem Freude und Leid, Tod und Leben, Leichtes und Schweres auf geheimnisvolle Weise verbunden sind. Dieses Geschenk wegen seiner schweren Seiten zu kritisieren, wäre nicht nur undankbar, sondern auch kurzsichtig, weil sich Beglückendes auch gerade im Abgrund des Unglücks verborgen halten kann. Sich als Empfänger in einem gegebenen Lebenszusammenhang zu wissen, hat eine geschwisterliche Nähe zu anderen Empfängern des Lebens zur Folge, die sich im Mit-fühlen zeigt, und eine kindliche Nähe zum Geber des Lebens, die sich in Freude äußert.

---

[73] Aus meinem Schulanfang erinnere ich mich daran, daß die Begriffe „Tu-Form" und „Leide-Form" an Stelle von „Aktiv" und „Passiv" gebraucht wurden.

4.1.1.1 Mit-fühlen mit anderen Empfängern des Lebens

Das Mitfühlen der Armen ist nicht mit dem zu vergleichen, was wir unter „Mitfühlen" zunächst verstehen mögen. Nach unserem Verständnis muß einer versuchen, sich in die Situation des anderen hineinzuversetzen, um eine Vorstellung davon zu bekommen, was der andere fühlt, und um mit ihm zu fühlen; dabei sind Irrtümer und Täuschungen nicht ausgeschlossen. Das Mit-fühlen der Armen hingegen ist unkomplizierte Teilhabe an der Situation des anderen, die der Gewißheit entspringt, zur selben Wirklichkeit zu gehören. Es ist eine Art Weisheit, weil es weniger damit zu tun hat, daß man sich von Gefühlen wie Trauer und Freude ergreifen läßt, und mehr damit, daß man eine gemeinsame Wirklichkeit anerkennt.

> *16.12.1992, Poranga. Als ich mit meinem „compadre" – Vater meines Patenkindes – zu seiner Familie nach Hause wandere, einen scheinbar endlos durch trockenes Gestrüpp sich windenden Sandweg, frage ich ihn, wie die von ihm gepflanzten Bohnen stehen – denn überall höre ich von großen Verlusten, verursacht durch die Trockenheit. Mein Weggefährte sieht aufmerksam auf die dürren Sträucher in unserer Nähe und meint langsam: „Es hat geregnet, aber der Regen konnte den Durst der kleinen Pflanzen nicht löschen."*

Verwundert habe ich seinen Satz in meinem Gedächtnis verwahrt. Ich hätte mich so nie ausgedrückt. Ich hätte vielleicht gesagt: „Es hat zu wenig geregnet; die Pflanzen sind vertrocknet." Zwei knappe Sätze, die einen Tatbestand beschreiben; dabei habe ich weder mit den vertrockneten Pflanzen etwas zu tun noch mit dem Regen, der zu knapp und unregelmäßig gefallen ist. Ganz anders ist es bei dem armen Landarbeiter an meiner Seite: er spricht von den Pflanzen, wie wenn sie seine kleinen Schwestern wären, und vom Regen wie von seinem großen Bruder. Für meine Freunde auf dem Land im Nordosten ist alles Leben beseelt. Sie sind innig mit dem Leben der Erde verbunden, und deren Leben ist innig mit dem ihren verbunden.

> *18.12.1992, Poranga. Folgenden Kommentar zur Trockenheit habe ich heute von einer Frau im Bus mitbekommen: „Am schlimmsten ist es für die unwissenden Tiere. Sie leiden unter der Trockenheit noch viel mehr als wir. Sie wissen ja nichts, können nicht ausweichen oder weggehen; sie haben keine Erinnerung und keine Hoffnung, die ihnen helfen können, die Situation auszuhalten."*

Hier wird die Verbundenheit der Armen im Nordosten mit ihrem ganzen Lebenszusammenhang noch deutlicher. Der Frau wird bewußt, daß das, was ihr geholfen hat – die Möglichkeit wegzugehen, die Erinnerung an schon überstandene Trockenzeiten und die unausrottbare Hoffnung auf eine bessere Zukunft – eben von ihrem Bewußtsein abhängt und daß die „unwissenden Tiere" diese Hilfen nicht haben. Die Tiere sind ihre benachteiligten Geschwister, so wie die Pflanzen und der Regen zur größeren Familie meines „compadre" gehören.

Diese Verbundenheit mit allem Lebendigen aufgrund der Eingebundenheit in denselben Lebenszusammenhang begründet bei meinen Freunden ein spontanes Mit-fühlen, das übrigens auch vielen Behandlungen zugrunde liegt, die man Menschen, Tieren und Pflanzen bei bestimmten Schwierigkeiten oder Erkrankungen zukommen läßt. Solche Behandlungen heißen „simpatia". Wohlhabende in Brasilien kennen sie selber kaum, nehmen aber – wo andere Künste versagen – auch Zuflucht zu ihnen und suchen dafür dann erfahrene Frauen und Männer der armen Bevölkerung auf.

Die „simpatias" sind überaus zahlreich und vielfältig; in ihnen gehen das Wissen von Heilkräften, der symbolische Gebrauch von Dingen, Zahlen, Zeiten und Zuständen und das Erfinden von Übertragungshandlungen überraschende Verbindungen ein.

> *10.12.1992, Poranga. Zu Besuch bei einer Familie in einem abgelegenen großen Dorf. Ich schaue durch die Hoftür, während die Frau Kaffee macht. Mir fällt ein großer Apfelsinenbaum auf, der voller Früchte hängt, und ich äußere meine Bewunderung. Da erklärt mir die Frau, daß der Baum früher oft seine Früchte vorzeitig abgeworfen habe und daß sie ihm diesmal halfen, seine Früchte nicht zu verlieren – ob ich wisse, was man da tue? Als ich verneine, erklärt sie weiter: Man bittet eine Frau, die das erste Mal schwanger ist, daß sie den Stamm des Obstbaumes umarmt; dann wirft er seine Früchte nicht mehr vorzeitig ab. Es hilft auch, wenn die Schwangere mit einem Band ihren Bauchumfang mißt und dieses Maß in den Baum gehängt wird.*

Die in dieser und anderen „simpatias" selbstverständlich gelebte Verbundenheit mit dem, was zum Zusammenhang des Lebens gehört, macht mich neugierig. Zugleich kann ich eine innere Distanz nicht leugnen.

Zum Mit-fühlen mit Pflanzen und Tieren gehört bei meinen Freunden ein Zusehen und Wartenkönnen, das mir nicht nur fremd ist, sondern das mich irritiert. Ich vermisse bei mir die Fähigkeit zum Mit-fühlen, die aus der geschwisterlichen Nähe zu allem Lebendigen kommt; aber ich habe Schwierigkeiten mit dieser Geduld meiner Freundinnen. Ihr Mit-fühlen kennt keine Unterschiede; es macht weder vor dem Reichen noch vor dem halt, der für das Leid der Armen verantwortlich ist. Oft blieb ich still, wenn meine Freundinnen ihr spontanes Mit-fühlen mit jemandem ausdrückten, der ihnen Unrecht zugefügt hatte und dem es jetzt schlecht ging; oft wußte ich nicht, ob ich mich über ihre Großzügigkeit ärgern oder meiner Herzensenge schämen sollte.

Weil das Mit-fühlen der Armen nicht so sehr von einem Gefühl der Sympathie abhängig ist, und vielmehr aus der vorgängigen Anerkennung einer gemeinsamen Lebenswirklichkeit hervorgeht, hat es zwei Eigentümlichkeiten. Das Mitfühlen der Armen schließt diejenigen nicht aus, die ihrerseits nicht mit den Armen fühlen; und in ihrem Mit-fühlen wohnen Mit-leiden und Mit-freuen nah beieinander.

4.1.1.2 Freude am Geber des Lebens

Geschwisterliche Nähe zu allem, was Leben empfängt, und kindliche Nähe zum Geber des Lebens – man könnte zu fragen versucht sein, welcher der beiden Bezüge zuerst da ist und den anderen begründet.
Ich erinnere mich an Situationen, in denen geschwisterliche Beziehungen unter Gleichen nicht das Lebensgefühl bestimmten – wenn beispielsweise Arme hellerer Hautfarbe solche mit dunklerer Hautfarbe diskriminierten oder wenn Frauen meinten, ihr Wort hätte im Gottesdienst kein Gewicht; es käme darauf an, was der Pfarrer sage. Dann hörte ich die Schwestern und mich selber auf die Beziehung zum einen Geber des Lebens hinweisen, dem gegenüber wir alle als Empfangende gleich seien.
So stimmig unsere Argumentation war, so sehr schien sie mir immer ein im Grunde folgenloser Appell zu bleiben. Entweder gab es unter den Armen beide Bezüge noch selbstverständlich, den geschwisterlichen zu allem Lebendigen, und den kindlichen zum Geber des Lebens, oder es gab sie beide nicht mehr in dieser Selbstverständlichkeit: dann war nicht einer durch die Erinnerung an den anderen zu wecken. Nach allem, was ich im Zusammenleben mit den Armen wahrnehmen konnte, scheinen mir beide Bezüge gleichursprünglich zu sein und wie die beiden Seiten einer Münze zusammenzugehören.

Allerdings bleibt noch eine Frage. Die Beziehung zwischen Geschwistern ist eine Beziehung zwischen Kindern eines Vaters, und insofern zwischen Gleichen; die Beziehung des Kindes zum Vater jedoch – die Beziehung des sein Leben Empfangenden zum Geber dieses Lebens – ist keine Beziehung zwischen Gleichen. Sie könnte eine Beziehung einseitiger Abhängigkeit sein und darin jener Beziehung einseitiger Abhängigkeit ähneln, die das Verhältnis der Armen zu den Mächtigen bestimmt. Es bleibt die Frage nach der Beschaffenheit der Beziehung der Armen zum Geber des Lebens.

> *12.05.1985, São Paulo. Muttertag und Einweihung unseres kleinen Gemeindehauses – jedenfalls des ersten Raumes – im Jardim Beatriz. Prozession mit der schwarzen Maria Brasiliens – Nossa Senhora Aparecida, Schutzheilige der Gemeinde – durch die staubigen Straßen des Viertels. Das weckt, ruft und sammelt die Leute. Unser kleiner Raum füllt sich fast zu sehr. Noch schwieriger wird es im Anschluß an die Messe, den Raum mit all den Anwesenden für Spiele und Essen und Trinken herzurichten. Aber es gelingt. Das Schönste am Fest ist die Freude, die die Leute an der Unterbrechung ihres Alltags haben. Was hat Mecé im letzten Jahr aus Anlaß der Junifeste in der Alphabetisierung geschrieben? „Ich will ein Fest in meinem Haus machen und meine Freunde einladen, damit wir einen ordentlichen Schwatz halten und Kaffee trinken, Witze erzählen, viel lachen und weitersagen, daß Gott ein guter Vater ist."*[74]

---

[74] Der Originaltext lautet: „Vou fazer uma festa na minha casa e vou convidar as minhas amigas para nós bater um papo legal e tomar café, contar piada e dar risada, falar também que Deus é bom pai."

Meine schwarze Freundin hat mit ihren Worten eine Verkündigungspraxis beschrieben, die derjenigen Jesu vielleicht sehr nahekommt. Sie will ein Fest geben; keine Bedingung nennt sie, keinen Grund führt sie an. Wo die Ausgeschlossenheit von den Rechten auf Arbeit und Wohnen, auf Behandlung von Krankheiten, auf Lohn und Rente und auf Ausbildung und Beschäftigung der Jugendlichen die Lebensbedingungen prägt und das Leben für die Ausgeschlossenen manchmal unerträglich macht, besteht kein Anlaß dazu, miteinander fröhlich zu sein.

Mecé nimmt einen volkstümlichen Festkalender zum Anlaß. Außerdem gibt es ein doppeltes Ziel bei ihrem Feiern. Es geht darum, sich am Geber des Lebens zu freuen, indem man sich an seinen Gaben freut. Und es geht darum, sich an diesen Gaben zu freuen, indem man sie zur Vermehrung des Lebens benutzt: einander lebendig machen durch die herrliche Gabe des Miteinandersprechens, einander stärken durch das Teilen und Genießen dessen, was es noch im Haus des Ärmsten gibt, einander wappnen mit der befreienden Waffe des Witzes, einander beleben durch viel Lachen – und einander die Quelle des Lebens zeigen, durch das Weitersagen, daß Gott ein guter Vater ist. Sich am Geber des Lachens, des Witzes, des Wortes, des Essens und Trinkens und des eigenen Raums, der Freundinnen und Freunde, der grundlosen Freude, die auf Mitteilung drängt, zu freuen: zeigt sich hierin eine Beziehung einseitiger Abhängigkeit zum „guten Vater"?

Die kindliche Nähe der Armen zum Geber des Lebens, den sie „Vater" nennen, ist eine Nähe in Freiheit.
Mecés Satz strahlt geradezu wider von der Freiheit derer, die Gott als guten Vater wissen. Es ist die göttliche Freiheit einer grundlosen und bedingungslosen Initiative: „Ich will ein Fest machen... und meine Freundinnen einladen ...". Zwischen der „Tochter" und dem „Vater" gibt es eine Ähnlichkeit: auch Gott nennt keinen Grund und keine Bedingung dafür, daß er ein Fest gibt ... und seine Freundinnen und Freunde einlädt. Es ist die menschliche Freiheit des Vertrauens in die empfangenen Gaben des Wortes und des Lachens, von dem die Armen leben und mit dem sie sich beleben wie mit dem in Brasilien allgegenwärtigen Kaffee. Es ist schließlich die Freiheit der Freude, die auf Mitteilung drängt. Grund für die Freude ist mit dem empfangenen Leben auch sein Geber. Freude entspringt aus der Wahrnehmung eines überraschenden, unerwarteten Beschenktseins; sie kommt von außen und bringt einen Menschen außer sich. Empfinden und Zeigen von Freude gehören untrennbar zusammen. Daher ist dies das letzte Ziel von Mecés Einladung: „weitersagen, daß Gott guter Vater ist."

Der Nähe der Armen zu diesem Vater fehlt nicht nur die Ähnlichkeit mit den Beziehungen einseitiger Abhängigkeit von den Mächtigen, die die Armen unterdrücken, vielmehr ist sie ein Ort der Freiheit und Befreiung von solchen Beziehungen.

Es liegt nahe, hier auch kurz an das oben[75] zur Beziehung der Armen zu Gott Gesagte zu erinnern. Die Armen kennen nicht nur die kindliche Nähe zu Gott als Vater und Geber des Lebens, sondern sie haben zu Gott auch die Nähe von Freunden, denen Gott sich durch seine Ähnlichkeit und in seiner Unähnlichkeit verbunden hat.

4.1.2 Gebundenheit der Abhängigen

Die Armen wissen sich verbunden mit allem, was von Gott Leben und Zukunft empfängt; und so wenig dieses Sich-verbunden-wissen für sie ein diskriminierendes Abhängigkeitsbewußtsein mit sich bringt, so sehr herrscht das Gefühl von Gebundenheit und Ohnmacht vor, wenn ihnen ihre Zugehörigkeit zur Masse der Ausgeschlossenen vor Augen geführt wird.

Ihre Ohnmacht als abhängiges „Volk" prägt das Selbstbewußtsein der Armen in unterschiedlicher Weise[76]. Einige erkennen sich als Abhängige, ohne deswegen aber ihre Situation zu akzeptieren. Andere Arme – und sie sind vielleicht in der Mehrzahl – rechnen sich nicht zu den als „Volk" Definierten. Sie bezeichnen das Volk als „es". Dies kann als Hinweis darauf gelesen werden, daß sie sich nicht als „Volk" erkennen und sich über ihre Gebundenheit als Abhängige hinwegtäuschen; und es kann auch als Hinweis darauf gelesen werden, daß die in der Zugehörigkeit zum Volk erlittene Ausschließung und Verachtung so mächtig sind, daß die Armen sich selbst verachten und für sich selber zu einem ausgeschlossenen „es" geworden sind. Beides sind Weisen, sich unempfindlich zu machen für den Schmerz der Verachtung.

4.1.2.1 Sich unempfindlich machen

Die Gebundenheit der Abhängigen kann zur Leugnung der für sie schmerzlichen Wirklichkeit führen oder dazu, daß sie sich das Bewußtsein der Minderwertigkeit einimpfen und sich so ihr eigenes Bewußtsein rauben lassen[77].

---

[75] 3.3.2.1: „Vertraute Ähnlichkeit Gottes" und 3.3.2.2: „Vertraute Unähnlichkeit Gottes"

[76] Siehe oben 3.1.1.1: „Selbstbewußtsein als ‚Volk'".

[77] „Das grundlegende Unrecht ist das den Armen geraubte Bewußtsein. Ihnen wurde ein Bewußtsein der Unterlegenheit eingeimpft. Schon im Alten Testament machte das ungerechte System der Könige aus dem Armen einen Minderwertigen, der kein besseres Leben verdiente als jenes, das er tatsächlich hatte. Sie raubten das Bewußtsein der Armen. Das war das grundlegende Unrecht. So konnte der Reiche ruhig bleiben im Besitz seines Reichtums, ohne sich durch den Schrei des Armen stören zu lassen, denn der Arme war ja selbst der einzig Verantwortliche für seine Armut! Solange im Armen dieses falsche Bewußtsein andauert, ist jedes Bemühen um Veränderung – sowohl auf dem Weg der Gerechtigkeit als auch auf dem Weg der Solidarität – nicht mehr als eine Illusion ... Wie also das grundlegende Unrecht bekämpfen? Der Reiche kann das Geld, das er gestohlen hat, zurückerstatten, aber das geraubte Bewußtsein kann er niemals mehr zurückgeben. Denn durch diesen Raub hat er sich selber erniedrigt und das Bewußtsein verloren, das er hatte. Was also tun? Wer ist fähig, dem Armen das geraubte Bewußtsein zurückzugeben?" Publicações CRB/1992: A Leitura Profética da História (Coleção „Tua Palavra é Vida"3), São Paulo 1992, 23.

Was ihr „eigenes Bewußtsein" positiv meint, wurde im Zusammenhang mit ihrem Wissen von Gott deutlich. Zu dieser Selbstwahrnehmung steht ihre Verachtung durch die Mächtigen und Machtbesessenen in ihrem Land in schmerzlicher Spannung. Diese Spannung zwischen ihrer eigenen Sicht von sich selbst und ihrem Gesehenwerden, das in Wirklichkeit ein Nichtgesehenwerden ist, läßt sich dadurch lösen, daß die Armen sich die Verachtung durch ihre Unterdrücker zu eigen machen und sich von denen, die sie in Abhängigkeit halten, das Bewußtsein einimpfen lassen, Unterlegene und Minderwertige zu sein. Wenn sie sich selber für unterlegene und minderwertige halten, machen sie sich in gewisser Weise unempfindlich für den Schmerz, den das bedeutet. Es ist, wie wenn die Verachtung, die nun in ihnen selber wohnt, ihr Gift verloren hätte und zum Bestandteil einer traurigen und nichts weiter als hinzunehmenden Wirklichkeit geworden wäre.

Zugleich hat dieses falsche Bewußtsein negative Folgen für ihren Zusammenhalt. Die Armen, die sich – im Gefolge derjenigen, die sie verachten – selbst für wertlos halten, geben auch ihrer Verbindung untereinander einen entsprechend geringen Wert. Das zeigt sich darin, daß sie selber selten die Initiative dazu übernehmen, sich als Abhängige zusammenzutun. Zumindest der erste Anlaß zum Zusammenschluß der Unterdrückten, um in einer bestimmten Situation der Rechtsverweigerung ihr Recht einzufordern, geht meistens nicht von den Unterdrückten selber aus, sondern von einem oder einer, die von außen kommt. Dabei spielt mit, daß den Armen mit dem Glauben an den eigenen Wert auch der Glaube daran geraubt wurde, daß für sie Beziehungen unter Gleichen möglich sind. – Ich erinnere mich, bei der Einladung zum Mitmachen bei den Treffen derer, die um Land zum Wohnen kämpfen, ablehnende Antworten wie diese erhalten zu haben: „Die sind auch nicht besser als ich ..." Das bedeutet ein Doppeltes. Viele Arme meinen, daß nur eine Verbindung zu solchen, die ihnen überlegen sind, wertvoll sein könnte, um ihre Situation zu verbessern; und diejenigen, die wie sie abhängig sind, können sie nicht als Überlegene akzeptieren.

Eine andereWeise, sich unempfindlich für den Schmerz der Abhängigkeit zu machen, hat eine noch schlimmere Beeinträchtigung der Beziehungen zur Folge.

> *São Paulo, November 1985. Bei einem Gespräch, um die vorweihnachtlichen Treffen der Nachbarschaftsgruppen vorzubereiten, geben wir – sechs Frauen in der entstehenden Gemeinde Nossa Senhora Aparecida – uns Rechenschaft darüber, daß ausschließlich Frauen an den Treffen der Nachbarschaftsgruppen teilnehmen. Wir kommen ins Nachdenken über die möglichen Gründe und darüber, was wir ändern können, um Männern die Teilnahme zu erleichtern. Meine Freundinnen, fünf Ehefrauen, gestehen vergnügt ein, daß sie sich ohne ihre Männer sehr wohl fühlen, weil mit diesen einiges komplizierter würde. Beispielsweise wären sie nicht damit einverstanden, wenn in der Gesprächsvorlage kritische Fragen zur Situation der Arbeiter gestellt werden. „Ja," meint O., „wenn F. wüßte, daß wir darüber sprechen, würde er mir die Teil-*

nahme verbieten ..." Ich denke daran, was ihr Mann mir selbst gegenüber betont hat: *„Es geht mir gut. Ich verdiene bestens. Ich steige auf. Ich bin zufrieden. Mein Chef sorgt für mich und meine Familie. Wir müssen ihm sehr dankbar sein ..."* Und ich weiß noch, wie ich schlucken mußte, um ihm nicht zu antworten, daß es seine Frau ist, die ihn und die Kinder mit ihrer eigenen Näharbeit unterhält, weil sein Lohn hinten und vorn nicht ausreicht. Aber ich weiß, daß seine Frau dies Wunder in aller Heimlichkeit vollbringt, damit er in seiner Ehre nicht gekränkt wird.

E.s Vorstellung von Männlichkeit erlaubt ihm nicht, sich als den um Lohn und Gesundheit betrogenen Arbeiter zu sehen, der er ist. Statt dessen macht er sich die Lüge des Firmenchefs zu eigen, der sich als Wohltäter der von ihm abhängigen Arbeiter darstellt und Dankbarkeit von ihnen erwartet. Es sind hauptsächlich die Männer unter den Armen, die bei dieser Täuschung mitspielen. Diesmal ist es nicht die offene Geringschätzung durch die Mächtigen, die sie für sich übernehmen, sondern die Lüge ihrer Wertschätzung. Die Täuschung bringt den Schmerz der demütigenden Abhängigkeit zum Verschwinden. Der Arme nimmt sich im Verhältnis zu dem Mächtigen nicht mehr als unfrei, sondern als begünstigt wahr; und um Begünstigter zu bleiben, leugnet er seine Unfreiheit und betrachtet seine Unterdrücker als Wohltäter. Indem er den idealisiert, von dem er abhängig ist, hat er keinen Zugang mehr zu dem Unrecht, das ihm in dieser Beziehung geschieht. Zugleich verfälscht er seine persönlichen Beziehungen, indem er sich in ihnen mit dem Mächtigen identifiziert und ihn imitiert. In der Familie schreibt E. sich selber die Rolle seines väterlichen Chefs zu, der mit sich keine Beziehung unter Gleichen zuläßt. Sein autoritäres Verhalten versteht er als Wohltat für seine Familie und erwartet deshalb Dankbarkeit. E.s Art und Weise, sich unempfindlich zu machen für den ihm zugefügten Schmerz der Ausbeutung, hat einen noch höheren Preis, was die Beziehungen zu seiner Frau und seinen Kindern angeht, als die Art und Weise all jener Armen, die ihre Unfreiheit nicht leugnen, aber akzeptieren, insofern sie nicht daran glauben, daß sie Freiheit und Behandlung als Gleiche verdienen.
Wer sich dagegen den freien Geist dieses Glaubens bewahrt, schützt sich nicht davor, den Schmerz der Abhängigkeit in aller Schärfe zu empfinden.

4.1.2.2 Sich dem Schmerz aussetzen

Es gibt Arme – und vielen von ihnen bin ich begegnet –, die sich ihrer Abhängigkeit bewußt sind, ohne sie zu akzeptieren, die ihre Ohnmacht nicht leugnen und sich ihr Bewußtsein auch nicht von jenen definieren lassen, die alles tun, um sie zu schwächen. Diese Arme täuschen sich nicht über die Verachtung der Reichen ihnen gegenüber, sind jedoch weit entfernt davon, sie sich zu eigen zu machen.

> *23.09.1993. Alphabetisierungs-Messe in Ipaporanga. Etwa dreihundert Teilnehmer von fünfzig Erwachsenenschulen sind zu einem Fest des gemeinsamen Lernens zusammengekommen. Nach den Vorstellungen der*

Schulen durch selbstgemachte Gedichte, Lieder, Collagen wird die Ausstellung des von Monitorinnen und Teilnehmern selber erarbeiteten Materials in fünf Schulräumen eröffnet. An deren Türen orientiert jeweils ein Plakat darüber, was es zu sehen gibt: z. B. den Raum der „Teilnehmer" der Schulen, mit den Plakaten ihrer Namen und Spitznamen, ihrer Symbole und Namensschilder. An der Tür dieses ersten Raums hängt eine Collage mit Aussagen der Teilnehmer über den Wert, den sie im Gelernten entdeckt hatten. Ein Satz von diesem Plakat wird mit Staunen und Beifall, aber auch ungläubig, nicht nur unter den kleinen Leuten, sondern auch von den eingeladenen „wichtigen Persönlichkeiten" weitergesagt. Er stammt von Manoel Anceto, einem jungen bitterarmen Landarbeiter, der auf dem Grund und Boden des größten Landbesitzers der Gegend – und gegenwärtig stellvertretenden Bürgermeisters mit Namen Expedito de Paula – praktisch als Leibeigener wohnen und arbeiten „durfte", bis er sich einer Gruppe von Arbeitern anschloß, die in Gemeinschaftsarbeit eine eigene kleine Maniokmehl-Fabrik aufbauen wollten: da vertrieb der Großgrundbesitzer ihn und seine Familie. Wie lautet nun der Satz von Manoel, der an diesem Fest-Tag heimlich die Runde macht? „Was ich in der kleinen Schule der Erwachsenen gelernt habe, tausche ich nicht gegen alle Reichtümer des Herrn Expedito de Paula."

Daß dieser Satz weit über unser Alphabetisierungsfest den dort Anwesenden in Erinnerung blieb, hat seinen guten Grund: Er enthält den Keim zur Veränderung der ausweglosen Abhängigkeit, in der sich die Armen gehalten wissen. Der Mut, den hier einer der Ausgeschlossenen gefunden hat, sein Selbstbewußtsein in Behauptung eigener Werte, die andere als die der Reichen sind, zu verteidigen, sich also gewissermaßen unabhängig zu erklären von der wirtschaftlichen Macht, die alles am Ort bestimmt, beunruhigte die einen wie die anderen: beunruhigte die Reichen aufgrund der Möglichkeit, die er eröffnet, beunruhigte die Armen aufgrund der Kämpfe und Leiden, die nach ihrer Erfahrung mit diesem Mut verbunden sind. Wenn unsere „kleinen Schulen" dabei mithelfen, daß Arme ihr Bewußtsein selbst definieren, im Widerstand gegen die Verachtung derer, die sie ausschließen, so nehme ich – noch jetzt – innigen Anteil an diesem Prozeß und habe größte Achtung vor dem dazu gehörenden Mut. Jeder Schritt des Kämpfens um Unabhängigkeit wird verfolgt und bestraft. Und nicht nur der einzelne ist davon betroffen, sondern auch seine Angehörigen und Verwandten werden „gezeichnet"[78] mit dem unsichtbaren Mal der „Undankbaren"[79], um sie bei jeder Gelegenheit spüren zu lassen, wie sehr ihnen der oder die eine aus ihrer Sippe schadet, der oder die unabhängig denkt und handelt.

Die Armen, die sich der Zugehörigkeit zur überwältigenden Mehrheit der Ausgeschlossenen bewußt sind, nehmen Verfolgung in Kauf, aber zuallererst setzen sie sich dem Schmerz dieses Bewußtseins selber aus. Mir taten die Hammer-

---

[78] Im Nordosten ist es geläufig, in diesem Fall von einer „marcação" zu sprechen.

[79] Siehe oben S. 41.

schläge der kurzen Sätze weh, mit denen Unterrichtende und Lernende der Erwachsenenschulen das Volk definieren, das sie selber sind. Wie würde ein einzelner seine individuellen Züge in dem grob gemeißelten Bild wiedererkennen können? Charakteristisch für die Verschiedenheit zwischen mir und den Armen ist, daß sie dies nicht interessiert. Es geht ihnen gerade nicht darum, sich als einzelne dadurch zu definieren, was sie von der Gesamtheit des leidenden Volkes unterscheidet – mit dieser Absonderung beginnt die Illusion, die den Täuschungsmanövern der Mächtigen entgegenkommt und von diesen gefördert wird. Deren Selbstdarstellung als Wohltäter verfängt vor allem dem einzelnen gegenüber, darum betreiben sie seine Absonderung.
Um nicht in die Falle des getäuschten Bewußtseins zu laufen, geht es gerade darum, sich nicht so sehr als einzelne, sondern als zugehörig zum abhängigen, verachteten Volk zu erkennen – und sich auch den Schmerz dieser Identifizierung nicht rauben zu lassen. Denn es ist ein winziger Schritt im Übergang von der Erkenntnis der Verachtung und Mißhandlung durch eine Minderheit hin zur Selbstverachtung. Wenn der einzelne sich als Abhängiger in der kollektiven Beschreibung des unterdrückten Volkes wiedererkennt und den Schmerz dieser Identifizierung aushält, kommt er dazu – das haben mich die Mitarbeiterinnen der Erwachsenenschulen gelehrt – auch die Überlebenskräfte des Volkes kennen- und lieben zu lernen. „Das Volk tut sich zusammen – es kämpft für das Leben" heißt es in dem oben[80] wiedergegebenen Text. Wer in der Gebundenheit der Abhängigen in Berührung mit dem Schmerz bleibt, den diese Gebundenheit bedeutet, der bleibt auch in Verbindung mit der Schmerz, Verachtung und Unfreiheit durchstehenden Widerstandskraft des leidenden Volkes. So kann das Bewußtsein der Zugehörigkeit zum Volk zur Stärkung des Selbstbewußtseins beitragen.

Meistens gelten diejenigen unter den Armen, die sich den Schmerz angesichts ihrer Abhängigkeit nicht nehmen lassen und gerade dadurch ihre Widerständigkeit behalten und sich deswegen in ihrem Selbstbewußtsein als Volk von vielen desselben Volkes unterscheiden, als unabhängig. Tatsächlich ist ihr positives Bewußtsein der Zugehörigkeit zu den Ausgeschlossenen und Abhängigen untrennbar vom Nein zur Verachtung und Selbstverachtung, vom Nein zur Täuschung und Selbsttäuschung; und dieses Nein weist auf eine innere Unabhängigkeit hin. Mit dieser Eroberung innerer Unabhängigkeit setzen sie sich einem neuen Schmerz aus.

Die Armen, die von ihrer Freiheit der Verneinung einer unmöglichen Situation Gebrauch machen, nehmen eine gewisse Vereinzelung in Kauf. Es belastet Beziehungen, wenn eine von der Abhängigkeit der Armen betroffene Frau wie Nenem[81] sich nicht mit ihrer Situation abfindet, die Verachtung der Mächtigen nicht selber übernimmt, sich von ihren Gunsterweisen nicht täuschen läßt; denn dadurch verunsichert sie diejenigen, die sich als Abhängige in der Verachtung und in der Täuschung eingerichtet haben. Zugleich kann sie selber keinerlei

---

[80] Siehe oben S. 75.

[81] Siehe oben S. 104f.

positive Sicherheit bieten, sondern nichts als das eigene Nein zu einer Situation, in der das Leben unmöglich wird. Sie beginnt ein unabhängiges Leben als einzelne. Bei ihr und bei anderen Frauen, die zu ihrer Gebundenheit als Abhängige Nein sagen, fällt auf, daß sie in ihrer sozialen Stellung nicht mehr leicht einzuordnen sind. Sie werden – oft mit einer gewissen Verständnislosigkeit und Geringschätzung, oft mit neidvoller Bewunderung – als „anders" anerkannt.

Ihre Zugehörigkeit zum Netz derer, die einander tragen, hat sich verändert. Sie gehören weiterhin dazu, aber nicht mehr mit der fraglosen Selbstverständlichkeit der anderen, sondern aufgrund ihrer eigenen Entscheidung. Die geschwisterlichen Beziehungen auf der Basis des Sich-verbunden-wissens erleiden keine Einbuße, aber sie werden jetzt bewußt gepflegt; und neue Beziehungen kommen hinzu. Die Armen, die sich der Zugehörigkeit zum leidenden Volk bewußt sind und sich den Glauben an den eigenen Wert nicht nehmen lassen, glauben nun auch an den Wert der Beziehungen, die sie eingehen. Sie übernehmen die Initiative zum Aufbau von Beziehungen der Solidarität unter den Schwachen. Sie halten Beziehungen unter Gleichen nicht nur für möglich, sondern es sind für sie die einzigen Beziehungen, die zählen; und sie glauben daran, daß es sich lohnt, für die Dauerhaftigkeit dieser Beziehungen zu arbeiten.

Ihr Selbstbewußtsein als Abhängige, die ihre Gebundenheit nicht akzeptieren, läßt sie um so bewußter mit allem, was lebt und leidet, mit-fühlen; und es bringt sie dazu, daß sie sich um so bewußter am Geber des Lebens mit-freuen. Das kritische Bewußtsein der Unterdrückungssituation bedeutet kein Ende der kindlichen Nähe zu Gott als Vater.
Gerade das Sich-verbunden-wissen mit Gott befähigt dazu, den Schmerz der Zugehörigkeit zu den Ausgeschlossenen auszuhalten, ohne sich deswegen zu verachten; es stärkt jenes kritische Bewußtsein der Abhängigkeit, mit dem die innere Unabhängigkeit beginnt. Zugleich gilt das Umgekehrte: wenn Arme „Nein" zu ihrer Ohnmacht und Unterdrückung sagen, hat dies Einfluß auf ihr Verhältnis zu Gott, sofern sie sich mit ihm in einer Beziehung verbunden wissen, die ihnen die Freiheit gibt, auch Gott gegenüber „Nein" zu sagen[82].

4.2 Er-leiden von Schmerzen

Die Gebundenheit der Armen an jene anderen, die sie in Abhängigkeit halten, bedeutet für sie eine Demütigung, für deren Schmerz sich viele von ihnen unempfindlich machen, indem sie die Verachtung für sich selber übernehmen oder indem sie sie leugnen – während sich andere diesem Schmerz aussetzen. An letzteren wird deutlich, daß zum Er-leiden von Schmerzen an erster Stelle gehört, die Schmerzen tatsächlich zu empfinden und mitzuteilen, und im Durchstehen dieser „Schmerzen", nämlich all dessen, was einen Angriff auf das Leben bis hin zu seinem Verlust meint[83], die Widerstandskraft zu gewinnen, die auch Kraft zur Veränderung ist.

---

[82] Siehe unten 4.2.1.2: „Anklagen" und 4.2.1.3: „Verfluchen".

[83] Siehe oben S. 123.

4.2.1 Empfinden und Mitteilen

Ohne ihre Mitteilung kann von einer Empfindung nicht gesprochen oder geschrieben werden. Ich habe verschiedene Weisen gefunden, wie Arme ihr Empfinden von Demütigung und Schmerz mitteilen.
Gerade dort, wo für meine Begriffe das Leben unerträglich war und wo ich mich dabei ertappte, angestrengt auf einen Schrei zu warten, um eine mich beklemmende Traurigkeit loszuwerden, gerade dort hörte ich keine Klage. Ihre Abwesenheit wurde für mich zu einer um so lauteren Sprache, die ich allmählich verstand. Es gibt so tiefgehende Verletzungen, daß eine Mitteilung in der Klage gar nicht möglich ist und einem Menschen nur das Sich-verbergen als Hinweis auf seinen Schmerz bleibt.
Dort nun, wo sich im Zusammenleben mit den Armen freundschaftliche Beziehungen gefestigt hatten, wurde ich zur Zeugin ihres Klagens. Klagen bedeutet, anderen eine Vorstellung von dem zu geben, was man empfindet, und sie dazu zu bringen, den eigenen Schmerz nachzuvollziehen, sich der Klage anzuschließen ... Es bedeutet auch, anzuklagen. Wo es aber gerade die Unempfindlichkeit der anderen ist, die den Schmerz zufügt, dort können Klage und Anklage zur Verfluchung werden.

4.2.1.1 Sich verbergen

Die ungezählten Menschen, die in São Paulo auf der Straße „leben", haben die unterschiedlichsten Geschichten. Aber all ihren Geschichten ist wahrscheinlich gemeinsam, daß sie Verletzungen erlitten haben, von denen keine Dimension ihrer Persönlichkeit ganz verschont blieb und die sie als Menschen an den äußersten Rand dessen gebracht haben, was „menschliches Leben" genannt wird. Wenn Löcher unter der Erde und Pappkartons auf dem „Bürgersteig" als Wohnung und weggeworfene Reste als Essen dienen und wenn sich Körper vor Handkarren mit Türmen von Altpapier spannen und als Müllabfuhr auf vielspurigen Avenidas kriechen, so stellt sich mir unweigerlich immer wieder die Frage, was hier „Leben" bedeutet.

> *Am 05.09.1989 habe ich in São Paulo eine Nacht zusammen mit den Unglücklichen der Straße verbracht. Es waren die von langer Hand vorbereiteten Tage der 12. Stadtmission, die diesmal unter dem Motto stand: „Tut euch zusammen, Straßenleute, die Stadt soll euren Schrei hören!" Das dreitägige Treffen mit etwa 500 Obdachlosen fand in einem riesigen, nur halb überdachten Schuppen statt, in dem die Obdachlosen in den beiden Nächten des Treffens auch schlafen konnten – auf dem Boden ausgestreckt zwischen ausgeteilten Pappkartons und Decken. In der ersten Nacht habe ich mich auch in diesem Schuppen ausgestreckt und im Wechsel mit anderen Wache gehalten und zu schlafen versucht. In den ersten Stunden des neuen Tages wurde ich davon wach, daß mich einer zart an der Schulter berührte. Es war einer von drei Männern, die mich baten, ihnen ihre Plastiktüten zu geben und das Tor zur Straße, ein*

riesiges Schiebegitter, zu öffnen. Sie mußten so früh gehen, um beim Abladen von Lastwagen zu helfen. Es war drei Uhr morgens, und ich sah ihnen noch nach, verwundert darüber, daß sie den Schlaf so leicht abschütteln wie Schmutz und Kälte, die sie kaum wahrzunehmen scheinen. In den erniedrigendsten Lebensbedingungen bewahren sie – so kam es mir vor – eine Art Unberührbarkeit, wie verzauberte Prinzen.

Woher kommt mir dieser Eindruck? Die Leidenden der Straße zeigen selber keinen Abscheu, keinen Widerwillen und auch kein Selbstmitleid angesichts des Mülls, in dem zu leben sie verurteilt sind. Zugleich war ich oft von ihren zuvorkommenden und zarten Gesten überrascht, die gar nicht zu den schrecklichen Umständen ihres Überlebens auf der Straße passen. Ich würde unter diesen Bedingungen nicht leben, geschweige denn Mensch bleiben! Was diese Ausgeschlossenen von mir trennt, ist nicht nur das Elend, das sie zu Entstellten und Verrückten macht, sondern mehr noch ihre Fähigkeit, in dieser Heimsuchung durch Unrat, Kälte, Einsamkeit, Rausch und Tod Menschen zu bleiben – Menschen, die traurig sind.

Was meine ich mit Traurigkeit? Sie jammern nicht und beklagen sich nicht; es gibt keine äußeren Anzeichen, um von Traurigkeit zu sprechen, sondern nur die innere Distanz, die die „Leidenden der Straße" zu ihren unmenschlichen Lebensbedingungen haben und die sie darin Menschen bleiben läßt. Unter ihren Lebensbedingungen können sie ihre Würde nur so bewahren. Sie kommen mir vor, als wohnten sie in sich selber wie in einem zu groß gewordenen Haus, in dem man nur einen kleinen hinteren Winkel für sich selber wohnlich hält und vor Eindringlingen schützt, denen man voll Verachtung den ganzen vorderen Teil überläßt. Dieser Rückzug in die Verborgenheit, die Unzugänglichkeit des Prinzen und der Prinzessin in ihrer erbärmlichen äußeren Verfassung, diese vorsichtig gewahrte innere Distanz bringen mich dazu, von Traurigkeit zu sprechen.

Diese Traurigkeit bedeutet, daß sie nicht eins geworden sind mit den Abfällen, in denen sie leben und mit denen man sie manchmal verwechseln könnte. Sie leben im Widerspruch dazu, auch wenn sie diesen Widerspruch nicht offenbaren. Äußerlich sind sie schmutzig, zerlumpt, mit Wolldecken behängt oder auch geschminkt und mit modischen Kleidungsresten herausgeputzt, oder sie bewahren mit großer Anstrengung ein gepflegtes Äußeres. Immer sind es ihre Gesichter, die von den erlittenen Verletzungen sprechen. Äußerlich können sie in Bewegungslosigkeit versteinern, oder sie können gleich mehrere Figuren in ihrem eigenen Lebensdrama spielen und, auf unberechenbare Art, Außenstehende mit einbeziehen: Auch ihre Schaustellung und Verrücktheit sind wie eine Tarnung.
Trotz ihrer äußeren Anpassung an ihre schrecklichen Lebensumstände, trotz ihrer manchmal provozierend zur Schau gestellten Inbesitznahme des äußeren gesellschaftlichen Randes, verläßt mich die Idee nicht, daß sie ihren Widerspruch zu diesem „Leben" nicht aufgegeben – sondern sich als Leidende an diesem Widerspruch nur um so weiter in ihr Inneres verkrochen haben. Diesen Widerspruch zu äußern, würde den Schmerz vermehren. So geht es Elisabete aus

São Paulo, die mit Gedichten weinenden Einspruch gegen die ihr von der Gosse diktierten Lebensbedingungen erhebt.

„Dichterin der Gosse

Am Rand der Gosse, dort wo der Undank wohnt,
Rinnstein der Nachtluft, Wohnsitz der Einsamkeit,
Füße, die Müdigkeit zeichnet,
ich bin die Dichterin der Gosse,
bin ein Zugvogel.

Augen ins Leere gerichtet,
Geist, der von Brot träumt,
Körper eisig von Kälte.
Gosse. Undank.

Wirbelsäule abgewetzt vom Schlafen auf dem Boden,
steinig ist das Bett aus Altpapier.
In der Kälte der Nacht Zuflucht unter Vordächern,
die Nacht vergeht, der unruhige Traum
täuscht über den Hunger hinweg.
Das Bett ist hart, die Knochen tun weh,
das Leben geht – der Tod kommt früh.
Es flüchtet vor uns das Glück.
Geschaukelt werden wir wie Papier in der Luft.
Die Brise wiegt uns in den Schlaf.
Das Leben ist vielfältig. Widerliches Leben!
Die Gesellschaft versetzt uns Tritte,
die Kirchen schlagen ihre Türen vor uns zu –
beurteilen uns nach unserem Aufruhr.

Gedicht, das ich weinend gemacht habe. "[84]

Schon beim Übersetzen ist mir an diesem und an anderen Texten von Elisabete das Wort „Undank" aufgefallen. Die Gosse wird zum Wohnsitz des Undanks. Ich denke, es gibt für Elisabete einen zweifachen Undank.

---

[84] M. E. LIMA MOTA: Poesia da sarjeta, Impresso no Centro de Estudos Migratórios, São Paulo 1986, 20:
"Poetisa da sargeta //
Beirando a sargeta, residência da solidão. / Risos banhados de sofrimento, / pés que marcam canseiras, / sou a poetisa da sargeta, / sou uma ave vagueira. //
Olhos fitos no vazio, / mente sonhadora de pão, / corpo gelado de frio. / Sargeta. Ingratidão. //
Coluna esbelta de dormir no chão, / géga é a cama de papelão. / Na friagem da noite marquises em açoite, / a noite passa, o sonho inquieto a fome disfarça. / A cama dura, dói a carcaça, / a vida vai indo – prematura morte. / Fugitiva de nós a ingrata sorte, / tangidos somos como papel no ar: / só mesmo a brisa nos acalenta. / A vida é complexa. Vida nojenta! / A sociedade nos enxota, / até mesmo as igrejas nos batem a porta – nos julgam pela revolta. //
Poesia que eu fiz chorando."

Da ist einmal der Undank derer, die, obwohl auch sie nur Empfangende sind, nicht mit den Armen teilen, was sie empfangen haben, und diese dadurch in die Gosse zwingen. Würden sie zur Kenntnis nehmen, daß sie das, was sie haben, einem anderen verdanken, der es ihnen umsonst gegeben hat, so würden sie ihrerseits fähig sein, umsonst weiterzugeben, was sie empfangen haben. Ihr Undank ist Ursache für den Schmerz der Armen.
Zugleich ist da der Undank der Dichterin der Gosse selber, zu dem sie steht: Sie erkennt ihren Aufruhr, ihr Weinen, als Undank. Wenn sie das Leben als „widerlich" beschimpft, ist das unvereinbar mit jener Grundhaltung der Dankbarkeit, mit der die Armen ihr Leben aus der Hand eines guten Vaters empfangen. Die Gosse, das Leben auf der Straße, lehrt Elisabete diesen Undank.

Dieses Wort, in dem der Vorwurf nach außen sich nicht von dem nach innen trennen läßt, finde ich bezeichnend für die Innenwendung, mit der die Unglücklichen der Straße ihren Schmerz verbergen. Trotz ihres Aufruhrs, ihres weinenden Dichtens, ist die Dichterin der Gosse gerade ein Beispiel dafür. Sie bleibt allein mit dem Undank und der Einsamkeit, der anderen Bewohnerin der Gosse. Die gescheiterte Frau, die weint, die antriebsschwach ist, ängstlich und redselig, verbirgt ihre gequälte Persönlichkeit hinter jener der Dichterin, die stark ist, die ihre Träume und ihren Glauben nicht verloren hat und sich von ihrer eigenen Begeisterung tragen läßt[85]. Zugleich wird ihr die Poesie zur Gefährtin, die sie daran hindert, verrückt zu werden[86] oder ihren Aufruhr in der Wirklichkeit hinauszuschreien und Anklage gegen jene zu erheben, die sie demütigen. An Elisabete wird aber nicht nur die Tendenz der Unglücklichen der Straße deutlich, ihren Schmerz durch den Rückzug nach innen zu verbergen. Sie ist zugleich eine Zeugin der von ihnen verborgenen Schmerzempfindlichkeit.

4.2.1.2 Anklagen

Das Verbergen des Schmerzes bei den Unglücklichen der Straße hat für mich etwas Bedrückendes; dagegen empfinde ich den Schrei der Klage und Anklage bei den Armen fast als befreiend.

> *06.04.1986, São Paulo. Im Gottesdienst an einem friedlichen Sonntagmorgen erschreckt Mecé die versammelte Gemeinde mit ihrer heftigen Klage und Absage an alles Beten: „Ich werde Gott um nichts mehr bitten. So viele Male habe ich mich an ihn gewandt. Mein Kreuz wird immer schwerer. Ich höre jetzt auf zu beten ..." Ihr tiefer Kummer um die jüngste Tochter ist in Auflehnung umgeschlagen, die ihr eigenes Tun und das der Gemeinde radikal in Frage stellt. Da entzündet sich ein lebhaftes Gespräch. Darf man so sprechen? Warum beten wir? Wie sollen wir beten? Nach der ersten Bestürzung stimmen andere in Mecés zornige Klage ein. Mir ist, als habe sie eine Schleuse geöffnet.*

---

[85] Vgl. ihr Gedicht „Dupla personalidade", in: M. E. LIMA MOTA: Declaro que estou em tormento, Rio de Janeiro 1987, 42.

[86] Vgl. ihr Gedicht „Vem poesia", a.a.O., 108.

Gewöhnlich ist Mecé von der Eingebundenheit in einen geheimnisvollen Lebenszusammenhang bestimmt, so daß sie Unrecht und Schmerzen genauso empfängt und annimmt wie Gesundheit und Freude. Immer wieder jedoch bricht sie aus dieser Haltung auch aus. Mehrere Bedingungen treffen bei ihr zusammen, die das erleichtern.

Mecé ist Negerin[87] und hat dank ihrer – wenn auch lange unterdrückten – Kultur und religiösen Tradition eine besondere Empfänglichkeit für die Gefühle vieler, die Ausdruck suchen, und eine besondere Fähigkeit zum Ausdruck dieser Gefühle. Mecé ist vom Land in die Stadt gezogen und ist damit schon in gewisser Weise aus dem sie bestimmenden Lebenszusammenhang ausgezogen. Mecé klagt als Mutter, es geht nicht um ihre eigenen Lebensbedingungen, sondern um ihre Tochter, die begonnen hat, Drogen zu nehmen, und in die Abhängigkeit einer Bande von kriminellen Jugendlichen geraten ist. Ich selber habe Mecé dazu ermutigt, vor versammelter Gemeinde in einer Weise zu sprechen, die andere sich nicht erlauben: persönlich und ungeschützt im Ausdruck ihrer Gefühle.

Mecés Fähigkeit, auch zur Klage öffentlich ihre Stimme zu erheben, wird von der Gemeinde nicht nur geduldet. Diejenigen, die Gottesdienste vorbereiten, bitten sie manchmal sogar um das Einbringen dieser Fähigkeit. Sie erkennen sich in ihrem Zorn, ihrer Auflehnung, ihrer Anklage wieder. Zugleich wehren sie sich dagegen und schwächen die von Mecé erhobene Klage ab, indem sie darauf hinweisen, daß sie sich oft wiederhole. Das mag als Schutz dienen. Kummer, Verzweiflung, Auflehnung, Zorn, denen Mecé Ausdruck gibt, sind wie ein Fluß, der auch gefährlich werden kann.

Für mich hat Mecés Klage auch deswegen etwas Befreiendes, weil ich selber kaum in der Lage wäre, meinen Schmerz so zu äußern. Ich denke an Gespräche in meiner „anderen Kultur", in denen man als Entgegnung auf die Frage nach dem Ergehen des anderen leicht die Antwort hört: „Ich kann nicht klagen!" Dabei hört man in denselben Gesprächen eher die Grund-Melodie des Sichbeklagens und -beschwerens als jene andere der dankbaren Erleichterung und Freude. Wir kehren an allem, was geschieht, eher die enttäuschende Seite hervor; und doch können wir nicht klagen. Wie paßt das zusammen? Enttäuschungen, Verluste, Verletzungen verunsichern uns, stellen unsere Gewißheiten in Frage, verbinden sich auf unentwirrbare Weise mit Zweifeln an uns selber und mit Schuldgefühlen. Es ist, wie wenn eine Kette von nach außen und nach innen gerichteten Angriffen uns zuschnürt und verletzt. Je enger sie den Kreis des Angegriffenseins um uns selber zieht, desto stärker haben wir das Bedürfnis, uns unangreifbar zu machen, desto unzugänglicher werden uns die Verletzungen – unmöglich, den Schmerz mitzuteilen! So können wir tatsächlich nicht klagen. Und vielleicht ist dies gerade ein Grund für unsere Neigung, uns zu beschweren.

Die Armen können klagen: Die Unmöglichkeit ihrer Lebensbedingungen gibt ihnen sogar ein Recht dazu. Im Verhältnis zu ihnen, so kommt es uns vor, haben wir kein Recht zu klagen. Wir kennen nicht einmal die ganze Unmöglichkeit des Lebens, unter der sie leiden – noch viel weniger müssen wir sie ertragen. Zu-

---

[87] Siehe oben Anmerkung 70 auf S. 118.

gleich hemmt der Gedanke an Not und Unterdrückung und an Angst und ständige Bedrohung, in denen so viele um ihr Leben kämpfen, auch die Möglichkeit, daß wir uns an unseren Sicherheiten freuen. Weder klagen noch jubeln können wir, ohne daß sich Vorbehalte einstellen.

An dieser Verunsicherung können wir aber anknüpfen, um eine Klage aufsteigen zu lassen über die schreckliche Ungleichheit, die weit über die innere Widersprüchlichkeit unserer Erfahrungen hinausgeht und die zugleich unser eigenes Leben angeht und in Mitleidenschaft zieht. Wir können eine Klage über das Unrecht laut werden lassen, die Unstimmigkeit hineinträgt, wo alles zu stimmen scheint, die unruhig macht, wo wir zur Ruhe gekommen zu sein meinen, die Streit mitten in der Saat eines vermeintlichen Friedens aufgehen und in der Freude unversehens einen Schmerz spüren läßt. Wenn wir meinen, kein Recht zur Klage zu haben, können wir doch, um unserer stummen Verunsicherung eine Stimme zu verleihen, in die Klage der Armen einstimmen, uns ihren weinenden Einspruch, ihre zornige Anklage zu eigen machen.

Darum bitten uns die Armen, und es geht darum, daß wir diese Bitte hören und erhören. Ihre Bitte zu hören, ihre Klage zur unsrigen zu machen und ihre Stimme gewissermaßen auszuleihen, um über eine Ungleichheit zu klagen, unter der wir nicht leiden und die uns gerade deswegen betroffen macht – ist eine, vielleicht die Chance für uns. Wenn wir in dieser Weise die Klage der Armen hören und sie uns zu eigen machen, könnte das wie eine Bresche wirken, durch die der andere, nicht nur mit seinem Mangel, seiner Entbehrung, sondern auch mit seiner überraschenden Gabe, zu uns eindringen kann.

Wenn wir die Klage der Armen nicht hören, sind wir es, die angeklagt und verflucht werden.

4.2.1.3 Verfluchen

Das folgende Gedicht fand ich in dem mit Hilfe von Carlos Mesters und Marta Suplicy 1987 erschienenen Gedichtband von Maria Elisabete Lima Mota: „Declaro que estou em tormento"/ "Hiermit erkläre ich: Ich bin in Bedrängnis". Stapelweise lag er unverkauft in einem abgelegenen Buchladen, dabei vereint er dichte Texte von poetischer Qualität. Seit ich mich an die Übersetzung dieses Gedichtes begeben habe, läßt es mich nicht mehr los. Seine Spannungen machen die Autorin gegenwärtig, die ich bei den „sofredores de rua" kennenlernte. Sie ist zart, dünnhäutig, unfähig zu kämpfen – und auch nicht bereit dazu. Ihre Kraft ist ihr Dichten, das sie noch verletzlicher macht: zerrissen zwischen dem Haß auf Almosen und dem wütenden Bitten um Geld, zwischen dem hellsichtigen Erfassen der Wirklichkeit und der Flucht vor ihr.

„Verfluchung

Vergebung – jetzt oder nie!
Verrückt vor Verfluchung
lasse ich zu, daß du deine Burgen baust
mit den Geschichten unserer Klage.

Laß nur!

Nagle ruhig in unsere Herzen
die Verrücktheit der Undankerfahrungen.
Ein Tag wird kommen, an dem weder ich noch dein Gold
noch deine Schätze
Wert haben werden.
Wie der Wind, der ohne Erklärungen geboren wurde,
wie das Meer, wie der Mond, wie die Sonne,
von unsichtbarem Schöpfer.
Er wird eine Tür öffnen, die nicht unsichtbar sein wird.
Weder dein Gold noch deine Weisheit werden die Losung kaufen.
Deine unreinen Absichten und Gedanken,
deine vorsätzlich als gebildet aufgesetzten Gesichter
werden nicht durch die Tür gehen ...
Denn allein die Fähigkeit zum Empfinden,
die stumm ist und unschuldig,
wird fühlen ...

Wenn man durch die Tür ins Innere eintritt, seht – die Freiheit erscheint!
Und die Verrückten, so rein, so mißhandelt,
werden da an meiner Seite stehen.
Und deine Burgen, die sich auf unserem Schmerz erhoben,
werden verflucht sein:
Trockenheiten und Überschwemmungen,
Überschwemmungen und Trockenheiten
werden sie foltern.
Die Sonne, tausendmal, zehntausendmal heißer,
der Mond, tausendmal, zehntausendmal kälter...
Dein Weizen wird nicht mehr wachsen;
das Meer möge dich aufnehmen – möge dich herbringen.
Und dann wirst du dran sein mit dem Suchen.
Es wird Gold geben, das von den Reinen übrigblieb.
Von den Wertvollen.
Entweder wird alles anders, oder ich verschließe diese Tür und gehe
                                                                    weg.

Es nützt nichts mehr, von Vergebung zu sprechen.
Im Buch der Liebe steht die Lektion.
Die Quelle der Vergebung – ist ausgetrocknet.
Und diese Welt von Habgier und Bosheit, von Lügengespinsten ...
schon bald wird alles einstürzen.

Sie hörten nicht die Schreie derer, die durch sie in Verzweiflung gerieten.
Sie gaben kein einziges Almosen, ohne – Undank – dafür zu kassieren.
Nun kommt die Zeit, in der ich nicht mehr weinen werde.
Zum Andenken lasse ich die Verfluchung zurück:

*verflucht sei die Habgier –
und die Bosheit;
verflucht seien deine Gesten,
die in den Wunden, die sie mir beigebrachten, den Schmerz weckten.*

*Ich beuge mich nicht!
Ich bin die Fähigkeit zum Empfinden –
und vor wem sollte ich mich beugen? Wenn die Verbeugungen
verdorben sind als vorsätzliche Gesten.*

*Ich verfluche sie – im Namen meines Meisters.
Nur eine kleine Weile noch, damit es losgehen kann.
Damit sich das Gesetz erfüllt. Ich vergebe nicht.
Ach ...* "[88]

Was bedeutet Vergebung – was bedeutet Verfluchung an Veränderung, und wann tritt diese Veränderung ein? Die Qual dieser Spannung schreit Elisabete heraus: „Vergebung – jetzt oder nie!" Sie versucht, die lösende Veränderung zu erpressen: „Entweder wird alles anders, oder ich verschließe diese Tür und gehe weg." Dann hebt sie selbst den einen Spannungspol auf: „Es nützt nichts, von Vergebung zu sprechen"; „Ich vergebe nicht." Es gibt keine Vergebung, es sei denn in der Gestalt der radikalen Veränderung, die Elisabete in der Verfluchung beschwört und die in einer unbestimmten Zukunft – „ein Tag wird kommen" – eintreten wird, wobei diese Zukunft nicht so unbestimmt ist, daß es nicht schon Anzeichen für ihr baldiges Anbrechen gibt: „schon bald wird alles einstürzen";

---

[88] M. E. LIMA MOATA: Declaro que estou em tormento, Rio de Janeiro 1987, 70f:
"Maldição // Perdão – agora ou nunca! / Louca de maldição, deixo que construas os teus castelos / com as estórias do nosso clamor. //
Deixa! //
Deixa que crave nos nossos corações / a loucura das ingratidões. / Um dia virá, em que nem eu, nem o teu ouro, / nem os teus tesouros / terão valor. / Como o vento, que sem explicação nasceu; / como o mar, como a lua, como o sol, / de criador invisível. / Vai abrir uma porta que invisível não será. / Nem o teu ouro, nem a tua sabedoria comprarão a senha. / Tuas mentes de pensamentos impuros, / tuas faces de estudiosas premeditadas / não vão passar a porta ... / Porque somente a sensibilidade, / que é muda e inocente, / vai sentir ... //
Entrando porta adentro, eis que surge a Liberdade! / e os loucos, tão puros, tão maltratados, / estarão lá ao meu lado. / E teus castelos, que se formaram em cima de nossa dor, / serão malditos: / secas e enchentes, / enchentes e secas / irão torturá-los. / O sol, mil vezes, dez mil vezes mais quente; / a lua, mil vezes, dez mil vezes mais fria ... / Teu trigo não mais crescerá; / o mar que te acolhe – que te trague. / E daí será a vez das tuas buscas. / Haverá ouro que sobrou dos puros. / Dos que valem. / Ou tudo se modifica ou eu tranco esta porta e vou embora. /
Não adianta mais falar em perdão. / No livro do amor foi escrita a lição. / A fonte do perdão – secou. / E este mundo de cobiça, malícia, de véus fabricados ... / já não tarda tudo a desmoronar. // Não escutaram os gritos dos que levaram ao desespero. / Não deram uma esmola sem – ingratidão – cobrar. / Está chegando a hora em que eu não vou mais chorar! / E deixo de lembrança a maldição: / seja maldita a cobiça – / e a malícia; / sejam malditos teus gestos / que magoaram as feridas que formaram em mim. //
Não me curvo! / Eu sou a Sensibilidade – / e a quem vou me curvar? Se as mesuras estão enfestadas / de gestos premeditados. / Eu os amaldiçôo – em nome de meu Mestre. / Só um pouco resta para que comece. / Para que se cumpra a Lei. Eu não perdôo. / Ai, ai, ai ..."

„nur eine kleine Weile noch, damit es losgehen kann". Einerseits reicht Elisabete die Gewißheit einer radikalen Veränderung in der Zukunft nicht aus, und sie gibt der ungeduldigen, erpresserischen Erwartung der sofortigen Veränderung nach; andererseits überwiegt bei ihr doch das sichere Wissen, daß die Zukunft dieser Veränderung nicht lang auf sich warten läßt.

Wer ist für die Veränderung verantwortlich? Wer wird „alles anders" machen? Einerseits stellt Elisabete das Ich der Dichterin nicht durch seine Fähigkeit zum Handeln, sondern durch seine Fähigkeit zum Empfinden vor; andererseits bekennt sich dieses Ich in derselben Textstelle zu drei Handlungen: „Ich beuge mich nicht!" „Ich vergebe nicht." „Ich verfluche sie – im Namen meines Meisters." Zugleich beschreibt Elisabete die kommende radikale Veränderung, die ihre Verfluchung beinhaltet, im Passiv – einem Passiv, das, wie das ganze Gedicht, voller religiöser Anspielungen ist, ohne eindeutig auf Gott zu verweisen. Dennoch, und um so mehr, ist er im Spiel, zusammen mit dem Ich der Dichterin. Dieses hat die Macht des Wortes, das die auf Reiche und Arme zukommende Veränderung in Gang setzt. Wenn Elisabete damit droht, daß dieses Ich weggeht, so ist das der letzte Trumpf der Dichterin: zu verschwinden, nämlich zu schweigen, ihr prophetisches Wort auszulöschen, und damit der Zukunft – mag sie auch von Gott ausgehen – den Weg zu versperren.

Dieser Machtkampf in Elisabetes Gedicht ist es, der mich fasziniert. Da ist nicht nur geduldiges Warten, Sich-Unterordnen, Hinnehmen der eigenen Schwäche und Unbedeutendheit. Elisabete zieht sich gerade nicht in die Freundlichkeit zurück, sondern wagt sich vor und setzt für sich das christliche Gebot von Liebe und Vergebung außer Kraft. Ich erinnere mich an mein Unbehagen bei dem von vielen Armen so geschätzten Wort „demütig". Wenn Elisabete ausdrücklich das Sich-Beugen verneint – verneint sie dann nicht auch eine Geste der Demut? Sie selbst setzt sich damit auseinander und präzisiert: Die Verbeugungen sind als vorsätzliche Gesten, also durch die damit verbundenen Absichten verdorben. Ihre Verneinung gilt vor allem der verfälschenden Absichtlichkeit, die die Demut zur Heuchelei macht, nicht aber der Demut selber. Diese bedeutet gerade auch die Fähigkeit, an der Seite der Leidenden ihre Schmerzen zu empfinden; und Elisabete ist es wichtig, das Ich der Dichterin als Fähigkeit zum Empfinden vorzustellen. Ihre Stärke im Empfinden jedoch treibt sie zur Abrechnung mit denen, die in ihren Lebensburgen unempfindlich geworden sind, die sie ausbeuten und demütigen.

Bricht Elisabete damit aus jener die Armen sonst kennzeichnenden Haltung des Empfangens und der Dankbarkeit für das Leben aus? Die Erfahrungen mit dem Undank derer, die ihre Burgen auf den Schmerzen der Armen bauen und kein Almosen ohne Absicht geben, haben Elisabete mit Undank infiziert, haben sie „verrückt vor Verfluchung" gemacht. Die Verfluchung rückt an die Stelle des weinenden Einspruchs, an die Stelle der Klage, die sich – auch noch im Zorn – an Gott richtet, und an die Stelle der Trauer. Zugleich ist diese Verfluchung die Tat eines Ich, das sich durch die Fähigkeit, zu empfinden und zu fühlen, definiert. Ihre Verfluchung bedeutet für die Betroffenen, daß ihnen befreiende

Beziehungen unmöglich werden. Sie werden nicht durch jene Tür ins Innere der Freiheit eintreten, welche die Dichterin verschließen kann, auch wenn sie von einem anderen geöffnet wurde. Zu diesem anderen weiß sich Elisabete in enger Beziehung. Wer es allerdings ist – wer einen Tag kommen läßt, an dem nichts mehr so ist, wie es war, wer Wind, Meer, Mond und Sonne ohne Erklärung geboren hat, wer eine Tür öffnen wird und von wem es ausgeht, daß alles anders wird, läßt Elisabete unbestimmt: „von unsichtbarem Schöpfer". Ihre Beziehung zu ihm begründet die Macht ihres Wortes: „Ich verfluche sie – im Namen meines Meisters." Aus der tragenden Beziehung zu Gott bricht Elisabete nicht aus.

Ihr Gedicht erinnert mich an einen Fluchpsalm. Aber Elisabete richtet keine Bitte an Gott, daß er ihre Feinde bestrafe, sondern sie übernimmt selber die Ankündigung des Gerichts – wenn auch im Auftrag eines anderen; und dieses Gericht gilt mir, gilt uns, die wir nicht zu den Verrückten, den Reinen und Mißhandelten gehören. Baue ich Burgen mit den Geschichten der Klagen der Armen? Elisabete rechnet nicht nur mit Personen, sondern auch mit Verhaltensweisen ab; und dabei kehrt vor allem das Wort „vorsätzlich, absichtlich" wieder: Es ist die Absichtlichkeit, vielleicht sogar gerade unsere „gute Absicht", die von den schon verletzten Armen als quälend empfunden wird[89], so daß sie Elisabete genauso zum Unterscheidungsmerkmal bei Gericht wird wie das Gold und der Reichtum. Deswegen hebt die Veränderung durch das angekündigte Gericht vor allem die Logik aus den Angeln, auf der das absichtsvolle Handeln aufbaut: Nichts behält mehr seinen früheren Wert, die Natur selber wird die Reichen foltern und sie um die Früchte ihrer Anstrengungen bringen; die alles besitzen, werden zu Suchenden werden, weder ihr Reichtum noch ihre Kenntnisse können ihnen den Zugang zur Freiheit erkaufen; sie werden gezwungen sein, bei denen um Gold zu betteln, die sie mißhandelt haben. Das Gold, das von den Reinen übrigblieb, ist ihre Absichtslosigkeit – in Elisabetes Worten: ihre „Fähigkeit zum Empfinden, die stumm ist und unschuldig". Die Armen haben eine Stärke im Fühlen und Hören, die ausgeprägter ist als ihre Stärke im Handeln und Sprechen.

Wenn Elisabete die Fähigkeit zum Empfinden „unschuldig" nennt, scheint sie allerdings den Zusammenhang zu verzerren: Wem aufgrund seiner Mittellosigkeit nicht wie den Reichen das Einfluß nehmende Handeln und Sprechen möglich ist, der ist deswegen noch nicht unschuldig.
Aber ich denke nicht, daß Elisabete hier die aufgezwungene Passivität zur Reinheit erhebt. Es geht nicht um den Gegensatz zwischen Handeln und Leiden oder Fühlen, der für das Handeln ein vernichtendes Gericht bedeutet; es geht vielmehr um den Unterschied zwischen einem Handeln, das in erster Linie von der Absicht und den eigenen Vorsätzen regiert wird, und einem Handeln, das in erster Linie aus dem Fühlen und Mit-fühlen heraus erfolgt. Solches Handeln ist „unschuldig" im Sinne seiner Unverdorbenheit durch eine Absicht.

---

[89] Sie macht das Almosen zur Demütigung und das Leben in der Gosse zur Hölle, das man in Freiheit umarmen müßte, um der Demütigung zu entkommen. Eindringlich beschreibt ihr Gedicht „Liberdade" diese Spannung: M. E. LIMA MOTA: Poesia da sarjeta, a.a.O., 32 (Übersetzung unten: S. 167).

Wenn nun ein zuerst aus dem Fühlen heraus erfolgendes Handeln, das normalerweise unterlegen ist, dem vorsätzlichen Handeln überlegen sein wird, dann bedeutet das eine radikale Veränderung.

Diese völlige Umkehr der Werte wird von Elisabete im Namen eines Größeren angekündigt. Sie wird durch ihn geschehen: das ist ihr sicheres Wissen. Die radikale Veränderung kommt von ihrem unsichtbaren Schöpfer auf die Welt zu. In dieser Veränderung zeigt sich Gottes Nähe zu den Armen. Wenn ein Tag kommen und alles anders wird, „ohne Erklärung" wie die Geburt des Universums, steht Gott auf der Seite der Armen – auch jener, die wie Elisabete das Austrocknen ihrer Fähigkeit, zu weinen und zu vergeben, bekennen. Seine Nähe bedeutet Freiheit für die Mißhandelten und Verletzten, die ihre Fähigkeit zum Empfinden bewahrt haben; sie bedeutet Folterung für die Habsüchtigen, die mit ihrer Vorsätzlichkeit alles verderben. Gott gibt den Fühlenden die Macht. In dieser radikalen Veränderung kommt Gottes Andersheit auf die Menschen zu.

Elisabetes Wissen von Gottes geschichtswirksamer Andersheit kennzeichnet eine ergreifende Spannung. Es lebt von der ohnmächtigen Sicherheit der Verletzten und Verrückten, von der Autorität der Leidenden: „Ein Tag wird kommen ..." Zugleich zeigt es, daß sich die Dichterin an der Ohnmacht der „unschuldigen", „stummen", Fähigkeit zum Empfinden reibt, daß sie eingreifen, beschleunigen, zwingen will, „verrückt vor Verfluchung": „Entweder wird alles anders, oder ich gehe." Der Glaube an Gott und der Glaube an die Überlegenheit der Leidenden, der Fühlenden sind ein und derselbe Glaube. Wenn Elisabete mit Gott ringt – um Vergebung und Verfluchung, um das „jetzt" oder „wann" der Veränderung von allem – , so ringt sie zugleich mit sich selbst, die sich durch die Fähigkeit, zu empfinden und zu fühlen, definiert.

4.2.2 Standhalten

Schmerz empfinden – und standhalten: diese Dimension des Leidens der Armen könnte ich zu beschreiben versuchen, indem ich verschiedene präpositionale Zusammensetzungen mit dem Verb „stehen" durchbuchstabiere, wie beispielsweise: Durch-stehen, wider-stehen, auf-stehen, zu (Menschen) stehen, (einander) bei-stehen. Da all dieses „stehen" sich durch Dauer auszeichnet – oder auch durch fortwährende Wiederholung – habe ich das Wort „standhalten" gewählt. Auf der Basis des zur Verfügung stehenden Materials der Rundbriefgeschichten erkenne ich vier Elemente, die zum Standhalten der Armen gehören und von denen ich mir vorstellen kann, daß diese sie einander zurufen, um sich gegenseitig im Standhalten zu ermutigen und einander „beizustehen"[90].

---

[90] „Paciência!" „Luta!" „Força!" „Espera!" Tatsächlich vergeht kaum ein Gespräch zwischen den vielfach geplagten und bedrückten Frauen, in dem man nicht eins dieser Worte hört, die wie eine Verdichtung von Erfahrungen sind, denen sich das (Über-)Leben verdankt.

4.2.2.1 Nicht aufgeben

Die Fähigkeit zum Standhalten ist mir bei den Armen zuerst als Geduld aufgefallen, an der ich Anstoß nahm. Sie war für mich Schwäche, wo ich mir Stärke gewünscht hätte.

21.10.1984, São Paulo. Montagmorgen. Ich hatte mit O. verabredet, sie zu einer Rechtsanwältin zu begleiten. Ihre Teilnahme an verschiedenen Gruppen und Aktivitäten der Gemeinde ist für ihren Ehemann (E.) so unerträglich, daß er sie immer häufiger deswegen bedroht und in jeder Weise demütigt – bis es in der letzten Woche zu Gewalttätigkeit kam: Er zerschlug mit der Axt ihre Nähmaschine, das Symbol ihrer Selbständigkeit und materiellen Unabhängigkeit. – O. schwankt zwischen Angst vor ihrem Mann und Widerwillen bzw. Verachtung. Die Rechtsanwältin, die für ihre beratende Arbeit mit Armen, die um ihre Rechte kämpfen, bekannt ist, könnte sie über ihre Möglichkeiten belehren. Für O. ist es ein ungeheurer Schritt, in die Stadt zu fahren, in der sie noch nie allein war, und die Rechtsanwältin aufzusuchen. Sie findet diesen Schritt sinnvoll – aber zugleich denkt sie voll Schrecken an die Reaktion ihres Mannes, falls er von ihrem bzw. unserem Unternehmen erfährt. Als wir ihre Kinder zu einer Nachbarin und guten Freundin bringen, sagt diese zu mir, in O.s Gegenwart, daß diese niemals den Mut aufbringen wird, einen Schritt zu tun, um ihre Rechte zu verteidigen, daß sie sich schon an die Demütigungen gewöhnt hat und weiter gewöhnen wird. Diese nicht gerade ermutigenden Worte erhöhen die Spannung, in der sich O. befindet. Sie gibt den Gang zur Rechtsanwältin auf. Traurig und nachdenklich gehe ich zurück.

Ich kann mich nicht abfinden mit dem, was viele Frauen zu leiden haben und wie sie damit umgehen. Im Gottesdienst bitten sie immer wieder um mehr Geduld und Frieden in ihren Familien. Mit „Frieden" meinen sie meistens die einigermaßen wohlwollende Gestimmtheit ihrer Männer. Diese erkaufen sie zu einem hohen Preis: Hinnehmen außerehelicher Beziehungen des Mannes, Aufgeben eigener Vorstellungen, was die Erziehung der Kinder, vor allem der Söhne, angeht, Aufgeben aller Aktivitäten außerhalb des häuslichen Bezirks, Ertragen der Unberechenbarkeit und Verrücktheiten der Trinkenden, Verschweigen und Vertuschen der vorkommenden Gewalttätigkeiten: das meinen sie mit „Geduld". Ist ihre Geduld Schwäche oder Stärke? Sie trägt anscheinend nichts dazu bei, daß sich die Verhältnisse ändern – im Gegenteil: sie festigt die Struktur von Unterdrückung, Demütigung und Ausschließung, die die Männer ja oft selber als Arbeiter erleiden und dann auf ihre Familie übertragen.
Aber auch diese ängstliche Geduld ist ein Verhalten, dem sich Leben verdankt. Je mehr mir die Frauen von ihrer Hölle anvertrauen, die sie aushalten, um so mehr ging meine erste Reaktion dahin, sie zu überzeugen, daß ihre Geduld ein Ende finden müßte. Je länger ich ihnen zuhörte, umso deutlicher merkte ich, daß ich sie nicht verstand, solange ich ihre Geduld als Schwäche ablehnte; und allmählich – unbegreiflich für mich selber – begann ich, in ihrer Geduld Stärke

zu sehen: die Stärke der Dauer, des langen Atems ... Es ist die Stärke einer Liebe zum Leben, deren Kräfte in dem Maß wachsen, in dem dieses Leben bedroht und bedrückt ist.

In dieser Bedrückung spreche ich von Ungeduld, weil ich aufgegeben hätte und verzweifelt wäre. Angesichts der miesen, finsteren, oft feuchten und stinkenden, immer reformbedürftigen Unterkünfte vieler Frauen und ihrer Familien am Rand von São Paulo, aber auch mitten in der kleinen Kreisstadt Crateús, zu deren Einzugsbereich Poranga gehört, ist mir häufig derselbe Gedanke durch den Kopf geschossen: daß allein das Aufwachen und Beginnen eines neuen Tages in dieser Trostlosigkeit eine Heldentat ist; ich würde die Flucht ergreifen. Die Frauen, die bleiben, die gegen den Raub des Lebens, an-weinen, an-sprechen und an-singen, hätten das Recht, das Ende ihrer Geduld anzusagen; aber sie tun es nicht. Statt dessen setzt sich ihre Geduld im Kämpfen um.

Ich weiß vor allem von denen, die ungezählte Hindernisse durchstehen, um eine Behausung für sich und ihre Kinder zu erkämpfen. Sie stehen mit Hunger auf, müssen ihren Kindern Versprechungen zu essen geben, und gehen mit Hunger aus dem Haus, um zuallererst so lange an andere Türen zu klopfen, bis sie für die Kinder etwas zu essen und das Geld für eine Fahrtkarte in die Stadt haben auftreiben können. Dann gehen sie voller Selbstvorwürfe und Angst weg, denn sie müssen ihre Kinder sich selbst überlassen. Sie spüren Zweifel am Sinn ihres Kämpfens. Ihren Gang auf die Behörden halten der eigene Mann und auch Nachbarn für überflüssig und verrückt. Mehr noch, viele Frauen werden dazu gezwungen, zwischen dem eigenen Mann und dem hartnäckigen Bemühen um Verbesserung ihrer Lebensbedingungen zu wählen. Sie müssen Unverständnis, Eifersucht und Gewalt des Mannes aushalten und den Preis für die eigene Widerständigkeit zahlen: Alleinsein und Verleumdung – eine Frau, die nicht zu Hause bleibt, ist eine schlechte Frau, eine „Frau der Straße" (anderes Wort für Prostituierte). Wenn sie dann, schließlich, denen gegenüberstehen, die das Sagen haben, wird ihnen klar gemacht, daß sie niemand sind. Sie werden getäuscht, verunsichert und in die Versuchung geführt, von ihren Kämpfen abzulassen. Sie werden bestochen, und mit gezielten Verleumdungen wird ihr Vertrauen in ihre Mitstreiterinnen und Mitstreiter erschüttert ... Bei all dem leben sie von dem eisernen Willen, nicht aufzugeben.

4.2.2.2 Kämpfen

Verschiedene Male bei meiner Rückkehr von einem Besuch in Deutschland entdeckte ich im nachhinein, daß mir Reaktionen, Verhaltensweisen, eine gewisse resignative Stimmung, die mir früher in Deutschland nicht aufgefallen wären, jetzt, von Brasilien her betrachtet, wie fremd vorkamen.

November 1987, São Paulo.(Ich schreibe an deutsche Freunde.) Mir ist aufgefallen, daß viele von Euch sich mit vielfältigen Sorgen herumschlagen – körperliche Beschwerden, Unsicherheit, was die berufliche Zukunft angeht, Ärger mit Kollegen oder Nachbarn, Enttäuschungen, Krankheiten – und meinen, das habe für mich sicherlich keine Relevanz, weil die Sorgen hier existentieller sind. Mir gehen Eure Sorgen nach, weil ich in Zusammenhang damit jedes Mal eine gewisse Mutlosigkeit gespürt habe, die mich nachdenklich gemacht hat. Die Leute hier haben – außer der immer bedrängenderen Armut – viele Eurer Sorgen auch. Aber sie teilen sie anders mit: Sie haben schon unglaublich viele Wege gemacht, um Lösungen zu suchen, Linderung für Schmerzen, Behandlung für Krankheiten – und sie werden noch Unmengen von Wegen machen, um eine Besserung zu erreichen; das nennen sie „kämpfen"/"lutar" – eines der geläufigsten Worte in ihrer und nun auch in meiner Umgangssprache. Und obwohl dieses „Kämpfen" bis zur Erschöpfung aller Kräfte geht, ist es doch etwas, was jene Mutlosigkeit nicht aufkommen läßt ...

Bei der Vorbereitung des Unterrichts in den Erwachsenenschulen haben wir das Wort „lutar" studiert, um es als „zeugendes Wort"[91] zu verwenden. Dabei haben wir entdeckt, daß es drei Dimensionen enthält.
Die geläufigste Verwendung ist die allgemeinste, in der es fast im gleichen Sinn wie das Wort „arbeiten" gebraucht wird. Auch ihre Arbeit – sowohl die Möglichkeit zu arbeiten als auch die Bedingungen und die Mittel und die Früchte bzw. den Lohn – müssen sich die Armen erkämpfen. Besonders für die Arbeit der Hausfrau wird gern das Wort „Kampf" gebraucht. Dabei mag eine gewisse Abwertung ihrer Tätigkeit mitspielen, sofern das Wort „Arbeit" dem Mann vorbehalten zu sein scheint; aber tatsächlich muß sich gerade die Hausfrau mehr als jeder andere die Bedingungen der Möglichkeit ihrer Arbeit erkämpfen.
Eine andere Verwendung des Wortes „lutar" ist sehr spezifisch, meint das Austragen einer Gegnerschaft und gehört vor allem in den Sport.
Schließlich wird das Wort „lutar" auch gebraucht, wenn es sich um die Einforderung von Rechten handelt. In dieser Verwendung ist eine engere Definition des Subjekts, des Ziels und der Mittel des Kämpfens impliziert. So tun sich die um ihr Recht auf Wohnen Betrogenen zusammen und organisieren sich, um dieses Recht zu erkämpfen. Subjekt des „Kämpfens" ist also eine Gruppe, die sich organisieren muß, ihr Mittel, ihre „Waffen", sind vor allem Einheit und Organisation, und ihr Ziel ist die Eroberung eines Rechtes.

Das tagtägliche Ankämpfen gegen alles, was das Leben lähmt und tötet, ist etwas, was untrennbar zu den meisten armen Frauen in Brasilien gehört. Es bringt keine Verhärtung mit sich; diese nähme den Frauen endgültig die Kraft zum Weiterleben. Ihr tapferes Eintreten gegen den Raub des Lebens macht ihre Offenheit für das Leben um so weiter und zärtlicher. Angesichts der sich immer noch verschlechternden Lebensbedingungen können sie der Versuchung zur Resignation nachgeben, aber Haß und Feindseligkeit lassen sie nicht in sich aufkommen. Dazu möchte ich die Geschichte von einer meiner ältesten Freundinnen in São Paulo erzählen.

---

[91] Siehe oben S. 74.

November 1993, São Paulo. Mecé ist eine Schwarze oder Negerin, wie wir in Brasilien lieber sagen, um nicht nur der Hautfarbe, sondern auch der Geschichte und Kultur der Schwarzen Rechnung zu tragen. Mecé ist als Urenkelin afrikanischer Sklaven in der Bahia geboren. Sie erinnert sich an die Großmutter ihrer Mutter. Diese sei hellerer Hautfarbe gewesen und von anderer Art als die einsilbigen Leute, die ihre Mutter und ihr Vater waren. Sie habe viel erzählt, sei fröhlich und ständig in Bewegung gewesen, hüpfend, hinkend, denn ein Fußknöchel sei verletzt geblieben vom Tragen der Kette mit der schweren Eisenkugel der Sklavin. Mecé war nicht mehr angekettet, aber an der Abhängigkeit, in der sie aufwuchs, rieb sie sich fast zu Tode. Ihre Eltern wohnten als armselige Tagelöhner auf dem Grund und Boden eines Großbauern, dem sie auf Gedeih und Verderb ausgeliefert waren. Mecé bekam das zu spüren bei der Geburt ihres ersten Kindes. Die ging nicht so leicht vonstatten wie bei ihrer Mutter, Großmutter und Urgroßmutter. Erst als sie an der Unmöglichkeit, das Kind auf natürlichem Weg zu bekommen, fast starb, fuhr sie der Großbauer in seinem Wagen zu dem weit entfernten Krankenhaus in der Stadt. Beim zweiten Kind war es noch schlimmer. Diesmal kam der Kaiserschnitt für Mutter und Kind fast zu spät. Mecé war einen Moment lang tot. In diesem Moment starb ihre Erinnerung an das, was sie zuvor gelernt hatte, vor allem Lesen und Schreiben, Sticken und Häkeln – das war und blieb ausgelöscht. Bei der dritten Schwangerschaft wußte sie, daß der Großbauer mit seiner Warnung, sie nicht noch einmal zum Krankenhaus zu fahren, ernst machte. Sie überredete also ihren Mann, verkaufte das wenige, was sie hatten, und mit ihren zwei kleinen Kindern und ihrem Mann fuhr sie 3000 km in den Süden.

In São Paulo bekam sie das Recht auf eine Operation. Aber das Recht auf Wohnen bekam sie nicht. Mecé suchte und fand am Rand eines stinkenden Gewässers – dort, wo ich sie später kennenlernte – ein wenig begehrtes Stückchen Boden, auf dem sie einen Verschlag aus altem Holz errichtete. Andere Familien, die auch kein Recht hatten, in São Paulo zu wohnen, gesellten sich hinzu, und es entstand bald eine jener nicht genehmigten Siedlungen, die „Favela" heißen und die in offiziellen Plänen nicht eingetragen sind. Mecé haßte sie wegen der Schrecken, die sie dort erlitt und die sie krank machten: wenn von Drogen betäubte Jugendliche ihr Unwesen trieben, wenn, mit noch größerer Gewalt, die Polizei diese Jugendlichen jagte und wenn alljährlich bei den Regenfällen im Januar/Februar der schmutzige Fluß plötzlich anschwoll und eine stinkende, krankmachende Lehmmasse in die Hütten schwemmte und ihre geringe Habe verdarb und zerstörte. Mecé haßte diese Schrecken, aber ließ sich nicht von ihnen vertreiben.

So wie sie bei dem Großbauern um ihr eigenes und um das Leben ihrer Kinder gekämpft hatte, so kämpfte sie bei der Regierung von São Paulo für die Reinigung und Begradigung des Flusses, für die Sicherung des schrumpfenden Grundstücks, das sie sich einst illegal angeeignet hatte;

sie kämpfte dafür, daß diejenigen, die São Paulo erbauen – zu denen ihr Mann gehörte – das Recht bekommen, in der Stadt mit Würde zu wohnen. Mecé kämpfte auch gegen jene Reaktionen auf den Raub des Lebens, mit denen die Armen selber eben diesem Raub Vorschub leisten: Sie kämpfte gegen die Resignation ihres Mannes, der seine Ohnmacht im Alkohol zu vergessen suchte; sie kämpfte gegen die verzweifelte Revolte ihrer jüngsten Tochter, die viele Jahre hindurch, zusammen mit anderen drogenabhängigen Jugendlichen, sich mit Gewalt zu holen versuchte, was ihr die Gesellschaft verweigerte. Mecé kämpfte gegen die Gleichgültigkeit ihrer Nachbarn, gegen deren Selbsttäuschung und Abschottung; und sie kämpfte zuletzt auch bei sich selbst gegen das von ihr übernommene Vorurteil, eine häßliche Schwarze und darum vom Schicksal benachteiligt zu sein. Vor allem gegen diese auf ihr lastende, ihr Leben schwächende Verachtung der Neger hat sie nun den Kampf gewonnen. Sie liebt ihre regelmäßigen Treffen mit anderen Negerinnen der Pfarrei, bei denen sie sich in ein weites, farbenprächtiges Gewand kleidet, und es ist ihr wichtig, mit den anderen Frauen in den schwingenden Schritt und die religiösen Gesten ihrer Ahnen einzustimmen, die den ganzen Körper ergreifen.

Als ich Mecé begegnete, hatte sie durch ihr chronisches Widerstehen schon viel gelernt. Sie hatte gelernt, daß sie jedesmal, wenn sie sich mit einem Todesurteil nicht abfand, dem Leben eine Chance gab. Sie hatte gelernt, daß es bei jedem ihrer vielen Kämpfe eine neue Art und Weise des Widerstehens zu entdecken und zu üben gab. Hatte sie ihre ersten Kämpfe um das Leben ihrer Kinder und ihr eigenes Leben noch allein ausgetragen, so lernte sie in São Paulo, durch die Nöte des Zusammenlebens in der Favela und durch eine Sozialarbeiterin der Stadt, daß der erste Schritt des Kämpfens in der Vereinigung mit Leidensgenossinnen und -genossen besteht. Das war zu einer Zeit, als der Kardinal von São Paulo die Gruppen- und Gemeindebildung und die Verbindung von Pastoral und Menschenrechtsarbeit am schnell wachsenden Stadtrand von São Paulo entschieden und gezielt unterstützte. Wie Mecé begannen viele Arme, die an ihren tagtäglichen Überlebenskampf als einzelne gewöhnt waren, ihre Forderungen und Kräfte zu vereinen. Kämpfe um ihre Rechte, hartnäckiges Durchstehen von Schwierigkeiten wurde zur Sache von unzähligen Gruppen, die ihrerseits „movimentos populares" bildeten.

Ich möchte einige Abschnitte aus der Geschichte der Bewegung der Landlosen in der Stadt São Paulo auswählen, die ich bei ihren Kämpfen um Grundstücke und Häuser sechs Jahre lang begleitet habe.

28.02.87, São Paulo. Die Ablenkung durch den Taumel der Karnevalstage benutzen Hunderte von Familien, die durch die ums Zehnfache hochgeschnellten Mieten zu Obdachlosen geworden sind, um brachliegende Gebiete in den sich nach Osten ausbreitenden Stadtvierteln zu „besetzen", d.h. in Brandrodung zu säubern und in kleine Grundstücke aufzuteilen (6 x 20 m ist das Maß, auf das sie sich selbst begrenzen), auf denen sofort behelfsmäßige Hütten aus Pappe und Plastikfolien errichtet werden. Es bricht eine wahre Besetzungseuphorie aus. Viele Engagierte in parteipolitischen Gruppen und Pfarreien versuchen, die Mengen zu organisieren. Es werden 32.000 Familien gezählt, die 328 Gebiete besetzt haben. (Die amtlichen Statistiken sagen aus, daß 60% der bebaubaren Fläche am östlichen Stadtrand von São Paulo nicht genutzt und urbanisiert sind!)

23.03.87, erste Verhandlungen mit dem im November neu gewählten Gouverneur von São Paulo, Orestes Quércia. Er sagt zu, daß die bis zu diesem Datum besetzten Gebiete Gegenstand von Verhandlungen mit dem Wohnungsbauminister sein können.

05.04.87, Passionssonntag. Unter durchnässendem Dauerregen wandern Mengen von Gruppen mit Plakaten und Spruchbändern nach São Miguel, teilweise 10 km weit. Aber der Minister läßt sich entschuldigen! Geduldig, an häufige vergebliche Gänge gewöhnt, kommen sie zurück, mir entgegen, die ich verspätet zur Versammlung gefahren bin: Frauen mit Säuglingen auf dem Arm, kaum gegen den Regen geschützt, müde Gestalten, aber eine fast fröhliche Hoffnung in den Gesichtern. Die Hände würden so gern Stein auf Stein schichten für das eigene Haus; „Barfüßler", Hilfsarbeiter sind sie – aber sie wüßten sich zu helfen, wenn sie nur ein Grundstück und Baumaterial hätten.

12.04.87, Palmsonntag. Ein strahlender Sonntag und von alters her ein Tag festlicher Prozessionen: Mit Palmen in der einen Hand und Plakaten, Fahnen und Spruchbändern in der anderen, strömen Mengen (7.000 bis 10.000 dürften es sein) auf den Platz bzw. die Plätze vor der Kirche – die von Militärpolizei ganz und gar umstellt sind. Zwei einigende, Gleichheit herstellende Gesten eröffnen die Versammlung: die Nationalhymne wird gesungen – die Leute fordern als Brasilianer ihr Recht – und mit derselben Einstimmigkeit wird das Vater Unser gebetet, jenes Gebet, das mit unüberbietbarer Eindeutigkeit daran erinnert, daß alle Kinder desselben Vaters sind! Vor dem Minister bringen Gruppen, durch Vertreter und in organisierten Sprechchören, ihre Meinung zum Ausdruck. Der Minister ist mit einem Versprechen gekommen (20.000 Häuser sollen bis zum Ende des Jahres in São Paulo gebaut werden), ohne jedoch auf konkrete Forderungen, die auch der Bischof Dom Angélico vorbringt, konkrete Antworten zu geben. Aber das Versprechen ist Basis für Verhandlungen – ein Sieg, den die Menge nun auch zu feiern weiß: Die sich auf Rede und Antwort des Ministers auf den Kirchenstufen konzentriert haben, lockern sich und tanzen aufeinander zu im unwiderstehlichen Rhythmus des Samba, der aus den Lautsprechern schallt.

13.04.87, Montagabend in der bis in den letzten Winkel gefüllten Bischofskirche von São Miguel. Der Pfarrer Ticão, der schon seit Jahren die Bewegung der Landlosen begleitet und organisiert, wertet mit der Menge die gestrige Versammlung aus. „20.000 Häuser in der Zona Leste bis zum Ende des Jahres: ist das ein Sieg der Bewegung?" Allgemeine fröhliche Bejahung – schon der Minister hatte in klugem Entgegenkommen den Plan der Regierung als Frucht der organisierten Bemühungen der Bewegung anerkannt! „Wird nun der Minister diese 20.000 Häuser hier bis Ende des Jahres bauen?" Nicht das geringste Zögern: ein helles und dunkles, einstimmiges „Nein" erfüllt die Kirche! „Wir müssen also um die Erfüllung dieses Versprechens kämpfen!"

07. und 21.05.1987. Zweimal kommen der Wohnungsbauminister und eine technische Equipe des Amtes für Wohnungsbau und städtische Entwicklung nach São Miguel. Dabei wird immer klarer, daß die Regierung besetzte Gebiete nicht kaufen und zum Gegenstand von Verhandlungen erklären wird. Auch die anderen Forderungen der Bewegung der Landlosen: überschaubare Wohneinheiten (300-600 Wohnungen) in schon urbanisierten Gebieten, die in Gemeinschaftsarbeit zu erbauen sind – werden von der Regierung nicht akzeptiert. Statt dessen sind auf einem riesigen Gelände weit außerhalb gleich 10.000 Wohnungen geplant, die eine Baufirma „hinstellen" wird. Und von diesen Plänen wird gerade nicht in erster Linie die Bewegung der Landlosen dank ihres organisierten Bemühens um Grundstücke und Häuser begünstigt, sondern jeder Verein oder jeder einzelne auch, von dem man sich Gefolgschaft gegenüber der regierenden Partei versprechen kann.

So muß sich unsere Bewegung nach außen hin stärker dezentralisieren, in kleinen Gruppen neue Verhandlungen mit neuen Verhandlungspartnern versuchen, die innere Organisation festigen, um an verschiedenen Stellen und auf verschiedenen Ebenen gleichzeitig aktiv werden zu können. Da vermehren sich die Zusammenkünfte der Landlosen in den Gemeinden, in größeren Vierteln, in der Region. Die Gruppen kämpfen aber auch mit ihren eigenen inneren Spannungen. Die Führungskräfte, die da heranwachsen – die Koordinatoren und Repräsentanten der verschiedenen Gruppen – haben nicht immer das gleiche sachliche, gemeinnützige Interesse und die gleiche Integrität. Und die Parteien lauern geradezu darauf, sich der Bewegung zu bemächtigen und sie zu einem Instrument ihrer Politik zu machen. Die Kirche – die im Vergleich zu den Parteien das größere Vertrauen genießt und größere Massen in Bewegung bringt – bzw. wir in den Gemeinden und Regionen Engagierten, die bei der Organisation der Leute mithelfen, tragen dazu bei, daß sich die Bewegung eine gewisse Unabhängigkeit gegenüber den Parteien verschafft und erhält. Zugleich müssen aber auch wir uns immer wieder nach unseren Gründen, nach unserer Hoffnung und unseren Interessen befragen lassen. Sich zu Analysen und Korrekturen Zeit zu nehmen, scheint jedoch angesichts der bedrängenden Wohnungsnot der Leute, die schnelle Entscheidungen erfordert, meistens unmöglich.
Wenn ich all diese Schwierigkeiten bedenke – so sehe ich den eigentlichen Sieg der Bewegung nicht in der bescheidenen Zahl von Häusern, die wir erreicht haben, sondern in der großartigen Entfaltung von Mut

und Intelligenz bei denen, die mit den Mächtigen um Grundstück und Wohnung kämpfen. Was hierbei besonders wächst, ist die aktive, verantwortliche Teilnahme aller, die sonst keine Stimme haben. Immer wieder fällt mir bei den Treffen der Koordinatoren auf, wie hier alle mitreden, Vorschläge machen, Vorschläge verwerfen, Entscheidungen treffen, Aufgaben übernehmen – Briefe an Behörden etwa und wiederholte Gänge zu den „Autoritäten" – die Durchführung der Treffen kritisieren, Schwierigkeiten vorbringen und beraten ... Diese aktive Teilnahme aller auf der Basis des Bewußtseins, daß Kenntnisse, Bedürfnisse und Vorschläge eines jeden wertvoll sind, ist in den Equipen der Gemeinde längst nicht so selbstverständlich.

Nirgendwo ist mir so wie in den vielen Treffen der Bewegung der Landlosen die beim „Kämpfen" sichtbar werdende Veränderung der Beteiligten, ihr Lernen und Starkwerden deutlich geworden. Wenn ich mich frage, woher all diese Frauen und Männer unter den Armen, die nicht müde werden, für ihre Rechte, für das Leben ihrer Kinder zu kämpfen, die Kraft dazu nehmen, scheint mir ein Hinweis darin zu liegen, daß ihr Kämpfen selber sie stark macht, indem es ihnen die Erfahrung des Lernens gibt.

Fehler, Enttäuschungen, Niederlagen, Rückschläge können Zeiten des Anhaltens und die Versuchung aufzugeben zur Folge haben. Und doch gibt die Distanz oft zugleich die Chance, zu erinnern, zu rekonstruieren, auszuwerten, was getan und unterlassen wurde, eine neue Perspektive zu entdecken. Witzige und ermutigende Erzählungen vom ungleichen Kampf zwischen David und Goliath können aufkommen. Übersehene Angriffsmöglichkeiten, neue Bündnispartner kommen in Sicht. Treffen beginnen, neue Zuversicht zu verbreiten, Planung und Organisation erhalten neues Gewicht. Einige der früheren Mitstreiterinnen und Mitstreiter mögen fortbleiben – viele, die an den Treffen nicht mehr teilgenommen hatten, kehren zurück, andere kommen neu hinzu.

4.2.2.3 Stark werden

Die positive Erfahrung der Entfaltung von bis dahin unbekannten Fähigkeiten und von einem Wachstum, das sich in der Körperhaltung, im Gang, in den Gesichtern der Armen zeigt, ist eine Kraft für ihr unermüdliches Kämpfen. Was für mich in der Bewegung der Landlosen augenfällig wurde, erkannte ich allmählich auch bei einzelnen.

Was lernte beispielsweise Mecé bei ihren unzähligen Gängen zu Behörden, von denen sie außer dem Recht auf Wohnen auch ihre winzige Witwenrente – seit dem Tod ihres Mannes vor vielen Jahren ihr einziges Einkommen – und ärztliche Behandlung erstreiten mußte? Das größte Hindernis auf ihren Wegen von einer Stelle zur anderen war, daß sie nicht so sprechen konnte wie jene, die das Sagen hatten oder es zu haben meinten. Mecé verstand den Ton ihrer Stimme, den Ausdruck ihrer Augen, die Geste ihrer Hände – aber ihre Worte, und vor allem den Zusammenhang von Stimme, Augen und Hand, die – für sie – jede etwas anderes sagten, verstand sie nicht. So war es vergeblich, daß man ihr klar

machte, daß sie ein Niemand war; so wurde sie vergeblich auf jede nur mögliche Weise verunsichert und getäuscht. Sie blieb der Sprache ihrer Not treu und ihrem einfältigen Denken als arme Frau aus dem Hinterland, die nur versteht, was sie sieht. So lud sie auch die Angestellten, zu denen sie weiterverwiesen wurde, immer wieder zum Kommen und Ansehen ihrer Behausung ein – solange, bis wirklich ein Ingenieur von der Stadt kam! Dieser Triumph gab ihr Zutrauen zu ihrem Sprechen. Mecé verlor die Scheu, ihr unbekannte Menschen anzusprechen; sie lernte sprechen. Denn in ihrer Erinnerung war sie auf dem Land wie ein scheues Tier, in Stummheit, aufgewachsen. Nun entdeckte sie, daß ausgerechnet Sprechen ihre Stärke war. Sie lernte, diese Begabung einzusetzen, und merkte, daß sie stärker wurde, je mehr sie von ihrer Stärke Gebrauch machte. Lernen verband sich für sie unwiderruflich mit Starkwerden. Als ich Mecé einlud, zum Aufbau der Gemeinde durch die Bildung von Nachbarschaftsgruppen ihrer Straße beizutragen, willigte sie, aus Lust, noch mehr zu lernen, gern ein.
Aber worin besteht nun dieses Lernen? Warum haben so viele Frauen Angst davor und trauen es sich nicht zu?

> *18.03.1993, abends in Poranga. Treffen, um das Plebiszit zu erklären – es geht um die Volksabstimmung am 21.04., bei der sich entscheiden wird, ob Brasilien Republik bleibt oder eine konstitutionelle Monarchie wird und ob Brasilien vom Präsidentialismus zum Parlamentarismus wechselt oder nicht. Den Leuten bedeuten diese Fragen zunächst nichts, weil sie nichts mit Trockenheit, Hunger, Arbeitslosigkeit zu tun haben; ihre Beantwortung trägt nichts zu der einzig bewegenden Frage bei: Wie, wovon werden wir morgen leben? Dennoch gelingt es mir, bei einigen zumindest Interesse für die Fragen der Regierungsform zu wecken. Aber ausgerechnet der Sekretär der Landarbeitergewerkschaft sagt mir am Ende unverhohlen seine Enttäuschung: „Du hast nicht gesagt, was gut – und was schlecht ist; du hast nicht gesagt, wie wir den Stimmzettel ausfüllen sollen ..." Zu meiner Freude reagiert die neben mir stehende Maria unmittelbar: „Das ist doch gerade gut, Raimundo! Wir müssen doch anfangen, selber zu denken und zu entscheiden! Sonst ändert sich ja nie etwas!"*

Zum Lernen gehört an erster Stelle, aufzuhören, sich von anderen sagen zu lassen, was zu tun ist und wie es zu tun ist. Das Lernen beginnt mit dem negativen Schritt einer Absage, einer Umkehr, und zwar mit dem Schlußstrich darunter, daß diejenigen, die die Macht des Ausschließens und Definierens haben, „meinen Kopf machen" – wie es im Brasilianischen heißt – d.h. eigentlich, mir meinen Kopf, mein Bewußtsein rauben! Zum Bewußtsein der Armen und Ausgeschlossenen gehört wesentlich, daß es von anderen definiert wird[92]. Die Armen haben nur Wert, insofern sie diejenigen, die sie ausschließen, in ihrer Macht des Ausschließens zu bestätigen. In der kurzen Zeit vor den Wahlen kommt man ihnen gern nahe, dann „duften sie"! Außerhalb dieser Zeiten sollte

---

[92] Siehe oben Anmerkung 77 auf S. 128 und S. 129f.

man sich ihnen nicht nähern: dann „stinken sie", sind Minderwertige und Faule, die sich ihre Armut selbst zuzuschreiben haben. Der erste Schritt des Lernens bedeutet, die Definition des eigenen Bewußtseins durch jene, die sich die Macht des Definierens anmaßen, abzuschütteln und zu beginnen, ein eigenes Bewußtsein zu entwickeln – „selber zu denken und zu entscheiden", wie Maria in Poranga sagt. Der zweite Schritt des Lernens hängt mit diesem eng zusammen.

> *23./24.11.1991, Poranga. Ein viertes Mal treffen wir uns zum Austausch über unsere Alphabetisierungsarbeit. Jedesmal ist es für mich eine neue Überraschung und Freude: Jede der Monitorinnen entdeckt neue Möglichkeiten eines interessanten Unterrichtens, probiert sie aus, teilt sie mit, so daß wir alle voneinander lernen und gemeinsam neue Hilfen und Materialien erarbeiten. Als ich den Vorschlag mache, statt desselben Berichts für alle jeweils eine der Unterrichtssituation der einzelnen Erwachsenenschule schon angepaßte Unterlage zu verfassen, wehrt Nenem ab: „... dann haben wir ja wieder eine Vorlage und werden nicht selber aktiv. Wir wollen doch nicht abhängig werden – auch nicht von dir!"*

Das ist der zweite Schritt des Lernens: selber aktiv zu werden und dafür zu sorgen, nicht in Abhängigkeit von anderen zu handeln. Auch zu diesem Schritt gehört die negative Seite der Abkehr vom bisher Gewohnten. In den offiziellen Schulen ist es eine Gewohnheit – die Nenem als Lehrerin aus eigener Erfahrung bestens kennt – daß die Unterrichtenden, die normalerweise außer ihrer geringen eigenen Schulzeit keine Ausbildung oder Vorbereitung haben, aus Vorlagen abschreiben und abschreiben lassen. Die Schüler werden nicht aktiv, und die Lehrer werden auch nicht aktiv.
Aktiv werden – das würde bedeuten, zu sprechen, miteinander zu reden, Fragen zu stellen, Einwände zu äußern, Vorschläge zu machen. Aktiv werden – das würde bedeuten, selber etwas auszuprobieren, z.B. einen Text zu schreiben, unterschiedliche Möglichkeiten zu vergleichen und zu beurteilen. Aktiv werden – das würde schließlich auch bedeuten, Entscheidungen zu treffen, auszuwerten, zu revidieren und neu zu treffen ... All dies geschieht in der offiziellen Schule nicht. Wenn einer dort etwas lernt, dann weil sein Bestreben, aktiv zu werden, doch nicht ganz unterdrückt werden konnte.
In den Erwachsenenschulen ist das gemeinsame Lernen voneinander, bei dem alle selber aktiv werden, unser Ziel. In diesem Lernprozeß beginnen nun die Armen, sich selbst Wert und Bedeutung zu geben. Dieses Ziel verteidigte Nenem vor mir, die ich schon wieder für die anderen – das heißt immer auch: an ihrer Stelle – aktiv werden wollte!

Der Wert, den die Monitorinnen dem Lernen geben, ist der wichtigste Grund dafür, daß sie jetzt fünf Jahre lang die Basisbildung der Erwachsenen ständig weiterentwickelt haben, sowohl im Hinblick auf ihre Qualität als auch auf die Zahl der Erwachsenenschulen. Bei ihrer Arbeit begegneten und begegnen sie Mißtrauen und Feindseligkeit auf so vielen Seiten, daß sie aufgeben müßten, wenn sie nicht den Wert des aktiven Lernens so deutlich erfahren hätten.

Benachbarte Großgrundbesitzer vertrieben Teilnehmer an den kleinen Schulen, die bisher auf ihrem Land wohnten und es bebauten. Sie verleumdeten Lehrerinnen, die sich in unseren Schulen engagierten, und veranlaßten, daß sie aus dem offiziellen Schuldienst entlassen wurden. Einige Politiker taten und tun alles, um bei der Bevölkerung kein Vertrauen in dieses neue Lernen aufkommen zu lassen. Selbst relativ wohlgesonnene Politiker versuchten und versuchen, den Lernprozeß zu kontrollieren. Es ist für sie beängstigend, wenn Arme Zutrauen zu ihren eigenen Erfahrungen und zu ihrem eigenen Urteil bekommen, wenn sie den Mut gewinnen, Fragen zu stellen und ihre Rechte einzufordern und wenn sie in ihrer Fähigkeit, ihr karges Leben auszuhalten, die Kraft zu dessen Veränderung entdecken und anzuwenden beginnen.

> *21.07.1992, Poranga. Ich bin in Crateús zu Besuch in einer Erwachsenenschule, an der hauptsächlich Prostituierte teilnehmen. Die Frauen sind erstaunlich pünktlich. Während ich, zwischen ihnen sitzend, mich ihren Heften widme und mir zeigen lasse, was sie schon gelernt haben, ergreift eine Frau plötzlich die Initiative und heißt mich mit einer kleinen herzhaften Rede willkommen. Dann wenden wir uns noch einmal dem Plakat mit ihren Namen zu und spielen das Entdecken und Lesen mit allen Abarten der Verunsicherung durch – die ihnen viel Spaß macht, weil sie nicht darauf hereinfallen. Dann geht es um ein neues Plakat, auf dem dieselben Namen (in anderer Reihenfolge) in ihre Lauteinheiten getrennt geschrieben sind. Beim Erkennen, Lesen und Einprägen dieser Lauteinheiten fällt es mir noch deutlicher auf: Die Frauen hier sind aktiver, schneller, zugleich gründlicher, ja intelligenter als Teilnehmerinnen in den Gruppen, die ich bisher besucht habe. Das Lernen hat für sie noch einmal eine ganz andere Bedeutung. Sie, die sonst gewohnt sind, sich selber in Mittel-Zweck-Relationen zu erniedrigen, um zu überleben, tun jetzt etwas für sich selber und erfahren dabei auf neue Weise, wer sie sind. In ihren verletzten und hart gemachten Gesichtern begegne ich einer geradezu fröhlichen Lust am Lernen.*

Beim Lernen geht es darum, etwas für sich selber zu tun. Das ist die grundlegende Motivation zur Teilnahme an den Erwachsenenschulen, die den Erwachsenen aber erst im Verlauf selber bewußt wird. Wenn es allerdings – vor allem den teilnehmenden Frauen – einmal klar wird, daß das Lernen eine Art und Weise ist, sich selber Zeit zu schenken, zu sich selber gut zu sein, sich selber kennenzulernen, nämlich die eigenen Gaben und Grenzen, und auf sich selber Einfluß zu nehmen, wird ihnen das Lernen noch wichtiger. Es ermöglicht ein ganzheitliches Starkwerden.
Bei Mecé eröffnete vor allem die Teilnahme an der Neger-Gruppe – „grupo de negros": das ist seit bald zehn Jahren in der Pfarrei eine Gruppe von Schwarzen, aus verschiedenen kleinen Gemeinden herkommend, die das kulturelle Erbe ihrer afrikanischen Herkunft lebendig halten und in die Pastoral einbringen – diese Dimension des Lernens. Sich selbst, ihre Geschichte, ihre Traditionen, ihre Kultur, ihre Religion kennen und schätzen zu lernen: das brachte in ihr eine neue Selbständigkeit hervor.

Allerdings war es auch nicht leicht, Mecé zu einem Schritt zu bewegen, mit dem sie sich selbst als Negerin Bedeutung geben würde. Sie hatte sich selbst als Negerin verachtet. Nur ein einziges Mal hörte ich Bewunderung mitschwingen in ihrer Stimme, als sie mich – die mit ihr in ihre Heimat gefahren war – auf die Hautfarbe ihres Volkes hinwies: „Sieh! Sie sind so schwarz, daß sie schon violett sind!" Aber Mecé schämte sich. Das Schweigen, das sie über sich selbst als Negerin wahrte, war um so beredter, je lebendiger alles andere in ihrem Erzählen werden durfte. Als wir in der Gemeinde die Verachtung der Neger zum Thema machten, blieb Mecé stumm. Ein Wunder, daß sie noch zu den Treffen kam! Sie verstand unsere Kritik an der Diskriminierung der Neger nicht. Für sie gab es keinen Grund zu einer Anklage. Ihre Zustimmung war fraglos: Die krause Wolle ihrer Haare, so wunderbar fest und elastisch zugleich, war „schlecht"[93]; die Schwärze ihrer schimmernden glatten Haut war häßlich; ihre platte Nase, ihre vollen Lippen und der breite Mund – all das war lächerlich und beschämend; und das Tanzen und Trommeln der Neger in den Hinterhöfen, diese den Glauben der Ahnen beschwörende Bewegung war sicher nicht gut. Angst verschloß Mecé Mund – und Ohren.

Die Veränderung begann erst mit dem jungen Pfarrers, für den das Bewußtsein seiner afrikanischen Wurzeln lebenswichtig war und ist und der alles dafür tat, dieses Bewußtsein bei den anderen Schwarzen der Pfarrei zu stärken. Er suchte auch Mecé auf und bat sie ums Mitmachen beim feierlichen Einzug der Neger, der die damalige Fastenaktion in Brasilien „Geschwisterlichkeit mit den Negern" in unserer Pfarrei eröffnen sollte. Der persönliche Besuch des jungen Pfarrers war etwas völlig Neues. Er brachte Mecé aus ihrer gewohnten Selbstverachtung heraus. Als andere Frauen und Männer aus der Pfarrei – manche noch dunkler, viele auch heller als Mecé, entscheidend ist das Bewußtsein der eigenen Wurzeln – der Einladung des jungen Pfarrers folgten und die monatlichen Treffen der Neger begannen, nahm auch Mecé daran teil. Und sie blieb dabei. Denn es war genau das, was sie als ihren Wunsch für die Junifeste aufgeschrieben hatte: Sie laden einander ein, machen einen ordentlichen Schwatz, trinken Kaffee, erzählen Witze, lachen viel und sagen weiter, daß Gott ein guter Vater ist. Außerdem lernen sie andere Lieder, singen, trommeln, tanzen und üben uralte Gesten zum Lob Gottes ein, der alles schenkt.

Hier wird deutlich, warum das Lernen trotz und gerade wegen des mit ihm verbundenen Starkwerdens auch Angst machen kann: Es bringt Konflikte mit sich, vor denen Frauen und Männer zurückschrecken. Die Veränderung kann radikal sein. Zeuge für die Radikalität einer solchen Veränderung ist Carlinhos.

November 1988, São Paulo. Die Vereinigung der Altpapiersammler (praktisch alle Obdachlosen in São Paulo leben vom Altpapiersammeln, nicht etwa vom Betteln) wurde gegründet, und Carlinhos wurde ihr erster Präsident. Bei einem meiner späteren Besuche erzählt mir Ivete seine Geschichte und zeigt mir ein Foto. Ich bin tief beeindruckt: In dem

---

[93] „Cabelo ruim" / „schlechtes Haar" ist in Brasilien der übliche Ausdruck für naturkrauses Haar.

alten zusammengefallenen Mann erkenne ich unmöglich Carlinhos wieder. Als Ivete damals die ersten Male mit ihm zusammentraf, hatten ihn Unglück, Schmutz und Alkohol – der Wolldecke und Lebenselixier der Gosse ist – so entstellt, daß der jugendliche und ansehnliche Mann von heute unkenntlich war. Die Teilnahme an den gemeinschaftlichen Aktionen, die Ivete organisierte, Fußballspiel, Restesuppe, die Vereinigung der Altpapiersammler, brachten Carlinhos zu der Erkenntnis, daß er aus dem Leben auf der Straße aussteigen konnte, wenn er sich von dessen unersetzlichem Begleiter, dem Alkohol, trennte. Er nahm an einer Wohngemeinschaft von „Aussteigern" in diesem Sinn teil, einer wichtigen Erfahrung, die ihn und alle Beteiligten lehrte, daß ein solches Gemeinschaftsleben feste Regeln braucht. Die Wohngemeinschaft im ersten einer ganzen Reihe von besetzten Häusern – in einem zentralen Altstadtteil, in dem niemand mehr wohnen will – ging an dieser Erfahrung in die Brüche. Carlinhos selber aber lernte daraus, lebt nun in einer anderen „Kommune" und ist eine der wichtigsten Führungskräfte in der Gemeinde und in der Vereinigung der Altpapiersammler.

Die Radikalität der Veränderung, die zum Lernen gehört, zeigt sich darin, daß sie Folgen für andere hat. Für Carlinhos konnte die Frau, die sein immer elender werdendes Leben geteilt hatte, keine Partnerin mehr sein. Zugleich hat eine so radikale Erneuerung, wie sie an Carlinhos sichtbar wird, den Beistand anderer zur Voraussetzung. Sie setzt den Mut voraus, um der Möglichkeit eines neuen Lebens willen frühere Gewohnheiten aufzugeben, ohne schon zu wissen, ob die Veränderung gelingen wird. Sie ist ein Wagnis, das auch scheitern kann. Damit setzt sie voraus, daß andere Menschen an die Kraft zur Veränderung bei dem glauben, der sie versucht, und daß andere sich mit ihm auf dieses Wagnis einlassen. Diese Erneuerung, die einer Auferstehung gleichkommt, setzt schließlich auch voraus, daß die Veränderung weitergeht. Bei Carlinhos ging es nicht nur darum, das Trinken aufzugeben und auszusteigen aus der Existenz der Leidenden der Straße. Zusammen mit anderen „Aussteigern" lernte er auch allmählich, seine Kenntnisse für die Verbesserung ihrer Arbeit als Papiersammler einzusetzen und seine Fähigkeiten zu verbessern, mit anderen zu diskutieren, zu planen, zu berechnen und das zu organisieren, was heute eine Kooperative ist, die ihre Mitglieder von den Zwischenhändlern unabhängig gemacht hat. Hätte er nicht den Mut gewonnen, immer einen Schritt weiterzugehen, so hätte ihn ein Stehenbleiben sicher zurückgeworfen.

Wenn mit dem Lernen ein stetiges Starkwerden verbunden ist, so fordert es doch seinerseits auch eine gewisse Stärke.
Auf den vorangegangenen Seiten wurde deutlich, was zum Lernen gehört. Es geht darum, der Definition des eigenen Bewußtseins durch andere eine Absage zu erteilen – um zu beginnen, selber zu denken und zu entscheiden. Es geht darum, aus jener Abhängigkeit des eigenen Handelns von anderen auszusteigen, die auch bequem ist, weil sie mir erspart, selber Verantwortung zu übernehmen. Das Lernen setzt schließlich die Bereitschaft voraus, sich selber für erforschenswert zu halten, und es setzt Mut zum Wagnis einer radikalen Veränderung und

das Sich-Einlassen auf einen ständig weitergehenden Prozeß voraus. Solcher Mut braucht seinerseits eine eigene Kraftquelle.

Die Quelle, aus der Mecé ihre Kraft schöpft, ist ihre Hoffnung. Diese nährt sich bei ihr aus der Erinnerung, die an die Geburt der zweiten Tochter anknüpft, genauer gesagt an den Moment des Todes, in den sie dabei eintauchte – und aus dem sie noch einmal zurückkam[94]. Das ist Mecés Gewißheit: In diesem Moment wurde ihr das Leben noch einmal geschenkt. Und in ihr war nun das geboren, was sie zuvor nicht gelernt hatte: die unermüdliche, die listige und einfältige Kraft, gegen den Raub des Lebens zu kämpfen. Mecés Hoffnung ist in erster Linie Erinnerung an diesen Moment, in dem Gott sie aus dem Tod noch einmal ins Leben zurückgeholt hat. Das ist ihre tragende Erfahrung. Daher ihre Offenheit für das Leben: es wurde ihr noch einmal geschenkt. Daher ihre Widerständigkeit: sie ist nicht allein, Gott hat sich ihr verbunden – ohne Grund. Mecé weiß, daß es an ihr nichts Kluges, Schönes oder sonstwie Bedeutendes gibt, aber sie ist sicher, daß Gott sich ihr in Treue verbunden hat; denn er hat ihr das Leben zurückgeschenkt. Ihr Wissen von dieser grundlosen, treuen Nähe Gottes ist Mecés Hoffnung, die Quelle ihrer widerständigen Lebendigkeit.

Die Erfahrung des Lernens und Starkwerdens ist wie ein lebendiger Fluß, aus dem Unterdrückte und Arme wie Mecé die Kraft zum Standhalten schöpfen. Und ihre Hoffnung auf Gott, von dem sie ihr Leben empfangen, ist wie die Quelle zu diesem Fluß – eine Quelle, die aber erst zum Fluß wird, wenn man aus ihr schöpft. Die Armen schöpfen aus dieser Quelle ihrer Hoffnung, wenn sie beim Erkämpfen ihrer Rechte unermüdlich weitergehen, dazulernen und stark werden. Schon viele meiner Freundinnen habe ich sagen hören: „Meine Hoffnung ist das Kostbarste, was ich besitze."

4.2.2.4 Hoffen

> *Juli/August 1989, São Paulo. Von den vielen Besuchen und Gesprächen mit Verwandten, Nachbarn und Freunden in Deutschland bleibt mir eine ziemliche Betroffenheit durch das, was mir begegnet: Ernst, Selbstkritik und eine Art redliche Unfähigkeit, Hoffnung zu haben angesichts all dessen, womit wir unsere Zukunft zerstören – und schließlich die Bitte, unsere Hoffnung hier, trotz der immer massiver werdenden Gründe für Resignation und Verzweiflung, zu erklären.*

Mecés Hoffnung stammt aus der positiven Erfahrung des noch einmal geschenkten Lebens. Ihre Hoffnung stammt aus der Erinnerung. Einen weiteren Hinweis auf das Woher der Hoffnung gibt die Geschichte von Carlinhos. Seine Fähigkeit zur Erneuerung hat damit zu tun, daß andere an seine Kraft zur Veränderung glaubten. Das beharrliche Beistehen und Mitgehen anderer ist die Quelle, aus der Carlinhos seine Kraft zum Lernen, zur Veränderung schöpft. Was diese Begleitung durch realistische, beharrlich hoffende Menschen im einzelnen meint, zeigt

---

[94] Siehe oben S. 148.

sich an Ivete[95]: sie hat über das Ausmaß der Zerstörung in dem schon zum Abfall der Straße gehörenden Mann Carlinhos nicht hinweggesehen – aber sein Anblick hat ihr nicht die Vision des Mannes verstellt, der er werden kann – nicht nach eigenem Für-möglich-Halten, aber als ihm von anderswo her zukommende Möglichkeit. Das war und ist ihre Hoffnung: eine visionäre Kraft, das Sehen zukünftigen Lebens in einem Menschen, dessen gegenwärtiger Zustand es ihm selber nahezu unmöglich macht, eine solche Zukunft in sich zu sehen. Andere glauben an seine Kraft zur Veränderung – das ist seine Chance. Dieser Glaube, diese Hoffnung kommen seiner eigenen Hoffnung zu Hilfe, die sich im Maße seiner Erneuerung erhebt und stark wird.

Auch die Monitorinnen beweisen immer wieder ihre Hoffnung im Sinne dieses Weitersehens, sofern sie in den noch an sich zweifelnden Teilnehmern der Erwachsenenschulen jene ihrem Wort vertrauenden Frauen und Männer erblicken, die sie sein werden. Hoffnung ist hier nicht das Ausschauhalten nach einer Möglichkeit, wie wir zur Verbesserung der Verhältnisse beitragen können, sondern sie ist ein Weitersehen als die Gegenwart und ihre Möglichkeiten, hin auf eine nach menschlichem Ermessen oft unmöglich erscheinende Zukunft.

Hoffnung zeigt sich hier als visionäre Kraft. Das „Weitersehen als wir sind"[96] entspricht einer Ausrichtung auf die Zukunft, in der sie nicht als von uns herkommend, sondern wirklich als auf uns zukommend gesehen wird. In dieser Ausrichtung sind wir in meiner „anderen Kultur" eher behindert.
Die Öffnung besteht bei uns darin, daß wir unsere Möglichkeiten der Einflußnahme auf die Gegenwart in den Blick nehmen. Hoffnung beinhaltet für uns vor allem das In-Betracht-Ziehen einer Möglichkeit der Verbesserung, die wir selber eröffnen. Ein Blick auf die großen Zusammenhänge hinterläßt aber den Eindruck der Undurchschaubarkeit. Zu große Anstrengungen der Information und kritischen Beurteilung sind nötig, um zu entdecken, wo wir eingreifen können. Da wir keine oder kaum Möglichkeiten sehen, wie wir selber für eine bessere Zukunft des Lebens arbeiten können, ziehen wir es vor, über unsere Hoffnung zu schweigen. Wir meinen, hoffend nur in den Blick nehmen zu dürfen, was uns selber möglich erscheint. In den Blick zu nehmen, was uns selber unmöglich erscheint, hat für uns eher mit Selbsttäuschung zu tun, und weniger mit Hoffnung.

Hoffnung als Bezugnahme auf das Unsichtbare und Unmögliche gilt in erster Linie der Zukunft des anderen. In diesem Sinn habe ich Hoffnung bei denen, die in Brasilien meine Freundinnen wurden, als ein wechselseitiges Sich-Begleiten kennengelernt, wobei einer die Möglichkeiten des anderen sieht, die dieser selber nicht sehen kann. Bei uns – in meiner „anderen Kultur" – verwirklicht

---

[95] Ivete ist eine Ordensfrau der „Oblatas de São Bento" (siehe oben S. 52); und sie ist damit eine der Frauen, die sich zu den Armen gesellt haben, ohne von vornherein schon zu ihnen zu gehören. Die dem anderen geltende weitersehende Hoffnung, die mir an Ivete das erste Mal auffiel, ist eine Begabung der Ärmsten. Aber zu ihnen gehört sie in so alltäglicher Weise, daß sie gar nicht weiter bemerkenswert zu sein scheint.

[96] Vgl. den Titel von Huub Oosterhuis: „Weiter sehen als wir sind", Wien 1973.

sich die Liebe zwischen zwei Menschen auch darin, daß sie einander hoffend begleiten, daß sie wechselseitig, einer im anderen das Heraufkommen eines neuen Menschen für möglich halten und so füreinander Hoffnung haben. Aber außerhalb einer solchen Beziehung halte ich es eher für schwierig, daß wir einander hoffend begleiten. Für diese Schwierigkeit sehe ich zwei Gründe.

Der eine liegt für mich darin, daß die visionäre Kraft, das In-den-Blick-nehmen dessen, was auf uns zukommt, anders gefordert ist, wo schon alles „angekommen"[97], gelungen zu sein scheint. In der Beziehung zu den Armen und Ausgeschlossenen habe ich es nicht selten fertiggebracht, in ihrem allzu mühsamen Leben auch schon Zeichen einer anderen Zukunft zu sehen. Aber im Blick auf uns scheint sich die visionäre Kraft zu erübrigen. Schönheit und Klugheit sind offenbar schon ganz zur Entfaltung gekommen. Sich von diesem Schein – als ob alles einem Menschen Zukommende für ihn schon angekommen wäre – nicht von der Vision seiner Zukunft abhalten zu lassen, kann schwerer sein als die Vision neuen Lebens in einem von Zerstörung gezeichneten Menschen.

Den anderen Grund für unsere Schwierigkeit, einander hoffend zu begleiten und füreinander die Kraft des Weitersehens zu haben, sehe ich darin, daß diese Kraft erst im aufmerksamen Blick auf die Gegenwart wächst.
Ivete hat den hoffnungslosen Anblick des durch das Leben auf der Straße zerstörten Carlinhos ausgehalten, um, durch ihn hindurch, weitersehen zu können. Es gibt bei uns aber verschiedene Reaktionen und Haltungen, die sowohl den aufmerksamen Blick auf die Gegenwart als auch die visionäre Kraft des Weitersehens unmöglich machen. Ich nenne vor allem eine ungeduldige Sehnsucht nach besseren Verhältnissen, einen unkritischen Handlungsoptimismus und eine Art kritische Enthaltsamkeit vom Handeln.

Diese ungeduldige Sehnsucht nach Veränderungen, die mehr Leben für alle bringen, ist oft eine Art innerer Antwort auf einengende und lähmende Erfahrungen. So ist es mir selber ergangen: Vermischt mit dem Schrecken, dem Entsetzen und der inneren Auflehnung angesichts der Erniedrigung, in der ich die Armen leben sah, habe ich in mir oft eine starke und ungeduldige Sehnsucht gespürt, daß sich bald etwas ändern möge. Die Sehnsucht bot die erleichternde Möglichkeit, von der schlimmen Wirklichkeit wegzusehen. Aber damit verbraucht sie sich schnell und begünstigt gerade die Mutlosigkeit. Man könnte meinen, daß im Herbeisehnen einer besseren Zukunft jenes Weitersehen geschieht, das wesentlich zur Hoffnung gehört. Da die Sehnsucht nach besseren Verhältnissen aber nicht mit dem Hinsehen auf die wirklichen Verhältnisse beginnt, hat sie, was die Zukunft betrifft, eher den Charakter der Selbsttäuschung. Im Unterschied zu ihr beginnt die Hoffnung in Wahrheit mit dem Hinsehen und schöpft gerade daraus jenen zähen geduldigen Mut zum Widerstehen, dem die ungeduldige Sehnsucht manchmal entgegenwirkt.

---

[97] Im französischen Wortgebrauch läßt sich „gelungen, erfolgreich", von „angekommen": „arriviert" her verstehen.

Wer die lebensbedrohliche Enge der Situation, in der die Armen leben, nicht aushält und ungeduldig nach Veränderungen Ausschau hält, läßt sich leicht von dem Drang bestimmen, „etwas zu tun". Ich selber kenne das, was mitklingt in dem häufig gehörten Satz: „Da muß man doch etwas tun!" Das Einsichtnehmen in die Not, die andere Menschen leiden, das Gefühl, selber diese Not nicht lange aushalten zu können, und der ungeduldige Wunsch, Abhilfe zu schaffen, verbinden sich in dem Drang, die Initiative zu ergreifen, aktiv zu werden, zu handeln. Charakteristischerweise fällt in diesem Zusammenhang auch leicht der Satz: „Das kann man doch nicht mit ansehen!" Davon lassen wir uns bestimmen: von dem Nicht-mitansehen-können der Not der anderen. Um sie nicht anzusehen, werden wir tätig. Im Tätigwerden erleben wir die Befriedigung, uns mit Schwierigkeiten auseinanderzusetzen, Ideen zu entwickeln, eigene Kräfte – Zeit, Beziehungen und Geld – zu investieren, Erfolg zu sehen.

Sollen wir uns nun des Tätigwerdens enthalten? Wenn es nicht selber schon Hoffnung ist, so nährt es doch unsere Hoffnung, ist hoffnungsvoll! Aber es nährt die falsche Hoffnung, es nährt den Optimismus des Etwas-tun-könnens; und dieser Optimismus ist der Hoffnung vielleicht zum Verwechseln ähnlich, aber er ist nicht dasselbe wie die Hoffnung. Sie setzt voraus, daß einer nicht in seine eigenen Aktivitäten hinein davonläuft, sondern dabei bleibt, „mit-ansieht" und mit-anhört und mit-fühlt. Wenn man dabeibleibt, die Not der Armen mitanzusehen, wird man über kurz oder lang nicht nur über das Ausmaß ihrer Bedrückung staunen, sondern auch über das Ausmaß ihrer Widerständigkeit, und man wird in ihrer Hoffnung die Quelle ihres Standhaltens entdecken und selber aus ihr trinken wollen.

Die kritische Enthaltsamkeit vom schnellen Tätigwerden im Sinne einer Veränderung der Verhältnisse kann also ein Zeichen sein für den langen Atem der Hoffnung, zu dem das geduldige Mit-ansehen der Not gehört.
Oft hat der Aufschub des Handelns aber wenig mit dieser Hoffnung zu tun, und viel mit Ansprüchen, die wir an eine Veränderung stellen. Sie darf kein Flickwerk sein, das ungerechte Strukturen kaschiert; sie muß an diesen Strukturen ansetzen. Sie darf nicht nur den einzelnen oder die kleine Gruppe im Auge haben, herausgelöst aus ihrem gesellschaftlichen Zusammenhang; sie muß eine politische Dimension haben. Sie darf kein Scheitern riskieren; sie muß im Hinblick auf Konsequenzen und mögliche Schwierigkeiten abgesichert sein. Sie darf nicht neue Abhängigkeiten schaffen, sondern in ihr müssen sich die Armen als Subjekte ihrer Geschichte zeigen. Diese noch weiter zu verlängernde Liste der Ansprüche an Veränderungen, um deretwillen wir tätig werden, läßt den Mut zu einem ersten Schritt, den unbefangenen Wunsch, mit dem anzufangen, was im Bereich der eigenen Möglichkeiten liegt, als naiv erscheinen und hemmt den optimistischen Tatendrang.

Unsere Ansprüche und Erwartungen an die Zukunft könnte man mit der Hoffnung verwechseln, aber sie sind eher ihr Gegenspieler. Sie bedeuten gerade nicht, daß wir weitersehen als wir sind, sondern daß wir nur das sehen, was unseren gegenwärtigen Vorstellungen entspricht. Sie bedeuten nicht, daß wir eine von uns aus unmöglich erscheinende Zukunft von anderswo her als möglich erhoffen, sondern daß wir die Zukunft auf die von uns vorgesehenen Möglichkeiten begrenzen. Um der Hoffnung willen, die den aufmerksamen Blick auf die Gegenwart und das Weitersehen auf eine nicht nur von uns herkommende Zukunft fordert, müßten wir uns von der ungeduldigen Sehnsucht nach besseren Verhältnissen und vom optimistischen Tatendrang befreien – aber auch an der Begrenzung unserer kritischen Erwartungen und Ansprüche arbeiten, so daß Raum wird für das Unerwartete und Unmögliche.

4.3 Leiden und Beziehungsfähigkeit

Dieser Abschnitt ist wie eine Art Scharnier zwischen dem mit ihm endenden ersten – und dem folgenden zweiten Teil. Ich möchte Themen, die im ersten Teil angeklungen sind, wieder aufgreifen und in Hinblick auf die Frage nach Leiden und Mitsein, die im zweiten Teil an zentraler Stelle stehen wird, vertiefen. Nachdem ich in den zwei vorhergehenden Abschnitten das Leiden der Armen als Erleiden des anderen und Erleiden von Schmerzen beschrieben habe, bleibt jetzt zu zeigen, in welcher Weise das Erleiden des anderen und das Erleiden von Schmerzen zur Beziehungsfähigkeit beitragen.
Was meine ich mit „Beziehungsfähigkeit"? Ausgehend von dem, was ich im zweiten Kapitel von meiner Beziehung zu den Armen geschrieben habe, finde ich verschiedene Elemente, die mir konstitutiv für eine Beziehung zu sein scheinen.

Für die eine Beziehung beginnende Bewegung-auf-den-andern-zu war auf meiner Seite das Bedürfnis bestimmend. Ich hatte das Bedürfnis, für eine Weile in der Nähe unbekannter kleiner Leute in Brasilien zu leben. Einige Gesichter hatten mich angezogen und in mir Interesse und Vertrauen geweckt; und ich hatte das Bedürfnis, mich der Unauffälligkeit eines gemeinsamen gelebten Alltags anzuvertrauen, um die zu den Gesichtern gehörenden Menschen zu entdecken. Ich hatte vielleicht auch das ganz ungewisse Bedürfnis, mir selber anders zu begegnen.
Allerdings hätte mich dieses Bedürfnis allein nicht zu den Armen gebracht, wenn ich es nicht zugleich wahrgenommen hätte und wenn nicht auch bei den Armen die Wahrnehmung für meine Bedürftigkeit dagewesen wäre, die es wiederum ermöglichte, daß ich bei ihnen ankommen konnte. Bedürfnis und Wahrnehmung hängen eng miteinander zusammen. Von vielen Bedürfnissen lasse ich mich um so mehr bestimmen, je deutlicher ich sie wahrnehme; und ich nehme sie umso deutlicher wahr, je mehr sie mich bestimmen.
Zugleich richtet mein Bedürfnis meine Wahrnehmung aus. Mit meinem Bedürfnis nach einem Leben in alltäglicher Nachbarschaft mit den Armen war eine Wahrnehmung verbunden, die mir eben diese Nachbarschaftlichkeit an jedem neuen Tag reizvoll erscheinen ließ. Ähnlich hatte vielleicht auch die freundliche Wahrnehmung meiner Person durch die Armen damit zu tun, daß sie nicht nur neugierig auf die verwunderliche Präsenz einer Fremden in ihrer Mitte waren, sondern daß es bei ihnen auch ein Bedürfnis nach dieser Präsenz gab.

Für die wechselseitige Bewegung aufeinander zu, mit der eine Beziehung beginnt und die in dieser nicht aufhört, scheinen mir das Bedürfnis nach dem anderen und die Wahrnehmung der eigenen und der fremden Bedürftigkeit konstitutive Elemente zu sein.

Für die Bewegung miteinander, als die sich eine Beziehung auf die Dauer verwirklicht – für meine Bewegung mit den Armen und für ihre Bewegung mit mir – war und ist auf beiden Seiten die Achtung des So-seins des anderen bestimmend.
So lernte ich – und bin noch dabei zu lernen – den Rhythmus der vielfach Bedrückten zu respektieren; und die Armen überraschten mich dadurch, daß sie in mir gerade das achteten, was ihnen sichtbar gar nicht begegnete: Das waren meine Zugehörigkeiten, mein unsichtbares Gepäck an Bezügen zu Freunden und Verwandten. Genauer gesagt, sie achteten die Unsichtbarkeit des sozialen Netzes, ohne das ich für sie nicht existieren konnte. Was sie an der Fremden, die ich für sie war, am meisten befremdete, war, daß ich allein gekommen war. Sie achteten mich in dieser offenkundigen Verschiedenheit, sowohl indem sie mir zeigten, wie wichtig ihnen diejenigen waren und sind, mit denen ich Briefe wechselte und die zu Besuch kamen, als auch indem sie – die Frauen unter ihnen – manchmal laut über die Chance solcher Verschiedenheit nachdachten.

Die wechselseitige Achtung für das So-sein des anderen kann die Beteiligten selber verändern. Ihre Achtung füreinander ist nicht ein gleichgültiges oder auch zähneknirschendes Sein-lassen des anderen, so wie er ist, sondern sie ist achtungsvolle Teilnahme an seinem und ihrem Anderssein, bis hin zur eigenen Veränderung durch den anderen.
Hier zeigt sich, daß die Bewegung-mit-dem-anderen, in der sich eine Beziehung auf die Dauer verwirklicht, bald auch eine Bewegung-durch-den-anderen ist: wechselseitiges Sich-verändern-lassen. Diese Bewegung ist es, durch die eine Beziehung ausstrahlt und weitergeht, indem sie Veränderungsprozesse auch in anderen Beziehungen der Beteiligten anregt. In diesem Weitergehen mit seiner unvorhersehbaren und auch unkontrollierbaren Dynamik sehe ich die Zukunft einer Beziehung.
Wenn die Armen daran Anstoß nahmen, daß ich an Ansprüchen festhielt, und wenn ich Anstoß daran nahm, wie leicht sie Ansprüche aufgaben, so ließen wir uns auch voneinander anstoßen, um in eine andere Richtung weiterzugehen; und diese wechselseitige Bewegung brachte eine Annäherung zwischen uns mit sich und veränderte zugleich unsere Beziehung. Auf dem Hintergrund unserer Erfahrung betrachte ich das Weitergehen als ein weiteres für Beziehungen konstitutives Element.

Wenn Menschen aufeinander zugehen, wenn sie miteinander gehen und in neue Richtungen weitergehen, geschieht Kommunikation. Nicht immer bedient sich diese Bewegung von Austausch und Kommunikation des Wortes. Ihr stehen viele Zeichen zu ihrer Verfügung. Das Handeln selber ist eine wesentliche, wenn nicht die erste Weise der Mitteilung, deren Vieldeutigkeit allerdings erst durch das Sprechen eingegrenzt wird. Das Sprechen ist das zentrale Medium.

In diesen vier Elementen – Wahrnehmung und Achtung des anderen, Sprechen und Weitergehen mit dem anderen – die mich von „Beziehungsfähigkeit" sprechen lassen, zeigt sich das Leiden der Armen als Stärke.

4.3.1 Erleiden des anderen als Stärke in Beziehungen

Meine Erfahrungen mit den Armen brachten mich dazu, bei ihnen von einem Erleiden des anderen im Sinne eines ursprünglichen Mit-fühlens und der Empfindlichkeit für den vom anderen zugefügten Schmerz zu sprechen. Ihr Mitfühlen bereichert die Wahrnehmungsfähigkeit. Ihre Empfindlichkeit für den anderen ohne Verdecken und Verleugnen des Schmerzes, den er zufügt, folgt aus ihrer Achtung vor der Freiheit des anderen; und es nötigt zur Achtung vor ihrem ausgeprägten Bewußtsein der eigenen und der fremden Freiheit.

4.3.1.1 Verfeinerte Wahrnehmung durch Mit-fühlen

Das Mit-fühlen der Armen hat seinen Ursprung nicht in einem Akt des Sicheinfühlens in andere, sondern in der Haltung des Empfangens dem Leben gegenüber. In dieser Haltung fühlen sich die Armen allem, was lebt, verbunden. Ihr Mit-fühlen entspringt dem Bewußtsein der allen und allem gemeinsamen Bedürftigkeit nach Leben und der gleichermaßen allgemeinen Angewiesenheit auf den Geber des Lebens. Dem entsprechend wirkt sich das Mit-fühlen der Armen darin aus, daß sie eine größere Fähigkeit haben, anderes und andere in ihrer Angewiesenheit auf das Empfangen des Lebens wahrzunehmen. Diese Verfeinerung der Wahrnehmung möchte ich kurz in drei Dimensionen beschreiben.

Das Mit-fühlen weitet die Wahrnehmung in die Breite, indem es sie auf die ganze Schöpfung ausrichtet. Der Durst der Pflanzen und Tiere und selbst der Erde wird ebenso wahrgenommen wie die Angewiesenheit der Menschen auf Regen. Und nicht nur der Durst, sondern auch das im Verhalten von Pflanzen und Tieren verborgene Wissen von drohender Trockenheit sowie von einem bevorstehenden regenreichen Jahr wird wahrgenommen. Schließlich wird die Verbundenheit zwischen der Empfänglichkeit für Leben auf seiten des Menschen und auf seiten der Pflanzen und Tiere wahrgenommen, und auch die Verbundenheit zwischen Abwehr- und Heilungsprozessen in der Natur und beim Menschen. Dank des Mit-fühlens wird die ganze Schöpfung im Zusammenhang mit dem Menschen und der Mensch im Zusammenhang mit der ganzen Schöpfung wahrgenommen.

Das Mit-fühlen der Armen verfeinert ihre Wahrnehmungsfähigkeit in die Tiefe. Innerhalb einer stöhnenden und in Wehen leidenden Schöpfung gilt es auch jenen, die nicht wie Bedürftige und dankbar Empfangende dem Leben gegenüber erscheinen – sondern wie Besitzende und Beherrschende; und es gilt, auf der anderen Seite, jenen, die aufgegeben haben, ihre Hände nach mehr Leben auszustrecken. Wenn die Armen sogar in den scheinbar Satten und in den fast Verhungerten noch die Fähigkeit des Empfangens wahrnehmen, so nur deswegen, weil das Mit-fühlen ihre Wahrnehmungsfähigkeit vertieft hat, so daß sie sowohl hinter die wohlerhaltene Oberfläche der Glücklichen zu sehen vermögen als auch weiter sehen können als bis zur Zerstörtheit der Unglücklichen, die innerlich schon gestorben zu sein scheinen. Ihr Mit-fühlen bringt sie dazu, auch noch in den scheinbar Starken – die sie mit ihrer Selbstgenügsamkeit und Unbarmherzigkeit oft verletzen – Spuren von Schwäche und Antastbarkeit zu erkennen und in denen, die am Ende sind, die Möglichkeit eines Neu- und Starkwerdens zu sehen, die ihnen von anderswo her zukommt.

Das Mit-fühlen der Armen bereichert schließlich auch ihre Wahrnehmung Gottes. Bildhaft gesprochen: Es richtet ihre Wahrnehmung in die Höhe aus. Wie anders können sie sonst mit der ihnen eigenen wehrlosen Sicherheit wissen, daß Gott unter den Leidenden, selber leidend – und daß er demütig ist? Es ist das Mit-fühlen der Armen mit dem Geber des Lebens, das sie sein Leiden wahrnehmen läßt, wenn er verachtet und gedemütigt wird. Indem sie sich auf das Empfangen des Lebens angewiesen – und darin mit allen anderen Lebewesen verbunden wissen, fühlen sie darin auch eine Verbundenheit mit dem Geber des Lebens. Das Mit-fühlen mit den Bedürftigen und mit den Beschenkten auf der einen Seite, und das Warten auf den Geber des Lebens und die dankbare Freude an seinen Gaben auf der anderen Seite hängen so eng zusammen, daß zu der erwartungsvollen Freude an Gott auch das Mit-leiden mit Gott hinzukommt, wenn seine Gaben verachtet werden.

Das Mit-fühlen der Armen, das zur Wahrnehmung der Bedürftigkeit in der Breite der Schöpfung und in der hinter einer täuschenden Oberfläche verborgenen Tiefe befähigt, führt schließlich auch zur Wahrnehmung der Bedürftigkeit auch in Gott. Er ist darauf angewiesen, daß Menschen seine Gaben annehmen, er bedarf ihrer Offenheit und Empfänglichkeit. Die Wahrnehmung eines leidenden Gottes schließt die Wahrnehmung seiner Angewiesenheit und Bedürftigkeit ein, die darin besteht, daß er diejenigen, die er beschenken will, nicht dazu zwingen kann, sich beschenken zu lassen. Deswegen bringt das Mit-fühlen der Armen sie schließlich dazu, Gott als demütig zu wissen. „Demütig" – das wissen sie von sich selber – sind jene, die für die Freiheit der anderen empfindlich sind und die sich diese Empfindlichkeit nicht nehmen lassen, auch wenn sie mit Schmerzen verbunden ist, weil sie im Bewußtsein der eigenen Freiheit gründet.

4.3.1.2 Vermehrte Achtung voreinander durch die Empfindlichkeit für die eigene und fremde Freiheit

Eine Dimension des Erleidens des anderen habe ich bei einzelnen Armen darin gesehen, daß sie der Demütigung durch einen anderen widerstehen und sich gerade dadurch ihrem Schmerz aussetzten. Indem sie sich kein falsches Bewußtsein einimpfen ließen und sich auch den Schmerz der Demütigung nicht nehmen ließen, festigte sich in ihnen ihr eigenes Selbstbewußtsein als Mißhandelte, als „Volk". Zugleich müssen sie allerdings auch schon – diesen Hinweis hole ich jetzt nach – ei Bewußtsein ihrer Würde und Freiheit haben, um das Ausnützen ihrer Abhängigkeit überhaupt als Verletzung und Schmerz zu empfinden. Die Empfindlichkeit für die eigene Freiheit ist es, die sie erst zum Erleiden des anderen und seiner Freiheit befähigt. Die Empfindlichkeit für die eigene Freiheit verbirgt sich bei den Armen hinter der ausgeprägten Empfindlichkeit für die Freiheit des anderen.

Vielleicht habe ich mich allzu selten gefragt, ob und wieweit mein Anderssein für die Armen bisweilen schmerzhaft war. Fest steht, daß ich immer wieder gestaunt habe über das Ausmaß an Feinfühligkeit, mit dem sie erkannten, welchen Raum ich für mich brauchte, und mit dem sie mir die Freiheit meines Soseins ließen – auch wenn es da Verhaltensweisen gab, die für sie schmerzlich anders gewesen sein mußten, wie z.B. mein Fragen, meine Unfähigkeit, Zeit zu verlieren, mein ungeduldiges Beharren auf Rechten ... Von der Kunst der Nichteinmischung, die für ein enges Zusammenleben in Freiheit unabdingbar ist, habe ich im Zusammenhang meines Ankommens bei den Armen gesprochen[98]. Sie war für meine Begriffe überhaupt nicht selbstverständlich – gerade auch innerhalb des familiären Zusammenlebens. Ob es von außen zeitweilig hinzukommende Schwiegertöchter und Schwiegersöhne oder Enkel waren oder die ständig anwesenden Hausbewohner – ich hörte nie, daß Anweisungen, Verbote, Mahnungen und deren Erinnerungen oder auch nur Bitten ausgesprochen wurden. Es gab keinen Versuch, das manchmal durchaus ärgerliche, Arbeit verursachende oder sogar verletzende So-sein eines anderen zu begrenzen oder zu beschneiden. Ihre Empfindlichkeit für die Freiheit des anderen nötigte mich zum Staunen und teilte sich mir in einer stetig wachsenden Achtung vor ihnen und ihrem Freiheitsbewußtsein mit.

Die Empfindlichkeit vieler Armen für die Freiheit des anderen, die sich in einer nahezu grenzenlosen Achtung gerade auch vor dem störend einbrechenden, unterbrechenden Nächsten äußert, macht nicht Halt vor der schmerzlichen Berührung mit dem So-sein des anderen. Aber gerade die Fähigkeit, dessen Verhalten als einengend, als demütigend und verletzend zu empfinden, deutet darauf hin, wie empfindlich die Armen für ihre eigene Freiheit sind.

Wer sich nicht die Chance gibt, diese Empfindlichkeit der Armen in ihrer Feinfühligkeit für die vom anderen benötigte Freiheit wahrzunehmen, muß auf sie hingewiesen und zur Achtung genötigt werden – und sei es in der Weise der „Verfluchung". Die von Elisabete in dem oben zitierten Text mit „du" angesprochene und dann als „sie" verfluchte Personengruppe verwundet die Armen, indem sie ihre Fähigkeit zum Empfinden nicht achtet. Diese Fähigkeit der Armen gilt – füge ich jetzt dem oben Gesagten hinzu – ihrer Freiheit. Das macht ein anderer Text der Dichterin der Gosse deutlich, den sie „Freiheit" überschreibt.

> „Ich will die Freiheit zu arbeiten,
> zu leben, ohne von euch gedemütigt zu werden,
> von euren Beleidigungen und euren Mahlzeiten!

---

[98] Siehe oben S. 54.

ICH WILL MEIN LEBEN!

*Ich will die Freiheit, auf euch zu pfeifen
und euch nicht zu brauchen;
dein Almosen der Hölle, diesen deinen Gott will ich nicht.*

*Gott des Himmels hat niemanden gedemütigt,
hat Almosen gegeben und um Almosen gebettelt;
heilte mit soviel Zärtlichkeit!
Gott des Himmels hat Zuflucht geboten.
Selbst mit meiner Not,
mit all meiner Bedürftigkeit,
würde ich euch gern sagen:
‚Ich wollte so sehr den Mut haben,
mich in die Gosse hineinzubegeben,
um mich nicht zu demütigen!'*

*Als ob die Gosse in sich
nicht die schrecklichste der Demütigungen wäre!...
Gott des Himmels, ich will Kräfte,
um das Leben der größten Demütigung zu umarmen,
die Gosse.
Dort, für Sekunden vielleicht,
treffe ich Leute mit Herz.
Mein Elend ist meines,
gebt mir das Recht, es in Freiheit zu leben!
Ich zahle für die Hölle mit dem Preis deines Brotes."*[99]

An diesem Text wird zweierlei klar. Das Empfinden der Demütigung durch diejenigen, auf deren „Almosen der Hölle" die Bedürftigen angewiesen sind, ist eins mit dem Gefühl der eigenen Freiheit, die entbehrt und begehrt wird. Wäre nicht dieses Gefühl für die eigene Freiheit, das im Empfinden ihres Fehlens, im verzweifelten Wunsch nach Selbstbestimmung um so heftiger da ist, so würde auch der Schmerz der Demütigung nicht empfunden.

---

[99] M. E. LIMA MOTA: Poesie da sarjeta, a.a.O., 32:
„Liberdade //
Quero a liberdade de trabalhar, / de viver sem ser humilhada por vocês, / de seus insultos e de suas comidas! / EU QUERO A MINHA VIDA! //
Eu quero a liberdade de não me ligar / e de vocês não presicar; / a tua esmola do inferno, esse teu deus não quero. //
Deus do céu não humilhou, / deu esmola e esmolou; / curou com tanta doçura! / Deus do céu amparou. / Mesmo com precisão, / com toda a minha carência, / queria lhes dizer: / ‚Queria tanto ter a coragem / de me lançar na sarjeta / para não me humilhar!' //
Como se a sarjeta em si, / não fosse a mais horrível das humilhações! ... / Deus do céu, quero forças / pra abraçar vida de maior humilhação, / a sarjeta. / Lá, talvez, por segundos, / encontro gente de coração. / Minha miséria é minha, / me dêm o direito de viver ela em liberdade! / Pago o inferno com o preço do teu pão."

Diesen Schmerz aber – das ist das zweite – fügt nicht jede Geste des Gebens zu. Almosen können auch die Achtung vor der Freiheit der im Elend Lebenden vermitteln. Gesten des Gebens müssen nicht verwunden oder alte Wunden aufreißen und zum Schmerzen bringen; sie können auch heilend wirken und als Zärtlichkeit – ja als Liebkosung[100] empfunden werden. Das ist die göttliche Weise des Gebens. Die Achtung, zu der die Armen durch ihre Empfindlichkeit für die eigene und fremde Freiheit nötigen, ist möglich: Sie kennen sie vom „Gott des Himmels", dem demütigen Gott.

Diese Achtung können auch Menschen aufbringen, die zuerst ein Gefühl für die eigenen Bedürfnisse und eine Empfindlichkeit für die eigene Freiheit entwikkeln, um so feinfühlig zu werden für die Bedürfnisse und die Freiheit der Armen. Diese liebevolle Feinfühligkeit ist nicht nur heilend und befreiend für die Geschundenen, sie ist zugleich heilend und befreiend für jene, deren Gesten durch Absichtlichkeit „verdorben" und daher verletzend und demütigend sind. Wenn ihre Gesten aus dem Gefühl für die eigenen Bedürfnisse erwachsen – „Gott des Himmels hat niemanden gedemütigt, hat Almosen gegeben und um Almosen gebettelt" – werden sie von ihrer Absichtlichkeit „gereinigt" und können eine wohltuende, eine zärtliche Berührung zwischen der Freiheit der Gebenden und der der Empfangenden schaffen.

4.3.2 Erleiden von Schmerzen als Stärke in Beziehungen

Das Erleiden des anderen verstärkt Elemente, die für Beziehungen konstitutiv sind. Inwiefern kann ich es aber für möglich halten, im Erleiden von Schmerzen eine Stärke zu sehen? Mindestens in zweifacher Hinsicht erscheint diese Rede als fragwürdig. Wem der Schmerz des Hungers, der Lüge, der Ausbeutung und Unterdrückung zugefügt wird, der und die werden diesen Schmerz empfinden und gerade unter ihrer Ohnmacht und Schwäche leiden. Welche „Stärke" kann darin liegen, belogen, beraubt, in Knechtschaft gehalten zu werden? Und weiter: wenn man im Erleiden von Schmerzen eine Stärke sieht, spricht man dann nicht dem Akzeptieren des Schmerzes, der Anpassung an die Leidenssituation und der Resignation das Wort?

Zur ersten Frage: Wem Land und Wohnung, Ausbildung und Arbeit, Sicherheit für Zeiten des Krank- und Altwerdens vorenthalten werden, dem und der werden Schmerzen zugefügt, die sich in unterschiedlicher Weise auswirken. Ohnmacht und Demütigung können die Betroffenen dazu bringen, sich in sich selber zu verbergen; ein anderes Mal geben sie ihrem Sprechen eine ungeahnte Kraft; wieder ein anderes Mal legen sie die Empfindungsfähigkeit der Betroffenen in einer Weise bloß, daß diese in ihrer Dünnhäutigkeit verrückt zu werden drohen. Die einen ziehen sich in sich selber zurück, andere führen zornige Anklage oder geben sich das Recht der Verfluchung. Gerade die Leidenden sind jene, die trotz ihrer bedrückenden Ohnmacht nicht passiv sind. Ihr Leiden selber ist aktive Arbeit. Sie verhalten sich jedes Mal anders zu dem Schmerz, den sie erleiden.

---

[100] Im portugiesischen Text heißt es „doçura": wörtlich „Süße, Anmut".

Ihre unterschiedlichen Weisen, Schmerz zu empfinden und mitzuteilen, zeigen, daß hier tatsächlich eine „Stärke" liegen kann; und diese aktive Arbeit der Leidenden im Empfinden und Mitteilen ihres Schmerzes trägt zu ihrer Stärke in Beziehungen bei[101].

Zur zweiten Frage: Ich habe gezeigt, daß Arme, die Angriffe auf ihr Leben mit ihrer ganzen Fähigkeit zum Empfinden und Mitteilen der Schmerzen erleiden, in diesem Erleiden zugleich standhalten.
Das Standhalten beinhaltet eine grundlegende Ambivalenz: In all seinen Dimensionen bedeutet es, daß die Leidenden sich von der ihnen zugefügten Demütigung nicht vernichten lassen; es bedeutet aber auch, daß sie jene nicht vernichten, die sie demütigen, und daß sie die Situation dieser Demütigung nicht beseitigen. Wenn ich hier von „Stärke" spreche, so meine ich ihr Bleiben-können in einer unmöglichen Situation; aber dieses hat zur Folge, daß auch die Situation bleiben kann. Es ist gefährlich, von der Stärke der Armen im Leiden zu sprechen. Dennoch steht außer Frage, daß Standhalten und Bleiben – in ihren verschiedenen Aspekten von Nicht-aufgeben, Kämpfen, Stark-werden, Hoffen – Stärken sind.
Gerade das Bleiben-können ermöglicht ein Weitergehen in Beziehungen. Die aktive Arbeit der Leidenden im Empfinden und Mitteilen ihres Schmerzes kann sie zu Meistern im Sprechen machen.

4.3.2.1 Sprechenlernen im Mitteilen von Leid

Sprechen zu lernen war für Mecé eine Erfahrung, die ihr Kraft gegeben hat, um im Leiden standzuhalten. Zugleich stammt ihr Sprechen aus jener aktiven Arbeit des Stellungnehmens, die zum Leiden gehört und die immer – auch wenn sie nicht im Sprechen stattfindet – eine Weise des Miteilens ist. Welche Qualitäten ein Sprechen gewinnt, das in der Auseinandersetzung mit dem Leid wächst und stark wird, möchte ich an Mecé zeigen: Ihr Sprechen zeichnet sein Reichtum an Veränderungen, seine verändernde Wirkung, der Eindruck der Hörbarkeit des Leidens selber und eine eigentümlich Offenheit aus.

Als ich vor einiger Zeit die Leidens- und Widerstandsgeschichte meiner schwarzen Freundin so wiederzugeben versuchte, daß ich nicht nur erzählte, was ich nach und nach von ihr erfahren hatte, sondern auch die Art und Weise beschrieb, wie sie von dem sprach, was sie erlebt hatte, wurde mir erst der Reichtum an Veränderungen in ihrem Sprechen bewußt.
Ich höre Mecés Stimme rauh werden, wenn sie von den Schrecken spricht, die sie in ihrem fast nicht mehr bewohnbaren kleinen Haus am Abwasserfluß erlitt und immer noch erleidet und die sie krank machten. Ihre Stimme wird rauh von der Angst, die sie nicht mehr verläßt, und vom Haß darauf, dort zu wohnen. Auf

---

[101] „Wesentlich ist, ob der Akt des Leidens von uns vollzogen wird, nicht in der Gleichgültigkeit der Steine, ob das Leiden unsere Passion wird im tiefen Doppelsinn dieses Wortes. Der Akt des Leidens ist dann Praxis, Tätigkeit. Wir handeln im Leiden. Wir nehmen wahr, wir drücken uns aus, wir weinen." D. SÖLLE: Leiden, Taschenbuchausgabe Freiburg 1993, 154.

die Bitte, von früher durchgestandenen Kämpfen zu erzählen, bleibt sie länger still. Dann tastet sich ihre Stimme zurück wie auf einem schmalen Steg, den man vorsichtig begehen muß. Sie läßt dem Horchen nach innen Raum, zögert vor dem Land, das da auftaucht und das sie mit Stummheit bedecken möchte. Ihr bedächtiges Erzählen wird leise und langsam. Die Erinnerung tut ihr weh. Ihre Stimme, erst dünn vor Bitterkeit, wird weich und behutsam. Sie beginnt, sich zu erwärmen. Leben kommt in ihre Stimme – bis sie mit einem Mal bebt, wie wenn da in der Ferne ein Vulkan von Lachen ausbricht. Ihrer Stimme ist der Triumph über die Erniedrigung anzuhören, ihre immer wieder siegende Freude am Leben schenkenden demütigen Gott.

Aber auch das Gespräch mit ihm ist voller Veränderungen bis hin zu dem gewalttätigen Versuch, es abzubrechen[102]. Als es an Mecé ist, Bitten in der sonntäglichen Versammlung der kleinen von ihr selber mit aufgebauten Gemeinde zu formulieren, ist ihre Stimme nicht wie sonst; in ihr grollt es, sammelt und entlädt sich Klage wie ein Gewitter. Ihr Sprechen kommt mit Gewalt, denn es will sich selber Gewalt antun. Mecé will nicht mehr sprechen. Ihr Sprechen war immer auch Bitten, und ihr Bitten war immer auch Beten zu Gott. Nun steht sie auf und sagt ihm ab – dem Beten, Bitten und Sprechen sagt sie ab. Ihre Stimme erschöpft sich vom Ausschütten ihrer Verzweiflung und Anklage.

Gerade in dieser Situation wurde mir ein weiteres Merkmal von Mecés Sprechen deutlich, das nicht nur aus dem Leiden erwächst wie eine Frucht des dem Leiden abgerungenen Lebens, sondern das dieses Leiden und das in ihm fast zerbrechende und doch stark werdende Leben selber gegenwärtig macht – und deswegen so unvergleichlich reich an Überraschungen und Veränderungen ist.

Dieses Sprechen verändert auch die Hörenden. Es ging nicht nur mir so, daß ich, wenn ich Mecé hörte, den Eindruck hatte, mehr Leben geschenkt zu bekommen[103]. Viele äußerten einen ähnlichen Eindruck. Er bewahrheitet sich darin, daß Mecés Sprechen bei denen, die sie hören, ein anderes Sprechen hervorruft: ein Sprechen, in dem sich das eigene Leben und Leiden äußert, ein Sprechen, das Menschen miteinander wirklich in Berührung bringt. Für die belebende Wirkung von Mecés Sprechen sehe ich zwei Gründe. Der eine liegt in der eigentümlich konkreten Weise ihres Mitteilens – der andere an der Durchlässigkeit ihres Sprechens für ein Subjekt, das nicht nur sie selber ist, sondern mit ihr die unzählbar vielen, die auch gedemütigte Arme sind.

Mecé teilt ihr sterbendes und auferstehendes Leben in einer Weise mit, daß das Zuhören bei ihr zu einem ähnlich konkreten Akt wird wie das Essen beim Miteinander-teilen des Brotes. Zu einer solchen nahezu hungrigen Aufnahme des Wortes wird das Hören erst, wenn der, der spricht, selber hörbar wird. Das genau gilt für Mecé. Sie gibt nicht etwas zu hören, sondern sich selbst; es gelingt ihr nicht, Geschehenes zu erzählen, ohne zu sagen, was sich an ihr in diesen Geschehnissen ereignet hat. In ihrem Sprechen ist sie so präsent mit ihrer Trauer, ihrem Zorn, ihrer Anklage, ihrem Aufruhr, ihrem Schmerz, ihren Kämpfen,

---

[102] Siehe oben 4.2.1.2: „Anklagen".

[103] Siehe oben 3.2.1: „Vorrang des Beziehungsaspekts beim Sprechen".

ihrer Hoffnung, ihrer Bitte, ihrem Dank, ihrem Triumph, daß es die Fähigkeit, Schmerzen zu erleiden – die Macht des Leidens selber zu sein scheint, die da spricht, und nicht die gedemütigte, in Stummheit gehaltene Negerin, die sich manchmal immer noch schämt, vor anderen zu sprechen.
Zugleich ist nicht nur Mecé selber in ihrem Sprechen hörbar, sondern mit ihr zusammen sind es viele andere Leidende, die darin hörbar werden. Ihr akuter Schmerz ruft vergangene Schmerzen wach, und mit ihnen die Schmerzen der Angehörigen ihrer Familie und Rasse und die Schmerzen aller Unterdrückten, denen sie sich zugehörig weiß. Ihr Sprechen scheint mir in diesem Augenblick nicht nur ihre eigenen charakteristischen individuellen Züge zu tragen, sondern zugleich das Sprechen einer unzählbaren Menge von Menschen zu sein.

In diesen Zusammenhang gehört ein letztes Merkmal von Mecés Sprechen. Sie läuft darin nicht einen geschlossenen Kreis ab; das macht ihr Sprechen so anziehend – denn jenes klagende Abschreiten eines inneren Gefängnisses kann unerträglich sein für den Hörenden. Sie nimmt die Hörenden – zumindest für mich ist es so – mit hinein in eine Geschichte, die offen ist, in der Fragen bleiben, auf die Mecé von uns, die wir ihr zuhören, keine Antwort erwartet. Das Zögern, das Ansetzen und Abbrechen, die Veränderungen ihrer Stimme sind darum so überraschend, weil sie damit nicht auf diejenigen reagiert, die ihr zuhören.
In ihrer Stimme klingt es oft, wie wenn sie auf einen anderen und dessen Antworten wartet. Dadurch wirkt ihr Sprechen wie eine nie zu Ende geführte oder zur Ruhe kommende Bewegung. Ihr Sprechen scheint nicht an seinem Ziel angekommen zu sein, wenn sie mit uns ihren Schmerz, ihre Kämpfe und auch jenes Leiden geteilt hat, das nicht nur ihr persönliches Leiden ist. Ihr Stillwerden nach Klage und Anklage „klingt", wie wenn ein unhörbares Gespräch weitergeführt wird. Ihr Sprechen, in dem sich das Leiden selber präsent macht, bringt einen unsichtbaren Dritten als Gesprächspartner ins Spiel. Sie spricht zu mir, zu uns; und sie spricht zugleich vor dem Ursprung ihres Leidens und Lebens. Sie spricht zugleich vor dem, den sie als „guten Vater" weiß und dessen geheimnisvolle Lebenskraft, „o Divino", ihre Gewißheit und ihre Zuflucht ist.

Hier zeigt sich schließlich, daß „sprechen lernen im Mitteilen von Leid" einen besonderen Hintergrund hat, auf dem es seine Kraft entfaltet. Es handelt sich um ein Mitteilen von Leid vor Gott und im Gespräch mit ihm. Nicht immer hat jene aktive Arbeit, die Leiden auch bedeutet, diese Dimension. Aber wo sie gegeben ist, wie bei Mecé und bei anderen Menschen, die ich kenne, wirkt sich sich in ähnlicher Weise aus: Sie bringt ein Sprechen hervor, das „sich nicht totläuft", das lebendig ist, indem es die Hörenden bewegt, sie mitnimmt in eine Bewegung und anstößt, so daß sie ihrerseits beginnen, anders, engagierter zu sprechen. „Sprechen lernen" meint den Beginn dieses Sprechens, das voller Veränderungen ist und verändernd wirkt, das mit dem sprechenden Subjekt selber viele andere an seiner Seite hörbar macht und das einen unsichtbaren Dritten als Gesprächspartner mitbringt – und das mit all diesen Merkmalen eine Stärke in Beziehungen ist.

4.3.2.2 Befähigung zum Weitergehen durch Bleiben

Ausgerechnet die Dimension des Leidens, die ich als „Standhalten" – durch das Nicht-aufgeben, Kämpfen, Stark-werden und Hoffen – beschrieben habe, scheint mir entscheidend dafür zu sein, daß es eine Zukunft, ein Weitergehen in Beziehungen gibt. Ausgerechnet die Fähigkeit zum Beharren vermag – so habe ich es einige Male in Brasilien erfahren, und nicht nur dort – in einer Beziehung eine Wende herbeizuführen, Zukunft zu eröffnen. Darin liegt ein Widerspruch, der nachdenklich macht. Ich möchte ihn durch Beobachtungen zur Geduld vieler Frauen, die ich kennengelernt habe, verdeutlichen.

Viele meiner Freundinnen in Brasilien ertragen Beziehungen zu Männern – dabei handelt es sich auch um ihre Väter und Söhne –, in denen sie fast nichts als Lieblosigkeit, Willkür, Gewalt und Verachtung erfahren. Wenn sie beten, bestürmen sie Gott mit der flehentlichen Bitte, in den Herzen derer, die sie trotz des Leides, das sie von ihnen erfahren, selber für unglücklich halten, einen Wandel herbeizuführen. Darin geben sie nicht auf. Ich habe von der Schwäche und der Stärke ihrer Geduld gesprochen. Es handelt sich um eine Passivität, die mir allein aus der Angst vor Unfrieden geboren zu sein scheint; zugleich sehe ich die unmerklichen Veränderungen, die mit der Hartnäckigkeit, mit der die Frauen eine für sie bedrückende Situation aushalten, zu tun haben. Ihr Beharren hat aber unterschiedliche Qualitäten.

Es gibt Frauen, die nicht nur sich, sondern auch ihre Kinder als so bedroht empfinden, daß das stumme Dableiben für sie der einzige Ausweg zu sein scheint. Sie zeigen Angst und Abwehr sogar einer Nachbarin oder früheren Freundin gegenüber, die Anteil nimmt, die hören will und ein Gespräch versucht. Sie versteinern geradezu in Passivität. Ihr Bleiben trägt Züge einer schweren Persönlichkeitsstörung; zumindest wird es in seiner Ambivalenz deutlich. Was von ihnen dableibt, ist eine oft sehr traurige physische Erscheinung, deren inneres Leben sich verflüchtigt hat – sichtbar im totalen sozialen Rückzug der Person.

Anders ist das bei Frauen, die das Mächtigtun ihrer Männer zunächst als „männlich" akzeptieren und sich davon beeindrucken lassen. Für sie gehört es zu den Männern, daß sie Stärke demonstrieren und handfest zeigen, wer das Sagen hat, so wie den Frauen die Position der Schwächeren und Unterlegenen auf den Leib geschrieben zu sein scheint. Viele Frauen finden sich eine Zeitlang mit der ihnen zugewiesenen Rolle ab und halten Demütigungen aus, ohne sie scheinbar als solche zu empfinden. Sie wahren aber noch eine soziale Präsenz. Wenn auch still und verschlossen wirkend, sind sie doch bei Treffen und Gesprächen dabei. Mehr als man durch ihre Worte weiß, spürt man, daß sie nachdenklich werden, daß ihre Behandlung als Wesen ohne Würde für sie zu einem Schmerz wird, daß sie leiden. Ihr Aushalten der Demütigungen bekommt eine andere Qualität. Sie äußern sich nach wie vor kaum. Aber in ihren Augen kann man Trauer und Zorn lesen. Sie sind sich dessen bewußt, was mit ihnen – und was auch mit ihren Männern geschieht. In ihnen wächst so etwas wie Entschlossenheit und Größe.

Sie beginnen, sich einen eigenen inneren und äußeren Raum zu schaffen, der nicht angetastet wird. Das unsicher Zögernde in ihren Bewegungen wird jetzt als Ruhe spürbar. Sie gewinnen Sicherheit. Sie können warten. Das gibt ihnen eine eigene Stärke. Sie strahlen fast so etwas wie Überlegenheit aus.

Diese Weise des Bleibens beginnt, etwas zu verändern. Die Beziehungen zu ihren Männern werden distanzierter. Diese spüren die wachsende innere Unabhängigkeit der Frauen. Ihre Verunsicherung wirkt sich in unterschiedlichen Irritationen aus, die aber keine Veränderungen bei den Frauen hervorrufen. Den zunehmenden Abstand beantworten die Männer dann mit häuslicher Abwesenheit und Gleichgültigkeit. Es ist, wie wenn die Unerschütterlichkeit der Geduld ihrer Frauen sie kränkt, wie wenn deren immer tiefer eingewurzelte Ruhe sie unruhig macht.

Es gibt ein Bleiben und Ausharren, eine Geduld des Wartens, die letzten Endes sehr viel bewegt. Bei den Frauen selber ist es wie ein Schutzraum für das Erwachen und Werden ihrer eigenen Persönlichkeit. In den heranwachsenden Kindern weckt es Erstaunen, einen nachdenklichen Respekt und Zeichen der Solidarität. In den Treffen und Gesprächen mit anderen Frauen wird die Stille der Ausharrenden zu einem Anstoß und zu einem Ärgernis für jene wie mich, die meinen, daß ein Ende der Geduld gekommen sei, und die dafür kämpfen, daß Frauen die sie demütigenden Beziehungen verlassen können.

Diese stille und hörbereite Geduld der Frauen, die ausharren und bleiben, läßt uns andere aber gerade nicht stehenbleiben, sondern weitergehen. In ihrer äußerlich gleich bleibenden Geduld hat ein Wandel stattgefunden, der wie eine Herausforderung wirkt. Was anfänglich als Schwäche einer naiven Zustimmung zu Unterlegenheit schien, hat sich zur Stärke einer innerlich wachsenden Überlegenheit gewandelt. Der Wandel hat mit dem Hören der Leiden und der Kämpfe anderer Frauen zu tun. Der Wandel kommt gerade durch das Zulassen der umso schmerzhafter empfundenen eigenen Demütigung zustande. Der Wandel bedeutet schließlich, daß Frauen in diesem Schmerz Leidende bleiben, ohne zu solchen zu werden, die ihrerseits Leid zufügen, indem sie zu ihrer Verteidigung und zur Veränderung der Situation eingreifen und angreifen. Dieser Wandel hat eine unmerkliche und unabsehbare Wirkung. Das ausharrende Bleiben, in dem sich Stärke gerade in der vermehrten Mitleidens- und Leidensfähigkeit zeigt, kann mehr zur Veränderung einer Beziehung beitragen als das aktive Eingreifen in diese Beziehung. Das ist eine Herausforderung für diejenigen, die sich – wie ich – dafür einsetzen, daß Frauen nicht passiv bleiben, sondern aktiv werden.

„Befähigung zum Weitergehen durchs Bleiben" – das Beispiel des Bleibens vieler Frauen in für sie demütigenden Beziehungen zu ihren Männern konnte vielleicht verdeutlichen, um welches Bleiben es hier geht.
Es handelt sich nicht um die Passivität eines Bleibens und Wartens, die zur Reduktion der Aufnahmefähigkeit führt wie bei jenen Frauen, die sich gegen alles, was von außen kommt, abschirmen, indem sie Hören und Sprechen ablehnen und sich isolieren. Sie lassen sich in ihrer seelischen Existenz nach und nach vernichten.

Vielmehr handelt es sich um eine Passivität, mit der die Bereitschaft zum Hören und zur Aufnahme der Empfindungen anderer und damit gerade eine verfeinerte Schmerzempfindlichkeit verbunden ist. Es handelt sich um ein Bleiben und Warten derer, die sich nicht in ihr Leiden fügen und es dadurch mindern, sondern die dank ihrer Fähigkeit zum Empfinden vielleicht sogar mehr leiden als andere – die aber gerade deswegen besonders aufnahmefähig und offen für alle sind. Das bedeutet, daß sie Feinfühligkeit für die Zeichen des Widerspruchs und der Hoffnung entwickeln, daß sie sich der Demütigung aussetzen, aber auch der Freude des Beschenktwerdens. Die bewegende Kraft der Passivität des Bleibens liegt vielleicht gerade in ihrer Radikalität. Sie rückt sie in die Nähe dessen, was ich als Leidensfähigkeit Gottes zu beschreiben versuchen werde.

ZWEITER TEIL
LEIDEN UND BEFREIENDES MITSEIN GOTTES

Denselben Hauptfragerichtungen, denen ich im ersten Teil gefolgt bin, um von den Armen zu sprechen, werde ich in diesem zweiten Teil folgen, um von Gott zu sprechen: Zunächst werde ich mich mit dem Wie dieses Sprechens beschäftigen und dann mit dem, was von Gott zu sagen ist.
So wie ich bei den Armen beschrieben habe, wie sie ihre Beziehungen zu sich selbst, zum anderen und zu Gott leben, so werde ich auch beim Sprechen von Gott meine Aufmerksamkeit auf seine Beziehungen richten – auf seine Beziehung zum Menschen und auf die Beziehung in ihm selber. So wie ich bei den Armen aufzuzeigen versucht habe, daß die ihnen eigene Stärke in ihren Beziehungen mit ihrem Leiden zu tun hat, so werde ich nun danach fragen in welcher Weise das Dasein Gottes als ein Sein-in-Beziehungen von Leiden geprägt ist. Das Leiden Gottes wird nicht erst in Christus, dem Gekreuzigten, offenbar, sondern schon in der Geschichte Gottes mit Israel[104]. Die Liebe Gottes zum Menschen ist leidend, weil sie ohnmächtig ist; aber gerade in ihrer Ohnmacht zeigt sich ihre Stärke: als befreiendes Mitsein. So wie ich für das Sprechen von den Armen zunächst Klarheit über seinen Ort hergestellt habe, so werde ich auch jetzt als erstes auf den Ort meines Sprechens von Gott eingehen.

Fünftes Kapitel
Sprechen von Gott in der Beziehung zu ihm

Beim Sprechen von den Armen habe ich eine Option für das „subjektive" Sprechen getroffen; beim Sprechen von Gott kann es nicht anders sein: Wenn das Sprechen wirklich etwas von Gott sagen will, kann es nur in der Beziehung zu ihm stattfinden. Das Hören macht diese Beziehung zum Ort des Sprechens. Zum Hören als Ort des Sprechens von Gott finde ich, indem ich den Ort dieses Sprechens allgemein zu bestimmen versuche.

5.1 Ortsbestimmung des Sprechens von Gott

Es gibt Orte, an denen sich das Sprechen von Gott schon vorfindet, bevor es beginnt: diese „Orte" sind der Bezug zur Realität dessen, der von Gott zu sprechen sucht, und der Bezug zum Wort, in dem Gott selber spricht und sich

---

[104] Diese Akzentsetzung habe ich in einem kleinen Abschnitt in Origenes' Predigten über Ezechiel wiedergefunden, in dem er vom Leiden der göttlichen Liebe spricht: „Primum passus est, deinde descendit et visus est. Quae est ista quam pro nobis passus est passio? Caritatis est passio." ORIGÈNE: Homélies sur Ezéchiel. Texte latin, Introduction, Traduction et Notes par M. Borret (Sources Chrétiennes Nr. 352), Paris 1989, 228-231.

offenbart. Wer diese Bezüge übersieht, läuft Gefahr, daß sein Sprechen von Gott weder zeitgemäß noch sachgemäß ist. Über diese „Orte" kann man daher nicht verhandeln. Dagegen gilt für die Beziehung zu Gott, daß sie nicht ein schon gegebener, sondern ein zu entscheidender Ort des Sprechens von Gott ist.

5.1.1 Ein doppelter Bezug als vorgegebener Ort

Beim ersten Bezug, der jedem Sprechen als Ort vorgegeben ist – und daher auch dem Sprechen von Gott – handelt es sich um den Bezug zur Realität der Sprechenden. Weniger offensichtlich ist der zweite Bezug. Dem Sprechen von Gott geht das Sprechen Gottes immer voraus. Daher ist auch der Bezug zum Wort Gottes als Ort schon vorgegeben, wenn Menschen von Gott sprechen – unabhängig davon, ob sie ihr Sprechen in der Beziehung zu Gott ansiedeln.

5.1.1.1 Bezug zur Realität

Es kann nicht von „der" Realität die Rede sein, sondern nur von einer spezifischen Realität, die jeweils geographisch und historisch, sozial, ökonomisch, politisch und kulturell bestimmt werden muß. Mir geht es jetzt allerdings nicht um die verschiedenen Realitäten oder „Kontexte", in denen sich das Sprechen von Gott schon vorfindet, sondern um dieses Sich-vorfinden, um den Bezug „zur Realität", der seinerseits eine universale Gegebenheit ist.

Um die Fragestellungen zu verdeutlichen, die er für das Sprechen von Gott impliziert, möchte ich zwei jeweils nur in wenigen Dimensionen und mehr durch ihre Gegenüberstellung charakterisierte Realitäten als Beispiel anführen. Auch ihre für eine konkrete Realität unbefriedigend allgemeine Beschreibung macht deutlich, daß sie eine Herausforderung für das Sprechen von Gott darstellen. Es sind die Realitäten der Länder des Nordens bzw. des Südens.
Von den vielen fast gleichlautenden Kennzeichnungen mag eine stellvertretend für alle stehen. Sie entstammt einem Buch, dessen Autor gerade den Auswirkungen des Nord-Süd-Konflikts auf das Sprechen von Gott nachgeht: „In unserer Sprechweise bezeichnet ‚Norden' die reiche, industrialisierte Welt, die die wirtschaftliche und finanzielle Macht in den Händen hält. ... Der ‚Süden' meint alle armen Länder, das heißt die Dritte Welt. Diese Länder sind in großem Maß abhängig von den Märkten der reichen Welt."[105]

Was bedeutet es nun, in der Realität des Nordens von Gott zu sprechen? In diesen Ländern scheinen Technik und Wissenschaft, Geld und Macht die „neuen Götter" zu sein, die – auch wenn sie keineswegs so neu sind – es schwer oder gar unmöglich machen, von Gott zu sprechen. „Die Frage, die sich die Kirchen im Innern des Clans der Privilegierten stellen, lautet: Wie kann man von Gott in einer Gesellschaft sprechen, für die das Wort seinen Sinn verloren hat?"[106] Hier

---

[105] K. BLASER: Le conflict Nord – Sud en Théologie, Lausanne 1990, 11.

[106] K. BLASER, a.a.O., 80; vgl. 78f.

geht es jetzt nicht darum zu diskutieren, wieweit die Diagnose der Realität des Nordens – und wieweit die Frage nach der Möglichkeit des Sprechens von Gott zutrifft, und noch weniger geht es darum, eine Antwort auf diese Frage zu versuchen. Ich denke, daß sowohl die Diagnose einer Säkularisierung bzw. „Paganisierung" in den reichen Ländern als auch die radikale Anfrage, die diese Diagnose an das Sprechen von Gott stellen läßt, theologisches Allgemeingut sind, die allerdings auch gerade deswegen eine Differenzierung verdienen würden. Entscheidend für mich hier ist der Befund: das Sprechen von Gott geschieht in einer konkreten Realität und ist von ihr geprägt, bevor es als Sprechen von Gott beginnt.

Das gilt entsprechend für die Realität des Südens. Verarmung und Verelendung der Bevölkerungsmehrheit auf der einen und maßlose Bereicherung kleiner Eliten auf der anderen Seite bestimmen sie ebenso wie eine die unterschiedlichen Bevölkerungsschichten letztlich verbindende „Verehrung des Kapitalismus", die sich auf die Bestrebungen nach Geschwisterlichkeit und Solidarität zwischen ihnen zerstörerisch auswirkt[107]. Für die Länder des Südens gilt also die Herrschaft derselben „neuen Götter", die im Norden an der Macht sind; aber im Süden werden sie von der Mehrheit als „Götzen der Unterdrückung"[108] erfahren, während im Norden mit ihnen eher individuelle Freiheit – und sei es die des Konsums – verbunden wird.

„Bei den Ausgeschlossenen klingt (die Frage, die sich die Kirchen stellen) ganz anders: Wie kann man von Gott in einer Gesellschaft sprechen, die Ungerechtigkeit und Tod hervorbringt?"[109] „Von Gott sprechen im Ausgang vom Leiden der Unschuldigen": in diesem Buch kennzeichnet Gustavo Gutiérrez die lateinamerikanische Theologie der Befreiung durch das Bemühen, auf diese Herausforderung zu antworten[110]. „Von Gott sprechen in Lateinamerika. Wie kann man von Gott, der sich als Liebe offenbart, in einer Realität sprechen, die von Armut und Unterdrückung gekennzeichnet ist? Wie kann man denen, die einen zu frühen und ungerechten Tod erleiden, den Gott des Lebens verkünden? ... Mit welchen Worten kann man denen, die nicht als Personen angesehen werden, sagen, daß sie Töchter und Söhne Gottes sind? Dies sind die wichtigsten Fragen der Theologie, die in Lateinamerika und zweifellos auch in anderen Orten, an denen ähnliche Situationen gelebt werden, im Entstehen begriffen ist."[111]

Hier stellt sich unabweisbar die Frage nach der Realität, die mein Sprechen von Gott prägt. Auch während und nach der Zeit meiner Teilhabe an der Welt der Armen im „Süden" gehöre ich, ob ich will oder nicht, zum reichen und beherr-

---

[107] Vgl. ebd., 80.

[108] Vgl. H. ASSMANN: Die Götzen der Unterdrückung und der befreiende Gott, Münster 1984.

[109] K. BLASER, a.a.O., 81.

[110] Vgl. G. GUTIÉRREZ: Hablar de Dios desde el sufrimiento del inocente, Rimac 1986. Ich übersetze aus der portugiesischen Ausgabe: „Falar de Deus a partir do sofrimento do inocente", Petrópolis 1987, 15-16.

[111] Ebd., 14.

schenden Teil der Welt[112]. Als prägendes Merkmal dieser Realität sehe ich aber nicht so sehr, daß das Wort „Gott" seinen Sinn verloren hat – nicht, weil ich glaube, daß diese Charakterisierung nicht zutrifft, sondern weil ich sie ergänzen möchte. Ich kann nicht davon abstrahieren, daß ich den Alltag der Armen in Brasilien geteilt habe. Auch die Kennzeichnung ihrer Realität durch Ungerechtigkeit und Unterdrückung möchte ich keineswegs in Abrede stellen, aber auch sie möchte ich ergänzen.

Im Vorangegangenen habe ich beim Nachdenken über das Leiden der Armen eben darin auch ihre Stärke entdeckt. Ihre Realität voller Entbehrungen ist auch davon gekennzeichnet, daß sie in ihr Menschen zu bleiben vermögen. „Wie kann man von Gott sprechen im Ausgang von der Schwäche *und von der Stärke* der Armen in ihrem Leiden?" Das ist eine anders geartete Herausforderung für das Sprechen von Gott als jene, der sich Gutiérrez stellt. Es geht nicht darum, Gott, so wie er sich offenbart, und die Realität, die ihm widerspricht, zusammenzubringen, sondern es geht darum Gott, so wie er sich offenbart, von einer bestimmten Realität aus neu zu entdecken.

So bringt mich die Entdeckung, daß viele Arme in der tödlichen Lieblosigkeit des ihnen zugefügten Leidens eine undenkbare Stärke des Lebens und Liebens bewahren – und noch entfalten, zu der anderen Entdeckung, daß die Stärke der Liebe Gottes vielleicht gerade darin liegt, daß er Ohnmacht und Leiden für sich selber nicht ausschließt. Von diesem „leidens-bereiten" Gott zu sprechen, könnte eine Herausforderung sein in der Realität des Nordens, in der nicht nur Geld und Macht die „neuen Götter" sind, sondern – damit zusammenhängend – das „Machen", eingreifendes Tun, zweckgerichtetes, geplantes Handeln positiv bewertet werden und Initiative, Organisation und Effektivität weit höher im Rang stehen als Wartenkönnen, Absichtslosigkeit, Fähigkeit zum Empfinden.

Bezogen auf die so charakterisierte Realität des Nordens stellt sich für das Sprechen von Gott die Frage: Wie kann man in einer Gesellschaft der Starken von Gott sprechen, der schwach ist? Wie kann man in einer Gesellschaft der Aktiven von Gott sprechen, der passiv ist? Hier zeigt sich noch einmal, daß ein Sprechen von Gott durch den Bezug zur Realität, in der es sich vorfindet, den Charakter des Widerspruchs bekommen kann: Es wird in dieser Realität zum Ärgernis oder zur Torheit. Das ist nur möglich, weil das Sprechen von Gott einen anderen Bezug mitbringt, der es erst zum Widerspruch macht.

5.1.1.2 Bezug zum Wort Gottes

Bei Gutiérrez wird deutlich, daß der Realitätsbezug des Sprechens von Gott nicht denkbar ist ohne einen anderen Bezug, in dem sich dieses Sprechen gleichermaßen schon vorfindet. Das ist der Bezug zu dem Wort, in dem Gott sich selber zuspricht und offenbart. Dieser Bezug macht das Sprechen von Gott erst identifizierbar – es handelt sich um den Gott, der selber zuerst gesprochen hat – und geht daher jedem anderen Bezug voraus.

---

[112] Vgl. K. BLASER, a.a.O., 3.

Das Leiden Ijobs in der Bibel, das Leiden des Volkes in Lateinamerika, dem das Notwendige fehlt, um in Würde zu leben, dessen elementare Rechte mit Füßen getreten werden und in dem der Schmerz der Verachtung und des Ausschlusses zerstörerisch wirkt: das ist das „Leiden des Unschuldigen". Es stellt nicht ein Sprechen von „Gott allgemein" in Frage, sondern das Sprechen von jenem Gott, der sich als Liebe offenbart, der seine Liebe und Gerechtigkeit unverdient schenkt, der vom Geist in unserem Innern zärtlich „Vater" genannt wird, dessen Töchter und Söhne wir sind[113].

Die Frage nach der Möglichkeit eines Sprechens von Gott in einer Gesellschaft, für die das Wort keinen Sinn mehr hat, scheint ihre negative Beantwortung schon insofern zu implizieren, als sie sich auf die Möglichkeit eines Sprechens von „Gott-allgemein" bezieht. Das Sprechen von einem nicht durch seine eigene Offenbarung identifizierten Gott hat Teil am Sinnverlust der Gottesrede, durch den die reiche Gesellschaft des Nordens gekennzeichnet wird. So wenig die Schwierigkeit eines Sprechens von Gott in einer von Unrecht und Unterdrückung geprägten Gesellschaft die Schwierigkeit einer Rede von „Gott-allgemein" ist, so wenig kann in einer Geld und Macht vergötzenden Gesellschaft die Schwierigkeit darin bestehen, von „Gott-allgemein" zu sprechen. Vielmehr geht es auch hier um Gott, wie er sich gezeigt hat: als der, der Ohnmacht und Schwäche um der Beziehung zum Menschen willen den Vorrang gegeben hat.

Es geht nicht um die Frage nach der Möglichkeit eines Sprechens von Gott in einer bestimmten Realität, sondern es geht, in dieser Realität, um den Gehorsam gegenüber der Notwendigkeit, Gott in der Weise zur Sprache zu bringen, wie er selber gesprochen und sich gezeigt hat. Für diese notwendige Veränderung der Fragestellung möchte ich zwei Zeugen anführen.
Der eine stammt aus der Realität des Nordens. In seinem Buch über Ernst Käsemann schreibt Pierre Gisel: „Die erste theologische Frage ist nicht: wie kann ich heute und jetzt von Gott sprechen? Das ist die Frage Bultmanns. Sie bestimmt immer noch, glaube ich, das Denken einiger seiner Schüler, vor allem jenes von Fuchs und Ebeling, bei denen wir gesehen haben, was sie von Käsemann trennt. Diese Frage geht die Möglichkeiten und Unmöglichkeiten der Sprache an und mündet notwendigerweise ... in die Theologie eines Gottes, der absolut jenseits der Sprache und der Geschichte ist und diese Sprache und diese Geschichte radikal in Frage stellt. Die erste theologische Frage präsentiert sich folgendermaßen: Gott ist gesagt worden, seine Identität und seine Wahrheit sind in die Geschichte eingegangen, sind Sprache geworden; wie muß ich seitdem sprechen, damit diese Wahrheit in meiner Geschichte und meinem Ort wieder gesagt wird, damit sie aufs neue, hier und heute, zur Sprache kommen, ankommen kann?"[114]
Der andere Zeuge stammt aus der Realität des Südens. In seinem Aufsatz über „die Erfahrung Gottes in der Kirche der Armen" sagt Jon Sobrino, daß es nötig

---

[113] Vgl. G. GUTIÉRREZ, a.a.O., 42.

[114] P. GISEL: Vérité et Histoire. La Théologie dans la modernité: Ernst Käsemann, Paris/Genf ²1983, 538f.

ist, die christliche Wahrheit, an die Rahner erinnert – „wer Gott suchen will, hat ihn schon gefunden" – geschichtlich zu konkretisieren. Er führt P. Miranda an: „Das Problem besteht nicht darin, Gott zu suchen, sondern ihn dort zu finden, wo er gesagt hat, daß er ist."[115] Sobrino fährt fort: „Dieser Ort ist die Welt der Armen, wie wir sie beschrieben haben. ... Die Erfahrung Gottes wird in besonderer Weise im Ausgang von der Parteilichkeit der Armen gemacht ..." Damit geht Sobrino über die bisherige Präzisierung der Schwierigkeit des Sprechens von Gott hinaus. Wenn von Gott so zu sprechen ist, wie er von sich gesprochen hat, so bedeutet dieser Bezug zum Wort Gottes, von Gott zu sprechen, der bei den Armen ist. Dieses Sprechen wiederum setzt die Entscheidung voraus, in der Beziehung zu Gott von ihm zu sprechen.

5.1.2 Beziehung zu Gott als zu entscheidender Ort

Wer Gott sucht, wer bereit ist, ihm dort zu begegnen, wo er sagt, daß er sei, wer auf das Sprechen Gottes hört, um von ihm zu sprechen, der spricht von Gott in der Beziehung zu ihm. Dies ist aber kein schon vorgegebener, sondern ein zu entscheidender Ort, denn von der Geschichte und Sprache gewordenen Identität Gottes kann man auch außerhalb der Beziehung zu ihm Kenntnis nehmen. Vielleicht trägt sogar dieses „außerhalb" – bzw. „innerhalb" – noch mehr zum unterschiedlichen Verständnis des Wortes Gottes bei als die jeweilige spezifische Realität, in der es vernommen wird.

5.1.2.1 Sprechen von Gott außerhalb der Beziehung zu ihm

Von Gott sprechen außerhalb der Beziehung zu ihm – das könnte man, ebenso wie das Sprechen von den Armen außerhalb der Beziehung zu ihnen, für verlokkend halten, weil es ein vermeintlich objektives Sprechen ist. Auf der anderen Seite wird ein solches „objektives" Sprechen von einem, der selber sprechendes Subjekt ist, dieser Tatsache nicht gerecht und trägt von daher den Keim der Verfälschung und Lüge in sich. Das wird an jenem Beispiel „objektiven Sprechens" von Gott deutlich, das die Bibel in ihrem Zeugnis von den Anfängen enthält: Es handelt sich um das Sprechen von Gott, mit dem sich die Schlange an die Frau richtet. Im Hinblick auf ein Sprechen von Gott, das außerhalb der Beziehung zu ihm geschieht, enthält das Sprechen der Schlange wichtige Hinweise. Daher werde ich Gen 3,1-5 einmal nur unter diesem Aspekt – des Sprechens der Schlange – betrachten[116].

Die Schlange spricht zweimal. Dabei fällt insgesamt auf, daß es sich hier um ein unechtes Sprechen handelt, das den Anschein eines Sprechens erweckt, aber in

---

[115] P. MIRANDA: Marx y la Biblia, Salamanca 1972, 82, zitiert in: J. SOBRINO, Ressurreição da verdadeira igreja, São Paulo, 157.

[116] Wichtige Anregungen zu dieser Betrachtung verdanke ich P. BEAUCHAMP: L'un et l'autre testament, tome II, Paris 1990, 115-158.

Wirklichkeit keines ist[117]. Denn obwohl die Schlange beide Male zur Frau spricht, tritt sie nicht wirklich zu ihr in Beziehung. Sie sagt weder „ich", noch spricht sie die Frau als „du" an; vielmehr sagt sie „ihr"[118]. Der Eindruck eines merkwürdig „unechten" Sprechens stellt sich ein, wenn man nur darauf achtet, wie die Rede der Schlange beginnt: „... Ob schon Gott sprach: Eßt nicht von allen Bäumen des Gartens ...!" (Gen 3,1)[119] Dies ist eine Behauptung in Frageform, ohne jedoch eine eindeutige Frage oder ein eindeutiger Zweifel zu sein. Die Schlange fragt nicht um zu wissen, denn sie weiß schon – wie das Folgende zeigt. Sie täuscht Ungewißheit vor und kleidet zugleich das ungewiß Gewordene in eine Ausdrucksweise, welche die Frau dazu bringt, das Gesagte richtigzustellen und das, was sie weiß, auszuführen – wobei ihr Irrtümer unterlaufen, die zeigen, daß die in der Schwebe zwischen Frage und Behauptung und zwischen Wahrheit und Lüge gehaltene Rede der Schlange sie verunsichert hat[120]. Die Schlange verfälscht das Wort Gottes, ohne daß es zur eindeutigen Lüge wird. Sie erinnert sein Wort als: „Eßt *nicht von allen* Bäumen ...", während sein Wort lautete: „*Von allen ...* magst du essen ..., *aber (von einem)* vom Baum der Erkenntnis ... sollst du *nicht* essen ..." Innerhalb der Logik eines objektiven Sprechens ist „alle – außer einem" dasselbe wie „nicht alle"[121]; diese Logik anzuwenden, bedeutet allerdings, weit entfernt zu sein von einem Sprechen in der Beziehung zu Gott. Wer in der Beziehung zu Gott von ihm spricht, kann nicht mit Schweigen übergehen, daß ein vielfaches Geben Gottes seiner Begrenzung des Gegebenen vorangeht[122].

Die Distanz, das Außerhalb, in dem die Schlange im Verhältnis zur Beziehung zu Gott steht, wird in ihrer zweiten Rede noch deutlicher; denn hier teilt sie eine Vorstellung von Gott mit, die in der Beziehung zu ihm unmöglich wäre und die der Beziehung der Frau und des Mannes zu JHWH nachhaltig schadet. Die

---

[117] Vgl. P. BEAUCHAMP, a.a.O., 139.

[118] Das fällt um so mehr auf, als Gott in dem Zusammenhang, auf den sich die Schlange bezieht, das erste Mal und ausdrücklich „du" sagt: vgl. Gen 2,17 und 3,1.

[119] Soweit nichts anderes angegeben ist, beziehe ich mich hier und im folgenden auf biblische Texte, so wie sie in der Verdeutschung durch M. Buber und F. Rosenzweig („Die fünf Bücher der Weisung", verdeutscht von M. BUBER in Gemeinschaft mit F. ROSENZWEIG, Köln/Olten ³1968; „Die Schrift", verdeutscht von M.BUBER gemeinsam mit F. ROSENZWEIG, Bde I-IV, Stuttgart ⁶1992) und in der Übersetzung durch F. STIER („Das Neue Testament, übersetzt von Fridolin Stier", München/Düsseldorf 1989) vorliegen. Der Grund meiner Entscheidung für diese Verdeutschung und diese Übersetzung liegt darin, daß sie ähnlichen Kritierien folgen, die ihre Nähe zum hebräischen bzw. griechischen Text deutlicher werden lassen als andere.

[120] Vgl. Gen 3,2-3 und 2,16-17: JHWH hatte nicht von der Frucht, sondern nur vom Baum gesprochen; er hatte nicht vom Baum mitten im Garten, sondern vom Baum der Erkenntnis gesprochen; er hatte nicht gesagt: „rührt nicht daran"; und er hatte nicht mit dem Sterben gedroht, sondern gesagt: „an dem Tag, an dem du von ihm ißt, wirst du sterben".

[121] Vgl. P. BEAUCHAMP, a.a.O., 141.

[122] Das Geben der „Welt" durch eine Scheidung nach der anderen, das Geben des Menschen selber und des Gartens als seine „Umwelt", das Geben der Nahrung, das Geben des tierischen Lebens, das Geben des Nicht-alles-seins und des Begehrens, das Geben der Begegnung von Mann und Frau, das Geben des jubelnden Erkennens und des Sprechens in der Beziehung ... lassen schließlich auch die Verneinung als eine Gabe verstehen: siehe unten S. 197 und S. 252f.

Antwort der Schlange auf das, was die Frau sagt, knüpft am Wort vom Sterben an, um es zu verneinen: „Sterben, sterben werdet ihr nicht"; dann folgt eine Unterstellung: „Gott ist bekannt, daß am Tag, da ihr davon eßt ... ihr werdet wie Gott ..." (Gen 3,4-5) Der Widerspruch und die Unterstellung haben einen breiten Hof von Nicht-Gesagtem; darin liegt ihr Gewicht: „Die wahre Botschaft der Schlange ist die, die sie nicht ausspricht."[123]

Gott weiß, daß die Menschen, die vom Baum der Erkenntnis essen, wie er werden. Beim Hören dieses Satzes wird das Nicht-Gesagte laut: Gott hat den Menschen dieses Wissen vorenthalten. Er hat ihnen den Baum der Erkenntnis vorenthalten, indem er sagte, daß sie sterben werden, wenn sie von ihm essen – obwohl sie nicht sterben werden. Gott will nicht, daß die Menschen wie er werden; eher will er, daß sie sterben. Er ist ein Gott, der um den Erhalt seines Monopols besorgt ist. Die Menschen, die vom Baum der Erkenntnis essen, werden sich an seine Stelle setzen und wie er sein – und wie er bedacht darauf, ihre Machtstellung vor Rivalen zu schützen ...

Gerade die nicht ausgesprochene Botschaft der Schlange induziert das Gift des Verdachts, eines Wissens, das nicht ausgewiesen ist. Woher weiß die Schlange von einem Wissen Gottes, das er vorenthält? Sie hat einen Verdacht. Wer einen Verdacht hat, glaubt nicht – aber weil er nicht glaubt, will er wissen[124]. Die Schlange weiß von einem Wissen Gottes, das er vorenthält, weil sie ihm den Glauben an das vorenthält, was er – zu wissen und zu leben – gibt[125]. Sie repräsentiert denjenigen, der nicht glauben kann – und wissen will. Das Nichtglaubenkönnen und um so intensivere Wissenwollen bedeutet für das Sprechen von Gott, daß es außerhalb der Beziehung zu ihm stattfindet.

Das ist – im Sprechen der Schlange – einer der Hinweise darauf, was das „objektive" Sprechen von Gott kennzeichnet: es stammt aus dem Nichtaushalten-können des Glaubensmoments, das für jede Beziehung, und besonders für die Beziehung zu Gott konstitutiv ist[126]. In diesem Sinn stammt es aus dem Verdacht und dem Wissenwollen, und es kann daher bei dem, der es hört, seinerseits Verdacht induzieren. Es wird ihn mindestens dadurch verunsichern, daß es eigentümlich in der Schwebe bleibt und das Nicht-Gesagte ein großes Gewicht hat – was damit zusammenhängt, daß das „objektive" Sprechen vermeidet, sich überhaupt in einer Beziehung anzusiedeln; es tut so, als gäbe es weder das Subjekt, das spricht, noch das Subjekt, das hört.

---

[123] P. BEAUCHAMP, a.a.O., 144.

[124] Vgl. P. BEAUCHAMP, a.a.O., 143.

[125] Im Wissenwollen der Schlange erkennt Beauchamp das Wissenwollen des Eifersüchtigen. Er will gerade das wissen, was naturgemäß nicht gewußt, sondern nur geglaubt werden kann: daß man geliebt wird. „Weil er es nicht mehr aushält, glauben zu müssen, zieht er es am Ende vor, das Falsche zu wissen, um nicht das Wahre zu glauben." P. BEAUCHAMP, a.a.O., 147.

[126] Gerade beim Verbot des Essens vom Baum der Erkenntnis geht es nicht so sehr um ein Tun oder Nicht-Tun, sondern um ein Glauben oder Nicht-Glauben, nämlich darum, Gottes Nein auf dem Hintergrund all dessen, was er gibt, als Zeichen seiner Liebe zu erkennen, die man zugleich begehrt, weil man sie nicht vollständig erkennt: diese Verbindung von unvollständigem Erkennen und Begehren macht den Glauben aus: vgl. P. BEAUCHAMP, a.a.O., 140 und 149-151.

Der wichtigste Hinweis, den das Sprechen der Schlange auf das „objektive" Sprechen von Gott gibt, scheint mir darin zu liegen, daß es ein rivalisierendes Sprechen ist, das einen tödlichen Widerspruch enthält: Der Mensch, der „wie Gott" sein will im Sinne der Rede der Schlange, wird einen als Negation des Subjekts projizierten Gott nachahmen[127]. Das Sprechen von Gott außerhalb der Beziehung zu ihm läuft Gefahr, die Gottesvorstellung dessen zu vermitteln, der nicht glauben kann und deswegen vorzieht, das Falsche zu wissen, statt das Wahre zu glauben. Es ist die Vorstellung von Gott, der allein bleiben will, der die Beziehung, das Mitsein und Teilen in der Gemeinschaft ausschließt.
Wer außerhalb der Beziehung zu Gott von ihm spricht, könnte, wie die Schlange, von diesem Widerspruch infiziert sein: wie Gott sein wollen, weil man Gott als den definiert, der nicht will, daß Menschen wie er sind[128].

Ich glaube nicht, daß diese Hinweise auf die Gefahren eines „objektiven" Sprechens von Gott zu weit gehen. Ein solches Sprechen ist verführerisch, weil man sich selber nicht ins Spiel zu bringen braucht. Man kann die Illusion hegen, aus der Distanz heraus ein besseres, ein kritisches Urteil zu haben. „Die Schlange stellt Fragen, und um das zu tun, stellt sie sich außerhalb der durch Gott etablierten Beziehung, und eben indem sie das tut, bringt sie ihr einen tödlichen Stoß bei. Die Schlange ist die Fleisch gewordene Illusion, daß man über Gott und seine Wohltaten besser urteilt, wenn man sich auf ein anderes Terrain begibt als das durch eben diese Wohltaten definierte."[129] Wenn nun das „objektive" Sprechen von Gott Gefahr läuft, den sprechenden Gott zu verfehlen, so stellt sich für das „subjektive" Sprechen von Gott doch die Frage, ob es nicht Gefahr läuft, einseitig und insofern verfälschend in Hinblick auf das zu sein, was Gott sagt.

5.1.2.2 Sprechen von Gott in der Beziehung zu ihm

Als ich mich durch das, was ich von den Armen in Brasilien geschrieben hatte, vor die Aufgabe gestellt sah, von Gott zu sprechen, war ich hilflos. Grund dafür war nicht nur die unausweichliche Frage: Woher nehme ich mein Sprechen von Gott? Früher hatte ich es aus den Schriften, aus den Denkbemühungen und Zeugnissen einzelner Menschen genommen, und – soweit mich solche Menschen darauf hinwiesen – hatte ich mein Sprechen auch aus der Bibel genommen. Diese Antwort war nicht ungültig geworden, aber sie reichte nicht mehr aus.
Mehr noch als die Frage selber war jetzt der Grund für meine Hilflosigkeit eine zusätzliche Antwort: das Bewußtsein, nicht anders zu können, als mein Sprechen von Gott in erster Linie aus meinem Sprechen zu Gott, aus meiner Beziehung zu ihm nehmen zu müssen. Ohne daß ich mir darüber Rechenschaft abgelegt hätte, war für mich in den Jahren des Zusammenlebens mit den Armen in Brasilien die Beziehung zu Gott als Grundlage für andere Beziehungen – für die

---

[127] Vgl. P. BEAUCHAMP, a.a.O., 146.
[128] Vgl. P. BEAUCHAMP, a.a.O., 143/144.
[129] P.GISEL: La création, Genf 1980, 42.

zu anderen und auch für die Beziehung zu mir selber – vorrangig wichtig geworden.

Ich würde also in der Beziehung zu Gott von ihm sprechen müssen; und in der Beziehung zu Gott von ihm sprechend, würde ich zuerst sagen müssen, daß er ein Gott der Beziehung ist. Die Beziehung zu Gott hat die Chance, eine Quelle der Erkenntnis zu sein: eben die Beziehung zu ihm sagt Wesentliches über Gott. Er gibt die Möglichkeit, daß Menschen zu ihm in Beziehung treten.

Was geschieht, wenn ich in Beziehung zu einem Menschen trete? Ich bewege mich auf den anderen zu; ich richte mich an den anderen mit einem Wort, in dem es um etwas – und zugleich um mich selber und auch um den anderen in einer Weise geht, die ihn verändern kann. Ich warte auf eine Antwort, die eine Veränderung bei mir in Gang setzen wird. In all diesen Momenten ist eine Behinderung der Beziehung bekannt und vorstellbar. Der andere kann es mir unmöglich machen, mich auf ihn hinzubewegen, indem er mir nicht die Freiheit dazu läßt. Er kann mir die Antwort verweigern. Er kann die mit der Beziehung verbundene wechselseitige Veränderung ablehnen. Zum anderen in Beziehung zu treten, ist also keineswegs selbstverständlich.

Gott ermöglicht das In-Beziehung-treten eines Menschen, indem er zuläßt, daß dieser auch nicht zu ihm in Beziehung treten kann. Wenn ich zu Gott spreche, so enspringt mein Sprechen dem Geist Gottes; zugleich hat es seinen unverfügbar eigenen Ursprung in mir, der auch durch Gott nicht verfügbar ist. Gott läßt sich ansprechen und verweigert nicht die Antwort. Er läßt es zu, daß die Beziehung des Menschen zu ihm Veränderungen in Gang setzt; er läßt sich auf die Geschichte ein.

Gott ermöglicht es, daß Menschen zu ihm in Beziehung treten, indem er eine solche Beziehung will und fördert. Er tut den ersten Schritt. Seine Schöpfung ist die Vorbereitung für das In-Beziehung-treten des Menschen zu ihm. Er schafft den Menschen als ein Wesen, das erst in der Beziehung zum anderen zum „Menschen" im Sinne eines konkreten Subjekts wird[130]. In der Schöpfungsgeschichte geht es um nichts anderes als die Vorbereitung auf den Bund Gottes mit den Menschen[131]. Gott gibt die Möglichkeit dazu, daß Menschen zu ihm in Beziehung treten, indem er selber auf sie zugeht, indem er zu ihnen spricht, indem er ihnen Zeichen seiner Nähe – und den Geist des Hörens und Erkennens seiner Nähe gibt.

In der Beziehung zu Gott von ihm zu sprechen, birgt die Chance, Wesentliches vom Menschen und von Gott zu sagen.
Innerhalb der Beziehung zu Gott von ihm zu sprechen, hat Konsequenzen für die Art und Weise dieses Sprechens. Ähnlich wie das Sprechen von einem Menschen in der Beziehung zu diesem Menschen ist es ein offenes Sprechen. Solange die Beziehung andauert, meint es nie, schon alles gesagt zu haben. Zu-

---

[130] Das führe ich weiter unten aus: 7.1.3.2: „Gottes Dasein beim Werden des Menschen".

[131] Vgl. F. BREUKELMANN: Die Schöpfungsgeschichte als Unterricht in „biblischer Hermeneutik", in: Texte und Kontexte 61 (1994), 42f.

gleich lebt das Sprechen von Gott in der Beziehung zu ihm vom Zeugnis, das andere von ihrer Beziehung zu Gott, von seiner Beziehung zu ihnen geben.

Das Sprechen von Gott, das ich versuchen werde, ist einmal davon geprägt, wie die Armen, an deren Seite ich gelebt habe, die Beziehung zu Gott bezeugen. Als Menschen, die sich im Leiden auskennen, leben sie eine große Nähe zu Gott, der Schmerzen und Verachtung erleidet. Zum anderen wird mein Sprechen von Gott auch vom Hören auf die Texte der Bibel geprägt sein, in denen Menschen ihre Geschichte mit Gott bezeugen.

Was mein Hören auf Texte der Bibel betrifft, so habe ich die damit verbundene Akzentsetzung im einführenden ersten Kapitel deutlich gemacht. Als vorrangig vor der historisch-kritischen Forschung der Exegese erkenne ich die „subjektive" Weise des Bibellesens der Armen, in der sich Elemente der Lectio Divina wiederfinden. Dieses Lesen bedeutet, daß ich die biblischen Texte als Eröffnung eines Gesprächs empfange, „in dem Gott spricht und dem Menschen die Worte seines antwortenden Sprechens gibt, wenn dieser ihnen wie einer Gnade zustimmen kann"[132]. Ich folge der Einladung der biblischen Texte zum Eintritt in das in ihnen schon begonnene Gespräch und in die von ihnen bezeugten Beziehungen – zwischen Gott und den von ihm angesprochenen Menschen.

Für diese Weise des Bibellesens kommt mir eine Kunst des Hörens entgegen, die nicht in der Theologie, sondern in der Psychoanalyse beheimatet ist. Sie wird in der psychoanalytischen Praxis als „frei schwebende Aufmerksamkeit" beschrieben. Dabei spielt die Aufmerksamkeit für das, was nicht gesagt wird, eine Rolle, und auch die Aufmerksamkeit dafür, daß ein und dasselbe Wort in unterschiedlichen und vielleicht sogar weit voneinander entfernten Zusammenhängen auftaucht. Angewendet auf biblische Texte, vermag solches Hören die Blockierung durch ein allzu gewohntes Verständnis aufzubrechen; zugleich lädt es zu einer neuen Genauigkeit im Umgang mit dem Wortlaut der alten Texte ein. Anregung und Ermutigung zu dieser Weise des Bibellesens gibt mir die französische Psychoanalytikerin Marie Balmary[133].
Sie macht darauf aufmerksam, daß das aus diesem Hören stammende Nach-Sprechen der alten Texte Ähnlichkeit mit dem Midrasch hat. „Ich beanspruche hier die jüdische Freiheit: soviele Interpretationen für jeden Vers wie Hebräer, die am Sinai anwesend waren (600 000), oder wie Nationen zur biblischen Epoche auf der Erde gezählt wurden (70). Der Unveränderlichkeit der Schriften entspricht die Vielfalt der Stimmen, die sie (weiter-)sprechen, von Generation zu Generation, und dadurch miteinander im Gespräch sind. Wenn diese Texte unsere Erinnerung sind, so kann sie jeder Lebensweg, jede menschliche Erfahrung wieder aufsuchen ... "[134]

---

[132] A.-M. PELLETIER, a.a.O., 17; siehe oben S. 25.

[133] Vgl. M. BALMARY: Le sacrifice interdit, Paris 1986, 16-19. Vgl. Dies.: La divine origine, Paris 1993, 50. Ich habe mich vorwiegend durch das letzte Werk inspirieren lassen.

[134] M. BALMARY: Le sacrifice interdit, a.a.O., 17. Vgl. G. STEMBERGER: Midrasch. Vom Umgang der Rabbinen mit der Bibel, München 1989, besonders 23-25.

Wenn sich nun, wie ich meine, ein Sprechen von Gott in der Beziehung zu ihm am Ort des Hörens ereignet und wenn solches Hören für die Beziehung zu den Menschen und zu Gott – und auch für Beziehung zu alten Texten – gilt, so muß es zunächst noch näher beschrieben werden.

5.2 Hören als Ort des Sprechens

Gott schenkt den Menschen die Möglichkeit, zu ihm in Beziehung zu treten, indem er den ersten Schritt auf sie zu tut. Wenn Menschen zu ihm sprechen, dann, weil sie ihn zuerst gehört haben. Wenn meine Beziehung zum anderen damit beginnt, daß ich mich auf ihn hin bewege und ihn anspreche, so sind meine Bewegung auf den anderen zu und meine Ansprache des anderen nur möglich, weil dieser zuerst auf mich zugekommen ist und mich angesprochen hat. Da allerdings dasselbe für den anderen gilt, zeigt sich, daß damit die Frage nach dem Ursprung einer Beziehung nicht beantwortet werden kann – wenn man den Ursprung in einem beginnenden Subjekt sucht.

Wenn man den Ursprung in dem sucht, was dem Sprechen vorangehen muß, um es zu ermöglichen, so findet man ihn im Hören. Bei beiden Subjekten, die sprechend in eine Beziehung treten, kommt das Sprechen vom Hören. Die Behinderung gehörloser oder im Hören stark eingeschränkter Menschen, die aufgrund ihrer Behinderung nicht sprechen können, zeigt dies deutlich. Ich kann jemanden ansprechen, weil ich zuvor einen Menschen gehört habe, der mich angesprochen hat.

Hinzu kommt eine andere Beobachtung. Solange ich nur zu einem anderen spreche, habe ich noch keine Gewißheit über seine Beziehung zu mir; diese bekomme ich erst im Hören. Um „Hören" in der Beziehung zu Gott zu beschreiben zu versuchen, ist es hilfreich, vom „Hören" in der Beziehung zum anderen Menschen auszugehen.

5.2.1 „Hören" in der Beziehung zum anderen Menschen

Es gibt ein Hören vor dem Sprechen, während des Sprechens und nach dem Sprechen des anderen: Hören bezeichnet also verschiedene Schritte der Wahrnehmung des anderen. Aber welches Hören ist das? Es gibt auch ein Hören ohne jedes Interesse an der Wahrnehmung des anderen. Der Prozeß des Hörens hängt von seiner Qualität ab.

5.2.1.1 Qualitäten des Hörens

Eine Erfahrung kann geradezu als Kriterium eines „wirklichen" Gesprächs gelten: Ich höre mich in dem Gespräch Dinge sagen, die für mich selber neu sind, die ich so zuvor nicht bedacht oder überlegt und vorbereitet habe und die eine unerwartete Einsicht eröffnen. Das ist nur in einem Gespräch möglich, in das ich mich persönlich eingebracht habe und in dem andere ähnlich vorbehaltlos und engagiert gehört und gesprochen haben. Ein solches Gespräch hat eine kreative Wirkung: Aus dem Hören der anderen – das sich in Fragen äußert, aber nicht unbedingt äußern muß – wächst mir ein neues Sprechen zu. Aber das ist nicht immer so ... Es gibt beim anderen ein Hören, das „gut tut", das in mir den Wunsch zu sprechen weckt – und es gibt ein Hören, das mich innerlich verschließt, das den Wunsch zu sprechen in mir verstummen läßt.

Woher kommen diese Unterschiede in der Wirkung des Hörens? Sie hängen damit zusammen, daß das Hören aus einer Haltung des Wissens oder des Nicht-Wissens kommen kann[135]. Das mindeste, was sich von dem Hören sagen läßt, welches den anderen erst zum Sprechen bringt, ist, daß in ihm eine Offenheit, ein Wissenwollen – und das heißt: ein Nicht-wissen wirksam sind. Dieses mindeste ist schon viel; denn meistens wissen wir schon, wenn wir hören. Das merken wir daran, daß wir an einem uns bekannten Bild vom anderen festhalten, auf das wir ihn zurückführen, und daß wir zugleich ständig vor ihm herlaufen und ihn erraten.

Dieses Hören, bei dem wir schon wissen, richtet sich nicht auf den Sprechenden, der vielleicht dabei ist, in der ersten Person, als „ich" zu reden; vielmehr richtet es sich nur auf das, was er sagt. Was einer sagt, ist oft eine Falle, in der man ihn fangen und einschließen kann – und es gibt eine Weise des Hörens, die daran interessiert ist, den anderen auf das festzulegen, was er sagt: Das nennen wir: „den anderen beim Wort nehmen".

Dagegen ist das nicht-wissende Hören eine Kunst. Es geht dem Sprechen des anderen voraus in der Weise eines Wartens auf sein Sprechen – wobei das Warten gerade nicht nur dem gilt, was einer sagt. Das nicht-wissende Hören ist ein Warten darauf, den Sprechenden selber in dem zu vernehmen, was er sagt. Er selber ist oft nicht oder nur sehr verborgen in dem da, was er sagt. Andere können darin viel gegenwärtiger sein als er selber. Es ist möglich, daß er mehr gesprochen wird, als er spricht. In diesem Fall wartet das nicht-wissende Hören noch immer darauf, den anderen zu vernehmen, auch wenn er zu Ende gesprochen hat; denn es richtet sich darauf, das sprechende Subjekt zu hören. Dieses wartende Hören kann den anderen schließlich so zum Sprechen bringen, daß er als Subjekt vernehmbar wird. Dafür muß sich der Hörende von der „Geduld des Begehrens" bewohnen lassen[136]. Auf nichts wartet der andere mehr, als daß er als Subjekt vernommen wird – und in der ersten Person zum Sprechen kommen und „ich" werden kann.

5.2.1.2 Prozeß des Hörens

Um Qualitäten des Hörens zu unterscheiden, bin ich von meinem eigenen Hören ausgegangen – im Sinne der Erwartung des Sprechens des anderen, im Sinne eines mehr oder weniger offenen Interesses an dem, was er sagt, und im Sinne

---

[135] Zu „écoute sans savoir" vgl. D. VASSE: Le poids du réel, la souffrance, Paris 1983, 37f.

[136] D. VASSE: La demande de guérison, in: Recherches et Documents du Centre Thomas More 35 (1982), 20f.

eines mehr oder weniger geduldigen Begehrens, den anderen als Sprechenden zu vernehmen; und ich bin von der Wirkung ausgegangen, die das Hören des anderen auf mich hat. Um diese Wirkung zu beschreiben, muß ich das Hören des anderen wahrnehmen. Auch diese Wahrnehmung kann schon als „Hören" beschrieben werden. Wenn es gilt, das Hören in seinen verschiedenen Schritten der Wahrnehmung des anderen, als Prozeß, zu beschreiben, so muß wohl mit dieser auf das Hören des anderen bezogenen Wahrnehmung begonnen werden.

Hören ist demnach zuerst eine Wahrnehmung des anderen in seiner Offenheit oder Verschlossenheit für mich. Damit ist es aber zuallererst eine Art der Selbstwahrnehmung.
Ein Indiz dafür, ob der andere sich selber genug ist, habe ich in meiner eigenen Verunsicherung, die mich innerlich verschließt. Ich kann aber auch einen Mangel im anderen, ein Begehren wahrnehmen. Indiz dafür ist die Öffnung, die die Nicht-Geschlossenheit des anderen in mir hervorruft. Ich nehme einen Mangel in mir wahr, geweckt durch das Sich-nicht-genug-sein des anderen, einen Aufbruch, eine Bewegung, in Gang gesetzt durch den Mangel des anderen. Berührt durch das Nicht-alles-sein des anderen, werde ich eines Nicht-alles-seins in mir selber inne.

Das Gewißwerden der Offenheit im anderen und der dadurch bewirkten Öffnung in mir ist auch ein Gewißwerden der Beziehung des anderen zu mir. Mein Hören in diesem Sinn führt zum Sprechen, in dem ich aktiv zum anderen in Beziehung trete. Nachdem ich das Warten des anderen auf mein Sprechen wahrgenommen habe, stellt sich bei mir auch jenes Hören ein, das Erwartung des Sprechens des anderen ist. Diese Erwartung kann mich zum Sprechen bringen; ich spreche den anderen an – ich zeige ihm, daß ich auf sein Sprechen warte. Auch dieses Sprechen ist eigentlich ein Hören, Äußerung meines Hörenwollens. Meine Worte übersetzen mein Hören im Sinne des Wartens auf das Sprechen des anderen.

Wenn nun der andere spricht, bekomme ich ihn zu hören. Hier entscheidet sich, ob in meinem Hören genügend Offenheit, genügend Nicht-wissen ist, um wirklich den anderen zu hören, nämlich nicht nur das, was er sagt, sondern ihn selber, der da spricht. In dem, was er sagt, kann ich den anderen als Sprechenden – und zugleich als Hörenden entdecken.
Mein Hören im Sinne der Begegnung mit dem Sprechen des anderen kann auch zum Hören im Sinne der Begegnung mit dem Hören des anderen werden. Sein Hören nun, sein Warten auf mein Sprechen, bringt mich auf andere Weise zum Sprechen und bringt in mir ein Sprechen hervor, das mir selber neu ist.

Wenn das Hören sich als eine solche Bewegung beschreiben läßt, so sind darin auch schon die Bedingungen und die Wirkung dieser Hör-Bewegung angesprochen.
Eine Bedingung dafür ist das Nicht-alles-sein, die offene Stelle, der Mangel oder das Begehren des einen, die den anderen berühren und öffnen – wenn er es zuläßt: hier liegt die andere Bedingung. Wenn ich mich durch das Nicht-allessein des anderen berühren und öffnen lasse, bringt dieses Hören schließlich ein

neues Sprechen in mir hervor. Die Begeisterung zum Sprechen ist die Wirkung eines Hörens, das in erster Linie dem Hören des anderen gilt. Kommen wir von hier aus dem für die Beziehung zu Gott wesentlichen Hören näher?

5.2.2 „Hören" in der Beziehung zu Gott

Wenn man „Hören" und „Sprechen" als aktiv bzw. passiv einzustufen hätte, so ist klar, daß man „Hören" dem passiven Verhalten zuordnen würde. Beim Hören – auch beim „aktiven Hören" im Sinne jenes wartenden Hörens, das den anderen zum Sprechen bringt – ist man, mindestens äußerlich, untätig. Man „empfängt", man sendet nicht – es sei denn, man „sendet" sein Begehren, seine Offenheit für den anderen. Indem man passiv und empfänglich ist, „er-leidet" man in diesem weiteren Sinn die Wirkung, die vom anderen ausgeht. Daher möchte ich auf den Zusammenhang von Hören und Leiden in der Beziehung zu Gott eingehen.
Zuvor ist allerdings zu klären, wieweit auch und gerade in der Beziehung zu Gott von einem Hören in Sinne der Begegnung mit dem Hören des anderen gesprochen werden kann.

5.2.2.1 Begegnung mit dem Hören Gottes

Die Begegnung mit dem Hören Gottes kann nur in der Beziehung zu Gott stattfinden. Wie aber geschieht dies: in Beziehung zu Gott treten? Ich werde einfache, oft bezeugte Schritte beschreiben, um zu prüfen, wann und wie sich eine Begegnung mit dem Hören Gottes ereignet.
Der erste Schritt ist wohl das, was auf französisch unnachahmlich heißt „rentrer en soi-même": heimkehren in sich selber, bei sich zu Hause sein. Dazu kann Alleinsein gehören – aber der Weg nach innen kann auch in Anwesenheit anderer beschritten werden; wichtiger ist die Stille. Die Stille ist nötig; denn zu Hause bei mir angekommen, werde ich in mir das Hören wecken; ich werde die innere Aufmerksamkeit verfeinern und den Wunsch zu hören intensivieren. Ich gebe dem Warten in mir Raum; mein Hören ist zuerst nur ein Zeit-vergehen-lassen in Stille. Meine Bereitschaft zu hören braucht Zeit um zu wachsen. Ich warte, ohne daß mir die Zeit lang wird. Das ist eine merkwürdige Veränderung. Das Warten richtet mich auf einen anderen aus, ohne daß ich ihn schon höre. Es ist, wie wenn meine wartende Hörbereitschaft von einem anderen erwartet wird. Das Warten wird mir nicht lang, weil ich dabei dem Warten eines anderen begegne.

Zugleich merke ich, daß ich nicht allein bei mir zu Hause bin. Geladene und ungeladene Gäste tauchen auf, Gesichter, Namen, Situationen, Orte, Erinnerungen und Forderungen, Bitte, Dank und wieder Bitte, Sorgen ... Ihre vielen Stimmen bringen in mir den Wunsch zu hören zum Verstummen. Er ist wie verloren in der vielstimmigen Unruhe. Diese hat aber Eile; das Warten, der Wunsch zu hören, haben Zeit. Sie wachsen und bewohnen allmählich mein inneres Haus in einer Weise, daß auch die Gäste zur Ruhe kommen.

Der Wunsch zu hören nimmt die Stimmen auf und sammelt sie, das Warten öffnet und weitet mich innerlich. Mein Hören wird zum Vernehmen von Worten; es sind Worte, die mir nicht unbekannt sind. In ihnen erkenne ich mir anvertraute Worte wieder aus der von anderen Menschen bezeugten Beziehung Gottes zu ihnen. Gott bedient sich eines Sprechens, das ein Mensch verstehen kann, einer Stimme, die ein Mensch hören, einer Anwesenheit, die ein Mensch empfangen kann.

Für das Hören Gottes bedeutet nun das Vernehmen seiner Worte nicht, daß das Warten und der Wunsch zu hören an ihr Ende gekommen sind. Die Stille im Innern wächst, das Hören nimmt allen Raum ein, das Warten wird zu einem einfachen Dableiben. Wieder gibt es die oben schon angesprochene Veränderung: wie wenn nicht ich es bin, die wartet und hören will, sondern wie wenn Gott es ist, der hört und auf mein Sprechen und auf mein Hören wartet, um zu sprechen.
In der Beziehung zu Gott geschieht mein Hören Gottes vor allem als Begegnung mit dem Warten Gottes auf mein Hören. Gerade aus der Begegnung mit dem wartend hörenden Gott kommt mir ein neues Sprechen, mit Worten, die mir nicht unbekannt sind, Worte aus einem Psalm, Worte derer, die in meinem Innern zu Gast sind. Die Begegnung mit dem Hören Gottes bringt mich zum Sprechen von Gott.

Wenn dies die Schritte derer sind, die in Beziehung zu Gott treten, so zeigt sich die Begegnung mit dem Hören Gottes als wesentlich zu ihnen gehörig. Ich „kehre heim in mir selber", um der Bereitschaft zu hören und dem Warten in mir Raum zu geben. Dabei ist es weniger so, daß ich mich öffne, als daß ich einer schon in mir existierenden Offenheit, einem Nicht-alles-sein nachgebe, das durch den Mangel eines anderen in mir eröffnet worden ist. Ich ahne einen Mangel, ein Nicht-alles-sein in Gott, das mich öffnet und in Bewegung bringt. In meinem Warten werde ich aufmerksam auf das Warten Gottes. In meinem Hören begegne ich Worten Gottes, nicht ohne vor allem sein Hören zu vernehmen. Vielleicht ist es gerade das Innewerden seines Hörens, das die Beziehung Gottes zum Menschen für diesen zur tragenden Gewißheit macht.

In den Psalmen heißt es oft, daß Gott die hört, die zu ihm rufen. An erster Stelle scheint damit Gottes Zuhören im Augenblick des Rufens und Sprechens gemeint zu sein. Ist aber ein Sprechen zu Gott möglich, ohne vorher dem Warten Gottes, seinem nicht-wissenden Hören zu begegnen? Ist ein Sprechen zu Gott möglich, ohne sein bleibend wartendes Hören zu vernehmen, auch wenn einer zu Ende gesprochen zu haben meint? Sein Hören bringt das Sprechen beim Menschen erst hervor, das nun nicht nur Sprechen zu Gott, sondern auch Sprechen von ihm ist: Sprechen „in der Versammlung" – wie es in mehreren Psalmen heißt, staunendes „Groß-sagen" dessen, der hört und er-hört, der durch sein Hören Menschen die Zunge löst und sie auch selber zum Hören bringt. „Gott ist der, der mich hört" heißt vielleicht: Gott ist der, der auf mein Sprechen wartet, und: Gott ist der, der mir ein neues Sprechen – und Hören gibt. Um nun dem Hören Gottes zu begegnen, muß beim Menschen die Bereitschaft da sein, „heimzukehren in sich selber", zu warten, passiv zu werden ... In mehrfacher Hinsicht schließt damit „hören" auch „leiden" ein.

5.2.2.2 „Hören" und „leiden"

Um „heimzukehren in sich selber", muß man in einer anderen Bewegung anhalten, in der man sich „nach außen" orientiert und mit Menschen und Dingen beschäftigt ist. Was kann ein Grund dafür sein, diese „normale" Bewegung zu unterbrechen?
Es kann sein, daß ich mich in einer ausweglosen Situation befinde, am Ende meines Bemühens, zurückgeworfen an einen Anfang, den ich schon lang hinter mir gelassen zu haben glaubte ... Ich komme nicht mehr weiter und bin gezwungen anzuhalten. Es gibt auch die andere Möglichkeit: ich kann weitermachen, ich bin „in Fahrt", die Freude an der Bewegung trägt und „beflügelt" mich – aber gerade die Freude bringt mich dazu, für einen Augenblick innehalten zu wollen, weil ich voller Staunen bin und das Gute nicht begreifen kann, das mir geschieht.

Wenn ich sage, daß der Weg nach innen eine Situation des Leidens voraussetzt, so ist damit nicht nur die Negativität von Schmerz, Unglück, Not, Verzweiflung gemeint, sondern auch die Erfahrung, daß mir etwas Positives geschieht, wofür ich mich nicht – oder oft noch weniger verantwortlich weiß als für die negative Erfahrung. Auch die Überraschung, das Überwältigtsein von etwas Schönem kann ich nicht anders als „er-leiden".

Das Bewußtsein einer intensiven Freude und auch das Gefühl, nicht mehr weiter zu können, sind Voraussetzungen dafür, innezuhalten; aber sie bringen mich damit noch nicht auf den Weg nach innen. Dieser schließt die Bereitschaft ein, sich selber Raum zu geben und in Ruhe anzusehen. Die Negativität des Am-Ende-seins kann es einem gerade schwer, wenn nicht unmöglich machen, einen geduldigen und liebevollen Blick auf sich selber zu richten. Leichter als den Schmerz zuzulassen ist es, der Freude in sich Raum zu geben. Auf jeden Fall fordert das Hören Gottes, das mit dem Innehalten und „Heimkehren in sich selber" beginnt, daß man seine Aufmerksamkeit und Wahrnehmungsbereitschaft verfeinert und sich zugleich aufs Warten einstellt.

Eben dieses Warten, das Zeit-vergehen-lassen, ohne „etwas zu tun", bedeutet nun seinerseits ein Leiden. Sich seinem eigenen geduldigen Begehren zu überlassen, ohne zu wissen, wohin es führt, wann es welche Antwort erhält, setzt die Einstimmung in ein „Nicht-wissen", in eine äußere Ohnmacht voraus. Das wird an Menschen deutlich, von denen in der Bibel eine ergebnislose Suche oder ungelöste innere Zweifel bezeugt werden.
Von Adam heißt es, daß Gott ihn, am Ende seiner vergeblichen Suche nach einem Gegenüber unter den geschaffenen Lebewesen, in einen Tiefschlaf versinken läßt. Von Josef heißt es, daß er, am Ende seines inneren Kampfes, wie er sich zu Marias Schwangerschaft stellen soll, einschläft und träumt ...

Der Schlaf ist wie eine Tür, die, wenn die Außen-Orientierung in der Beschäftigung mit Dingen, mit Lebewesen und mit Menschen nicht mehr weiterführt, den Weg ins eigene Innere öffnet. Wer sich dem Weg überläßt, akzeptiert das Leiden daran, mit seinem Wissen und Wollen nicht mehr weiterzukommen, und zeigt, daß er etwas Neues von anderswoher erwartet.
Adams Schlaf läßt zu, daß ihm die Frau zugeführt wird, in der er sein Gegenüber findet. Josefs Traum läßt ihn die Stimme hören, die ihn schon bestimmte, als er weder Komplize noch Richter des Schlechten sein wollte, das er in Marias Schwangerschaft sah: Jetzt hört er, daß dieses Schlechte in Wirklichkeit ein Gutes ist ...[137]

Hier wird eine weitere Dimension des „Leidens" deutlich, das mit dem Hören verbunden ist. Ein Mensch, der innehält in seiner nach außen orientierten Bewegung und der es aushält, wartend Zeit vergehen zu lassen, gibt dabei seinem Begehren Raum. Er läßt die Offenheit in sich selber, den Mangel des Nicht-alles-seins zu; er leidet, indem er seinen Mangel spürt. Dabei hat das Innewerden der eigenen Offenheit die Chance, in ihr die Berührung durch die Offenheit eines anderen, durch das Nicht-alles-sein Gottes wahrzunehmen.
„Hören" schließt in mehrfacher Weise „leiden" ein – zugleich zeigt sich, daß solches „Leiden" eine positive Wirkung auf die Wahrnehmungsfähigkeit haben kann. Es kann den Menschen dazu führen, innezuhalten, nach innen zu hören und für das Hören des anderen aufmerksam zu werden.

Was ist nun mit dem Hören des Sprechens? Auch mit diesem Hören ist ein Leiden verbunden. Es geht ja weniger um das Hören dessen, was einer sagt, als um das Hören des sprechenden Subjekts. Oft spricht aber einer in dem, was er sagt, nicht als erste Person; es geht darum, auf seine Ankunft als „ich" zu warten. Man kann nichts dazu beitragen, daß der andere in der ersten Person zu sprechen beginnt; man kann nur an seiner Seite bleiben. „Wer nichts für einen tun kann und (dennoch) dableibt, als ‚unnützer Knecht', ist unentbehrlich dafür, daß er den hört, der sprechen wird, daß er auf ihn wartet und, indem er das tut, bezeugt, daß niemand anders als das Subjekt selber die erste Person ankommen lassen kann."[138] Hören in diesem Sinne des Wartens, ohne etwas für den anderen tun zu können, verlangt eine Askese, die nicht leicht ist: Allzu gern würde man für den anderen, an seiner Stelle sprechen.

Diese mühsame und in dem Sinn leidvolle Enthaltsamkeit gilt gerade auch für das Hören des Sprechens Gottes. Ähnlich wie mein Sprechen sich der Worte bedient, um mein Hören zu „übersetzen", ähnlich kann man vielleicht sagen, daß in Gottes Worten sein Hören sprechend wird. Die Begegnung mit Gottes Hören hat damit zu tun, Gottes Nicht-alles-sein zu ahnen und sein Warten, seine geduldige nicht-wissende Aufmerksamkeit wahrzunehmen. Auch in Gottes Sprechen zeigt sich vor allem sein Nicht-alles-sein und sein Nicht-wissen[139]; und

---

[137] Vgl. M. BALMARY, La divine origine, a.a.O., 204f.

[138] M. BALMARY, a.a.O., 29.

[139] Siehe unten 6.1.1.1: „Ja zum Nicht-alles-sein" und 6.1.1.3: „Ja zum Nicht-wissen".

das hängt damit zusammen, daß Gottes Sprechen fast ausschließlich seiner Beziehung zum Menschen und der Beziehung des Menschen zu ihm – biblisch gesprochen, dem „Bund" dient: Ihr werdet mein Volk sein – ich werde euer Gott sein (vgl. Ex 6,7).

Was für das Hören in bezug auf das Sprechen des Menschen gilt – daß es darum geht, in dem, was einer sagt, auf den Sprechenden selber zu warten – gilt in radikaler Weise für das Hören in bezug auf das Sprechen Gottes. In dem, was Gott sagt, will er als der vernommen werden, der sich selber zusagt. Sein Sprechen in diesem Sinn zu vernehmen, verlangt eine mindestens so schwierige Enthaltsamkeit vom vorauseilenden Wissen wie das Hören des anderen Menschen, der als sprechendes Subjekt vernommen werden möchte. Vielleicht geschieht das Hören des Sprechens Gottes daher in einem ähnlich kostbaren und seltenen Moment wie das Hören des Sprechens eines anderen Menschen. Besonders deutlich wird hier jedenfalls, daß ein mit dem Hören verbundenes Leiden vor allem aus einer Begrenzung des Seins herrührt, die im Nicht-wissen und Nicht-alles-sein auszuhalten ist.

Sechstes Kapitel
Gott als Beziehung

Was ich im Geist des Hörens von Gott zu sagen versuche, betrifft in erster Linie seine Beziehung zum Menschen. Dabei deutet seine Beziehung zum Menschen zugleich auf das Geheimnis seines Wesens hin. Der hörend in Beziehung zu Gott tretende Mensch ist Zeuge eines Gottes, in dem Hören und Sprechen ist. Hörend und sprechend geht Gott auf den Menschen zu; zugleich ist er hörend und sprechend im Menschen da, damit dieser auf ihn zugehen kann, wenn er es will. Gottes Mitsein verwirklicht sich sowohl im Zugehen und im Warten auf den Menschen als auch in dessen Zugehen auf ihn. So weist Gottes Mitsein mit dem Menschen auf das Mitsein hin, das zu seinem innersten Wesen gehört.
In der Beziehung zu Gott von ihm zu sprechen, führt dahin zu sagen, daß er Beziehung ist – Beziehung zum Menschen und Beziehung in sich selber.

6.1 Gottes Beziehung zum Menschen

Gott offenbart sich als der, der mit Israel ist, dessen Mitsein ihn „identifizieren" läßt und nennbar macht. Er zeigt sein Mitsein mit den Menschen in Jesus, und er zeigt in Jesus auch den Menschen, der dem Mitsein Gottes entspricht. Gottes Ja zur Beziehung ist der Anfang und das bewegende Moment der Geschichte, die Israel bezeugt; es findet seine endgültige Gestalt in Jesus Christus, und es ist das bleibende Geheimnis eines Sprechens von Gott in der Beziehung zu ihm.
Bevor ich auf Gottes Ja zur Beziehung im Zeugnis des Ersten und Zweiten Testaments[140] eingehe, möchte ich zunächst darauf hinweisen, was es für das Gottesverständnis bedeutet. Gottes Ja zur Beziehung ist ein „ursprüngliches Wollen": ein Wollen, dem nichts vorausgeht, ein Wollen, das nicht durch seinen Gegenstand auf den Weg geschickt wird, sondern das ihn hervorbringt. Dieses schöpferische Ja Gottes zur Beziehung ist zugleich ein Ja zur Begrenzung seines Seins – und es bleibt dabei ein schöpferisches Ja, das wirkt und weiterwirkt und die Begrenzung selber als Öffnung neuer Wege erweist.

6.1.1 Gottes Ja zur Beziehung

Das Ja zum Mitsein ist gleichbedeutend mit dem Ja zur Begrenzung des Seins. Durch die Schöpfung selber, in der sein Ja zum Mitsein sichtbar wird, erlegt Gott sich eine Begrenzung auf. – Der Gedanke, daß Gottes Schöpfung Zeichen seiner Selbstbegrenzung ist, findet sich schon im Judentum. Wie die Erde dadurch geschaffen wird, daß Gott dem Wasser befiehlt, sich „an einem Ort zu stauen" (Gen 1,9), wie die Mutter ihrem Kind in sich selber Platz macht, bevor sie ihm in seiner Umgebung Raum schafft, so schafft Gott, indem er sich zu-

---

[140] Im Anschluß an Erich Zenger ziehe ich es vor, statt vom „Alten" vom „Ersten" Testament zu sprechen; vgl. E. ZENGER: Das Erste Testament. Die jüdische Bibel und die Christen, Düsseldorf ⁴1994, 152ff.

rückzieht[141]. Ausführlich beschreibt Simone Weil die Schöpfung als einen Akt des Rückzugs, der Abdankung, des Verzichts – und damit als „zeugende Großmut des Schöpfers"[142].
Bei diesem Gedanken, mit dem ich mich früher beschäftigt habe[143], geht es mir jetzt um eine andere Akzentsetzung. Es geht mir nicht so sehr um die Schöpfung als solche und ihr Hervorgehen in einem Akt der Selbstbegrenzung Gottes, sondern um die Schöpfung als Beginn des Mitseins Gottes mit den Menschen; es geht mir um das Mitsein in der Bedeutung, in der es das Alles-sein begrenzt.
An den Armen – so wie ich sie kennengelernt habe – erstaunte mich ihr Wissen von Gott, der „demütig", der „klein" ist – und darum preisend „groß gemacht" werden kann. Dieses Gottesverständnis leuchtet mir ein, seit mir klar wurde, daß das Ja zum Mitsein zur Folge hat, daß Nicht-alles-sein und, damit verbunden, Nicht-können und Nicht-wissen zu Gott gehören.

6.1.1.1 Ja zum Nicht-alles-sein

Es ist nicht selten, daß wir in Predigten hören oder in religiöser Literatur lesen: Gott „braucht" den Menschen – „brauchen" meint zunächst ein „Nicht-alles-haben". „Braucht" Gott den Menschen, um ihn zu „haben"? Nach allem, was uns das Zeugnis Israels über seine Geschichte mit JHWH zeigt, geht es JHWH niemals um ein Haben, sondern um ein Sein, ein Mit-sein; darum finde ich das Wort „brauchen" nicht adäquat.

Im Zeugnis Israels von seiner Erfahrung mit JHWH steht am Anfang seiner Geschichte ein Nicht-alles-sein Gottes. Gott will die Beziehung zum Menschen – er will den Bund mit den Menschen, konkret mit Abraham, Isaak und Jakob und mit dem Volk Israel – und Gott will die Beziehungsfähigkeit des Menschen. Gott tritt in Beziehung zum Menschen, und sein In-Beziehung-treten ist schöpfe-

---

[141] J. Moltmann weist darauf hin, daß diese Vorstellung innerhalb der jüdischen Kabbala besonders von Isaac Luria entwickelt wurde mit der Idee vom Zimzum – was Konzentration und Kontraktion heißt und hier Selbsteinschränkung meint: vgl. J. MOLTMANN: Gott in der Schöpfung, München 1985, 99. Den Gedanken, daß Gott sich *durch die Schöpfung* selbst begrenzt und damit als leidender, als werdender, als sich sorgender und als ohnmächtiger Gott zu begreifen ist, habe ich nach Abschluß dieser Arbeit bei Hans Jonas gefunden: H. JONAS: Der Gottesbegriff nach Auschwitz, Baden-Baden 1987. Die „Wucht einmaliger und ungeheuerlicher Erfahrung" (ebd., 10) führt Hans Jonas zur denkerischen Konzentration auf die Implikationen einer so radikalen Selbst-Entblößung Gottes, daß er am Ende selber die Frage stellt: „Läßt das noch etwas übrig für ein Gottesverhältnis?" (Ebd., 46f) Bei mir ist die Wirklichkeit dieses Verhältnisses der Ausgangspunkt; und von ihm her komme ich zu einem anderen Begriff vom Nicht-alles-sein und Nicht-alles-können Gottes: Sein Ja zur Selbstbegrenzung geschieht nicht nur um der Existenz des anderen, sondern um der Beziehung zum anderen willen – in der Freiheit, und damit auch in der Macht einer Liebe, die Gott selber ist.

[142] In vielen Abschnitten ihrer Tagebücher und Schriften zeigt sich dies als eine Grundlinie des theologischen Denkens von Simone WEIL: vgl. „La connaissance surnaturelle", Paris 1950, 67 und 262; „Cahiers II", Paris ²1972, 67-70; „Das Unglück und die Gottesliebe", München 1961, 145.

[143] Vgl. H. MÜLLER: Die Lehre vom Unbewußten und der Glaube an Gott. Ein Gespräch zwischen Psychoanalyse und Glauben – Jacques Lacan und Simone Weil, Düsseldorf 1983.

risch. Er läßt den Menschen werden – das heißt: er läßt zu, er erlaubt und ermöglicht, daß der Mensch in der Beziehung zum anderen er selber wird als Mann, als Frau.

Das Nicht-alles-sein Gottes, das hierin bezeugt wird, möchte ich durchbuchstabieren, indem ich zeige, daß jedes Mal ein Alles-sein verneint wird. Gott würde nicht in Beziehung zu einem anderen treten, wenn er alles wäre; für den, der alles ist, existiert der andere nicht. Wenn Gott alles wäre, würde er nicht zulassen, daß der Mensch erst aus der schlafenden Tiefe seines Begehrens heraus, selber, zum Subjekt in der Beziehung zu einem anderen Subjekt wird; denn der Schöpfer, der alles wäre, würde sein Geschöpf zu Ende schaffen. Gott würde den Menschen nicht als ein Wesen der Beziehung wollen – und zwar als ein Wesen der Beziehung, dessen Priorität der andere Mensch ist – wenn er alles wäre; für Gott, der alles wäre, käme der Mensch nur in Frage, um ihn, Gott, anzubeten[144].

Gott ist nicht alles – Theologen, mit denen ich im Gespräch bin, wandten ein, daß bei mir ein Hinweis fehlt: Gott ist nicht alles, weil er nicht alles sein will. Dieser Hinweis ist unerläßlich zum Verständnis der Begrenzung des Seins Gottes als Selbstbegrenzung in einem ungeschuldeten freien Akt, zu dessen Kennzeichnung es das schöne und letztlich unübersetzbare Wort der gratuité/gratuidade gibt. Gottes Nicht-alles-sein hat seinen Ursprung in seiner eigenen unverfügbaren Initiative[145].

Darauf hinzuweisen ist wichtig. Dennoch zögere ich zu sagen, daß Gott nicht alles ist, weil er nicht alles sein will. Denn dieser Satz enthält eine unausgesprochene Unterscheidung; und wenn man ihn im Sinn dieser Unterscheidung versteht, läuft man Gefahr, „über" Gott – und nicht mehr in der Beziehung zu Gott von ihm zu sprechen.

Wenn man betont, daß die Begrenzung Gottes aus seinem eigenen Wollen kommt, ist die Unterscheidung von Wollen und Können impliziert: Gott kann alles sein – aber er will nicht alles sein, weil er die Beziehung will. Diese Unterscheidung halte ich für mißverständlich; denn so, wie Gott die Beziehung will und die Begegnung mit dem Menschen als einem Wesen der Beziehung sucht und ihm seine Nähe zusagt, kann er nicht alles sein. Wenn Gott sich als der und nur der erkennbar macht, der mit den Menschen sein wird, so ist er nur als der erkennbar, der nicht alles ist. Solange wir also von der Offenbarung Gottes in der Geschichte Israels, so wie sie uns bezeugt ist, ausgehen und in der Beziehung zu Gott, der mit uns da ist, von ihm sprechen, können wir nur sagen: Gott ist nicht alles.

---

[144] „Und er sprach zu ihm: Das alles gebe ich dir, wenn du dich niederwirfst und dich tief vor mir verneigst." (Mt 4,9) Hier wird der Satan als genaue Gegenfigur zu Gott – nämlich als „Gott, der alles sein will", gezeigt. Vgl. M. BALMARY: La divine origine, a.a.O., 63f.

[145] Ich möchte in diesem Zusammenhang auf einen Artikel hinweisen, in dem Josef Freitag „Gottes gratuidad" als Grundmoment der Theologie der Befreiung herausarbeitet. J. FREITAG: Engagement und Gelassenheit. Die Rolle der *gratuidad* in der Theologie der Befreiung, in: Münchener Theologische Zeitschrift 48 (1997), 71-82.

6.1.1.2 Ja zum Nicht-können

Das schöpferische Ja Gottes zum Mitsein und folglich zum Nicht-alles-sein impliziert sein Ja dazu, nicht alles zu können: nämlich das nicht zu können, was der ein für alle Mal bejahten Beziehung widerspricht. Gott kann mit seiner Liebe der Freiheit derer, die er liebt, keine Gewalt antun. So kann Gott die ersten Menschen nicht daran hindern, das Gesetz zu übertreten, das es ihnen ermöglicht, als Subjekte in einer Beziehung zu leben[146]. Gott kann nicht ohne die Menschen mit den Menschen sein.

Wenn „Wunder" bedeutet, daß etwas mit einem Subjekt ohne dieses, am Subjekt vorbei, geschieht, so kann Gott keine Wunder wirken. Dieses Nicht-können bezeugt Israel immer wieder in seiner Erfahrung mit JHWH. Gott kann Israel nicht ohne Moses, ohne das langsame, mühsame Subjektwerden Israels, befreien; Jesus wirkt keine Heilung ohne Mitwirken derer, die ihn für sich selber oder für das Leben eines anderen bitten oder deren Trauer um einen Toten ihn berührt. Ohne in den Menschen ihrem Begehren, ihrer Suche zu begegnen, kann Jesus miemanden „heil machen"[147]. Nichts anderes will der Satz sagen – „Dein Glaube hat dich gerettet"[148] – der sich in Abwandlungen am Ende vieler Heilungsgeschichten findet.

Gottes Können findet seine Grenze – und seine Ermächtigung – im Subjektsein des Menschen. Gott kann nicht ohne das Begehren Adams die Frau – und den Mann – werden lassen. Adam, der unter den Tieren vergeblich nach einer Gefährtin gesucht hat, sinkt in Schlaf. Gott läßt – so heißt es – einen tiefen Schlaf, einen anderen Bewußtseinszustand über ihn kommen: Adam wäre also gerade nicht Subjekt?
„Subjektsein" heißt nicht „Herr seiner Sinne sein" – sondern es heißt zunächst und vor allem, seinem innersten Begehren nahe sein. Diese Nähe zum innersten Begehren, zur eigenen – sozusagen in der Tiefe schlummernden – Wahrheit, hängt nicht von unserem wachen Willen, von unserem gezielten Tun und vernünftigen Reden ab – im Gegenteil: oft behindert gerade unser wacher Wille das Erwachen unseres wahren Begehrens in uns. Gottes Können findet seine Grenze – und auch seine Macht – im Begehren Adams, im Begehren des Menschen.

Das Ja Gottes zum Nicht-können alles dessen, was seinem Ja zur Beziehung widerspricht, zeigt sich hier zugleich als schöpferisches Ja zu einem Anderskönnen. Wenn ein Mensch bis zu Ende seinem innersten Begehren treu ist, eben dann *kann* Gott Wunder wirken!
In Jesus war vielleicht nichts anderes als das Begehren mächtig, sich selber, das heißt: seiner Wahrheit als Sohn und damit dem Vater treu zu sein. Gegen dieses Begehren konnte ihn der Vater nicht vor Leiden und Tod bewahren – zugleich

---

[146] Auf diesen Sinn des göttlichen Verbots, vom Baum der Erkenntnis zu essen, gehe ich unten ein. Siehe 7.1.3.2: „Gottes Dasein beim Werden des Menschen" (S. 252f).

[147] Das Wort stammt aus der Übersetzung von Fridolin Stier.

[148] Mt 9,22; vgl. Mt 8,13; 9,29; 15,28.

gab ihm das Begehren des Sohnes die Macht, ihn aufzuerwecken und aus ihm das Fundament einer neuen Schöpfung zu machen.

Die Grenze des „Könnens" Gottes bewegt gerade die, die zu ihm sprechen, die Gott danken, ihn loben und zu loben versprechen, die aber auch Bitte und Klage laut werden lassen und fragen: Warum bist du so weit weg? Warum verbirgst du dich? Warum läßt du zu, daß es Menschen gibt, die dich nicht suchen (Ps 10)? Warum läßt du zu, daß mich die Feinde umringen? Warum läßt du zu, daß ich verzweifelt bin und sich mein Geist verdunkelt (Ps 43)? Warum hast du mich verlassen (Ps 22)? Es gibt keinen Psalm, in dem Beter solche Fragen stellen, ohne sich, fast im selben Atemzug, auch an die gegenteilige Wirklichkeit zu erinnern und sie für die Zukunft zu erhoffen: Gott ist nah, er zeigt sich, er läßt den Bedrohten und Schwachen Schutz finden, er verläßt den nicht, der ihn sucht.

Gerade aus dieser Erfahrung bekommt die Frage, warum Gott den, der ihn anruft, ohne Schutz und Hilfe läßt, erst das ihr eigene Gewicht. Die Erfahrung der Fragenden schließt *eine* Antwortmöglichkeit aus. Wenn Gott das Leiden und die Verlassenheit zuläßt, so nicht, weil er es will – weil er es sinnvoll und gut findet ... denn die Erfahrung sagt: er will es nicht. Es bleibt nur die andere Antwortmöglichkeit: Wenn Gott das Leiden zuläßt, so deswegen, weil er uns nicht davor bewahren kann; und dieser Gedanke von Gottes Nicht-können ist bedrängend. Sind es nicht Zweifel an Gottes Allmacht, ist es nicht Unglaube oder gar Gotteslästerung, die hier legitimiert werden?

Das Nicht-können, das Nicht-Eingreifen Gottes zugunsten dessen, der zu ihm ruft und auf ihn vertraut, bilden in den Psalmen das Argument schlechthin gegen die Existenz Gottes. Genauer gesagt: der Beter weiß, daß hier für den, der nicht betet, das stärkste Argument liegt. Aber dieses Argument bedroht den Betenden nicht nur von außen, sondern auch von innen her. Kein Vorwurf wiegt schwerer: Da setzt einer sein ganzes Vertrauen auf einen anderen, den er Freund und Vater nennt – und dieser andere hilft ihm nicht. Er ist also in Wirklichkeit nicht Freund und Vater des einen – oder wenn es sein Wesen ausmacht, Freund und Vater zu sein – gibt es ihn nicht. Oder aber: er ist, und er ist Freund und Vater des einen, er kann ihm jedoch nicht zu Hilfe kommen. Was bedeutet dieses Nicht-können dann für die Beziehung des einen zum anderen? Muß es sie nicht erschüttern?

In der Beziehung zu Gott sein Nicht-können zu wissen, ändert nichts an der Echtheit und am Wert dieser Beziehung, weil sie nicht vom „Können" Gottes, von seinem Tun- und Eingreifenkönnen lebt, sondern von seinem Dasein. Das bezeugen die Psalmen. Ich will einen Vergleich wagen.
Es ist, wie wenn wir in einer verzweifelten Situation uns an einen guten Freund wenden, von dem wir wissen, daß er nichts für uns tun kann – aber wir wissen, daß er da ist. Wir wenden uns an ihn, weil er da ist, bedingungslos und unabänderlich. Das ist es, was für uns zählt und warum wir ihm auch das sagen, was ungerecht ist. Denn wir haben keine Wahl. In unserer augenblicklichen Not ist die verzweifelte Klage die einzige Art und Weise, wie wir uns an diesen Freund wenden können. Darum schreien wir ihm das entgegen, was ihn ins

Innerste treffen könnte: warum warst du nicht bei mir, warum bist du mir nicht beigestanden, warum hast du mich nicht bewahrt ...?[149]

6.1.1.3 Ja zum Nicht-wissen

Das schöpferische Ja Gottes zur Beziehung impliziert sein Ja zur Begrenzung des Seins und des Könnens; und es impliziert schließlich sein schöpferisches Ja dazu, nicht alles zu wissen. Die Frage „Wo bist du?" ist eine Frage des unter dem Nicht-eingreifen und Nicht-können Gottes leidenden Menschen an Gott – und es ist auch eine Frage Gottes an den Menschen (vgl. Gen 3,9 und 4,9). In seiner Frage spricht sich ein Nicht-wissen vom Menschen aus, das fruchtbar und bewegend für die Beziehung ist. Um das Nicht-wissen zu verdeutlichen, dem Gottes schöpferisches Ja gilt, möchte ich mehrere Unterscheidungen vornehmen.

„Nicht-wissen" kann auf die Begrenztheit des Wissens anspielen, die für menschliches Wissen charakteristisch ist. Bei allem, was ein Mensch positiv wissen kann, gilt für sein Wissen, daß es Nicht-wissen ist. Diese Begrenztheit ist ein so wesentlicher Bestandteil des Wissens, daß es einen Menschen adelt, sich als Nicht-wissenden zu wissen. Dieses Nicht-wissen ist es offensichtlich nicht, dem Gottes schöpferisches Ja gilt. Denn es gibt nichts, was Gottes Wissen entgeht, weil es sich seinem schöpferischen Ja verdankt. In diesem Sinn „weiß" Gott, wo Adam ist und daß er sich verbirgt ...

In kaum einem Text macht sich ein Beter so eindringlich klar, daß Gott ihn kennt und alles von ihm weiß, wie in Psalm 139. Gottes Wissen ist ihm voraus, folgt ihm, umgibt ihn und läßt ihn nicht los. Der Beter erkennt, daß er mit diesem Wissen nicht mitkommt. „Wunderbares Wissen, das mich übersteigt, Höhe, die ich nicht erreichen kann ..." (V. 6)[150] Das Wissen Gottes, mit dem der Beter nicht mitkommt, betrifft ihn selber. Nachdem seine Versuche, der göttlichen Lebensquelle zu entkommen[151], gescheitert sind, sagt er: „Ich erkenne es vor dir an, das Wunder, das ich bin, das erstaunliche Wesen ..." (V. 14) Das Wissen Gottes macht ihn offensichtlich nicht kleiner, sondern unendlich viel größer. Es verringert nicht seine Freiheit, sondern vergrößert sie. Er wird nicht berechenbar, sondern ist immer neu und anders: ein Wunder, einmalig aus seiner eigenen Ursprünglichkeit heraus. Gott lädt den Menschen ein, seinem Begehren und seiner Wahrheit folgend, sich zu vollenden.

---

[149] Vgl. G. GUTIÉRREZ, a.a.O., 16. Auch Gutiérrez betont, daß die Frage: „Mein Gott, wo bist du?" ihr Gewicht erst im Glauben erhält. Dabei setzt er einen anderen Akzent. Während für mich die Anklage des Schweigens Gottes gerade zeigt, daß sich der Anklagende Gottes Gegenwart sicher ist, macht für Gutiérrez erst der Glaube an die Nähe Gottes sein Schweigen zu einem unerträglichen Schmerz, über den der Glaubende Klage erhebt.

[150] Deutsch H. M.

[151] Wenn der Beter weit weggehen will von Gottes Atem und sich verbergen will vor seinem Angesicht (Psalm 139,7), so scheint das nichts anderes zu heißen, als daß er nicht leben will. Dafür spricht, daß er sein Fliehenwollen vor Gott auch dadurch ausdrückt, daß er zu den Toten hinabsteigt (V. 8) und daß er die Finsternis bittet, ihn zu erdrücken (V. 11).

Das Wissen Gottes bezieht sich darauf, daß er den Menschen dessen eigenem Werden anvertraut. Im Sinne der Achtung vor der Unverfügbarkeit und dem Geheimnis des Werdens läßt Gottes Wissen Raum für Staunen und Vergebung. Der Psalm bringt Gottes umfassendes Wissen vom Menschen damit zusammen, daß Gott den Menschen erschaffen hat. Zugleich läßt er deutlich werden, wie er dieses Schaffen des Menschen versteht. Gott hat den Stoff des Menschen gemacht, der ihn leben läßt; in den Eingeweiden der Erde wurde er geformt, im Schoß seiner Mutter gewebt. Auch seine Seele, sein Herz und sein Denken hat er geschaffen. Aber es ist der Mensch, der zu sich selber erwacht (V. 18). Das Erwachen des Menschen schafft Gott nicht. Er weckt seine Freiheit, er tut ihr keinen Zwang an.

Es gibt zwei Wege (V. 24): den Weg der Idole, der Lügen, die das Werden des Subjekts, das Ankommen seiner Wahrheit, behindern oder unmöglich machen können, und den Weg der Ewigkeit, nämlich eines Lebens, das, soweit es wirklich in Treue zum eigenen Begehren, zur eigenen Wahrheit gelebt wird, den Tod überdauert. Wie der Beter seine Suche orientiert, welchen Weg er nimmt, und ob er den Weg der Ewigkeit nimmt, kann er Gottes Wissen anvertrauen (V. 23), weil in ihm Raum für Staunen und Vergebung ist, mit denen er den Weg des Menschen begleitet. Darum bedeutet Gottes umfassendes Wissen für ihn, daß er sich gehalten fühlt und ein Vertrauen zu sich selber entwickelt, das nicht von Unsicherheiten bedroht ist. In diesem Sinn beten und singen die Armen in Brasilien den Psalm besonders gern.

Das Nicht-wissen, dem Gottes schöpferisches Ja gilt, hat also nichts mit der Begrenztheit menschlichen Wissens zu tun. Der eben angesprochene Text, der hieran keinen Zweifel läßt, gibt zugleich einen positiven Hinweis. Das Nichtwissen, dem das schöpferische Ja Gottes gilt, kann im Sinne der Absage an ein totalitäres Wissen verstanden werden, das Überraschungen, Staunen – und Vergebung ausschließt. Gottes Frage nach dem Menschen offenbart, daß er den Menschen als Sprechenden weiß und achtet; durch seine Frage gibt er ihm das Wort.

Mehr noch, das Nicht-wissen, das sich in Gottes Frage ausspricht, offenbart, daß für ihn das Geheimnis der Freiheit, aus der heraus ein Mensch in einzigartiger, nicht vorhersehbarer und nicht ersetzbarer Weise handelt, nicht antastbar ist. Gottes Nicht-wissen ist Achtung und Heiligung des Menschen als solchen. Das Nicht-wissen Gottes im Sinne der Achtung und Heiligung der Differenz gilt dem Leben.

Es gibt ein tödliches Wissen, auf der Basis des „Einverleibens", der Vernichtung des anderen als anderen – das ist nicht Gottes Wissen und soll nicht des Menschen Wissen sein, wenn es dem Menschen um das Leben geht. Darauf weist das Verbot Gottes hin, vom Baum der Erkenntnis zu essen. An der zweiten Rede der Schlange (Gen 3,4) wird genau dieses „verbotene" Wissen deutlich, das auf der Basis einer verwirrenden Verschmelzung der Subjekte – wie anders kann die Schlange sagen: „Gott ist bekannt ... ", – eine Unterstellung zur Gewißheit erhebt. Gottes Ja zum Nicht-wissen ist sein schöpferisches Nein zu solch vereinnahmendem Wissen, das die Differenz des anderen vernichtet.

In Gottes Ja zum Nicht-wissen läßt sich schließlich, über die Achtung vor der unzerstörbaren Einzigartigkeit eines Menschen hinaus, sein Interesse an diesem Menschen erkennen. Seine Frage „Wo bist du?" drückt seine Suche nach dem Menschen aus, seinen Wunsch, von ihm zu wissen, so wie der Mensch selber von sich weiß. In Gottes Frage drückt sich ein dynamisches, ein bewegendes Nicht-wissen aus, nämlich der Wunsch danach, anders zu wissen. Eben dieser Wunsch, dieses Wissenwollen bringt den anderen zum Sprechen. Gott "weiß alles" vom Menschen; aber er weiß es nicht so, wie der Mensch es weiß. Die Offenheit, der Mangel, das Hören in Gott, sein Warten auf das Wort des Menschen, gelten einem Menschen in der nicht einholbaren, unersetzlichen Einmaligkeit seiner eigenen Freiheit und seiner eigenen Erfahrung.

Gottes Ja zum Nicht-wissen ist nicht nur Respekt, der den anderen als anderen am Leben erhält. Gottes Ja zum Nicht-wissen ist schließlich Liebe zum anderen. Es drückt aus, daß er den anderen als solchen will, daß er sich auf ihn zubewegt. Gottes Ja zum Nicht-wisssen ist schöpferisches Wissenwollen vom andern, das seiner einmaligen Erfahrung ihren besonderen Wert gibt, wie bedrückend oder befreiend diese Erfahrung auch immer sein mag; und es ist Bitte um Teilhabe an dieser besonderen menschlichen Erfahrung.

6.1.2 Gott als „Ich-bin-mit-dir" im Zeugnis der Väter

Das Mitsein Gottes – sein schöpferisches Ja zum Nicht-alles-sein, zum Nichtkönnen und Nicht-wissen – offenbart sich darin, daß Gott sieht und hört und spricht. Das Erste Testament bezeugt Gott vor allem als den, der spricht – aber auch als den, der sieht und hört.

6.1.2.1 Mitsein Gottes im Sehen und Hören

Hören, Sehen und Sprechen gehören so innig zum Wesen des Gottes, zu dem Israel betet, daß er sich eben hierin von den Göttern anderer Völker unterscheidet: sie haben Ohren, und hören nicht, Augen, und sehen nicht, Münder, und sprechen nicht ... (vgl. Psalm 135,16-17) In Hören und Sehen äußert sich ein Wissen-wollen. Wer schon weiß, kann Ohren und Augen haben, wird aber weder hören noch sehen. Der Gott, zu dem Israel betet, ist sich selber nicht genug. Er streckt sich im Hören und Sehen nach den Menschen aus. In den Psalmen ist kaum eine Bitte so häufig wie der Dank dafür, daß Gott gesehen und geantwortet – also auch gehört hat.

Wo von Gottes Hören gesprochen wird, bezieht sich dies meistens auf die Stimme, auf das Erschallen eines Rufs oder sogar auf die Situation, in der Menschen schreien, und selten auf das, was gesagt wird. Das wird deutlich an dem häufig wiederkehrenden Bekenntnis des Psalmisten: Der Herr hört mein Rufen; auf das Schreien der Armen hört er[152]. Einen Schrei zu hören, heißt nicht

---

[152] Vgl. Ps 3,5; 5,4; 6,9; 18,7; 22,25...

so sehr, ein geschrienes Wort – sondern einen schreienden Menschen zu hören. Was einer schreit, ist unmaßgeblich im Vergleich zu der Tatsache, daß er schreit. Es geht bei diesem Hören also in erster Linie um die Öffnung für den anderen selber in seiner Grundbefindlichkeit, nicht um den einzelnen Inhalt einer Botschaft, die er sendet, indem er spricht und sich zeigt. Hören und Sehen sind Verhaltensweisen, in denen sich Gott für den anderen öffnet und in denen sich die Menschen, Israel, für Gott öffnen. Was gehört und was gesehen wird, steht im Dienst der Zuwendung zum anderen, im Dienst der Beziehung.

Insgesamt gilt nun, daß Gottes Sprechen und Antworten größeres Gewicht erhalten als sein Hören. Dieser Befund kann vielleicht als Hinweis auf eine Zuordnung verstanden werden, die in der Bibel so vorgenommen wird, daß das Hören eher dem Menschen – und das Sprechen eher Gott zukommt. Das Sprechen ist der schöpferische, in die Beziehung, in den Bund rufende Akt Gottes schlechthin; das Hören ist der darauf antwortende, das Leben wahrende und Leben vermehrende Akt des Menschen.

Das Gesetz, das Israel von Gott erhält, ist grundlegend ein Gesetz des Hörens (Dtn 4,1; 6,4). Im Buch Deuteronomium wird das besonders deutlich. Hörend geschieht in Israel die Begegnung mit Gott: hörend im Schrecken – den lebendigen Gott zu hören und am Leben zu bleiben – und hörend im Tun dessen, was er sagt (Dtn 5,24-27). Hören ist der Akt, dem Israel sein Leben verdankt, so wie Sprechen der Akt ist, in dem Gott sich als lebendig, Leben stiftend zeigt. Dieser Zusammenhang macht verständlich, warum das Hören seltener von Gott gesagt wird.

Ex 3,7 scheint mir die einzige Stelle in der Tora zu sein, in der es als Selbstaussage Gottes heißt: „Gesehn habe ich, gesehn die Bedrückung meines Volkes, das in Ägypten ist, ihren Schrei von seinen Treibern habe ich gehört, ja, erkannt habe ich sein Leiden." In der Folge[153] der Worte und Offenbarungen, die von JHWH früher an Jaakob/Jisrael, an Abram/Abraham, an Noach[154] ergangen sind, handelt es sich hier das erste Mal um ein Wort, zu dem Gott durch die Not, die er sieht, den Schrei, den er hört, bewegt wird; das erste Mal handelt es sich um ein reagierendes Wort, um eine Ant-wort also.

Viele Male zuvor schon hat Gott gesprochen, hat in die Beziehung, in den Bund gerufen, Menschen gesegnet. Viele Male zuvor schon hat Gott die Not eines Menschen gesehen, seinen Schrei gehört und ihn erhört; aber niemals zuvor ist sein Sprechen aus seinem Hören und Sehen hervorgegangen. Da es mir hier zunächst um das Hören und Sehen Gottes geht, möchte ich mich, von dieser Stelle zurückgehend, auf die Suche nach den Situationen machen, in denen zuvor ein Hören – und Sehen von Gott berichtet wird.

---

[153] Die hier gebrauchten und weiter unten immer wieder auftauchenden Ordnungsbegriffe, die von einer „Reihenfolge" ausgehen („in der Folge", „früher", „das erste Mal", „viele Male zuvor", „niemals zuvor" ...) beziehen sich einzig und allein auf das Nacheinander bestimmter Stellen im Ganzen eines der vorliegenden biblischen Bücher und unterstellen nicht, daß dieses Nacheinander eine entsprechende geschichtliche Entwicklung der Offenbarung Gottes widerspiegelt.

[154] Beim Zitieren von Textstellen aus dem Ersten Testament und in größerer Nähe zu diesen Texten folge ich Bubers Schreibweise der biblischen Namen.

Wo Hören und Sehen von Gott im Verhältnis zum Menschen ausgesagt wird, handelt es sich immer um Not und Klage – und zwar sind es durchweg Frauen, die von Gott in ihrem Leid gehört und gesehen werden. Die erste ist Hagar. Ausgerechnet von dieser Frau, Mutter Jischmaels („Gott hört"), deren Nachkommen Abram-Nachkommen, aber nicht Israeliten sind, wird zweimal gesagt, daß sie gehört wird und daß sie sich als von Gott Gesehene weiß.
Als sie das erste Mal aus der Bedrückung durch Sarai in die Wüste flieht, wird sie dort von JHWHs Boten gefunden, der zu ihr sagt: „... gebären wirst du einen Sohn, seinen Namen rufe Jischmael, Gott erhört, denn erhört hat ER deinen Druck ..." (Gen 16,11) Und Hagar „rief SEINEN Namen, des zu ihr Redenden: Du Gott der Sicht! Denn sie sprach: Sah auch wirklich ich hier dem Michsehenden nach?" (Gen 16,13)
Als Hagar das zweite Mal, vertrieben von Abraham und Sarah, sich mit ihrem Kind in der Wüste verirrte, wird das Weinen des Jungen von Gott gehört, und „Gottes Bote rief Hagar vom Himmel her zu und sprach zu ihr: Was ist Hagar, fürchte dich nimmer, denn gehört hat Gott auf die Stimme des Knaben ebendort wo er ist ..." (Gen 21,17)
Nach Hagar sind es die Schwestern Lea und Rachel, die nicht geliebte und die geliebte Frau Jaakobs, die von Gott in ihrer Not gesehen und gehört werden. Dabei ist es die Not Leas, daß sie von Jakob nicht geliebt wird, während es Rachel bedrückt, daß sie Jaakob keinen Sohn gibt. Beide Frauen deuten ihre Schwangerschaften so, daß JHWH ihre Not und ihr Bedrücktsein ansieht und erhört[155].

Gott „hört" den Druck Hagars ... Gott „hört", daß Lea die Nicht-Geliebte ist ... deutlicher kann nicht gesagt werden, daß Gottes Hören ein ganzheitliches Wissenwollen ist, das sich auf eine Situation des Menschen bezieht, die wesentlich und scheinbar ausweglos vom Leiden im Sinne einer Bedrohung des Lebens bestimmt ist. Dieses Leiden selber, nicht erst der Schrei der/des Leidenden ist es, das Gott „hört". Indem er das Leiden sieht, hört er seine oft unhörbare Sprache. Sehen und Hören Gottes zeigen, daß sein Wissenwollen nichts von jenem aktiven Bemühen um ein Kennen des anderen hat, in dem dieser zum Objekt wird. Vielmehr ist sein Wissenwollen von der Offenheit des Fühlens, ist Empfindlichkeit dafür, was die/der andere empfindet ..., ist Interesse im Sinne der Anteilnahme am Leiden der/des anderen.

6.1.2.2 Mitsein Gottes im Sprechen

In der zitierten Stelle Ex 3,7 drückt Gottes Sprechen zunächst sein mit-leidendes Dasein aus. Aber wie verhält es sich mit dem Sprechen Gottes, das dieser Selbstaussage – im Zeugnis der Bibel – vorausgeht? Ich möchte, wiederum von Ex 3,7 zurückgehend, mich auf die Suche nach den Stellen machen, in denen ein Sprechen Gottes berichtet wird, und untersuchen, in welcher Weise sich hier „leidendes Dasein" Gottes zeigt.

---

[155] Vgl. Gen 29,32 und 33; 30,17; vgl. Gen 30,6 und 22.

Vergleicht man das Sprechen Gottes zu Adam und Chawwa und zu Kajin, zu Noach, zu Abram/Abraham, zu Izchak und zu Jaakob/Jisrael, so fällt zuallererst auf, daß die Ich-Aussagen zunehmen[156], und zwar sowohl quantitativ, so daß sie gegenüber Sätzen mit anderen Subjektiven immer deutlicher überwiegen, als auch qualitativ in dem Sinn, daß Gott hier Aussagen über sich selbst macht.

Während in den Gesprächen mit den ersten Menschen[157] nur im ersten Satz ein „ich" in Gottes Sprechen auftaucht – nämlich: „... da gebe ich euch ... zum Essen" (Gen 1,29) – und das Ansprechen Noachs[158] zwei Ich-Aussagen enthält – nämlich: „... zum Essen gebe ich euch alles" (Gen 9,3) und „da, ich errichte meinen Bund mit euch ..." (Gen 9,8) – sind im Sprechen mit Abram/Abraham[159] und Izchak[160] und mit Jaakob/Jisrael[161] zahlreiche Ich-Aussagen Gottes enthalten. Diese betreffen das Zeigen und Geben des Landes, das Stark- und Zahlreichmachen der Nachkommen, das Segnen, das Geben und Errichten des Bundes und das Erneuern des Schwurs. Es geht darum, daß Gott für Abram Schild ist, daß er Jaakob behüten und heimkehren lassen will, daß er ihn nicht verläßt. Schließlich gibt es eine Reihe von Aussagen, in denen Gott sagt, wie er erkannt werden möchte. Unter diesen letzten Ich-Aussagen sind solche, in denen Gott sich mit einem Titel vorstellt[162] und in denen Gott sich als JHWH[163] und zugleich durch ein bestimmtes Handeln[164] oder durch seine Nähe zu anderen[165] zu erkennen gibt. Die meisten dieser Ich-Aussagen sind solche, in denen sich Gott an Abraham und seine Nachkommen bindet[166]:

„... dir Gott zu sein" (Gen 17,7);
„... ich will ihnen Gott sein" (17,8);
„... ich will dasein bei dir" (26,3);
„... ich bin mit dir" (26,24);
„Ich da bin bei dir ..." (28,15).

---

[156] Es geht um Beobachtungen, die der Text in der Folge seiner Aussagen nahelegt, und nicht um Hinweise zu einer geschichtlichen Entwicklung der Gottesoffenbarung. Vgl. die entsprechende Anmerkung (153) auf S. 202.

[157] Gen 1,29; 2,16-17; 3,9-13; 4,9-10.

[158] Gen 6,13 ff; 8,15; 9,3; 9,8 ff.

[159] Gen 12,1-3; 13,14-17; 15,1-2 und 4-5; 15,18-20; 17,1-16; 22,16-18.

[160] Gen 26,2-5; 26,24.

[161] Gen 28,13-15; 35,10-12.

[162] „Ich bin der Gewaltige Gott" Gen 17,1; 35,11.

[163] Zur Wiedergabe des Gottesnamens vgl. M. BUBER: Zu einer neuen Verdeutschung der Schrift; in: „Die fünf Bücher der Weisung", a.a.O., (30): „Die Einsicht in den pronominalen Charakter oder Gehalt der ursprünglichen Namensform gab die Richtung an. Darum steht in unserer Verdeutschung ICH und MEIN, wo Gott redet, DU und DEIN, wo er angeredet wird, ER und SEIN, wo von ihm geredet wird."

[164] „ICH bins, der dich aus Ur in Chaldäa führte ..." Gen 15,7.

[165] „Ich bin der Gott deines Vaters Abraham" Gen 26,24; „Ich bins, der Gott deines Vaters Abraham und der Gott Jizchaks ..." Gen 28,13.

[166] „... an deine Väter hing ER sich, sie zu lieben" Dtn 10,15; vgl. Dtn 7,7.

In diesen Aussagen setzt Gott sich der Freiheit der als „du" Angesprochenen aus, die sein Mitsein ablehnen können. Er begibt sich in die Ungeschütztheit des Liebenden, der seine Liebe erklärt. Darüber hinaus offenbart er diese Verletzlichkeit als zu seinem Wesen gehörig.

Es ist zu prüfen, in welchem Verhältnis dazu die anderen Ich-Aussagen stehen. In ihrer überwiegenden Mehrzahl sagt Gott ein Geben von sich aus. Gegenüber Adam und Noach spricht er vom Geben „alles samensäenden Krautes" ... zum Essen; gegenüber Abram/Abraham, Jizchak, Jaakob spricht er durchweg vom Geben des Landes.

Wer geben kann, hat etwas zu geben und scheint also mächtiger als der Empfangende zu sein. Auf der anderen Seite kann mit einer Gabe auch Schwäche verbunden sein, nämlich die Intention, den Beschenkten zu bewegen, damit er den Schenkenden ansieht. Eindrucksvoll zeigen dies Jaakobs Überlegungen vor der Begegnung mit seinem Bruder Esaw, von dem er Rache wegen seines Betrugs befürchtet: „... er sprach zu sich: Bedecken will ich sein Antlitz mit der Spende, die vor meinem Antlitz geht, danach will ich sein Antlitz sehn, vielleicht hebt er mein Antlitz empor." (Gen 32,22)

Kann das Geben Gottes solchen Sinn haben? Allein diese Frage zu stellen, kommt einem schon abwegig vor: Gott würde darum ringen, daß wir ihn ansehen – ähnlich wie Jaakob nächtens mit dem Unbekannten ringt, bis dieser ihn segnet, und wie er in seinem eigenen inneren Zwiegespräch darum ringt, daß ihm sein Bruder gnädig ist? Die Psalmen bezeugen das Gegenteil: Die Beter sind es, die mit Gott ringen, daß er sie ansieht. Das tun sie allerdings innerhalb der Geschichte jenes Volkes, das aus Jaakob/Jisrael hervorgeht; und von dieser Geschichte ist gerade bezeugt, daß Gott mit dem Volk ringt und sich immer und immer wieder von ihm besiegen und dazu bringen läßt, es zu segnen.

Gottes Geben des Landes hängt eng zusammen mit der Anhänglichkeit an Jisrael. Die entsprechenden Aussagen weisen nicht nur auf Gottes Machtfülle hin, sondern auch auf seine Schwäche im Sinne der Bereitschaft, sich von denen, die er liebt, besiegen zu lassen. Gottes Geben ist eine intensive Art und Weise des Bittens.

Gott, der als Liebender spricht, setzt sich dem Leiden durch das Nicht-hören und Nicht-beantworten, durch die Gleichgültigkeit und das Vergessen des Volkes aus, das er liebt. Als Liebender setzt er sich aber auch dem Leiden am Leiden des Volkes aus. Das bringt Ex 3,7-8 zum Ausdruck. „Gesehn habe ich, gesehn die Bedrückung meines Volks, das in Ägypten ist, ihren Schrei vor seinen Treibern habe ich gehört, ja, erkannt habe ich seine Leiden. Nieder zog ich, es aus der Hand Ägyptens zu retten ..." Hier drückt Gott seine Anteilnahme am Leiden Israels aus, und darüber hinaus sein Engagement für die Befreiung aus diesem Leiden. Sein Sprechen offenbart sein Mitsein nicht nur in der Verletzbarkeit des Liebenden und im Mit-fühlen, sondern auch in der Entscheidung zu einer noch größeren Nähe bei dem Volk, das er liebt.

Diese Entscheidung macht ihn erst recht angreifbar. Sie gibt denen, für die er sich engagiert, die Möglichkeit, ihn unter Druck zu setzen. So kann Mosche sich bei JHWH in folgender Weise für die Söhne Jisraels einsetzen: „bleibe nimmer zugewandt der Härte dieses Volkes, seinem Frevel, seiner Versündigung! sonst sprächen sie, im Land, aus dem du uns geführt hast: Weil es außer SEINEM Vermögen war, sie in das Land zu bringen, von dem er ihnen geredet hatte, und weil er sie haßte, führte er sie hinaus, sie in der Wüste sterben zu lassen!" (Dtn 9,27-28)

Gottes Sprechen, mit dem er das Band zu seinem Volk herstellt, ist schließlich die Art und Weise, wie er sich selber bindet: Er kann nicht anders als seinen Schwur halten. „Nicht weil euer ein Mehr wäre gegen alle Völker, hat ER sich an euch gehangen, hat euch erwählt, denn ihr seid das Minder gegen alle Völker: sondern weil ER euch liebt und weil er den Schwur wahrt, den er euren Vätern zuschwor, führte er euch heraus mit starker Hand ..." (Dtn 7,7-8) In seinem Engagement an der Seite seines bedrückten Volkes erlegt sich Gott selber das Leiden eines vielfachen Nicht-könnens auf. Er bindet sich selber an seinen Willen, das Volk zu lieben – und er bindet sich an den Willen dieses Volkes. Gott kann nicht segnen, wenn sein Volk diesen Segen nicht will; er kann aber auch nicht fortfahren, sein Volk ohne Segen dem Tod zu überlassen in dem Moment, in dem es zu ihm umkehrt und das Leben wählt.

6.1.3 Menschwerden des „Ich-bin-mit-dir" in Jesus

Wenn Gottes Wort seine Schwäche, sein Mit-fühlen, sein Engagement und auch seine Bindung in bezug auf Jisrael ausdrückt, so ist Gott in seinem Wort schon Mensch geworden, bevor „das Wort" Fleisch wird in Jesus Christus. Er ist „Mensch geworden" in seinem Wort – damit meine ich: er zeigt sich in seinem Sprechen als das Subjekt in der Beziehung zum anderen, das zu sein der Mensch in der Schöpfung die Möglichkeit bekommen hat.

Als dieses Subjekt anerkennt ein Mensch sein Nicht-alles-sein in der Beziehung zu einem anderen. Er öffnet sich für diesen anderen; er engagiert sich an der Seite des anderen dafür, daß dieser werden – und in Fülle leben kann, wenn er will. Er achtet die Entscheidung des anderen.

Wenn dies den Menschen ausmacht, dann ist Gott in seinem in der Tora bezeugten Sprechen zu Jisrael schon „Mensch", bevor „das Wort" in Jesus sichtbare Gestalt annimmt. Weil Gott nicht ein Gott ist wie die von Menschen gemachten Götter, die nicht sehen und nicht riechen, nicht hören und nicht sprechen können, sieht er, hört er, spricht er – wie ein Mensch. Wenn Jesus „das Wort" ist, von dem es bei Johannes heißt: „Im Uranfang war Er, das Wort. Und Er, das Wort, war bei Gott. Und Gott war Er, das Wort ..." (Joh 1,1), so kann man vielleicht auch sagen, daß Gott in seinem Wort von Uranfang an Mensch wird.

Ich möchte die Menschwerdung Gottes in Jesus im selben Zusammenhang wie sein „Menschsein" in dem von „Uranfang an" ergehenden Wort sehen. So wie Gottes Sprechen auf verschiedene Dimensionen seines Mitseins hinweist, so wird die Menschwerdung Gottes in Jesus Hinweise auf ähnliche Dimensionen seines Mitseins geben. Zugleich ist der Zusammenhang anders und vielfältiger dadurch, daß in Jesus nicht nur Gott bei den Menschen, sondern auch der

Mensch bei Gott ist – daß sich in Jesus nicht nur die Nähe Gottes zu seinem Volk sondern auch die Gottesnähe Jisraels fortsetzt und radikalisiert.

6.1.3.1 Mitsein mit den Menschen als Unterschied zwischen Johannes und Jesus

Jesus steht in der Tradition von Moses und den Propheten – oder besser gesagt: den „Kündern". „‚Prophet' ist eine leicht irreführende Übersetzung: der nawi, der Kundgeber zwischen Himmel und Erde, der ‚Künder', ‚prophezeit' nicht, er hatte nicht eine feststehende Zukunft anzusagen, sondern seine Hörer vor die Alternative zu stellen."[167] Besonders klar ist dies in Dtn 30,19: „Zu Zeugen habe ich heuttags gegen euch den Himmel und die Erde genommen, das Leben und den Tod habe ich vor dich hin gegeben, die Segnung und die Verwünschung, wähle das Leben, damit du lebst, du und dein Same: IHN deinen Gott zu lieben, auf seine Stimme zu hören, an ihm zu haften ..."
In einem ähnlichen Sinn kann die Künder-Tätigkeit Jesu verstanden werden: „Von da an begann Jesus zu künden und zu sagen: Kehrt um! Denn genaht ist das Königtum der Himmel." (Mt 4,17) Auch für seine Hörer steht Jesus in der Tradition der „Künder"[168]. Diese Tradition verbindet ihn mit dem Täufer. Die Nähe zum Täufer ist offensichtlich. Sie ist eine Nähe, in der Gemeinsamkeit und Unterschiede aufschlußreich sind und einen Zugang zu Jesus eröffnen, den ich benutzen möchte – um so mehr, als anerkannt ist: „Die Beziehung zum Täufer kann als eines der gesichertsten historischen Daten der ‚Biographie' Jesu gelten."[169]

Die Nähe des „Königtums der Himmel"/der Herrschaft Gottes, die Johannes kündet und deretwegen er zur Umkehr ruft, ist für ihn die Nähe des kommenden Zorns (Mt 3,7; Lk 3,7). In Gottes drohendem Gericht besteht nur, wer konkrete Buße tut, „Früchte der Umkehr" bringt (Mt 3,8; Lk 3,8); das nah bevorstehende Gericht Gottes macht die Entscheidung, in der die Menschen ihr Leben finden oder verlieren, endgültig.
Jesus geht von Galiläa an den Jordan zu Johannes, um sich von ihm taufen zu lassen. Die Ankündigung der Nähe der Herrschaft Gottes durch Johannes spricht Jesus in seiner eigenen Beziehung zu Gott an. Er bleibt eine Zeitlang in der Wüste – wo auch Johannes sich aufhält; vielleicht kann man die Versuchungsgeschichte so verstehen, daß Jesus durch sein Fasten und Beten in der Wüste zur Sicherheit findet, was die Nähe Gottes für ihn bedeutet[170].
Dann geht er nach Galiläa zurück und trennt sich vom Täufer. Den Unterschied zwischen ihnen stellt sein eigenes Wort anschaulich dar: „Ja, gekommen ist Johannes; er aß nichts und trank nichts; und nun sagen sie: Er hat einen Aber-

---

[167] M. BUBER: Zu einer neuen Verdeutschung der Schrift, in: „Die fünf Bücher der Weisung", a.a.O., 25.

[168] Vgl. Mt 16,14; 21,11; 21,46.

[169] P. HOFFMANN: Studien zur Frühgeschichte der Jesus-Bewegung (Stuttgarter Biblische Aufsatzbände 17), Stuttgart 1994, 55.

[170] Vgl. M. BALMARY: La divine origine, a.a.O., 278-281; siehe unten 7.1.2.2.

geist. Gekommen ist der Menschensohn; er ißt und trinkt; und nun sagen sie: Da! Ein Schlemmer und Weintrinker! Ein Zöllner- und Sünderfreund!" (Mt 11,18)

Johannes sondert sich in äußerster Askese von den Menschen ab; Jesus ist mitten unter den Menschen – so sehr, daß er es nötig hat, sich manchmal von ihnen zurückzuziehen – und nimmt auch an ihren Genüssen teil. In ihrer fast gleichlautend zusammengefaßten Künder-Tätigkeit (vgl. Mt 3,7; 4,17; und Mk 1,15) läßt dieser Unterschied eine jeweils andere Sinnspitze erkennen.
Johannes' Umkehrforderung hat den Sinn, auf eine dringende Notwendigkeit aufmerksam zu machen, deren Alternative die Vernichtung ist, und hat von daher den Charakter einer Drohung. Jesu Umkehrforderung hat den Sinn, auf eine Möglichkeit aufmerksam zu machen, die dadurch gegeben ist, daß Gottes Herrschaft (in Jesus) schon angebrochen ist, und hat von daher den Charakter einer Froh-Botschaft ...
Bei Johannes gründet die Umkehrforderung in der Nähe der Gottesherrschaft mit dem Ziel: damit ihr im Gericht besteht – bei Jesus gründet die Umkehrforderung in der Nähe der Gottesherrschaft selber, ohne ein anderes Ziel als die Umkehr und den Glauben an diese Gottesherrschaft (Mk 1,15). Diese ist (in ihm selber) schon angekommen und bedeutet, daß die Menschen umkehren können, daß sie von Gott gefunden werden, mit großer Freude (Mt 18,12).
Die Umkehrforderung erhält beim Täufer und bei Jesus einen je anderen Sinn, weil die Nähe der Herrschaft Gottes anders verstanden wird. Diese steht nicht bevor, sondern ist schon gekommen (Lk 17,21). Ihre Gegenwart ist nicht beängstigend und macht nicht ratlos wie die von Johannes gekündete Nähe des Königtums der Himmel[171], sondern sie macht froh und ermächtigt zum Handeln[172]. Die Herrschaft Gottes steht nicht bevor wie ein einschneidendes Ereignis, das Trennung, Reinigung, Vernichtung bedeutet, sondern sie ist schon unter den Menschen, verborgen in ihrem Alltag wie ein langsam und unmerklich, aber stetig sich entfaltender und alles ergreifender Veränderungsprozeß, dessen heilende Kraft in Jesu Tun wirksam ist und sichtbar wird[173].

Jesus steht in der Tradition der Künder, die es zuvor in Jisrael gab – und Johannes steht auch in dieser Tradition. Sie beziehen sich auf dieselben Schriften, und sie hören beide auf den Gott, der sich ihren Vätern als der geoffenbart hat, der bei ihnen ist und dasein wird. Woher kommen also die Unterschiede zwischen Jesus und Johannes? Ich will eine These wagen, die einen negativen und einen positiven Teil hat.

Der negative zuerst: ihre Unterschiede kommen nicht in erster Linie aus ihrem Gottesverständnis, oder besser gesagt, aus ihrem Hören auf Gott, so daß etwa der eine den erbarmungslos richtenden und der andere den vergebenden Gott hören

---

[171] Lk 3,10: „Und die Scharen fragten ihn und sagten: Was sollen wir denn tun?"

[172] Mt 13,44-46: wer den Schatz findet, wer an die schon angekommene Gottesherrschaft glaubt, ist nicht ratlos, sondern „voll Freude" weiß er, was er zu tun hat, „geht hin" und tut's.

[173] Mt 12,28/Lk 11,20; Lk 17,21.

und verkünden würde. Eine solche Gegenüberstellung von zwei Seiten in Gott ist für diejenigen, die auf JHWH hören und von ihm künden, unmöglich. Alle, die ihn hören, wissen, daß Gott sich seinem Volk verbunden hat – „in guten und in schlechten Zeiten" – als der, der dasein wird bei ihm in radikaler Achtung der Freiheit des Volkes, seine „Liebeserklärung" zu hören oder nicht (Dtn 4,29 f). Sie wissen, daß das Dasein Gottes bei seinem Volk nicht an Bedingungen gebunden ist. Sie wissen, daß Gottes in diesem Sinn bedingungslose Nähe sich im Leben und für das Leben des Volkes nur auswirken kann, wenn dieses an die verläßliche und stärkende Anwesenheit Gottes glaubt, wenn es „umkehrt" vom Nicht-hören zum Hören – wobei es Gott ist, der das Volk zur Umkehr und zum Glauben befähigt (Dtn 30,6). Um diesen Glauben geht es Jesus, um diese Umkehr Johannes.

Nicht im Hören auf Gott unterscheiden sich Jesus und Johannes, sondern – das ist der positive Teil meiner „These" – im Hören auf die Menschen. Jesus, der nach Galiläa geht, setzt sich dem Sehen, dem Hören und Fühlen der Situation, in der sich sein Volk befindet, anders aus als Johannes. Der Täufer weiß, daß Schinden und Ausbeuten zum Alltag derer gehören, die ihn um Rat fragen, und er ist eindeutig darin, daß es um Teilen und Ausgleich und um ein Ende des Unrechttuns geht (Lk 3,11-14). Dabei stellt er aber nicht in Rechnung, daß die Bedrücker auch teilweise die Bedrückten sind und daß die religiöse Bedrückung auf den Mengen des Volkes mindestens so schwer lastet wie die wirtschaftlich-soziale. Die Gesetzesbeobachtung, die ihnen die Gruppe der Frommen zur Bedingung ihres Gerechtseins machen, ist für sie unmöglich, sei es, weil sie sich in der Menge der einzelnen Vorschriften nicht auskennen, sei es, weil sie sie nicht halten können, wenn sie in ihrem Alltag überleben wollen. „Sie (die Schriftgelehrten und Pharisäer) bündeln schwere und unerträgliche Lasten und legen sie auf die Schultern der Menschen ..." (Mt 23,4) In dieser Situation kann die Ankündigung des kommenden Zornes Gottes beim Täufer die religiöse Bedrückung der kleinen Leute noch ausweglos er machen: Sie wissen sich schon als Sünder – nun sind sie des nahen Gerichts sicher ... Vielleicht ist die auffallend große Zahl der „Besessenen" unter den Kranken, die Jesus zur Heilung gebracht werden, ein Hinweis auf die Ausweglosigkeit des Sünder-Bewußtseins bei vielen im Volk. Auch Johannes prangert zwar die Falschheit und Selbstgerechtigkeit derer an, die die Gesetze in allen Details kennen und beobachten, (Mt 3,7); aber er fühlt vielleicht weniger als Jesus die Belastung, die sie für das Volk bedeuten, und diese Bedrückung scheint ihm weniger weh zu tun als Jesus.

6.1.3.2 Mitsein des Sohnes mit dem Vater im Geist

Jesus hat eine ausgeprägte Empfindlichkeit für die alltäglichen Freuden und Leiden der kleinen Leute – das zeigen die Geschichten, die er erzählt, um von der Gottesherrschaft zu sprechen. Das zeigen die zahlreichen Begegnungen, in denen Jesus mit denen zusammen ist, „die übel dran" sind[174], und in denen es

---

[174] Mt 4,23-24; 8,16; 9,35; 12,15; 14,14; 14,35-36; 15,30; 19,2; 21,14.

ihm „weh wird" um sie[175]. Charakteristisch für Jesus ist sein Mit-fühlen mit der Menge der kleinen und meistens auch sich selber geringschätzenden Leute. Charakteristisch für Jesus ist sein Sehen und Hören, sind seine offenen Augen und Sinne für die Situation seines Volkes. Er „hört seinen Druck", ähnlich wie JHWH Hagars Druck gehört hat. Er läßt sich betreffen von der Situation der anderen, deren Leben bedroht ist und die um Heilung oder einfach um seine Nähe bitten – er läßt sich von ihrer Not betreffen, unabhängig davon, zu welcher Gruppe im Volk oder zu welchem Volk sie gehören und ob sie nach dem Gesetz als „Sünder" zu betrachten sind oder nicht.

Jesu Hören, Sehen und Mit-fühlen ist zugleich ein Er-hören, ist Engagement für die Veränderung der Situation, von der er sich betreffen läßt. Die unterschiedlichen Nöte der Menschen, die Jesus heilt, lassen erkennen, welche Veränderungen das „heil-machen" einschließt: von bösen Geistern befreien, gehend, sehend und sprechend machen, hörend machen, Menschen dazu bringen, daß sie ihrer selbst mächtig sind, daß sie in den Vollbesitz ihrer Kräfte gelangen. Jesu heilendes Tun ist ein Starkmachen der Menschen, mit denen er zusammenkommt. Er bringt sie dazu, selbständig ihren Weg zu suchen[176].

Wenn Jesus in dieser Weise an den Menschen handelt, so ist sein Handeln Teil seiner Botschaft von Gott, den er in so vertraulicher Weise anspricht, wie ein kleines Kind seinen Vater ruft. Heilendes Tun und Verkündigung der „Heilsbotschaft vom Königtum der Himmel" sind bei Jesus untrennbar verbunden (Mt 4,23 und 9,35); und dieselbe Verbundenheit von Handeln und Wort kennzeichnet auch seine Jünger (Mt 10,7-8).

Wenn das heilende, stärkende Tun Verkündigung vom „Vater" ist, so muß sich auch in dem, was Jesus vom „Vater" sagt, eine heilende, stärkende Wirkung erkennen lassen. Was Jesus vom Vater sagt, betrifft im Grunde immer dessen Gutsein. Das Gutsein gehört einzig und allein zum Vater, und zu niemandem sonst (Mt 19,17 und Mk 10,18). Es ist ein Gutsein, das Anstoß erregen kann, weil es menschlichen Vorstellungen von Güte nicht entspricht[177] und weil es gut werden läßt, was nach menschlichem Ermessen nicht gut werden kann[178]. Jesus erhellt das Gutsein des Vaters immer im Verhältnis zum Menschen, zu dessen Denken, Empfinden, Für-möglich-halten, und zu dessen Tun, Bitten und Geben. Dabei zeigt Jesus das Gutsein des Vaters auf der einen Seite als etwas, was sich in seiner Einzigartigkeit dem Menschen entzieht (Mt 6,6 und 6,18) – und zugleich als etwas, was das Vertrauen des Menschen begründet (Mt 6,8 und 32 und Mt 7,11) und was doch nicht so fern vom Menschen ist, daß es diesen nicht

---

[175] Mt 9,36; 14,14; 15,32; 20,34.

[176] Vielleicht kann auch in diesem Sinn verstanden werden, daß Jesus einem Geheilten untersagt, ihm zu folgen: Mk 5,18-19.

[177] Oder: Ist es mir nicht erlaubt, mit dem Meinen zu machen, was ich will? Oder: Ist dein Blick böse, weil ich gut bin?" Mt 20,15.

[178] „Als die Jünger das hörten, waren sie sehr bestürzt und sagten: Wer kann da noch gerettet werden? Jesus blickte sie an und sprach zu ihnen. Bei Menschen ist das unmöglich – bei Gott aber ist alles möglich." Mt 19,26.

ermächtigen würde, Gutes zu tun (Mt 5,16), Gutes zu geben und Gutes zu erbitten (Mt 7,11).
Gerade weil das Gutsein des Vaters nicht in menschliche Vorstellungen von Güte hineinpaßt, hat es ermächtigende – und in diesem Sinn heilende Wirkung. Diese kommt in Jesus zum Vorschein. Jesus versteht sein heilendes Wirken als Zeichen dafür, daß die Herrschaft Gottes schon angekommen ist; sie wird in seinem Tun schon sichtbar (Mt 12,28/Lk 11,20 und Mt 13,16-17/Lk 10,23). In Jesus kommt Gott seinem Volk entgegen, damit es ihn sehen und hören kann und vom Hören, das kein Hören ist[179], zum wirklichen Hören umkehren kann. In Jesus befähigt Gott den Menschen zum Vertrauen in die Schwäche, die Gott für ihn hat.

Tatsächlich sind es nicht wenige, die sich durch Jesus zu diesem Vertrauen befähigen lassen. Das „Heilwerden" der Menschen folgt nicht allein aus dem heilenden Wirken Jesu – in der Kraft Gottes. Es folgt auch daraus, daß diejenigen, die „übel dran sind", in ihrem Anrufen, ihrem Aufsuchen und Berühren Jesu, in ihrem Bitten und Verteidigen des Rechts ihrer Bitte, ihren Glauben äußern (Mt 15,22-28). Umgekehrt ist es Jesus dort, wo er keinen Glauben findet, nicht möglich, etwas in der Kraft Gottes zu tun (Mt 13,58/Mk 6,5-6).
So kann man aus den vielen Angaben darüber, daß Jesus Menschen heil machte, die übel dran waren, auf die Menge derer schließen, die durch Jesus zum Glauben an die Zusage Gottes gelangen, „bei ihnen dazusein". In diesem Sinn verstehe ich Jesu Lobpreis an den Vater: „Hochpreise ich dich, Vater, Herr des Himmels und der Erde, daß du dies vor Weisen und Klugen verborgen, Unmündigen aber enthüllt hast ..." (Mt 11,25)

Jesus stößt aber nicht nur auf jene, die sich durch ihn zum Vertrauen in die Schwäche, die Gott für sie hat, befähigen lassen, sondern auch auf die anderen, die nicht die in seinem Tun sichtbar werdende Kraft Gottes erkennen (Mt 17,12), nicht umkehren (Mt 11,20) und sich nicht im Schutz der liebenden Zusage Gottes sammeln und starkmachen lassen wollen (Mt 23,37-38). So wie JHWH das Inkrafttreten seiner Zusage an den Willen Jisraels bindet und dessen Nichtwollen gegenüber ohnmächtig ist, so ist Jesus dem Unglauben gegenüber ohnmächtig, auf den er in Jisrael stößt. Hier erkennt er sich wieder in unmittelbarer Nähe zu Johannes: „... sie erkannten ihn nicht (den in Johannes angekommenen Elija), sondern machten mit ihm, was sie wollten. So wird auch der Menschensohn unter ihnen leiden müssen." (Mt 17,12)
Auch Jesus wird leiden müssen unter denen, die ihn nicht erkennen und die mit ihm machen, was sie wollen; besser gesagt: mit seiner Ohnmacht gegenüber ihrem Unglauben, seinem Nicht-können ihrem Wollen gegenüber, hat das Leiden Jesu schon begonnen. Es ist schon Gegenwart als Betroffenheit durch das Leiden, das die Nicht-Wollenden treffen wird: „Jerusalem! Jerusalem! ... Wie oft habe ich deine Kinder sammeln wollen, wie eine Glucke ihre Kinder unter den Flügeln sammelt – doch ihr habt nicht gewollt. Da! Öd gelassen wird euch euer Haus!" (Mt 23,37-38) Das Leiden derer, die mehr Zutrauen zu ihrem Tempel

---

[179] Solches Hören thematisiert Jesus in der Gleichniserklärung Mt 13,18-23 ausführlich.

haben als zur Zusage des lebendigen Gottes, mit der Jesus sie sammeln und stärken will, wird Jesus am eigenen Leib mitleidend vorwegnehmen. Die Verwüstung und Verlassenheit des Tempels wird seine eigene Verwüstung und Verlassenheit sein (vgl. Joh 2,19-21).

Das Leiden Jesu – von seiner Gefangennahme, der ungerechten Beschuldigung und Folterung bis hin zur Kreuzigung – ist Folge des Widerstands, den sein Wirken und seine Verkündigung bei denen finden, die nicht sehen und nicht hören wollen. Jesu Jünger, die mit einer Verkündigung und einem Wirken, die dasjenige Jesu fortsetzen, deswegen – um Jesu willen – auf ähnlichen Widerstand stoßen wie er, müssen mit ähnlichem Leiden rechnen (Mt 10,17-22). Zum Zeugnis wird dieses Leiden dadurch, daß die Leidenden ausharren (Mt 10,22), daß sie sich nicht um ihre Verteidigung – und das heißt konkret: um ihr Reden – Sorgen machen, sondern dem „Geist des Vaters" in sich Raum geben. Dessen Reden wird aber vor allem das Schweigen sein: Mehrfach ist das Schweigen Jesu im Angesicht derer, die ihn anklagen, erwähnt (Mt 26,63; 27,12 und 14). Durch ihr Ausharren und Schweigen, durch die Abstinenz von einem eingreifenden Handeln, bezeugen Jesus und seine Jünger Gottes Nicht-können, seine Ohnmacht gegenüber dem Nicht-wollen derer, die er liebt. Und Jesus und seine Jünger bezeugen Gottes Betroffenheit und sein Mit-leiden der Not jener, die sich seiner Nähe gegenüber verschließen.

Es ist aber nicht nur Jesu Leiden, sondern – das wurde im Vorhergehenden deutlich – sein gesamtes Wirken und seine Verkündigung sind es, die Gottes Mitsein in den herausgearbeiteten Dimensionen bezeugen. Jesu An-sehen und An-hören derer, die übel dran sind, zeigen JHWHs Sehen und Hören der Bedrückung seines Volkes. Jesu Verkündigung zeigt den „Vater", der seine Schwäche für Jisrael erklärt – wobei sich diese „Schwäche", die verläßliche Nähe Gottes, nicht mehr nur für Jisrael zum Segen auswirkt, sondern für alle, die der Zusage Gottes glauben. Jesu Wirken zeigt das Mit-fühlen des Vaters mit denen, die er liebt. Jesu Ohnmacht gegenüber dem Nicht-wollen derer, denen er die stärkende Nähe Gottes zusagt, zeigt das Nicht-können JHWHs. Jesu Leiden zeigt die Betroffenheit Gottes vom Leiden derjenigen, die ihn nicht hören und ihm nicht glauben wollen.
Wenn Jesus sich selbst so versteht, daß der Geist Gottes in ihm wirkt (Mt 12,28) und seine Herrschaft in ihm schon angekommen ist, im Alltag verborgen wie ein unscheinbarer Anfang (Lk 17,21), dann hat dieses „verrückte" Selbstbewußtsein Jesu[180] seinen Grund in der einzigartigen Verbindung zwischen Jesus und JHWH, zwischen „Vater" und „Sohn" (vgl. Mt 11,27). Diese Verbindung wird mehrfach in den Evangelien so gedeutet, daß Jesus – wie später auch seine Jünger – den „Geist" empfängt (z.B. Mt 3,16), den „Geist des Vaters", wie es an einer einzigen Stelle im ganzen Neuen Testament heißt (Mt 10,20). Daß Jesu Wirken und Leiden das Mitsein des Vaters bezeugen, ist Werk des Geistes.
Von der Nähe zwischen „Sohn" und „Vater" im „Geist" zu sprechen, läßt nach der Beziehung in Gott fragen.

---

[180] Zu Mk 3,21 vgl. P. HOFFMANN, a.a.O., 261.

6.2 Zur Beziehung in Gott

Die Beziehung Gottes zum Menschen enthält Hinweise auf die Beziehung in Gott – ähnlich vielleicht wie unter meinen vielen Beziehungen zu anderen Menschen eine einen so zentralen Platz einnimmt, daß sie die anderen prägt. Die Beziehung in Gott – Beziehung zwischen dem Vater, dem Sohn und dem Geist – ist eine Dimension des Mitseins Gottes, die im Zeugnis der Schriften in einer Weise gegenwärtig ist, daß sie dazu nötigt, von ihr zu sprechen, solches Sprechen aber nicht erleichtert. Daher möchte ich, bevor ich Hinweise auf die Beziehung in Gott zu geben versuche, Hinweise zum Sprechen von dieser Beziehung geben.

6.2.1 Hinweise zum Sprechen von der Beziehung in Gott

Die Dimension des Mitseins Gottes, die in der Beziehung zwischen Vater, Sohn und Geist besteht, ist in biblischen Aussagen gegenwärtig wie der Hintergrund, der alles trägt und „gründet", der aber gerade in dieser Funktion nahezu unsichtbar bleibt. Theologische Aussagen, die diesen Hintergrund sichtbar zu machen suchen, bringen zusätzliche Schwierigkeiten mit sich. Ihre Sprache unterscheidet sich von jener der biblischen Aussagen; sie ist selber jeweils eine andere, je nach der Lebens- und Denkwelt, der sie zugehört; und sie ist entsprechend einseitig und ergänzungsbedürftig. Obwohl das Sprechen von der Beziehung in Gott dadurch zu einer schwierigen Gratwanderung wird, halte ich es für unentbehrlich. „Nirgendwo ist der Irrtum gefährlicher, die Suche mühsamer, die Entdeckung fruchtbarer," sagt Augustinus[181].

6.2.1.1 Biblischer Hintergrund

Schon im Ersten Testament gibt es Aussagen, die einen Anhaltspunkt bieten, um von Gemeinschaft und Beziehung in Gott zu sprechen. Sie benennen keine verschiedenen Personen in Gott, aber um so deutlicher legen sie den Schluß nahe, daß zum inneren Wesen Gottes die Beziehung gehört. In der ersten Aussage, in der Gott (Elohim) von sich selbst spricht, heißt es: „Gott sprach: Machen wir den Menschen in unserem Bild nach unserem Gleichnis! ... Gott schuf den Menschen in seinem Bilde, im Bilde Gottes schuf er ihn, männlich und weiblich schuf er sie." (Gen 1,26-27) Wenn Gott den Menschen in seinem Bild als ein Wesen schafft, das auf die Beziehung angelegt ist, in der es sich als Mann und als Frau erkennt (vgl. Gen 2,23), so liegt in der Bedeutung der Beziehung die Verwandtschaft des Menschen mit Gott[182].

---

[181] AUGUSTINUS: De Trinitate, L1/CIII, 5: „quia nec periculosius alicubi erratur, nec laboriosius aliquid quaeritur, nec fructuosius aliquid invenitur."

[182] Siehe unten 6.2.2.2: „Liebe, die Gespräch wird: Gleichnis für die Beziehungen zwischen Vater, Sohn und Geist".

Im Zweiten Testament bezeugen nicht wenige Aussagen, daß Christsein nur in der Beziehung zu Gott in den Personen von Vater, Sohn und Geist möglich ist. Die Taufformel verweist auf eine Praxis, die in der Kirche seit ihren Anfängen verbindlich war, während sich in anderen Fragen bald Unterschiede zu zeigen begannen[183]. Die drei Fragen nach dem Glauben an den Vater, an den Sohn und an den heiligen Geist, die der Taufe von alters her vorangingen, zeigen, daß der Sohn und der Geist in gleicher Weise als konstitutiv für das göttliche Geheimnis angesehen werden wie der Vater und daß dieses (dreifache) Bekenntnis unabdingbar zum christlichen Glauben gehört. Dieses Zeugnis schlägt sich in der im Matthäus-Evangelium überlieferten Tauformel nieder: „Geht nun und macht zu Jüngern alle Völker, sie taufend auf den Namen des Vaters und des Sohnes und des Heiligen Geistes." (Mt 28,19)

Ich habe mich gefragt, welche Bestimmung es für den Sinn der Taufe bedeutet, wenn sie nicht im Namen Gottes geschieht, der sich als „Ich-bin-mit-dir" gezeigt hat, sondern im Namen des Vaters und des Sohnes und des Geistes. Wenn die Taufe wie das Siegel einer Zugehörigkeit ist, so könnte die Taufe auf den Namen des „Ich-bin-mit-dir" als Besiegelung einer Beziehung mißverstanden werden, in der es keine Offenheit, kein Leben, keine Veränderung gibt, weil in ihr nur zwei Pole vorgesehen sind. Anders ist es mit der Taufe im Namen Gottes, der Vater, Sohn und Geist ist. Sie drückt die Gemeinschaft mit Gott aus, der seinerseits Gemeinschaft ist – und das bedeutet Geben und Empfangen von Liebe in Freiheit. Dieses Mitsein-in-Freiheit *in* Gott hat sein Mitsein mit Jisrael immer getragen und trägt sein Mitsein mit den Menschen – das wird in Jesus erkennbar. Am Mitsein-in-Freiheit in Gott und an der Geschichte dieses Mitseins mit den Menschen haben jene Anteil, die im Namen des Mitseins in Gott, im Namen des Vaters und des Sohnes und des Geistes, getauft sind.

In den paulinischen Briefen zeigt sich ein Widerhall davon, wie intensiv die frühe Kirche über die Offenbarung des Vaters, des Sohnes und des Geistes nachgedacht hat. Besonders in den Abschnitten, in denen es Paulus darum geht, die radikale Veränderung deutlich zu machen, die das Christsein für die Beziehung zu Gott bedeutet, spricht er vom Zusammenwirken Gottes (des Vaters), des Sohnes und des Geistes. Ich will mich darauf beschränken, zwei Beispiele zu nennen.
Im einen Beispiel beschreibt Paulus das Neue der christlichen Existenz als das Jetzt, das unvergleichlich mit dem Vorher ist: „... Dennoch habt ihr euch reingewaschen. Dennoch seid ihr geheiligt worden. Dennoch gerechtgemacht – durch den Namen des Herrn Jesus des Messias und durch den Geist unseres Gottes. " (1 Kor 6,11) Jesus Christus, der Geist und Gott (der Vater) arbeiten zusammen an der Erneuerung der Menschen. Die dreifache Bezeichnung dieser Erneuerung entspricht – das zeigt der Rhythmus der Sätze – den zuletzt genannten göttlichen Personen: die Reinwaschung geschieht durch Jesus Christus, die Heiligung durch den Geist und die Gerechtmachung durch Gott.

---

[183] Vgl. J. L. SEGUNDO: Teologia abierta II, Madrid 1983, 69.

Im zweiten Beispiel geht es besonders um die Heiligung durch den Geist. „Weil ihr aber Söhne seid, entsandte Gott den Geist seines Sohnes in unsere Herzen, der schreit: Abba, Vater du!" (Gal 4,6) Der Geist heiligt die Menschen, indem er ihre Teilhabe an der Beziehung Jesu zum Vater begründet. Die Beziehung der Sohnschaft ist wesentlich eine Beziehung der Freiheit, nicht wie zwischen einem unmündigen Kind und seinem Vater, sondern wie zwischen einem reifen Menschen, einem „Erben", und demjenigen, zu dessen Erben er eingesetzt ist.

Wie die Beziehung Jesu zum Geist steht auch die Beziehung Jesu zum Vater im Johannesevangelium im Vordergrund. Jesus nennt „den" Gott[184], den Einzigen, dessen Name JHWH schon lange nicht mehr genannt wurde, seinen „Vater" und offenbart sich selber als der, „der vom Vater ausgeht", das ist der Sohn[185]. Das Wort „Sohn" läßt die enge Verbindung zwischen Jesus und dem einzigen Gott stärker anklingen als ihre Verschiedenheit – wobei ihre Verbundenheit und Einheit ihre Verschiedenheit voraussetzt.

Das Johannesevangelium betont die Einheit von Vater und Sohn und auch von Sohn und Geist, als Einheit im Handeln[186]. Darüber hinaus betont es die Verbundenheit zwischen Sohn und Vater als Einheit im Sein, und damit als eine so ganzheitliche Einheit, daß keine Unterscheidung mehr möglich zu sein scheint: „... Wer mich gesehen, der hat den Vater gesehen..." (Joh 14,9) Wenn aber keine Unterscheidung zwischen Jesus und dem Vater möglich ist, wie kann dann eine Beziehung zwischen ihnen bestehen?

„Ich und der Vater sind eins." (Joh 10,30) Das klingt im Deutschen wie eine Wendung, die besagt: „wir sind einig, zutiefst miteinander verbunden." Aber der griechische Text ist präziser und anstößiger. Um darauf aufmerksam zu machen, müßte man im wortgetreuen Nachsprechen des Griechischen übersetzen: „Wir sind eines, eine Sache." Der ausdrückliche Gebrauch des Neutrums – Jesus sagt auch nicht „wir sind einer" – ermöglicht ein differenziertes Verstehen der Einheit zwischen Vater und Sohn: es handelt sich um eine Identität in der Weise des Seins – des liebenden Bezogenseins aufeinander und des liebenden Bezogenseins auf die Schöpfung –; es handelt sich nicht um eine Identität der Subjekte. Darum kann es eine Ich-Du-Beziehung zwischen Jesus und dem Vater geben. Jesus wendet sich an den Vater mit derselben Selbstverständlichkeit, wie sich eine Person an eine andere wendet.

Die Einheit mit dem Vater, die Jesus als vollkommene Gemeinschaft beschreibt (Joh 17,10) und in die er seine Freunde aufzunehmen bittet (Joh 17,21), hat

---

[184] Vgl. dazu J. L. SEGUNDO, a.a.O., 76.

[185] Vgl. Joh 13,3; 16,28; 8,42; 8,54.

[186] Zur Einheit des Handelns von Vater und Sohn nur ein Beispiel von vielen: „Als ich bei ihnen war, *bewahrte ich sie* in deinem Namen, den du mir gegeben. ... Ich bitte nicht, daß du sie herausholst aus der Welt, sondern *sie bewahrst* vor dem Bösen." (Joh 17,12 und 15) Zur Einheit des Handelns zwischen Jesus und dem Geist vgl. Joh 14,16: „Und ich werde den Vater bitten, und er wird *einen anderen Mutbringer* euch geben ..." „Mutbringer" – diese Zusammenfassung seines Wirkens kennzeichnet Jesus – und kennzeichnet genauso den Geist. Vgl. J. L. SEGUNDO, a.a.O., 80.

einen hohen Preis; sie kostet Jesus Schweiß und Blut[187]. Auch die Einheit mit dem Geist schließt die Verschiedenheit der Subjekte ein. „Es gereicht euch zum Guten, daß ich weggehe. Denn: Wenn ich nicht weggehe, kommt der Mutbringer nicht zu euch ..." (Joh 16,7) Auch die Einheit mit dem Geist ist konkret gelebte Wirklichkeit, die ihren Preis an Leiden hat: noch vieles zu sagen haben – und es nicht mehr sagen können, das Einführen in die Wahrheit nicht vollenden können, weggehen müssen[188].

Wie die vollkommene Einheit zwischen Sohn und Vater ist auch die vollkommene Einheit zwischen Jesus und dem Geist eine schwierige Einheit – um der Freude ihrer Freunde willen (Joh 16,20-24). Das Wirken des Vaters und des Sohnes und des Geistes verbindet sich in demselben Ziel, daß Gott alles in allen sei (1 Kor 15,28), daß der Mensch zur Fülle des Menschseins gelange (Eph 4,13).

„Gott ist Liebe" (1 Joh 4,8) – dieser zusammenfassende kleine Satz deutet darauf hin, daß in Gott eine Beziehung und eine Bewegung herrschen, die „Liebe" genannt wird. Dies wiederum setzt voraus, daß in Gott verschiedene Personen sind, welche durch die Beziehung der Liebe bewegt werden, so daß sie sich, jede auf die anderen zu und in Verbundenheit mit dem anderen, aber auch jede durch die anderen und von dem anderen weg – auf anderes außerhalb ihrer hin bewegen. „Die Botschaft des Neuen Testaments über den Vater, den Sohn und den Geist bietet uns das Beispiel der umfassendsten und persönlichsten Zusammenarbeit in der Geschichte. So, und nicht anders, zeigt sich uns der Gott, (der) Liebe (ist). Außerhalb davon wissen wir nichts weiter über seinen persönlichsten Bereich. Gott hat uns das Geheimnis seines Seins eröffnet, um uns eine ganzheitliche, innige Zusammenarbeit in einer Liebes-Geschichte zu zeigen, welche die unsrige ist."[189]

6.2.1.2 Differenz der Sprachen, ihre Einseitigkeit und Ergänzungsbedürftigkeit

Die biblischen Aussagen, in denen erkennbar ist, daß die frühen Christen über die Offenbarung Gottes im „Sohn", im „Vater" und im „Geist", über die Einheit von Vater, Sohn und Geist und über ihre Verschiedenheit, nämlich ihre Beziehungen, nachdenken, sprechen den Glauben nach, der sich hier entfaltet. Dieser Glaube bezieht sich in erster Linie auf das Handeln Gottes in menschlicher Geschichte, in deren Wertschätzung und Verwandlung Vater, Sohn und Geist zusammenwirken.

Das Interesse am Aussprechen dieses Glaubens ist nicht gleichbedeutend mit der Beantwortung der Frage, die sich auf der Ebene der Logik stellt: Wie kann Gott zugleich einer – und Vater, Sohn und Geist sein? Charakteristisch für die Sprache biblischer Aussagen ist, daß sie auf diese Frage nicht eingehen, daß sie

---

[187] „Und er sagte: Abba, Vater du! Alles ist dir möglich, führ diesen Becher an mir vorüber. Aber nicht, was ich, sondern was du willst." Mk 14,36; vgl. Lk 22,42-44.

[188] Vgl. Joh 14,30 und 16,12-13.

[189] J. L. SEGUNDO, a.a.O., 81.

„keine Wesens-Definitionen geben und sich nicht auf theologische Erklärungen einlassen"[190].
Zugleich gehören aber die Auseinandersetzung mit dieser und anderen Fragen, gehören die Definitionen im Sinne der Entscheidung, welche Inhalte mit einem Wort als angesprochen gelten sollen, und gehören auch theologische Erklärungen zur Geschichte der Entfaltung des christlichen Glaubens und seiner Inhalte. Die Sprache der Auseinandersetzung, bei der um tieferes Verstehen gerungen wird, die Sprache der „Definitionen" und „Erklärungen" ist eine andere als die des Zeugnisses der Schriften; und sie ist jeweils eine andere entsprechend der Lebens- und Denkwelt, der sie zugehört.

In der Differenz zwischen der Sprache der Definitionen und jener der bezeugten „Erfahrung" liegt eine Schwierigkeit, die das Sprechen von der Beziehung in Gott in besonderer Weise betrifft. Die Sprache des in den biblischen Aussagen bezeugten Hörens hat eine kreisende Dynamik – wie es im Johannesevangelium sehr deutlich wird; sie geht das Gehörte und Gesehene in immer neuen Kreisen ab. Die Sprache des Fragens, Definierens und Erklärens hat eine fortlaufende Dynamik; sie bemüht sich, durch das Gehörte und Gesehene hindurch in das Geheimnis vorzudringen, das dahinter liegt.
Beide „Sprachen" mit ihrer unterschiedlichen Dynamik haben ihr Recht und ihre Notwendigkeit. Die diskursive Sprache der Definitionen und Erklärungen bringt jedoch für das Sprechen von der Beziehung in Gott insofern eine besondere Schwierigkeit mit sich, als sie immer von einem aus- und zu einem anderen weitergeht. So kann sie in ihrer Gottesvorstellung nicht anders als von einer Person auszugehen, aus der die anderen „hervorgehen"[191]. Damit entfernt sie sich aber von dem Geheimnis, dem sie sich nähern möchte: daß Gott von Anfang an Gemeinschaft und In-Beziehung-sein von Vater, Sohn und Geist ist.

In der Differenz nun zwischen den Sprachen der Definitionen und Erklärungen bzw. der Bezeugung von Erfahrung, die jeweils einer anderen Lebens- und Denkwelt zugehören, liegt, was das Sprechen von der Beziehung in Gott angeht, weniger eine Erschwerung als eine Chance.
Alles Definieren neigt dazu, nur eine Seite zu treffen – das Begrenzen ist immer auch ein Ausgrenzen. Die Einseitigkeit der Denkbemühungen einer Zeit kann nun in einer anderen Zeit erkannt und berichtigt werden, wobei deren Hellsichtigkeit in bezug auf jene vergessene Seite wiederum mit Blindheit in bezug auf eine andere Seite zusammengeht. Die Chance der Unterschiedlichkeit der Denkbemühungen liegt darin, daß sie sich nicht einfach ablösen, sondern zugleich nebeneinander bestehen bleiben und dadurch ergänzen und vervollständigen. Das wird deutlich an den großen „Systematisierungstendenzen", die Leonardo Boff in der Geschichte der Trinitätsreflexion ausmacht[192].

---

[190] Ebd., 75.

[191] „Der Begriff darf nicht im Sinne einer Formalursache verstanden werden, so als ob der Sohn und der Heilige Geist nicht so ewig, unendlich und allmächtig wie der Vater wären." L. BOFF: Trinität, in: Mysterium Liberationis I, Luzern 1995, 515.

[192] Vgl. ebd..

Jenes christliche Denken, das, in großer Nähe zum Ersten Testament, den Vater und den Sohn und den Geist als unterschiedliche Personen durch das Wort und Handeln identifizierte, mit dem sie sich in der Geschichte erkennbar machen, konnte wenig zur Beziehung in Gott sagen. Und da es mit „Gott", dem Ersten Testament folgend, vor allem den Vater bezeichnete, war es in der Gefahr, den Sohn und den Geist dem Vater unterzuordnen.

Das christliche Denken, das daraufhin die Wesensgleichheit des Sohnes und des Geistes mit dem Vater betonte und sie als Personen von Ewigkeit her durch ihre Relationen „identifizierte", war dagegen in Gefahr, abstrakt zu werden, sich vom konkreten Handeln des Vaters, des Sohnes und des Geistes in der Geschichte zu entfernen und über ihrer Wesenseinheit ihre Verschiedenheit als Personen zu vergessen. Die Geltung beider Denkwege – bei den Griechen stärker der eine, bei den Lateinern mehr der andere[193] – ermöglichte auf Dauer ihre gegenseitige Korrektur und Ergänzung.

Allerdings bleibt auch die zuvor genannte kritische Anfrage an beide Denkwege gültig, daß nämlich die Ursprünglichkeit von Gemeinschaft und Beziehung in Gott nur wenig gesehen wird. Sie ins Zentrum ihrer Überlegungen zu stellen, kennzeichnet die „Systematisierungstendenz moderner Theologen"[194]. Christliches Denken heute kann das Thema der Beziehung aufgreifen, die, wenn sie schon nachträglich zum biologisch konstituierten Individuum hinzuzukommen scheint, zugleich doch dieses Individuum als menschliches Subjekt erst konstituiert. Die Chance dieses Denkweges liegt darin, eine andere Sprache zu suchen. „Nach anderthalb Jahrhunderten der Reflexionen, Diskussionen und verschiedener ökumenischer Konzilien ... kam es zur Schaffung einer technischen Sprache der theologischen Reflexion, die es ermöglicht, irrige Glaubensauffassungen zu vermeiden. Doch der Preis an Glaubenserfahrung, den man dafür zu zahlen hatte, war hoch, denn die geprägte Sprache ist von großer Strenge und abstraktem Formalismus."[195]

Wenn dieser „Formalismus" den in Vater, Sohn und Geist sich als Liebe mitteilenden Gott unzugänglich macht, widerspricht er den biblischen Aussagen. Denn diese lassen zugleich erkennen, daß die Beziehung in Gott wie eine unvorstellbare Offenheit ist, nämlich eine Offenheit, die über das Ankommen Gottes im Menschen und in der Menschheit hinaus auf das Ankommen des Menschen und der Menschheit in Gott hindeutet.

6.2.1.3 Hintergrund und Sprache bei meinem Versuch

Im Zusammenhang der Beziehung Gottes zum Menschen ist es mir unmöglich, nicht von der Beziehung in Gott zu sprechen. Die Beziehung Gottes zum Menschen hat in der Beziehung, die in ihm selber lebt, ihren Grund und gewissermaßen ihren Raum. Gottes Mitsein in ihm ist der Ursprung für sein Mitsein mit den

---

[193] Vgl. ebd., 516.
[194] Vgl. ebd., 517.
[195] Ebd., 514.

Menschen. Alle Bewegung seines Hörens und Sprechens, seines Eingehens in menschliche Geschichte, sammelt sich und wurzelt in einem Grund, der seine Bewegung in ihm selber ist. Darum kann – so scheint mir – das über Gottes Beziehung zum Menschen Gesagte leicht unverbindlich bleiben, wenn man nicht versucht, auf die Beziehung in Gott hinzuweisen. Die Dimension des Mitseins in Gott könnte – auf der anderen Seite – denjenigen Menschen vertraut sein, die wissen, daß der Grund dafür, wie sie mit anderen leben, in einer innerlich sie bestimmenden Beziehung liegt, die oft nicht einmal sie selber richtig begreifen.

Vielleicht führt ein Vergleich weiter. Es ist, wie wenn ich das sichtbare und von anderen bezeugte Wirken eines Menschen beschreibe, dessen inneres Geheimnis sich mir entzieht und über das ich deswegen schweige – obwohl ich weiß, daß mich dieser Mensch gerade um dieses Geheimnisses willen anzieht, und obwohl ich zumindest die Ahnung habe, daß dieses Geheimnis existiert: Es ist die Wirklichkeit, aus der dieser Mensch lebt. Im Grunde habe ich sogar Anhaltspunkte, um ahnen zu können, worin dieses Geheimnis besteht. Aber aus einer Art Scheu und Diskretion heraus schweige ich darüber. Die Diskretion mag mich ehren, aber meine Beschreibung, die noch so sorgfältig und treu sein kann, bleibt im Ungewissen; es fehlt ihr etwas – wobei dieses Fehlen eine Spur von Trauer und ein Gefühl von Unbefriedigtsein hinterläßt. In meiner Beschreibung fehlen meine Beziehung, meine Liebe zu diesem Menschen, in der ich sein Geheimnis ahne. Ich habe mich aus meiner Beziehung zu diesem Menschen gewissermaßen hinausgeschlichen und von außen über ihn gesprochen.
Wenn der Ort meines Sprechens von Gott die Beziehung zu ihm ist, kann ich also nicht anders, als auch von der Mitte in Gott zu sprechen, in der er selber lebendiges Mitsein ist, das seine Beziehung zum Menschen trägt.

Dieser Hintergrund dafür, daß ich von der Beziehung in Gott zu sprechen versuche, ist auch für die Art und Weise bestimmend, wie ich davon sprechen werde, nämlich ausgehend von meiner Erfahrung und ihr nachgehend. Um von der Beziehung in Gott zu sprechen, scheint mir die eigene Erfahrung mit der Beziehung zu anderen der Weg zu sein, den Gott weist, indem er den Menschen „in seinem Bild" als ein Wesen schafft, das auf Beziehung angelegt ist.
Wenn ich meine Erfahrung mit der Beziehung zu anderen als einen Weg sehe, um von der Beziehung in Gott zu sprechen, so heißt das allerdings nicht, daß ich den Weg schon kenne. Denn meine Erfahrung ist unabgeschlossen; sie ereignet sich auch noch in dem Moment, in dem ich sie wahrzunehmen suche, um etwas von der Beziehung in Gott wahrzunehmen.
Wenn meine Erfahrung mit der Beziehung zu anderen für mich wie ein im Gehen noch zu entdeckender Weg ist, um von der Beziehung in Gott zu sprechen, so hat dies zur Folge, daß meine Sprache nicht jene der Definitionen und Erklärungen sein kann. Sie hat eher Ähnlichkeit mit der sicher-unsicheren Sprache, in der man einen Weg beschreibt, den man zum ersten Mal geht: „sicher", weil das, was man entdeckt, wirklich ist – „unsicher", weil man es zum ersten Mal sieht.
Und noch etwas muß zur Erfahrung als Weg des Sprechens von Gott gesagt werden: Es ist ein Weg, der in den Texten der Bibel immer wieder begangen und

als solcher bezeugt wird. Wenn ich selber diesen Weg suche, so bestärkt mich das Gespräch mit solchen Texten in meiner Suche. Zugleich gilt, daß es meine Suche ist, die mich zu diesem Gespräch drängt[196].

6.2.2 Hinweise zur Beziehung in Gott

Bei meinem Versuch, vom Mitsein in Gott zu sprechen, kann es sich nur um Hinweise handeln. Ich finde solche Hinweise in meiner Erfahrung mit der Beziehung zwischen Menschen. Zugleich führt mich das Nachdenken meiner Erfahrung dazu, das biblische Zeugnis eines Sprechens von Gott im Ausgang von persönlicher Erfahrung mit neuer Aufmerksamkeit zu lesen: Paulus läßt sich von seiner Erfahrung mit Unfreiheit und Freiheit Hinweise darauf geben, wie Vater, Sohn und Geist am Menschwerden des Menschen zusammenwirken. Allein in diesem Zusammenwirken zeigt sich – wie J. L. Segundo betont – „der persönlichste Bereich Gottes". Zunächst werde ich daher in Paulus' Zeugnis von menschlicher Gespaltenheit und vom Zusammenwirken Gottes an der Heilung des Menschen Hinweise auf das Mitsein in Gott suchen; und dann werde ich diese Hinweise von meiner Erfahrung her nachsprechen.

6.2.2.1 Paulus' Erfahrung von Gespaltenheit: Hinweise auf das Zusammenwirken von Vater, Sohn und Geist am Menschwerden des Menschen

Wenn „Mensch*werden*" voraussetzt, daß noch etwas zu einem vollen Mensch*sein* fehlt, so beschreibt Paulus dieses Fehlen im Römerbrief (Röm 7,14-25) als grundlegende Gespaltenheit im Menschen, dessen Heilung – im Prozeß des Menschwerdens – sich dem Zusammenwirken von Vater, Sohn und Geist verdankt. Um Paulus' Erfahrung zu verstehen, finde ich es hilfreich, mich durch die theologischen Überlegungen von Juan Luis Segundo zum 7. und 8. Kapitel des Römerbriefs leiten zu lassen[197].
Das setzt voraus, daß ich kurz auf das Anliegen Segundos und auf die Perspektive seiner Überlegungen zu Paulus eingehe.

---

[196] In großer Klarheit zeigt Juan Luis Segundo die Zirkelstruktur auf, derzufolge es keine göttliche Offenbarung ohne eine menschliche Suchbewegung gibt, die auf dieses Wort hinstrebt und die es ermöglicht, von diesem Wort verwandelt zu werden: Vgl. J. L. SEGUNDO: Offenbarung, Glaube und Zeichen der Zeit, in: I. Ellacuría, J. Sobrino (Hg), Mysterium Liberationis, Grundbegriffe der Theologie der Befreiung I, Luzern 1995, 433-460.

[197] Ich stütze mich auf J. L. SEGUNDO: O homem de hoje diante de Jesus de Nazaré, II/1: Sinóticos e Paulo, história e atualidades, São Paulo 1985, 305f und auf J. L. SEGUNDO: Jesus devant la conscience moderne, und: Le christianisme de Paul. L'histoire retrouvée, Paris 1988. Beim portugiesischen Titel handelt es sich um die Übersetzung des spanischen Originals: El hombre de hoy ante Jesus de Nazaret, Tomo II/1: Historia y actualidad. Sinópticos y Pablo, Madrid 1982. Bei den französischen Titeln handelt es sich um eine Neufassung des dreibändigen spanischen Werkes „El hombre de hoy ante Jesus de Nazaret". Im Vorwort zu der französischen Ausgabe macht Segundo auf die Veränderungen aufmerksam und schreibt, daß das „Material des zweiten spanischen Bandes als Ganzes aufgenommen sei" (Vgl. „Jesus devant la conscience moderne", Paris 1988, 8). Allerdings betrifft das mehr den Inhalt als den Wortlaut, der offensichtlich stark überarbeitet wurde. Der französische Band, der Segundos Römerbrief-Überlegungen enthält, ist oft im Aufbau und in den Formulierungen klarer als das spanische Werk.

Im Vorwort zur französischen Ausgabe seines Werkes faßt Segundo sein Anliegen zusammen: „Das erste Projekt war und ist weiterhin, für den Menschen von heute den Sinn des Lebens und der Botschaft Jesu wiederzufinden."[198] In diesem großen Zusammenhang ist Paulus' christologisches Denken, so wie es sich im Römerbrief darstellt, besonders interessant. Denn der Römerbrief ist weniger von den Umständen und Einzelheiten einer schon vorhandenen konkreten Beziehung zu dieser Gemeinde geprägt und läßt dafür Paulus' Ziel um so deutlicher werden: „eine *einzige*, und also *neue* Sprache zu benutzen, um zu Juden und Heiden, das heißt, zur Menschheit als ganzer über die Bedeutung des Christus, des Jesus von Nazaret zu sprechen"[199]. Die einmalige Bedeutung Jesu für „den Menschen"[200] zeigt sich Paulus innerhalb eines Spannungsfelds verschiedener widerstreitender – und von ihm gewissermaßen personifizierter – Kräfte, die in jeder menschlichen Existenz am Werk sind und die jeder beobachten kann, wenn er sich in seine eigene Existenz vertieft. Daraus folgt für Segundo, daß Paulus in einer anthropologischen Perspektive zu lesen ist[201].

Zu dieser anthropologischen Sicht nötigt geradezu der Abschnitt, der im Mittelpunkt des Folgenden stehen wird: Röm 7,14-25. Hier spricht Paulus in der ersten Person. Dieses „ich" ist für Segundo jedes menschliche Wesen; „jede in einer schon geschaffenen Welt mit Freiheit begabte Person, die auch (nur) über geschaffene Kräfte und Mittel verfügt, muß die Analyse, die Paulus anstellt, als für sich selber zutreffend *anerkennen*. Das ‚ich' bei Paulus ist das jedes Heiden, jedes Juden, jedes Christen, jedes Ungläubigen, jedes Menschen überhaupt ..."[202]

Wie jeder Mensch ist der Christ ein geteiltes Wesen. Um die Not seines Zwiespalts kreist Paulus in dem genannten Abschnitt: „Denn: Was ich erwirke, begreife ich nicht. Nicht was ich will, mache ich nämlich, sondern was ich hasse, das tue ich. ... Denn freudig stimme ich – dem inneren Menschen nach – dem Gesetz Gottes zu. In meinen Gliedern aber erblicke ich ein anderes Gesetz, das Krieg führt wider das Gesetz meiner Vernunft und mich zum Gefangenen macht im Gesetz der Sünde, das in meinen Gliedern ist." (Röm 7,15.22-23)
Um Paulus' Analyse zu verstehen, bietet es sich für Segundo an, die gegensätzlichen Begriffe des ersten (Röm 7,14-20) und des zweiten Abschnitts (Röm 7,22-23) zu untersuchen. Mir erscheint es am besten, hier Segundo zunächst selber – ausführlich – zu Wort kommen zu lassen.

---

[198] Ebd..

[199] J. L. SEGUNDO: Jesus diante do homem de hoje II/1, a.a.O., 314.

[200] Gemeint sind jeder Mensch und die ganze Menschheit.

[201] Vgl. a.a.O., 320. In diesem Zusammenhang weist Segundo noch einmal darauf hin, daß er sich für seine theologischen Überlegungen zu Paulus nicht deswegen entschieden hat, weil Paulus' Christologie wichtiger als andere neutestamentliche Christologien wäre, sondern weil er das Beispiel für die Schaffung einer Christologie bietet. „Was lebenswichtig ist für unsere menschliche (und christliche) Existenz heute ist unsere Fähigkeit, Christologien zu schaffen, die einerseits für unseren Kontext einen Wert haben, und andererseits treu sind gegenüber Jesus von Nazaret, dem historischen Jesus." (A.a.O., 321).

[202] J. L. SEGUNDO: Le christianisme de Paul, a.a.O., 221.

„*Im ersten Teil der Analyse finden wir drei Gegensätze von Begriffen ....*
Der erste Gegensatz (jener der Subjekte, H.M.) zeigt zuallererst an, daß dasselbe Handeln des Menschen zwei unterschiedlichen, oder sogar ... gegensätzlichen Subjekten angerechnet werden kann. ... Zwischen dem ‚ich' und ‚was in mir wohnt' besteht eine Beziehung, die Inneres und Äußeres differenziert. Das ‚ich' ist das Subjekt schlechthin, von Rechts wegen. ‚Was in mir wohnt' befindet sich sozusagen auf halber Strecke zwischen dem Subjekt und dem Außen, von wo es ausgegangen ist.
Der zweite Gegensatz (ist) jener der Verben.... Das ‚ich' ist Herr des Wollens und Entscheidens; ‚was in mir wohnt' beherrscht den Prozeß der Verwirklichung oder des Umsetzens ins Tun. ... Zwischen den Verben besteht dieselbe Beziehung Innen/Außen, die schon zwischen den Subjekten bestand. Eine Entscheidung zu treffen ... ist etwas, was nach innen gehört. Aber jedes Vorhaben muß von dort übergehen in die Verwirklichung, die ihrerseits eine Veränderung der Wirklichkeit impliziert.
Der dritte Gegensatz (jener der Objekte, H. M.) ist der, den ich am wenigsten erwarte ... Offensichtlich kann weder mein ‚ich', das frei ist, sich etwas vorzunehmen, noch ‚was in mir wohnt' und spezialisiert ist in Verwirklichungen, zwischen dem Guten und dem Bösen seine Wahl treffen. ... Paulus gibt zu verstehen, daß ein gewissermaßen spontanes Einverständnis zwischen dem ‚ich' und dem Geist des Gesetzes existiert. Seit ‚Gottes Liebe in unsere Herzen ausgegossen ist' (Röm 5,5), neigt wahrscheinlich das ‚Herz' des Menschen von seinem eigenen Gewicht her zu den Vorhaben, in denen es die Liebe aufs neue hervorbringen will. Dagegen wählt ‚was in mir wohnt', was genauso Subjekt ist und was, um es zu sein, sehr wohl frei sein muß, nur die Verwirklichung von anderem, was ... das Üble ist (vgl. 7,19).
Genau genommen legt Paulus den Akzent mehr auf das Dilemma Freiheit/Gefangenschaft als auf das Gegensatzpaar Gut/Böse. Welcher Mensch ist wirklich frei? ... Der freie Mensch ist jener, der seine eigenen Vorhaben verwirklichen kann. Für ... Paulus stellt die Liebe das große Bestreben jedes Menschen dar. Der Egoismus ist keine direkte Alternative angesichts der Liebe. Der Egoismus ist schließlich gar kein Element der Freiheit; er ist ihr Verlust. ... Die Sünde, das Üble, ist nicht frei; es ist das Ergebnis eines freien Verlustes der Freiheit. Mehr noch, diese Tatsache des Nachgebens vollzieht sich fast unmerklich. Es ist sehr einfach, sie als einen Umweg zu interpretieren, den die Wirklichkeit verlangt, um der Verwirklichung eines Vorhabens selber willen.
Paulus entdeckt hier (am Ende des 7. Kapitels, H. M.) den Mechanismus dieser Gespaltenheit des Menschen ... daß (nämlich) die ganze Instrumentalität[203], die das Geschöpf einsetzen muß, um schöpferisch zu sein, schon von einem ‚Gesetz' regiert wird. ... Das innere ‚ich' des Menschen will schöpferisch sein, aber alle Instrumente, die es zu seiner Verfügung hat, angefangen bei denen seines Körpers, die seinem eigenen

---

[203] Schon in Röm 6,13-22 benutzt Paulus die Redeweise von „den Gliedern" im übertragenen Sinne dessen, was im Dienst eines Zieles steht und was damit als Mittel oder Instrument verstanden werden kann: vgl. a.a.O., 228 (Anm. H. M.)

Inneren am nächsten sind, sind geschaffen und gehorchen spezifischen Gesetzen.
Das Gesetz der Glieder umfaßt die ganze riesige Frage der Instrumentalität im Universum. ... Angesichts dieses Problems kommt es dem Christen wenigstens zu, die Welt der Instrumentalität zu ent-sakralisieren und zu ent-absolutisieren. ... Die Distanz, die das Gesetz der Glieder zwischen die Verwirklichung der Vorhaben und ihre Absicht einführt, ... hat die schreckliche Wirkung, daß der Mensch dem ‚Verfall' oder dem ‚Tod' seiner Vorhaben in der Geschichte beiwohnt. Wenn der Mensch in dem, was seine Hände in die Geschichte eingeschrieben haben, sich selber nicht mehr erkennen kann, zersetzt sich etwas von ihm und stirbt."[204]

Paulus spricht in diesem Zusammenhang von „Sünde". „Sünde" in Segundos Verständnis von Paulus meint nicht in erster Linie dieses oder jenes Ergebnis eines Handelns, sondern die Distanz überhaupt, die jedes Projekt von seiner Verwirklichung trennt[205]. Eine Distanz ist damit gegeben, daß die geschaffene Welt als solche, durch die Begrenztheit ihrer Mittel, dem schöpferischen Projekt des Menschen einen Widerstand entgegensetzt.
Aber es geht um eine weitere Distanz. Wenn der Mensch das ursprüngliche Projekt der Liebe in seinen Verwirklichungen nicht mehr erkennen kann, so weil er sich dem Gesetz der Instrumentalität unterwirft, die man vielleicht am besten mit der Verhältnismäßigkeit der Mittel übersezt: Der Mensch richtet sich nach Regeln, die den Erfolg seiner Anstrengungen berechnen lassen, und handelt beispielsweise nur dann, wenn sich eine Anstrengung „lohnt". In den entsprechenden Verwirklichungen geht das schöpferische Projekt der Liebe verloren.

Entscheidend ist dabei, daß die Unterwerfung unter die Instrumentalität und ihr Gesetz in einem freien Nachgeben gegenüber der Unfreiheit geschieht. „Die Sünde, das Üble, ist ... das Ergebnis eines freien Verlustes der Freiheit." Der Prozeß des Menschwerdens zeigt sich bei Paulus als ein Prozeß des Frei-werdens, als ein Kampf um die Freiheit. Es ist eine Täuschung, daß diese verlorengehen muß, weil es keine Alternative zum Realitätssinn oder zu den Sachzwängen gibt. In Wirklichkeit ist ihr Verlust das Ergebnis einer Entscheidung zwischen zwei Möglichkeiten, die Paulus in aller Deutlichkeit aufzeigt.

Das Thema des Menschwerdens möchte ich nun in zwei Durchgängen ansprechen. Zunächst versuche ich, die Antwort, die Paulus auf seine Analyse der Not des Menschen gibt, zu verstehen, und nehme dabei Überlegungen Segundos zu dieser Antwort zu Hilfe. Dann werde ich versuchen, das bisher Erarbeitete noch einmal zusammenzusehen, um darin die gesuchten Hinweise auf das Zusammenwirken von Vater, Sohn und Geist am Menschwerden des Menschen zu lesen.

---

[204] A.a.O., 221-234.

[205] Vgl. a.a.O., 233; vgl. auch J. L. SEGUNDO: O homem de hoje diante de Jesus de Nazaré, a.a.O., 524f und 539.

Die eben angesprochenen zwei Möglichkeiten lassen sich in Paulus' Worten vom „Sinnen des Fleisches" und vom „Sinnen des Geistes" erkennen. Wenn ich sie, um der Deutlichkeit willen, getrennt beschreibe, so muß dabei auch klar sein, daß sie als konkret gelebte nur miteinander verbunden und vermischt vorkommen[206].

Das „Sinnen des Fleisches" ist bei dem Menschen zu finden, der in seine eigenen menschlichen Mittel vertraut[207] und damit dem „Gesetz der Glieder", der Instrumentalität, mehr zutraut als dem in seinem Innern vernommenen und angestrebten Projekt der Liebe. Aus den Regeln, die das Verhältnis von Mittel und Zweck bestimmen, schafft sich der Mensch auch Gott gegenüber sein eigenes System von Sicherheiten.

Das „Sinnen des Geistes" ist bei dem Menschen zu finden, der auf die Kraft Gottes vertraut. Als eine Weise zu leben und zu handeln, die frei von Furcht und Berechnung ist, impliziert dieser Glaube einen Prozeß der Vermenschlichung, des Erwachsen-werdens. Der Glaube ist „eine Weise, Mensch zu sein. Wie etwas, das den Menschen von der kindlichen Schüchternheit zur Reife heranwachsen und ihn mit den kleinlichen Berechnungen aufhören läßt, damit er großzügig, ohne seinen Erfolg zu kalkulieren, und schöpferisch werden kann."[208] Paulus sorgt sich vor allem um diesen Prozeß des Menschwerdens im Sinne der Entfaltung der schöpferischen Fähigkeit des Menschen[209].

Die Möglichkeit, in diesem Glauben zu einer „stimmigen Reife" zu gelangen, ist den Menschen in Jesus Christus geschenkt, besonders im Tod Jesu und in seiner Auferweckung. Man kann den Tod Jesu von denen her, die ihn töten, als gewaltsame Beendigung eines Konflikts durch die Vernichtung seiner Person verstehen. Aber man kann ihn auch von Jesus her verstehen als Geste der Freiheit, sofern Jesus lebt und sich sein Leben nehmen läßt, ohne seinen Erfolg zu berechnen, in selbstvergessener und schöpferischer Liebe. Diesem Verständnis folgend kann man in Jesu Tod eine verändernde Wirkung für das Leben der Menschen darin erkennen, daß er Menschen zu größerem Vertrauen und zur Freiheit einer Liebe ohne Berechnung fähig macht.

Wenn nun der Tod Jesu den Menschen fähig macht, sein Leben beim Bemühen um die Vermenschlichung der Welt ohne Furcht zu verausgaben, so bedeutet die Auferweckung Jesu, daß die Distanz zwischen dem Projekt dieser nicht rechnenden Liebe und ihrer Verwirklichung nicht für immer herrscht[210]. So wie sich an Jesus eine sichtbare, verifizierbare Niederlage – und ein unsichtbarer, nicht

---

[206] Vgl. a.a.O., 540.

[207] Vgl. a.a.O., 351.

[208] A.a.O., 426.

[209] Vgl. a.a.O., 443f; 523.

[210] Dieses Verständnis des Zusammenhangs vom Tod Jesu und seiner Auferstehung, das Segundo entwickelt (vgl. besonders a.a.O., 471-479), verteidigt im deutschen Sprachraum H. Verweyen. H.VERWEYEN: Gottes letztes Wort. Grundriß der Fundamentaltheologie, Düsseldorf 1991; vgl. ders.: Der Glaube an die Auferstehung. Fragen zur „Verherrlichung" Christi, in: „Heute glauben", (Freiburger Akademieschriften 7), Düsseldorf 1993, 71-88.

nachprüfbarer, aber erfahrbarer Sieg zeigen, so gibt es auch im Menschen nicht nur das effektive Scheitern seines Projekts schöpferischer Freiheit und Liebe, sondern es gibt auch den unsichtbaren, an nichts festzumachenden Sieg dieses Projekts. Der Sieg Jesu wird zum Sieg des Geistes im Menschen.
Dessen Zwiespalt wird bleiben, der Geist wird ihn nicht einfach auflösen – doch wird, kaum wahrnehmbar und in einzelnen seltenen Momenten, die Distanz zwischen Absicht und Verwirklichung in einem Projekt der Liebe verschwinden, ohne daß dies nachprüfbar und meßbar ist. Es wird nur Spuren einer Wirklichkeit geben, die später zum Vorschein kommt[211].
Auch wenn diese seltenen, nicht einmal objektiv feststellbaren Momente die Ausnahme darstellen gegenüber der Menge der Handlungen, in denen der Mensch nicht sein ursprüngliches Projekt wiedererkennt und die er daher nicht als seine anerkennt, so ist hier doch eine „qualitative Unverhältnismäßigkeit" am Werk, „die erlaubt, etwas als sieghaft zu erklären, was in seiner bloß quantitativen Verifizierung besiegt zu sein scheint, wie das Leben gegenüber dem Tod."[212]

Was nun den Sieg des Geistes garantiert, ist der Geist selber: „Gott aber – der uns dazu (damit das Sterbliche vom Leben verschlungen werde) geschaffen – hat uns als dessen Pfand den Geist gegeben."(2 Kor 5,5) In uns wohnt der Geist dessen, der Jesus von den Toten auferweckt hat; empfangen haben wir den Geist der Sohnschaft, der uns zu Erben Gottes, zu Miterben Christi macht (Röm 8,11.14-17; vgl. Gal 4,6). Was im Menschen Gottes Schöpfersein am nächsten kommt, ist die Freiheit – die Paulus nicht als „Pendel zwischen dem Guten und dem Bösen" versteht, sondern als Fähigkeit, die Projekte einer liebenden Mitarbeit mit dem Schöpfer, die das „ich" oder „der innere Mensch" beschließt, wirklich durchzuführen[213].

Hier wird das Menschwerden des Menschen als ein Prozeß deutlich, an dem Gott als Vater, als Sohn und als Geist Anteil hat. Das Menschwerden und die Vermenschlichung der Welt bedeuten, daß die Freiheit des Menschen im schöpferischen Tun der Liebe sichtbar wird. Wenn sie sichtbar wird, ist es zugleich die Freiheit Gottes, die sich darin zeigt. In der bedenkenlosen schöpferischen Liebe werden Mensch und Gott zu „Werkgenossen" (1 Kor 3,9).

Gott hat Anteil am Menschwerden des Menschen, und er nimmt teil an seinem Drama; er macht den Zwiespalt zwischen Sichtbarkeit und Unsichtbarkeit zu seinem eigenen.
Der Vater entläßt den Sohn und sein Projekt der Liebe in die Eigengesetzlichkeit menschlicher Wirklichkeit hinein, in der es „unsichtbar wird" und scheitert[214]. Zugleich schenkt uns der Vater in der Auferweckung Jesu die Erfahrung des Sieges des Unsichtbaren über das Sichtbare: eine Vorahnung davon, daß die

---

[211] Vgl. J. L. Segundo, a.a.O., 544.

[212] A.a.O., 540; vgl. 551.

[213] Vgl. a.a.O., 556; vgl. 519.

[214] „Gott hat seinen eigenen Sohn geschickt, im Gleichbild des Sündenfleisches." Röm 8,3; vgl. J. L. Segundo, a.a.O., 545.

Entfremdung der schöpferischen Liebe in der geschaffenen Wirklichkeit aufgehoben wird und das wenige, was wir an Liebe verwirklicht haben, das viele auslöscht, in dem wir unsere Freiheit nicht wiedererkennen. In der Ahnung vom Sieg des Unsichtbaren über das Sichtbare haben wir „die Erstlingsfrucht des Geistes inne" (Röm 8,23).

Der Sohn, der seinem Projekt der Liebe treu bleibt, auch wo es für ihn unsichtbar und vielleicht unsicher wird, befähigt Menschen dazu, in ähnlicher Freiheit und Verrücktheit einer nicht rechnenden Liebe ihr Leben zu verausgaben. Im Sohn schenkt uns der Vater die Möglichkeit, daß wir die ängstliche Suche nach eigener – im Sichtbaren und Nachprüfbaren herzustellender – Sicherheit aufgeben und uns glaubend und hoffend auf das Unsichtbare ausrichten

Der Geist schließlich springt für uns ein, wenn wir unter der Übermacht des Sichtbaren und Nachprüfbaren schwach werden, wenn wir uns mit der Unkenntlichkeit unserer Freiheit abfinden, wenn uns vielleicht sogar die Not der Unfreiheit abhanden kommt und wir nicht (mehr) wissen, um was wir bitten sollen. Die Weise, wie der Geist für uns einspringt („mit wortlosem Seufzen": Röm 8,26), verbindet ihn mit der Schöpfung, mit ihrem Warten und Stöhnen (Röm 8,19.22), weil sie vergeblich existiert, wenn in ihr nicht die Freiheit der Söhne und Töchter Gottes sichtbar wird.

Diese Verbundenheit zwischen dem Geist und der Schöpfung weist darauf hin, daß es die Schöpfung selber ist, durch die Gott an dem Drama des Menschwerdens, am Zwiespalt zwischen Unsichtbarkeit und Sichtbarkeit teilnimmt. Die unvollendete und leidende Schöpfung trägt dazu bei, Gott unsichtbar zu machen; sie läßt von einem „dunklen Gott" sprechen[215]. Aber wenn Gott in den Schrecken von Gewalt und ungerechtem Leid unerkennbar wird, so bedeutet gerade dies insofern einen Hinweis auf die Liebe Gottes, als er auf die Liebe des Menschen vertraut und sie herausfordert, indem er vom Menschen eine Belebung des Sterbenden, eine Heilung des Leidenden, eine Befriedung des gewalttätig Verletzenden, eine Neuschöpfung des unheilbar Zerstörten erwartet. „Gott hätte die Welt umsonst geschaffen, wenn der Mensch aus diesem Schmerz (den ‚Leiden der jetzigen Zeit': Röm 8,18) nicht den Sinn und den Impuls seiner Freiheit gewänne, das heißt, den Impuls zu dem, was in einer schon geschaffenen Welt noch einmal ‚Schöpfung' genannt werden kann: das Erscheinen eines neuen Wesens, der Aufbau des Bruders / der Schwester, die Geburt, die dem Schmerz Sinn gibt."[216]

Was sich von der Beziehung zwischen Vater, Sohn und Geist zeigt, wenn man den Hinweisen folgt, die ihr Zusammenwirken am Menschwerden des Menschen gibt, ist die Freiheit einer Liebe in Gott, die durch die Beziehung zum Menschen zu einer in bestimmter Weise „betroffenen" und „verwirklichten" Freiheit wird.

---

[215] Vgl. Th. RÖMER: Dieu obscur, Genf 1996.

[216] J. L. SEGUNDO, a.a.O., 559.

Die schöpferische Freiheit seiner Liebe zum Sohn verwirklicht der Vater, indem er den Sohn von sich weggehen läßt. Die selbstvergessene Liebe zum Vater verwirklicht der Sohn dadurch, daß er vom Vater weggeht. Diese Freiheit im Sinne der bedenkenlosen, der „verrückten" Großzügigkeit einer Liebe, die sich verschenkt und weggibt, sich „ver-gibt", ist die Wirklichkeit des Geistes.
Die Liebe Gottes zu den Menschen, in der er ihrer Freiheit entscheidende Bedeutung gibt, „betrifft" jene Liebe, die er selber ist, als Beziehung von Vater, Sohn und Geist – und wirkt in sie hinein. Da wird das Weggehen in die äußerste Entfernung zum Zeichen inniger Nähe. Da wird die Abwesenheit, die Mangel ist, zum Geschenk einer Anwesenheit in Fülle. Da wird die sichtbare Niederlage des Todes zum unsichtbaren Sieg des Lebens.

Zugleich hinterläßt die in solcher Betroffenheit sich verwirklichende Freiheit der Liebe, die Gott selber ist, Spuren in der von ihm geliebten Wirklichkeit. In der Beziehung zwischen Menschen kann der Mangel, den die Abwesenheit des einen im anderen hervorruft, eine mächtige Weise seiner Anwesenheit sein. – Das wiederum ist ein Element meiner Erfahrung von der Beziehung zwischen Menschen.
Wenn ich Paulus' Erfahrung von Unfreiheit und vom Zusammenwirken von Vater, Sohn und Geist im Sinne der Freiheit des Menschen in der dargelegten Weise verstehe, so hat dies auch mit meiner eigenen Erfahrung zu tun. Von ihr werde ich jetzt ausgehen.

6.2.2.2 Liebe, die Gespräch wird: Gleichnis für die Beziehungen zwischen Vater, Sohn und Geist

Liebe strebt nach Mitteilung; sie will in Worten „erklärt" werden, und sie will die Antwort dessen, dem sie gilt. Liebe drängt danach, Gespräch zu werden. Für dieses Gespräch gilt, daß ich nicht nur „etwas" sage, sondern daß ich mich selber dem anderen zusage. Diese Zusage braucht Worte. Es sind Worte, in denen ich „aus mir herausgehe" und das Bei-mir-sein aufgebe, das ich nicht nur durch Schweigen, sondern auch durch Gerede schützen könnte. Ich gehe aus mir heraus in Worten, in denen ich mich selber sage, weil ein anderer da ist, in dem ich ein Warten, einen Mangel, eine Hörbereitschaft vernehme.
Der Mangel des anderen berührt mich auf eigenartige Weise. Er weckt in mir einen Mangel, der mir kostbar ist. Die Hörbereitschaft des anderen schickt mein Sprechen auf den Weg; zugleich weckt und stärkt sie meine Hörbereitschaft. Meine Ausrichtung auf das Hören im anderen gibt mir Worte, von denen ich selber vorher nichts wußte. Aus dem Hören des anderen kommen mir Worte entgegen, in denen ich mich sagen kann.
Wenn ich in dieser Weise im anderen einem Warten, einer hörenden Offenheit für mich begegne, die mir das Wort gibt, in dem ich mich selber dem anderen zusage, kann ich dann hierin einen Hinweis auf die Beziehung in Gott erkennen? Ein Nicht-alles-sein, ein Warten, eine hörende Offenheit in Gott habe ich beschrieben, als ich die Schritte eines Menschen nachzuzeichnen versuchte, der in Beziehung zu Gott tritt.

Aber jetzt geht es nicht darum, daß es in der Beziehung zwischen Mensch und Gott ein Warten und Hören auf beiden Seiten gibt[217], sondern daß Nicht-alles-sein, daß hörende Offenheit auch für die Beziehung zwischen Vater, Sohn und Geist gilt. Diesem Hinweis auf die Beziehung in Gott möchte ich im Sinne einer Hypothese folgen, von der zu zeigen sein wird, ob sie stimmig ist und biblischen Aussagen entspricht.

Gott will nicht alles sein. Wenn das Nicht-alles-sein Gottes, das Israel als Beginn der Schöpfung, als Beginn menschlicher Geschichte und als Anfang seines Unterwegsseins mit JHWH bezeugt, Gottes eigener unverfügbarer Initiative entspringt, so gehört es in das Innerste Gottes hinein. Seine Offenheit, die sich in der Beziehung zum Menschen zeigt, ist Offenheit in ihm selber. Der Vater nimmt nicht alles Sein ein, er öffnet sich und läßt Raum für den Sohn. Der Sohn nimmt nicht alles Sein ein, er ist empfänglich für die Offenheit im Vater, die seine eigene Offenheit wachruft und weitet. Vater und Sohn besetzen nicht alles Sein, ihre Beziehung öffnet sich und gibt anderem Raum – besser gesagt: die Dynamik ihrer Beziehung ist die der Öffnung, nicht nur füreinander, sondern auch für anderes als sie; und diese Offenheit und Öffnungsbewegung ist der Geist.[218]

Was meint diese Offenheit? Ich habe vom Nicht-alles-sein in Gott gesprochen. Ist es die Offenheit des Mangels?
In der Beziehung der Liebenden lebt die doppelte Erfahrung des Mangels – der andere fehlt mir, und ich fühle zugleich, daß ich ihm fehle – nicht nur wie ein Schmerz, sondern diese Erfahrung ist zugleich kostbar und beglückend. Mangel und Abwesenheit gehören zum Wachstum der Liebe, sie setzen schöpferische Kräfte frei. Sie sind eine so positive Erfahrung, daß die Liebenden nicht auf sie verzichten wollten, wenn sie könnten[219].
Gibt es auch eine Offenheit der Fülle?
Das ist eine Offenheit, die man in sich selber beim Erleben einer großen Freude kennt. Wer überraschend beschenkt wird – durch eine Aufmerksamkeit, ein Wort, durch eine unerwartete Anerkennung, durch ein spontanes Hochgefühl, ein unfaßliches Glück – den verschließt diese plötzliche Fülle keineswegs. Sie drängt vielmehr nach außen, öffnet ihm wie von selber das Gesicht, den Mund, die Bewegungen des Körpers. Es ist merkwürdig: Ein Mensch hat plötzlich „mehr als alles" – und fühlt sich zugleich so leicht wie ein Kind; er hat „mehr als alles" – und hat doch im Moment ein helles Bewußtsein davon, daß er nichts

---

[217] Siehe oben 5.2.2.1: „Begegnung mit dem Hören Gottes".

[218] „Vielleicht liegt eine besondere Bedeutung gerade darin, daß rúach/pneuma eine ganze Vielfalt von Beziehungen erschließt und entscheidend darauf hinweist, daß es für die Bibel keine von Gott abgeschlossene Welt und keinen gegenüber der Welt verschlossenen Gott gibt. Hier stellt sich der Begriff der ‚Offenheit' ein: rúach/pneuma/Geist ist ‚das Offene' schlechthin und im allerweitesten Sinn. Der ‚Geist des Herrn' meint diese gegenseitige Offenheit ..." J. BLANK: Art. Geist / A. Bibeltheologisch, in: Neues Handbuch theologischer Grundbegriffe II, München 1984, 36; vgl. 40 und 43.

[219] Berühmtes Beispiel für die Bewegung einer Liebe durch den Mangel, durch Suche und Abwesenheit, ist das Hohelied.

davon „hat", sondern daß es ihm für einen unbegreiflichen Augenblick lang „geliehen" ist. Darum möchte er es nicht festhalten, sondern weitergeben und mitteilen. Im Bewußtsein der Fülle, des Beschenktseins, gibt es einen Punkt, in dem unfaßliche Fülle und unfaßlicher Mangel zusammenfallen. Der Mangel ist jetzt so etwas wie eine punktuelle Klarheit darüber, nichts zu sein angesichts einer übergroßen Freude.

Um welche Offenheit handelt es sich in Gott? Können sich Mangel und Fülle miteinander verbinden?
Was ich „Gespräch werdende Liebe" genannt habe, ist ein Beispiel dafür. Im Warten des anderen auf mein Wort begegne ich bei ihm einer Offenheit des Mangels, die bei mir eine ähnliche Offenheit weckt. Das neue Wort, das mir die Hörbereitschaft des anderen schenkt, ist wie eine Fülle, die mich öffnet und zum Sprechen bringt – was eine ähnliche Offenheit der Fülle beim anderen hervorruft. Ist die Beziehung in Gott von der Offenheit des Mangels und der Fülle zugleich bestimmt? Kann die Gespräch werdende Liebe zwischen Menschen ein Gleichnis für die Beziehungen zwischen Vater, Sohn und Geist sein?

Das Gleichnis bedeutet, daß es nicht nur in der Beziehung Gottes zum Menschen das Hören und Sprechen und das Wort Gottes gibt, sondern in Gott selber – und daß nicht nur die Beziehung Gottes zum Menschen liebendes Mitsein ist, sondern daß er selber – wie Johannes sagt – Liebe ist. Die Liebe weckt das Sprechen, ruft nach dem Wort. In Gott ist Sprechen und Hören, und ist das Wort. Das könnte man so verstehen, als ob der Vater der ist, der spricht, der Sohn das Wort – und der Geist der, der hört. Dieses Verständnis führt in die Irre, wenn man es nicht in zweifacher Hinsicht ergänzt. Die eine Hinsicht betrifft das Sprechen: nicht nur der Vater „spricht", sondern auch der Sohn, der das Wort ist, in dem der Vater sich selber sagt, „spricht" zum Vater und sagt sich ihm zu. Die andere Hinsicht betrifft das Hören: der Geist ist die im Vater und im Sohn um das Sprechen bittende Liebe; er ist in diesem Sinn Hören, wartendes, bettelndes Hören, sowohl im Vater als auch im Sohn.

Für das Gespräch in Gott gilt Ähnliches wie für das entsprechende Gespräch zwischen Menschen: das Sprechen kommt vom Hören – und zwar nicht so, als ob von zwei Subjekten, die sprechend zueinander in Beziehung treten, der Hörende dem Sprechenden vorangegangen, sondern in dem Sinn, daß bei beiden das Hören dem Sprechen vorangeht[220]. Zwischen dem Vater und dem Sohn, dem Sohn und dem Vater, geschieht kein Sprechen, ohne daß zugleich, oder sogar „zuvor" schon, ein Hören ist; dieses wohnt im Vater und im Sohn als der Geist, der auf ihnen ruht. Im Vater und im Sohn lebt doppelte Offenheit. Im Vater zeigt sich der „Mangel" als der hörende Geist, der um das Sprechen bittet – und zeigt sich die Fülle in dem im Hören empfangenen Wort. Im Sohn wohnt die Fülle der Freude, die auf Weitergeben und Mitteilung hin drängt; zugleich wohnt in seinem auf den Vater ausgerichteten Hören die Offenheit des Mangels. Der Geist ist die „Offenheit des Mangels": das Hören im Vater und das Hören im Sohn;

---

[220] Siehe oben 5.2: „Hören als Ort des Sprechens".

und zugleich ist er die „Offenheit der Fülle", die das Sprechen und das Wort, die Mitteilung des Vaters und des Sohnes bewegt. Doppelte Offenheit lebt auch im Geist und bestimmt die Dynamik der Beziehungen zwischen Vater, Sohn und Geist.

Allerdings wird deutlich, daß in dieser Deutung des Gleichnisses dem Geist zunächst das Hören zugeordnet wird, und es stellt sich die Frage, ob dies mit dem biblischen Zeugnis übereinstimmt. Viele Hinweise deuten darauf hin, daß der Geist vor allem ein Geist des Sprechens ist.
Nur zwei Beispiele: Jesus selber kündigt den Jüngern für die Zeit der Verfolgung die Gegenwart des Geistes an, der in ihnen reden wird (Mt 10,20); und Pfingsten ist das Ereignis, bei dem die Jünger, vom Geist erfüllt, „anders zu reden" begannen (Apg 2,4). Die Wirkung des Geistes schlechthin scheint das Sprechen zu sein[221].
Zugleich gibt es eine Linie biblischer Aussagen, die darauf hinweisen, daß das wartende Hören, die Offenheit des Mangels, zum Geist gehören. So wird zu Beginn des ersten Schöpfungsberichts – noch vor der Nennung Gottes und vor den Worten, mit denen er die Geschöpfe ins Leben ruft – der über den Wassern schwingende „Braus Gottes" genannt (Gen 1,2): der Geist, der auf das Sprechen Gottes wartet.

Auf eine dieses Verständnis des Geistes unterstützende Textstelle will ich länger eingehen. Der Bericht von der Verkündigung (Lk 1,26-38) läßt sich auch als Bericht vom Hören dieser Frau und von der Gegenwart des Geistes in ihrem Hören lesen.
Nicht das Sehen eines Engels erschreckt Maria – so wie es von Zacharias einige Verse zuvor heißt: er „geriet durcheinander, als er ihn sah, und Furcht fiel auf ihn" (Lk 1,12) – sondern das Wort, das sie von ihm hört, als er bei ihr eintritt und sie grüßt (Lk 1,29). Sie empfängt über sich selber ein Wort – „Hochbegnadete" – in dem sie sich nicht wiedererkennt. Ihr Schrecken macht das Hören in ihr zur angespannten Aufmerksamkeit. Sie wird ganz zur Erwartung des Sagens des anderen, und das bringt diesen erneut zum Sprechen. Die Worte jedoch, die Maria nun aufnimmt, können ihr Hören auch dieses Mal nicht sättigen: „Du wirst im Schoß empfangen und einen Sohn gebären ... " (Lk 1,31) Die weitere Rede, in der Größe, Macht, Herrschaft, Königtum des ihr angekündigten Sohnes vorausgesagt werden (Lk 1,32-33), scheint gar nicht bis zu Maria vorzudringen. Ihre Reaktion gilt nur den ersten Worten: „Wie soll das geschehen, da ich keinen Mann erkenne?" (Lk 1,34) Marias Frage zeigt, daß sie weiter hören will: das, was sie von sich und ihrer Geschichte weiß, erkennt sie in den Worten des Engels nicht wieder; darum kann sie ihnen auch das, was sie noch nicht von sich weiß, ihre Zukunft, nicht anvertrauen.

Aber es ist nicht nur sie – wie sie sich kennt – der sie in der Rede des Engels nicht begegnet, sondern es ist auch der Sprechende selber, der noch aussteht und auf den Maria mit ihrer Frage noch wartet. Ihn will sie hören. Ihr Begehren

---

[221] Vgl. J. BLANK, a.a.O., 37.

sammelt sich in der Frage. Erst die Unbeirrbarkeit, mit der Maria bei ihrem nicht-wissenden Hören bleibt, gibt dem Engel das Wort, in dem Maria den Sprechenden – und sich selber in ihrer Beziehung zu ihm – erkennen kann: „Heiliger Geist wird über dich kommen, und Kraft des Höchsten dich überschatten. Darum wird auch, was nun geboren wird, ‚heilig' gerufen werden: Sohn Gottes." (Lk 1,35) Diesem Wort kann Maria endlich ihre Zukunft anvertrauen: „Da! Ich bin die Magd des Herrn, geschehe mir nach deinem Wort!" (1,38)

Um in seinem Wort als Sprechender „anzukommen", ist der Mensch auf das Hören des anderen – ist Gott auf das Hören des Geistes angewiesen. Erst Marias nicht-wissendes Hören bringt Gabriel, den vorGott Stehenden (Lk 1,19), zu jenem Wort, in dem Maria Gott als Sprechenden erkennt (Lk 1,35). In Maria lebt schon ein Geist des nicht-wissenden Hörens und des unbeirrbaren Weiterhörens. Ihr Hören wartet ein Sprechen herbei, in dem es wirklich zur Begegnung kommt. In ihr lebt schon die Liebe, die um das Wort bittet und es hervorruft. Deswegen wird „heiliger Geist über sie kommen": die Liebe, die in ihr ist, der wartende, das Wort er-bittende Geist, zieht die Liebe an, die in Gott ist, den auf das Sprechen wartenden Geist. Seine Liebe will Gespräch werden: Gespräch in Gott, Gespräch zwischen Gott und Mensch, Gespräch zwischen Menschen. Seine Liebe ist es schon, die Maria wie ein unbeirrbares Hören innewohnt, bis die an sie gerichtete Rede des Engels zu einem wirklichen Gespräch wird, in dem sie dem Sprechenden, Gott, begegnet. Seine Liebe wird nun über sie kommen, damit aus ihr ein wirkliches Gespräch des Menschen mit Gott hervorgeht. Diese Liebe ist dann nicht nur „Offenheit des Mangels", wartendes Hören, sondern zugleich „Offenheit der Fülle", zum Sprechen bewegendes Hören, das im Sprechen nach außen tritt. Die „Kraft des Höchsten", die Fülle der Liebe, die auf Mitteilung drängt, wird Maria überschatten. Und so wird einer geboren werden, der selber hörender, sprechender und das Gespräch mit Gott und den Menschen suchender Mensch ist – und zugleich schon an der Gespräch werdenden Liebe in Gott teilhat. „Darum wird, was nun geboren wird, ‚heilig' gerufen werden: Sohn Gottes".

Für Jesus gilt, daß er mit dem Geist Gottes begabt ist und daß an ihm eine Begabung zum ganzheitlichen Hören der Menschen, zur Sensibilität für ihre Freuden und Leiden, sowie zum Hören auf Gott auffällt. Der Zusammenhang kann so beschrieben werden, daß Jesus in erster Linie ein Mensch des Hörens ist, weil er den Geist Gottes empfangen hat.
Das Hören Jesu geschieht darin, daß ihm weh wird angesichts der geschundenen Menschenmenge. Es ist nicht so sehr ein Hören, das dem Sprechen des anderen folgt, sondern es ist vor allem ein Hören, das dem Sprechen des anderen vorausgeht, das ihn oder sie erst zum Sprechen ermächtigt.
Wenn nun diese Ermächtigung zum Sprechen Frucht des Geistes ist, der auf Jesus ruht, so wird damit dieser Geist zuerst als ein Geist des Hörens gezeigt, als Geist einer nicht-wissenden Offenheit für den anderen. So sagt Paulus vom Geist, daß er alles erforscht, selbst die Tiefen Gottes (2 Kor 2,10).

Siebtes Kapitel
Leidenschaft und Leiden Gottes:
Stärke seiner Liebe

Für die Beschreibung des Leidens der Armen (viertes Kapitel) ergaben sich auf dem Hintergrund des über ihre Beziehung – zu sich selbst, zum anderen und zu Gott – Gesagten (drittes Kapitel) zwei Dimensionen: das Erleiden des anderen und das Erleiden von Schmerzen.
Auf dem Hintergrund des über Gott als Beziehung Gesagten (sechstes Kapitel) vom Leiden Gottes zu sprechen, bedeutet, eine neue Dimension hinzuzuziehen: das Leiden in der Selbstbegrenzung.
Das Mitsein Gottes bedeutet Nicht-alles-sein, sowohl in seiner Beziehung zum Menschen als auch in Gott selber. „Nicht": darin deutet sich eine Grenze an. Das Mitsein schließt (Selbst-)Begrenzung ein.

Begrenzung, Selbstbegrenzung, hat – versucht man, eigener Erfahrung nachzudenken und das, was sich dabei zeigt, möglichst genau auszusprechen – einen doppelten Sinn. Sie ist „Begrenzung-durch": Zulassen der Begrenzung, die mir durch andere und anderes widerfährt; und sie ist „Begrenzung-auf": Entscheidung für eine - und Ausgrenzung anderer Möglichkeiten.
Daß im ersten Sinn Leiden zur Selbstbegrenzung gehört, ist offensichtlich. Weniger offensichtlich ist, daß dieses Leiden Schwäche und Stärke zugleich ist. Indem ich das Mitsein will und zulasse, daß mich andere in meinem Sein begrenzen, er-leide ich, daß etwas mit mir durch das Mitsein geschieht, daß ich verändert und angetastet und – im äußersten Fall – zugrunde gerichtet werde. Diese Schwäche verbirgt aber eine Stärke, sofern ich das, was ich mit mir geschehen lasse, durch-leide, durchstehe – und darin auch wider-stehe.
Selbstbegrenzung im zweiten Sinn schließt das Leiden des Verzichts ein. Indem ich das Mitsein will, verzichte ich auf eine Vielzahl von Möglichkeiten, um einer Möglichkeit den Vorrang zu geben. Der Verzicht bedeutet in dem Augenblick Leiden, in dem die positive Entscheidung nicht eine solche „Bereicherung" mit sich bringt, daß die „Verarmung" durch die ausgeschlossenen Möglichkeiten aufgewogen wird. Das Ja zum Mitsein kann auch eine solche Fülle bedeuten, daß der Verzicht nicht mehr als Leiden empfunden wird, weil die Freude bei weitem überwiegt.
Beim Ja zum Mitsein wird auch das Leiden darunter zuzulassen, daß mich der andere in meinem Sein begrenzt. Selbstbegrenzung hat damit sowohl den Sinn von „Begrenzung-auf" als auch den Sinn von „Begrenzung-durch".

Welche Begrenzung und welches Leiden gelten für Gott? Gottes Ja gilt der Beziehung. Er „begrenzt sich selber" auf das Mitsein als Vater, Sohn und Geist und auf das Mitsein mit den Menschen. Gottes Ja zum Mitsein mit den Menschen ist mehrfache Selbstbegrenzung. Darauf gehe ich im ersten Abschnitt ein, um dann – im zweiten Abschnitt – zu fragen, in welcher Weise die Selbstbegrenzung Gottes erlaubt, vom „Leiden Gottes" zu sprechen.

7.1 Gottes Mitsein mit den Menschen als dreifache Selbstbegrenzung

In den folgenden Abschnitten wird die Leitlinie jener Satz sein, mit dem Gott antwortet, als Mosche danach fragt, wer er ist. Mosche hatte ausgerufen: „Wer bin ich ...", und hatte von Gott zur Antwort erhalten: „Ich werde dasein bei dir". Nun ruft Mosche nicht: „Aber wer bist du ...", sondern er versetzt sich an die Stelle derjenigen, denen er sagen wird, daß ihn der Gott ihrer Väter schickt; und er nimmt an, daß sie ihn dann fragen werden, was sein Name ist. Mosche nimmt den Umweg über die vorgestellte Zukunft und die vorgestellten anderen, um Gott schließlich doch zu fragen, wer er ist[222]. Und Gott antwortet: „Ich werde dasein, als der ich dasein werde."[223]

Die zentrale Aussage, die Gott von sich hier macht, steckt in dem Wort *„dasein"*, das zweifach näher bestimmt wird – nämlich durch die Öffnung für die Zukunft: „ich *werde* dasein", und durch die Richtlinie dieses Daseins, die das Ich ist: *„als der ich* dasein werde." Das Ich Gottes, das seinerseits durch das Dasein und dessen Öffnung für die Zukunft bestimmt wird, bestimmt also das für die Zukunft offene Dasein Gottes. Zugleich ist „Dasein" nur als „Dasein-bei" zu verstehen, das heißt: als Mitsein[224].

Gottes Ja zum Mitsein wird in mehrfacher Weise als Verzicht deutlich. Nimmt man den Nachsatz, der das für die Zukunft offene Dasein Gottes näher bestimmt: „als der ich dasein werde", und versucht man, auf das zu hören, was hier nicht gesagt wird[225], so stellen sich drei Akzentsetzungen heraus, die erhellen, in welcher Weise Gottes Mitsein „Verzicht" und Selbstbegrenzung bedeutet.

Wenn es heißt: „als der ich dasein werde", so wird nicht gesagt: „als der, der machtvolle Zeichen tut und Israel befreit"; es wird auch nicht gesagt: „so wie es deinem Handeln entspricht"; und es wird schließlich nicht gesagt: „als der, der ich schon immer bin". Das Mitsein Gottes ist verbunden mit dem Verzicht auf ein eingreifendes, alles veränderndes Handeln, mit dem Verzicht auf ein Tun, das in erster Linie auf menschliches Verhalten reagiert, und mit dem Verzicht auf ein schon vollendetes Dasein.

Gottes Selbstbegrenzung im Mitsein mit den Menschen läßt sich positiv in drei Richtungen beschreiben. Gott begrenzt sich aufs Mitsein als Dasein. Gott begrenzt sich aufs Mitsein in Verborgenheit. Gott begrenzt sich aufs Mitsein als Werden.

7.1.1 *Begrenzung aufs Mitsein als Dasein*

Wenn ich erkenne, daß Gottes Mitsein als Dasein Vorrang vor seinem Tun hat, so schließe ich damit nicht sein Tätigwerden aus. Vielmehr meine ich mit der

---

[222] Vgl. M. BALMARY: La divine origine, a.a.O., 290.

[223] Ex 3,14 - Zur Übersetzung vgl. M. BUBER: Zu einer neuen Verdeutschung der Schrift in: „Die fünf Bücher der Weisung", a.a.O., 28.

[224] So die unmittelbar vorausgehende Zusage an Mosche: Ex 3,12.

[225] Vgl. M. BALMARY, a.a.O., 265.

Priorität des Daseins Gottes, daß sein Tätigwerden im Dienst des Mitseins steht und dadurch begrenzt wird. Das Tätigwerden Gottes findet seine Grenze an der Begabung des Menschen zum Mitsein mit Gott.

7.1.1.1 Gottes Tun im Dienst seines Mitseins

Die Schöpfung kündet von Gottes Tätigsein. „Die Himmel erzählen die Ehre Gottes, die Tat seiner Hände meldet das Gewölb." (Ps 19,2) „Am Anfang" ist das Dasein Gottes nicht ohne sein Sprechen, das anderes ins Sein ruft, nicht ohne sein Scheiden, das seinem Sprechen zu Hilfe kommt, nicht ohne sein Sehen, das anderes sein läßt, weil es gut ist, nicht ohne sein Rufen dessen, was ist, bei seinem Namen. Wenn nun am Anfang das schöpferische Tun und Sprechen Gottes steht, so scheint es doch nicht vorrangig Gottes Dasein und Mitsein zu sein, das Gott erkennbar macht, sondern sein Tun. Auf der anderen Seite ist es erst dieses Tun, das Dasein als Mitsein ermöglicht – und zwar nicht nur „am Anfang", vor aller Zeit, sondern auch in Zeit und Geschichte. Das Sprechen Gottes ist es, vom Rufen des Geschaffenen hin zum Ansprechen des Menschen, das Mitsein ermöglicht, letzten Endes, indem es Mitsein zuspricht und zum Mitsein befreit.

Gottes Selbstoffenbarung als der, der dasein wird (Ex 3,14), leitet diese Befreiung ein. Geht man von Ex 3,14 weiter im Zeugnis von der Befreiungsgeschichte Israels, so heißt es in den Selbstaussagen Gottes im Zusammenhang dieser Geschichte: „ICH bins, ich führe euch ..., ich rette euch ..., ich löse euch aus ... Ich nehme euch mir zum Volk, ich werde euch zum Gott ... Ich bringe euch in das Land ... ich gebe es euch ... ICH bins." (Ex 6,6-8) Die Befreiung gibt dem Mitsein Gottes mit seinem Volk eine neue Qualität. Es entsteht eine Verbindung, die wie eine wechselseitige Erwählung angedeutet wird: „Ich nehme euch mir zum Volk, ich werde euch zum Gott ..." Die befreiende Tat Gottes bekommt ein solches Gewicht, daß JHWH nach dem Auszug aus Ägypten nicht mehr so sehr durch das Mitsein mit den Vätern als durch das Hinausführen des Volkes aus der ägyptischen Sklaverei identifiziert wird: „Ich bin dein Gott, der ich dich führte aus dem Land Ägypten, aus dem Haus der Dienstbarkeit." (Ex 20,1)

Diese Ich-Aussage Gottes, die die Verkündigung des Zehnwortes einleitet, steht in Spannung zu der Aussage, bei der das Dasein im Mittelpunkt steht: „Ich werde dasein, als der ich dasein werde." Während Gott sich hier durch sein für die Zukunft offenes Dasein zu erkennen gibt, offenbart sich Gott dort durch ein Tun, das als abgeschlossenes zur Vergangenheit gehört. Wenn es zutrifft, daß vor allem das Dasein bzw. Mitsein die Identität Gottes bestimmt – und nicht sein Tun: wie paßt dann diese Aussage dazu?
Sie läßt noch einmal den Sinn erkennen, den das Tätigwerden Gottes im Zusammenhang der Priorität des Mitseins hat: „... der ich dich führte ... aus dem Haus der Dienstbarkeit." Es geht um die Befreiung aus einem Dienst, der das Mitsein Jisraels mit Gott unmöglich macht, weil er Sklaverei, Unterdrückung

bedeutet. Freiheit ist die Voraussetzung für das Mitsein Jisraels mit JHWH[226]. Der Dienst, den dieses Mitsein bedeutet, ist ein Dienst der Freien. Die Forderung, die Mosche dem Pharao im Namen JHWHs vortragen soll, lautet: „Schikke meinen Sohn frei, daß er mir diene." (Ex 4,23; vgl. Ex 3,12) Dieser Dienst ist erst ein Mitsein in Freiheit, wenn er auch verweigert werden kann. Der Weg des aus der Unterdrückung befreiten Volkes in der Wüste ist nicht umsonst ein Weg, der von Verweigerungen markiert ist.

Das befreiende Tun Gottes schafft also die Möglichkeit dafür, daß das Dasein Gottes bei seinem Volk und das Dasein des Volkes bei seinem Gott den Vorrang bekommt. Wie verhält es sich nun mit den Ich-Aussagen Gottes, in denen es hauptsächlich um das Mitsein JHWHs als Gott der Väter geht?
Beim Tun Gottes, das hier nur sparsam ausgedrückt wird, handelt es sich vor allem um das Geben und Segnen. Das Geben betrifft zunächst die Nahrung[227], dann das Land[228]. Das Geben des Lebendigen zur Nahrung ist eng verbunden mit dem Segnen[229], das seinerseits ein Geben von Leben ist – nämlich Verheißung von Nachkommenschaft. Und das Segnen, das Geben zukünftiger Ausbreitung der Menschen, ist eng verbunden mit dem Geben des Landes als Lebensraum der Menschen. Auch das Sehen und Hören Gottes, das die Gesehenen und Gehörten von Gott bezeugt, hat unmittelbar mit dem Leben zu tun. Das Sehen und Hören, das Gott von sich selbst aussagt (Ex 3,7), bedeutet schließlich, daß er dem erkannten Leiden des Volkes, mit dem er sein will, nicht fern bleiben kann: er „zieht nieder", er kommt ihm nahe, um es zu retten (Ex 3,8).
Das Tun Gottes gilt in erster Linie den Grundlagen des Lebens aller Menschen: Nahrung, Nachkommenschaft und Lebensraum, damit die Nachkommen sich und ihre Kinder ernähren können. Und es gilt der Erhaltung und Rettung des Lebens der Menschen, die – als einzelne oder als Gruppe – unter einem Druck sind, der ihr Leben bedroht.
Gerade das Hören und Sehen Gottes, das als Tun am meisten auf das Empfangen der Wirklichkeit des Menschen ausgerichtet – also eher ein „passives" als ein „aktives Tun" zu sein scheint, zeigt das höchst aktive Interesse Gottes, das all seinem Tun innewohnt. Sein Interesse – das heißt schließlich nichts anders als „Mitsein" – gilt dem Leben der Menschen, damit sie in die Lage versetzt werden, ihrerseits in Freiheit das Mitsein mit Gott zu wählen.

Es ist nicht zuerst das Tun Gottes, das ihn identifiziert, sondern sein Dasein und Mitsein. Diese Priorität bedeutet, daß Gottes Tun sein Mitsein bezeugt und den Menschen zum Mitsein befähigt, und sie bedeutet auch, daß Gottes Tätigwerden an der Begabung des Menschen zum Mitsein seine Grenze findet. Gott gibt den Menschen die Möglichkeit zum Mitsein und befreit sie dazu. Zugleich hindert er sie nicht, die ihnen gegebene Möglichkeit nicht zu ergreifen, ihre Freiheit nicht im Sinn des Mitseins zu verwirklichen. Er „tut" nichts, als bei ihnen zu

---

[226] Siehe unten 7.2.3.1: „Befreiung des Menschen zum Ich-werden".

[227] Gen 1,29; 2,16; 9,2-3.

[228] Gen 13,15 und 17; 15,18; 17,8; 26,3; 28,13; 35,12.

[229] Gen 1,28 und 29; 9,1 und 2-3.

bleiben, als weiterhin mit ihnen zu sein – wobei von diesem „untätigen" In-der-Nähe-bleiben die entscheidende Veränderung ausgeht. Die Priorität, die das Mitsein bei Gott hat, bedeutet Ohnmacht in dem Sinn, daß Gott ohne eingreifendes Handeln die Grenze aushält, welche die Freiheit des Menschen ihm entgegensetzt. Zugleich ist mit der Priorität des Mitseins im Sinne des Dableibens eine eigentümliche Macht verbunden. Diese Spannung bezeugt in einzigartiger Weise das Buch, das in den jüdischen Schriften „Reden" heißt. Es enthält die Reden Mosches und die Reden, die Weisung, den Gesang JHWHs: „nicht eine leere Rede ist es, an euch vorbei, sondern es ist euer Leben ..." (Dtn 32,47)

Die „Weisung" zeigt Jisrael, was es tun kann, um zu leben, um eine gute Zukunft zu haben und stark zu werden; und sie zeigt Jisrael, wie unglücklich seine Zukunft, wie groß seine Schwäche, wie unerträglich sein Sterben sein wird, wenn es der Weisung nicht folgt, wenn es auf Gottes Stimme nicht hört[230]. Darum ist das Hören entscheidend; es ist Erinnerungsarbeit für den Menschen, die er durch verschiedene Maßnahmen unterstützen kann[231] und die Gott selber erleichtert, indem er das zu Hörende ins Herz des Menschen legt (Dtn 30,11-14). Vom Hören hängt das Leben des Menschen ab; und Gott geht es um nichts anderes als das Leben des Menschen. Ihm gilt sein Interesse. Jisrael braucht dieses Interesse Gottes, das er durch sein Handeln gezeigt hat, nur zu erkennen und sich daran zu freuen, dann hat es Leben.

Jisrael kann das Handeln JHWHs allerdings auch vergessen und seine Befreiung seiner eigenen Stärke zuschreiben. Dann wird es von JHWH nichts mehr wissen. Es wird seine Stimme nicht mehr hören, seiner Weisung nicht folgen, sein Leben wird es verlieren. Anderen Göttern wird es hinterhergehen, bei denen kein Interesse am Leben derer, die ihnen dienen, erkennbar ist. Diese Möglichkeit ist im Herzen Jisraels, im Herzen des Menschen, angelegt. JHWH kennt „ihr Herzensgebild" (Dtn 31,21) – aber es ist ein ohnmächtiges Kennen.

Gott weiß, daß all sein Tun, das sein Interesse am Leben Jisraels bezeugt, Jisrael nicht zwingen kann, sich an seinem Mitsein zu freuen, indem es selber das Mitsein mit Gott wählt. Gott kann Jisrael nicht daran hindern, ihn zu vergessen, und er kann es nicht vor den schrecklichen Folgen des Vergessens bewahren. Er kann nur die Zusage seines Daseins und Mitseins aufrechterhalten. Mosche hinterläßt es Jisrael: „ER dein Gott, er ists, der bei dir einhergeht, nicht entzieht er sich dir, nicht verläßt er dich." (Dtn 31,6) Und er hinterläßt es seinem Nachfolger Josua: „ER selber ists, der vor dir einhergeht, er selber wird dasein bei dir, nicht entzieht er sich dir, nicht verläßt er dich ..." (Dtn 31,8) Gott kann nur in seinem Wort das Zeugnis von seinem bleibenden Dasein und Mitsein hinterlassen.[232]

Dieses wird gerade von demjenigen empfangen, der sich an der Begrenztheit des göttlichen Handelns stößt und seine Klage über das Nicht-eingreifen, das Nicht-

---

[230] Vgl. besonders Dtn 28,15-68.

[231] Vgl. Dtn 6,6-9 und 11,18-20.

[232] Sein Wort ist Zeuge. Mosches Reden enden mit dem „Gesang", der im Mund der Söhne Jisraels als Zeuge aussagen wird: Dtn 31,19-21.

sich-selber-zur-Macht-bringen Gottes vor Gott trägt. Dies drückt sich in vielen Psalmen aus. Immer wieder spricht hier ein Mensch, der auf Gott vertraut, der sein Wort hört, der seinen Namen, sein Mitsein nicht vergißt, der nach ihm dürstet ... Dieser Mensch, der auf jede Weise ausdrückt, daß er mit Gott sein will und daß für ihn nur dieses Mitsein zählt, leidet besonders unter dem Nichteingreifen Gottes. Es gibt denen Recht, die sich nicht an Gott halten: „Viele sprechen von meiner Seele: Keine Befreiung ist dem bei Gott." (Ps 3,3) Der Leidende klagt darüber, daß Gott dem, der auf ihn hofft, Beschämung zuteil werden läßt, und er wiederholt seine Fragen: warum Gott schweigt und nicht einschreitet, um dem zu Unrecht Leidenden zu seinem Recht zu verhelfen. Zusammen mit den Klagen und Fragen werden die entsprechenden Bitten laut: antworte mir, befreie mich, steh auf, bleibe nicht fern ...
Diese Fragen, Klagen und Bitten haben aber nur Sinn, weil der, der sie äußert, das Dasein und Mitsein Gottes mit Sicherheit weiß. Die Erinnerung an das Handeln Gottes, das sein Mitsein bezeugt, kommt daher genauso zu Wort wie das Leiden darunter, daß dieses Handeln jetzt nicht mächtiger und eindeutiger zum Zuge kommt. Schließlich siegt die Gewißheit, daß das Mitsein Gottes, sein Interesse am Leben derer, die bedrückt und bedroht sind, Leben bedeutet. Und am Ende stehen Lob und Dank dafür, dieses Dasein und Mitsein Gottes zu empfangen. Wer in dieser Weise offen ist für das Mitsein Gottes, ob in seinem Fragen, Bitten und Klagen oder in seinem Danken und Preisen, zeigt in seinem Wort nichts anderes als sein eigenes Mitsein mit Gott.

Die Psalmen – in Bubers Verdeutschung die „Preisungen" – sind wie eine Antwort auf die „Reden" des Buches Deuteronomium. Die Reden geben dem Menschen Leben und Tod vor, als Folge von Erkennen und freudiger Annahme des Mitseins Gottes und als Folge vom Vergessen des Handelns und vom Nichthören des Wortes, das Gottes Mitsein bezeugt. Die Preisungen zeigen den Menschen, der das Mitsein Gottes voll Freude erkennt und das Mitsein mit ihm erwählt, in Auseinandersetzung mit demjenigen, der das Mitsein Gottes nicht erkennt und auch nicht für sein Leben zu brauchen scheint.

Einer der Menschen, die auch in ihren Klagen, Fragen und Bitten bezeugen, daß Gott der ist, der dasein wird, und die schließlich nicht anders können, als ihn für sein Dasein und Mitsein zu preisen, ist Jesus. Jesus wird als ein Mensch dargestellt, der mit den Worten der Psalmen zu Gott gebetet hat. In ihm ist nicht nur das Gottes Mitsein bezeugende Wort Mensch geworden, sondern in ihm ist auch das Gottes Mitsein erkennende Hören des Menschen verkörpert.

7.1.1.2 Jesu Handeln im Dienst des Mitseins

In Jesus zeigt sich, was Gottes Priorität des Mitseins für das Leben eines Menschen bedeutet. Am Handeln Jesu fallen die beiden Aspekte auf, die am Tun Gottes herausgearbeitet wurden: es ist Zeugnis des Daseins und Mitseins, durch das Jesus sich identifizieren läßt; und es findet seine Grenze am anderen, der es als Zeugnis vom Mitsein Jesu erkennt und annimmt oder ablehnt. Macht und

Ohnmacht eines Handelns, das in dieser Weise im Dienst des Mitseins steht, lassen sich in den Evangelientexten deutlich erkennen.

Als Johannes der Täufer im Gefängnis von den Taten Jesu hört, schickt er seine Jünger zu ihm mit der Frage: „Bist du ‚der Kommende'? Oder sollen wir auf einen anderen warten?" Und Jesus antwortet nicht, indem er selber sich zu erkennen gibt, sondern er fordert die Jünger des Johannes auf, diesem zu berichten, was sie sehen und hören. Und er fügt hinzu, was sie sehen und hören können, indem er ein Wort des Propheten Isaias anklingen läßt (Jes 36,5-6), das die Veränderungen beim Kommen Gottes beschreibt (Mt 11,4-6). In dem Wort, in dem Jesus von seinem Handeln spricht, gibt er zugleich einem anderen Wort Raum; und dieses eröffnet dem Erkennen einen neuen Horizont.

Johannes, der vorher schon Kunde vom Handeln Jesu hatte, war unsicher, ob er in diesem Handeln den Messias erkennen sollte. Nun bekommt er einen Hinweis auf die sichtbaren und hörbaren Folgen des Handelns Jesu und ein Wort, das Jesu Handeln in unmittelbare Nähe zu Gott rückt, dessen Mitsein sich in Herrlichkeit offenbart. Das Handeln Jesu, das zur Folge hat, daß Blinde sehen, Krüppel gehen, Aussätzige rein werden, Taube hören, Tote erweckt werden und Arme die Heilsbotschaft empfangen, bezeugt Jesus als den, dessen Interesse am Leben der Menschen in ganz ähnlicher Weise Priorität hat wie bei JHWH, dessen Dasein in der Mitte seines Volkes ihn „definiert". In Zusammenhang mit seinem Wort bezeugt sein Handeln Jesus zugleich als den, in dem das Mitsein Gottes nahekommt und in seiner verändernden Macht offenbar wird.

Wenn Jesu Handeln in machtvoller Weise sein Interesse am Leben und darin das nahe und alles verändernde Mitsein Gottes mit den Menschen bezeugt, so ist dieses Handeln doch auch in eigenartiger Weise ohnmächtig. Sein Zeugnis ist kein „Zeichen", welches das Erkennen Jesu, die freudige Annahme seines Mitseins und des Mitseins Gottes im Menschen erzwingen könnte. Solch ein „Zeichen" fordern die Gegner Jesu, und Jesus reagiert mit einem überraschend harten Wort: „Ein böses und ehebrechendes Geschlecht fordert ein Zeichen!" (Mt 12,38-39; 16,1-4) Die Gegner erkennen Jesu Handeln als Zeugnis seines Mitseins und des Mitseins Gottes so wenig an wie Jisrael seinerzeit im Tun JHWHs sein Interesse und Mit-sein erkannt und seine Liebe, seinen (Ehe)Bund, angenommen hat.

Welches „Zeichen" die Gegner Jesu überzeugen könnte, wird klar bei der Kreuzigung Jesu: „... Steig er doch jetzt vom Kreuz herab, dann glauben wir an ihn!" (Mt 27,42) Das zwingend für Jesus sprechende Zeichen wäre ein sichtbares Eingreifen Gottes zugunsten des Leidenden. Jesus kann Gott nicht zum Eingreifen zu seinen Gunsten bewegen und durch solch ein „Zeichen" Menschen zwingen, seine Gottesnähe anzuerkennen[233]. Denn Gottes Mitsein ist zugleich Interesse am Mitsein der Menschen mit ihm; und dieses kann nur in Freiheit gewählt – und nicht durch eingreifendes Handeln erzwungen werden.

---

[233] Das ist das Ärgernis, das im Grunde alle an Jesus nehmen - deshalb endet die Botschaft Jesu an den Täufer mit dem Satz: „Und selig ist, wer an mir kein Ärgernis nimmt." (Mt 11,6)

Nicht nur Jesu Handeln – wie einer, „der Vollmacht hat" (Mt 7,29) – bezeugt Gottes Mitsein mit den Menschen, sondern auch sein Nicht-Handeln im Sinne seines ohnmächtigen Zulassens des Handelns anderer. Gerade indem Jesus das Handeln anderer an ihm, bis hin zur Kreuzigung, erleidet, bezeugt er Gottes Mitsein als *Dasein*; und darin liegt zugleich die Macht seines Nicht-handelns: Er bezeugt, wer Gott ist. Daß es bei dem Anstoß, den das Nicht-handeln Jesu gibt, um nichts weniger als die Identität Gottes geht, zeigen die mehrfachen Infragestellungen der Identität Jesu als Sohn Gottes (Mt 27,40 und 42), die an die Versuchung Jesu erinnern (Mt 4,3 und 5).

Von Macht bzw. Ohnmacht des Handelns Jesu kann auch im Sinne von Erfolg bzw. Vergeblichkeit gesprochen werden. Sie entscheiden sich an dem Menschen, der es als Zeugnis vom Mitsein Gottes erkennt und annimmt, oder nicht. Jesus kann dort nicht handeln, wo er auf verschlossene Menschen trifft. „Und er wirkte dort nicht viele Krafttaten – ihres Unglaubens wegen." (Mt 13,58) Die Angewiesenheit Jesu auf die Offenheit der anderen hat eine Ohnmacht in bezug auf ihn selber zur Folge, die seine Gegener klar erkennen. Die Lästerer der Kreuzigungsszene sprechen wahr: „Andere hat er gerettet, sich selbst kann er nicht retten!" (Mt 27,42)
Gerade diese Dimension des Handelns Jesu, das ohne die anderen schwach ist, macht es wiederum zum Zeugnis des Mitseins Gottes: Gott stimmt der Angewiesenheit auf die Menschen zur Vollendung seines Mitseins zu. Sein Mitsein bedeutet – negativ ausgedrückt – die Absage, jemals ohne den anderen sein zu wollen. Die Zustimmung zur Angewiesenheit auf den anderen gehört ins Herz von Gottes Mitsein: sie ist „Gottes Sache" (Mt 16,23).
Menschlichem Denken entspricht es, ohne den anderen sein, sich selber retten zu wollen. Das zeigen der Einspruch, den Petrus nach der Leidensankündigung Jesu erhebt, und die Entgegnung Jesu (Mt 16,22-23). Das Leiden, auf das Jesus seine Jünger vorbereitet, kommt daher, daß sein Zeugnis von denen, die das Sagen haben, nicht erkannt und angenommen wird. Gegen das Leiden Jesu zu sprechen, bedeutet, gegen seine Angewiesenheit auf das Erkannt- und Angenommenwerden zu sprechen. Gegen das Leiden Jesu zu sprechen, bedeutet, ihn zu ermutigen, ohne die anderen zu sein und sich selber zu retten. In seiner heftigen Zurückweisung des Petrus geht es Jesus sicher nicht so sehr darum, daß kein Einspruch gegen das Leiden erhoben werden darf, sondern darum, daß sich in diesem Einspruch die Gefahr zeigt, die Angewiesenheit auf die anderen und damit den Sinn des Mitseins Gottes abzulehnen.

In der Schwäche von Jesu Handeln, in seiner Abhängigkeit von der Annahme durch die anderen, liegt eine Stärke, die als solche nicht leicht erkennbar ist: es ist die Stärke des Wartens und Bleibens. Zu ihrer Verdeutlichung kann die kleine Geschichte von Petrus dienen, der in derselben Nacht Jesus die Treue verspricht und ihm dreimal untreu wird (Mt 26,31-34 und 69-75).
Jesus hatte Petrus gesagt, daß dieser ihn dreimal verleugnen werde, bevor der Hahn krähte. Dank dieses Wortes ist Jesus da und gibt sich dem Petrus zu erkennen, als dieser dreimal ihn zu kennen verneint – und damit dreimal sich selber verneint. „Und sogleich krähte ein Hahn. Da erinnerte sich Petrus des

Wortes Jesu. Und er ging hinaus und weinte bitterlich." (Mt 27,74-75) Vermittelt durch sein Wort, das durch den Hahn in Erinnerung gerufen wird – das griechische Wort (ἀλέκτωρ), das hier für „Hahn" steht, meint den Verteidiger – begleitet Jesus Petrus auch in dem Moment, als dieser seine Begleitung aufkündigt; Jesus selber verteidigt Petrus gegen Petrus[234]. Er verteidigt Petrus, der das Mitsein Jesu annimmt und das Mitsein mit Jesus wählt, gegen Petrus, der meint, das Ohne-die-anderen-sein könnte Jesus retten bzw. er könnte sich selbst durch die Leugnung des Mitseins retten. Selbst in der erklärten Leugnung des Mitseins ist Jesus mit Petrus. Die Zustimmung zur Angewiesenheit auf den anderen, die sich in Jesu Mitsein zeigt und die durch ihn vom Mitsein Gottes bezeugt wird, wirkt sich in einem Warten und Bleiben beim anderen aus, dessen Stärke darin liegt, daß es durch das Verhalten des anderen nicht verunsichert werden kann.

7.1.2 Begrenzung aufs Mitsein in Verborgenheit

Gottes Mitsein bedeutet Zustimmung zur Angewiesenheit auf den anderen. Es ist Warten auf das Mitsein der Menschen, seine Vollendung liegt im Mitsein der Menschen mit Gott. Zugleich gilt: Gottes Mitsein verwirklicht sich in einem Warten, das durch das Verhalten des Menschen nicht in Frage gestellt werden kann. Gott sagt sein Mitsein zu, weil er sich darin selber treu ist, und nicht, weil diejenigen, denen er sich zusagt, irgendeine Bedingung erfüllen[235].

7.1.2.1 Verborgenheit als Treue zu sich selbst

Das Mitsein Gottes, das seine Vollendung im Mitsein des Menschen mit Gott findet, hat zuerst mit Gott selbst, mit seiner eigenen unsagbaren Wahrheit, zu tun. „Ich werde dasein, als der ich dasein werde." Dieser Rückbezug könnte im Sinne einer „splendid isolation", einer Abhängigkeiten abweisenden Selbstgenügsamkeit gelesen werden, wie wenn das „ich" Gottes kein anderes „ich" nötig hätte. Alles bisher Gesagte schließt dieses Verständnis aus. Der Rückbezug in der Selbstaussage Gottes hat einen anderen Sinn. Er deutet darauf hin, daß Gottes Mitsein in erster Linie der Treue zu sich selbst entspricht. Das macht seine Verborgenheit aus.

Solche Verborgenheit wird an Jesus deutlich. Sein Handeln ist Zeugnis, das erkannt werden will, aber ohne Interesse daran, diese Wirkung zu erzwingen. Ein in diesem Sinn an seiner Wirkung desinteressiertes Handeln macht Jesus seinen Jüngern zur Aufgabe. „Haltet aber darauf, eure Gerechtigkeit nicht den Menschen vorzumachen – zur Schau für sie ..." (Mt 6,1)[236] Wer alles darauf

---

[234] Diesen Hinweis verdanke ich M. BALMARY: La divine origine, a.a.O., 315f.

[235] Vgl. Dtn 7,7-8 und 9,5.

[236] Es geht um das Handeln, mit dem man den Mitmenschen und Gott gerecht wird. Jedesmal verweist Jesus darauf, wie Almosengeben, Beten und Fasten nicht geschehen sollen – nämlich nicht wie bei den „Blendern", die alles tun, um vor den Menschen zu erscheinen (Mt 6,5 und 16).

anlegt, daß sein Handeln vor den Menschen in bestimmter Weise erscheint, zielt auf eine bestimmte Wirkung seines Handelns. Jesus prägt den Jüngern durch dieses Negativbeispiel ein, daß es eine andere Weise des Handelns ist, die von Gott gesehen wird: es ist das Handeln „im Verborgenen" (Mt 6,4.6.18).

Das Negativbeispiel hilft verstehen, was die Charakterisierung „im Verborgenen" meint: Wie jenes Handeln um der Wirkung willen geschieht, so wird bei diesem Handeln keine Wirkung beabsichtigt. Die Bestimmung des richtigen Handelns den Menschen und Gott gegenüber durch die Angabe „im Verborgenen" sagt mehr über die Motivation dieses Handelns aus als über seine Sichtbarkeit oder Ausstrahlung und faktische Wirkung. Beweggrund für das Handeln ist nicht die Absicht, bei anderen eine bestimmte Wirkung zu erreichen. Der Handelnde ist nicht zuerst beim anderen, mit seiner beabsichtigten Wirkung, sondern er ist bei sich selber. Sein Handeln, das nur vom Vater, „der im Verborgenen ist" und „ins Verborgene blickt", gesehen wird, entspricht seiner eigenen Wahrheit. Wer bei seinem Handeln zuerst bei sich selber und der eigenen Wahrheit ist, dessen Handeln findet „im Verborgenen" statt.

„Verborgenheit" ist ein Merkmal der eigenen Wahrheit, und es ist ein Merkmal, das dem Menschen mit Gott gemeinsam ist. Was meint dieses Wort von der Verborgenheit?

Ich möchte der Vermutung nachgehen, daß es auf die Unverfügbarkeit und Entzogenheit der Wahrheit des Ich hinzielt. Das Mitsein Gottes entspricht seiner eigenen Wahrheit als Ich, die er jedoch zugleich verbirgt: „Ich werde dasein, als der ich dasein werde." Im Nachsatz zielt das Versprechen des Daseins auf das Subjekt, ohne dieses näher zu bestimmen; denn es wiederholt nur die Aussage des vorderen Satzes. Die erste Person – „ich"[237] – die sich hier offenbart, scheint sich in der Offenbarung zugleich zu entziehen.

Mosche, der zu den Söhnen Jisraels gehört, kennt den Gott ihrer Väter. Wenn er hier nach seinem Namen fragt, so auch, um sich seiner Nähe versichern zu können. Gott antwortet, daß ihm seine Nähe sicher ist: ich werde dasein .... Zugleich erteilt er dem Wunsch, sich seiner zu versichern und durch die Nennung des Namens Macht über ihn zu bekommen, eine Absage: ich werde dasein, als der ich dasein werde. Durch den zweiten Teil des Satzes klingt die Antwort wie die Verweigerung einer Antwort.

Die Unmöglichkeit des Festlegens der Identität Gottes ist aber nicht nur ein Wink für Mosche, sondern sie ist auch Bestandteil einer positiven Selbstaussage Gottes. Es ist, wie wenn es eine Offenheit, eine Scheu, eine Distanz – ein Nichtwissen in Gott selber gäbe ... und wie wenn darin seine Stärke läge. Gott sagt nicht nur sein Dasein für die gegenwärtige und alle kommenden Zeiten zu, sondern er sagt auch die unsagbare Offenheit seines Ich aus. Nicht nur sein „Name" – „ich werde dasein" (Ex 3,14) – sondern zugleich seine Unnennbarkeit werden Gegenstand einer Offenbarung. Offenheit, Scheu, Nichtwissen ... sind

---

[237] Ich schreibe „ich", wo ich mich auf die Rede eines Subjekts beziehe, das „ich" sagt. Wo es sich, unabhängig von solcher Rede, um das Ich handelt, brauche ich die entsprechende Schreibweise.

Hinweise auf die Unverfügbarkeit der Wahrheit Gottes als „ich". Seine Wahrheit kann nur als verborgene enthüllt und als unverfügbare zur Verfügung gestellt werden.

Woher kommt nun diese Unverfügbarkeit der Wahrheit als „ich" – in Gott und im Menschen? Zwei Hinweise können zur Erhellung beitragen.
Die Unverfügbarkeit des Ich läßt sich als Entzogenheit, die in der Zugehörigkeit zu einem Wir gründet, und aus der Dunkelheit heraus verstehen, die über seinen Ursprüngen liegt.

„Gott sprach: Machen wir den Menschen in unserem Bild nach unserem Gleichnis." (Gen 1,26) Es ist ein „wir" in Gott, das überlegt, den Menschen zu machen. Und Gott macht den Menschen in seinem Bild als ein Lebewesen, daß „wir" werden kann. Beides deutet darauf hin, daß es eine Gemeinschaft von Personen, daß es Beziehungen und Mitsein in Gott selber gibt. Dieses „wir" in Gott geht dem „ich", mit dem sich Gott an die Menschen wendet, voraus. Daß Gott nicht von Anfang an „ich" sagt[238], deutet darauf hin, daß auch für ihn der Ort des „ich" die Beziehung zu einem anderen ist, der seinerseits „ich" sagen kann. Daß nun das „wir" in Gott seinem „ich" vorausgeht, deutet darauf hin, daß das „ich" in der Zugehörigkeit zum „wir" zunächst verborgen ist.
So wie Gott sich als der, der dasein wird, zu erkennen gibt – und zugleich verbirgt, so läßt sich Jesus an seinem Handeln als der erkennen, der mit den Menschen ist und in dessen Mitsein mit den Menschen sich das Mitsein Gottes zeigt – und zugleich entzieht ihn seine Gottesnähe. Die Zugehörigkeit Jesu zu Gott, genauer gesagt: die Vorrangigkeit dieser Beziehung, prägt die Identität Jesu. Seine Zugehörigkeit zu Gott gibt ihm zugleich eine eigentümliche Verborgenheit und entzieht ihn jedweder Verfügungsgewalt.
Ähnlich entzieht sich auch die Wahrheit eines Menschen in dem Maß dem Erkennen und Beherrschen durch andere, in dem er sich vorrangig und grundlegend von einer Beziehung oder von der Zugehörigkeit zu einer Gemeinschaft prägen läßt.

Die Verborgenheit und Unverfügbarkeit der eigenen Wahrheit als „ich" haben auch mit dem Nichtwissen ihrer Herkunft zu tun. Der Ursprung des Ich liegt im Dunkel. Der Schöpfungsbericht spricht vom Dunkel vor dem Anfang, den Gottes Sprechen setzt (Gen 1,2). Und er spricht vom Dunkel des Tiefschlafs, den JHWH auf den Menschen senkt, bevor er die Frau zu ihm bringt (Gen 2,21). Der Schlaf Adams, der auf die Nacht vor der Schöpfung zurückverweist, schreibt den Ursprung des anderen in die Sphäre dessen ein, was nicht erkannt und – durch Erkennen – beherrscht werden kann. Das Dunkel des Nichtwissens schützt den anderen als anderen.

---

[238] Diese Beobachtung zum Auftauchen des „ich" in der Gottesrede bezieht sich auf die Aussagenfolge des Textes, ohne daß damit etwas über eine entsprechende Entwicklung der Gottesoffenbarung gesagt wäre. Siehe oben Anmerkung 153 auf S. 202.

7.1.2.2 Widerstand um der Treue zu sich selbst willen

Dafür, daß die eigene Wahrheit als Richtschnur des Mitseins dienen kann, muß sie geschützt und verteidigt werden. Schon in Ex 3,14 war erkennbar, daß JHWH seine Identität offenbart – und verbirgt. Er widersteht in diesem Sinne der Frage des Mosche. Die Wahrheit des Ich zu schützen, verlangt einen gewissen Widerstand. Das gilt für Gott und den Menschen. Sohn – und Tochter – Gottes zu sein, bedeutet gerade nicht, die eigene Identität aufzugeben. Den Willen des Vaters tut nicht, wer ohne zu zögern „ja, Herr!" sagt.

Das zeigen zwei Abschnitte im Zweiten Testament, auf die ich durch Marie Balmary aufmerksam geworden bin.

Beim ersten Abschnitt handelt es sich um das kleine Gleichnis von den zwei Jungen, denen ein Mann einen Auftrag gibt, der jedesmal lautet: „Junge, geh, wirke heute im Weinberg!" (Mt 21,28). Der eine Junge antwortet: „Ich will nicht." Danach ändert er seine Meinung und geht. Der andere Junge antwortet: „Ich, Herr!"[239] und geht nicht. Jesus erbittet von seinen Hörern die Meinung dazu, wer von den beiden den Willen des Vaters getan hat. Die Antwort ist klar: der, der schließlich gegangen ist; denn er hat ausgeführt, was ihm aufgetragen wurde.

Für diese objektivierende Lesart, die in den beiden Jungen nur beachtet, was zur Ausführung kommt, und die Verweigerung des einen und das Sich-anbieten des anderen nicht berücksichtigt, macht es keinen Unterschied, daß Jesus in seiner Frage das Wort „Vater" einführt. Er hätte genauso das Wort „Herr" benutzen können, mit dem der zweite Junge seine Unterwerfung erklärt[240]. Wenn Jesus aber durch das Wort „Vater" andeutet, daß jetzt Vater und Sohn und die Beziehung zwischen beiden existieren, so muß mehr geschehen sein als nur der schließliche Gehorsam des ersten Jungen gegenüber einem Herrn.

Tatsächlich ist mehr geschehen. Der erste Junge sagt zuerst ein Nein, es ist ihm wichtig, sich von dem zu unterscheiden, dessen Kind er ist. Nur so kann er sein eigenes Begehren erkennen. Und nachdem er sich seines eigenen Wollens sicher ist, kann er ihm entsprechend handeln – und in den Weinberg gehen[241]. Während der eine Junge also durch eine trennende Verneinung klar macht, daß es den Mann nicht als Herrn und sich selbst nicht als Knecht erkennt, führt der andere Junge keine Trennung zwischen dem Mann und sich ein – im Gegenteil: er bietet sich an – „Ich" – um den zu vervollständigen, der für ihn „Herr" ist[242]. Das „Ich" ohne ein Verb ist unvollständig, bleibt an den Herrn gebunden wie der Knecht. Darum kann dieser Junge nicht gehen, nämlich weggehen[243].

Indem der eine Junge ablehnt, daß die Beziehung zwischen dem Mann und ihm

---

[239] Zur Übersetzung siehe die Anmerkung 242.

[240] Vgl. M. BALMARY: La divine origine, a.a.O., 270f.

[241] Vgl. Ebd., 268f.

[242] Wörtlich muß der griechische Text in Mt 21,30 (ἐγώ, κύριε ...) übersetzt werden mit: „Ich, Herr ..." Vgl. M. BALMARY, a.a.O., 267.

[243] Das ist die Bedeutung des in den Versen 29 und 30 verwendeten Verbs ἀπ-ερχομαι; vgl. M. BALMARY, a.a.O., 268.

ein Herr-Knecht-Verhältnis ist, „wirkt" er, so daß die Beziehung zwischen Vater und Sohn entsteht. Er arbeitet am Wort des Mannes, er verneint, er vernichtet das Wort in sich, bis dieses sich verwandelt und zu seinem eigenen Wort – und in ihm zur Energiequelle wird, damit er gehen kann, um im Weinberg zu wirken. Der Wein selber ist Ergebnis solcher Arbeit. Die Traube wird zerdrückt, scheinbar vernichtet, und dem so entstehenden Saft wird Zeit gelassen, bis er zu Wein wird, „der das Herz des Menschen erfreut" (Ps 105). „Der Wille des Vaters war es nicht, daß sein Kind seinen Befehl ausführt, sondern daß es Sohn werde, indem es dieses Werk des Sprechens an seinem anfänglichen Sprechen vollbringt."[244]

Die schöpferische Arbeit der Scheidung, der Verneinung und Verwandlung von dem, der sich als Objekt und Knecht des anderen erkennt, zu dem, der als Subjekt und Sohn ersteht, braucht Zeit. Im Text heißt es nur knapp „danach ...", ein Tag oder ein Jahr oder zehn Jahre danach ... Das Vergehen von Zeit ist unentbehrlich für die Arbeit des Ich-werdens.

Marie Balmary fragt sich nun, wieweit das für Jesus selber gilt, der als verborgenes Subjekt des Gleichnisses sein Schlüssel ist – und der zugleich vielen Christen gerade als Beispiel des vollkommenen Gehorsams und der Unterwerfung unter den Willen des Vaters dient. „Hat Jesus das Wort des Vaters vernichtet, damit es in ihm nicht wie das des Herrn sei? Hat er sein ‚Ich will nicht' angedeutet, hat er sein Gehen hinausgezögert, um als freier Sohn den Weinberg zu erreichen?"[245] Was ist die Antwort Jesu auf das Wort, durch das er, als er aus dem Wasser des Jordan steigt, als „mein Sohn, der Geliebte" bekundet wird (Mt 3,17)?

Mit dieser Frage bin ich bei dem zweiten Abschnitt, der darauf hinweist, daß die Treue zur eigenen unverfügbaren Wahrheit einen gewissen Widerstand verlangt. Jesus wird vom Geist in die Wüste geführt. Dort fastet er vierzig Tage und vierzig Nächte, und danach wird er hungrig (Mt 4,1f). Es gibt ein Vergehen von Zeit zwischen dem Wort, das aus den Himmeln über Jesus ergeht, und seiner Antwort, in der er sich als Sohn und den „in den Himmeln" als Vater erkennt. Vierzig Tage und vierzig Nächte nichts essen und nichts trinken: das ist ein symbolisches Sterben. „Die erste Antwort dessen, der als Sohn verkündet wird, besteht darin, dieses durch die Stimme ausgesagte Sohn-sein fast zu vernichten."[246] Indem Jesus vierzig Tage und vierzig Nächte fastet, durchläuft er die Zeit zwischen seiner Geburt und seiner Darstellung im Tempel, das ist die Zeit der rituellen Reinigung seiner Mutter[247], die mit der Darbringung eines Taubenopfers beendet wurde. In einem gewissen Sinn ist Jesus zum Tag seiner Geburt zurückgekehrt[248].

---

[244] Ebd., 272.
[245] Ebd., 278.
[246] Ebd., 279.
[247] Vgl. Lev 12,2-4 und 6-7.
[248] M. BALMARY, a.a.O., 280.

„Danach" hat er Hunger[249]. Es ist genügend Zeit vergangen, daß Jesus sein eigenes Begehren erkennen kann, demzufolge er nicht als „Gesprochener", sondern als Sprechender geboren werden will. Als Subjekt und Sohn des Vaters, der Jesus jetzt aus eigenem „Hunger" heraus ist, widersteht er der Versuchung, einem Gott-Herrn untertan zu sein, und erkennt und benennt gerade in ihr den Versucher als Gegenfigur Gottes[250].

Nur wer wirklich „ich" sagt, kann den Willen des Vaters tun, weil er nicht Knecht eines anderen ist. Der Knecht tut nicht den Willen des Vaters, sondern den des Herrn. Tatsächlich stellt Jesus mehrere Male jene, die „Herr, Herr!" sagen, denen gegenüber, die den Willen des Vaters tun[251].
Wir sind es gewohnt, die scharfe Abweisung Jesu hier vor allem auf ein Reden zu beziehen, dem kein Handeln entspricht. Es geht aber auch darum, daß Jesus die nicht kennt, die sich zu ihm wie in der Beziehung zu einem Herrn erkennen. Ein Blick auf die Evangelien zeigt, was Jesus wichtig ist. Menschen sollen zu Subjekten werden können, die in der ersten Person sprechen. Sein heilendes Tun bringt die mit „mancherlei Gebrechen und Qualen" Behafteten dazu, daß sie in den Vollbesitz ihrer Kräfte gelangen. Die meisten von denen, die „übel dran sind", werden als „Besessene" beschrieben: das sind solche, die in beunruhigender Weise fremdbestimmt sind. Sie von den Mächten zu befreien, die sie in der Gewalt haben, heißt, ihnen die Möglichkeit zu geben, sie selber zu werden. Wer zum Subjekt wird, das Zugang zu seinem eigenen Willen und „ich" findet, ist kein Knecht mehr, der „Herr, Herr!" sagt - sondern Sohn und Tochter; und nur der Sohn, nur die Tochter, kann den Willen des Vaters tun.

Der verborgenen Wahrheit des Ich zu entsprechen, ist nicht möglich, ohne denen zu widersprechen, die in Gefahr sind, über diese Wahrheit als „ich" verfügen zu wollen oder als Verfügende, als „Herren", anerkannt werden zu wollen. Der Widerspruch kann im „Nein" („Ich will nicht") erkennbar sein, kann sich aber auch im zeitlichen und räumlichen Abstandnehmen zur Besinnung auf das eigene Begehren ausdrücken, und selbst Schlaf und Krankheit können Weisen eines inneren Rückzugs um der Unverfügbarkeit des Ich willen sein. Von diesem Widerstand ist auch Gott nicht ausgenommen; denn ihm gegenüber ist die Versuchung zur Unterwerfung als Knecht besonders groß.
Gott selbst will nicht die Unterwerfung des Menschen. Das Volk, an das er „sich hängt", heißt „Jisrael" nach demjenigen seiner Väter, der mit Göttern und Menschen gerungen hat (Gen 32,29). Es ist Gott, der Jaakob den Namen „Fechter Gottes" gibt und damit die Stärke seines Widerstands anerkennt. Der Knecht würde nicht mit seinem Herrn kämpfen, sondern sich ihm kampflos unterwerfen. Jaakob kämpft eine Nacht lang mit dem Unbekannten und unterwirft sich nicht. Die neue Namensgebung Jaakobs durch Gott wird zweimal überliefert[252]. Das zeigt, wie wichtig es ist, die Geschichte des mit Gott Ringenden im Namen

---

[249] Vgl. Mt 21,29: „‚Danach' änderte er seine Meinung und ging."

[250] Mt 4,7-10; vgl. M. BALMARY, a.a.O., 281.

[251] Mt 7,21; vgl. Mt 7,22-23 und 25,11-12.

[252] Vgl. auch Gen 35,10-11.

seines Volkes zu erinnern. Gott will die Beziehung zu Menschen, die stark genug sind, um die Unverfügbarkeit ihres Ich auch gegen Gott zu verteidigen. Nur solche Menschen werden das Mitsein mit Gott erwählen, nicht in Abhängigkeit von ihm, sondern als freie Söhne und Töchter, in Treue zu sich selbst. Nur diese entsprechen so dem Mitsein Gottes, das, als Treue zum eigenen Wort, bedingungsloses Mitsein ist.

7.1.2.3 Ganzheitlichkeit des Mitseins in Treue zu sich selbst

Insofern Gottes Mitsein zuerst der Treue zu sich selbst entspricht, ist es nicht abhängig von Bedingungen, die beim Menschen gegeben sind. Das bedeutet aber weder Gleichgültigkeit gegenüber dem Verhalten des Menschen noch ein Nicht-Ernstnehmen seiner Entscheidung. Wohl bedeutet es etwas, was ich die „Ganzheitlichkeit" der Zuwendung Gottes nenne.
Das Mitsein Gottes betrifft den einzelnen Menschen mit seinen hellen und dunklen Seiten, es betrifft die Geschichte der Menschen mit ihren Siegen und Niederlagen, und es betrifft die Menschheit als solche, mit jenen, die das Unsichtbare erhoffen, als auch jenen, die sich im Sichtbaren gefangen halten.

Alles im Menschen ist gemeint.
Nichts im Menschen ist ausgeschlossen von der Zusage des Mitseins Gottes. Deutlich wird das schon in dem Teil des Schöpfungsberichts, in dem der Mensch, Adam, das erste Mal „ich" sagt (Gen 3,10). „Es ist ein unglückliches Ich, das die Stimme des Anderen fürchtet, ein entblößtes Ich ... das Ich eines Menschen, der sich versteckt."[253] Aber die Tatsache, daß der Mensch, Adam, in dieser Weise von sich sprechen und sich zu diesem schwachen „ich" bekennen kann, zeigt zugleich eine erstaunliche Stärke; und diese kommt ihm von JHWH her. Gott fragt nach ihm und gibt ihm das Wort. Er ermächtigt ihn zum Sprechen und Aussprechen auch des Negativen. Er ermutigt ihn, seine Angst und Scham zu sagen. Gott läßt erkennen, daß von ihm aus die Beziehung zum Menschen nicht abbricht, daß er da ist – gerade dort, wo der Mensch sich schämt, ihm zu begegnen.
Auch als Gott den Menschen wegschickt, „den Acker zu bedienen" (Gen 3,23) und eine Distanz zwischen sich und den Menschen markiert, durch Vertreibung, kreisendes Schwert und Cherubim, die den Weg zum Baum des Lebens hüten[254], bedeutet dies nicht, daß Gott die Menschen verläßt. Er entläßt sie in ihren eigenen Raum und ihre eigene Zeit und Geschichte, in der er mit ihnen sein wird[255].
Nichts im Menschen ist ausgeschlossen vom Hören- und Wissenwollen Gottes. Gott ist der, dem ein Mensch seinen Schmerz, seine Trauer, seine Wut, seine

---

[253] M. BALMARY, a.a.O., 51.

[254] Wobei in Gen 2,15 beides noch, das Dienen und das Hüten, Aufgabe des Menschen waren!

[255] Das Urteil über den Mann und die Frau stehen unter dem Zeichen der „Ursprungs-Vergebung". So der Titel, den Lytta BASSET ihrem Werk über das Böse und die Vergebung gegeben hat: „Le pardon originel" (Genf 1994). Im Französischen ist die Entsprechung zum Begriff der „Erb-" oder besser „Ursprungs-Sünde" (péché originel) noch deutlicher.

Verlassenheit zeigen kann. Seine Verzweiflung kann er vor ihm ausbreiten: das bezeugen vor allem die Psalmen. Gott ist da bei dem Beter, der Beterin, nicht nur wenn er oder sie angenehm und schön spricht, so wie „man sprechen darf" – dankend und bittend, vielleicht auch noch klagend, aber nicht verfluchend ... Gott ist da und hört einem Menschen zu, egal wie heftig, wie ungerecht oder unmöglich er oder sie sich ausdrückt[256].

In jedem Abschnitt ihrer Geschichte sind die Menschen gemeint.
Die Psalmen sind ein beredtes Zeugnis dafür, daß Gott sich dem Menschen nicht um bestimmter Qualitäten willen zuwendet, sondern daß er ihn als ganzen annimmt; und die Psalmen zeigen auch, daß das für immer gilt. Im Zusammenhang mit Fragen, Bitten und Klagen, Verwünschung und Lobpreis wird Erinnerungsarbeit geleistet. Vor allem die persönliche Geschichte mit ihren Höhen und Tiefen, aber auch die Geschichte des Volkes wird erinnert (z.B. Ps 78), dem Gott auf seinem Weg durch die Wüste nicht untreu wird, obwohl dieses Volk wiederholte Male auf seinem Weg Gottes Führung nicht annimmt[257] und ihm gegenüber nicht treu ist[258].
Jisrael zweifelt daran, daß Gott in seiner Mitte ist. Da ist die Angst, vor Hunger und Durst in der Wüste umzukommen (Ex 15,24; 16,2-3; 17,3), da ist die Angst, in der Abwesenheit von Mosche ohne schützenden Gott zu bleiben (Ex 32,1), da ist die Angst, von den mächtigen Bewohnern des verheißenen Landes überwältigt und getötet zu werden (Num 14,1-4). All diese Ängste zeigen, daß kein Vertrauen zu JHWH besteht, der seine Nähe zugesichert hat. Damit stellt das Volk die Bereitschaft Gottes, in seiner Nähe zu bleiben, wiederholte Male auf die Probe (vgl. Ps 78,18 und 41).
So wie Gott den Schrei Jisraels vor seinen Treibern in Ägypten gehört hat, so hört er auch sein „Murren" (Ex 16,12; Num 14,26; Dtn 1,34), die hetzende Rede seines fehlenden Vertrauens (Dtn 1,26-27), den jauchzenden Lärm seines Vertrauens in einen selbstgemachten Gott (Ex 32,17). Und so wie Gott den Schrei Jisraels in der Bedrückung mit dem Willen zur Befreiung beantwortet, so beantwortet er das „Widerstreben" Jisraels, das Gottes Weg der Befreiung nicht gehen will, mit dem Willen zur Aufkündigung seiner Nähe: „Ja, ich werde nicht innen bei dir hinaufziehn, ein Volk ja hart von Nacken bist du ..." (Ex 33,3; vgl. Num 14,42-43; Dtn 1,42).
Gott läßt sich von der Leichtigkeit, mit der Jisrael ihn vergißt und sich von ihm abwendet, treffen (vgl. z.B. Num 14,11f). Dennoch bleibt das Wort JHWHs sehr nah beim Volk; sein „Gesang" wird „zum Zeugen gegen die Söhne Jisraels", in dessen eigenem Mund und Herzen, damit es umkehren kann (Dtn 31,19). Wenn es, gerade in der äußersten Ferne und Entfremdung, nach JHWH sucht: dann wird es ihn finden (Dtn 4,29).

---

[256] Ich frage mich nach dem Verständnis von Gottes Mitsein bei denen, die nur die von Verfluchungen gereinigten Psalmen beten – und zum liturgischen Gebet herausgeben zu können meinen; vgl. E. ZENGER: Ein Gott der Rache? Feindpsalmen verstehen, Freiburg 1994, 52-55.

[257] Ps 78,8.17.40.56; vgl. Dtn 1,26 und 43; 9,7 und 23-24.

[258] Ps 78,8 und 37.

Jeder Mensch ist gemeint.

Bedingungsloses Mitsein Gottes, treue Begleitung der Menschen auf ihrem Weg durch Höhen und Tiefen, das gilt nun für jeden Menschen: Dieser Aspekt der Bedingungslosigkeit oder Ganzheitlichkeit des Mitseins Gottes wird vor allem durch Jesus bezeugt. Alle können mit seiner Aufmerksamkeit für sie rechnen: Frauen und Männer, Kinder und solche, die Kinder störend finden, Bedrückte und Bedrücker. Keinem verweigert sich Jesus aufgrund von Volks- und Gruppenzugehörigkeit, von Armut oder Reichtum, von verpöntem Beruf oder gefürchteter Stellung, aufgrund von abstoßender Krankheit oder unsittlichem Lebenswandel, von Reinheit oder Unreinheit. Selbst denen, deren Interesse am Gespräch mit Jesus nicht echt ist und die er kritisiert, verweigert er sich nicht. Weder politische noch religiöse Gründe bringen Jesus dazu, Menschen auszuschließen.

Die Priorität, welche die Bedrückten und „mit vielerlei Gebrechen und Qualen Behafteten" bei ihm haben, bedeutet nicht, daß er die anderen ablehnt. Sie hängt damit zusammen, daß es vor allem diese Menschen sind, die Jesus suchen. Sie wollen die Nähe Jesu. Das Mitsein Gottes, das sein Handeln bezeugt, ist ihnen lebenswichtig: das ist ihr Glaube. Für sie erfüllt sich die Verheißung des Lebens, das denjenigen zuteil wird, die Gott suchen. Daß das Mitsein Gottes für sie zur Wirklichkeit wird, indem es sie heil macht und ihnen Leben schenkt, liegt an ihrem Glauben: Jesus weist ausdrücklich darauf hin.

7.1.3 *Begrenzung aufs Mitsein als Werden*

Das Mitsein Gottes – so bezeugt es Jesus in den Gleichnissen vom „Reich Gottes" – ist eine unmerkliche und unaufhaltsam in Bewegung befindliche Wirklichkeit, die auf die Dauer die ganze Schöpfung verändern und erneuern wird. Die Geschichte Jisraels mit JHWH zeigt, daß es Gott darum geht, in seinem Handeln, das sein Mitsein bezeugt, erkannt und in seinem Wort gehört zu werden. Sein Mitsein drängt darauf, in Freude angenommen – und so aus der bedingungslosen Möglichkeit zu einer konkreten, bedingten Wirklichkeit zu werden.

Gottes Mitsein ist im Werden, sofern seine Vollendung im Mitsein des Menschen aussteht; zugleich bedeutet Gottes Werden bedingungsloses Dasein beim Werden des Menschen, und ist darin vollendetes Mitsein.

7.1.3.1 Werden des Mitseins Gottes

„Ich werde dasein, als der ich dasein werde." Das Versprechen des Daseins zielt im ersten Satz auf eine nähere Bestimmung der Beziehung, die für alle kommenden Zeiten vom Dasein Gottes geprägt sein wird. Die Erwartung dieser Bestimmung wird enttäuscht; statt ihrer zielt der Nachsatz auf das sprechende Subjekt zurück. Dadurch bekommt diese Ich-Aussage Gottes jene Zurückhaltung, die sie zu einer Offenbarung gerade auch seiner Verborgenheit macht. Zugleich wird dadurch die Nicht-Abgeschlossenheit des Daseins, das Gott von sich aussagt, wiederholt. Die Wiederholung verstärkt, was jedes Mal nicht gesagt wird. Gott sagt nicht: „Ich werde dasein, als der ich schon immer da bin." Im Mitsein macht Gott sich erkennbar; aber als wer er erkennbar wird oder wen sein Mitsein offenbart – das heißt schließlich: sein Mitsein selber – ist nicht ein für alle Mal festgelegt, sondern „im Werden"[259].

Die Betonung der Nicht-Abgeschlossenheit des Mitseins Gottes möchte ich vor allem auf dem Hintergrund des Mitseins selber verstehen. Das Mitsein ist als solches offen und nicht festzulegen – denn es ist gleichbedeutend mit der Absage, ohne den anderen zu sein. Der andere wiederum wäre nicht ein anderer ohne die Verborgenheit seiner Wahrheit, ohne das Dunkel des Nichtwissens, das über seinem Ursprung liegt, und ohne die damit verbundene Unverfügbarkeit und Unvorhersehbarkeit. Gottes Hinweis auf die Offenheit seines Mitseins zeigt dessen Radikalität als Sein mit einem anderen, der als solcher unmöglich festzulegen ist.

An verschiedenen Stellen, in denen Gott sein Mitsein mit Jisrael zusagt, wird deutlich gemacht, daß seine Zusage die Vergangenheit und Gegenwart überschreitet. JHWH schließt seinen Bund nicht nur mit den hier und heute Anwesenden, sondern auch mit denen, die nicht hier und heute mit dabei sind, das sind die zukünftigen Generationen (Dtn 29,14). Er hat einen Bund nicht nur mit den Vätern geschlossen, die gestorben sind, sondern auch mit denen, die hier und heute da sind, „uns Lebendigen allen" (Dtn 5,5).

Gottes Mitsein ist im Werden – damit ist nicht die Zeitlichkeit eines „noch nicht" gemeint[260], vielmehr weist die als „Werden" angesprochene Offenheit des Daseins Gottes auf sein Dasein mit den Menschen in jeder Gegenwart hin. Gottes „ich werde dasein" ist wie ein unbeirrbares, unbedingtes Ja zum Weitergehen mit den Menschen. Auch wenn diese Gottes Mitsein ablehnen, gilt sein „ich werde dasein"; es bedeutet dann, daß er den Menschen entgegenkommt und sich von ihnen finden läßt, wo auch immer sie schließlich Gott zu suchen beginnen (Dtn 4,29). Sofern in dem Dasein*werden* die Andeutung eines Noch-nichtdaseins zu hören ist, handelt es sich um das „noch nicht" des Entgegenkommenden, der als Kommender aber immer schon da ist. Das Dasein Gottes, der den Menschen begleitet, ist in offener Bewegung, weil der Mensch selber noch wird; zugleich ist es unveränderliches Dabeibleiben beim Werden des Menschen.

7.1.3.2 Gottes Dasein beim Werden des Menschen

Das Werden des Menschen kann durch die sich aus seiner Unfertigkeit ergebenden Übergänge charakterisiert werden, die Fortschritte und Rückschritte

---

[259] „Gottes Sein ist im Werden" – so lautet der Titel, unter dem E. JÜNGEL Karl Barths „verantwortliche Rede vom Sein Gottes" paraphrasiert (Tübingen ⁴1986). Hier geht es um die Selbstinterpretation Gottes als Vater, Sohn und Heiliger Geist, die zur Folge hat, daß Gottes Sein als „Sein im Werden" verstanden werden muß: „Gottes Sein ist also als Sein Gottes, des Vaters, des Sohnes und des Heiligen Geistes ein Sein im *Werden*." (Ebd., 77) „Die Offenbarung ist als Selbstinterpretation Gottes Ausdruck dieser Selbstbewegung des Seins Gottes." (Ebd., 107f).

[260] Vgl. E. JÜNGEL, a.a.O., 114.

einschließen. Dabei ist eine Zielvorstellung impliziert: Was kann, was soll der Mensch „werden"?
Gehen wir davon aus, daß das Mitsein Gottes seine Vollendung im Mitsein der Menschen findet, so zeigt sich als Ziel für das Werden des Menschen, daß er mit Gott ist. Da das Mitsein mit Gott „Leben" für den Menschen bedeutet, geht es also darum, daß der Mensch das Leben wählt – was er tut, wenn er auf JHWH hört. Dieses Werden des Menschen zu einem, der mit JHWH ist und darin Leben hat, ist kein gradliniger Prozeß. Deutlich läßt dies das Erste Testament am Unterwegssein des Volkes Jisrael erkennen. Die Unfertigkeit der Menschen bedeutet, daß sie nicht festgelegt sind. Das nötigt sie, ihren Weg zu wählen, und erlaubt ihnen, sich immer wieder auch für den Tod, und nicht für das Leben zu entscheiden.

Gott geht mit den Menschen mit, die, wie Jisrael, ihr Leben lang zum Leben, nämlich zum Hören, Suchen und Erkennen JHWHs, unterwegs sind. Die Begleitung, die Gott dem Werden des Menschen im Sinne dieses Unterwegsseins gewährt, besteht oft darin – so das Zeugnis des Ersten Testaments – daß Gott es akzeptiert, die Entfernung zwischen den Menschen und sich wachsen zu lassen, daß er auf die Umkehr der Menschen wartet und ihnen entgegenkommt, mit der Geduld dessen, der „Zeit hat"[261].
Gott paßt sich dem Rhythmus der Menschen an. Er stimmt zu, ihre Langsamkeit und Schwerfälligkeit, ihre Widerstände, ihr Aufbegehren, ihre Armseligkeit und Kleinheit zu tragen. Das Mitsein Gottes auf dem oft sich verlierenden, mühsamen Weg, den Menschen in ihrer Beziehung zu Gott gehen, zeigt sich im Ersten Testament immer wieder darin, daß JHWH die Zukunft dieser Beziehung bejaht. Das heißt nicht, daß er ihre Gegenwart verneint – auch dann nicht, wenn diese ein Nein zum Mitsein Gottes enthält. Vielmehr bedeutet die Zukunft, die Gottes Mitsein der Geschichte Jisraels eröffnet, daß er die Gegenwart vergibt, in der sich das Volk von ihm abwendet und sich verschließt. Sie wird zu einer Etappe auf dem Weg, die gerade der Erinnerung an JHWHs Mitsein dient. Das Dasein Gottes bei den Menschen, die ihren Weg zum Leben suchen, hat zur Folge, daß sie nicht aufgeben, sondern dabei bleiben, immer wieder aufbrechen und weitergehen. Das Unterwegssein selber, das Werden der Menschen ist JHWH kostbar.

Das Werden als solches ist Gott kostbar, denn er schafft selber erst die Bedingung dafür, indem er den Menschen als ein Wesen schafft, das unfertig ist. Hinweise darauf entdeckt Marie Balmary beim Befragen der Bibel nach dem Ursprung des Subjekts, das in der ersten Person spricht.
Im ersten Schöpfungsbericht heißt es: „Gott schuf den Menschen (den Lehmgemachten, ‚Adam') in seinem Bilde, im Bilde Gottes schuf er ihn, männlich und weiblich schuf er sie." (Gen 1,27) Es heißt nicht: „als Mann und Frau schuf er sie" – die Worte „Mann" (ish) und „Frau" (isha) erscheinen erst in Gen 2,22 und 23. „Der Mensch" wird hier wie andere Lebewesen als männlich und weiblich differenziert. Er ist nicht als Mann und Frau geschaffen, sondern als Möglich-

---

[261] „Gott hat Zeit, gerade weil und indem er Ewigkeit hat." K. BARTH, KD II/1, 689.

keit, Mann und Frau zu werden[262]. Zugleich fällt auf, worin sich die Schöpfung des Menschen von der der anderen Lebewesen unterscheidet. Das erste Mal heißt es nicht, daß Gott den Menschen „nach seiner Art" macht; vielmehr schafft er ihn „in seinem Bild". Dieser Zusammenhang gibt nun einen weiteren Hinweis auf die Unvollständigkeit des Menschen.
Im vorangegangenen Vers des Schöpfungsberichts hieß es: „Gott sprach: Machen wir den Menschen in unserem Bild nach unserem Gleichnis! ..." (Gen 1,26) Anschließend heißt es zweimal: „Gott schuf den Menschen in seinem Bilde ..." (1,27). Der Mensch – der Lehmgemachte mit der Möglichkeit, Mann und Frau zu werden – ist im Bild Gottes, aber nicht nach seinem Gleichnis geschaffen. Auch hierin „zeigt sich die doppelte Botschaft" des ersten Schöpfungsberichts: „die Schöpfung und die Nicht-Schöpfung des Menschen"[263]. Die Überlegung Gottes hinsichtlich der Schöpfung des Menschen bezog sich auf „Bild" und „Gleichnis" – seine Ausführung bezieht sich nur noch aufs „Bild". Was ist der Grund für das Schweigen über das „Gleichnis"? „Gott hat erlaubt, daß wir die Künstler der Ähnlichkeit mit Gott seien ... er hat mir die Sorge überlassen, nach seinem Gleichnis zu werden."[264]
Wenn Gott dem männlich und weiblich geschaffenen Menschen, der Mann und Frau werden kann, „sein Gleichnis" anvertraut, so ist es damit die menschliche Beziehung als solche – nämlich als eine wie die Beziehung zwischen Mann und Frau von Getrenntheit, Gleichheit und Unterschiedlichkeit gekennzeichnete Beziehung – der Gott es anvertraut, ihm ähnlich zu werden. Der Schöpfer spricht als „wir", und in diesem Plural schafft er Geschöpfe, die ihrerseits als zusammen („ich" und „wir") sprechende Wesen ankommen können. Und damit sie „ankommen" und „werden" können, dürfen sie noch nicht „sein". Mit seinem Schweigen über die Schöpfung der Ähnlichkeit des Menschen mit Gott besteht der erste Schöpfungsbericht – so schon die Interpretation von Basilius von Caesarea – darauf, daß die Menschen die Ähnlichkeit mit Gott erst erwerben und ihrerseits „schaffen"[265].

Diese charakteristische Unfertigkeit des Menschen - sein „Ungeschaffensein", das zum Menschen genauso gehört wie sein Geschaffensein – läßt das Ziel seines Werdens noch einmal neu bestimmen. Es geht darum, daß der Lehmgemachte – der noch nicht „Mensch", nämlich Mann und Frau, ist – als Mann und als Frau, und das heißt: in der Beziehung, als „ich" sagendes Subjekt erwacht und nach dem Gleichnis Gottes „wird". Widerspricht dies dem zu Anfang genannten Ziel des Mitseins mit Gott, das als Hören auf JHWH „Leben" bedeutet? Das eine Mal geht es um das Werden des Menschen als Mann und als Frau, als das in der ersten Person sprechende Subjekt, das als solches auch die Möglichkeit zum „wir" und die Ähnlichkeit mit Gott erwirbt – das andere Mal geht es um das Werden des Menschen als eines/einer auf JHWH Hörenden.

---

[262] Vgl. M. BALMARY, a.a.O., 77.
[263] Ebd., 113.
[264] Diese Antwort findet M. BALMARY (a.a.O., 115) in den Predigten von Basilius von Caesarea über den Ursprung des Menschen.
[265] Vgl. M. BALMARY, a.a.O., 116.

Diese Bestimmungen des Werdens des Menschen sind eng miteinander verbunden. Gott, der sich den Menschen zusagt und in seiner Zusage zugleich ihr Mitsein erbittet, will das Mitsein des freien Menschen[266]; und der aus dem „Haus der Dienstbarkeit", der Bestimmung durch fremde Herren Befreite ist der, der „ich" sagt. Zugleich will Gott, der dem Menschen die Sorge überläßt, in der Beziehung zum anderen er selber zu werden, daß der Mensch ihm darin ähnlich werde. Wenn der Mensch, der als „ich" und „wir" erwacht, Ähnlichkeit mit Gott erwirbt, bedeutet dies aber nichts anderes, als daß er mit Gott ist.

Wie Gott die Voraussetzungen dafür schafft, daß Jisrael das Mitsein mit ihm wählen kann, so schafft er die Voraussetzungen dafür, daß der Lehmgemachte, Adam, sich als Subjekt erheben und in der Beziehung zum anderen ein „ich" werden kann, das sich der Gegenwart des anderen verdankt und sich so zugleich als „wir" weiß. Das Mitsein mit dem anderen läßt sich so wenig trennen von dem Mitsein mit Gott, daß in dem Augenblick, in dem der Mensch gegen das Mitsein mit dem anderen handelt, auch das Mitsein mit Gott nicht mehr selbstverständlich ist; und beide Male wird damit auch das Ich-werden des Menschen erschwert. Denn „die differenzierte menschliche Beziehung ist es, der die Macht gegeben wurde, die sonst (in anderen Ursprungsmythen) den Göttern reserviert ist, den Mann und die Frau entstehen zu lassen ... oder nicht entstehen zu lassen. Der Mensch? Ein Lebewesen, das sich erhoben hat, das wach geworden ist, indem es den anderen anerkennt."[267]

Wie wichtig es Gott ist, daß der Mensch zu sich erwacht – in der Beziehung zum anderen, zeigt sich darin, daß er ihm die Verneinung mit auf den Weg gibt, die Verneinung in bezug auf die Möglichkeit, alles zu essen, und die Verneinung in bezug auf die Möglichkeit, das Alleinsein gut zu finden. Das sind die Themen des zweiten Schöpfungsberichts.

Die erste Verneinung taucht unmittelbar nach der Bejahung der Möglichkeit des Essens auf: „Von allen Bäumen magst essen du, essen, aber vom Baum der Erkenntnis von Gut und Böse, von dem sollst du nicht essen ..." (Gen 2,16-17) Das Essen ist eine Gabe (vgl. Gen 1,29) – die Gabe, die für den Erhalt jenes Lebens nötig ist, das dem Menschen mit den Tieren gemeinsam ist und das sie dieselbe Nahrung essen läßt (vgl. Gen 1,29 und 30).
Aber auch die Verneinung ist eine Gabe – dieses Mal eine Gabe, die nur dem Menschen gegeben wird. Die Verneinung nimmt etwas vom Essen aus, anders ausgedrückt: sie setzt etwas als nicht zu Essendes ein. Das Nicht-essen schützt den Baum des Erkennens (des Erkennens von Gut und Böse – oder auch: des guten und schlechten Erkennens). Das Nicht-essen schützt die Andersheit, denn Essen ist Einverleiben. Was ich mir einverleibe, ist in mir, und nicht mehr außer mir, es wird seiner Eigenständigkeit und unverfügbaren Andersheit beraubt. Das Nicht-Essen schützt mit der Andersheit das (gute) Erkennen, das an den Unter-

---

[266] Siehe oben 7.1.1.1: „Gottes Tun im Dienst seines Mitseins"; siehe auch weiter unten 7.2.3.1: „Befreiung des Menschen zum Ich-werden".

[267] Ebd., 148.

schied gebunden ist. Es schützt das Erkennen des anderen als anderen, als Nicht-Ich.

Die Verneinung ist also tatsächlich eine besondere Gabe für den Menschen, sie ist notwendig für die Beziehung zum anderen, in der er als „ich" erwacht. Als Verbot der Einverleibung des anderen oder auch der Verschmelzung mit dem anderen bewirkt die Verneinung die Trennung, die schöpferisch ist, so wie das schöpferisch trennende Tun Gottes „am Anfang". „Der Schöpfer ist in diesem Bericht nicht geizig mit seiner Macht. Denn das den Menschen anvertraute Verbot gibt ihnen das Privileg, sich in ihrer eigenen Identität zu vervollständigen oder zu vernichten. Wenn „ich" zu „dir" spreche, gibt es zwischen uns die Verneinung („ich" bin nicht „du"), ohne die „wir", das Bild Gottes, unmöglich wäre. Wenn wir einmal das Gesetz der Beziehung verstanden haben, hängt es nur von uns ab, daß wir uns aufrecht hinstellen ... eine(r) an der Seite des/der anderen, der eine ganz nah bei der anderen ... und uns gegenseitig anerkennen."[268]

Es ist noch eine Verneinung nötig, damit der andere überhaupt gesucht und erkannt werden kann. Sie kommt im unmittelbaren Anschluß an die Verneinung, die das Erkennen des anderen schützt: „Nicht gut ist, daß der Mensch allein sei" (Gen 2,18). Eine ähnliche Überlegung wie im ersten Schöpfungsbericht folgt: „ich will ihm eine Hilfe machen, ihm Gegenpart." (Gen 2,18)
Dieses „Machen" nimmt nun einen eigentümlichen Umweg. Gott bildet aus der Erde alles Lebendige des Feldes und der Luft und bringt es zum Menschen, um zu sehen, wie er es ruft. Und der Mensch ruft jedes Tier mit Namen; aber es findet sich für ihn unter allem Lebendigen keine Hilfe und kein Gegenüber (Gen 2,19f). Im Grunde setzt der Mensch hier die Verneinung Gottes fort: nicht gut ist, daß der Mensch allein sei – nicht die Tiere sind es, die ihm die Beziehung zum anderen ermöglichen. Der Mensch ruft jedem Tier seinen Namen zu, und zugleich ruft er ihm sein Nein zu, in der Beziehung zu ihm der andere zu sein. Mit diesem Akt des Nennens und Verneinens distanziert sich der Mensch von seiner Animalität. Er taucht in diesem Sinn immer mehr als Mensch auf, zugleich taucht mit jedem Nein um so stärker sein Begehren auf[269].
Gott will dem Menschen eine Hilfe machen; aber zuerst gibt er ihm das Begehren nach der Gegenwart eines anderen an seiner Seite. Dieser Umweg, den Gott nimmt, zeigt, was seine Verneinung – nicht gut ist, daß der Mensch allein sei – positiv bedeutet: Sie gibt der Suche nach dem anderen Raum. So wie das Nicht-essen das Erkennen schützt, so schützt das Nicht-gutfinden des Alleinseins das Begehren nach dem anderen. Gott begleitet den Menschen bis dahin, wo dieser das Fehlen des anderen an seiner Seite erkennt. Er gibt ihm nicht, was fehlt, sondern ist bei dem, der nun selber fehlt, weil er unterwegs ist zu seinem innersten unbekannten Begehren. Gott schickt ihn auf diese Reise in sein Inneres: „er senkte auf den Menschen Betäubung, daß er entschlief ..."[270]

---

[268] Ebd., 89f.

[269] Vgl. P. BEAUCHAMP, a.a.O., 126f.

[270] Gen 2,21; vgl. M. BALMARY, a.a.O., 131.

„Dieser Tiefschlaf, diese Ekstase, ist der Weg zu dem, was er (der Mensch) begehrt und was noch nicht ist. Was noch nicht existiert, kommt vom Unbewußten, vom Nichtwissen, von der Nacht, von der Ruhe. Vom Nicht-Wissen-Wollen-Können. Das Wunderbarste, das Nächste, kommt vom wenigst Bewußten, vom wenigst Beherrschten. Das sprechende Wesen wird also vom sprechenden Wesen kommen, der Schöpfer tut nichts als ‚zur Frau bauen', was er ‚von der Seite' oder ‚von der Rippe' (dasselbe Wort im Hebräischen) Adams genommen hat."[271]

Dieser lange Weg, bis Gott dahin kommt, seiner Verneinung zu entsprechen, macht deutlich, wie er beim Werden des Menschen da ist. Er begleitet seine Suche als einer, der sein Begehren durchquert, bis er in die Gegenwart des Mitseins mit dem anderen gelangt[272]. Nachdem Gott dem Menschen das Ähnlichwerden „in seinem Gleichnis" anvertraut hat, nachdem er den Menschen zu einem Schritt des Werdens durch die Verneinung, die schöpferische Trennung und Anerkennung des anderen als anderen befähigt hat, ermächtigt er ihn zum nächsten Schritt des Werdens in einem geduldigen schöpferischen Begehren, von dem die Gegenwart des anderen herkommt.

Das Dabeisein Gottes beim Werden des Menschen stellt für diesen vor allem die Gegenwart des anderen Menschen als anderen sicher – und damit eine Beziehung, in der beide Subjekte werden. Das Gesetz zum Schutz des anderen wird vor seiner Ankunft gegeben. Und diese Ankunft des anderen wird nicht als „Gabe" beschrieben[273]. Diese Ankunft bezeugt der Jubelruf Adams. Genauer gesagt: dieser Jubelruf des – bisher noch nicht zum Menschen erwachten – menschlichen Wesens ist die Geburt des Menschen[274], denn es ist der Ruf der jubelnden Anerkennung: „... Diesmal ist sie's! Bein von meinem Gebein, Fleisch von meinem Fleisch! Die (Diese-hier) sei gerufen Ischa, Frau, denn von Isch, vom Mann ist die (diese-hier) genommen." (Gen 2,23) In der Anerkennung des anderen als anderen wird der Mensch geboren, als Mann und als Frau. Der Mann taucht erst auf, als er selber das Wort „Mann" sagt; und er erkennt erst sich als „Mann", als er diejenige, die er an seiner Seite begehrt hat und die von ihm getrennt und ihm zugeführt worden ist, als „Frau" erkennt[275].

Dieses Ankommen als Mann und als Frau, durch die wechselseitige Anerkennung, ist kein abgeschlossener Prozeß. Der Mensch, Adam, der die Frau und dadurch sich als Mann erkennt, sagt noch nicht „ich"; oder zumindest spricht er das „ich" als Subjekt seines Erkennens und Selbsterkennens noch nicht aus. Er

---

[271] Ebd., 83.

[272] Vgl. ebd., 133.

[273] So wie es ausdrücklich von der Nahrung heißt, daß Gott sie gibt. Erst nachdem Adam das Gesetz der Verneinung, die den anderen als anderen schützt, verletzt hat, spricht er von der Frau, die Gott ihm „gegeben hat", und verwechselt so das Subjekt mit den gegebenen Objekten. Vgl. ebd., 164.

[274] Vgl. P. BEAUCHAMP, a.a.O., 130.

[275] Vgl. M. BALMARY, a.a.O., 84.

erkennt ..., aber weiß sich noch nicht als Erkennenden; er spricht, aber er weiß noch nicht, daß er es ist, der spricht[276]. Der Prozeß des Subjekt-werdens geht weiter, ein Leben lang. Es ist nicht einer, sondern es sind viele und vielfache Übergänge des Menschen zum Subjekt, das zu sich als „ich" steht; und diese Übergänge sind Orte und Zeiten der Angst.

Angst kennzeichnet das erste Auftauchen des „ich" in der Rede Adams (Gen 3,10). Er hat das Gesetz, das die Andersheit und das Erkennen des anderen als Nicht-ich schützt, übertreten und sich damit selber seines Schutzes beraubt; seine Angst, sein Wunsch, sich zu verbergen, haben einen konkreten Grund. Zugleich sind sie ein Hinweis darauf, daß zum Werden eines Menschen immer Momente von Angst und Unsicherheit gehören. Subjektwerden ohne Zweifel ist nicht möglich. Es ist ein Prozeß, der einen ins Unbekannte führt und bei dem man notwendigerweise allein ist: Nur ich kann „ich" werden, keiner kann es mir abnehmen. Wenn ich „ich" werde, bin ich schutzlos, angreifbar, auf den anderen angewiesen. Ich präsentiere mich dem anderen weder in seinem Schutz – indem ich seinen Willen tue – noch im Schutz meiner eigenen vorgegebenen Stärke, um mit ihm zu konkurrieren oder ihn zu beherrschen, sondern ich präsentiere mich dem anderen, um als Subjekt anerkannt zu werden. Der andere kann sich weigern, er/sie kann mir die Existenz als „ich" aberkennen – nicht nur dadurch, daß er gegen mich ist, sondern auch dadurch, daß er vermeintlich für mich ist und weiß, was für mich gut ist.
Aber diese Ängste begleiten das Werden eines Menschen nicht, ohne daß sich in ihnen das Dabeisein Gottes bewährt. Gott ist bei dem suchenden Menschen, den die vergebliche Suche nach dem anderen in die Tiefe des eigenen Innern führt, und er sucht den Menschen, der als unglückliches „ich" erwacht ist, weil er sich und die anderen des Schutzes der Verneinung beraubt hat; das zeigt der zweite Schöpfungsbericht. Schließlich hat Gott auch auf die bange Frage des Mosche: „Wer bin ich ...?"[277] keine andere Antwort als: „Ich werde dasein bei dir." (Ex 3,12)

7.2 Bedeutung der Selbstbegrenzung Gottes im Blick auf die Frage nach seinem Leiden

Welchen Hinweis gibt die Selbstbegrenzung Gottes im Mitsein mit den Menschen auf die Frage nach seinem Leiden? In einer Hinsicht ist diese Selbstbegrenzung Ohnmacht und Schwäche; doch eben darin erweist sie sich als Stärke und befreiende Macht. Schwäche und Stärke, Ohnmacht und Macht, Trauer und Freude, sind untrennbar im Leiden Gottes, und sie sind in der Weise miteinander verbunden, daß in der Schwäche gerade die befreiende Macht der Liebe Gottes liegt. Das Zeugnis der Schriften gibt Anlaß zu sagen, daß Gottes

---

[276] Vgl. ebd., 86. Einen deutlichen Hinweis darauf, daß hier das eigene Wort noch nicht als solches angeeignet ist, findet Marie Balmary in der dreifachen Eigenart dieses Sprechens: unpersönlich ... futurisch ... passivisch.

[277] Ex 3,11: „Wer bin ich, daß ich zu Pharao gehe, daß ich die Söhne Jisraels aus Ägypten führe?"

Freude am Mitsein mit den Menschen größer ist als das Leiden unter der Ohnmacht, das dieses Mitsein einschließt. Leiden, das zuinnerst zur Liebe gehört und um dessentwillen man nicht weniger, sondern noch mehr lieben möchte, kann „Leidenschaft" genannt werden. Das Mitsein Gottes mit den Menschen ist in diesem Sinn auch „Leidenschaft".

Leidenschaft und Leiden sind in Gott um so inniger verbunden, als sein Mitsein mit den Menschen nicht zu trennen ist von seinem Mitsein als Vater, Sohn und Geist.

Wie verhält es sich mit Gottes Mitsein als Vater, Sohn und Geist? Wenn es nicht abwegig ist, die Beziehung in Gott als eine Bewegung zu beschreiben, die von der Offenheit des Mangels und der Offenheit der Fülle zugleich bestimmt ist, wenn das Gleichnis der Gespräch werdenden Liebe zwischen Vater, Sohn und Geist nicht ganz unzutreffend ist, so bedeutet das Mitsein in Gott nicht, daß eine Person die Begrenzung durch die andere er-"leidet".

Daher spreche ich vom „Leiden Gottes" nicht ohne zugleich seine „Leidenschaft" zu meinen, im Sinne der Freiheit einer Liebe, die um ihrer noch größeren Freude willen dem Leiden zustimmt. Die Freiheit zeigt sich als Ursprung, als Sinn und Wirkung der Selbstbegrenzung Gottes. Sie wird in diesem Abschnitt unter verschiedenen Aspekten immer wieder zu Wort kommen.

7.2.1 Leidenschaft und Leiden: Selbstbegrenzung in Gott und in seiner Beziehung zum Menschen

Die Selbstbegrenzung in Gott vollzieht sich in der schöpferischen und selbstvergessenen Freiheit der Liebe, die ich als „Leidenschaft" beschreiben möchte. Die Selbstbegrenzung Gottes in seiner Beziehung zu den Menschen schließt die Ohnmacht seiner Liebe – und damit Leiden ein. Um zu verdeutlichen, in welchem Sinn ich von „Leidenschaft" und „Leiden" in Gott spreche, kann ich nicht anders, als das eine getrennt vom anderen zu behandeln. Das bedeutet aber nicht, daß es eine Trennung zwischen dem einen und dem anderen gibt: das Mitsein in Gott und das Mitsein Gottes mit den Menschen, seine Leidenschaft und sein Leiden gehören untrennbar zusammen.

7.2.1.1 Leidenschaft der schöpferischen Liebe in Gott

Auf dem Hintergrund dessen, was bei Paulus über das Zusammenwirken von Vater, Sohn und Geist am Menschwerden des Menschen, nämlich am Sichtbarwerden seiner Freiheit im schöpferischen Tun der Liebe, zu lesen ist, ergeben sich Hinweise auf die Beziehung in Gott, denen zufolge sie als Freiheit schöpferischer Liebe beschrieben werden kann. Es ist die Freiheit einer nicht rechnenden, nicht nach Sicherheiten suchenden, rückhaltlos – ja, „verrückt" großzügigen Liebe. Es ist eine Freiheit, an der Gott nicht festhält, die er nicht davor zurückhält, unsichtbar zu werden in der sichtbaren Unfreiheit der Menschen. Es ist eine schöpferische Freiheit, die vor ihrer Verwirklichung in einer zum Nachgeben gegenüber der Unfreiheit einladenden Welt nicht zurückschreckt und damit zu einer „leidenden" Freiheit wird. Gott „tut nichts", um seine Freiheit vor sichtbarer Einschränkung, vor Scheitern und Tod zu bewahren; vielmehr bewährt er sie darin. Der schöpferischen Freiheit der Liebe Gottes ist keine Gestalt der Unfreiheit fremd – anders ausgedrückt: jedes Leiden von Menschen unter der Entfremdung ihrer schöpferischen Freiheit wird auch zum Leiden Gottes. Umgekehrt ist jede – noch so unkenntlich bleibende – Verwirklichung menschlicher Freiheit ein Hinweis auf die Gegenwart der schöpferischen Freiheit Gottes im Menschen, die über ihre Entfremdung siegt.

Die Freiheit der Liebe in Gott läßt allen Schmerz und alle Freude zu. Sie erlaubt dem Vater, den Sohn in die äußerste Unfreiheit hineingehen zu lassen. Sie befähigt den Sohn dazu, auch im sichtbaren Scheitern der Liebe des Vaters zu vertrauen. Sie bewegt den Geist dazu, Menschen zu befreien, damit sie als mündige Söhne und Töchter und als Erben des Vaters leben und die ihnen geschenkte Freiheit verwirklichen. Die Freiheit der Liebe in Gott läßt den Schmerz der Trennung zu, die den Sohn bis in die Entfremdung des Geschaffenen und in die verzweifelte Erfahrung hineinführt, daß er sein Projekt der Liebe in dem, was verwirklicht wurde, nicht wiedererkennt. Die Freiheit der Liebe in Gott lebt von der Freude der Verbundenheit von Vater und Sohn in einer größeren, in ihrem Sieg über die sichtbare Unfreiheit unsichtbar bleibenden Liebe. Die Liebe in Gott vereint den Schmerz der Abwesenheit und die Freude der Anwesenheit in der Weise, daß die Freude den Schmerz zwar unendlich verschärft und vertieft, zugleich jedoch trägt – und daß der Schmerz letztlich zur Tiefe oder auch zur inneren Schwere der Freude beiträgt.

Hier wird klar, warum von der schöpferischen Liebe in Gott nicht gesagt werden kann, daß sie „Leiden" bedeutet; dafür ist die Freude in ihr zu mächtig und zu aktiv. Das Gleichnis von der Gespräch werdenden Liebe zeigte das Mitsein in Gott als Bewegung, die von der doppelten Offenheit des Mangels und der Fülle bewegt wird. Diese Bewegung kann als die der Freude beschrieben werden.
Das zum Sprechen ermächtigende Hören des Geistes ist Freude auf das Sprechen des Vaters. Das im Hören des Geistes empfangene Wort ist Freude, die vom Vater ausgeht und nicht zu ihm zurückkehrt, ohne sich mitgeteilt zu haben. Das Sprechen des Vaters ist Freude, die vom Hören des Geistes und im Wort des Sohnes lebt.
Die Freude bewirkt jene Offenheit, die ich „Offenheit der Fülle" genannt habe. Sie besteht darin, sich mitteilen, und sie bewirkt daher zugleich jene Offenheit, die ich „Offenheit des Mangels" genannt habe. So erklärt die Freude des Mitseins in Gott vielleicht erst, warum seine Liebe schöpferisch ist, warum Gottes Freiheit darin besteht, das zu wollen, was – in seinem Bild geschaffen – nicht auch sein Gleichnis, sondern anders als er selber ist; warum sich seine Freiheit darin verwirklicht, aus sich heraus-, auf anderes zuzugehen und es in die Bewegung seiner Liebe hineinzunehmen. Die Freude gibt der schöpferischen Liebe Gottes ihre eigentümliche Macht, die darin besteht, Freiheit mitzuteilen und zu vermehren.
Diese schöpferische Liebe, die in der Unterwerfung unter die sichtbare Unfreiheit des geschaffenen Menschen die vielleicht mächtigste Verwirklichung von Freiheit ist, nenne ich „Leidenschaft". Damit meine ich jene „verrückte"

Bereitschaft zu leiden, bei der Gewinne und Verluste nicht gegeneinander aufgerechnet werden, weil das innere Geheimnis des Leidens eine unbesiegbare Freude ist.

7.2.1.2 Leiden der ohnmächtigen Liebe zum Menschen

Das Leiden, zu dem Gott als Liebender bereit ist, ohne daß es die Freude des Mitseins, das er ist, besiegen kann, hängt mit seiner ohnmächtigen Liebe zum Menschen zusammen. Die schöpferische Liebe in Gott ist nicht zu trennen von der Liebe Gottes zum Menschen, die daher auch schöpferisch und mächtig und Verwirklichung von Freiheit ist – die sich aber zugleich den Regeln einer schon geschaffenen Welt und der Entfremdung durch eine zum Gesetz erhobene Instrumentalität unterwirft. Daher ist Gottes Liebe ohnmächtig, wenn es der Mensch vorzieht, sich zum Gefangenen täuschender Sicherheiten zu machen, statt im Glauben seine Freiheit zu verwirklichen. Diese ohnmächtige Liebe zum Menschen bringt mehrfaches Leiden mit sich. Da sie Teil der schöpferisch mächtigen Liebe in Gott ist, gehört auch das mit ihr verbundene Leiden in die „Leidenschaft" der Liebe Gottes hinein – ohne daß es das letzte Wort hat.

Wenn man Freiheit jetzt – im Unterschied zum Vorhergehenden – auch als menschliche Freiheit der Wahl, des Ja- oder Nein-sagens zur Liebe Gottes, das heißt: als Freiheit zur Selbstbestimmung versteht, so ist die Liebe Gottes zum Menschen in erster Linie als mächtige und auch zu dieser Freiheit ermächtigende Liebe ohnmächtig. Die Folge der Ich-Aussagen Gottes, so wie ich sie im vorhergehenden Kapitel (6.1.2.2) untersucht habe, zeigt, daß es ein Liebender ist, der da spricht; sie offenbart damit die Verletzbarkeit und Schwäche Gottes. Liebe ist Stärke, als schöpferische, verwandelnde Kraft – aber sie ist auch Schwäche.
Sagen wir nicht, daß wir eine Schwäche für jemanden haben, um zu sagen, daß wir ihn gern haben? Wenn wir einem oder einer anderen unsere Liebe gestanden haben, sind wir ihm gegenüber schutzlos geworden, haben uns ihr in gewissem Sinn ausgeliefert.
Etwas Ähnliches gilt für Gott. Er vertraut seine Liebe dem Menschen an als von ihm zu entscheidende und in diesem Sinn zu vollendende. Sofern die Liebe das Unfertige, das Unvollendete braucht, um Liebe zu sein, sind Ohnmacht, nämlich Angewiesenheit auf die „Macht" des Menschen, und in diesem Sinn Leiden, Wesensbestandteil der Liebe Gottes zum Menschen.

Dieses Leiden der ohnmächtigen Liebe Gottes zu den Menschen konkretisiert sich in dreifacher Weise: als Mit-fühlen mit den in der Not der Unfreiheit leidenden Menschen, als Mit-handeln – das heißt: als Engagement für ihre Befreiung in Gebundenheit an ihr eigenes Handeln – und als Mit-gehen bis in die äußerste Unfreiheit hinein.

Das Erste Testament bezeugt Gottes Hören und Sehen; und sein Hören und Sehen offenbaren Gott als mit-leidenden mit den Menschen. Das Zweite Testa-

ment bezeugt Gottes Hören und Sehen in Jesus. Er fühlt mit den Menschen, die er sieht und hört – wobei dieses Mit-fühlen wie ein spontaner Schmerz in den Eingeweiden ist[278]: Jesus „wird es weh" um all diejenigen, „die übel dran sind". Indem er sie wirklich an-sieht und an-hört, zeigt er das Hören und Sehen des Vaters und dessen Mit-fühlen mit denen, die er liebt.
So wie dem Mit-fühlen JHWHs Taten voll Macht entspringen, so auch dem Mit-fühlen Jesu. Sein Sprechen und Handeln „wie einer, der Vollmacht hat" (Mt 7,29), kommen aus dem Schmerz, den er mit-fühlend empfindet; und dieser Schmerz spricht nicht nur von seiner Liebe zu den Menschen, sondern zugleich davon, daß er sich in dieser Liebe als ohnmächtig erfährt. „Das Erbarmen, das sich in den Wundern Jesu ausdrückt, ist ... kein Verhalten, das nur ein Gebot erfüllt, es ist keine Reaktion, die durch etwas dem Leiden selbst Fremdes motiviert wäre."[279] Ich glaube, daß es nichts gibt, was dem angesehenen und angehörten Leiden des anderen weniger fremd ist als die eigene – schmerzlich gespürte – Ohnmacht angesichts dieses Leidens.

In seinem Engagement für die Befreiung Jisraels bindet sich JHWH an seine eigene Zusage, an seine Liebe (Dtn 7,7-8); und zugleich bindet er sich an Jisraels Hören und Annahme seiner Zusage, an Jisraels freudiges Vertrauen in seine Nähe. Auch die Wirksamkeit des heilenden Handelns Jesu ist an den Glauben derer gebunden, denen er begegnet; angesichts ihres Unglaubens ist er ohnmächtig (Mt 13,58; Mk 6,5-6).
Die Gebundenheit des Handelns Gottes an den eigenen Willen und an das Wollen der Menschen macht es zum Mit-handeln; und dieses Mit-handeln schließt Leiden ein: Mit-fühlen mit dem Leiden derer, die sich für Gottes Mitsein verschließen[280]. Das Maß des Mit-leidens Gottes zeigt sich in Jesus. Zerstörung und Verlassenheit, die jene treffen werden, die sich von ihm nicht sammeln lassen wollen (Mt 23,37-38), erleidet er am eigenen Körper, an der eigenen Person.

Das Leiden Gottes geht so weit, daß er mit den Menschen in ihr Nicht-hören und Nicht-sehen und in ihre äußerste Unfreiheit hineingeht. Es ist JHWHs Initiative, das Volk zum Erkennen und zur liebenden Antwort auf seine Liebe zu bewegen; aber seine Bewegung achtet die eigene Bewegung des Volkes und seine Zeit des Nicht-hörens und Nicht-sehens. Damit ist das Mitsein Gottes ein Mit-gehen, bis zur Konsequenz eines Mit-gehens in die Entfernung von Gott und in die Gottverlassenheit hinein.

Die Ohnmacht der Liebe Gottes zum Menschen ist hiermit in einer neuen Dimension deutlich geworden: sie ist nicht nur die Ohnmacht angesichts des anderen, sondern sie ist zugleich die Ohnmacht gegenüber der eigenen Liebe.

---

[278] Vgl. J. SOBRINO: Die zentrale Stellung des Reiches Gottes in der Theologie der Befreiung, in: Mysterium Liberationis I, Luzern 1995, 477.

[279] Ebd.

[280] Vgl. Dtn 28,15-68. Eindrucksvoller kann das ungeheuerliche Ausmaß des Leidens nicht beschrieben werden, das mit der Verschlossenheit für JHWHs Zuwendung zusammenhängt.

Das Mit-fühlen, das zur Liebe Gottes gehört, bedeutet, daß er seine Ohnmacht angesichts der Not und Unterdrückung der Menschen erleidet. Das Mit-handeln, das zur Liebe Gottes gehört, bedeutet, daß er die Ohnmacht seines befreienden Handelns erleidet, solange es nicht von den Menschen angenommen wird. Die Konkretisierung der Liebe Gottes im unbedingten Mit-gehen mit den Menschen bedeutet, daß er seine Liebe nicht aufkündigen kann, wenn sie die Menschen nicht wollen, und daß er bereit ist, auch dann bei ihnen zu sein, wenn sie gegen ihn vorgehen, und zwar nicht als der Stärkere, sondern als der Schwächere.

Die Ohnmacht seiner Liebe besteht nicht nur darin, sich dem Schmerz der Ablehnung und der Mit-Betroffenheit durch den Schmerz der Ablehnenden und dem Warten-müssen auf ihre Öffnung auszusetzen; sondern sie besteht vor allem darin, nicht anders zu können als dazubleiben, bei ihnen zu bleiben – und sei es als der Abgelehnte, der Mißhandelte. Diese Dimension der Ohnmacht der Liebe Gottes zum Menschen wird in der Figur des Gekreuzigten sichtbar.

7.2.2 *Schwäche und Stärke des Leidens Gottes: die Figur des Gekreuzigten*

Die Auferstehung Jesu ist ein Ereignis, das in die menschliche Geschichte einbricht und sie von Grund auf verändert, das also sowohl Teil der Geschichte und insofern vergangen – als auch, in dieser Geschichte, Beginn einer anderen alles erneuernden Wirklichkeit ist, die noch aussteht. Der, an dem dieses die Verwandlung der Zeiten verheißende Neue sichtbar geworden ist, wird innerhalb der Zeiten als der erkannt, der gekreuzigt worden ist: Das Angenageltsein ans Kreuz ist das Erkennungsmerkmal dessen, den die Christen als Auferstandenen bekennen; und das Zeichen des Kreuzes wird zum Erkennungsmerkmal der Christen selber. Am Gekreuzigten wird jene Dimension der Ohnmacht der Liebe Gottes deutlich, in der er noch als der Besiegte bei denen bleibt, die über ihn gesiegt haben. In dieser radikalen Ohnmacht gegenüber der eigenen Liebe sind Schwäche – und Stärke untrennbar miteinander verbunden.

7.2.2.1 Verfügbarkeit des Wartenden: seine Schwäche

Solange ich zurückdenken kann, hat es mich eigentümlich berührt, wenn in einer menschenleeren Kirche mein Blick früher oder später auf die Figur des Gekreuzigten fiel. Es kam mir immer vor, als warte da einer, der nichts für die Erfüllung seines Wartens oder für seine Erlösung vom Warten tun könne.

Wenn ich auf jemanden warte, erlöst mich das Kommen des erwarteten Menschen, oder ich selber gebe nach einer gewissen – manchmal zuvor vereinbarten Zeit das Warten auf, gehe weg und versuche, auf andere Weise einen Kontakt zu dem herzustellen, auf den ich vergeblich gewartet habe.
Nicht so der an das Kreuz Angenagelte: er ist ein Symbol für die Radikalität eines Wartens, das jede Initiative und Aktivität ausschließt. In seinem Warten gibt es keine Äußerung von Einladung und Bitte. Sein Angenageltsein bedeutet, nichts als Wartender zu sein, festgenagelt auf die Bewegungslosigkeit des reinen Daseins. Darin gibt es auch keine Abwehr, keine Gegenrede und Richtigstellung.

Dieses Warten kann unbeachtet bleiben oder mißverstanden und mißbraucht werden. Es ist ungeschützt gegen jede Weise der Verfügung.

Wenn Jesus sein Schicksal als ähnlich dem des Johannes erkennt, mit dem sie machten, was sie wollten (Mt 17,12), so deutet er damit auf eine Dimension seines Leidens hin, die für mich im Warten des Gekreuzigten verkörpert ist: man kann mit ihm machen, was man will.
Man kann an ihm Ärgernis und Anstoß nehmen. Man kann ihm gegenüber gleichgültig bleiben, oder man kann ihn verehren. Man kann in ihm die Nähe Gottes zum eigenen Leiden entdecken, oder man kann ihn als Verherrlichung des Leidens ablehnen. Man kann anderen ihre Lasten erleichtern durch die Herstellung der Beziehung zum Gekreuzigten, dessen Bürde leicht ist, und man kann durch die Herstellung der Beziehung zum Gekreuzigten andere genauso dazu bringen, sich noch unerträglichere Lasten aufbürden zu lassen. Man kann den Gekreuzigten anderen bringen und sie erschlagen, und man kann ihnen mit dem Gekreuzigten mehr Leben bringen. Man kann im Namen des Gekreuzigten Ermordungen rechtfertigen, und man kann im Namen des Gekreuzigten darum kämpfen, daß den Ermordeten und ihren noch lebenden Angehörigen Recht widerfährt ...
Der Gekreuzigte wehrt sich nicht, verteidigt sich nicht, greift nicht ein, tut nichts: „Sie machen mit ihm, was sie wollen". Sein Angenageltsein, seine Reduktion auf nichts als das wartende Dasein macht dieses zu einer eindringlichen Geste – um den Preis vollkommener Ohnmacht und Schwäche, nämlich der völligen Verfügbarkeit des Wartenden.

So verkörpert der Gekreuzigte die Ohnmacht der Liebe Gottes in besonderer Weise. In der Schwäche der völligen Verfügbarkeit des wartenden Sohnes bezeugt der Geist den Vater; und er offenbart damit zugleich, was der Sinn des Wartens ist. Der Gekreuzigte wartet nicht darauf, daß Menschen zu ihm kommen oder daß Menschen durch ihn zum Vater kommen, sondern er wartet darauf, daß Menschen im Hören und Annehmen der liebenden Gegenwart Gottes, der in ihm da ist, zu sich selbst kommen – und frei und menschlicher werden. Weil dieses Menschwerden von Menschen niemals ein abgeschlossener Prozeß ist, sondern immer noch Zukunft einschließt, ist der Gekreuzigte ein Wartender, dessen Warten nicht aufhört, solange es Menschen gibt.

7.2.2.2 Unverfügbarkeit des Bleibenden: seine Stärke

Das Angenageltsein des Gekreuzigten ist seine Schwäche im Sinne seiner Verfügbarkeit. Und zugleich zeigt sich hierin seine Stärke im Sinne seines unverfügbaren Bleibens. Die Radikalität seines Wartens, die ich darin erkannt habe, daß es jede Initiative und Aktivität ausschließt, bedeutet auch, daß es unerfüllt bleibt. Das Warten, das der ans Kreuz Genagelte in den Kirchen für mich symbolisiert, wird durch das Kommen von Menschen nicht erfüllt – und wird zugleich durch ihr Nicht-kommen, durch die Menschenleere der Räume, in denen es stattfindet, um so dringlicher. Die Leere sehr alter Kirchen kommt mir wie bewohnt vom Warten des Gekreuzigten vor. Wie über das Kreuz verfügt wird, zu welchem Zweck das Kreuz verwendet wird – ob zur Unterdrückung oder zur Befreiung – in den Dienst welcher Ideologie der Gekreuzigte gestellt wird: all dies verändert nichts an seinem Dasein, an seinem bleibenden Warten. Wenn es nichts gibt im Dasein des Gekreuzigten, was die Verfügung über ihn begrenzt, was Einspruch erhebt oder für Recht erklärt, so bedeutet dieses Sich-nicht-rühren des Gekreuzigten doch auch, daß er ungerührt bleibt. In der totalen Verfügbarkeit selber erscheint die totale Unverfügbarkeit. Kein Verhalten des Menschen angesichts des Kreuzes setzt das Kreuz außer Kraft. Der an das Kreuz Angenagelte ist nicht nur Symbol für die Schwäche eines Wartens, das reines Dasein ist, sondern auch Symbol für die Stärke eines Wartens, das Warten bleibt.

Darin offenbart der Gekreuzigte eine Dimension des Leidens Gottes, die ich mit dem Hören angesprochen habe. Sein Hören im Sinne seiner Betroffenheit von der Not der Menschen, denen er seine Nähe zusagt, sein Hören im Sinne seiner nicht-wissenden Offenheit für die Menschen, die diese zum Sprechen, zum Klagen und Bitten erst ermächtigt – dieses Hören zeigt sich in der Figur des Gekreuzigten in einer besonderen Eigenschaft: es bleibt Hören.
Kein Sprechen, kein Bitten oder Suchen wird in dem Sinn er-hört, daß es danach kein weiteres Hören mehr gäbe. Kein Wort, keine Absage, keine Beleidigung kann den Hörenden davon abbringen, Hörender zu bleiben. So wie kein Handeln das Warten des Gekreuzigten beenden kann, so kann kein Wort Gott dazu bringen, daß er ein für alle Mal „weiß" und nicht mehr hören will. Wenn es der Geist des dem Sprechen vorausgehenden Hörens ist, der Jesu Wirken zum Zeugnis des in ihm wirkenden Vaters macht, so ist es der Geist des dem Sprechen zuvorkommenden und folgenden, des bleibenden Hörens, der den ohnmächtigen angenagelten Jesus zum Zeugnis des bleibend wartenden Vaters macht.

7.2.3 Befreiende Macht der leidenden Liebe Gottes

In der äußersten Begrenzung Gottes, die im Warten des Gekreuzigten sichtbar wird, zeigt sich nicht nur sein Leiden in der totalen Verfügbarkeit, sondern in der Unverfügbarkeit seines Wartens, in seinem unerschütterlichen Dableiben, zeigt sich auch die Stärke des Leidens Gottes. Sein Bleiben ist ein Widerstand und als solcher eine Stärke. Die Stärke des unverfügbaren und unerschütterlichen Bleibens hat auch eine stark machende – nämlich eine befreiende Wirkung.

Die Freiheit der schöpferischen Liebe steht am Ursprung der Selbstbegrenzung in Gott und in seiner Beziehung zum Menschen; und die menschliche Freiheit ist Sinn und Wirkung der Selbstbegrenzung Gottes. Das wurde in verschiedener Hinsicht in diesem Kapitel ausgeführt: Gott will „den Dienst", das Mitsein freier Menschen (7.1.1.1); um als Tochter und Sohn – in Freiheit also – den Willen des Vaters zu tun, ist eine Zeit des Abstandnehmens und auch Neinsagens nötig, die das eigene Begehren zugänglich macht (7.1.2.2); von der Bestimmung durch fremde Herren befreit sich, wer „ich" sagt (7.1.3.2).

Jetzt verbinden sich die verschiedenen Zusammenhänge, in denen von der Freiheit des Menschen und Gottes Interesse an ihr gesprochen wurde. Gottes Begrenzung aufs Mitsein – im Sinne des Verzichts auf ein eingreifendes Handeln (7.1.1), im Sinne des Verzichts auf ein Handeln, das auf das Verhalten der Menschen reagiert (7.1.2), und im Sinne des Verzichts auf ein Handeln, das ein für alle Mal festgelegt ist (7.1.3) – befreit die Menschen ihrerseits zum Mitsein und zum Ich-werden.

7.2.3.1 Befreiung des Menschen zum Ich-werden

Gottes Mitsein befreit die Menschen zum Ich-werden. Diesen Satz, der sich wie eine Zusammenfassung aus dem Vorangegangenen ergibt, möchte ich in dreifacher Hinsicht entfalten. Gottes Mitsein gilt der Freiheit der Menschen; Gottes Mitsein findet seine Grenze an der Freiheit der Menschen; Gottes Mitsein ist frei.

Gottes Interesse an der Freiheit der Menschen ist Interesse daran, daß sie ihrer eigenen Wahrheit und Berufung entsprechen, und „sie selber" sind. Ich denke, die Geschichte von der Befreiung Jisraels durch JHWH darf auch in diesem Sinn verstanden werden. Es scheint nicht anders möglich zu sein, als daß zu meinem Ich-werden immer ein Freiwerden von dem- oder derjenigen oder auch von denjenigen gehört, die über mich bestimmen. Diese Fremdbestimmung kann sich in einer Weise auswirken, daß ich selber um mein Freiwerden kämpfe. Und sie kann sich in einer Weise auswirken, daß mir ein Befreier von außen – sogar gegen meinen Willen – zu Hilfe kommen muß. Beide „Stufen" der Fremdbestimmung zeigen sich an der Situation Jisraels in Ägypten, im „Haus der Dienstbarkeit".
Die erste Stufe der Fremdbestimmung besteht darin, daß Jisrael nicht das tun kann, was es tun will – es wird zu hartem Dienst gezwungen (Ex 1,11 und 14). Die Folge ist, daß Jisrael leidet: „Die Söhne Jisraels aber seufzten aus dem Dienst, sie schrien auf, ihr Hilferuf stieg zu Gott empor aus dem Dienst." (Ex 2,23) Zugleich ist mit diesem Leiden passiver und aktiver Widerstand verbunden[281], der den Pharao zu noch härteren Maßnahmen greifen läßt.
Die zweite Stufe der Fremdbestimmung besteht darin, daß in dem, was Jisrael tut, nicht mehr es selber da ist als das leidend widerstehende Volk, sondern daß in dem, was es sagt und tut, nun der Bedrücker selber anwesend ist[282]. Solange sich mit dem Leiden noch Widerstand verbindet, zeigt sich hierin ein Ich-werden, ein Kampf darum, der eigenen Wahrheit zu entsprechen. Aber der Konflikt, in den er führt, verstärkt das Leiden und schwächt das Ich auf die Dauer. So

---

[281] Ex 1,12: „Aber wie sie es bedrückten, so mehrte es sich, so brach es durch, es graute ihnen vor den Söhnen Jisraels." Ex 1,17: „Aber die Geburtshelferinnen fürchteten Gott, sie taten nicht, wie der König von Ägypten zu ihnen geredet hatte, sie ließen die Kinder am Leben." Ex 1,20: „Das Volk aber mehrte sich, sie erstarkten sehr."

[282] „Sie trafen auf Mosche und auf Aharon, die dastanden, ihnen zu begegnen, wenn sie von Pharoao herauskämen. Sie sprachen zu ihnen: ER sehe auf euch, er richte, daß ihr unsern Geruch stinkend gemacht habt bei Pharao und bei seinen Dienern und ihnen ein Schwert in die Hand gabt, uns umzubringen!" Ex 5,20-21; vgl. Ex 14,12.

kommt es zur Anpassung an die Bedrücker und zur Resignation: „Mosche redete so zu den Söhnen Jisraels. Aber sie hörten nicht auf Mosche vor Geistes Kürze und vor hartem Dienst." (Ex 6,9) Jisrael hat es aufgegeben, Jisrael zu sein, d.h. sich selbst bestimmen zu wollen ... Erst in dieser „zweiten Stufe" der Unfreiheit ist das Ich-werden erst eigentlich bedroht, und gerade jetzt zeigt sich Gottes Interesse an der Freiheit Jisraels darin, daß er Mosche einen Schritt nach dem anderen tun läßt, um die Unfreiheit zu verschärfen – und aus ihr herauszuführen, und um Jisrael dahin zu führen, wo es selber über seinen Weg entscheiden und „Jisrael", Gottes erwähltes Volk, werden kann.

Es zeigt sich, daß Gottes Interesse an der Freiheit Jisraels einen negativen und einen positiven Aspekt hat. Es geht JHWH um die Beseitigung einer Situation, in der die alles bestimmende Beziehung zwischen Herr und Knecht diesen nicht sein läßt, wer er werden kann – und übrigens auch den Herrn nicht „er selber" werden läßt, insoweit er seine Entscheidung im Sinne der Aufrechterhaltung des Herr-Knecht-Verhältnisses trifft, und nicht im Sinne seines eigenen Werdens. In dieser Weise könnten das wiederholte Schwanken des Pharao und die Hinweise darauf verstanden werden, daß sich sein Herz wieder verhärtete.

Negativ geht es JHWH um das Herausführen aus einer Situation, in der harter Dienst die Freiheit unmöglich macht. Positiv geht es ihm um das Hinführen zu einer Situation, in der die Freiheit zum Dienst befähigt. Das Interesse JHWHs, der sich durch sein Mitsein mit Jisrael zu erkennen gibt, ist das Mitsein Jisraels mit ihm; aber dies kann nur ein Mitsein in Freiheit sein. Jisrael muß in der Lage sein, das Mitsein mit Gott wählen zu können. Darum hat JHWH – so scheint es im Zeugnis Jisraels manchmal – mehr Interesse an der Freiheit Jisraels als das Volk selber. „Schicke meinen Sohn frei, daß er mir diene ..." (Ex 4,23) JHWHs Interesse an der Freiheit Jisraels geht seinem Interesse am Dienst voraus.

Es wäre sehr wohl denkbar, einem in Bedrückung lebenden Menschen das Umgekehrte zu sagen: „Halte dich an mich, tu alles, was ich dir sage ... dann wird sich deine Situation verbessern." Gott könnte von dem mit hartem Dienst allzu vertrauten Volk Opfer und Gottesdienst verlangen und ihm dafür die Freiheit versprechen. Dem Volk, das nahe daran war, sich selber aufzugeben, hätte eine solche Forderung vielleicht sogar mehr eingeleuchtet als das Gechenk einer Freiheit, die es zum Gottesdienst befähigt.

Gott hat in erster Linie Interesse daran, daß Menschen frei sind und fähig, über sich selber zu bestimmen und das Mitsein mit Gott zu wählen. Gott will Menschen, die in ihrem Hören und Sprechen und Handeln als sie selber anwesend sind. Das Interesse JHWHs am Dienst eines Volkes, für dessen Freiheit er sich – teilweise sogar gegen das Volk – engagiert, läßt diesen „Dienst" nun auch in einem neuen Sinn verstehen. Es kann nur um einen Dienst gehen, der selber befreiend ist für das Ich-Werden der Menschen, die ihn wählen.

In welchem Maß Gottes Mitsein Interesse am Ich-werden der Menschen ist, zeigt sich daran, daß er in seinem Mitsein an der Grenze anhält, welche die Freiheit des Menschen ihm entgegensetzt. JHWHs Mitsein bedeutet, daß er nicht ohne den anderen sein will – und das heißt auch: daß er nicht ohne den anderen

mit diesem sein will. Mehrfach bezeugt die Geschichte der Söhne Jisraels mit JHWH seinen Respekt vor ihrer Freiheit. Wenn sie ihm nicht vertrauen, kann er nicht „innen bei ihnen" sein[283]. Der Weg, auf dem Jisrael zu dem Volk wird, dem JHWH sein Mitsein zusagt und das im Vertrauen auf diese Zusage das Mitsein mit JHWH wählt, ist nicht gradlinig. Zu ihm gehören auch Um- und Irrwege, Schritte, um im Zweifel eine andere Richtung zu erkunden.
Zur Geschichte des Ich-werdens als eines Freiwerdens von dem, der über mich bestimmt, gehört auch das Erproben der Möglichkeit, ohne den anderen zu sein: Ich-werden nicht in der Beziehung zum anderen, sondern allein, in der Leugnung des Mitseins, im Übertreten des Gesetzes, das die Beziehung schützt. Daß dieser Versuch zu Angst und Scham und in neue Unfreiheit hineinführt, wurde an Adam – und wurde auch an Petrus deutlich. Aber ohne diesen Versuch ist das Ich-werden des Menschen vielleicht gar nicht möglich. Jedenfalls erinnert sich Jisrael in seiner Geschichte mit JHWH, der ihm Leben und Tod zur Wahl vorlegt, daß es Zeiten gibt, in denen es sich gegen das Leben entscheidet, und daß JHWH seine Abkehr unter Schmerzen respektiert.

Gottes Mitsein findet seine Grenze an der Freiheit des anderen, sofern er ihn zur Annahme des Mitseins nicht zwingen kann; zugleich ist es unbegrenztes Warten auf den anderen. Gerade im Sinn dieses Wartens, frei von Bedingungen, wirkt Gottes Mitsein befreiend für das Ich-werden des Menschen.
JHWH erhält die Zusage seines Mitseins aufrecht, und das Gültigbleiben seines Angebots, unabhängig von einer Entscheidung des Menschen, ist wie ein bleibendes Ja dazu, daß zum Ich-werden viele oft widersprüchliche Entscheidungen gehören. Der Weg Jisraels in der Wüste und seine spätere Geschichte zeigen, wie oft dem freudigen Bekenntnis zu JHWH, dem Befreier, Kleinmut und Ablehnung seiner Führung und dann wieder Reue und Bitte um Vergebung und um die Nähe Gottes folgen. So sehr das Hören JHWHs vom Nicht-hören bedroht ist, so wenig endgültig ist es, wenn das Volk ihn vergißt und selbstgemachten Göttern nachläuft. So zerstörerisch es sich auswirkt, wenn Jisrael nicht an JHWHs Zusage seine Freude hat, so sicher ist die Zerstörung nicht das Ende, so sicher wird es einen Weitergang der Geschichte durch jene geben, die in der Fremde Gott suchen (Dtn 4,25-30).

7.2.3.2 Befreiung des Menschen zum Mitsein

Mehrfach ist deutlich geworden, daß Ich-werden nur in der Beziehung zum anderen, im Mitsein möglich ist. Adam – der Lehmgemachte – erkennt sich erst als „Mann", als er diejenige, die ihm vom Ende seiner Suche her entgegenkommt, als „Frau" erkennt. Die wechselseitige Anerkennung ist ein besonderer Moment im Mitsein, aber dieses meint zugleich wechselseitige geduldige Begleitung, gemeinsames Unterwegssein. Gott ist da beim Ich-werden des Menschen; und durch die Weise, wie er sein Werden begleitet, befreit er ihn zum Mitsein, nämlich dazu, seinerseits mit anderen unterwegs zu sein und ihr Werden zu begleiten.

---

[283] Ex 33,3; vgl. Ex 32,10; Num 14,11-12.

Um an der Seite anderer zu gehen, die dabei sind, „ich" zu sagen, um ihnen nicht nur voraus, und auch nicht hinterher zu gehen, ist das eigene Ich-werden zugleich die Voraussetzung. Mitsein im Sinne der Präsenz beim anderen, die bei ihm an keine Bedingung geknüpft ist, hat die Treue zu sich selbst zur Bedingung.

Gottes Mitsein, das auf seiner Treue zu sich selbst beruht, befreit die Menschen zu einem Mitsein, in dem sie in erster Linie ihrer eigenen Wahrheit entsprechen. Ein Mensch, der um der Bedingungslosigkeit seines Mitseins beim anderen willen zuerst bei sich ist, muß der Verborgenheit zustimmen[284]. Denn die Wahrheit seines Ich ist auch ihm selber nicht voll verfügbar und zugänglich. Sich selber treu sein bedeutet auch, der Entzogenheit des Ich – das, bevor es (gesagt) wird, einem Wir zugehört – und der Dunkelheit, die über seinem Ursprung liegt, zuzustimmen. Kennzeichen des Handelns, des Verhaltens zum anderen, das nicht zuerst beim anderen ist, um bei ihm die Wirkung vorauszusehen und zu planen, ist die Verborgenheit. Gottes Mitsein befreit die Menschen zu einem Mitsein in der Verborgenheit.

Die Verborgenheit ist befreiend, weil die Verfälschungen, die das Absehen einer Wirkung, die geplante Sichtbarkeit mit sich bringt, wegfallen. Die Wahrheit des Mitseins im Sinne der Treue zur eigenen Wahrheit wird immer einen gewissen Widerstand, ein „nein" nötig machen. Auch in diesem Sinn befreit Gottes Mitsein das Mitsein der Menschen; es befreit sie zur schöpferischen Arbeit der Verneinung, zur Weigerung, Knecht des anderen zu sein, zum Widerspruch denen gegenüber, die über die Wahrheit des „ich" verfügen wollen.

Wer in einer so erarbeiteten Treue zu sich selbst zum bedingungslosen Mitsein mit einem anderen fähig ist, der/die ist zugleich in der Lage, an der Seite des anderen zu bleiben, ihm nicht hinterher – und auch nicht vorauszugehen, und ihn so in seinem Werden zu begleiten.

Auf die bange Frage des Mosche: „Wer bin ich, daß ich zu Pharao gehe, daß ich die Söhne Jisraels aus Ägypten führe?" (Ex 3,11) antwortet Gott nicht: „Du hast Mut, du bist intelligent, du kannst das, du wirst es schaffen ...!" Gott achtet Unsicherheit und Zweifel bei Mosche als das, was in diesem Augenblick zutiefst zu ihm gehört; er drückt ihm keine andere Selbstdefinition auf. Statt dessen sagt er: „Ich werde dasein bei dir." „Er gibt ihm das einzige, was ein Subjekt vom anderen empfangen kann und was es nicht hindert, sondern ihm hilft, sich zu erheben: seine Anwesenheit in erster Person, sein Subjekt-sein selber."[285] Das ist befreiend für den anderen: es läßt ihn frei. Er muß nicht einem folgen, der im Besitz des Wissens und der Macht ist, die er nicht hat. Das Unterwegssein Jisraels in der Wüste ist davon geprägt, daß JHWH „innen beim Volk" ist und mit ihm geht[286]. Voraussetzung dafür ist das Hören auf JHWH; niemals geht es darum, JHWH zu folgen.

---

[284] Siehe oben 7.1.2.1: „Verborgenheit als Treue zu sich selbst".

[285] M. BALMARY, a.a.O., 289.

[286] Als ein Beispiel von vielen sei das Gespräch zwischen Gott und Mosche angeführt, in dem das Mitgehen JHWHs ausdrücklich thematisiert wird: Ex 33,14-16. Nur im Verhältnis zu fremden Göttern wird von „Hinterhergehen" gesprochen: z.B. Dtn 6,14.

Folgen bedeutet, daß ich einem anderen hinterher- oder nachgehe und mich, auch wenn ich an seiner Seite gehe, seiner Bewegung anvertraue. Folgen bedeutet, daß nicht die eigene Bewegung, sondern die eines anderen den eigenen Weg bestimmt. Mit dem Bild des Folgens verbindet sich die Vorstellung von Herr und Knecht: der Knecht folgt dem Herrn. Wer „folgt", kennt seinen eigenen Willen nicht, sondern nur den Willen dessen, dem er folgt. Er urteilt nicht selber, sondern läßt einen anderen für sich urteilen. Das hat seine Vorteile.
In der Ungewißheit das Ich-werdens, bei dem niemand mir sagen kann, wie ich werden soll, ob ich „so" richtig und in Ordnung bin, ist es verlockend, sich von einem anderen abhängig zu machen. Welche Sicherheit: der Schatten des anderen zu sein! „Zu sagen: Ich weiß nicht, wer ich bin, nicht einmal, ob ich überhaupt bin, aber ein anderer IST."[287] Das ist wichtig für mich, an ihn halte ich mich.
Dieses Folgen führt gerade nicht zum Handeln, wie das oben schon angeführte Gleichnis von den zwei Jungen zeigt, denen ein Mann sagt: Geh, wirke heute im Weinberg![288] Es ist unmöglich, daß Jesus dieses Folgen meint, wenn er dazu aufruft, ihm zu folgen – die Frage ist, ob er überhaupt vom „Folgen" spricht. Die Frage betrifft besonders einen Satz in den synoptischen Evangelien, zu dessen Verständnis ich noch einmal Hinweise der genau hinhörenden Psychoanalytikerin Marie Balmary aufnehme[289]. „Wer hinter mir hergehen will, der sage sich los von sich und nehme sein Kreuz auf – und so folge er mir." (Mt 16,24; vgl. Lk 9,23; Mk 8,34)

In dem mit „folgen" übersetzten griechischen Wort ἀκολουθειν steckt das Wort κέλευθος / „Weg". Dem zum Verb verwandelten Substantiv „Weg" ist ein ἀ vorangestellt; das bedeutet soviel wie „zusammen mit", „gemeinsam". Das mit „folgen" übersetzte griechische Wort heißt also zunächst: „gemeinsam unterwegs, zusammen eines Wegs sein", „einander begleiten". Jesus geht es in seiner abschließenden Aufforderung nicht so sehr um Nachfolge als um Weggemeinschaft, Mitsein.
Dieses Verständnis wird durch die grundlegende Bedingung, die Jesus für die Weggemeinschaft mit ihm nennt, bestätigt. Jesus nennt als Bedingung: „sein Kreuz aufnehmen", „Tag um Tag" heißt es bei Lukas noch. Durch seinen Zusatz ist klar, daß mit dem Kreuz nicht etwas Einmaliges wie Leiden und Tod im Sinne des Martyriums Jesu gemeint ist, sondern die alltägliche Begegnung mit der Notwendigkeit, sein Leben und sein Sterben in die eigene Verantwortung zu übernehmen.
Wer einem anderen folgt, kann sich hinter ihm verstecken. Hinter seinem Herrn ist der Knecht davor geschützt, sein eigenes Leben zu leben und seinen eigenen Tod zu sterben. In diesem Sinn nimmt der Knecht gerade nicht sein Kreuz auf. Er riskiert nichts, der Herr trägt die Verantwortung. Insofern ist die Haltung des Knechts genau jene, in der man sein Leben „zu gewinnen" – nämlich ungelebt zu bewahren sucht. Bedingung für die Weggemeinschaft mit Jesus ist aber die

---

[287] M. BAPMARY, a.a.O., 318.

[288] Siehe oben S. 244f.

[289] M. BALMARY, a.a.O., 297 f.

Bereitschaft, sein Leben zu verlieren[290], das heißt: es nicht zu schonen, sondern im Prozeß des Ich-werdens „abzunützen" und „auszugeben"[291], in dem es darum geht, daß ich mir mein Leben und mein Sterben aneigne und „mein Kreuz aufnehme".

Das Aufnehmen des Kreuzes ist die an zweiter Stelle genannte Bedingung für die Weggemeinschaft mit Jesus. Die zuerst genannte Bedingung hängt eng mit der Charakterisierung jener Menschen zusammen, die Jesus in die Weggemeinschaft mit sich ruft. Da heißt es: „Wer hinter mir hergehen will..." oder: „Wenn einer hinter mir hergehen will ..." – das ist die wörtliche Übersetzung aus dem Griechischen[292]. Es geht hier nicht um ein gemeinsames Unterwegssein, sondern darum, daß einer hinter Jesus hinterhergehen will – also um „Nachfolge" im genauen Sinn des Wortes. Bei Markus wird das noch deutlicher, weil bei ihm dasselbe Verb „begleiten" steht wie am Ende – aber am Anfang mit dem Zusatz versehen „hinter mir her", also wörtlich: „Wer hinter mir her mich begleiten will ..." oder „Wenn einer mich begleiten will, indem er hinter mir hergeht ..." Jesus kommentiert die Möglichkeit, daß einer das Unterwegssein mit ihm als ein Hinter-ihm-hergehen versteht. Wer mit ihm gehen möchte, indem er hinter ihm bleibt, der sage „nein" zu sich. Das Wort (ἀρνέομαι), das auch mit „verleugnen", „verweigern" übersetzt wird, heißt in erster Linie „neinsagen".

Wenn also einer Jesus begleiten möchte, indem er hinter ihm hergeht, so sage er „nein" zu sich – das heißt: so arbeite er an sich selber, um diesen Wunsch aufzugeben. Denn Jesu Wunsch an seine Freunde ist nicht, daß sie hinter ihm hergehen, sondern daß sie mit ihm denselben Weg gehen. „Er bestellte Zwölf ..., daß sie mit ihm seien ..." (Mk 3,14)
Das Neinsagen zu sich im Sinne Jesu ist gerade nicht ein Neinsagen, um sich als Subjekt, mit seiner eigenen Suche und seinem Prozeß des Ich-werdens auszulöschen, sondern es ist ein Neinsagen zu der geheimen inneren Bereitschaft, Objekt des Willens eines anderen zu sein. Es ist eine Versuchung, sich ganz in den Dienst eines anderen zu stellen, um so nicht mehr selber leben und selber sterben zu müssen. Das Neinsagen zu der Möglichkeit, einen anderen für sich selber leben zu lassen, ist die Bedingung dafür, selber Subjekt zu werden, „ich" zu sagen und mit Jesus Weggemeinschaft zu haben.

Gottes Begrenzung darauf, mit den Menschen zu sein, befreit sie zu einem Mitsein, das ein doppeltes Nein verlangt: das Nein zum anderen, der als „Herr" über mich verfügen könnte, und das Nein zu mir selber, die ich mich als „Knecht" einem anderen zur Verfügung stellen könnte. Auf der Basis dieses Nein können Menschen mit anderen sein und sie in einer Weise begleiten, daß sie Raum bekommen zum Ich-werden. So befreit Gottes Mitsein Menschen zu einem Mitsein mit anderen, das seinerseits befreiend ist.

---

[290] Mt 16,25; Lk 9,24; Mk 8,35.

[291] Vgl. das Gleichnis von den Talenten: Mt 25,14-30; Lk 19,11-27.

[292] „εἴ τις θέλει ὀπίσω μου ἐλθεῖν ..."

SCHLUSS: LEIDEN UND VORLIEBE

In diesem Schlußteil geht es um eine Zusammenschau des bisher Erarbeiteten, darauf deutet der Titel des folgenden achten Kapitels hin: „Leiden der Armen – Leiden Gottes". Diese Zusammenschau führt zur Frage nach der Vorliebe Gottes für die Armen. Und damit führt sie auch zur Frage nach unserem Verhältnis zu den Armen und gibt Hinweise auf das, was die „menschliche Praxis einer Vorliebe für die Armen" meint (neuntes Kapitel).

Achtes Kapitel
Leiden der Armen – Leiden Gottes

In den vorangegangenen Kapiteln bin ich der Intuition des Anfangs nachgegangen, daß es bei den Armen, die ich in Brasilien kennengelernt habe, eine im Leiden verborgene Stärke gibt und daß in ihrem Leiden – und in der darin verborgenen Stärke – eine grundlegende Ähnlichkeit zwischen den Armen und Gott liegt. Auf der Grundlage der Annahme, daß ich weder von den Armen noch von Gott außerhalb meiner Beziehung zu ihnen sprechen kann und daß ich von den Armen und von Gott nur in ihren Beziehungen sprechen kann, habe ich im ersten Teil Leiden und Beziehungsfähigkeit der Armen und im zweiten Teil Leiden und befreiendes Mitsein Gottes an-gesprochen[293].
Während der Arbeit daran geriet meine Idee von der Ähnlichkeit zwischen Gott und den Armen mehrfach in Bewegung. Zuerst wurde ich in ihr bestärkt. Später herrschte der Eindruck von der Unterschiedlichkeit zwischen dem Leiden der Armen und dem Leiden Gottes vor. Dann kam ich, beim Arbeiten über „Leidenschaft und Leiden Gottes", zu der Vermutung, daß das Leiden der Armen und das Leiden Gottes mehr gemeinsam haben als zunächst angenommen.

Diese Ähnlichkeit wirft ein neues Licht auf Gottes Vorliebe für die Armen. Ich werde also, das mag in einem das Vorangegangene zusammenfassenden Kapitel ungewohnt sein, mit der Vorliebe Gottes für die Armen ein bisher nicht angesprochenes Thema aufgreifen. Das erlaubt aber, das Erarbeitete in eine größere Diskussion einzuordnen und in dieser Diskussion seine Fruchtbarkeit zu prüfen. Zugleich wird damit die Richtung der praktischen Konsequenzen angedeutet, in die hinein das folgende letzte Kapitel einen ersten Schritt geht.

8.1 Ähnlichkeit zwischen den Armen und Gott

Was ich im zweiten Kapitel zur Fremdheit geschrieben habe, gilt entsprechend für die Ähnlichkeit. Wie das spannende Erleben der Fremdheit des anderen bedeutet, daß ich in ihm einer großen Verschiedenheit – aber zugleich Gemein-

---
[293] Mit der Bitte um ein Weitersprechen: siehe oben S. 26f.

samkeiten begegne[294], so erlebe ich die Ähnlichkeit des anderen, indem ich Gemeinsamkeiten auf dem Hintergrund unserer Verschiedenheit entdecke. So wenig Fremdheit totale Verschiedenheit meint, so wenig meint Ähnlichkeit Gleichheit. Die Verbundenheit von Unterschieden und Gemeinsamkeiten in der Ähnlichkeit der Armen mit Gott kann ich allerdings erst konkret zeigen, wenn ich diese Ähnlichkeit als solche gefunden habe.

Nach ihr werde ich in diesem Abschnitt fragen und den ersten und zweiten Teil in der Perspektive dieser Frage ansehen. Dabei beziehe ich mich besonders auf die Kapitel, die vom Leiden handeln (viertes und siebtes Kapitel), weil sie ihrerseits schon das in den jeweils vorangehenden zwei Kapiteln Gesagte – über die Armen in ihren Beziehungen und über Gott als Beziehung – aufnehmen.

Ich hatte vom Er-leiden des anderen und vom Er-leiden von Schmerzen gesprochen, um über das Leiden der Armen nachzudenken; und ich hatte das Leiden Gottes als Leiden in der Selbstbegrenzung beschrieben.

Für die Zusammenschau halte ich es für fruchtbar, zwei andere Perspektiven hinzuzuziehen, um die Bedeutung von Leiden zu vertiefen: die Perspektive von Passivität und die Perspektive von Passion. „Passivität" – dahin führte mich das Nachdenken der Erfahrung mit den Armen. Von „Passion" war bisher nicht die Rede, wohl von „Leidenschaft" – in Gott. „Passion" meint Leidenschaft, aber auch Leidensgeschichte. In beiden Bedeutungen ist „Passion" eine Perspektive, in der sich Ähnlichkeit zwischen den Armen und Gott zeigt. Auch in der Perspektive der „Passivität" läßt sich nicht nur Unähnlichkeit zwischen dem Leiden der Armen und dem Leiden Gottes erkennen.

8.1.1 Passivität der Armen – Passivität Gottes

Beim Nachdenken über das Leiden der Armen bin ich von ihrem Er-leiden des anderen ausgegangen, in einem so grundlegenden Sinn, daß ich statt von „Leiden" auch von „Passivität" hätte sprechen können. Im Rückblick auf die nachgesprochenen und -gedachten Alltagsgeschichten schrieb ich, daß bei den Armen das Warten auf den anderen vor dem eigenen Hingehen, das Er-fühlen des anderen vor dem Einwirken auf ihn und in diesem Sinn das Leiden vor dem Tun kommt[295]. „Leiden" scheint grundlegend im Gegensatz zum Tun zu stehen, so daß es naheliegt, „Leiden" und „Passivität" zusammenzubringen. Dies hatte ich vermieden, weil „Passivität" einen negativen Bedeutungshof hat.

„Passivität" wird normalerweise weniger aus einer eigenen Wurzel, sondern in bezug auf „Aktivität" als ein Mangel verstanden: als Nicht-aktivwerden. Ein passiver Mensch ist weniger aktiv; ihm oder ihr fehlt Initiative. Dabei schwingt mit, daß Aktivität besser – und Passivität schlechter ist. Es schwingt sogar so etwas wie Tadel für die Passiven mit, weil sie es anderen überlassen, aktiv zu werden. Damit geben sie zwar deren Freiheit eine Chance; sie scheinen ihnen jedoch auch die Verantwortung zuzuspielen.

---

[294] Siehe oben S. 69f.

[295] Siehe oben S. 122.

Passivität schafft aber nicht nur eine Voraussetzung fürs Aktivwerden des anderen – sie hält auch das eigene Aktivwerden in einer gewissen Unverfügbarkeit. Bei näherem Hinsehen zeigt sich, daß selbst das „passive" Erleiden von Schmerzen eine Arbeit, ein Aktivwerden impliziert[296]. Passivität kann daher nicht einfach als Mangel im Verhältnis zur Aktivität verstanden werden. Ich möchte sie als Offenheit für das Handeln des anderen verstehen – und zwar als eine Offenheit, in der eine verletzbare und eine widerständige Seite unterschieden werden können. In dieser Perspektive werde ich nach dem Leiden der Armen und dem Leiden Gottes fragen.

8.1.1.1 Passivität im Sinne verletzbarer Offenheit

Passivität – nicht als Erste handeln, sondern das Handeln anderer „abwarten", empfangen, er-leiden: damit scheint sofort ein Machtgefälle beschrieben zu sein. Tatsächlich erkennen sich die Armen als diejenigen, die dem demütigenden Handeln anderer ohnmächtig gegenüberstehen – „verflucht seien deine Gesten, die in den Wunden, die sie mir beibrachten, den Schmerz weckten". Zugleich beschreiben sie, die das Handeln anderer er-leiden, sich selber als diejenigen, die fühlen – „Ich beuge mich nicht! Ich bin die Fähigkeit zum Empfinden."

Ihr Fühlen meint aber nicht nur, daß sie sich verletzen lassen durch die demütigende Geste jener, die bei den Armen kein Fühlen vermuten, weil sie selber fühllos geworden sind – „sie hörten nicht die Schreie derer, die durch sie in Verzweiflung gerieten".
Ihr Fühlen meint auch einen anderen Ursprung des Handelns – oder besser gesagt: es meint den Ursprung für ein anderes Handeln. Die Armen handeln als Fühlende und nicht wie solche, die ihre eigenen Pläne und Absichten taub und blind und unempfindlich gemacht haben. Ihre Passivität bedeutet nicht nur Verletzbarkeit durch den anderen, sondern auch Empfindlichkeit für den anderen. Sie sind den Verletzungen durch die Mächtigen ausgesetzt. Aber sie empfinden auch die Schmerzen, den Mangel, die Bedürfnisse von anderen. Und genauso sind sie empfindlich für die Freude, die Fülle, den Segen, die sie von anderen empfangen können, und lassen sich von ihnen beschenken. Aus dem Erfühlen dessen, was der andere braucht, und auch aus der Empfänglichkeit für das, was er oder sie zu geben hat, folgt ein anderes Handeln als aus der Vorsätzlichkeit und Absichtlichkeit, die sowohl das Geben als auch das Empfangen „verderben"[297].

Zur Passivität im Sinne verletzlicher Offenheit gehört bei den Armen, daß sie aus dem Empfangen heraus leben und handeln, wobei ihnen ausdrücklich klar ist, daß zu dem, was sie empfangen, sowohl Gesundheit und Glück als auch Schmerzen und Leid gehören.

---

[296] Siehe oben S.169.

[297] So Maria Elisabete LIMA MOTA in ihrem Gedicht „Verfluchung" (Siehe oben S. 141): „Sie gaben kein einziges Almosen, ohne – Undank – dafür etwas einzunehmen"... „vor wem sollte ich mich beugen? Wenn die Verbeugungen verdorben sind als vorsätzliche Gesten."

In der Nähe der Armen war es für mich oft schwer erträglich, daß sie in einem grundlegenden Sinn als Beschenkte leben. Während ich kaum in der Lage war, in ihrem Leben etwas zu entdecken, was ein Geschenk für mich hätte sein können, mußte ich doch bei ihnen diese Haltung des Sich-beschenken-lassens als Lebensgrund anerkennen. Die Wehrlosigkeit gegenüber den schmerzenden Gesten der Unterdrücker und die Fähigkeit, Schmerz zu empfinden, auf der einen Seite – und auf der anderen Seite die Offenheit für all das, was geschenkt wird, sei dies „nur", an einem neuen Tag erwachen und aufstehen zu können, sowie die Fähigkeit, Dank und Freude zu empfinden, gehören zusammen und bestimmen Leben und Handeln der Armen.

Passivität im Sinne von Ohnmacht gegenüber dem Handeln des anderen, von Verletzbarkeit durch ihn, durch sie, und im Sinne der Offenheit für den Mangel und die Fülle, die vom anderen herkommen, und schließlich im Sinne eines Lebens und Handelns aus dieser Offenheit: trifft Passivität in diesem Sinn für Gott zu?
Die Schwäche dessen, der sich „an Jisrael hängt", die Schwäche Gottes, der seine Nähe zusagt und seine Liebe der Antwort des Menschen anvertraut, ist Ohnmacht in mehrfachem Sinn. Sie ist vergleichbar – und zugleich ist sie unvergleichbar mit der Ohnmacht der Armen.

Die Ohnmacht Gottes ist Ohnmacht angesichts des Handelns des Menschen. Indem er seine Liebe der Freiheit des Menschen anvertraut, begrenzt Gott das, was er für den Menschen – für dessen Zustimmung zu seiner Liebe – tun kann. Das bezeugt Jisrael im Nach-denken und -sprechen seiner Erfahrung mit JHWH. Gott ist mächtig, das Volk aus Not und Unterdrückung herauszuführen. Gott ist ohnmächtig gegenüber der Entscheidung des Volkes, sein befreiendes Handeln anzunehmen und sich an seiner Nähe zu freuen oder nicht. Die Ohnmacht Gottes ist freie Begrenzung seines Könnens in der Gebundenheit an das Wollen des Menschen. Aber sie geht darüber hinaus.
Gottes Warten auf die Entscheidung des Menschen ist ein von der Unfreiheit betroffenes und an der Verletzungsgeschichte teilnehmendes Warten: Gott bleibt selbst als Abgelehnter, als Gekreuzigter bei denen, die ihn mißhandeln. Deswegen habe ich davon gesprochen, daß Gottes Ohnmacht nicht nur Ohnmacht angesichts des anderen, sondern zugleich Ohnmacht gegenüber der eigenen Liebe ist. Darin ist sie unvergleichlich mit der Ohnmacht der Armen.

In einem anderen Punkt ist die fühlende Offenheit der Armen jedoch vergleichbar mit jener Gottes. Wenn ihr Handeln aus der Empfänglichkeit für die Not und den Reichtum des anderen kommt, so hat es dadurch Anteil am Handeln Gottes. JHWH, Gott, der Jisrael seine Nähe zusagt, handelt, weil er hört, weil er sieht, weil er fühlt – eben das macht ihn zum Einzigen Gott. Zugleich läßt er sich von der Freude an denen bestimmen, die ihrerseits Fühlende und Empfängliche sind, wie der Knecht JHWHs, wie Jesus. Er handelt aus dem Fühlen der Not derer heraus, die ihn umgeben – genauer: aus dem Schmerz seiner eigenen Ohnmacht angesichts ihrer Not. Wie die Armen handelt er als Fühlender, nicht wie jene, die das Bestimmtsein von ihren eigenen Plänen gefühllos gemacht hat. Wie die

Armen läßt er sich beschenken. Er läßt sich überraschen von der Fülle an Hoffnung, Glauben und Liebe, die er gerade bei denen findet, die seiner bedürfen. In den Gleichnissen, in denen Jesus vom Reich Gottes spricht, ist es immer wieder die Freude – die Freude der Frau beim Wiederfinden der Drachme, die Freude des Hirten, die Freude des Vaters – die Gottes Handeln in der Weise bestimmt, daß es alles Berechnen und Vergleichen aus den Angeln hebt.

Passivität als verletzbare – als fühlende, und damit auch als empfängliche Offenheit für den anderen bedeutet, daß das Handeln des anderen, sei es zum Bösen oder zum Guten, zugelassen und erlitten wird. Jesus erleidet Folterung, Kreuzigung, Tötung durch Mitmenschen, die an ihm Anstoß nehmen, und er „erleidet" die Auferstehung durch Gott, den er Vater nennt. Auch Heil, Leben, Auferstehung, Befreiung werden empfangen. Daran könnten wir Anstoß nehmen, so wie die religiösen und politischen Autoritäten seiner Zeit bei Jesus eben an seiner empfänglichen Offenheit für den „Vater" und an seiner ebenso empfänglichen Offenheit für jene, die um ihn waren, Anstoß nahmen.
Auf der anderen Seite gilt: Kaum je befreien wir uns selber, retten wir uns allein aus eigener Kraft und aktiver Anstrengung. P. Beauchamp macht in seinem Psalmenkommentar darauf aufmerksam, wie kohärent die biblischen Bilder sind. Um das Gefangensein im Bösen zu veranschaulichen, brauchen die Psalmen Vergleiche vom Sumpf oder vom Netz. Bei beiden trifft zu, daß das Opfer nur von anderen befreit werden kann. Je aktiver es wird, um sich selber zu retten, umso unrettbarer versinkt oder verstrickt es sich. Die Freiheit kommt von außen, und zwar für diejenigen, die sich für sie öffnen, die sie begehren[298].

Passivität ist nicht „nichts-tun"; sie ist ein anderes Tun. Sie ist ein Tun, das weniger auf eigene Kräfte vertraut als auf die Kräfte eines anderen. Die im „Sumpf" oder im „Netz" Gefangenen vertrauen auf Gott, sie hoffen auf seine Hilfe. Dieses Vertrauen, diese Hoffnung scheinen Haltungen der Schwäche zu sein, die Grund zur Kritik an der Passivität der Armen geben oder sogar zum Spott: „Auf Gott hat er vertraut; soll er ihn doch herausreißen ..."(Mt 27,43) Daß aber dieses Vertrauen und diese Hoffnung eine größere „Kraftanstrengung" sind als der Versuch, sich aus eigenen Kräften zu befreien, daran lassen die Psalmen keine Zweifel: „Ich habe mich müde geschrien, mein Hals ist heiser. Meine Augen sind trübe geworden, weil ich so lange harren muß auf meinen Gott." (Ps 69,4) „In diesen Rufen erschöpft sich die letzte Energiereserve, wird alles aufs Spiel gesetzt: sein Leben verlieren beim Bitten um Leben. ... (Für die, die am meisten zu leiden haben, H. M.) ist die Hoffnung ein Wagnis, ein gefährliches Aufs-Spiel-setzen, eine Verausgabung von Leben um des Lebens willen. ... Der Mensch vervielfältigt nicht seine Schutzmaßnahmen gegen die Schläge des Leidens. Die einzige, die er kennt, die Hoffnung, macht ihn zugleich verletzlich."[299] Gerade die verletzliche Offenheit für den anderen, für Gott – und für den Menschen – ist es, welche die Passivität der Armen, die Passivität Gottes, zu einer Kraft des Widerstehens macht.

---

[298] Vgl. P. BEAUCHAMP: Psaumes nuit et jour, Paris 1980, 77-79.

[299] Ebd., 56 und 133.

8.1.1.2 Passivität im Sinne widerständiger Offenheit

„Passiver Widerstand": das Wort ist uns geläufig, es erinnert an Fernsehbilder von Besetzern von Bahngleisen beispielsweise, die sitzend Widerstand leisten und mit Gewalt weggeschleppt werden müssen ... Mir geht es nicht um einen passiv geleisteten Widerstand, sondern mir geht es darum, daß Passivität als solche, als jene verletzbare Offenheit, in der ich eine Ähnlichkeit zwischen den Armen und Gott festgestellt habe, eine Art und Weise des Widerstehens ist, zu der Dauer gehört – darum spreche ich von „widerständiger" Offenheit – und die auf die Dauer den Sieg davonträgt.

Passivität als widerständige Offenheit ist bei den Armen im Empfinden und Mitteilen von Schmerzen deutlich geworden. Das Mitteilen ihres Leidens – in weinendem Einspruch, in Anklage und Verfluchung – lehrt sie sprechen. Das Sprechen ist Offenheit für den anderen; die Armen, die sprechend von der Beziehung zum anderen leben, gewinnen Lebenskraft im Sprechen. Ihr Sprechen ähnelt dem der Psalmenbeter, das Rufen, Klagen, Weinen, Erinnern, Loben, Bitten, Schreien vereint und in all dem der Hoffnung Stimme verleiht. Die Hoffnung selber, die Öffnung für den Leben schenkenden Gott, in der die Armen ihre Lebenskraft verschwenden, in der sie schwach und verletzlich sind: sie ist zugleich die Quelle ihres unermüdlichen Kämpfens ums Leben, bei dem sie stark werden, indem sie lernen.
Nicht aufgeben – kämpfen – stark-werden – hoffen: damit habe ich das Standhalten der Armen beschrieben. Es ist Passivität: es enthält kein aktives Einwirken, keinen Angriff auf den Sumpf, auf das Netz, in dem die Armen gefangengehalten werden. Das Standhalten der Armen scheint nichts an ihrer Gefangenschaft zu ändern. Zugleich wäre es kein Standhalten, wenn es Rückzug, Sich-Verschließen in Resignation und Bitterkeit wäre. Geduldig, kämpfend, lernend, hoffend bleiben die Armen offen für den anderen. Und eben dieses Bleiben, in der Offenheit für den anderen, bringt unmerklich Bewegung und Veränderung in ihre weiteren von Unterdrückung geprägten Beziehungen.

Passivität als widerständige Offenheit des Sprechens, des Hoffens und Bleibens: trifft Passivität in diesem Sinn für Gott zu? Das Bleiben Gottes habe ich mehrfach angesprochen. Seine bleibende Offenheit für den Menschen ist vergleichbar – und unvergleichbar mit dem Bleiben der Armen.
Vergleichbar ist sie darin, daß sich Ohnmacht und „Widerständigkeit", Schwäche und Stärke, in ihr verbinden. Unvergleichbar ist das Nahebleiben Gottes bei den Menschen, als Abgelehnter und Mißhandelter, in der Radikalität seiner Ohnmacht, die Ohnmacht gegenüber der eigenen Liebe ist. Vergleichbar ist das Nahebleiben Gottes als ohnmächtig Wartender in der Stärke seiner Unverfügbarkeit.

Auch die Stärke des Bleibens der Armen liegt in seiner Unverfügbarkeit. Geduld, Kämpfen, Lernen, Hoffen sind Konstanten in ihrem Leben, in denen sie die Ereignisse mehr oder weniger bestärken, die aber durch solche Ereignisse nicht erfüllt oder erschöpft und dadurch verfügbar werden. Gleichgültig, wie ihre Geduld von anderen bewertet wird oder ob auch sie selber diese Geduld manchmal als Schwäche sehen: sie ist unerschöpflich. Unabhängig davon, wie weit sie kommen mit ihrem Kämpfen: das Erreichen eines Ziels hat zur Konsequenz, daß sie den Schauplatz des Kämpfens verlagern. Vielleicht könnte man sagen: So wie kein Sprechen der Menschen Gott davon abbringen kann, Hörender zu bleiben, so kann kein Er-hören Gottes die Armen davon abbringen, Sprechende und Hoffende zu bleiben!

Widerständige Offenheit des Hoffens und Sprechens: ich frage noch einmal, ob Passivität in diesem Sinn von Gott ausgesagt werden kann.
„Hoffen" im allgemeinen Sinn scheint ganz und gar dem Menschen vorbehalten zu sein. Es fällt schwer, Gott einen Hoffenden zu nennen. Hoffen zeigt die Schwäche des Menschen, denn Hoffnung zu haben, bedeutet, sich zu einem „nicht" zu verhalten, mit Ereignissen zu leben, die (noch) nicht eingetroffen, (noch) nicht sichtbar geworden sind. Hoffen zeigt darin zugleich die Stärke des Menschen, denn indem er sich zu dem, was (noch) nicht ist, hoffend verhält, gibt er ihm in seiner Hoffnung (schon) Existenz. „Hoffen" im spezifischen Sinn gehört in die Situation der Unfreiheit; daher schreibt Paulus vom sehnenden Verlangen der Schöpfung, die stöhnt und in Wehen leidet (Röm 8,19.22). Damit wird es unmöglich, von Hoffnung in Gott zu sprechen.
Kann denn von Hoffnung bei dem gesprochen werden, in dem die schöpferische Freiheit so mächtig ist, daß sie nicht davor zurückweicht, sich der äußersten Unfreiheit zu unterwerfen? Die widerständige Kraft des Bleibens der Armen hat ihre wichtigste Wurzel in ihrem Hoffen, das nicht zu sättigende Offenheit für Gott ist. Die Stärke des Bleibens Gottes, selbst als Abgelehnter und Gekreuzigter, seine Unverfügbarkeit, kommt aus seiner Freiheit.

Vielleicht erlaubt jedoch Gottes Option für das Mitsein als Werden, als Mitsein mit den werdenden Menschen, die ihr Leben lang dabeibleiben, immer wieder aufzubrechen und weiterzugehen zum Leben, von Hoffnung in Gott zu sprechen. Gott ist gerade das Unterwegssein, das Werden des Menschen kostbar. Damit ist ihm auch das „nicht" an Freiheit, welches das Werden und Unterwegssein des Menschen gewissermaßen antreibt, kostbar. Er hat den Menschen „in seinem Bild" als ein Wesen geschaffen, das nicht fertig ist, offen für den anderen, angewiesen darauf, in der Beziehung zu der und dem anderen Mann und Frau zu werden; und er hat ihm die Sorge überlassen, nach dem Gleichnis Gottes zu werden. Gott hat im Menschen das (noch) „nicht" angelegt, und damit auch sein Verhalten zu diesem (noch) „nicht" – seine Hoffnung.

Wenn Gott den Menschen „in seinem Bild" als hoffenden, mit einem vielleicht nie ganz verschwindenden Verhalten zum (noch) „nicht" und mit einer unstillbaren, darin unverfügbaren und widerständigen Offenheit für Gott geschaffen hat, so deutet dies darauf hin, daß die verletzliche und widerständige Offenheit der Hoffnung auf Gott auch in Gott selber ist. Wie kann das gedacht werden?

Durch den Hinweis auf die Art und Weise, wie der Geist mit dem Vater und dem Sohn am Menschwerden des Menschen zusammenwirkt[300], kann die Frage positiv beantwortet werden.

Der Geist, der für den Menschen einspringt, wenn in ihm kein Seufzen, kein Warten, kein Verlangen, keine Hoffnung (mehr) ist, wenn das Leiden der Schöpfung ihn nicht mehr herausfordert und das hartnäckige Hoffen, mit dem die Armen ihr Leben aufs Spiel setzen, ihn gleichgültig läßt – dieser Geist widersteht mit seiner hoffenden Kraft der Gleichgültigkeit, er widersteht der Müdigkeit aller, die sich auf dem mühsamen Weg des Menschwerdens verabschiedet haben. Sein Hoffen widersteht dem Tod, der beginnt, wenn Menschen sich mit der Unfreiheit abfinden.

Vielleicht berührt sich die Passivität der Armen mit der Passivität der stöhnenden und wartenden Schöpfung. Vielleicht ist in der widerständigen Offenheit ihrer Hoffnung der Geist Gottes am Werk. Das würde verständlich machen, warum der Geist – „o divino" – für die Armen eine so herausragende Bedeutung besitzt. Sicher sind die Armen ein getreues Bild Gottes, dessen „widerständige Offenheit" für die Menschen sich in der Passivität des Nahebleibens und in der Passivität des Hoffens verwirklicht.

8.1.2 Passion der Armen – Passion Gottes

Passion meint Leidenschaft und Leidensgeschichte. Dabei habe ich „Leidenschaft" als Bereitschaft verstanden, an einer Liebe auch zu leiden und trotz dieses Leidens oder sogar um seinetwillen noch mehr zu lieben. Diese Bereitschaft nun zeigt sich gerade bei den Armen, mit denen sich zunächst eher das Wort „Leidensgeschichte", und nicht so sehr das Wort „Leidenschaft" zu verbinden scheint.

Bei Jon Sobrino fand ich diese sehr persönlichen Sätze, die ich zitiere, weil ich in ihnen meine Erfahrung wiedererkannt habe: „Die Liebe zeigt sich für mich einfach darin, daß uns das gekeuzigte Volk vergibt. Darin gibt es einen primären Akt der Liebe, daß die Opfer dieser Welt uns die Zukunft nicht verschlossen haben, die wir strukturell zu der Welt gehören, die sie zu Opfern macht. Diese Liebe, die sich in der Annahme und der Vergebung ausdrückt, hat eine Reinheit, die es vielleicht sonst nicht gibt und die auf eine außerordentliche Weise menschlich macht."[301]

8.1.2.1 Passion im Sinne von Leidenschaft

„Leidenschaft" habe ich in Gott im Sinne der Freiheit einer Liebe erkannt, die um ihrer noch größeren Freude willen dem Leiden zustimmt. Die Bewegung des Mitseins in Gott, als Vater, Sohn und Geist, die von der „Offenheit der Fülle",

---

[300] Siehe oben S. 226-228.

[301] J. SOBRINO: Befreiungstheologie als *intellectus amoris*, Gespräch von Martin Maier SJ mit Jon Sobrino SJ, San Salvador, in: Missionswissenschaftliches Institut Missio e.V. (Hg), Jahrbuch für kontextuelle Theologien, Frankfurt 1994, 31.

nämlich der überfließenden Freude am anderen, und von der „Offenheit des Mangels", der hörenden, „hoffenden" Freude auf den anderen, gespeist wird, läßt sich als Bewegung der Freude beschreiben. Diese Freude mindert nicht, sondern verstärkt das Leiden Gottes in seiner Liebe zu den Menschen, wobei dieses Leiden die Freude des Mitseins niemals besiegen kann.

Wenn die Freude der mächtige Grund der Leidenschaft Gottes ist, so scheint klar zu sein, daß es hier keine Ähnlichkeit zwischen der Leidenschaft Gottes und der Leidenschaft der Armen gibt. Aber wo zeigt sich überhaupt die „Leidenschaft" der Armen: ihre Bereitschaft, um des mit der Beziehung zum anderen verbundenen Leidens willen nicht weniger, sondern mehr zu lieben? Und was heißt hier „lieben"?
So, wie ich bei Gott von „Mitsein" gesprochen habe, so ist „Mitsein" auch die beste Umschreibung für die „Liebe" der Armen. Was ist für ihr Mitsein charakteristisch? Die Armen entscheiden sich zunächst nicht zu einem Mitsein mit bestimmten einzelnen, sondern sie nehmen zunächst das Mitsein an, das zu ihrem Leben gehört: die Eingebundenheit in einen Lebenszusammenhang, der über den sozialen Kontext hinausgeht, die Verbundenheit als Menschen durch die Zerbrechlichkeit des Lebens – die stärker als trennende Unterschiede ist, die Gebundenheit als Abhängige, das Mitsein als „Volk". Die Annahme dieses vorgegebenen Mitseins prägt bei den Armen die Art und Weise, wie sie die Beziehung zu einzelnen anderen leben. Sie sind generell bereit, den anderen zunächst zu „er-leiden", indem sie sich von ihm stören lassen, indem sie er-fühlen, wessen er bedarf.

Gottes Mitsein mit den Menschen ist eine Entscheidung im doppelten Sinn: Es ist eine Entscheidung im Sinne der Verwirklichung schöpferischer Freiheit; und es ist eine Entscheidung im Sinne der Vorliebe für Menschen, die bedrückt sind und in Unfreiheit, und die bereit sind, aufzubrechen und sich Freiheit schenken zu lassen. Auch wenn sich Gottes Mitsein mit den Menschen dadurch grundlegend vom Mitsein der Armen unterscheidet, liegt doch etwas Verbindendes darin, daß Gottes Beziehung zu den Menschen nicht von der Beziehung getrennt werden kann, die er selber ist: in der schöpferischen Freiheit seiner Liebe zu den Menschen verwirklicht sich die Freude seines Mitseins als Vater, Sohn und Geist. Gott ist Beziehung, darum will er die Beziehung zum Menschen. Die Armen finden sich in Beziehungen vor, und das prägt die Weise, wie sie sich zum anderen verhalten. Hierin liegt Ähnlichkeit, bei aller Unvergleichlichkeit von Gottes schöpferischer Freiheit.

Die Weise, wie die Armen sich zum anderen verhalten, ist davon geprägt, daß sie ihn/sie er-leiden, er-fühlen, er-warten, bevor sie auf ihn zugehen, zu ihm sprechen, für ihn – oder auch gegen ihn – etwas tun. Die Bereitschaft zu leiden in der Beziehung zum anderen ist grundlegend für die Armen – aber dies nicht etwa, weil sie das Leiden suchen würden, sondern weil sie ein weiteres und ein tieferes Verhältnis dazu haben. Sie wissen, daß Leiden nicht nur als ein notwendiges Übel – sondern daß es auch konstitutiv und insofern „positiv" zum Mitsein gehört. Der Wert, den ich einem anderen gebe, mißt sich geradezu in meiner Bereitschaft, ihn/sie zu er-leiden. Ich kann Leiden reduzieren, indem ich den Wert, den ich anderen gebe, reduziere oder meine Beziehungen selber einschränke.

Für die meisten Armen ist der Nächste auf jeden Fall kostbar, unabhängig von dem besonderen Wert, den sie ihm/ihr geben. Die Kostbarkeit des Nächsten liegt für sie nicht etwa erst in dem Nutzen, den sie von ihm erwarten können, sondern in seiner auf andere angewiesenen vergänglichen Existenz, die auch die ihre ist. Den Nächsten zu erleiden ist ähnlich, wie die eigene Angewiesenheit zu erleiden: es ist unausweichlich und unreduzierbar. Um des Leidens willen würden die Armen nicht das Mitsein mit anderen reduzieren wollen – im Gegenteil, manchmal kam es mir so vor, wie wenn sie Beziehungen um des Leidens willen intensivieren würden. Mitsein ist ihre Leidenschaft.

Sicher kann man nicht sagen, daß das Geheimnis dieser Leidenschaft eine unbesiegbare Freude ist. Auf der anderen Seite gilt: das Bewußtsein der Armen, Teil eines einzigen großen Lebenszusammenhangs zu sein, ist kein trauriges Bewußtsein. In dem Lebensgefühl, das die geschwisterliche Nähe zu allem, was Leben empfängt, und die kindliche Nähe zum Geber des Lebens bestimmt, ist Freude vorherrschend. Die Nähe zum Geber des Lebens schenkt Freiheit, die mitgeteilt und gefeiert werden möchte. Ich erinnere nur an Mecés aus Anlaß der Junifeste geschriebenen Zeilen[302], die dies mit unüberbietbarer Klarheit ausdrücken:

> „Ich will ein Fest in meinem Haus machen
> und meine Freunde einladen,
> damit wir einen ordentlichen Schwatz halten
> und Kaffee trinken,
> Witze erzählen, viel lachen
> und weitersagen, daß Gott ein guter Vater ist."

Unbesiegbare Freude als Geheimnis der Bereitschaft, in der Beziehung zum anderen zu leiden? Die Unähnlichkeit zwischen der Leidenschaft der Armen und der Leidenschaft Gottes scheint nicht mehr so groß zu sein. Das Mitsein, das die Armen empfangen, begründet eine Freude, die ihre Bereitschaft zu leiden nicht mindert. Die Freude, die Gottes Mitsein als Vater, Sohn und Geist und seine Liebe zu den Menschen zu einer Bewegung sich mitteilender Freiheit macht, ist ihrerseits im Mitsein begründet.

8.1.2.2 Passion im Sinne von Leidensgeschichte

„Leidensgeschichte": damit kann einmal eine Geschichte gemeint sein, die von Schmerzen, Krankheit, Gewalt, Elend, Verachtung – von jeder Art „Leiden" geprägt ist; damit kann aber auch das Leiden gemeint sein, das eine eigene Geschichte „hat" und „schreibt".

---

[302] Siehe oben S. 126.

In der ersten Bedeutung ist „Leidensgeschichte" zum festen Begriff für den letzten Abschnitt des Lebens Jesu geworden, der mit der Festnahme und dem Prozeß, also vor seinem Weg mit dem Kreuz, beginnt. Aber der „Kreuzweg" ist zum Inbegriff der Leidensgeschichte Jesu – und jeder folgenden Leidensgeschichte von einzelnen Menschen und ganzen Völkern, und nicht zuletzt zum Inbegriff der Leidensgeschichte der Armen geworden[303].

In der Sicht der Armen schafft die Leidensgeschichte derer, die Gott sichtbar machen, eine Verbindung zwischen Gott und ihnen. Durch das Kreuz Jesu, durch die Schmerzen Marias, durch die Wundmale eines Franziskus zeigt ihnen Gott, daß er zu ihnen gehört, die von ähnlichen Wundmalen gezeichnet, von ähnlichen Schmerzen gequält, unter einem ähnlichen Kreuz zu Tode kommen. Durch ihre eigene Passion können sie Gott „wiedererkennen": darin gründet ihre theologische Autorität. Die Frage nach der Ähnlichkeit Gottes mit den Armen und der Armen mit Gott im Leiden ist daher schon beantwortet, wenn man mit „Leiden" an Passion und „Leidensgeschichte" in diesem Sinne denkt.

Ich möchte aber noch nach der Leidensgeschichte in jenem anderen Sinn fragen, in dem sie die „Geschichte" meint, die das Leiden selber durchmacht. Dafür muß ich noch einmal grundsätzlich zu klären versuchen, was ich unter „Leiden" verstehe.

Ich bin davon ausgegangen, daß Leiden grundlegend mit der Beziehung zum anderen verbunden ist – und zwar so, daß es ihr, als Bereitschaft, schon vorausgeht, zugleich in ihr entsteht und sich auf sie auswirkt. Dieses Verständnis ist allerdings dadurch begrenzt, daß es in meiner Erfahrung mit den Armen gründet. Gibt es nicht auch Leiden, das – besonders bei den Reichen, und damit im Unterschied zu den Armen – in Beziehungslosigkeit gründet: das Leiden an Einsamkeit und Angst, das Leiden an der Wertlosigkeit als Mensch, das letzten Endes selbstzerstörerisch ist, auch das geleugnete „Leiden" derer, die sich selbst genügen und kaum zu einer echten Beziehung fähig sind, weil sie sich nicht antasten lassen? Für diese Leiden ist charakteristisch, daß Mitmenschen und Beziehungen an Bedeutung verlieren. Der andere und das Verhältnis zu ihm oder ihr bleiben letzten Endes der gemeinsame Bezugsrahmen für das Verständnis von Leiden bei Armen und bei Reichen.

Allerdings könnte man das geleugnete „Leiden" der Selbstgenügsamen und das ebenso geleugnete „Leiden" der Reichen und Mächtigen, die ihre Angst vor den Beraubten und Unterdrückten in Burgen der Einsamkeit[304] treibt, durch zwei zusätzliche Merkmale vom Leiden der Armen unterscheiden.

Das eine Merkmal nennen die Seligpreisungen in der Form, in der sie Lukas überliefert: da ist von jenen die Rede, die „jetzt weinen" – und von denen, die „jetzt lachen" (Lk 6,21.25). Es könnte ein Leiden auch bei denen geben, die jetzt lachen. Aber es ist ein nicht-gefühltes, ein unbeweintes Leiden. Unterscheiden-

---

[303] Vgl. J. SOBRINO: Theologie und Menschenrechte aus der Sicht der gekreuzigten Völker, in: O. König, G. Larcher (Hg), Theologie der gekreuzigten Völker, Graz 1992, 117f.

[304] Chico BUARQUE beschreibt die „Burgen der Einsamkeit" eindrucksvoll in seinem Roman: Der Gejagte, München 1994.

des Merkmal für das Leiden der Armen sind ihre Tränen. Das Fühlen als solches jedoch hat für diejenigen, die ganz von sich gesättigt sind, keinen Wert. Das meint in diesem Fall „lachen". Vielleicht trägt die Wertlosigkeit des Fühlens gegenüber dem „Tun" dazu bei, daß die vom „Tun" Ausgeschlossenen in der von den Lachenden beherrschten Gesellschaft keinen Wert mehr in sich zu entdecken vermögen.

Ein zweites Merkmal des Leidens derer, die jetzt lachen, des nicht gefühlten „Leidens" an der zunehmenden Bedeutungslosigkeit von Beziehungen, sehe ich darin, daß es keine Geschichte hat. Werden, Veränderung, „Geschichte" – Zeit – sind außerhalb des Bezugrahmens der Beziehung nicht denkbar. Die in Reichtum und Machtbesessenheit einsam Gewordenen und auch die Selbstgenügsamen haben keine Tränen und keine Geschichte. Ihre Eingenommenheit von sich selber, ihre Verschlossenheit für den anderen wirken sich aus – aber sie wirken sich vor allem in Zerstörung und Selbstzerstörung aus. „Geschichte" hingegen ist ein Prozeß, der weitergeht[305].

Für das Leiden der Armen, das Leiden in der Beziehung zum anderen, gelten entsprechende Merkmale. Bei Lukas sind die Armen diejenigen, die „jetzt weinen". Das Wort trifft zu, wenn ich an das Leiden im Sinne der Leidenschaft des Mitseins und an das Leiden im Sinne der verletzbaren und widerständigen Offenheit für den anderen denke. Aber trifft schließlich auch zu, daß dieses Leiden Geschichte „hat", daß Werden und Veränderung zu diesem Leiden gehören und von ihm ausgehen?

Das Leiden der Armen stammt aus der Beziehung zu anderen, und zwar zu den anderen, die sie demütigen und verletzen, die ihnen Gewalt antun und sie eines Lebens in Würde berauben – und auch zu jenen anderen, mit denen sie fühlen und mit-leiden und für deren Güte sie empfänglich sind. Das Leiden der Armen schafft darüber hinaus Verbindung zu anderen durch das Mitteilen in der Klage, durch das Sprechen. Schließlich hat das Leiden der Armen durch die widerständige Offenheit ihres Hoffens und Bleibens Kraft, die sich in Beziehungen verändernd auswirkt.

Damit prägt das Leiden der Armen ihre Geschichte und zugleich „schreibt" es seine eigene Geschichte. Ich denke, in dieser „Leidensgeschichte" liegt eine noch größere Ähnlichkeit zwischen den Armen und Gott als in ihrem Kreuzweg.

Gottes Leidensgeschichte beginnt nicht mit der Passion Jesu. Es ist die „im Anfang" begonnene und bis heute nicht an ihr Ende gekommene (Heils-)Geschichte, die sein Leiden schreibt. Die Offenbarung seiner Schwäche für Menschen und sein Mit-fühlen ihrer Bedrückung schreiben einen Teil dieser Geschichte. Seine Verletzung durch diejenigen, die sich nicht an seiner Nähe freuen, seine Ohnmacht denen gegenüber, die ihn ablehnen, schreiben einen weiteren Teil dieser Geschichte. Die Ohnmacht seiner eigenen Liebe gegenüber, in der er derselbe bleibt, die radikale Passivität seines Wartens, die Unverfügbarkeit und

---

[305] In einem Artikel über neue Filme fand ich folgende Bemerkung eines WDR-Redakteurs, die mich nachdenklich machte: „Es gibt bei uns eine Form von Sattheit, die das Erzählen unmöglich macht, denn ohne die Not, ohne die unbedingte Notwendigkeit entsteht keine gute Geschichte." DIE ZEIT 51 (29.3.96) Nr. 14, 45.

barkeit und „Widerständigkeit" seines Bleibens, die befreiende Kraft seines Mitseins schreiben diese Geschichte weiter.

Die Geschichte, die das Leiden der Armen – die das Leiden Gottes schreibt, spricht von der im Leiden verborgenen Stärke. Wenn ich daran zurückdenke, daß mich Gesichter kleiner Leute aus Brasilien, denen ich hier begegnet war, angezogen und zum Weggehen und zum Leben in ihrer Nähe gelockt hatten und daß mich die Gesichter – derer, an deren Leben ich teilnehmen durfte, und jener, die ich nicht näher kennenlernte – bis heute faszinieren, so liegt das an dem, was in diese Gesichter eingeschrieben ist. In ihnen verdichten sich die Vielschichtigkeit und Widersprüchlichkeit, die zum Leiden der Armen gehören, und die Wandlungen, die es hervorbringt. In ihnen lassen sich ihr Fühlen und Mit-leiden, ihre Verletzungen, und auch ihre Empfänglichkeit, ihre unsterbliche Hoffnung und ihre Widerständigkeit, ihre Leidenschaft des Mitseins und ihr nie ganz erlöschendes Lachen und die winzigen bewegenden Siege über die Gewalt der Unterdrückung lesen. Die eigentümliche Verflechtung von Schwäche und Stärke, von vielfach erlittenem Tod und einer in der Tiefe um so geheimnisvoller überlebenden Liebe zum Nächsten macht die Gesichter der Armen zu Landschaften, in die behutsam einzutreten mich niemals traurig, sondern jedes Mal „schwerer" und reicher gemacht hat.

Wir sehen Gott nicht, wir können die „Geschichte" seines Leidens, den Abgrund von Ohnmacht und befreiender Macht, den sein Leiden durchmißt, nicht auf seinem Gesicht lesen – aber wir können eine ähnliche „Geschichte", einen ähnlichen Abgrund von Demütigung und Zerstörung und von unzerstörbar bleibender Hoffnung und Zärtlichkeit auf den Gesichtern der Armen lesen – darin liegt ihre Kostbarkeit.

8.2 Ähnlichkeit der Armen und Vorliebe Gottes für die Armen

Falls es Zweifel über Gottes Vorliebe für die Armen gibt, so sind es keine Zweifel, die eine eigene Darstellung seiner Vorliebe im Zeugnis der Schriften nötig machen würden. Gottes Liebe gilt vor allem anderen „den Armen". Sie gilt Menschen, die unterdrückt und in Unfreiheit sind und die bereit sind, aufzubrechen und sich Freiheit schenken zu lassen. Diese Menschen haben Namen. Im Zeugnis des Ersten Testaments bilden sie das Volk Jisrael, dem JHWH seine Nähe zusagt. Im Zeugnis des Zweiten Testaments sind sie in erster Linie die Menge, die Jesus umgibt und bei deren Anblick ihm „weh wird". Einzelne werden durch ihr Leiden, vor allem durch ihr Gespräch mit Jesus identifiziert, und auch durch ihre Namen. Einzelne gehören ausdrücklich nicht zu Jisrael und erinnern Jesus daran, daß die besondere Liebe Gottes, die Jesus vermittelt, nicht nur den Armen Jisraels, sondern den Armen und Bedrückten überhaupt gilt.

Diese Vorliebe Gottes ist schwer zu verstehen; und sie ist schwer zu ertragen, denn sie ist – als solche – ungerecht: Warum gerade die Armen? Ist solche Vorliebe überhaupt mit Gott vereinbar? Muß nicht gerade er alle Menschen in gleichem Maß lieben? In dieser Diskussion, die schließlich entscheidend ist für unser Verhältnis zu den Armen, für unsere „Vorliebe", kann das, was ich zur Ähnlichkeit zwischen den Armen und Gott erarbeitet habe, ein weiterführender Beitrag sein. Für den Eintritt in die Diskussion müssen allerdings zunächst die Begriffe „Ähnlichkeit" und „Vorliebe" geklärt werden.

8.2.1 Zu den Begriffen „Ähnlichkeit" und „Vorliebe"

Es gibt das Wort „Ähnlichkeit" und das Wort „Unähnlichkeit": in dieser Zusammenstellung scheint „Ähnlichkeit" in die Richtung von Gleichheit zu tendieren und „Unähnlichkeit" in die Richtung von Verschiedenheit. Tatsächlich liegt die Schwierigkeit des Wortes „Ähnlichkeit" darin, daß die erkannte Gemeinsamkeit zwischen zwei Menschen den Raum und das Gewicht des je Eigenen, Unterscheidenden zu mindern scheint. So möchte man beispielsweise spontan sagen, daß ein Kind seinem Vater, seiner Mutter ähnlich sieht – und zögert zugleich, weil man dem Kind damit die Möglichkeit zu nehmen scheint, in seiner Entwicklung ganz verschieden von seinem Vater, von seiner Mutter zu werden. „Ähnlichkeit" schließt aber Gemeinsamkeit und Verschiedenheit ein.

Was das Wort „Vorliebe" angeht, so ist eine ausführlichere Erklärung dessen, was es hier meint, fruchtbar. Es ist umfassender als das mit dem Wort „Option" Gemeinte; darum bevorzuge ich das Wort „Vorliebe". Außerdem bringt der Begriff der „Option für die Armen" seit den lateinamerikanischen Bischofskonferenzen von Medellín und Puebla und seit den Anfechtungen, Korrekturversuchen und Rechtfertigungen des Begriffs einen spezifischen Kontext mit, auf den ich wohl teilweise eingehe – den ich hier aber nicht als ganzen berücksichtigen kann[306].

8.2.1.1 „Ähnlichkeit": Gemeinsamkeit und Unterschied

Die „Ähnlichkeit" zwischen den Armen und Gott in der in ihrem Leiden, in ihrer Passivität und Passion verborgenen Stärke bedeutet nicht Gleichheit. Sie bedeutet nicht, daß keine Unterschiede gesehen werden – auch wenn das Staunen über die Gemeinsamkeit zunächst größer ist als das Staunen über die Verschiedenheit. – Umgekehrt war es bei meiner Fremdheitserfahrung mit den Armen. Als ich in meiner Beziehung zu den Armen von Fremdheit sprach, bedeutete dies, daß ich bei ihnen einer abgrundtiefen Verschiedenheit begegnete, die ich als solche allerdings nur auf dem Hintergrund der grundlegenden Gemeinsamkeit des Verhaltens zu sich selbst, zum anderen, zu Gott, zu den Lebensumständen wahrnehmen und beschreiben konnte. – Wenn ich jetzt in bezug auf das Leiden der Armen und das Leiden Gottes von Ähnlichkeit spreche, so handelt es sich um Gemeinsamkeiten, auf deren Hintergrund der Unterschied im Leiden der Armen und im Leiden Gottes in neuer Weise sichtbar wird.

---

[306] Eine differenzierte Analyse findet sich bei J. L. SEGUNDO: Teologia da Libertação, São Paulo 1987, 54-57.

Das Unterscheidende zwischen den Armen und mir, unsere Verschiedenheit, war und ist mir positiv wichtig, weil damit Bewegung verbunden ist. Ich lasse mich anstoßen vom erstaunlichen So-sein der Armen, das mein eigenes Sein, mein Fühlen, Handeln, Sprechen und Denken in Frage stellt. Meine Beziehung zu den Armen lebt von dieser wechselseitigen Bewegung; ohne die Fremdheitserfahrung gäbe es keine Bewegung und keine Beziehung zwischen uns. Das gilt für jede Beziehung. Die Verschiedenheit des einen vom anderen, auf dem Hintergrund ihrer Gemeinsamkeit, ist lebensnotwendig dafür, daß sich in ihnen wechselseitig etwas verändert, so daß sie dabei bleiben, aufeinander zuzugehen und miteinander weiterzugehen. In der größeren Nähe wird der Unterschied um so bewegender.
Auch die Beziehung in Gott, die vollkommene Gemeinschaft ist, braucht die Verschiedenheit der Personen. Die Einheit von Vater, Sohn und Geist betrifft die Weise des Seins, die eben das von der Beziehung der Liebe bewegte Mitsein unterschiedlicher Subjekte ist. Die Liebe braucht die Verschiedenheit der Subjekte, und sie wahrt ihre Verschiedenheit. Insofern kann man sagen, daß es der Geist ist, der den Unterschied zwischen Vater und Sohn hütet, indem er als Liebe in ihnen um ihr Sprechen bittet.

Die Armen, die Gott als ihnen ähnlich wissen – als demütig, der Gewalt ausgesetzt, von Schmerzen und Verachtung gezeichnet wie sie – wissen ihn zugleich als den Größeren: als jenen „unsichtbaren Schöpfer", der den Mißhandelten eine Tür öffnen wird.
Der Unterschied, der Vater und Sohn in Liebe bewegt, läßt sich als Unterschied zwischen der Macht des Schöpfers und der Ohnmacht seines innerhalb der geschaffenen Wirklichkeit ergangenen Wortes beschreiben. Aber er läßt sich auch als Unterschied in der Schwäche selber beschreiben. Die Schwäche des Vaters ist seine Ohnmacht gegenüber denen, die er liebt, und gegenüber der Macht seiner Liebe. Die Schwäche des Sohnes ist sein Leiden unter der Ohnmacht der Liebe, das vom Schmerz angesichts des Leidens der vielen bis zum Schmerz seiner eigenen Verlassenheit vom Vater und von den Menschen geht.

Die Schwäche des Vaters braucht die Schwäche des menschgewordenen Sohnes, damit die Stärke dieser Schwäche, die in ihr unsichtbar siegende Freiheit, vom Geist bezeugt wird.
In ähnlicher Weise braucht Gott die Schwäche, das Leiden der Armen in dem, was es von seinem Leiden unterscheidet. Der Unterschied liegt in der Freiheit. Gottes Schwäche ist die Ohnmacht gegenüber der Macht seiner Freiheit: gegenüber der Freiheit seiner schöpferischen Liebe. Die Schwäche der Armen – das, was ihr Leiden für mich unerträglich macht – ist ihre Unfreiheit: die Totalität ihrer Abhängigkeit, die alle Lebensbezüge erfaßt und die gerade wegen ihrer Kollektivität um so unmöglicher abzuschütteln ist. Die Unfreiheit, die sich durch die Lüge, mit der viele Arme sich gegen ihren Schmerz unempfindlich machen, noch verschärft, verordnet den Armen die Schwäche der Passivität und Passion, bevor sie darin eine Stärke leben.
Gott braucht die Schwäche der Armen in dem, was sie von der seinen unterscheidet, um ihre Schwäche zu empfangen und zu verwandeln. Der mißver-

ständliche Satz: „Gott braucht die Schwäche der Armen gerade in der Unfreiheit, in der sie sich von der seinen unterscheidet", meint nichts anderes, als daß Gott die Armen besonders liebt.

8.2.1.2 „Vorliebe": Aussonderung, Option, Bewegung

Ich bevorzuge das Wort „Vorliebe", weil es umfassender ist als „Option". Eine Option ist eine Entscheidung-für, die immer eine Entscheidung-gegen einschließt. Die besondere Liebe zu einem oder zu einer Gruppe von Menschen ist aber in ihrem Ursprung keine Entscheidung, die als solche auf bestimmte Gründe zurückgeführt und gerechtfertigt werden kann. Im ersten Moment ist sie eine unerklärliche Bewegung des Herzens, zu der dann, im zweiten Moment, eine Entscheidung hinzukommt, deren Gründe man benennen kann und über deren Konsequenzen man sich im klaren ist.

Das Wort „Vorliebe" bewahrt einen Hinweis auf den nicht ableitbaren Ursprung einer besonderen Beziehung. Darum verwende ich es – indem ich allerdings einen anderen Akzent setze als im gewohnten Gebrauch des Wortes. Da meint „Vorliebe" eine Neigung, mit der man ausgestattet ist und die sich auf eine Gattung von Dingen oder auf generelle Merkmale von Situationen bezieht: so „hat" man eine Vorliebe für eine Farbe, für den Süden, für das Wohnen auf dem Land ... Der Akzent liegt damit normalerweise auf jener habituellen Bevorzugung, die das „Vor-" andeutet. Mein Akzent liegt auf dem Akt der Bevorzugung, der mit dem zweiten Teil des Wortes „Vor*liebe*" gemeint ist.

Ich meine mit „Vorliebe" jene Liebe, die einer oder eine vor allen anderen in einem anderen Menschen hervorruft. Ich meine mit „Vorliebe" jene Bewegung des Herzens, die von einem Menschen be-sonders ausgeht, die auf einen Menschen be-sonders zugeht und diesen oder diese aus-sondert, ohne daß es für diese Aussonderung irgendeinen vernünftigen Grund gibt.

Zur Unerklärlichkeit des Ursprungs dieser einen Menschen oder eine Gruppe von Menschen aus-sondernden Bewegung kommt dann die erklärte Option für diese(n) Menschen hinzu. Es ist die Entscheidung, alles von diesem anderen zu empfangen, vor allem seine oder ihre Schwäche, und alles diesem oder dieser anderen anzuvertrauen, vor allem die eigene Schwäche.

Diese Entscheidung führt dazu, daß sich beide wechselseitig von ihrem Unterschied bewegen lassen. So bedeutet „Vorliebe" letzten Endes eine Beziehung, die sich dadurch von anderen unterscheidet, daß diejenigen, die in dieser privilegierten Beziehung leben, sich intensiver durch-einander bewegen lassen als andere.

Eine solche Vorliebe ist schwer zu akzeptieren. Sofern zur Gerechtigkeit grundlegend das Moment der Gleichheit zu gehören scheint, ist Vorliebe, die Ungleichheit impliziert, ungerecht. Wo sie, beispielsweise innerhalb von Familien, existiert, wird sie gern geleugnet. Gerade christliche Gemeinschaften scheinen dem Grundsatz verpflichtet zu sein, daß diejenigen, die diese Gemeinschaft bilden, füreinander die gleiche Liebe aufbringen.

Alle im allgemeinen zu lieben – damit ist anscheinend der Gerechtigkeit Genüge getan; aber die Liebe selber wird im Keim erstickt. Wenn niemand im besonderen geliebt werden darf, darf niemand geliebt werden, denn Liebe verwirklicht sich nur als aussondernde Bewegung und als Option für eine solche Bewegung. Steht Liebe damit im Gegensatz zur Gerechtigkeit?
Die mit der privilegierten Beziehung verbundene Bewegung der Liebenden meint nicht nur ihre wechselseitige Veränderung im Aufeinander-Zu- und Miteinander-Weitergehen; sie meint damit auch eine weitergehende Bewegung, die andere ergreift und verändert, die in diesem Sinn „Leben" ist, das ausstrahlt und lebendig macht. Darin liegt die Gerechtigkeit einer „ungerechten" privilegierten Beziehung. Das hervorragende „Beispiel" einer solchen privilegierten Beziehung ist die Vorliebe Gottes für die Armen.

8.2.2 Gottes Vorliebe für die Armen im Licht ihrer Ähnlichkeit

Die Vorliebe Gottes für die Armen ist unerklärlich wie jede Vorliebe, und sie ist als eine Liebe, die ausgerechnet die Armen aussondert, unverständlich. Aus diesem Grund erscheint sie auch als „ungerecht". Vielleicht kann gerade die Ähnlichkeit der Armen mit Gott dazu beitragen, ihre privilegierte Beziehung zu verstehen, und auch ihre Gerechtigkeit zu erkennen.

8.2.2.1 Unverständlichkeit und „Ungerechtigkeit" der Vorliebe Gottes

Gottes Vorliebe für die Armen ist unerklärlich in dem einen schon genannten Sinn, in dem jede Liebe eine nicht mehr weiter auf bestimmte Gründe zurückführbare Bewegung des Herzens ist. Sie ist aber darüber hinaus unverständlich, weil sie gerade den Armen – anders gesagt, weil sie nicht den Reichen – gilt. Die entsetzte Frage der Jünger: „Wer kann da noch gerettet werden?" (Mk 10,26) drückt etwas von der anhaltenden Anstößigkeit der Umkehrung der Verhältnisse aus. „Wenn für den Reichen, der über Bedingungen verfügt, die es ihm leicht machen, gerecht zu sein, der Zugang zum Reich schon so schwierig, oder menschlich gesehen sogar unmöglich ist (Mk 10,27), wie wird das dann für jenen möglich sein, dessen Armut ihn notwendigerweise dazu bringt, zum Sünder zu werden?"[307] Die Jünger zeigen, so würden wir heute sagen, das „entfremdete Bewußtsein" vieler Armer: die Reichen sind auch die besseren Menschen. Aber zugleich zeigt sich in ihnen eine Vorstellung, die allgemein, damals wie heute, verbreitet ist: Zugang zur Liebe Gottes schafft ein gutes Handeln – dazu haben die Reichen eher Gelegenheit und andere Möglichkeiten als die Armen.

Damit liegen die Fragen, die Gottes Vorliebe anstößt, weil sie den Armen gilt, auf zwei Ebenen.
Die eine: Was begründet Gottes Vorliebe? Hat Gottes Vorliebe etwas mit der Güte dessen zu tun, den oder die er besonders liebt? Sind also die Armen die

---

[307] J. L. SEGUNDO: O homem de hoje diante de Jesus de Nazaré, a.a.O., 182.

besseren Menschen? Können die Reichen an Gottes Vorliebe teilhaben, indem sie zu „Armen" werden?
Die andere: Was bedeutet es, wenn die grundlose Vorliebe Gottes ausgerechnet den Armen gilt? Meint Gott die Armen „nur" als Arme, nämlich in erster Linie als Unterdrückte und Elende, und nicht in ihren moralischen und religiösen Qualitäten? Sind die Reichen als solche ausgeschlossen?

Auf die erste Gruppe von Fragen gibt es eine grundlegende klare Antwort, die aber in ihren konkreten Konsequenzen so schwer zu ertragen ist, daß sie im einzelnen – was die Armen betrifft – oft und gern wieder zurückgenommen wird. Was begründet Gottes Vorliebe? Nicht die Güte dessen, den oder die er besonders liebt: „Nicht weil euer ein Mehr wäre gegen alle Völker, hat ER sich an euch gehangen, hat euch erwählt, denn ihr seid das Minder gegen alle Völker: sondern weil ER euch liebt und weil er den Schwur wahrt, den er euren Vätern zuschwor, führte ER euch heraus mit starker Hand." (Dtn 7,7-8)[308]
Wenn Gottes Vorliebe für Jisrael darin gründet, daß Gott sich selbst, seiner Güte und Liebe treu ist, so gilt Entsprechendes für seine Vorliebe zu den Armen. Ihr Grund liegt nicht in irgendeinem „Mehr" der Armen. Dennoch läßt sich der hartnäckige Wunsch nicht unterdrücken, verstehen zu wollen, was es mit den Armen auf sich hat, und herausfinden zu wollen, ob sie nicht doch um bestimmter Qualitäten willen von Gott besonders geliebt werden – Qualitäten, die dann allen Menschen Zugang zu Gottes Vorliebe eröffneten.

Anlaß zur Suche nach solchen Qualitäten der Armen geben die Seligpreisungen in ihren unterschiedlichen Fassungen bei Matthäus und Lukas. Theologische Untersuchungen dazu zeigen, worin der Stein des Anstoßes an der Vorliebe Gottes für die Armen liegt.
J. L. Segundo[309] macht das an dem klassischen Kommentar von J. Dupont und an seiner Weiterführung durch A. Myre deutlich[310]. Nach seiner umfangreichen und gründlichen Untersuchung kommt Dupont zu dem Schluß, daß es eine innere und positive Verbindung gibt zwischen dem „Reich" und der „Situation" von Armen als solchen: „zwischen dem Glück, das das Reich mit sich bringt, und dem Arm-sein ohne irgendeine Hinzufügung". Aber „Dupont selber, der zu dieser *exegetischen* Schlußfolgerung kommt, verneint sie auf *theologischer* Ebene."[311] „Muß man daraus schließen, daß es genügt, zur Masse zu gehören, die in Sachen einer religiösen Praxis mehr oder weniger indifferent ist, um der Teilhabe an der Glückseligkeit im Reich gewiß zu sein? Offensichtlich nicht! Weiss erklärt: ‚Nicht die Armut und soziale Unterdrückung sind der Grund, diese Menschen glücklich zu preisen. Es ist darüber hinaus nötig, daß sie ihr Elend empfinden. Wenn die Verfasser des Alten Testaments, vor allem in den

---

[308] Siehe oben S. 206.

[309] Vgl. J. L. SEGUNDO, a.a.O., 165f.

[310] J. DUPONT: Les Béatitudes. Le problème littéraire. Le Message doctrinal, 3 Bde., Brüssel/Löwen 1954 – Segundo bezieht sich besonders auf Bd. 3 – und A. MYRE u.a.: Cri de Dieu. Espoir des pauvres, Montréal 1977.

[311] J. L. SEGUNDO, a.a.O., 166.

Psalmen, von den Armen sprechen, setzen sie selbstverständlich voraus, daß diese Menschen, in ihrem Schmerz, ihre einzige Hoffnung auf Gott setzen."[312]

Das theologische Ärgernis liegt in der Vorstellung, daß den Armen das Reich Gottes gehört, auch wenn sie nicht zugleich die auf Gott Hoffenden, die Demütigen, Barmherzigen, Sanftmütigen und Friedfertigen – sondern wenn sie „nur" die Armen sind[313]. Die Gültigkeit dieser ärgerlichen und unverständlichen Beziehung zwischen dem Reich und den Armen zeigt A. Myre nun in aller Klarheit und zieht daraus den theologischen Schluß, den Dupont mit seinem großen Werk vorbereitet. „Die inneren Voraussetzungen haben nichts mit der aussondernden Vorliebe Jesu zu tun; diese gilt den Kleinen, ... die armen Leute, die Opfer der Ungerechtigkeit sind, Menschen, die in dieser Art Welt gar keine Hoffnung haben. Ihnen verkündigt er, daß Gott sie liebt. Und darauf muß bestanden werden: diese Option, diese Verkündigung hat nichts zu tun mit dem moralischen, dem spirituellen oder religiösen Wert dieser Leute. Sie basieren einzig und allein auf dem Schrecken, den der Gott, den Jesus kennt, angesichts des gegenwärtigen Zustands der Welt empfindet, und auf der göttlichen Entscheidung, zu kommen, um die Situation zugunsten derer wiederherzustellen, für die das Leben am schwierigsten ist. Jesus offenbart Gott, nicht das geistliche Leben seiner Hörer."[314]

Das ist für Segundo der Kern der Botschaft Jesu, mit dem der für Jesus tödlich verlaufende politische Konflikt angelegt ist: „Das Reich kommt, um die *Situation* der Armen zu verändern und zu beenden. Daß die Armen das Reich Gottes besitzen, gemäß der ersten Seligpreisung, ist nicht ihr Verdienst und noch weniger die Folge eines Wertes, den die Armut hätte. Der Grund ist genau der entgegengesetzte: Er liegt in der Unmenschlichkeit der Situation der Armen. Das Reich kommt, weil Gott ‚menschlich' ist, weil er diese Situation nicht ertragen kann ..."[315]

Damit sind wir bei der zweiten Gruppe von Fragen. Wenn die Vorliebe Gottes, die Jesus verkündet, den Armen nicht wegen bestimmter von ihnen gelebter Werte gilt, sondern wenn sie ihnen einfachhin als Armen gilt, die in einer unmenschlichen Situation ums Überleben kämpfen, dann ist diese Vorliebe „ungerecht", weil sie die Lachenden ausschließt, die sich leicht tun im Leben. Und die Verkündigung dieser Vorliebe birgt auch den Keim zum Konflikt in sich. Sie enthält nicht nur ein Ja zu den Unterdrückten, sondern auch ein Nein zu den Unterdrückern. Die herrschende Schicht einer Gesellschaft wird angeklagt. Leben und Sterben Jesu zeigen, daß dieser Konflikt tödlich verlaufen kann.

Immer wenn ich beim Nachdenken meiner Erfahrungen mit den Armen in Brasilien, mit Texten lateinamerikanischer Theologen ins Gespräch komme, die zur „Theologie der Befreiung" gezählt werden, finde ich, daß ich einen zentralen Punkt dieser Theologie in dem Konflikt berühre, den Gottes Vorliebe für die

---

[312] J. DUPONT, a.a.O., 435.

[313] Vgl. a.a.O., 412.

[314] A. MYRE, a.a.O., 80-81.

[315] J. L. SEGUNDO, a.a.O., 164.

Armen im Verhältnis zu jenen bedeutet, die nicht zu den Armen gehören. Dabei geschieht es nicht erstmalig in der Theologie der Befreiung, die Parteilichkeit Gottes hervorzuheben, die einen möglicherweise tödlichen Konflikt in sich trägt. Jon Sobrino verweist beispielsweise auf entsprechende Sätze, die sich schon 1971 bei Joachim Jeremias finden. „Die Königsherrschaft gehört *den Armen allein* ... Die Erste Seligpreisung besagt: das Heil ist *nur* für die Sünder und Bettler bestimmt."[316]

Die Leistung der Theologie der Befreiung ist es nicht so sehr, von der Vorliebe Gottes für die Armen zu sprechen, sondern aus der menschlichen Praxis dieser Vorliebe heraus zu sprechen. Damit tritt sie in gewisser Weise selber in den Konflikt ein. Gegenüber lateinamerikanischen Theologen, die, unter Schmerzen, Armut als Frucht von Unrecht und Unterdrückung wissen und anklagen, weist die römische „Instruktion über einige Aspekte der ‚Theologie der Befreiung'" darauf hin, daß Armut eine geheimnisvolle Qualität hat, die die Gegenwart Gottes anzieht. „Es scheint so, als ob das Dokument sagen wollte, daß Gott im Armen gegenwärtig ist, nicht weil diese unter einer unmenschlichen Situation leiden, die demjenigen, der ohne Grenzen liebt, direkt ins Herz geht, sondern weil Gott in ihrer Armut eine wunderbare Qualität sieht ... wie wenn Gott den Armen das Reich versprechen würde, nicht um sie von ihrer Armut zu befreien, sondern genau deswegen, weil diese Armut eine göttliche Qualität enthält, die das Reich aufzunehmen und wertzuschätzen verspricht."[317]

Wenn ich von der Ähnlichkeit zwischen den Armen und Gott in der in ihrem Leiden verborgenen Stärke spreche, meine ich damit nicht, daß die Armen bestimmte – „göttliche" – Qualitäten haben, deretwegen ihnen die Vorliebe Gottes gilt. Aber die Gefahr besteht, daß ich in diesem Sinn verstanden werden kann und so dazu beitrage, Gottes Vorliebe für die Armen das Anstößige zu nehmen und den (politischen) Konflikt, den sie enthält, aufzuweichen.
Um dieser Gefahr entgegenzutreten, möchte ich abschließend drei Punkte festhalten: Gottes Vorliebe für die Armen ist unerklärlich; sie gilt den Armen als solchen; die Ähnlichkeit zwischen den Armen und Gott läßt die Bewegung der Liebe, die seine Vorliebe ist, nach-schreiben und so „verstehen".

Gott hat eine Vorliebe für die Armen, die ihre „Erklärung", ihre „Begründung" nicht außerhalb von Gott selber findet[318]. Wenn Segundo den Grund für die

---

[316] Vgl. J. JEREMIAS: Neutestamentliche Theologie, 1971, 118; Hervorhebung im Original – zitiert in J. SOBRINO, Die zentrale Stellung des Reiches Gottes in der Theologie der Befreiung, Mysterium Liberationis I, Luzern 1995, 482. Vgl. auch J. L. SEGUNDO: O homem de hoje diante de Jesus de Nazaré, a.a.O., 187, Fußnote 2.

[317] J. L. SEGUNDO: Teologia da Libertação, São Paulo 1987, 74/75.

[318] „... sind die Armen die Adressaten des Reiches nicht aufgrund irgendeiner moralischen oder religiösen Qualität in ihnen, auch nicht, weil die Armut ihnen – was sie faktisch freilich tut – eine größere Offenheit für Gott ermöglichte. Der Grund ist einfach der, daß Gott so ist." J. SOBRINO: Die zentrale Stellung des Reiches Gottes in der Theologie der Befreiung, a.a.O., 485; ganz ähnlich G. GUTIÉRREZ, in: Einleitung zur 10. deutschen Auflage der „Theologie der Befreiung", Mainz 1992, 32.

Vorliebe Gottes darin sieht, daß die unmenschliche Situation, unter der die Armen leiden, Gott „ans Herz geht", so ist damit nicht so sehr ein Grund angegeben, als ausgedrückt, daß Gottes Vorliebe wie ein ursprünglicher heftiger Schmerz ist – wobei ich hinzufügen möchte, daß seine Vorliebe auch wie eine ursprüngliche heftige Freude ist, wenn die Menschlichkeit, die die Armen in den unmenschlichen Lebensbedingungen wahren und gewinnen, Gott „ans Herz geht".

Gottes Vorliebe gilt den Armen, die „nur" diejenigen sind, bei deren Anblick es Jesus „weh wird" – und deren Anblick auch uns weh zu tun vermag. Diese Armen zeichnen sich keineswegs immer auch durch besonderen Glauben, besondere Hoffnung und Liebe aus, sondern sie können in so unmenschlichen Verhältnissen zu leben gezwungen sein, daß sie zutiefst verletzt und zerstört sind und nicht mehr „den Anblick eines Menschen bieten" (Jes 52,14). Allerdings kann in ihnen – um nur von der Hoffnung zu sprechen – tatsächlich eine verrückte Hoffnung gefunden werden, in der sie ihre Lebenskraft verausgaben und in diesem Sinn „sterben", um gegen den Tod „anzuleben". Aber in seiner Vorliebe für die Armen sieht Gott nicht auf ihre Hoffnung oder auf ihre Verzweiflung. Das heißt: seine Vorliebe gilt den Armen allen anderen Menschen voraus, mögen diese anderen noch so stark sein im Glauben, Hoffen und Lieben.

Die „Ähnlichkeit" zwischen den Armen und Gott begründet seine Vorliebe nicht. Aber sie kann dazu beitragen, die Bewegung dieser Liebe zu beschreiben. Die Schwäche Gottes läßt sich von der Schwäche der Armen anziehen; und seine Stärke ruft ihre Stärke hervor.

8.2.2.2 Ähnlichkeit der Armen als Verstehenshilfe für die Vorliebe Gottes

Es ist sinnvoll, noch einmal kurz auf das allgemein zu „Ähnlichkeit" und „Vorliebe" Gesagte zurückzukommen. Ähnlichkeit meint Gemeinsamkeit *und* Unterschied. Die Ähnlichkeit zwischen Gott und den Armen meint ihre Gemeinsamkeit in der Schwäche und in der Stärke des Leidens, *und* sie meint zugleich ihre Verschiedenheit in der Freiheit bzw. Unfreiheit dieses Leidens. Nicht nur die Gemeinsamkeit, sondern auch – vielleicht sogar noch mehr – der Unterschied ist unabdingbar für eine Beziehung, zu der wechselseitige Veränderung gehört: er ist das bewegende Moment. Liebe ist eine solche Beziehung wechselseitiger Bewegung und Veränderung: Schwäche empfangen und Schwäche anvertrauen, das Empfangene verwandeln und das Anvertraute verwandeln lassen.

Gottes Vorliebe für die Armen bedeutet, daß er ihre Schwäche empfängt und ihnen seine Schwäche anvertraut. Und Gottes Vorliebe für die Armen bedeutet, daß er ihre Schwäche verwandelt – und ihnen verwandelt zurückgibt – und daß er seine ihnen anvertraute Schwäche von ihnen verwandeln und zur Stärke werden läßt. Diese „verwandelnde" Bewegung werde ich im nächsten Abschnitt als „Gerechtigkeit der Vorliebe Gottes" beschreiben. Jetzt möchte ich vom Empfangen und Anvertrauen – und dabei zunächst vom Empfangen sprechen.

Das Empfangen schließt das Empfangen-können und das Empfangen-wollen ein. Wenn ein Mensch die Schwäche, die Verletzung, das Leid eines anderen empfängt, so bedeutet dies, daß er sie empfangen *kann*; Voraussetzung dafür ist: er „hat" selber eine Verletzung, eine Schwäche, in der er sich von der Schwäche des anderen anziehen läßt. Und es bedeutet, daß er sie empfangen *will*; er „braucht" die Schwäche des anderen in dem, was diese von der eigenen Schwäche unterscheidet.

Gottes Stärke – und Gottes Schwäche – ist seine Liebe. Seine Schwäche, seine Ohnmacht, seine verletzbare und unwiderruflich bleibende Offenheit für die, die er liebt, empfängt die Schwäche, die Ohnmacht, die verletzbare und widerständige Offenheit der Armen. Segundo versteht die Identifizierung Jesu mit den Armen in diesem Sinn: „Es ist die Sym-pathie oder das Mit-leiden ... das jede echte Liebe hervorbringt, (jede) Liebe ohne Grenzen, die das Unerträgliche und Unmenschliche der Situation, die der Geliebte erleidet, auf den Liebenden überträgt."[319]

Wenn dieses Mit-leiden nichts Herablassendes haben, sondern eine auf gleicher Ebene verbindende Leidenschaft – eine wirkliche com-paixão – sein soll, dann muß auch in dem, der mit-leidet, eine Schwäche sein, in der er sich von der Schwäche des anderen berühren läßt. In seinem Leiden läßt Gott sich vom Leiden der Armen berühren; in seiner Schwäche kann er ihre Schwäche empfangen. Zugleich will er ihre Schwäche empfangen; er „braucht" sie. Was bedeutet das?

Es wäre ein schlimmes Mißverständnis, zu meinen, daß Gott die Armut, die Rechtlosigkeit, die schreckliche Abhängigkeit der Armen will. Die ganze Bibel ist ein Protest dagegen. Gott, wie ihn die Propheten bezeugen und wie ihn Jesus zeigt, spricht und handelt gegen die Unterdrückung von Menschen, gegen ihre Unterwerfung unter den Tod durch Hunger und Gewalt, durch Krankheit und grenzenlose Ausbeutung, durch ungerechte Gesetze, Diskriminierung und Verachtung. Gott will nichts, was den Menschen erniedrigt, aber er braucht die Art und Weise, wie die Armen ihre erniedrigenden Lebensbedingungen erleiden; er braucht ihre Geduld, ihr Kämpfen, ihr Starkwerden, ihre Hoffnung. Er braucht ihr Fähigkeit zum Empfinden, ihr Klagen und Anklagen, und auch ihre Absage an alles Weinen und Vergeben, ihr Verfluchen. Er braucht ihre Passivität und ihre Passion.

„Gott hat die Armen erwählt um Seiner, Gottes, selbst willen und um ihrer selbst, der Armen, willen. ... Er hat sie erwählt, weil er in ihnen einem Reflex seiner selbst begegnete, dem Rest, der von seiner göttlichen Ehre und Herrlichkeit übriggeblieben war in der Menschheit (Jes 42,8)."[320] Gott kennt sich in den Armen wieder ... Dem Wort Carlos Mesters', erwachsen aus seinem engagierten

---

[319] J. L. SEGUNDO: Teologia da Libertação, a.a.O., 74; er bezieht sich auf den Abschnitt der „Instruktion" (IV,9), in dem von der geheimnisvollen Präsenz des Gottessohnes in der Figur des Armen die Rede ist.

[320] C. MESTERS: Die Botschaft des leidenden Volkes, Neukirchen-Vluyn 1982, 131-132. Im Original heißt es: „Deus escolheu os pobres por causa d'Ele mesmo, Deus, e por causa deles mesmos, os pobres." C. MESTERS: A missão do povo que sofre, Petrópolis 1985, 157.

Nachdenken über die Frage „Warum hat Er die Armen erwählt?", möchte ich gern hinzufügen: und Er erkennt sich in ihnen auch nicht wieder. Es ist die Freiheit seiner schöpferischen Liebe, die er in ihnen nicht wiedererkennt. Aufgrund dieses Unterschieds „braucht" er die Schwäche der Armen. Eben darin zeigt sich seine Liebe – die ich durch das Zusammenkommen der Offenheit des Mangels und der Offenheit der Fülle beschrieben habe[321]. Die Liebe Gottes im Sinne der Offenheit des Mangels sehnt sich nach der Schwäche der Armen – in dem, worin sie von seiner Schwäche verschieden ist – um sie zu seiner Schwäche zu machen. Die Liebe Gottes im Sinne der Offenheit der Fülle „braucht" die Schwäche, die empfängliche Offenheit der Armen, um dieser Offenheit entgegenzukommen, sich ihr mitzuteilen und anzuvertrauen.

Gott vertraut den Armen seine Schwäche an. Die Schwäche Gottes hat sich mir in der Verfügbarkeit des Wartenden, in der Ohnmacht seiner Liebe gezeigt: diese Schwäche vertraut Gott den Armen an. Die Schwäche, die „Passivität" der Armen habe ich dadurch beschrieben, daß sie wehrlos jeder Art Verletzung durch andere ausgesetzt sind und daß sie zugleich eine ausgeprägte Empfindlichkeit und Empfänglichkeit dafür haben, was dem anderen fehlt und was er ihnen geben kann. Diese Schwäche der Armen öffnet sie in besonderer Weise für die Schwäche Gottes: das wurde deutlich in der „theologischen Autorität", mit der sie von einem leidenden und demütigen Gott wissen.

Die Ohnmacht der Armen, die in den sie ausweglos einengenden Abhängigkeiten gründet, unterscheidet zugleich ein Abgrund von der Ohnmacht Gottes, die aus seiner Freiheit kommt. Was aber zwischen der Schwäche Gottes und der Schwäche der Armen einen Abgrund auftut: das Elend ihrer Demütigung, das Elend ihres Widerstreits zwischen dem Haß auf die Almosengeber und der Angewiesenheit auf das Almosen, das Aufbegehren der Armen gegen Gott im Zorn ihrer Anklage und ihrer Verfluchung, die Bitterkeit ihrer äußersten Verzweiflung – gerade all das bewirkt in der Schwäche der Armen jene Offenheit, in der sie bereit sind, sich von der Schwäche Gottes, von seiner Demut und seinem Leiden, beschenken – und sich von ihr trösten und stärken zu lassen. Gerade das Elend, die Demütigung, der zornige Aufschrei, die zerstörerische Verzweiflung sind es, denen Gott seine ohnmächtige Liebe anvertraut.

Um das zu „verstehen", kann vielleicht ein Bild von Charles Péguy weiterhelfen: Es gibt Stoffe, die Nässe durchlassen und andere, die Nässe abweisen[322]. Es gibt Menschen, die gegenüber der Gnade Gottes, seiner bedingungslos „über-strömenden" Liebe wie jene Stoffe sind, die wasserabweisend sind – das sind die ehrenwerten, die moralisch einwandfreien Menschen[323]; und es gibt Menschen, die gegenüber der Gnade Gottes wie jene Stoffe sind, die wasserdurchlässig sind – das sind die Verletzten und Mißhandelten, gleichgültig, ob sie sich in ihrem

---

[321] Vgl. oben 6.2.2.2: „Liebe, die Gespräch wird: Gleichnis für die Beziehungen zwischen Vater, Sohn und Geist".

[322] Ch. PÉGUY: Note Conjointe, Paris 1935, 96-102.

[323] „Les honnêtes gens ne mouillent pas à la grâce", a.a.O., 101.

Schmerz in sich selber verbergen, ob sie sich auflehnen in der Verfluchung oder ob sie klagend zu Sprechenden und sprechend zu lebendigen und lebendig machenden Menschen werden.

8.2.2.3 Ähnlichwerden der Armen mit Gott als Gerechtigkeit seiner Vorliebe

Gottes Schwäche empfängt – und verwandelt die Schwäche der Armen. Seine Stärke ruft die Stärke der Armen hervor. Gott vertraut seine Schwäche den Armen an – und läßt sie durch sie verwandeln. Seine Schwäche wird für die Armen zur Stärke. Die Ohnmacht seines Mit-leidens stärkt die Fähigkeit der Armen, mit allem Lebendigen mitzufühlen. Die Ohnmacht seines Handelns in der Gebundenheit an das Handeln der Menschen stärkt die Armen in der Geduld ihres tagtäglichen Kämpfens. Die Ohnmacht seiner eigenen Liebe gegenüber stärkt die Armen in ihrer Fähigkeit des hoffenden Standhaltens.

Die Stärke Gottes, die sich in seinem bleibenden Warten, in der Unverfügbarkeit und Bedingungslosigkeit seines Daseins bei den Menschen, in seinem befreienden Mitsein zeigt, geht in die Schwäche der Armen ein. Sie haben Teil an seiner unverfügbaren, „widerständigen" Fähigkeit des Bleibens. So verwandelt Gott die Schwäche der Armen in Stärke und gibt sie ihnen verwandelt zurück, indem die Armen die ihnen anvertraute Schwäche Gottes ihre Stärke sein lassen.

Wenn Gottes Vorliebe für die Armen, seine Aussonderung der Schwachen, damit zusammenhängt, daß er gerade die Schwachen verwandeln kann, indem er ihnen etwas von seiner Stärke anvertraut, so bedeutet seine Vorliebe zugleich, daß er den Armen eine Mission anvertraut. Er beruft ausgerechnet die Ohnmächtigen und Unterdrückten dazu, die Schöpfung zu erneuern. „Und das Schwache der Welt hat Gott erwählt, um das Starke zuschanden zu machen." (1 Kor 1,27) Sicher bezieht sich Paulus hier auf Christus. Aber ist es unmöglich, ihn in einem weiteren Sinn zu verstehen? Gott hat auch das Stöhnen und In-Wehen-leiden der Schöpfung erwählt, damit Menschen aus diesem Schmerz den Sinn und Impuls ihrer Freiheit gewinnen[324].

Die Armen haben eine Fähigkeit zur Beziehung, eine Fähigkeit zur Kommunikation und zum Bleiben beim anderen auch in unmöglichen Situationen, eine Fähigkeit zum Mit-fühlen und zum Handeln im Respekt vor der eigenen und der fremden Freiheit, die aus dem „Er-leiden des anderen" stammt; insofern ist sie eine Schwäche – die die Schwäche Gottes anzieht. Und sie ist eine Stärke – ganz deutlich wurde das an der unerklärlichen Hoffnung der Armen – die Gott selber in ihnen hervorruft und in der sie ihm ähnlich werden.

Indem Gott die Schwäche der Armen empfängt und zur seinen macht, gleicht er sich ihnen an. Indem er ihre Schwäche zugleich verwandelt und seine Stärke des befreienden Mitseins darin wachsen läßt, gleicht er die Armen sich selber an – ohne aufzuhören, sich weiterhin von ihrer Schwäche anziehen, sich von ihrer Unfreiheit betreffen zu lassen.

---

[324] Röm 8,22; siehe oben S. 226.

In der Bewegung des Ähnlichwerdens ist der Unterschied das bewegende Moment; er wird nicht geringer, sondern verstärkt sich. Die Vorliebe Gottes für die Armen bedeutet, daß er Gemeinsamkeit und Unterschied arbeiten läßt. Er läßt sich von der Schwäche der Armen bewegen, weil er sich in ihr erkennt und nicht erkennt. Und er bewegt die Armen dazu, ihre Stärke in Gott zu erkennen, um sie zu der ihren zu machen, das heißt: Gott ähnlicher zu werden, indem sie mehr „sie selber" werden.

Ich möchte noch einmal auf Carlos Mesters' Zwiegespräch mit den Liedern vom leidenden Gottesknecht, und das heißt: vom Leiden des in Gefangenschaft lebenden Volkes – und darin auf den Punkt zurückkommen, wo er sich von der Frage bewegen läßt: „Warum hat Er die Armen erwählt?"
„Er hat sie erwählt, weil in ihnen das Ideal, das er für alle geträumt hatte, nicht zu existieren aufgehört hatte, das Ideal einer Gesellschaft von Gleichen und von Brüdern, ohne Unterdrücker und Unterdrückte. Denn obwohl sie geschlagen wurden, schlugen sie nicht; obwohl sie unterdrückt wurden, unterdrückten sie nicht (Jes 42,2-3). In ihnen existierte das Modell der Zukunft der Menschheit. Und diese Wahl wurde getroffen in Übereinstimmung mit seiner göttlichen Gerechtigkeit (Jes 42,6)."[325]
Die Gerechtigkeit der Vorliebe Gottes für die Armen entspricht nicht dem Grundsatz der Gleichheit, weil sie nicht statisch ist[326]. Es ist eine Gerechtigkeit, die im Geschehen des Austauschs selber liegt, und weniger in seinem Ergebnis. Die Gerechtigkeit der Vorliebe Gottes für die Armen liegt in dem Prozeß, in dem die Armen Gott ähnlich und – in der Schwäche und Stärke, in denen sie sich ihm anverwandeln lassen – zu seinen bevorzugten Mitarbeitern an der Erneuerung der Schöpfung werden. Hier zeigt sich übrigens, daß die Vorliebe Gottes für die Armen – so wie vielleicht jede privilegierte Beziehung unter Menschen – in einem unerwarteten Sinn Ungleichheit bedeutet. Die Vorliebe, die dagegen verstößt, daß alle in gleichem Maß zu lieben sind, verkleinert die Liebe zu den anderen nicht, sondern sie bringt eine stärkere und größere Liebe in anderen Beziehungen hervor.

---

[325] C. MESTERS, a.a.O., 132.

[326] „Wenn alle je vier Äpfel hätten,/ wenn alle gesund und stark wären wie ein Roß,/ wenn alle gleich wehrlos wären in der Liebe,/ wenn jeder dasselbe hätte,/ dann brauchte keiner den andern./ Ich danke DIR, daß DEINE Gerechtigkeit Ungleichheit ist;/..." Auf diese Zeilen von Jan TWARDOWSKY, aus: Ich bitte um Prosa, Einsiedeln 1973, machte mich eine Freundin aufmerksam, die aus ihrer eigenen Erfahrung heraus die Unersetzlichkeit der „ungerechten" Vorliebe für die Armen entdeckt hatte.

Neuntes Kapitel
Menschliche Praxis einer Vorliebe für die Armen

In diesem letzten Kapitel komme ich zu den „praktischen Konsequenzen". Welche Folgen hat das, was ich aus meiner Fremdheitserfahrung mit den Armen heraus zu ihrer Schwäche und ihrer Stärke und zu ihrer Ähnlichkeit mit Gott gesagt habe, für unser Verhältnis zu den Armen – und zu Gott? Diese Folgen sind schwieriger Art, und sie sind wohltuend; sie sind winzig, und dennoch einschneidend, sehr persönlich, und hinterlassen doch Spuren in einer Gesellschaft; sie sind ganz und gar vergänglich, und wirken vielleicht doch auch weiter. Sie sind nicht so eindeutig, wie man es bei „praktischen Konsequenzen" erwarten mag.

Es geht um die Praxis unserer Vorliebe für die Armen, und zwar möchte ich die verschiedenen Aspekte, auf die ich nur noch hinweisen kann, unter zwei Vorzeichen ordnen.

In einem ersten Abschnitt werde ich die Vorliebe zu den Armen als Geschenk, als etwas, das gut tut, ein Werden verspricht, aufzuzeigen versuchen: Die Vorliebe für die Armen kann der Beginn eines Menschwerdens sein, das macht solche Vorliebe verständlich und gerecht.

In einem zweiten Abschnitt werde ich die Vorliebe für die Armen als Forderung zu zeigen versuchen, als etwas, das schwierig ist und einen manchmal fast unmöglichen Balance-Akt von denen verlangt, die sich darauf einlassen: Die Vorliebe für die Armen ist der Beginn einer Geschichte, sie ist ein Eingriff – und als solcher angreifbar.

9.1 Verständliche und gerechte Vorliebe: Beginn eines Menschwerdens

Menschwerden durch die Vorliebe für die Armen? Die privilegierte Beziehung zu Armen wirkt sich auf andere Beziehungen aus; und zwar kann in den Beziehungen zu sich selbst, zum anderen und zu Gott ein Prozeß beginnen, den ich „Menschwerden" nenne, weil eine(r) darin beginnt, als das in der ersten Person sprechende Subjekt zu erwachen, das als solches die Möglichkeit zum „wir" und Ähnlichkeit mit Gott erwirbt[327].

9.1.1 Die privilegierte Beziehung zu Armen und die Beziehung zu sich selbst

In der Beziehung zum anderen kann ein Mensch „er selber werden". Was oft wie eine leere Formel klingt, bekommt in der privilegierten Beziehung zu Armen einen besonderen Sinn: ich empfange meine Schwäche von den Armen, und ich empfange von ihnen in meiner Schwäche auch meine Stärke.

---

[327] Siehe oben 7.1.3.2: „Gottes Dasein beim Werden des Menschen".

9.1.1.1 Empfangen der eigenen Schwäche

In dreifacher Weise habe ich meine Schwäche von den Armen empfangen: in dem, was sie an mir als Schwäche erlebten, in dem, was ich angesichts ihrer Stärke als Schwäche bei mir erlebe, und in dem, was ich angesichts ihrer Schwäche als meine Schwäche erlebe.

Von Verhaltensweisen, über die nachzudenken ich bisher selten gezwungen war, merkte ich, daß meine Freundinnen und Freunde unter den Armen in Brasilien sie keineswegs als „Stärke", sondern eher als „Schwäche" erlebten. Dazu gehörten vor allem mein Fragen, meine Erwartungen und Ansprüche, mein Wissen- und ungeduldiges „Etwas-tun"-wollen. Dazu ist allerdings nicht nur zu sagen, daß mir die Armen meine Unfähigkeit oder zumindest die engen Grenzen meiner Fähigkeit zur Passivität mit der Zeit „vergeben" konnten, sondern auch, worin diese „Vergebung" bestand: darin nämlich, daß sie sich etwas von meiner „Schwäche" für kritisches Fragen und für das Beharren auf Ansprüchen aneigneten.

Angesichts einer bestimmten Art und Weise der Armen, zu denken, zu fühlen, zu handeln und zu sprechen, die mir abgeht, erlebe ich selber diesen Mangel als Schwäche. In diesem Sinn habe ich im dritten und vierten Kapitel viele Erfahrungen beschrieben. Ein zusammenfassendes Rückblicken an dieser Stelle würde aber übersehen lassen, daß ich in der Fremdheitserfahrung mit den Armen Schwächen bei mir und bei uns in meiner „anderen Kultur" entdecke, die ich in vielen Fällen von den Armen auch wieder als Stärke „zurückbekommen" habe. Während ich beispielsweise meine sehr viel weniger vom Vorrang des Beziehungsaspekts geprägte „Kultur des Sprechens" als Schwäche empfand, baten mich Freundinnen und Freunde unter den Armen in Brasilien, das stärker vom Inhaltsaspekt bestimmte Sprechen, worin ich mehr Übung hatte, in den Dienst ihres Wunsches nach Bildung und Weiterbildung zu stellen.

Angesichts vieler bedrückender Situationen – und generell angesichts der vielfachen Abhängigkeit, in der ich meine Freundinnen leiden sehe, empfinde ich meine eigene Ohnmacht. Dabei habe ich – verglichen mit ihnen – viele Freiheiten. Meine eigene Unabhängigkeit ist wie ein Abgrund, der uns trennt. Aber sie gibt mir als solche noch keineswegs die Macht, etwas an der Situation der in Abhängigkeit Gehaltenen und in immer größere Abhängigkeit Gebrachten zu ändern. Ich bin unfähig, etwas Grundlegendes für ihre Befreiung zu tun – und das nicht, weil ich allein wäre. Ich kenne nicht wenige Menschen in Deutschland, in Europa, die sich in gemeinsamen Aktionen und Projekten verbinden. Dennoch sind wir ohnmächtig, die Situation der Rechtlosigkeit und Abhängigkeit der Armen in Brasilien in ihrer Radikalität zu verändern.

Wenn ich von der von den Armen empfangenen Schwäche spreche, so meine ich vor allem dieses Nichts-tun-können. Es ist nicht leicht, diese Ohnmacht auch nur einen Moment lang wirklich zu empfinden. Das wird daran deutlich, wie schnell wir – ich denke an mich, aber auch an viele, die sich hier in Deutschland um

Solidarität bemühen – dazu übergehen, Handlungsvorschläge zu machen[328], und wie wenig wir in der Lage sind, im Empfinden der Ohnmacht als solchem einen Wert zu sehen. Dabei kann der Schmerz, der dem bloßen Sehen und Hören des leidenden anderen innewohnt, auf die Dauer eine in ihren Folgen nicht absehbare verändernde Wirkung haben[329].

Die Frage ist, ob wir uns den Schmerz des zunächst untätigen Sehens und Hörens zumuten. Er ist eine Zu-mutung. Ihn zu fühlen, erfordert den Mut, einen Moment lang von allem abzusehen, was wir selber wissen und können, und nur die Not der Armen zu sehen, die wir nicht lindern können. Dieses Nicht-können empfangen wir von den Armen. Ihr Ausgeliefertsein, ihre Unterdrückung und Knechtschaft sind es, die uns spüren lassen, daß wir hilflos sind. Sie geben uns mit unserer Schwäche, die uns weh tut, ein anderes Gefühl für uns selber – und zugleich eine andere Empfänglichkeit für sie, die Armen. In diesem Moment des ohnmächtigen Ansehens ihres Leidens teilen wir die Ohnmacht der Armen – auch wenn unser Anteil gering ist. Aber da wir uns von unserer eigenen Schwäche berühren lassen, können wir die Schwäche des anderen empfinden. Wir können seine Schwäche voll Liebe empfangen – und ihm die unsrige anvertrauen. Damit befähigen uns die Armen dazu, Menschen zu werden: Menschen, die in der Beziehung zum anderen beginnen, zu sich selber zu kommen, indem sie ihre Schwäche und die Schwäche des anderen annehmen.

9.1.1.2 Empfangen der Stärke in der Schwäche

Das ist das Merkwürdige, daß wir eben in der Schwäche des untätigen Sehens und Hörens zugleich unsere Stärke empfangen. Sie besteht darin, die Armen anders zu sehen und anders zu hören. Vielleicht wird dies durch eine – letzte – Geschichte deutlicher.

> *März 1996. São Paulo. Mit einer Freundin zusammen hatte ich in den kleinen Gemeinden der mittlerweile geteilten Pfarrei am Stadtrand von São Paulo viele Frauen und Männer besucht, die bisher jahrelang für das Leben dieser Gemeinden gesorgt hatten, indem sie Nachbarschaftsgruppen aufbauten und begleiteten, Gottesdienste vorbereiteten und feierten, Katechetinnen und verantwortliche Leiter für Kinder und Ju-*

---

[328] Siehe oben vor allem 4.2.2.4: „Hoffen".

[329] So steht fest, daß die Veränderungen in der brasilianischen Kirche vor etwa 25 Jahren mit dem Sehen und Hören begonnen haben, dem Hinsehen auf die wirkliche Situation des Volkes und dem Hinhören auf seine Bedrückung. Deutlich wird das beispielsweise in den Gesprächen zwischen Dom Helder Câmara und José de Broucker die – obwohl sie vor 20 Jahren aufgezeichnet wurden – von ihrer Lebendigkeit und Aktualität nichts eingebüßt haben. „Wir waren derartig *blind geworden* in unserem Bedürfnis, Autorität und soziale Ordnung zu erhalten und zu stützen, daß wir damals nicht imstande waren, die entsetzlichen, gewaltigen Ungerechtigkeiten zu sehen, die diese Autorität, diese soziale Ordnung geschehen ließen. Aber von dem Augenblick an, als die brutale Realität uns aufzurütteln begann, als wir ihr *ins Gesicht sahen*, konnten wir nicht mehr so denken und handeln wie bisher." Dom Helder CÂMARA: Die Bekehrungen eines Bischofs, Wuppertal 1978, 102 (Hervorhebungen H. M.).

gendliche heranbildeten, Taufen vorbereiteten und feierten, Bewegungen für die Anliegen ihrer von der Stadtverwaltung vernachlässigten Wohnviertel organisierten, Kommunikation und Austausch der kleinen Gemeinden untereinander förderten, an der Verbesserung und Verschönerung ihrer Versammlungsräume arbeiteten, erfinderische Dinge unternahmen, um die dafür nötigen Mittel aufzubringen, und die sich gemeinsam um ihre Weiterbildung bemühten ...

All diese Frauen und Männer waren seit der Ankunft eines neuen Pfarrers und der Gründung einer neuen Pfarrei öffentlich für überflüssig und wertlos erklärt worden. Es war ihnen von der für sie maßgeblichen Amtsperson vor den Gemeinden gesagt worden, daß ihre Arbeit nichts taugte und daß sie unfähig wären, „richtig" zu lesen, zu singen, zu sprechen, zu feiern, zu beten, zu beraten, zu entscheiden. Sie waren in vielfältiger Weise verletzt und gedemütigt worden – zusätzlich zur Demütigung durch Arbeitslosigkeit in den Familien, durch Abhängigkeit von nicht zahlenden Rentenkassen, zusätzlich auch zum Leiden unter Problemen mit rebellierenden Jugendlichen, unter Krankheit und anderen schweren Sorgen in den Familien. Bei unseren Besuchen hörten wir nur solche Geschichten.

Wir gingen aus den Häusern die alten Wege zurück, selber wie gelähmt, ermüdet, kraftlos geworden durch das, was wir gehört hatten. Wir blieben still – wir konnten nichts sagen, nichts tun. Es kostete fast Mühe, weiterhin Besuche zu machen, weiterhin die bedrückenden Geschichten zu hören – bis wir irgendwann aufhorchten: In einer Geschichte der versuchten „Entlassung" durch den jungen Pfarrer war etwas aufgetaucht, das uns zum Nachfragen veranlaßte. Da war ein Wort, mit dem einer widerstanden, seine Würde gewahrt und den Mut eines Freien, eines vom Geist bewohnten Menschen gezeigt hatte. Wir sahen uns an, wie zwei, die zu leben anfingen, um mit neuen Ohren und neuen Augen zu hören. Tatsächlich hatten wir bei dieser Geschichte begonnen, anders zu hören. Nun hörten wir nicht mehr nur demütigende Geschichten, sondern auch Widerstandsgeschichten, Geschichten voll geheimen Lachens. Diese anders gehörten Geschichten befreiten uns aus unserem bedrückten Schweigen. Unser Wunsch, das anders Gehörte mitzuteilen, ließ uns alle Besuche noch einmal machen. Dabei erzählten wir nicht nur Hoffnungsgeschichten weiter, sondern hörten auch noch einmal anders hin. Es war wie ein Kräftesammeln zu einem Aufbruch, bei dem eine gute, vertraut gewordene Praxis nicht fortgeführt werden könnte wie früher, aber auch nicht sterben mußte – sondern ein Engagement in den Gemeinden tragen würde, das sich neue Wege sucht.

Die Schwäche unseres ohnmächtigen Hörens war zu unserer Stärke geworden, zur Aufmerksamkeit für den kaum wahrnehmbaren Hinweis auf die doch noch nicht gestorbene Lachbereitschaft und Weisheit – der uns wiederum zu einem anderen Hören befähigte. Und dieses Heraushören winziger Zeichen für die

Auferstehung der Hoffnung, für eine gewisse Lust an der Widerständigkeit, war nun unsere Stärke, empfangen von den Armen, um sie zu stärken. Es war jetzt unsere Aufgabe, ihnen die neuen Geschichten zurückzugeben, ihnen zu sagen, was sie uns (anders) zu hören gegeben hatten.

Sich schwach machen lassen, müde werden unter der Last der Schwäche und der unentrinnbaren Anhäufung von Not und Demütigung, mit denen die Armen belastet werden, und so einen, wenn auch noch so geringen, Anteil an der Schwäche der Armen nehmen – wenn hierin ein erster Schritt liegt, um Mensch zu werden, so ist mit diesem ersten untrennbar der zweite verbunden: sich in der erst vom anderen empfangenen Schwäche vom anderen zugleich Stärke schenken lassen, um ihm von dieser Stärke abzugeben.

9.1.2 Die privilegierte Beziehung zu Armen und die Beziehung zu anderen

Die Vorliebe für die Armen begründet eine Bewegung, die sich auf andere Beziehungen auswirkt, und zwar sowohl auf einzelne andere Beziehungen als auch auf das Entstehen von Gemeinschaft, in diesem Sinn auf das Werden von Kirche. Diese Bewegung läßt sich als eine Dynamik des Menschwerdens in der Liebe beschreiben; in ihr wird vermehrt die Möglichkeit des „wir" erworben.

9.1.2.1 Berührungen und Unverträglichkeiten

Die Vorliebe für die Armen hat eine Differenzierung, so etwas wie eine dynamische Ungleichheit, in den Beziehungen zu anderen zur Folge. Es ergeben sich überraschende Annäherungen zu den einen, und in der Beziehung zu den anderen wächst die Schwierigkeit des Zusammenkommens.

Die Annäherungen kommen nicht einfach dadurch zustande, daß die Armen so etwas wie einen Berührungspunkt darstellen. Was beim Engagement an ihrer Seite Verbindung schafft, ist vor allem die Bereitschaft, von ihnen die eigene Schwäche – und darin auch eine Stärke zu empfangen.
Es gibt verschiedene Weisen des Engagements für die Menschenrechte der Armen, bei denen die Engagierten nicht in die Lage kommen, sich als Hilflose und Ohnmächtige, als Nicht-könnende und Nicht-wissende zu erfahren – wobei sie durchaus unter dem Bewußtsein ihrer unangetasteten Überlegenheit leiden. Zugleich gibt es Menschen hier, die nicht aus dem Umfeld der in ihrem Alltag möglichen Begegnungen hinausgehen mußten, um sich in ähnlicher Weise „schwach machen" zu lassen, wie ich es als meine Erfahrung mit den Armen in Brasilien beschrieben habe. Bei Gesprächen nach Vorträgen oder in Arbeitsgruppen, zu denen ich aufgrund meiner Tätigkeit (und Nicht-Tätigkeit) in Brasilien eingeladen war, traf ich mich einige Male in einer unerwarteten Nähe zu Teilnehmern oder Teilnehmerinnen, mit denen in bestimmten Beziehungen etwas geschehen war, was sie in ähnlicher Weise beschrieben: als ein Sich-entgegen-nehmen von anderen in einer von ihnen vorher nicht gekannten Schwäche, in der sie dann auch eine neue Stärke erkannten.

Zur Berührung und Verbindung mit einzelnen Menschen, zu deren Aufbau man eigentlich nichts beigetragen hat, kommen ungewollte Unverträglichkeiten und Barrieren gegenüber anderen Menschen hinzu, zu deren Abbau man auch kaum etwas beitragen kann.
Ich spreche beispielsweise von der Schwierigkeit der Verständigung mit jenen, für die das Wort „Arme" überflüssig ist, für die etwa meine Fremdheitserfahrung nichts mit „armen" – wohl aber etwas mit von einer bestimmten Kultur und Mentalität geprägten Menschen in Brasilien zu tun hat. Diese Schwierigkeit wird unüberwindlich, wenn die Ablehnung gegenüber dem Gebrauch des Wortes „Arme" eine Ablehnung, oder besser Leugnung der Menschen zum Hintergrund hat, die zu den Armen gehören[330]. Die mit der Vorliebe für die Armen auftauchenden, unüberschreitbaren Trennungslinien gegenüber einzelnen Menschen haben aber letzten Endes weniger damit zu tun, daß es diesen schwerfällt, von Armen zu sprechen oder zu hören. Vielmehr sind für solche Menschen Beziehungen zu Armen, in denen sie zunächst schmerzlich ihre Ohnmacht erfahren, einfach nicht attraktiv.

Die „dynamische Ungleichheit" in Beziehungen zu anderen, die eine privilegierte Beziehung zu Armen leicht mit sich bringt, bewirkt oft so etwas wie eine Polarisierung. Die ungeschriebene und um so mächtigere Norm der gleichen Liebe zu allen wird empfindlich verletzt – und zwar nicht so sehr, weil die Armen selber verbinden oder trennen, sondern weil die Bereitschaft zur Passivität und zur Passion verbindet und trennt. Die Vorliebe für die Armen pflanzt sich gewissermaßen in einer Vorliebe für jene fort, die sich nicht gegen das Leiden, das Mit-leiden und Schwach-werden schützen.
Umgekehrt kann es auch sein, daß die Liebe, in der man einen von Leiden gezeichneten Menschen aussondert, sich in der Vorliebe für Arme fortpflanzt. Gerade der Verstoß gegen jenes imaginäre Gebot, alle Menschen in gleichem Maß zu lieben, setzt eine weitergehende Dynamik der Liebe und des Menschwerdens in der Liebe in Bewegung, die sich durch Konflikte nicht aufhalten läßt, sondern in ihnen vielleicht noch fruchtbarer wird.

9.1.2.2 Beginn eines Kirche-werdens

Die Dynamik der Vorliebe für die Armen besteht darin, daß sie sich „fortpflanzt" in der Vorliebe für Menschen, die vielleicht nicht zu den Armen gehören, die aber ihre Schwäche zulassen und anderen auch anvertrauen können. Sie kann die Auseinandersetzungen mit jenen zur Folge haben, die nicht glauben, daß in der Schwäche des Leidens eine kostbare Stärke verborgen sein kann. Diese Polarisierung scheint das Entstehen von Gemeinschaft gerade zu verhindern.

Dem Gedanken daran, in einer Gemeinde, in „der Kirche", eine privilegierte Beziehung zu Armen leben zu wollen, kommt sofort der andere Gedanke in die

---

[330] Dieser Hintergrund muß keineswegs immer gegeben sein. Siehe oben 1.2.1.1: „Für und Wider einer Rede von ‚den Armen'".

Quere, daß dadurch diejenigen ausgeschlossen werden, die nicht zu den Armen gehören und daß es einen solchen Ausschluß nicht geben darf: Nicht nur die Armen ... *sondern auch* die Reichen – wobei diese Anmahnung einer alle einbeziehenden christlichen Liebe gelegentlich mit dem Hinweis darauf verstärkt wird, daß die Reichen vor Gott die Ärmeren seien[331]. Der Idee, als Gemeinschaft, Gemeinde, als Kirche, eine Vorliebe für Arme leben zu wollen, wird damit von vornherein das Recht genommen, weitergedacht oder gar verwirklicht zu werden. Es scheint also unmöglich zu sein, in der privilegierten Beziehung zu Armen den Beginn eines Kirche-werdens zu sehen.

Diese Argumentation verkennt, daß die Vorliebe für Arme nicht zuerst Gegenstand einer Diskussion ist, bevor sie verwirklicht wird. Darin liegt ihre Schwäche und ihre Stärke. Darum spreche ich von „Vorliebe", und nicht von „Option"[332].

Bevor die privilegierte Beziehung zu Armen zu einer Option, einer begründeten und wahrscheinlich widersprochenen Entscheidung wird, ist sie eine unerklärliche Bewegung des Herzens. Daher ist sie auch nicht eine Idee, die erst auf ihre Konsequenzen hin geprüft werden muß, bevor sie das Handeln bestimmen darf, sondern sie ist schon geschehen – es ist schon um die Menschen, die sich verliebt haben, geschehen, wenn sie daran gehen, über die Folgen dessen, was sich mit ihnen ereignet hat, nachzudenken. Es kann also nicht in erster Linie darum gehen, eine „vorrangige Option für die Armen" zu Ende zu diskutieren, um sie dann in die Tat umzusetzen oder nicht, sondern zunächst hängt alles von der Frage ab, ob Menschen zulassen, daß sich ihr Herz besonders von einzelnen anderen bewegen läßt und besonders auf diese anderen zubewegt. Wenn sie eine solche Bewegung mit sich geschehen lassen, ist schon eine Vorliebe geboren.

Diese aussondernde Liebe nun, die der überlegten, der angegriffenen und verteidigten Option vorausgeht, entfaltet eine Dynamik, die alle erfaßt und mit einbezieht. Vielleicht läßt sich das, was aus der Apostelgeschichte als „Pfingstereignis" bekannt ist, auch so beschreiben: Die Männer und Frauen, die ihr Herz besonders von Jesus bewegen und besonders auf ihn zubewegen ließen, lebten eine aussondernde Liebe, deren Dynamik – wie sich in einem bestimmten Augenblick zeigte – alle erfaßte und mit einbezog.

Auch heute gibt es vielleicht noch solche Pfingstereignisse; nur erscheinen sie kaum in den Nachrichten. Darum ist mir ein zufällig in der Zeitung gefundener Bericht als Beispiel kostbar geworden[333]. Die evangelische Gerhard-Uhlhorn Gemeinde in Hannover wurde am 28.7.96 von afrikanischen Christen, denen die Abschiebung nach Nigeria bevorstand, „heimgesucht". Die Nigerianer erbaten

---

[331] So in einem Artikel über den Jesuiten Rupert Lay: „Er kenne keine ärmeren Menschen vor Gott als die Manager in seinen Kursen." DIE ZEIT 51 (23.8.96) Nr. 35, 67. Wie auch immer das Wort „arm" hier gemeint ist: der Beliebigkeit der Bedeutungen, die dem Wort gegeben werden, ist in einer theoretischen Diskussion keine Grenze gesetzt.

[332] Siehe oben 8.2.1.2: „‚Vorliebe': Aussonderung, Option, Bewegung".

[333] Vgl. Artikel: „Ganz schön perplex." Was passiert, wenn eine Gemeinde 22 Nigerianern Zuflucht bietet, DIE ZEIT 51 (16.8.96), Nr. 34, 12.

Zuflucht. Gemeindemitglieder, die von ihnen im Gottesdienst angesprochen wurden, ließen ihr Herz durch die Bittenden bewegen und ließen es auf sie zubewegen. Sie gewährten den Nigerianern die erbetene Zuflucht. Zusammen mit anderen außerhalb der Gemeinde stehenden Gruppen bildeten sie einen Unterstützerkreis, der den Afrikanern in ihrer Angst zur Seite stand und sich bemühte, die durch Demütigungen des Asylverfahrens zugefügten Verletzungen zu heilen. Damit stießen die zum Unterstützerkreis gehörigen Christen aus der Gemeinde bei anderen Gemeindemitgliedern auf eine Kritik, die so massive Formen annahm, daß sie etwas von den Ängsten erlebten, die die Afrikaner quälten. Zugleich zeigte sich nach kurzer Zeit, daß das Gemeindeleben durch das Kirchenasyl viel lebendiger, die Kirche „voller als früher" wurde.

Die privilegierte Beziehung zu diesen „Armen", die niemand gesucht oder geplant hatte, die aber einige Christen in dem Moment zuließen, in dem diese Vorliebe, in der konkreten Begegnung, geboren war und die dann zu einer entschiedenen – auch widersprochenen und diskutierten – Option wurde, war der Beginn einer Bewegung, die man Kirche-werden nennen kann. Denn alle werden in dieser Bewegung erreicht, wenn auch nicht alle in gleichem Maß. Die Unterschiede können dabei schmerzhaft spürbar – und Konflikte in einer Weise ausgetragen werden, daß Verletzungen bleiben; dennoch werden alle bewegt. Und durch die Konflikte hindurch bewährt sich das in der praktizierten Vorliebe für Arme geborene Leben. Vielleicht ist es das, was Erzbischof Romero meinte, als er sagte: „Wenn sie von den Armen ausgeht, wird es der Kirche gelingen, für alle da zu sein."[334]

9.1.3 Die privilegierte Beziehung zu Armen und die Beziehung zu Gott

Die privilegierte Beziehung zu Armen wirkt sich in doppelter Weise auf die Beziehung zu Gott aus: sie verändert uns darin, wie wir von Gott sprechen, und sie verändert uns darin, was wir von ihm sagen. Das Annehmen der eigenen Schwäche ist dabei von zentraler Bedeutung. Im Zulassen dieser Schwäche werden wir auf andere Weise mit Gott vertraut; und unser Vertrauen gründet fortan zuerst in der Schwäche Gottes. Diese Veränderungen in der Beziehung zu Gott zeigen einen Prozeß des Menschwerdens an, zu dem es gehört, Ähnlichkeit mit Gott zu erlangen.

9.1.3.1 Anders vertraut werden mit Gott

Schon das Wort „vertraut werden mit Gott" provoziert möglicherweise Fragen und Widerspruch. Einem entsprechenden nachdenklichen Einwand, der im Gespräch mit Theologen auftauchte, möchte ich nachgehen, indem ich mich auf das Sprechen von Gott besinne, so wie es mich und andere, die wir zu meiner „anderen Kultur" gehören, von den Armen unterscheidet.

---

[334] Zitiert von G. GUTIÉRREZ in seinem Artikel „Die Armen und die Grundoption", in: Mysterium Liberationis I, a.a.O., 298.

Für uns ist Gott zunächst der Andere oder sogar der „ganz Andere". Das Denken Gottes als des Anderen bedeutet eine Weise der Annäherung an Gott, mit der sich zugleich Distanzierung verbindet. Es handelt sich um ein geistiges Tun, das alle Kräfte beansprucht: Wir richten unsere fragenden, forschenden, suchenden, unsere vergleichenden, unterscheidenden, unsere kritischen, und auch unsere schöpferischen Fähigkeiten darauf aus, von Gott zu sprechen. Dabei treibt uns gerade die Unmöglichkeit dieses Sprechens an. Unser geistiges Tun in bezug auf Gott ist ein sich unablässig selbst kritisierendes und korrigierendes Tun, immer in Veränderung begriffen, um dem zu entsprechen, der „der Andere" ist.

Dabei führt die Angestrengtheit unserer Annäherung an den Anderen in unser denkendes Bemühen eben die Distanzierung ein, die es zu überwinden trachtet. Umgekehrt gilt auch: die Gott als dem Anderen angemessene Distanz ist unser Anliegen. Aber gerade sie birgt die Gefahr, daß wir uns dabei immer wieder über uns selber zurückbeugen, und nicht offen dafür sind, in jene Beziehung zu dem Anderen zu treten, um die es uns schließlich geht. Unsere Annäherung an Gott als den Anderen ist wie ein Ringen mit diesem Anderen, ohne ihn loszulassen – und ohne daß wir uns ihm überlassen.

In das nächtelange Ringen Jakobs mit dem Unbekannten kommt eine Veränderung dadurch, daß ihn der Unbekannte verletzt und danach mit einer Bitte das Wort an ihn richtet. Dann kommt es zum Gespräch: zur Bitte Jakobs um den Segen dessen, mit dem er ringt, zu dessen Frage nach Jakobs Namen und zur Namensänderung, zum Offenlassen von Jakobs Frage nach dem Namen des Unbekannten und zu dessen Segen.
In unser Denken Gottes als des Anderen könnte eine Veränderung dadurch hineinkommen, daß wir uns eine Schwäche zufügen lassen, daß wir in unserem geistigen Tun auch Momente des Nicht-tuns, des Leidens, zulassen. In solchen Momenten kann die Beziehung zum Anderen von diesem her eröffnet werden; damit beginnt ein anderes – ein weniger gesuchtes als ein geschenktes – Vertrautwerden mit Gott.

Die privilegierte Beziehung zu den Armen bringt ein solches Vertrautwerden mit Gott mit sich – das sich vom Vertrautsein der Armen mit Gott unterscheidet.
Die Armen erkennen die ihnen vertrauten Spuren des Leidens in den Gesichtern derer wieder, die Gott sichtbar machen, und erkennen dadurch Gott als ihnen ähnlich, als ihnen zugehörig. Ihr Leiden ist es, das ihr Vertrautsein mit Gott begründet; dieses enthält damit zugleich eine Gebrochenheit, eine Dunkelheit, durch die Gottes Andersheit gewahrt wird. Diese Brücke nun, die Verbindung zu Gott, die für die Armen in ihrem Leiden liegt, können wir nicht benützen, denn von ihren Schmerzen und Verletzungen sind wir verschont geblieben. Die Spuren unseres eigenen Leidens sind selten so deutlich zu lesen wie jene der Armen.
Die Schwäche jedoch, die wir empfinden, wenn wir der Vorliebe für Arme nachgeben, die Ohnmacht angesichts ihrer Not, die bedeutet, daß wir zeitweilig nichts anderes tun können als zu hören – und daß wir zeitweilig nichts anderes wissen, als daß wir warten und hoffen müssen: diese Schwäche kann uns er-

möglichen, daß wir vertraut werden mit Gott. Wir können ihm als Wartendem – und als Hoffendem – als Hörendem und in diesem Sinn als Leidendem begegnen. Diese Möglichkeit hängt davon ab, ob wir unsere Ohnmacht und den Schmerz eines leeren Wartens in uns zulassen.

Die Begegnung mit dem ohnmächtig – und mächtig – wartenden Gott gibt unserer aufgezwungenen Passivität eine andere Qualität. Wir beginnen, sie nicht nur als etwas Negatives zu sehen. Wir entdecken, wie wichtig es ist, daß wir die Hilflosigkeit des Nicht-wissens und Nicht-könnens aushalten und als Nichtwissende und Nicht-könnende bei den Armen bleiben. Gerade sie bestärken uns darin.
Eine überraschende, für mich irgendwann vielleicht sogar enttäuschende Erfahrung, die später von anderen in unvermuteter Weise bestätigt wurde, war die, daß für die Armen meine bloße Anwesenheit viel wichtiger war als das, was ich an Wissen oder Können im einzelnen beizutragen vermochte. „Nur da zu sein" erschien mir lange Zeit hindurch als zu unerheblich und unbedeutend. Erst allmählich überzeugten mich meine Freundinnen davon, daß meine Anwesenheit als solche wertvoll sei, in ihrer Unscheinbarkeit. Sie lehrten mich, daß wir beginnen, Mensch zu werden, wenn wir unserer Schwäche zustimmen und in ihr eine Stärke entdecken. Auf diesem Weg wurde ich ganz langsam mit einem Gott vertraut, dessen Stärke in der bloßen Anwesenheit liegt.

9.1.3.2 Vertrauen auf die Schwäche Gottes

Die Armen vertrauen Gott, weil der Gekreuzigte sein Abbild ist: das Bild eines vom Leiden gezeichneten Gottes, ihnen eben darin ähnlich[335]. Auch unter den Menschen sind es nicht die stärkeren und mächtigen, denen die Armen an erster Stelle ihr Vertrauen schenken, sondern die ohnmächtigen, die leidgezeichneten, die so schwach wie sie selber sind.
Einem Menschen aufgrund seiner Ähnlichkeit in der Schwäche zu vertrauen, Gott aufgrund seiner Schwäche zu vertrauen, das war für mich immer wieder schwer verständlich. Muß das Vertrauen in Gott ihm nicht gerade als Mächtigen gelten? Gehen wir in der uralten Frage, warum Gott das Leiden zuläßt, nicht davon aus, daß Gott mächtig ist, das Leiden zu verhindern? Haben wir damit nicht recht? Wie kann ausgerechnet die Schwäche Gottes das Vertrauen in ihn begründen? Wieso kann es Menschen eher stark machen, wenn sie sich in ähnlicher Weise als schwach erkennen, als wenn zwischen ihnen ein Machtgefälle herrscht?

Tatsächlich vermittelt die Gemeinsamkeit in der Schwäche eine andere Erfahrung von Stärke als die Anlehnung des Schwachen an den Stärkeren. Dies ist ein psychologischer Grund. Ein anderer ist der theologische Grund, der sich mir erst im Verlauf des Nachdenkens meiner Fremdheitserfahrung mit den Armen zeigte. Als ich immer deutlicher erkannte, daß mit dem Leiden der Armen – in all sei-

---

[335] Siehe oben 3.3.1.2: „Vertrauen der Machtlosen"; siehe auch 3.3.2.1: „Vertraute Ähnlichkeit Gottes".

nen Dimensionen und all seinen Nuancen einer für mich oft auch schwer erträglichen „Passivität" – eine erstaunliche Beziehungsfähigkeit verbunden ist, verhalf mir diese Erkenntnis dazu, auch in Gott eine Verbindung zwischen seiner Ohnmacht und „Passivität" und seinem befreienden Mitsein zu sehen. Ich begann, die Schwäche Gottes als sein Nicht-alles-sein um der Beziehung willen zu entdecken. Dieser Schwäche Gottes zu vertrauen, in der die Stärke seiner unverfügbaren, bedingungslosen Liebe liegt, scheint mir so leicht und so schwer zu sein, wie der Schwäche zu vertrauen, die ein Mensch für uns hat.

Das Vertrauen auf die Schwäche Gottes, das meine privilegierte Beziehung zu verarmten und an den Rand gedrückten Frauen und Männern in Brasilien in mir begründen half, könnte ich mit demselben Recht ein „Vertrauen auf die Stärke Gottes" nennen. Denn die Schwäche seiner bloßen Anwesenheit, seines ungerührten Wartens, ist seine Stärke. Aber entscheidend und unterscheidend von allen Stärken der Welt[336] ist, daß die Stärke Gottes nicht die einer unwiderstehlichen Macht und Anziehungskraft ist, sondern die einer „verletzbaren und widerständigen Offenheit", deren sichtbare Erscheinung in den Armen bisweilen auch nicht anziehend, sondern nur bedrückend und rätselhaft ist.

9.2 Angreifbare und eingreifende Vorliebe: Beginn einer Geschichte

Die Vorliebe für die Armen ist verständlich und gerecht, weil sie uns Mensch werden läßt in der Beziehung zu uns selber, zum anderen und zu Gott. In diesem Sinn ist sie ein Geschenk. Bei der Vorliebe für die Armen geht es aber auch um eine Forderung.
Mit der privilegierten Beziehung zu Armen beginnen wir eine Geschichte. Anders ausgedrückt: wir greifen in eine Geschichte ein. Wir beginnen eine winzige Geschichte, und in ihr kommen wir mit einer Geschichte in Berührung, die weit über die unsrige hinausgeht.
Dabei ist jede Geschichte der Armen sowohl von Unterdrückung als auch von Befreiung geprägt. In eine Geschichte mit Armen einzutreten, bedeutet, daß wir in ihrer Unterdrückungs- und in ihrer Befreiungsgeschichte mit ihnen sind. Auf diese Konsequenzen lassen sich an dieser Stelle nur noch kurze Hinweise geben.

9.2.1 Geschichte mit einzelnen und Geschichte von vielen

„Leiden der Armen" – unter dem Eindruck der täglichen Nachrichten aus den zahlreichen Gebieten der Welt, die von gewalttätiger Zerstörung heimgesucht werden, ist das für uns etwas mit so gigantischen Ausmaßen, daß es uns unmöglich vorkommt, darin an einzelne Gesichter und an so verschiedene Geschichten wie die unsrigen zu denken. Aber dieses massenhafte Leiden bedeutet in Wirklichkeit tausend- und millionenfältige besondere Geschichten. Mit ihnen bekommen wir zu tun, wenn wir unser Herz durch einzelne Arme bewegen und

---

[336] Nur ein Beispiel aus den Nachrichten vom August 1996: Der Präsident der USA faßt als Präsidentschaftskandidat sein Programm in der Botschaft von einem „starken Amerika" zusammen.

zu ihnen hinbewegen lassen. Dann werden wir gerade in der unvergleichlichen Geschichte der einzelnen oder einzelner Gruppen jenes Leiden berühren, das diese einzelnen mit den vielen teilen, „die keiner zählen konnte – aus allen Völkern und Stämmen und Völkergruppen und Sprachen" (Off 7,9). Entsprechend lassen wir uns mit unserer Vorliebe auf eine besondere Geschichte mit Armen ein, durch die wir dann auch teilhaben an einer größeren Geschichte.

9.2.1.1 Vorliebe für Arme: Erzählen der Geschichten einzelner

Nicht nur das Leiden der Armen – auch das Leiden, die Schwäche eines jeden einzelnen Menschen mag ihm oder ihr auf die Dauer ins Gesicht geschrieben stehen und sich in ihrem Verhalten und Sprechen ausdrücken wie ein Charakterzug, es mag zu einem Zustand, einem Merkmal geronnen zu sein; es ist aber nicht nur diese Spur, in der es sich zeigt, sondern es ist zugleich eine konkrete Geschichte, die diese Spur hinterlassen hat.

Wenn wir sagen: „ich kenne meine Schwäche", meinen wir meistens eine bestimmte Eigenheit, von der wir wissen, daß sie uns engere Grenzen setzt als anderen, und mit der umzugehen – oder die zu umgehen – wir gelernt haben. Zur Aufmerksamkeit für die Geschichte dieser Schwäche bewegen uns meistens erst Menschen, die uns lieben. Ihre Liebe zu uns bedeutet, daß sie unsere Schwäche empfangen und verwandeln – und uns verwandelt, nämlich mit dem Hinweis auf die in ihr verborgene Stärke, zurückgeben. In dem Moment, in dem ein anderer meine Schwäche empfängt und sie mir verwandelt zurückgibt, kann ich sie anders sehen und beginnen, ihre Geschichte zu erzählen.

Ich denke, daß etwas Ähnliches mit Jisrael geschehen ist, als sich in diesem Volk Stimmen vereinten – einzelne und Gruppen, religiöse Autoritäten und sprachbegabte Außenseiter – die begannen, die Geschichte von Jisrael zu erzählen: einem schwachen, vielfach unterdrückten, unter verschiedenen Führern aufstehenden und seine Knechtschaft abschüttelnden Volk, das seinen Gott JHWH nicht vergißt, und doch immer wieder vergißt. Seine Schwäche: die Unstetigkeit seines Glaubens, die nie endgültig aufgegebene Verführbarkeit durch nicht sehende, nicht hörende und nicht sprechende Götter – sieht, hört, empfängt JHWH, indem er unter ihr leidet. Und er gibt sie dem Volk verwandelt zurück als seine besondere und einzigartige Geschichte, die es nunmehr erzählen, erinnern, meditieren und reflektieren kann.

So ist es auch mit dem Leiden der Armen. Es sind besondere und einzigartige Geschichten, die sich aber erst denen erschließen, die das Leiden „empfangen" – die es sehen und hören, die sich von ihm bewegen und schwach machen lassen, die es verwandeln, indem sie die Stärke in diesem Abgrund an Schwäche entdecken und es so verwandelt „zurückgeben".

Erschöpfung und Mutlosigkeit der Armen kann sich darin ausdrücken, daß sie das Interesse an ihrer eigenen persönlichen Leidensgeschichte oder auch an der eines anderen für wertlos halten, weil es immer dieselbe Geschichte der Unterdrückten und Ausgeschlossenen sei[337]. Aber es ist nicht dieselbe Geschichte. Ich denke nur an das, was ich von einigen „Leidenden der Straße" weiß. Da mag es, bedingt durch Orte, Zeiten, Situationen, die sie verbinden, manche gemeinsame Züge in ihren Geschichten geben. Zugleich sind jedoch die Geschichten in so dramatischer Weise verschieden und unvergleichlich, daß sie sogar Stoff für eine gewisse Erzähl- und Spielkultur abgeben, die ich gerade bei diesen Letzten der an den Rand Gedrängten gefunden habe.

Die besonderen Geschichten erschließen sich nicht von einem Wissen her, das in Worten wie Unterdrückung, Ausbeutung, Genozid ... zusammengefaßt wird. Vielmehr ist es umgekehrt: erst im Hören auf die besonderen Geschichten der einzelnen und auch einzelner Gruppen zeigen sich die Gemeinsamkeiten und Verbindungen. Demütigung, Verachtung, Verletzung der Rechte, Gewalt ... werden vielfach wiedererkannt.

Mir ist es oft so ergangen: je intensiver ich die Geschichte einer meiner Freundinnen unter den Armen zu entziffern und zu rekonstruieren versuchte, je tiefer ich in die Besonderheit eines einzelnen Lebens eintauchte und diese unter Millionen von anderen so winzige und scheinbar unbedeutende Geschichte als ein eigenes Universum entdeckte, desto schmerzhafter stieß ich mich dann auch an den Prägungen dieser Geschichte durch den Ausschluß vom Recht auf Gesundheitsversorgung, auf Bildung, auf Arbeit und Wohnen und auf Land. Erst in der einzelnen Geschichte kam es mir so vor, als ob ich in diesen Prägungen uralte Wunden berühren würde, die Generationen vorausliegen und sich auch in kommenden Generationen nicht schließen, sondern nur noch vertiefen.

9.2.1.2 Vorliebe für Arme: Eintritt in eine besondere Geschichte

Das Leiden der Armen in seiner Wirklichkeit unzählbarer besonderer Geschichten erkennen zu wollen, ist zwar mühsam, aber eine gewisse Befriedigung bleibt nicht aus. Es kommt mir so vor, wie wenn man an einem riesigen Felsblock winzige, feinste Steinchen herausklopft, bei deren Betrachtung man entdeckt, welche kostbaren Elemente in dem riesigen Gesteinsblock verborgen sind.

Anders verhält es sich damit, anzuerkennen, daß unsere Vorliebe für Arme auch nichts weiter als eine winzige, unbedeutende Geschichte beginnt. Was wie eine Kränkung dabei wirkt, ist die Zufälligkeit dieser Geschichte. Wir haben letztlich keine Antwort auf die Frage: Warum gerade diese Armen? Ist die Not anderer nicht größer, „brauchen" andere unser Engagement nicht dringender? Wir haben keine Gründe, um zu erklären, warum es diese Armen „sein müssen", denen unsere Vorliebe gilt. Wir können den Widerspruch gegen unsere Vorliebe nicht beseitigen, ihre Infragestellung durch andere – oder auch manchmal durch uns selber – nicht vermeiden. Mit unserer Vorliebe für diese Armen beginnt eine besondere, und das heißt in diesem Fall vor allem auch: eine zufällige Geschichte. Mein von vielen einzelnen Faktoren bestimmtes – darin zufälliges – Begehren traf auf eine von vielen einzelnen Faktoren bestimmte – darin zufällige

---

[337] Siehe oben S 72.

– Situation von Menschen am Stadtrand von São Paulo. So kam es zufällig zu jener Bewegung der Herzen, die ich als das erste Moment einer Vorliebe beschrieben habe, und es begann eine zufällige Geschichte.

Jede Geschichte, die mit einer Vorliebe für Arme beginnt, ist eine von vielen zufälligen Bedingungen bestimmte, unvergleichliche Geschichte, die den immer auf Vergleichen beruhenden Anfragen und Einwänden gegenüber nie – zumindest nie vollständig – zu rechtfertigen ist. Darin liegt ihre Angreifbarkeit. Die besondere Bewegung ist ihr Ursprung, und nicht das Geltendmachen allgemeiner Kriterien und Prinzipien. Die Schwäche einer besonderen Geschichte mit einzelnen Armen oder mit einzelnen Gruppen von Armen hat an der Schwäche der Liebe als solcher Anteil. Ihre Angreifbarkeit – und Unsicherheit – schreckt oft davon ab, einer Vorliebe nachzugeben und sich auf die einmalige Geschichte einzulassen, die mit ihr beginnt. Aber um eine Beziehung zu Armen zu leben, die vom Austausch in der Liebe, vom Empfangen, Anvertrauen und Verwandeln(-lassen) der Schwächen bestimmt ist, gibt es keinen anderen Weg als die Vorliebe; und von der Vorliebe für „die" Armen kann man nicht sprechen, ohne gleich zu sagen, daß diese Vorliebe mit einer Aussonderung konkreter Armer beginnt und damit den Beginn einer besonderen Geschichte meint.

Das gilt auch für Gottes Ja zur Beziehung, für sein Mitsein mit den Menschen. Seine Liebe verwirklicht sich in der Vorliebe. Seine Schwäche für die von Unfreiheit bedrückten und nach Freiheit begehrenden Menschen verwirklichte sich in der Aussonderung Jisraels; und diese bedeutete, daß Gott eine Geschichte begann: er trat in die Geschichte Jisraels ein. Was letztlich dunkel an der Vorliebe Gottes bleibt, ist vielleicht nicht so sehr die Unverständlichkeit und „Ungerechtigkeit" dieser Vorliebe. Noch schwerer zu akzeptieren ist, daß damit eine besondere – und das heißt auch: eine zufällige, vor dem Gericht allgemeiner Kriterien immer angreifbar bleibende – Geschichte beginnt, in der die Verbindung von Gott und Mensch unableitbare Gestalt gewinnt.

Aber die Bewegung ist eine doppelte: Wie sich Gottes Liebe nur in der Vorliebe, sein Ja zur Beziehung nur im Mitsein mit konkreten Menschen in einer besonderen Geschichte verwirklichen kann, so geschieht es gerade in dieser partikularen Geschichte, in dieser konkreten Vorliebe, daß sich Gottes universale Liebe, sein Mitsein mit allen Menschen, sein ausnahmsloses Ja zur Beziehung verwirklicht.

Die besondere, die aus-gesonderte Geschichte mit einzelnen steht in einem geheimnisvollen Verhältnis zu der umfassenderen Geschichte von vielen. Diese ist in einer unendlichen Folge unendlich kleiner, nicht wahrnehmbarer Wirkungen von der winzigen Geschichte des einzelnen oder der einzelnen Gruppe betroffen.

Meine Vorliebe zu „den" Armen bedeutete, eine besondere Geschichte mit konkreten Armen anzufangen. Die „konkreten Armen" waren – und sind immer mehr – durch ihre Namen, Gesichter und Geschichten charakterisiert. Unsere Geschichte bestand – und besteht – besonders darin, daß ich lernte, mich mit ihnen, an ihrer Seite, für ihre Rechte, für eine Verringerung ihrer Abhängigkeit einzusetzen. Dabei entdeckte ich, daß wir durch unser individuelles Engagement in Verbindung mit einer kollektiven Situation gerieten. Unsere besondere Geschichte hatte und hat teil an einer Geschichte, in die ungezählte Menschen involviert sind.

9.2.2 Unterdrückungs- und Befreiungsgeschichte

Es ist schwierig, die Geschichte der Armen an allen Orten, zu allen Zeiten nicht im Sinne ungezählter Unterdrückungsgeschichten zu lesen. Noch schwieriger erscheint es mir jedoch zu sehen, daß die Geschichten der Armen auch Befreiungsgeschichten sind. Das zu sehen, erfordert einen aufmerksamen Blick, erfordert ein nicht-wissendes Hören der Geschichten der Armen, erfordert den Mut, an eine Befreiung zu glauben.
In seiner vielfachen Bedrückung durch Knechtschaft und Vertreibung mußte Jisrael die Freiheit, die JHWH für es wollte, eigentlich vergessen. Die Sprache seiner Leiden ist lauter als die Sprache seines Getröstetseins durch JHWH. Da kommt es mir wie ein Wunder vor, daß Jisrael sich – unter Schmerzen, und in der größten Entfernung von der ihm verheißenen Freiheit – doch immer wieder an sie und an die kostbare Erfahrung ihrer beginnenden Wirklichkeit erinnert.

Der Eintritt in die Unterdrückungsgeschichte, den die Vorliebe für Arme verlangt, bedeutet, mit den Unterdrückten zu sein, wenn sie Klage und Anklage erheben und diejenigen verfluchen, die ihr Leben vernichten. Anklage und Verfluchung beziehen ihre Kraft daraus, daß in ihnen nichts anderes spricht als der Schmerz der Geknechteten und Getretenen. Das macht es schwer für uns, in diese Klage einzutreten. Aber noch schwerer ist es vielleicht, auch in die Freude und in die Hoffnung der Armen einzutreten, die in der Unterdrückung den feiern, der Freiheit schenkt.

9.2.2.1 Eintritt in die Anklage der Unterdrücker

Wenn wir selber keinen Grund und kein Recht haben zu klagen, so können wir uns doch durch die schreckliche Ungleichheit der Lebensbedingungen unruhig machen lassen und aus unserer stummen Verunsicherung heraus zum Sprechen kommen, indem wir in die Klage der Armen einzustimmen, uns ihren weinenden Einspruch, ihre zornige Anklage zu eigen machen[338].
Das ist jedoch nicht leicht. Ich denke an die Klagen, die in vielen Psalmen laut werden, in denen davon die Rede ist, daß der Beter verleumdet und verachtet, verletzt und in seiner psychischen, physischen und sozialen Existenz vernichtet wird. Nur zögernd und wie mit einer inneren Frage können wir diese Klagen mitsprechen. Gibt es denn eine solche Anhäufung von Unrecht und Gewalt auf der Seite der einen und eine solche Reduzierung von Aktivität und Mitverantwortlichkeit auf der Seite der anderen? Ist eine solche Klage nicht einseitig und ihrerseits ungerecht? Woher nehmen diejenigen, die ihre Gerechtig-

---

[338] Siehe oben S. 139.

keit und Unschuld beteuern und Gott als Zeugen und Richter anrufen, die
Sicherheit, nicht in irgendeiner Weise mitschuldig zu sein?

Noch stärker werden diese Anfragen bei jenen Psalmen, in denen die von Unrecht und Gewalt Zugrundegerichteten ihre Feinde verfluchen. Wer sind diese „Feinde": die Gewalttätigen, die Gott nicht brauchen, die aus sich selbst heraus mächtig sind, die Not und Bedrückung nicht kennen, die sich noch an den Schwächsten bereichern und voller Gier aus allem ihren Nutzen ziehen? Wir gehören nicht zu ihnen – aber wir gehören auch nicht zu den Unterlegenen und Verhöhnten, die es zu nichts bringen, die in solcher Abhängigkeit leben, daß sie sich gegen ihre Demütigung nicht wehren können. Bei meinem Nachdenken über die Verfluchung durch die „Dichterin der Gosse"[339] hatte ich die Schwierigkeit, mich aus den Angeklagten und Verfluchten nicht ausschließen zu können, weil ich nicht zu den „Verrückten, so rein, so mißhandelt" gehöre.

Studentinnen und Studenten, denen ich diesen Text vorgelegt hatte, äußerten eine andere Schwierigkeit. Wie paßte die Härte dieser Verfluchung mit ihrer Ankündigung sogar einer inneren Verhärtung – „nun kommt die Zeit, in der ich nicht mehr weinen werde" – zu der Fähigkeit zum Empfinden, durch die sich die Gedemütigten selber charakterisieren? Findet sich die Gewalttätigkeit des verfluchten „du" nicht auch in dem Schrei der Fühlenden? Sie wären damit nicht mehr „unschuldig". Der Einwand war wie ein Versuch, sich der Verfluchung zu entziehen. Diese bezieht jedoch ihre Kraft, ihr Recht, nicht aus der Unschuld der Leidenden, sondern aus ihrem Leiden.

Aus diesem Grund scheint es mir unmöglich zu sein, daß wir Anklage und Verfluchung aussprechen wie die Armen; denn von der Gewalt, die sie vernichtet, sind wir nicht betroffen. Aber wir sind von der Frage nach unserer Beteiligung am Unglück der Armen betroffen.
Wir müssen, wenn wir in ihre Klage und Anklage einstimmen, unsere eigenen Worte finden, die auf jene Frage antworten. Wenn wir Anklage erheben gegen diejenigen, die Arme verletzen, entwürdigen, zerstören, ausrotten, töten – oder auch nur nicht ansehen und ohne Anhörung verurteilen – werden wir, wegen fehlender eigener Betroffenheit, in der Kraft unserer Anklage hinter den Armen zurückbleiben; aber unsere Anklage darf nicht von der Rücksicht auf uns selber geschwächt werden. Unser Wissen von historischen und aktuellen Zusammenhängen darf unsere Anklage nicht entschärfen. Die scheinbare Eigengesetzlichkeit großer Zusammenhänge, von der wir mehr zu wissen meinen als Arme, dürfen wir nicht zu unserer Entlastung heranziehen, sondern sie muß uns gerade zwingen, unsere Analyse zu verschärfen und weiterzugehen in der „Verfluchung" als die Armen.

Das Leiden ist es, das den Armen das Recht, die Kraft zu der Anklage gibt, die sie erheben. Aber die Anklage, die Verfluchung kosten auch Kraft. Sie zehren an der Energie, die die Armen zum Leben brauchen. Je unmöglicher die Bedingungen sind, in denen sich Arme ihr Leben Tag für Tag erkämpfen, desto mehr sind

---

[339] Siehe oben S. 139-141.

sie gezwungen, ihre Kräfte in der einen Anstrengung des bloßen Lebens zu sammeln wie in großer Trockenheit einen begrenzten Vorrat Wasser, von dem man keinen Tropfen verschwenden darf. Klage, Anklage, Verfluchung erscheinen dann wie eine Verschwendung kostbarer Lebensenergie. Darum geschieht es so selten – im Verhältnis zu der massenhaften Unterdrückung – daß Arme ihre Stimme erheben und Anklage und Verfluchung laut werden lassen. Und darum ist es so notwendig – wenn wir uns von der Vorliebe für Arme bewegen lassen – daß wir unsere Stimme mit der ihren verbinden und ihre Klage und Anklage verstärken. Ebenso notwendig, oder sogar noch wichtiger, ist dies in bezug auf die Hoffnung der Armen.

9.2.2.2 Eintritt in die Hoffnung auf die Herrschaft der Freiheit

Die Armen sind uns in der Hoffnung überlegen; und zugleich sind sie angewiesen darauf, daß wir ihre Hoffnung stärken. Wenn wir die Hoffnung der Armen unterstützen, ist es wichtig zu wissen, daß nicht wir es sind, die ihnen „Hoffnung bringen", sondern daß wir in ihre Hoffnung eintreten wie in eine Schule. Um zu wissen, was es heißt, an der Hoffnung der Armen teilzuhaben – und sie durch unsere aktive Teilhabe zu unterstützen – müssen wir uns ihre Hoffnung zuerst zeigen lassen.

Was ich an anderer Stelle von der Hoffnung der Armen gesagt habe[340], werde ich hier aufnehmen und vertiefen. Dabei möchte ich die Hoffnung, die die Armen für sich selber haben, und die Hoffnung, die sie für andere haben, zunächst unterscheiden.
Die Armen hoffen auf die Veränderung ihrer eigenen Situation. Diese Hoffnung ist wie ein Warten, ein nach vorn gerichtetes, aktives, ein hartnäckiges, kämpferisches Warten, das seine Wurzeln in der Erinnerung hat. Die Armen hoffen genauso darauf, daß sich in anderen, die von Krankheit, Unglück, Unterdrückung gezeichnet sind, das Leben gegen den Tod durchsetzt. Diese Hoffnung, die dem Sieg des Lebens im anderen gilt, habe ich als ein Weitersehen beschrieben. Beide Gestalten der Hoffnung gehören eng zusammen. Bevor ich auf ihren Zusammenhang eingehe, möchte ich noch einmal eine jede kurz beschreiben und nach ihren Ursprüngen fragen.

Die Hoffnung, die die Armen für sich selber haben, richtet sich nach vorn, auf eine bessere Zukunft, öffnet die Gegenwart, und holt sich dafür Kraft im Rückbezug auf die Vergangenheit.
Menschen, die um ihr Leben kämpfen und am Ende ihrer Kräfte sind, wissen, daß ihre Befreiung nicht von ihnen selber her kommt. Ihre Hoffnung auf Befreiung ist zugleich ein Ausschauhalten nach dem „guten Vater", der ihnen ihr Leben jeden Tag aufs neue schenkt. Ihre Hoffnung ist Warten auf den befreienden Gott. Als ein solches Warten ist die Hoffnung der Armen eine ungeheure Kraftanstrengung, „eine Verausgabung von Leben um des Lebens willen"[341].

---

[340] Siehe oben S. 158-162.

[341] P. Beauchamp: Psaumes nuit et jour, a.a.O., 56; vgl. oben S. 274-276.

Denn alles spricht gegen diese Hoffnung.
Die Gegenwart scheint keine Anhaltspunkte für das Ankommen eines Gerechtigkeit herstellenden Gottes und seiner Herrschaft zu bieten. Die Sichtbarkeit der Unterdrückung stellt einen ungeheuren Widerstand dar, an dessen Überwindung sich die Hoffnung abmüht. Sie ist eine „verrückte" Hoffnung, „gegen alle Hoffnung", nämlich gegen alles vorsichtige, vernünftig begründete Für-möglich-halten in meiner „anderen Kultur".
Es ist eine Hoffnung, die ihre Kraft aus der Erinnerung holt. Die Hoffnung der Armen stammt aus einer positiven Erfahrung, aus der dankbaren Erinnerung an das Wunder des noch einmal geschenkten Lebens – wobei sich dieses „Wunder" auch der Fähigkeit zur Verwunderung verdankt. Die Mitte der Hoffnung, die aus der Erinnerung kommt, ist die immer gegenwärtige Bereitschaft, über das Leben zu staunen – und zwar auch dann zu staunen, wenn es uns in meiner „anderen Kultur" völlig selbstverständlich und nicht erstaunenswert erscheint: wenn auf die Nacht ein Tag folgt, wenn Schmerzen nachlassen und eine Krankheit ihren Einfluß nicht mehr geltend macht, wenn umsonst geschenkte Liebe und Zärtlichkeit eine Beziehung bestimmen, wenn Nachbarn in einer Notlage einfach da sind und zusammenarbeiten. Die Bereitschaft, solche unscheinbaren Siege des Lebens zu entdecken, äußert sich in ihrem dankbaren Erinnern und Weitererzählen.

Sowohl das hartnäckige Herbeiwarten einer besseren Zukunft, mit dem die Gegenwart offengehalten wird, als auch die Erinnerung, die dankbar die Wunder der Vergangenheit erzählt, haben ihren Grund in einem Vertrauen, das seinerseits unerklärlich ist. Oft sprechen es die Armen nur mit dem einen Satz aus: „Gott ist größer." Das Vertrauen auf den „größeren Gott" begründet das Warten auf die von ihm her zukommende Befreiung – und begründet das erinnernde Wiedererkennen seines Leben schenkenden Wirkens in der Geschichte. „Weitersagen, daß Gott ein guter Vater ist": so hieß es in einer der winzigen Geschichten[342].
Zu ihrem Vertrauen in den „guten Vater" hat die Frau, die es nicht nur verborgen in der eigenen Tiefe weiß, sondern es auch bekannt machen und weitersagen will, von außen gesehen, kaum einen Grund. Ihr Vertrauen ist ein Geschenk: Gabe des Geistes. Der Geist ist im Stöhnen der Schöpfung gegenwärtig, die auf das Offenbarwerden der Freiheit der Kinder Gottes wartet – und genauso im erschöpfenden Warten, in der „verrückten" Hoffnung der Armen. Das bezeugen die Armen, indem sie den Geist – „o divino" – als die zuinnerst zu ihnen gehörige, nicht zu leugnende oder zu raubende, nur oft von ihnen selber vergessene Kraft wissen.

Noch ein Wort zur Stärke der Hoffnung, die die Armen für sich selber haben – und zu ihrer Angewiesenheit darauf, gestärkt zu werden.
Wenn Arme die scheinbar so selbstverständliche Gabe des Lebens feiern und auch dort, wo die Kräfte des Todes übermächtig sind, den Leben schenkenden „guten Vater" erinnern, weisen sie darauf hin, daß ihre ungesicherte Hoffnung

---
[342] Siehe oben S. 126.

stärker ist als unsere abgesicherte und zugleich in Ängsten und Mutlosigkeit oft verkümmernde „Hoffnung"[343]. Und sie ist nicht nur stärker als unsere Hoffnung, sie ist auch stärker als die alltäglich ihr Leben verringernde und vernichtende Unterdrückung[344]. Die Hoffnung der Armen auf die Herrschaft der Freiheit läßt diese in den vielfältigen winzigen Gesten der Hoffnung schon siegen.
Es ist jedoch ein ständig bedrohter Sieg. Die Unterdrückung ist mächtiger; und sie ist schon allein deswegen mächtiger, weil sie sichtbar ist. Zur sichtbaren und schmerzlich spürbaren Unterdrückung, Verachtung und Verfolgung kommt der Hohn der Unterdrücker und Verfolger hinzu: „Er hofft auf Gott – soll der ihm doch helfen!" In der Verunsicherung und Bedrohung der Hoffnung der Armen im Sinne ihres kämpferischen Wartens kommt ihnen an erster Stelle jene Hoffnung zu Hilfe, die andere Arme für sie haben – die ich jetzt als ein Weitersehen beschreiben möchte.

Angesichts eines heruntergekommenen Armen, der nicht mehr das Bild eines Menschen bietet, gibt es Freundinnen und Freunde, die ihm nahebleiben, die „weitersehen" als sein hoffnungsloses Äußeres und beharrlich an seine Kräfte zur Erneuerung und Veränderung glauben, obwohl diese Kräfte verschüttet sind. Ihre Hoffnung ist eine visionäre Kraft. Was ist es anders als eine Vision, wenn durch eine vom Alkohol zerstörte Gestalt hindurch ein Mensch gesehen wird, der seine Schönheit, seine Intelligenz, seine körperlichen und geistigen Kräfte zurückgewinnen wird? Wenn durch eine abhängige und kriminelle Jugendliche hindurch eine junge Frau erkannt wird, die verantwortlich mit-sorgt und belastungsfähig ist? Wenn durch stumme und sich selbst verachtende Frauen hindurch selbstbewußte und kritische Wortführerinnen gesehen werden?

Woher kommt diese Kraft des Weitersehens? Menschen, die sie haben, geben dem Geist in sich Raum. Im Geist Gottes erkannten die Jünger im Gekreuzigten den Auferstandenen. Im Geist Gottes erkannten sie, daß das Scheitern ihrer Hoffnungen zugleich die Geburt einer neuen Hoffnung bedeutete: der Hoffnung auf den Sieg einer nicht rechnenden, sich verschwendenden Liebe.
Aus der Bibel sind uns Szenen vertraut, in denen ein Mensch weitsichtig, wie in einer Vision, erkennt, wer der andere ist[345]. Dabei ist nicht immer von einer Vision die Rede, manchmal auch von dem Jubelschrei, der das begeisterte Erkennen begleitet[346]. Der Geist selber ist es, der das verborgene Leben in einem Menschen, seine verborgene Wahrheit, seine verborgene Größe – den in ihm verborgenen Geist Gottes erkennt. Ist es nicht auch der Jesus innewohnende

---

[343] Siehe oben S. 158.

[344] Für Sobrino „sind es die Armen, die das ‚Gegen' der Hoffnung konkret werden lassen: Es ist die gegenwärtige Unterdrückungssituation, das Antireich. Die Hoffnung auf das Reich verwirklicht sich als aktive Hoffnung, trotz des Antireiches und gegen dieses." J. SOBRINO: Die zentrale Stellung des Reiches Gottes in der Theologie der Befreiung, a.a.O., 492/493.

[345] Adam erkennt in dem Lebewesen, das er beim Erwachen an seiner Seite vorfindet, die Gefährtin, deren Gegenwart er begehrt und die er unter den Tieren vergeblich suchte: vgl. Gen 2,23. Simeon erkennt in Jesus Gottes „rettendes Tun": vgl. Lk 2,30.

[346] „... und Elisabeth wurde voll heiligen Geistes. Und sie rief mit gewaltigem Schrei und sprach: Du Gepriesene unter den Frauen! Gepriesen auch die Frucht deines Leibes!" Lk 1,41b-42.

Geist, der ihn in den Habenichtsen die Besitzenden des Reiches Gottes, in den Hungrigen die Gesättigten, in den Weinenden die Lachenden und in den Verfolgten die mit Gottes Freiheit Belohnten sehen läßt?[347]
In der weitersehenden Hoffnung der Armen, die noch dort, wo allein der Tod zu herrschen scheint, die Vision verborgenen Lebens vor Augen haben, und in der weitersehenden Hoffnung Jesu, der den Armen das Reich Gottes verkündet, ist derselbe Geist wirksam.

Den Ursprung der erinnernden und erwartenden Hoffnung der Armen, die ein besseres Leben in Gerechtigkeit und Freiheit herbei-warten, sehe ich im Vertrauen auf den größeren Gott, den Vater, der Leben schenkt – wobei dieses Vertrauen aus dem Geist des „guten Vaters" selber stammt. Den Ursprung der weitersehenden Hoffnung erkenne ich in der Empfänglichkeit für den Geist Gottes, der kein anderer ist als der Geist, der Jesus innewohnt. Beide Gestalten der Hoffnung haben also einen und denselben Ursprung im Geist. Sie nähren sich aus dem Vertrauen auf den Vater und die von ihm her zukommende Herrschaft der Freiheit; und darin ähneln sie der Hoffnung Jesu.
Das läßt es als angezeigt erscheinen, nach ihrem weiteren Zusammenhang zu fragen und zugleich den Zusammenhang zur Hoffnung Jesu zu berücksichtigen. Dabei werde ich mich von drei Perspektiven leiten lassen: dem Bezug zur Zeit – zur Vergangenheit, zur Gegenwart und zur Zukunft; dem Bezug zum anderen; und dem Bezug zum Wort, der zugleich ein Bezug zum Leib ist.

Sowohl die erinnernde und erwartende – als auch die weitersehende Hoffnung haben einen kritischen und kreativen Bezug zur Zeit. In ihrer Erinnerung der Wunder des noch einmal geschenkten Lebens schaffen sie die Vergangenheit neu – sie schönen sie nicht, sie stellen eine Verbindung her, in der die Vergangenheit lebendige Wirklichkeit ist, nämlich wirksam wird für das Leben in der Gegenwart. In ihrer Er-wartung, ihrem Herbei-warten neuen Lebens durch den Vater, der Leben schenkt, bezeugen die Armen, daß die Offensichtlichkeit und Allgegenwart der tödlichen Unterdrückung für sie nicht alles ist. Sie halten die Gegenwart offen für das Ankommen einer anderen Zukunft.
Ihr „Weitersehen als sie sind" bedeutet nicht, daß sie über die Gegenwart hinwegsehen. Es setzt voraus, daß sie einander in ihrer gegenwärtigen Verfassung sehr wohl ansehen – obwohl diese Gegenwart so bedrückend ist, daß man sie eigentlich „nicht mit ansehen kann". Aber in ihrer Aufmerksamkeit für eine Gegenwart, von der man den Blick schnell abwenden möchte, gelingt es ihnen zugleich, weiterzusehen.
Solch kritisch befreiender Bezug zur Gegenwart ist insofern „unmöglich", als es nichts in der sichtbaren Gegenwart zu geben scheint, was ihn möglich macht. Diese „Unmöglichkeit" hat die Hoffnung der Armen gemeinsam mit der Hoffnung Jesu. Eine ähnliche „unmögliche" Befreiung liegt in dem Jubel Jesu, der die Armen ansieht in ihrer schier grenzenlosen Bedürftigkeit – und sie zugleich vorausschauend als solche preist, die das Reich Gottes besitzen werden.

---

[347] Vgl. Lk 6, 20-22; Mt 5,2-12.

Ein Unterschied zwischen der Hoffnung der Armen und der Hoffnung Jesu zeigt sich – zumindest auf den ersten Blick – beim Bezug zur Zukunft.
In ihrer eine andere Zeit herbei-wartenden Hoffnung wird deutlich, daß für die Armen die Zukunft nicht in erster Linie aus ihrer eigenen Anstrengung hervorgeht. Für sie ist sie vielmehr etwas, was ihnen von Gott, der größer ist, her zukommt – ähnlich wie, nach dem biblischen Zeugnis, einzelne Menschen in anderen eine Zukunft schauen, die diesen Menschen nicht von ihnen selber her, sondern vom Schöpfer, vom Herrn, vom Befreier her zukommt[348]. Dabei wird ihre Zukunft immer als eine gesehen, die sich *in dieser Zeit* verwirklicht. Dagegen sieht Jesus in den Armen, den Hungernden und Weinenden und in den Verfolgten eine Zukunft, die zwar in ihm selber schon angebrochen ist, die sich aber ganz erst in der „Endzeit", die keine „Zeit" mehr ist, verwirklichen wird.

Beim zweiten Hinsehen erkennt man jedoch, daß hier kein Unterschied liegt. Denn die endzeitliche Wirklichkeit des Reiches Gottes, und noch konkreter: die Wirklichkeit ihrer persönlichen Auferstehung in einem Leib, in dem „das Sterbliche vom Leben verschlungen" wurde (2 Kor 5,4), ist für die Armen von entscheidender Bedeutung. Ihre Vision des Menschen, der in dem physisch, psychisch und sozial Heruntergekommenen verborgen ist, erinnert mich daran, daß die Jünger im Gekreuzigten den Auferstandenen erkennen. Es ist, wie wenn die Armen einen Menschen, um dessen Leben niemand mehr etwas gibt, im Licht einer Wirklichkeit sehen, die sich jenseits der sichtbaren Gegenwart befindet und deren Licht gewissermaßen auf diese zurückleuchtet.
Der Geist ist es, der die Fähigkeit schenkt, in einer menschlichen Ruine Schönheit und Anziehungskraft zu entdecken. Denn es ist nur der Geist Gottes im Menschen, der im anderen die in ihm verborgene einmalige Gestalt des Geistes Gottes erkennt. Indem die Armen an den Sieg des Unsichtbaren über das Sichtbare glauben, geben sie dem Geist Gottes in sich Raum – dessen „Erstlingsfrucht" die Ahnung von eben diesem Sieg ist[349]. „Im Geist"[350] glauben die Armen daran, daß die Güte und Schönheit eines Menschen nicht für immer in der Entstellung durch seine Armut verborgen bleiben, sondern daß seine unsichtbare Wahrheit „aufersteht" und in überwältigender Weise offenbar – in ungeahnten Aspekten sichtbar und berührbar wird. Dieser Glaube macht die Kraft des Weitersehens verständlich, mit der die Armen einander zu Hilfe eilen.

Der Bezug zum anderen erscheint als Eigentümlichkeit der weitersehenden Hoffnung, die sie von der erinnernden und erwartenden Hoffnung unterscheidet, sofern diese sich zunächst auf die eigene Geschichte und Zukunft, und nicht auf

---

[348] So erkennt Adam in seiner Frau die „Mutter aller Lebenden" (Gen 3,20); Elisabeth erkennt in Maria die „Mutter meines Herrn" (Lk 1,43); und Simeon erkennt in Jesus Gottes „rettendes Tun" (Lk 2,30).

[349] Siehe oben S. 225.

[350] Ignacio Ellacuría gibt die Armen „im Geist" als Arme „mit Geist" zu verstehen: vgl. I. ELLACURÍA: Die Seligpreisungen als Grundgesetz der Kirche der Armen, in: G. Collet (Hg), Der Christus der Armen, Freiburg 1988. Jon Sobrino führt Ellacurías Gedanken weiter und erkennt eben in der verrückten Hoffnung, in der die Armen der Wirklichkeit gegenübertreten, einen „Akt des Geistes": vgl. J. SOBRINO: Geist, der befreit, Freiburg 1989, 61.

die des anderen bezieht. Zwischen beiden Gestalten der Hoffnung besteht aber eine enge wechselseitige Verbindung.
Für die Armen gilt: Die Hoffnung, die sie für sich selber leben, indem sie die Wunder des immer neu geschenkten Lebens in der eigenen Geschichte erinnern – diese Hoffnung ist es, die sie auch für andere haben; und ihr gegen die Verschlossenheit der Gegenwart ankämpfendes Herbeiwarten einer anderen Zukunft lebt von anderen, die ihnen mit ihrer weitersehenden Hoffnung zu Hilfe kommen. An Jesus wird deutlich, daß die Hoffnung, die er für andere verkündet, in der Hoffnung gründet, die er für sich selber hat. Damit zeigt sich Hoffnung – wesentlich und notwendig – als ein Tun-in-Gemeinschaft. Als solches hat sie einen Bezug zum Wort.

Der Bezug zum Wort scheint zuallererst, und ganz besonders, zu der das Wunder des Lebens erinnernden und erwartenden Hoffnung der Armen zu gehören. Sie lebt im Erzählen. Die Verwunderung über die Widerständigkeit des Lebens macht sich im Sprechen Luft; und die sich aussprechende Verwunderung stärkt Vertrauen und Hoffnung bei den Hörenden und bei jenen selber, die ihre Geschichte erzählen. Das gehört wesentlich zur „Kultur des Sprechens", die ich bei den Armen gefunden habe[351].
Aber auch die durch die Offensichtlichkeit des Todes hindurch weitersehende Hoffnung der Armen bleibt keineswegs stumm. Die Armen sprechen einander die Zukunft zu, die sie füreinander erwarten, und das Gespräch miteinander vergeht nicht ohne ein Wort von der Vision einer gemeinsamen besseren Zukunft – mag dieses Wort noch so zögernd, im Kampf gegen die durch eine massiv widersprechende Gegenwart zugefügten Schmerzen ausgesprochen werden.

Im Bezug zum Wort zeigt sich ein Unterschied zwischen der Hoffnung der Armen und der Hoffnung Jesu. Jesus findet ein öffentliches, für alle Zeiten anstößiges Wort für seine Hoffnung. Diese ist dadurch nicht nur eine „unsichere", nämlich durch die Gegenwart nicht abgesicherte Hoffnung. Vielmehr wird Jesu Hoffnung durch sein Wort zur sicheren Verheißung einer endzeitlichen Wirklichkeit, nämlich zur Verkündigung des Reiches Gottes für die Armen. Sofern diesem „vollmächtigen Wort" (Lk 4,32) letzten Endes die Vollmacht der Auferstehung Jesu anhaftet, steht es Menschen nicht zur Verfügung. Auch wenn die Armen es nicht selber sagen können – so lassen sie es sich jedoch sagen.
Auch dieser Bezug zum Wort ist für die Hoffnung der Armen wesentlich. Die Armen glauben an das Wort Jesu vom Reich Gottes, an seine Verheißung der Herrschaft der Freiheit für die Armen. Und sie glauben an das Wort, das Jesus selber ist. Sie glauben an die Stärke dieses Wortes, gerade weil es die Gegenrede seiner Unterdrücker nicht zu übertönen versuchte, sondern ihr im Schweigen widerstand. Sie glauben an den Sieg des vollmächtigen Wortes Jesu, gerade weil es sich dem Schweigen anvertraut. Und so glauben sie an den Sieg ihrer eigenen durch nichts abgesicherten Hoffnung und an die Stärke ihres eigenen Wortes, in dem ihre Hoffnung lebt, auch wenn es mit Leichtigkeit zum Verstummen gebracht werden kann.

---

[351] Siehe oben 3.2.1.2: „Kultur des Sprechens" (S. 93-96).

An der Person Jesu zeigt sich, daß der Bezug zum Wort untrennbar ist vom Bezug zum Leib: das Wort ist in ihm Fleisch geworden. Für die Armen gibt es nichts Sprechenderes als den von den Schmerzen der Folterung und Kreuzigung gezeichneten Leib Jesu, in dem sein Schweigen Fleisch geworden ist.
Ähnliches gilt für die Armen selber. Ihr eigener Körper[352] „spricht" um so stärker, je größer ihr Leiden ist und je stummer sie durch dieses Leiden werden. So sehr die Hoffnung der Armen eine sprechende, eine erinnernd und erwartungsvoll erzählende und im wechselseitigen Zuspruch sich verwirklichende Hoffnung ist, so sehr ist sie eine inkarnierte Hoffnung, eine Hoffnung, die nicht nur im übertragenen Sinne Fleisch wird in ihrem alltäglichen kämpfenden Widerstehen, sondern die sich auch leibhaft zeigt in der erstaunlichen Kraft, Anmut und Beweglichkeit ihrer Körper. So sehr die Hoffnung der Armen aus dem Glauben an das von Jesus gesprochene und in ihm Fleisch gewordene Wort lebt, so sehr lebt sie schließlich auch von dem Glauben an die Zeugniskraft ihrer eigenen „stigmatisierten" Körper und an die Befreiung ihrer Körper von den Fesseln der Demütigung und den Spuren skrupelloser Ausbeutung.

Die dreifache Perspektive – des Bezugs zur Zeit, als Vergangenheit, Gegenwart und Zukunft, des Bezugs zum anderen und des Bezugs zum Wort und zum Leib – läßt erkennen, in welcher Weise sich die Hoffnung der Armen verwirklicht. Wenn wir in die Schule der Armen eintreten, um an ihrer Hoffnung teilzuhaben – und sie durch unsere aktive Teilhabe zu unterstützen – werden wir Hoffnung in dieser dreifachen Perspektive erlernen und einüben.

Wir werden daran arbeiten, einen ähnlich kritischen und kreativen Bezug zur Zeit zu bekommen wie die Armen. Wir werden uns die Gabe der Verwunderung und der dankbaren Freude über die Vergangenheit schenken lassen, die uns hergebracht hat ins Jetzt.
Dieses Jetzt werden wir anders sehen lernen. Wir werden nicht nur Augen für das Offensichtliche haben, und das Selbstverständliche wird uns unselbstverständlich werden. Wir werden unseren Blick auch dort nicht abwenden, wo die Gegenwart allzu bedrückend erscheint. Und in der liebenden Aufmerksamkeit auch für das, was man „nicht mit ansehen kann", werden wir lernen, weiterzusehen als wir sind, und die so aussichtslose Gegenwart eines oder vieler Menschen für ihre Veränderung offenhalten. Wir werden darauf verzichten zu meinen, diese Veränderung müsse allein vom Einsatz all unserer Kräfte herkommen.
Wir werden sie von dem herbei-warten, von dem alles Leben herkommt. Und in diesem Herbei-warten einer besseren Zukunft werden wir unsere Kräfte verschwenden. Unsere Vision der erwarteten Veränderung für einen Menschen und für viele wird zeigen, ob wir dem Geist in uns Raum geben und an die Auferstehung der Toten glauben. Nur im Glauben an den Sieg des Unsichtbaren über das Sichtbare und an das Offenbarwerden der Herrlichkeit der Töchter und Söhne Gottes werden wir die Kraft des Weitersehens finden.

---

[352] Wenn ich von ihren Gesichtern schreibe, so meine ich diese auch stellvertretend für ihre ganze Leiblichkeit.

Diese Kraft werden wir in der Beziehung zum anderen einsetzen. Wenn die eine oder der andere keine Hoffnung mehr hat und bereit ist, sich in ihrer Not selber aufzugeben, werden wir ihr oder ihm zu Hilfe eilen. Wir werden einander mit der erinnernden und erwartenden, mit der weitersehenden Hoffnung begleiten: Eine wird – im Geist – die Freiheit, die Güte und die Schönheit der anderen sehen, die diese selber nicht sehen kann. Gemeinsam werden wir uns, wenn wir in unserer Hoffnung sicherheitsbedürftig und schwach werden, von den Armen begleiten und von ihrer völlig ungesicherten und verrückten Hoffnung herausfordern lassen.

Wir werden ernst nehmen, daß die Hoffnung nur im Wort und im Glauben ans Wort lebendig bleibt. Das Sprechen und das Er-hören auch jenes Sprechens, das im Schweigen geschieht, werden wir von den Armen lernen. Wir werden einander unsere Entdeckungen eines gar nicht selbstverständlichen Lebens mitteilen. Wir werden uns die Wunder unserer eigenen Lebensgeschichten erzählen lernen. Wir werden einander die Gewißheit zusprechen, daß das Schwache siegen und die Freiheit herrschen wird. Der Verzweiflung eines anderen – und noch mehr seinem oder ihrem „Realismus" – werden wir widersprechen, weil wir an das „vollmächtige Wort" Jesu glauben, das gerade in der Ohnmacht seines Schweigens als stärker erwiesen wurde.

Wir werden der Leib-haftigkeit unseres Sprechens und unserer im Sprechen lebenden Hoffnung größere Aufmerksamkeit schenken. Wir werden uns zu einer Hoffnung herausfordern lassen, die unseren eigenen Leib und den Leib der uns verbundenen Menschen, und genauso den Leib der Hungernden, der Weinenden und Verfolgten, der Armen, betrifft. Wir werden nicht stumm bleiben, wenn uns die Armen danach fragen, was für uns die „Auferstehung des Fleisches" bedeutet. Wir werden ihre Hoffnung, in die wir als Lernende eingetreten sind, festigen, indem wir sie ihnen zurückgeben und antworten, daß wir an ein Leben nach dem Tod glauben, in dem nicht nur unser Geist, sondern genauso unser Körper neu sein wird.
Wie sollten wir sonst in der „Freiheit der Kinder-Gottes-Herrlichkeit" (Röm 8,21) offenbar werden? Wie sollte der Widerspruch entfernt werden, „das Gesetz" der Entfremdung der schöpferischen Freiheit aufgehoben und das Leiden aus der Wirklichkeit entfernt werden, wenn dies alles nicht in der leiblichen Wirklichkeit geschieht? Wir werden mit den Armen auf die Wiederherstellung ihrer Würde im Geist und im Leib – wir werden mit den Unansehnlichen, den Verletzten und Zerstörten auf das Offenbarwerden ihrer überwältigenden Schönheit hoffen, und gerade in dieser Hoffnung die Kraft haben, unseren Beitrag zur Veränderung der Wirklichkeit an der Seite der Armen jetzt zu leisten.

9.2.2.3 Konsequenzen für eine pastorale Praxis

Vielleicht erlaubt es die an einen Schluß geknüpfte Erwartung möglichst „praktischer Konsequenzen", hier noch einen Schritt weiterzugehen. Was ich bisher von der Hoffnung gesagt habe, betrifft die persönliche Arbeit jedes einzelnen von uns mit sich selber und mit denen, die ihm und ihr nahestehen. Aber wie steht es mit jener Arbeit an unserer gemeinsamen Hoffnung, die wir „Pastoral" nennen? Läßt sie so etwas wie einen gemeinsamen Lernprozeß zu? Bestimmende Perspektive des letzten Abschnitts war die Solidarität mit den Armen auf der Basis eines Lernens von den Armen. Voraussetzung dabei ist, daß das Lernen voneinander und miteinander, und auch das Lernen von den Schwächeren in der Arbeit an unserer gemeinsamen Hoffnung vorgesehen ist. Dies scheint jedoch nicht in jedem Verständnis von Pastoral der Fall zu sein.

Es ist schwer, voneinander zu lernen, wenn Pastoral als ein ideelles und teilweise auch materielles Angebot verstanden wird, für das die Bedürfnislage erforscht werden muß, um die Nachfrage und den Absatz zu verbessern. Angesichts dieses Verständnisses, das mir in Deutschland begegnete, wurde mir erst bewußt, was die pastorale Praxis kennzeichnete, die ich in Brasilien kennengelernt hatte. „Pastoral" war in den Sektoren der katholischen Kirche, in denen ich in Brasilien gearbeitet hatte, immer ein Prozeß in drei Schritten gewesen.

Zuerst galt es, mit den Menschen in ihrer konkreten Realität zu leben, um – mit ihnen – zu sehen, was die Merkmale ihrer Realität sind: die Schwierigkeiten, Nöte, Engpässe ihres Arbeits- und Familienlebens, und auch ihre erkämpften Lösungen, ihre Überlebensstrategien und ihre Kunst des Widerstehens.

Dann galt es, im Austausch vieler sehender Menschen den Blick auf die Realität zu vervollständigen und diese, gemessen an dem im Glauben bezeugten Willen Gottes für alle Menschen und an ihrem Recht auf ein menschenwürdiges Leben, zu beurteilen.

Schließlich verlangte die Auswertung und Beurteilung des Gesehenen das gemeinsame Handeln zur Veränderung der Realität, und dafür als ersten Schritt das sorgfältige Erstellen einer Liste von Zielen und die überlegte Entscheidung der vorrangig anzugehenden Veränderung. Beispielsweise war eine solche Priorität 1984 für die Diözese in São Miguel Paulista das Problem des fehlenden Wohnraums.

Allgemein charakterisierten die pastorale Praxis, mit der ich in Brasilien vertraut wurde, drei Dinge: die Geduld mit einem langen und oft sehr langsamen Prozeß der Veränderung innerer und äußerer Realitäten, die durch nichts zu erschütternde Überzeugung, daß das Ziel der aktiven Teilnahme möglichst vieler nur auf dem Weg ihrer aktiven Teilnahme erreichbar ist – auch wenn dieses grundlegende Prinzip der „participação" den Prozeß der Veränderung nicht beschleunigte, sondern manchmal sogar zu verlangsamen schien – und die kleinen Gemeinschaften, in denen die aktive Teilnahme am wechselseitigen Lernen und Lehren im Glauben, in der Hoffnung und in der Liebe gelebte Wirklichkeit ist.

Gemeinsames Sehen – gemeinsames Urteilen – gemeinsames Handeln: bei diesem Prozeß, an dem viele in kleinen Gruppen teilnehmen, stehen nicht einige „Produzenten" religiöser, kultureller Angebote einer Menge von „Konsumenten" gegenüber. Die Verantwortlichen beteiligen sich zwar mit spezifischen Beiträgen: mit Geduld und Weitsicht, um den Prozeß des Sehens, des Urteilens und

des Handelns voranzutreiben; mit Planung und Organisation, um die Teilnahme möglichst vieler zu ermöglichen. Aber ihr besonderer Beitrag zum pastoralen Prozeß bedeutet nicht, daß sie Angebote machen für die Bedürfnisse einer Schar potentieller Abnehmer. Zwei Eigenarten bewahren sie davor.
Sie beginnen mit dem Hinsehen, und entdecken bei den Mittellosen und Schwachen selber Fähigkeiten zur Verwandlung ihres bedrohten Lebens. Und das Entdecken und Anknüpfen an dieser eigenen schöpferischen Begabung gerade der Allerletzten führt zu dem beschriebenen gemeinsamen pastoralen Prozeß, der von der aktiven Teilnahme vieler bestimmt ist.
Sie leben in kleinen Gemeinschaften, in denen sie ihre Seh- und Urteilskraft erneuern und immer wieder Mut zum Handeln schöpfen. Erfahren im Unterwegssein in ihren eigenen Gemeinschaften, können sie die Bildung von Gruppen und kleinen Gemeinden anregen und diese begleiten.

Dabei ist die Zahl derer, die sich im Lernprozeß solcher Gruppen und Gemeinschaften aktiv engagieren, nicht groß. Vielen ist der Prozeß zu aufwendig, oder er interessiert sie einfach nicht. Unter diesen wiederum suchen nicht wenige die Verantwortlichen in der Pastoral um traditioneller Dienstleistungen willen auf. Die Pastoral im Sinne bestimmter Angebote, die auf religiöse Bedürfnisse antworten, existiert also auch – allerdings nur komplementär zu den kleinen Gruppen, in denen die aktive Teilnahme aller an einem wechselseitigen Lernprozeß im Glauben geübt wird.

Eine solche Praxis von Pastoral, in der das Miteinander- und Voneinanderlernen und die alltägliche Verwirklichung dieser aktiven Teilnahme in kleinen Gemeinschaften konstitutive Elemente sind, bildet die Voraussetzung dafür, daß wir in die Schule der Hoffnung der Armen eintreten und von ihnen lernen.
In Frankreich wurde von der Bischofskonferenz ein Lernprozeß auf nationaler Ebene mit einem „an das ganze Volk der Getauften gerichteten Aufruf" zur umfassenderen Teilnahme und Teilhabe an dem „uns belebenden Glauben" eingeleitet[353]. Dabei geht es zunächst darum, „die wirkliche Situation des gelebten Glaubens in aller Klarheit zu erfassen"[354]. Hier in Deutschland habe ich kleine Gruppen von Ordensleuten und Laien kennengelernt, die sich auf das Experiment eines offenen Prozesses des Miteinanderlernens in einer jeweiligen Realität einlassen und den langen Atem für einen solchen Prozeß daraus ge-winnen, daß sie in Gemeinschaften leben und arbeiten[355].
Eine pastorale Praxis, die sich vom Sehen und Hören zum Lernen und je neuen Handeln leiten läßt, scheint mir entscheidend zu sein, um das theologische Gespräch mit eigenen Erfahrungen, das ich mit diesem Buch beginnen wollte, weiterzuführen.

---

[353] Conférence des Évêques de France: Proposer la foi dans la société actuelle I, Paris 1994; Proposer la foi dans la société actuelle II, Paris 1995; Proposer la foi dans la société actuelle III, Lettre aux catholiques de France, Paris 1996.

[354] Lettre aux catholiques de France, a.a.O., 13 und 16.

[355] Es handelt sich um die „Gastkirche" in Recklinghausen. Vgl. N. METTE: „Steh auf und geh in die Stadt; dort wird dir gesagt werden, was du tun sollst" (Apg 9,6), in: M. Krüggeler u.a. (Hg), Löscht den Geist nicht aus! Leidenschaft für das Neue, München 1991, 198-211.

LITERATURVERZEICHNIS

ALMEIDA, R. de: Art. Armut – B. Aus der Sicht der Theologie der Befreiung, in: P. Eicher (Hg), Neues Handbuch theologischer Grundbegriffe I, München 1984, 37-61

ASSMANN, H.: Die Götzen der Unterdrückung und der befreiende Gott, Münster 1984

Associação dos Sem Terra da Zona Leste / Região São Miguel: Memória de uma caminhada – Terra e Moradia, São Paulo 1992

AUGUSTINUS: De Trinitate – La Trinité (Bibliotèque Augustinienne, Oeuvres de Saint Augustin 15), Paris 1991

BADER, D.: „Aber Gott ist gut" (missio-Reihe 12), Aachen 1995

BALMARY, M.: L'homme aux statues, Paris 1979

BALMARY, M.: Le sacrifice interdit, Paris 1986

BALMARY, M.: La divine origine, Paris 1993

BASSET, L.: Le pardon originel, Genf 1994

BARROS SOUZA, M. de / CARAVIAS, J. L.: Teologia da Terra, Petrópolis 1988

BARTH, K.: Kirchliche Dogmatik II/1, Zürich ³1948

BEAUCHAMP, P.: L'un et l'autre Testament I, Paris 1976

BEAUCHAMP, P.: L'un et l'autre Testament II, Paris 1990

BEAUCHAMP, P.: Psaumes nuit et jour, Paris 1980

BLANK, J.: Art. Geist – A. Bibeltheologisch, in: P. Eicher (Hg), Neues Handbuch theologischer Grundbegriffe II, München 1984, 34-44

BLASER, K.: Le Conflit Nord – Sud en Théologie, Lausanne 1990

BOFF, C: Die Befreiung der Armen, Reflexionen zum Grundanliegen der lateinamerikanischen Befreiungstheologie, Freiburg/Schweiz 1986

BOFF, C.: Uma igreja popular, in: Diocese de Crateús (Hg), Testemunho de Amigos II / 03, Crateús 1989

BOFF, L.: Trinität, in: I. Ellacuría, J. Sobrino (Hg), Mysterium Liberationis, Grundbegriffe der Theologie der Befreiung I, Luzern 1995, 507-528

BRECHT, B.: Der Kaukasische Kreidekreis, Berlin/Frankfurt1962

BRECHT, B.: Ausgewählte Gedichte. Nachwort von W. Jens, Frankfurt ⁵1970

BREUKELMANN, F.: Die Schöpfungsgeschichte als Unterricht in „biblischer Hermeneutik", in: Texte und Kontexte 61 (1994), 29-51

BRÖCKELMANN-SIMON, M.: Landlose in Brasilien, Mettingen 1994

BUARQUE, Ch.: Der Gejagte, München 1994

BUBER, M. / ROSENZWEIG, F.: Die fünf Bücher der Weisung, verdeutscht von M. Buber in Gemeinschaft mit F. Rosenzweig, Köln/Olten ³1968

BUBER, M. / ROSENZWEIG, F.: Die Schrift, verdeutscht von M. Buber gemeinsam mit F. Rosenzweig, Bde I-IV, Stuttgart ⁶1992

CÂMARA, H.: Die Bekehrungen eines Bischofs, Wuppertal 1978

COLLET, G.: Im Armen Christus begegnen, in: G. Collet (Hg), Der Christus derArmen, Freiburg 1988, 7-22

Comissão Pastoral da Terra (CPT): Pela vida do nordeste, Goiânia 1984

Conférence des Évêques de France: Proposer la foi dans la société actuelle I, Paris 1994;

Proposer la foi dans la societé actuelle II, Paris 1995;

Proposer la foi dans la societé actuelle III, Lettre aux catholiques de France, Paris 1996

Conferência Nacional dos Bispos do Brasil (Hg): Campanha da Fraternidade 1986 „Terra de Deus, terra de irmãos". Texto Base, Brasília-DF 1986; deutsch:„Land Gottes, Land der Brüder", übersetzt von MISEREOR (Hg), Aachen 1986

Conferência dos Religiosos do Brasil (Hg): A Leitura Profética da História (Coleção „Tua Palavra é Vida" 3), São Paulo 1992

DUPONT, J.: Les Béatitudes. Le problème littéraire. Le message doctrinal, 3Bde., Brüssel/Löwen 1954

ELLACURÍA, I.: Die Seligpreisungen als Grundgesetz der Kirche der Armen, in: G. Collet (Hg), Der Christus der Armen, Freiburg 1988, 184-200

EQUIP / FASE NE / CENAP (Hg): Nordeste e nordestinos na conjuntura da recessão (Cadernos do Nordeste 4), Recife 1992

FREIRE, P.: Pädagogik der Unterdrückten, Hamburg 1973

FREITAG, J.: Engagement und Gelassenheit. Die Rolle der *gratuidad* in der Theologie der Befreiung, in: Münchener Theologische Zeitschrift 48 (1997), 71-82

GABBERT, W. / SCHÜREN, U. (Hg): Land und Freiheit (Lateinamerika – Analysen und Berichte Bd. 21), Bad Honnef 1997

GISEL, P.: La Création, Genf 1980

GISEL, P.: Vérité et Histoire. La Théologie dans la Modernité: Ernst Käsemann, Paris/Genf [2]1983

GONZAGA, L. / CLEMENTINO, J.: Apologia de um jumento (Canto popular do nordeste, gravado em RCA – „Disco de Ouro")

GUTIÉRREZ, G.: A Força Histórica dos Pobres, Petrópolis 1984

GUTIÉRREZ, G.: Beber no Próprio Poço, Petrópolis 1985

GUTIÉRREZ, G.: Hablar de Dios desde el sufrimiento del inocente, Rimac 1986; portugiesisch: „Falar de Deus a partir do sofrimento do inocente", Petrópolis 1987

GUTIÉRREZ, G.: Theologie der Befreiung. Mit der neuen Einleitung des Autors und einem neuen Vorwort von Johann Baptist Metz, Mainz [10]1992

GUTIÉRREZ, G.: Die Armen und die Grundoption, in: I. Ellacuría, J. Sobrino (Hg), Mysterium Liberationis, Grundbegriffe der Theologie der Befreiung I, Luzern 1995, 293-311

HEES, W.: Landkonflikte in Brasilien, in: Ch. Stehr (Hg), Brasilien – Gesichter eines Landes, Sankt Ottilien 1994, 135-149

HOFFMANN, P.: Studien zur Frühgeschichte der Jesus-Bewegung (Stuttgarter Biblische Aufsatzbände 17), Stuttgart 1994

JÜNGEL, E.: Gottes Sein ist im Werden, Tübingen [4]1986

JONAS, H.: Der Gottesbegriff nach Ausschwitz, Baden-Baden 1987

KLUGE, F.: Etymologisches Wörterbuch der deutschen Sprache, Berlin [20]1967

LIMA MOTA, M. E.: Poesia da sarjeta, CEM São Paulo 1986

LIMA MOTA, M.E.: Declaro que estou em tormento, Rio de Janeiro 1987

MESTERS, C.: A missão do povo que sofre, Petrópolis (Vozes e CEBI) [2]1985; deutsch: „Die Botschaft des leidenden Volkes", übersetzt von H. Brandt, Neukirchen-Vluyn 1982

MESTERS, C.: Seis dias nos porões da humanidade, Petrópolis 1985

METTE, N.: „Steh auf und geh in die Stadt; dort wird dir gesagt werden, was du tun sollst" (Apg 9,6), in: M. Krüggeler u.a. (Hg), Löscht den Geist nicht aus! Leidenschaft für das Neue, München 1991, 198-211

MIRANDA, P.: Marx y la Biblia, Salamanca 1972

MOLTMANN, J.: Der gekreuzigte Gott, München [4]1981

MOLTMANN, J.: Theologie der Hoffnung, München [12]1985

MOLTMANN, J.: Gott in der Schöpfung, München [3]1987

MÜLLER, H.: Die Lehre vom Unbewußten und der Glaube an Gott. Ein Gespräch zwischen Psychoanalyse und Glauben – Jacques Lacan und Simone Weil, Düsseldorf 1983

MYRE, A. u.a.: Cri de Dieu. Espoir des pauvres, Montréal 1977

NUSCHELER, F.: Menschenrechte und Entwicklung – Recht auf Entwicklung, in: D. Nohlen, F. Nuscheler (Hg), Handbuch der Dritten Welt I, Bonn [3]1992, 269-286

ORIGENES: Homélies sur Ezéchiel. Texte latin, Introduction, Traduction et Notes par M. Borret (Sources Chrétiennes Nr. 352), Paris 1989

PÉGUY, Ch.: Note Conjointe, Paris 1935

PELLETIER, A.-M.: Propos sur la „Lectio Divina", in: Écoute 381 (1996), 2-27

RICHARD, P.: Leitura popular da Bíblia na América Latina, in: Ribla Nr. 1 (1988), 8-25

RICHARD, P.: Die Theologie in der Theologie der Befreiung, in: I. Ellacuría, J. Sobrino (Hg), Mysterium Liberationis, Grundbegriffe der Theologie der Befreiung I, Luzern 1995, 189-212

RÖMER, Th.: Dieu obscur, Genf 1996

SCHILLEBEECKX, E.: Christus und die Christen. Die Geschichte einer neuen Lebenspraxis, Freiburg 1977

SCHILLEBEECKX, E.: Erfahrung und Glaube, in: F. Böckle, F.-X. Kaufmann, K.Rahner, B.Welte (Hg), Christlicher Glaube in moderner Gesellschaft (Enzyklopädische Bibliothek Teilband 25), Freiburg 1980

SEGUNDO, J. L.: Teologia abierta (3 Bde), Madrid 1983

SEGUNDO, J. L.: El hombre de hoy ante Jesus de Nazaret, Tomo II/1: Historia y actualidad. Sinópticos y Pablo, Madrid 1982; portugiesisch: „O homem de hoje diante de Jesus de Nazaré, II/1: Sinóticos e Paulo, história e atualidades", São Paulo 1985

SEGUNDO, J. L.: Teologia da Libertação, São Paulo 1987

SEGUNDO, J. L.: Jesus devant la conscience moderne, Paris 1988

SEGUNDO, J. L.: Le christianisme de Paul. L'histoire retrouvée, Paris 1988

SEGUNDO, J. L.: Die zwei Theologien der Befreiung, in: M. Sievernich (Hg), Impulse der Befreiungstheologie für Europa, München/Mainz 1988, 103-117

SEGUNDO, J. L.: Offenbarung, Glaube und Zeichen der Zeit, in: I. Ellacuría, J. Sobrino (Hg), Mysterium Liberationis, Grundbegriffe der Theologie der Befreiung I, Luzern 1995, 433-360

SOBRINO, J.: Theologisches Erkennen in der europäischen und lateinamerikanischen Theologie, in: K. Rahner (Hg), Befreiende Theologie, Stuttgart 1977, 123-143

SOBRINO, J.: Resurrección de la verdadera iglesia, Santander 1981; portugiesisch: „Ressurreição da verdadeira igreja, São Paulo 1982

SOBRINO, J.: Geist, der befreit, Freiburg 1989

SOBRINO, J.: Gemeinschaft mit den gekreuzigten Völkern, um sie vom Kreuz abzunehmen. Kirchliche *communio* in einer pluriformen und antagonistischen Kirche, in: L. Bertsch (Hg), Was der Geist den Gemeinden sagt. Bausteine einer Ekklesiologie der Ortskirchen, Freiburg/Basel /Wien 1991, 102-135

SOBRINO, J.: Theologie und Menschenrechte aus der Sicht der gekreuzigten Völker, in: O. König / G. Larcher (Hg), Theologie der gekreuzigten Völker, Graz 1992, 117-127

SOBRINO, J.: Theologie der Befreiung als *intellectus amoris*, in: O. König, G. Larcher (Hg), Theologie der gekreuzigten Völker, Graz 1992, 10-21

SOBRINO, J.: Befreiungstheologie als *intellectus amoris*, Gespräch von Martin Maier SJ mit Jon Sobrino SJ, San Salvador (1993), in: Missionswissenschaftliches Institut Missio (Hg), Jahrbuch für Kontextuelle Theologien, Frankfurt 1994, 11-40

SOBRINO, J.: Die zentrale Stellung des Reiches Gottes in der Theologie der Befreiung, in: I. Ellacuría, J. Sobrino (Hg), Mysterium Liberationis, Grundbegriffe der Theologie der Befreiung I, Luzern 1995, 461-504

SÖLLE, D.: Leiden, Taschenbuchausgabe Freiburg 1993

SOUZA, H. de: O Pão nosso – Unser Brot, in: Ch. Stehr (Hg), Brasilien – Gesichter eines Landes, Sankt Ottilien 1994, 119-125

STEHR, Ch.: Interview mit Herbert de Souza, in: Ders. (Hg), Brasilien – Gesichter eines Landes, Sankt Ottilien 1994, 101-105

STEMBERGER, G.: Midrasch. Vom Umgag der Rabbinen mit der Bibel, München 1989

STIER, F.: Das Neue Testament, übersetzt von Fridolin Stier, München/Düsseldorf 1989

TWARDOWSKY, J.: Ich bitte um Prosa, Einsiedeln 1973

VASSE, D.: La demande de guérison, in: Recherches et Documents du Centre Thomas More 35 (1982), 1-22

VASSE, D.: Le poids du réel, la souffrance, Paris 1983

VERWEYEN, H.: Gottes letztes Wort. Grundriß der Fundamentaltheologie, Düsseldorf 1991

VERWEYEN, H.: Der Glaube an die Auferstehung. Fragen zur „Verherrlichung" Christi, in: „Heute glauben" (Freiburger Akademieschriften 7), Düsseldorf 1993, 71-88

WEIL, S.: La connaissance surnaturelle, Paris 1950

WEIL, S.: Das Unglück und die Gottesliebe, München 1961

WEIL, S.: Cahiers II, Paris ²1972

ZENGER, E.: Das Erste Testament. Die jüdische Bibel und die Christen, Düsseldorf ⁴1994

ZENGER, E.: Am Fuß des Sinai. Gottesbilder des Ersten Testaments, Düsseldorf ²1994

ZENGER, E.: Ein Gott der Rache? Feindbilder verstehen, Freiburg 1994

Kirche in Lateinamerika

Franz Weber
Gewagte Inkulturation
Basisgemeinden in Brasilien:
eine pastoralgeschichtliche Zwischenbilanz
Mit einem Vorwort von Bischof Erwin Kräutler
ISBN 3-7867-1960-8

Mit diesem Buch legt Franz Weber eine umfassende wissenschaftliche Untersuchung über die Basisgemeinden in Brasilien vor. Er legt ihre Wurzeln in den unterdrückten indianischen und afrobrasilianischen Kulturen frei und beschreibt den Volks- und Laienkatholizismus als Kraft, aus der sich heute die Lebendigkeit vieler Gemeinden speist. In unmittelbarer Auseinandersetzung mit Unterdrückung und Armut entstanden, sind und bleiben die Basisgemeinden eine Herausforderung für Kirche und Gesellschaft – nicht zuletzt hierzulande.

Ludger Weckel
Um des Lebens willen
Zu einer Theologie des Martyriums
aus befreiungstheologischer Sicht
ISBN 3-7867-2075-4

In der frühen Kirche gab es ein intensives Nachdenken über das Martyrium um des Glaubens willen. Ludger Weckel knüpft hier an und konfrontiert die frühchristliche Märtyrertheologie mit den Grundoptionen der Befreiungstheologie. „Um des Lebens willen": Wie in der Alten Kirche ist das Martyrium nicht Ausdruck einer Todessehnsucht oder einer Sühnetheologie, sondern die Konsequenz der Nachfolge Jesu in einer Situation der Unterdrückung. Nicht ein abstraktes „Glaubensbekenntnis" ist das Motiv für den Märtyrertod, sondern das Eintreten für das bedrohte Leben der Armen.

Matthias-Grünewald-Verlag · Mainz

Theologie der Befreiung

Was hat sie bewirkt, wie hat sie sich verändert, wie geht es weiter?

Raúl Fornet-Betancourt (Hg.)
Befreiungstheologie: Kritischer Rückblick und
Perspektiven für die Zukunft

Band 1: Bilanz der letzten 25 Jahre (1968–1993)
288 Seiten. Kt. ISBN 3-7867-1954-3

Band 2: Kritische Auswertung und neue Herausforderungen
384 Seiten. Kt. ISBN 3-7867-1955-1

Band 3: Die Rezeption im deutschsprachigen Raum
180 S. Kt. ISBN 3-7867-1956-X

Führende BefreiungstheologInnen haben in diesem dreibändigen Standardwerk umfassend die Wirkungsgeschichte der Befreiungstheologie aufgearbeitet: Wie wurde sie rezipiert in den unterschiedlichen Kontinenten, in anderen Disziplinen? Was hat sie verändert und wie muß sie sich selbst verändern angesichts der neuen Herausforderungen von Neoliberalismus, ökologischer Zerstörung usw.? Ein Werk, mit dem sich TheologInnen auseinandersetzen sollten!

Matthias-Grünewald-Verlag · Mainz